建築現場実用語辞典

改訂版

建築慣用語研究会 [編]

BUILDING CONSTRUCTION

井上書院

［本書の特色］

　わたくしたちが何を考え，どういう目的をもって本辞典を編纂したか，あきらかにしておこう。

　最初，わたくしたちは，従来刊行された建築・土木分野の施工用語辞典を集めることから編纂の作業をはじめた。その範囲は各社の社員教育用にいたるまでにおよんだが，いくつかのものを並べてみると，原本的な辞典があってそこからの孫引き的記述がけっこう多いこと，いまの現場ではまったく使われていない言葉が多いこと，専門家が専門家向けに書いているため説明が難しいこと，今日の新聞・雑誌等にごく当たり前に登場する最新の施工関連用語が欠落していること，などがわかった。

　本辞典は，以上の諸点を解決しようというところから企画された。すなわち，基本方針として，

1） 誰が読んでもわかりやすいこと
2） 現在の建築現場において使われていない言葉は削ること
3） その代わり最新の用語は多く加えること
4） 建築現場における慣用語集という観点を主としつつも，土木・設備の各用語にも十分な目配りをして必要なものを採取すること
5） 建築工事における設計図書（仕様書等）に記載される製品名のうちで，一般化しているものを加えること
6） 用語解説に当たっては新規性を出すこと

とし，着手から4年を要してようやくなった。

　また最新の用語には，現代における建設実務の広がりから「建築現場技術者としてこのくらいの用語まで知っておいて欲しい」という用語まで加えて本辞典に一層の広がりをもたせた。つまり，これらの事柄は，現代の施工技術者は従来の土木・建築の枠を超えて，より多面的知識が要求されることにも通じることと思われた。

　実際の編纂は，豊富な現場体験をもつ建築・土木・設備の専門技術者が初稿を記し，それらを持ち寄って互いにチェックし，あるいはわかりやすく書き直してフィードバックする，という作業を繰り返した。また最終的な監修は編者のひとりである藤上輝之（芝浦工業大学）が行った。

　わたくしたちの，それぞれの得意分野に立脚した視点と知識と，編集過程でのフィードバック体制が，従来の類書にないこの辞典の特色となっていると，自負するものである。

　本辞典が，多くの建築分野の技術者に，またこれから技術者になろうとする方々から，真っ黒に汚れるほど使われることを願ってやまない。

1988年2月　　建築慣用語研究会一同

［改訂版の発行に際して］

　『建築現場実用語辞典』の初版が刊行されたのは，バブルの好景気が始まって間もない1988年2月であった。建設業界はその後，バブルが崩壊し，低コストでの受注競争，中堅ゼネコンの倒産ならびに組織の再編，そして耐震偽装問題や公共工事の談合など，大きな環境の変化に遭遇した。
　そのような中でも，わが国の基幹産業を担う建設業界には毎年，若手技術者，事務系職員，未経験の転職者などが多数入職してきている。特に，新たに建築現場を経験する人にとっては，初めて耳にする言葉やなじみのない専門用語にとまどうことは少なからずあるはずである。このような問題を解決するために，本辞典を編纂したわけであるが，著しい社会情勢の変化，技術革新，建設業界の変貌等もあって，時代に即応しなくなってきたため改訂を行うこととした。

　今回の改訂に際しては，以下のことに主眼をおいて作業を行った。
①初版以降の建設産業の変化を反映した新規用語の追加に力を注ぐ。
②法律，基準等をチェックし，最新のものに改める。
③わかりやすさ，見やすさ，親しみやすさをより高めるため，図版を増やし，カラー刷りとする。
④現在の建築現場ではほとんど使われなくなった古い言葉や，時代の変化にともなって死語化した用語，町場の用語，土木用語は削除する。
⑤若手の技術者や数年間現場を経験している技術者が対象であるが，建築に関係する他分野の方，これから建築の技術を学ぼうとする人たちの参考資料となること。

　今回は大幅な見直しを行い，初版に収録した用語から約480語を削除し，約1750語を追加した。現場で使用する品質・工程・安全等の施工管理上重要であると考えられる用語だけでなく，環境，情報，社会資本整備，社会福祉，ISO関連，不動産等の広い分野からの関連用語も収録することとした。

　本来であれば初版の刊行に大変尽力し，今回の改訂作業にも携わった菊岡倶也氏に改訂の言葉を頂戴することになっていたが，刊行前の2006年1月1日に逝去された。ここに謹んでご冥福をお祈りいたします。
　最後になりましたが，今回改訂版の編集を推進された井上書院の関谷勉社長，編集の石川泰章氏に感謝の意を表したい。

　　　　　　　　　　　　　　　　　　　2006年5月　　　建築慣用語研究会

[本辞典の利用のしかた]

本辞典は、初学者はもとより、設計者、現場技術者、または建設に携わる他分野の方々など幅広い層を対象に、現在の建築現場で使われている実用語を中心に5200余語と理解に役立つカラー図表約640点を収録。また、工法や材料、規格、管理手法、環境等に関する用語で、日常的に略語として使用されている用語は巻末に収録した。

●利用のしかた

設計、計画、施工管理、設備、維持管理、材料、契約、入札、経営、IT関係、安全管理、環境、福祉、不動産、建築関係法規など、建築技術者の必須用語を網羅。

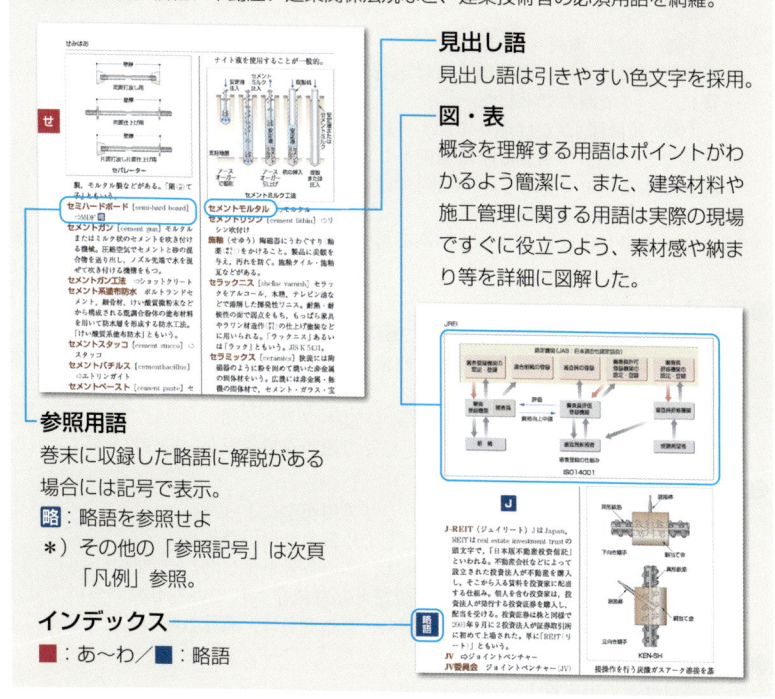

見出し語
見出し語は引きやすい色文字を採用。

図・表
概念を理解する用語はポイントがわかるよう簡潔に、また、建築材料や施工管理に関する用語は実際の現場ですぐに役立つよう、素材感や納まり等を詳細に図解した。

参照用語
巻末に収録した略語に解説がある場合には記号で表示。
略：略語を参照せよ
＊）その他の「参照記号」は次頁「凡例」参照。

インデックス
■：あ〜わ／■：略語

●SI単位（鉄鋼JISで使用するおもなSI単位）

量の名称	規格の特性値名称	SI単位				従来単位の記号
		記号	読み方	定義	実用記号	
質量	質量	kg	キログラム		kg	kg
力	荷重	N	ニュートン	$1N = 1kg \cdot m/s^2$	N、kN	kgf
応力	引張強さ、降伏点、耐力	N/mm^2	—	$1N/m^2 = 1Pa = 10^{-6} N/mm^2$	N/mm^2	kgf/mm^2
圧力	水圧、空圧	Pa	パスカル	$1Pa = 1N/m^2 = 10^{-6} N/mm^2$	MPa	kgf/cm^2
エネルギー	吸収エネルギー	J	ジュール	$1J = 1N \cdot m$	J	$kgf \cdot m$
	シャルピー衝撃値	—		$1J/m^2 = 1N \cdot m/m^2$	J/cm^2	$kgf \cdot m/cm^2$

［凡　例］

● 見出し語と配列
  1. 見出し語は，五十音順に配列し，色太字で表記した。
  2. 日本語は漢字および平仮名を，外国語は片仮名またはアルファベットを用いた。
  3. 長音を示す「ー」は，直前に含まれる母音（ア・イ・ウ・エ・オのいずれか）を繰り返すものとして，その位置に配列した。
     （例）アース＝アアス　　　ウォーターハンマー＝ウオオタアハンマア
  4. 同一音の配列は，清音・濁音・半濁音の順とした。
  5. 英語における「V」の音は「ヴ」を用いず，バ・ビ・ブ・ベ・ボと表した。
  6. 漢字は常用漢字にとらわれず，古来の用語を採用した。
  7. 一つの見出し語に別の言い方がある場合は，原則として見出し語の中で（　）で囲んで示した。
     （例）矩尺，曲尺＝矩(曲)尺
  8. 見出し語の読みは，難解語または誤読のおそれのある語にかぎり，見出し語の後に（　）で囲んで示した。
     （例）矩計図（かなばかりず）
  9. アルファベットで始まる語は原則として「略語」の中に収録したが，次のような場合は本文の項で解説し，「略語」では空見出しとした。
     （例）QC　⇨品質管理
  10. 一つの見出し語に別の言い方がある場合は，原則として解説の中で「　」で囲んで示した。

● 原　語
  1. 見出し語直後の［　］や解説文の先頭に示した。
  2. 原語名は，以下の略記号を原語の直後に記入した。ただし，英語は原語名を省略した。
     　蘭＝オランダ語　　独＝ドイツ語　　仏＝フランス語
  3. 漢語や和語との混合語や商品名・工法等で適当な原語がない場合は省略した。

● 解　説
  1. 解説文は現代仮名遣いとし，原則として常用漢字によった。
  2. 外国語・外来語・外国人名は原則として片仮名を用いた。
  3. 語義がいくつかに分かれる場合は，①，②の番号を付した。
  4. 材料・工法に関して，商品名が一般として流布されているものについては，末尾に開発・製造者名を付した（開発・製造者名は，開発当時の名前で表記）。

● 参照記号
  　⇨　　解説はその項を見よ
  　→　　その項を参照せよ
  　略　　略語を参照せよ

● アルファベット文字

A エー	B ビー	C シー	D ディー	E イー	F エフ	G ジー
H エッチ	I アイ	J ジェー	K ケー	L エル	M エム	N エヌ
O オー	P ピー	Q キュー	R アール	S エス	T ティー	U ユー
V ブイ	W ダブリュー	X エックス	Y ワイ	Z ゼット		

＊）建築関係・労働関係法規，基準・規準，団体名等は2006年4月現在のもので，改正または変更されることがあります。必ず諸官庁および関係機関が発表する情報で確認してください。

アークストライク ［arc strike］ アーク溶接作業中，母材の溶接部以外にアークが飛び散ること。急冷硬化によって母材を傷めるおそれがあるので注意が必要である。

アーク溶接 ［arc welding］ 母材と電極または2つの電極間に発生するアークの熱を利用して行う溶接。電極自身が溶けて溶着金属となる消耗式と，別に溶加材を必要とする非消耗式がある。

アース ［earth, grounding］ 接地。目的は，漏電時の感電防止，通信・弱電機器の安定動作用，避雷設備用（外部雷保護用），保護継電器の基準電位の提供等である。

アースアンカー工法 ［earth anchor method］ ⇨グラウンドアンカー工法

アースオーガー ［earth auger］ 場所打ちコンクリート杭やPC杭における，地中の穿孔（せんこう）に使用する機械。シャフトで吊り下げたスクリューの刃先が回転して穴を掘ることから，低騒音・低振動であり，杭工事以外の土止め壁や止水壁の造成にも使われる。

アース線 ⇨接地線

アースドリル工法 ［earth drill method］ 場所打ちコンクリート杭の打設のために，先端に刃の付いた回転式バケットをもつアースドリルで掘削を行う工法。掘削口径は最大1.5mまで（リーマー装着の場合は最大2.0mまで），掘削深度は30m位までとされている。硬い粘性土の地盤では泥水（ベントナイト液）なしで素掘りができたり，掘削速度が速く，工事費も安いことなどの長所をもつ。「カルウェルド工法」ともいう。

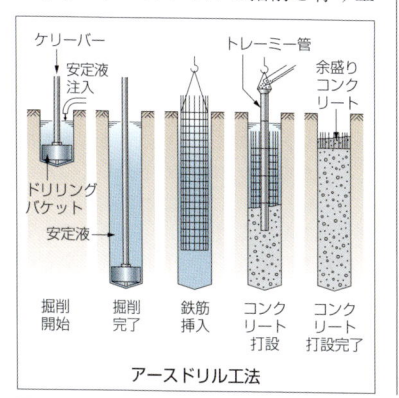

アースランプ アーク溶接に際し，アース確認用のランプのこと。

アームストッパー ［arm stopper］ 片開きや両開きの扉や窓を開けた状態で止めておく金物。建具の上部に付けられ90°開放で止まるものが多い。「レバーストッパー」ともいう。

アームロック ［arm lock］ 枠組足場の建枠相互のはずれを防止するための金具。形状は弓形で，両端部にピン穴（直径15 mm程度）が設けてある。

アールを付ける 丸みをつけること。出入口の上部などに施される。円の半径を表す記号「r」に由来する。

合折れ釘 （あいおれくぎ）襖（ふすま）の縁の組立てなどに使われる，両端がとがったL形の釘。

合口 （あいくち）⇨合端（あいば）

合(相)決(决)り （あいじゃくり）板の張り合せ方法の一種。板厚の半分ずつを欠き取り重ね合わせた納まりとすること。壁や天井の板張りの加工に用いられる。乾燥してもすき間が真直ぐに通らないようにする。

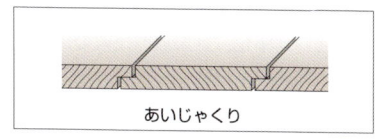

あいじゃくり

アイスプライス ［eye splice］ ワイヤーロープの端部を，ロープ自体やワイヤーシンブルを使って輪にして結束すること。

アイソ ⇨ISO 略

アイソメ ⇨アイソメトリック

アイソメトリック [isometric] 立方体を立体的に表現する作図法の一つ。長さ・幅・高さを直交する3直線で表す軸測投影(アクソメトリックプロジェクション)のうち，交角が120°となる場合の図をいう。室内空間の表現等に使用される。単に「アイソメ」，また「等測投影」「等角投影」ともいう。

アイソレーター [isolator] 免震構造において，基礎と上部構造の間に入れて地震力を吸収する役割を果たすもの。ゴムを鋼板でサンドイッチしたものが開発されている。→高減衰積層ゴム

合端 (あいば) ①石積みにおいて，隣り合う石と石とが，とば口部分で接触する面。「合口(あいくち)」ともいう。②石張り工事の張り石や庭の飛石において，隣り合う2つの石の相対する小口(こぐち)面。

相番 (あいばん) ①作業をともにする仲間，相棒。②異なる職種の作業者が共同で作業すること，あるいはその場合の相手方のこと。

アイボルト [eye bolt] 重量のある機器類を吊り下げるため，丸棒の一端にねじを切り，他端をリングにまるめて機器などに取り付けたもの。

アイランド工法 [island method] 地下工事において，周囲地盤を残して根切り底の中央部の基礎や地下室を造った後，これから切梁を取って周囲を根切りする工法。根切り面積が広く，根切り深さがある程度浅い場合に適する。

アイランプ [eye lamp] 反射鏡を内部に備えた電球。仮設用の投光器や写真の撮影時の照明などに用いる。

アウトソーシング [outsourcing] 社内業務の効率化，外部専門技術の活用，費用軽減等を目的に，外部の企業に情報システムの構築，運用，保守などの業務を一括して委託すること。

アウトリガー [outrigger] トラッククレーンなどで，吊り荷による転倒を防止するため，車体から腕のようにはね出す部分のこと。作業時に油圧または手動で送り出す構造となっている。

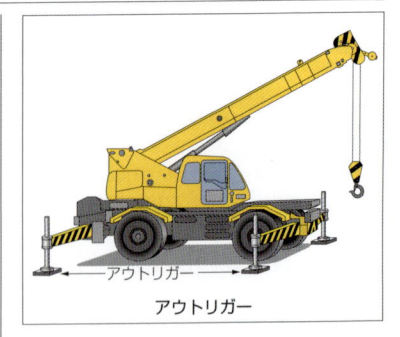

アウトリガー

アウトレット [outlet] 電灯器具やコンセントなどを接続する電気の取出し口。電気工事の配管の終端または中間に設けられる。

アウトレットボックス [outlet box] ①電気，通信などの配線や配管上に設けられる，配線の取出しや配線器具，コンセント等の取付けのための箱。②医療建物において，病室，手術室等の壁面，天井面に設けられた医療用ガス取出し口を収納した盤。

亜鉛黄 (あえんおう) ⇨ジンククロメート

亜鉛鉄板 鋼板に防錆のため亜鉛めっきを施したもの。「トタン板」ともいう。JISには溶融亜鉛めっき鋼板として規定されている。平板，波板，コイルに大別され，標準厚さは0.25〜3.15mmまである。軽量で耐候性に優れ，屋根材，外装材として広く用いられる。

亜鉛鍍金鉄筋 (あえんめっきてっきん) 防錆のため亜鉛めっきを施した鉄筋。鉄筋コンクリート造において，骨材に含まれる塩分が多く，普通鉄筋では耐久性が確保できない場合に使用する。

青石 (あおいし) 青色をおびた石の総称。伊予青石，秩父青石，紀州青石，伊勢青石などが有名。石質はさまざまである。水を打つと青色がさえるところから，庭石として珍重される。また伊豆半島で産する沢田石は，凝灰岩で石質は緻密。組積，張り石，床舗装などに用いられる。

青写真 トレーシングペーパーに描かれた設計原図から複写され，地色が青で線や文字が白で書かれた設計図。現

在は使われなくなったが，計画を立てることのたとえとして「青写真を描く」といった言い方で使われる。

青地（あおち）土地登記簿に地番，地積，所有者等の記載がなく，公図に青色で着色された土地の通称。

煽り止め（あおりどめ）開いた扉が風などであおられないように止めておくための金物。床に付けるものと幅木等に付けるものがある。

赤錆（あかさび）鋼材に生じる赤褐色の酸化鉄のことで，構造物の耐久性低下の原因となる。

赤万成（あかまんなり）⇨万成石

赤御影（あかみかげ）赤色系の花崗岩。岡山県の万成石などの国内産もあるが，スウェーデン，フィンランドなどからの輸入材が主流。

赤水（あかみず）給水（湯）管の腐食現象の一つで，水中に鋼管などの鉄分の錆びたものが溶け出したもの。

上がり框（あがりがまち）玄関の土間から床への上がり口の縁に設けた化粧の横木。通常は木材が使用されるが，石材や金属製の部材が設けられる場合もある。

赤煉瓦（あかれんが）普通煉瓦のこと。→煉瓦

空き（あき）①製作誤差や施工誤差を吸収するため余裕をもたせて設けるすき間。「にげ」ともいう。②部材を繰り返しセットする場合の部材間間隔。

あき重ね継手　鉄筋を適切な長さに確保して重ねて継ぐ場合，ある間隔をあけて継ぐ方式。鉄筋コンクリート構造では，この鉄筋とコンクリートの付着を介して応力が伝達されることから，あき寸法も一定以上に大きくなることを避けなければならない。

アキスハンマー [axe hammer] 釘抜き兼用のハンマー。

灰汁洗い（あくあらい）木製建具，天井，床，板，柱，造作などの汚れやすすを，か性ソーダの溶液で洗い落とすこと。また乾燥する前に水洗いしてきれいにする作業を含む。

悪臭防止法　工場その他の事業場における事業活動にともなって発生する悪臭物質（アンモニア，硫化水素，トルエン，酢酸エチル等が指定され，大気中の含有率の基準がある）の排出を規制する法律。建設関連では，廃棄物の焼却ならびに保管が該当すると考えられるが，現状は廃棄物の焼却は禁止されており，建設工事の作業現場など一時的なものは規制外である。

アクセシビリティ [accessibility] 地の利の良さ，利用しやすさ，便利さなど建物の利用のしやすさをいう。身体障害者の建築物への出入りのしやすさなど，建築物内外のバリアフリーの度合いのこと。「接近性」ともいう。特に公共建築物は立地条件として重要。

アクセス管理システム [access management system] 建物入退室やコンピューターへのアクセス等の許可判定，アクセス履歴記録等を行う。個人認識の方法としてICカード，磁気カード，指紋，声紋，網膜等を用いる。

アクティブソーラーハウス [active solar house] 太陽熱を利用して採暖を行う住宅形式の一つ。反射鏡や太陽電池を屋根などに設置し，太陽熱を温水に変えて蓄熱槽にため，暖房や給湯に使う。ヒートポンプの使用により冷房も可能。→パッシブソーラーハウス

アクティブタイプ制振システム　建物の最上部に設置されたおもりをコンピューター制御の駆動装置で移動させて建物の揺れを吸収するシステム。建物の揺れの周期に対し，その揺れのエネルギーを吸収する最適なおもりの位置をコンピューターが制御する。地震のような不規則な揺れにも対応できる。超高層ビルなどで採用される。

アグリーメント [agreement] 契約のこと。通常，コントラクト（contract）とほぼ同じ意味としているが，厳密にはもっと広い概念をもっている。例えば約款，取り決め，基準類などの総称として用いる場合もある。

アクリル樹脂エマルジョン塗料 [acrylic acid resin paint] 合成樹脂エマルジョン塗料の一つで，アクリル系

の液体と顔料を主成分とした塗料。略して「AEP」という。

アクリルラッカー［acrylic lacquer］
アクリル樹脂エナメルまたはアクリル樹脂塗料のことで，熱可塑性アクリル樹脂を溶剤に溶かしたもの。コンクリート面の塗装に使われる。

上げ裏 庇(ひさし)や軒あるいは階段などの裏側のことで，見上げると目に入る裏側という意味。軒は「軒裏」，階段は「段裏」という。

上げ落し 両開き窓の片方の扉(召し合せで内側にくる錠の付かない側の扉)を固定する戸締り用の金物。上下それぞれに取り付けるのが一般的で，上枠または床に設けた受座に扉からボルトを差し込んで固定する。「フランス落し」「丸落し」「南京(なんきん)落し」などがある。

上げ越し コンクリート型枠の組立てに際し，打設されるコンクリートの重量で型枠自体がたわんだり，下がったりすることを見込んで，あらかじめ支柱を長めに調整して型枠を上げておくこと。このように設計寸法より多少高く寸法をとって，載荷後決まった寸法となるように処理することをいう。

アコーディオンドア［accordion door］
移動間仕切りの一種。アコーディオンのような折りたたみや伸縮によって開閉する。金属の骨組をビニールレザーなどで覆い，天井に設けたガイドレールから吊り下げる。

あごコンクリート 雨水が防水層の裏側に浸入するのを防止するために，防水層立上り端部に設ける突起状の躯体コンクリート部分。

あご付きパラペット 防水上の納まりや漏水対策のために，建物の屋上，吹抜け廊下等に設けた「かぎ」形をした低い壁。

朝顔 (あさがお) 養生(ようじょう)朝顔のこと。高層建築物の工事において，落下物を防ぐ目的で，2階または3階部分の足場から斜めに突き出した板張りの防護棚をいう。

麻心 (あさしん) ワイヤーロープの中

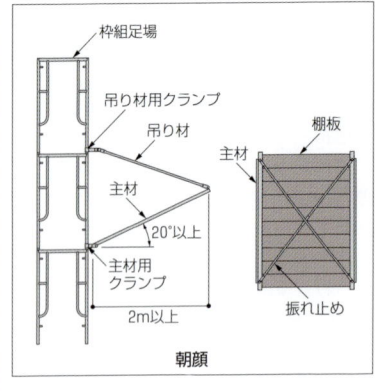

朝顔

心にある心に繊維を使用したもの。心綱には天然繊維や合成繊維が使用されるが，なかでも黄麻(ジュート)，マニラ麻，サイザル麻が主として使用されるので，繊維心のものを「麻心」という。軟らかいので玉掛け用によく用いられる。→共心(ともしん)

脚 (あし) すみ肉溶接において，母材表面の交点から溶接端部(脚端)までの長さのこと。

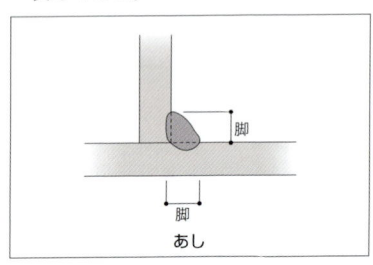

あし

アジテーター［agitator］コンクリートの混練後に材料分離が生じないようかくはんする装置。トラックミキサーやグラウトミキサーに装備する。

足止め ①足場板あるいは歩み板に一定間隔で横位置に取り付ける滑り防止用の細い幅の木材。外部足場の登り桟橋などで用いる。「踏み桟」ともいう。②瓦屋根において，葺き土や瓦がずり落ちないように，野地板に取り付ける細い幅の木材。「足止り」ともいう。

足場 工事用に組み立てる仮設の作業床，作業員通路，材料・部品などの支持台の総称。現在は鋼製のものが多く，使用目的によって外部足場，天井

足場，鉄筋足場などに分類される。「足代(あじろ)」ともいう。

足場板 仮設通路や作業床に用いる厚板の総称。一般的に合板製で，長さ4m，幅24cm，厚さ2.5cmのものが多い。

足場クランプ 鋼管の足場を組み立てる際，交差部分に用いる結合用金物。

足場繋ぎ（あしばつなぎ）⇨繫(つな)ぎ

足場用ジブクレーン 枠組足場に取り付けて用いるジブクレーン。吊り上げ能力 0.4～0.5 t，ブーム長が5m程度のもの。→ジブクレーン

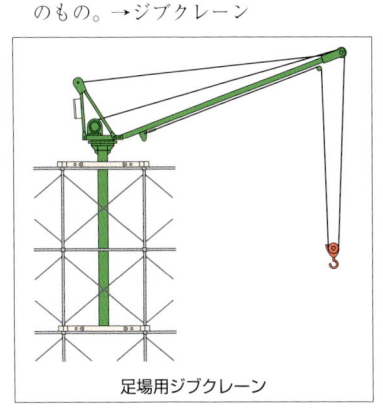

足場用ジブクレーン

アジャスター［adjuster］①机，椅子などの高さを調節する装置。特に事務用・作業用の椅子によく使われる。②開き窓の開き角度を任意の位置に停止させる金物。

足代（あじろ）⇨足場

アスコン 道路工事の舗装に使用されるアスファルトコンクリートのことで「合材」ともいう。これを製造している工場を「合材工場」という。現在はほぼ100%リサイクルされている。

アスファルト［asphalt］炭化水素を主成分とする暗褐色ないし黒色の，結合性のある固形あるいは半固形の瀝青(れきせい)物質。石油が天然に蒸発して産するものと，石油精製の残滓(ざん)として生じるものとがあり，前者を「天然アスファルト」，後者を「人造もしくは石油アスファルト」と呼ぶ。両者とも種類が非常に多く，道路舗装，防水工事およびアスファルト製品の製造などに用いる。JIS K 2207。

アスファルトコーキング［asphalt caulking］アスファルトに鉱物粉末や合成ゴムを加えて作られたコーキング材。アスファルト防水層の貼り終わりの小口端部などに使用する。

アスファルトコーチング［asphalt coating］ブローンアスファルトを揮発性溶剤で溶かし，鉱物粉末などを加え，へら塗りのできる軟度をもたせたもの。防水層端部やドレン回りのシーリング材として使われる。「マスチック」ともいう。

アスファルトコンクリート［asphalt concrete］⇨アスコン

アスファルトコンパウンド［asphalt compound］ブローンアスファルトの耐熱性，弾性，接着性を高めるために，動植物油を混入・加工したもの。主としてアスファルト防水層に施す。

アスファルトシングル［asphalt shingle］⇨シングル

アスファルト被覆鋼板（―ひふくこうはん）［asphalt reinforced zinc plate］アスファルトを被覆した亜鉛鉄板。耐食性に優れているため屋根，樋(とい)，ダクトなどに使用される。

アスファルトフェルト［asphalt felt］動植物性繊維を原料としてつくったフェルト材に，ストレートアスファルトを浸透させたもの。アスファルト防水層，木造の屋根・外壁の下地などのほか，防湿・防食を必要とする多用途に使用される。JIS A 6005。

アスファルトプライマー［asphalt primer］アスファルトを揮発性溶剤で溶いたもの。アスファルト防水層を下地へ密着させるために塗布する液状の材料で，はけ塗りやスプレーガンに適した粘度をもつ。単に「プライマー」と呼ぶこともある。

アスファルト防水 アスファルト，アスファルトフェルト，アスファルトルーフィングなどを3～4層に重ね，防水層を形成する防水工法または工事。

アスファルトマスチック［asphalt mastic］アスファルトとフィラーを加熱混合したもので，床仕上げや防水層

あすふあ

アスファルト防水 図

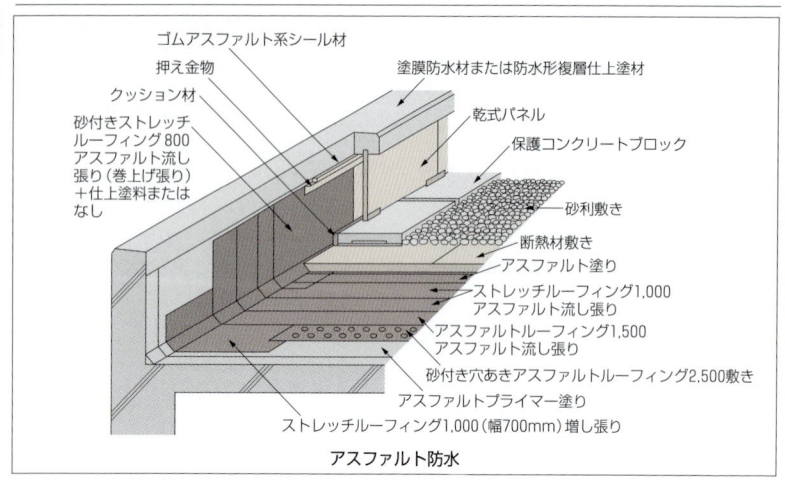

図中ラベル:
- ゴムアスファルト系シール材
- 押え金物
- クッション材
- 砂付きストレッチルーフィング800アスファルト流し張り（巻上げ張り）＋仕上塗料またはなし
- 塗膜防水材または防水形複層仕上塗材
- 乾式パネル
- 保護コンクリートブロック
- 砂利敷き
- 断熱材敷き
- アスファルト塗り
- ストレッチルーフィング1,000
- アスファルト流し張り
- アスファルトルーフィング1,500
- アスファルト流し張り
- 砂付き穴あきアスファルトルーフィング2,500敷き
- アスファルトプライマー塗り
- ストレッチルーフィング1,000（幅700mm）増し張り

として，また歩道の舗装にも用いる。

アスファルトモルタル［asphalt mortar］高温のアスファルトに砂と石粉を混合したもの。コンクリート下地などの上に敷きならし，転圧して仕上げるもので，床材としての使用が多い。

アスファルトルーフィング［asphalt roofing］アスファルト防水に使用する防水紙。厚いフェルト状の紙にアスファルトを浸透させ，表面に雲母（うんも）の細粉などを付着させたもの。JIS A 6006，JASS 8。→ルーフィング

アスペクト比［aspect ratio］建物の幅と高さの比率のこと。柱スパンに対して軒高が4倍（アスペクト比4）を超えると，塔状建物と称して構造計算の条件がより厳しくなる。

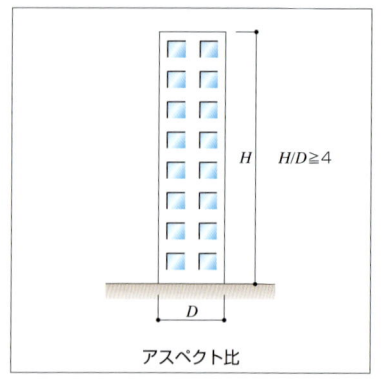

アスペクト比 図（H/D≧4）

アスベスト［asbestos］⇒石綿（せきめん）

アスベスト飛散防止 アスベスト粉塵（ふんじん）飛散防止のため，既存アスベストを処理すること。飛散防止法としては除去処理工法，封じ込め処理工法，囲い込み処理工法がある。

アスマン乾湿計［Assman psychrometer］棒状の温度計を2本平行に取り付け，1本の温度計の感温部を常湿のガーゼで包み，一定速度の空気を送り，両温度計の目盛りから相対湿度を求めるもの。測定精度は高い。

アスロック 押出し成形セメント板の商品名。〔製造：ノザワ〕

アセ ⇨アセチレンガス

アセスメント［assessment］査定，評価の意味をもち，ある行為の及ぼす影響を事前に予測・評価する場合に用いる。環境アセスメントとテクノロジーアセスメントがあり，「アセス」と略した場合は前者のことをいう。→環境アセスメント，テクノロジーアセスメント

アセチレンガス［acetylene gas］カーバイドに水を反応させて発生させるガスで，ガス切断やガス溶接に用いる。略して「アセ」ともいう。

遊び ①接合部などに緩みがある状態のこと。②間隔にゆとりをもたせた状態のこと。→逃げ ②職人が仕事にあぶれること。

頭付きスタッド 上部がボルトの頭の

ようになったスタッドボルトのこと。
→スタッドボルト

当たり ①部材の位置を示す語。例えば釘打ちの際、「柱当たり」「胴縁当たり」などのように用いる。②じゃまな出っ張りのこと。後に続く作業に支障となる突出部分を除去することを「当たりを取る」「当たり取り」などという。③モルタルの仕上げ面の定規になるように、あらかじめ部分的に塗ったモルタル。そのモルタルの位置に合わせて全体の仕上げ面をつくっていく。

当たりを取る ⇨当たり②

圧延鋼材（あつえんこうざい）H形、I形等の断面をもつ、圧延によって成形された構造用鋼材の総称。常温または高温の鋼塊を回転するロールで成形する。軽量形鋼は冷間加工、I形鋼、H形鋼は高温の熱間加工で成形される。

圧延マーク（あつえん―）鋼塊や鋼片を加熱し、押し延ばして所定の形状の鋼材に成形加工する生産工程で印される、製造ごとの記号。

圧掛け（あつがけ）地盤改良などで沈下を促進させるために、地表面から荷重をかけること。

圧砕機（あっさいき）hydraulic breaker 油圧を利用してコンクリートを破壊する解体機械の一つ。

アッシュ [ash] ⇨炭殻（たんがら）

圧縮応力度 [compressive stress] 部材に外力が働き、互いに押し合う方向に作用したときに、部材の仮想断面の単位面積当たりの軸方向力。

圧縮強度 [compressive strength] 材料が圧縮力を受けて破壊するときの強さを単位面積当たりの力で表した値。コンクリートの強度は、コンクリートの圧縮強度をさす。

圧縮筋 ⇨圧縮鉄筋

圧縮材 [compression member] 柱のように材軸方向に圧縮力を受ける部材。

圧縮式冷凍機 コンプレッサーを用いた冷凍機のこと。アンモニアなどの冷媒は蒸発器の中で蒸発してまわりの空気や水から熱を奪う。次に蒸発してガス状になった冷媒を圧縮機で圧縮し、高温高圧にして凝縮器へ送る。凝縮器で液体に戻った冷媒は、また蒸発器で蒸発させる。このサイクルを繰り返すことによって冷凍機能が発揮される。
→ターボ冷凍機

圧縮鉄筋 鉄筋コンクリート部材において、圧縮応力を負担させるように配置した鉄筋。梁端部の下端（した）筋や梁中央部の上端（うわ）筋などがこれに該当する。「圧縮筋」ともいう。→引張り鉄筋

アッシュコンクリート [ash concrete] ⇨シンダーコンクリート

圧接 ⇨ガス圧接継手

圧送コンクリート [concrete pumping] コンクリートポンプによって輸送管を圧送されたコンクリート。圧送を行うものは「コンクリート圧送施工技能士」の資格が必要である。圧送に先立ち富調合のモルタルを圧送して、配管内部の潤滑性を保ち、コンクリートの品質

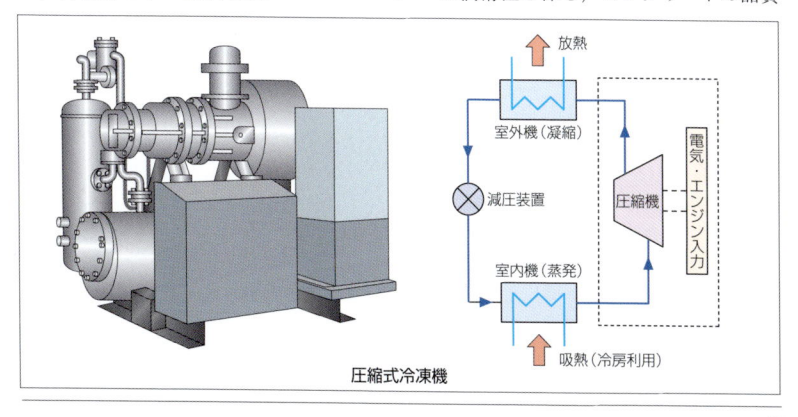

圧縮式冷凍機

あつちや

変化を防止する必要がある。

圧着継手（あっちゃくつぎて）鋼管（スリーブ）内に2本の鉄筋を挿入し、鋼管を圧着加工して鉄筋を接合する工法の総称。スクイズジョイント工法、グリップジョイント工法などがある。→カラー圧着、機械継手

圧着張り（あっちゃくばり）タイルの張り方の一種。あらかじめモルタル木ごて押えで下地をつくり、その上に張付け用モルタルあるいはセメントペーストを塗り、軟らかいうちにタイルを押し付けて張る。

アットリスクCM [at risk CM] コンストラクションマネジメント(CM)方式による建設生産・管理方式の一つ。コンストラクションマネージャー(CMR)がマネジメント業務と同時に工事金額の上限を保証する方式で、施工業者はCMRと工事請負契約を結びその金額は発注者に報告される。「CMアットリスク」ともいう。→ピュアCM、CM略

圧入工法（あつにゅうこうほう）杭やシートパイルなどを油圧や水圧で土中に埋め込む工法。低騒音・低振動で施工ができる。

圧密沈下　盛土や構造物などの荷重の作用によって、土が長い時間をかけて排水しながら体積を減少させる圧密現象により、地盤面が下がる現象をいう。軟弱地盤や透水性の低い粘性土に見られる特有の性質。→不同沈下

当て馬　入札または見積の際、落札または契約する意志がないのに参加する業者のこと。→本命

当てとろ　石張りにおいて、石の裏面に付ける団子状のモルタル。張り石と下地を部分的に接着する。

後請補償（あとうけほしょう）請負工事が完成し、その構築物が請負者から注文者に引き渡された後に発見または発生した施工上の瑕疵（かし）を請負者の責任で補修すること。請負者が責任を負う後請補償の期間等は、民間連合協定工事請負契約約款、公共建設工事標準請負契約約款等に定められている。

後打ち壁　既存の構造物に増設する壁の総称で、代表的なものに耐震補壁がある。

後施工アンカー（あとせこう―）打設されたあとのコンクリートに穴を穿孔（せんこう）し、これを利用して固着されるアンカー。所定の深さまで穴に挿入し、打撃により先端の拡張部が開き、コンクリートにくい込み固着されるメカニカルアンカーと、穿孔された穴に接着材を充てんし、接着材の硬化により物理的に固着されるケミカルアンカーとがある。コンクリート打設後の施工であるため、建物改修や補修、位置合せの必要な場合などに多く用いられる。一方、コンクリート内の鉄筋や配管などにより設置位置の制限が生じる。→先付けアンカー、メカニカルアンカー、ケミカルアンカー

後付け工法　コンクリートの躯体工事が完了した後に仕上げ部材などを取り付ける工法の総称だが、一般的には同じ部材の「先付け工法」が存在する場合に使われる。

跡坪（あとつぼ）根切り工事において、掘削あるいは切り取った土量の容積は、自然土の占める容積に対し通常20%前後増大する。この場合の自然土の占める容積をいう。「実坪（じつつぼ）」ともいう。

後踏み（あとぶみ）本足場において、2列に並ぶ建地（たてち）のうち、建物から離れた外側の部のこと。建物に近いほうが前踏み。「後ろ踏み」ともいう。→前踏み

アトリウム [atrium] 明かり取り用の天窓をもつ中庭。本来は古代ローマ都市の住宅における天窓をもつ中庭のこと。高層建築において吹抜けの最上部をガラス張りとした大規模なものが現れている。

穴明きルーフィング　アスファルト防水層を下地のコンクリートなどに密着させないために使用する穴のあいたルーフィング。下地のひび割れなどの影響を防水層に与えないことを目的として使用する。JIS A 6023。

穴浚い（あなざらい）ボルトやリベットの通りをスムーズにするため，鉄骨部材の接合部分の穴を掃除したり，リーマーを通して整孔する作業。

穴浚い器（あなさらいき）⇨リーマー

孔抜き器 ⇨ポンチ

アネモ アネモスタット型吹出し口の通称。空調用送風設備の空気拡散器である天井吹出し口の一種。

アネモサーモ アネモサーモエアメーターのこと。2種類の金属線を接合すると，その接点には温度差に基づく熱起電力が発生する。この原理を応用して風速・温度・静圧を測定する機械。

あばた ⇨ジャンカ

アバット［abutment］①プレテンション方式を用いたプレストレストコンクリートにおいて，PC鋼材を緊張するときに生じる水平反力を支えるための台座のこと。②アーチの両端を受ける台。「迫台（せりだい）」ともいう。③橋梁を構成する橋台のこと。

肋筋（あばらきん）鉄筋コンクリート構造の梁部に，せん断補強のために用いられる。梁主筋に直交して，それを巻くようにして配筋される。一定間隔で配置し，主筋位置を固定する役目も果たす。「スターラップ」ともいう。

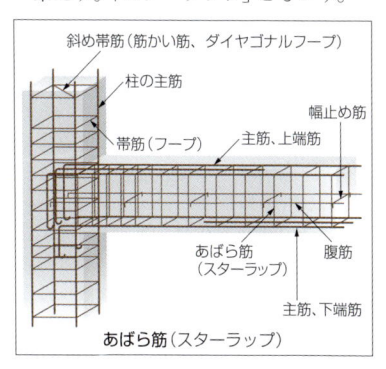

あばら筋（スターラップ）

アプセットバット溶接［upset butt welding］鉄線や棒鋼の接続に使われる溶接。切断面同士を突き合わせて通電し，接合部が適度な高温になったときに強い圧力を加えて接合する。→突き合せ溶接

溢れ管（あふれかん）⇨オーバーフロー管

あま ⇨セメントペースト

雨押え（あまおさえ）外壁と開口部の上枠の取合い部分などに取り付ける雨水の浸入防止用の板。「水切り板」ともいう。

雨落ち面積（あまおちめんせき）寺や神社の屋根の水平投影面積。「雨落ち」とは屋根に降った雨が下に落ちる軒先のことであり，その「雨落ち」で囲まれた面積。軒の深い建物の規模を表す基準の一つとして使われる。

雨掛り（あまがかり）屋根のない開放廊下や階段などのように，雨が降ると常時濡れる部分・個所の総称。

雨仕舞（あまじまい）雨水の浸入を防ぐために施す方法。全体の形状，部材あるいは異なる材種の取り合い，部材の端部の納まりなどについて，「雨仕舞が悪い」などと使われる。

網入り板ガラス 割れても破片が崩れ落ちないように，中に金網や金属線をはさみ込んだ板ガラス。防火性に優れる。「ワイヤーガラス」また単に「網入りガラス」ともいう。JIS R 3204。

アムスラー型試験機 コンクリートの圧縮・引張り・曲げ強度等の試験を行う装置で，油圧式の押出し機構と振り子式の荷重測定機構を保有している。スイスのアムスラー社のものが普及したためこの名がある。

雨返し［flashing］窓台や敷居の開口部や水回り部分に，雨水などの浸入防止用として取り付けるL形状の突起物。

アメリカ積み［American bond］れんがの積み方の一種で，5，6段目ごとに小口（こぐち）面が現れる積み方。

歩み板 仮設用の通路や作業床に架け渡す道板のこと。足場板と同じ意味で用いることもある。

洗い砂 川砂の採取現場で粘土，塵（ちり）などの不純物を水洗いして取り除いた砂をいう。

洗い出し 壁・床仕上げの一種。種石（たねいし）とセメントを混練して下地モルタル面に塗り付けた後，硬化直前に表面を噴霧器で水洗いして種石を露出させ

たもの。

荒壁（あらかべ）伝統的な木造建築の壁仕上げの一つ。竹小舞（たけこまい）下地に塗り付けた土壁をさす。

改め口 天井裏，床下，パイプスペースなどの内部を点検するための開口あるいは扉。天井や床に設ける場合は目立たないように，それぞれの仕上材と同材のふたを設けることが多い。

アラミド繊維補強コンクリート 高分子化合物ポリアミドからつくられた軽くて高強度の繊維を，短く切って混入したり，棒状にして鉄筋代わりに埋め込んだコンクリート。鉄骨と同等の強度を発揮し，鉄を使わない柱や梁の実現も可能という。「PFRC」ともいう。→合成繊維補強コンクリート

荒目地（あらめじ）コンクリートブロックなどの組積工事において，目地鏝（めじごて）などによる仕上げを施さない目地。建物完成後，隠ぺいとなる部分に採用される。

荒目砂（あらめずな）粒度5 mm以下の比較的粗目の砂のこと。コンクリートの細骨材あるいは左官砂として用いられる。「粗砂（そしゃ）」ともいう。

荒床（あらゆか）畳など床仕上材の下張りとなる床板。

粗利益（あらりえき）請負金額から工事原価を差し引いた損益のこと。この粗利益から企業の継続運営に必要な本支店経費，税金などを除いたものが純利益となる。「売上総利益」ともいう。

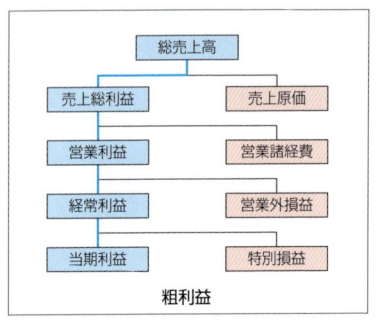

蟻（あり）扇型の凹凸を組み合わせた木材の継手のこと。

アリダード [alidade] 平板測量に用いる目盛り付きの透視器。

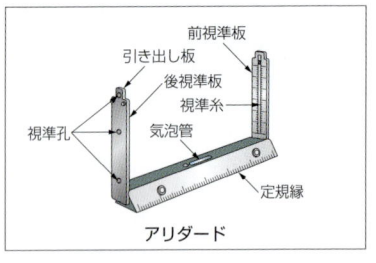

アルカリ骨材反応 コンクリートの細孔溶液中の水酸化アルカリと骨材中のシリカ鉱物とが化学反応を起こし，コンクリートに膨張ひび割れやポップアウトを生じさせる現象。

アルカリシリカ反応 アルカリ骨材反応の一種。骨材に含まれる特殊な成分が，コンクリート間隙水中のアルカリと反応して，骨材周囲にけい酸アルカリの層を作る現象。この層はコンクリート中の水を吸収して膨張するため，コンクリートに損傷を与える。

アルキャスト アルミニウムの鋳物でつくったパネル。おもにカーテンウォールに用いる。〔製造：クボタ〕

アルコーブ [alcove] 部屋に付随した小さな部屋，あるいはベッドや書棚置場のため，床の間のように部屋の一部をくぼませた部分。

アル桟 アルミ製桟木の俗称。

アルマイト [alumite] アルミニウム表面に耐食性に富んだ被膜処理を施したもの。アルミニウムを陽極とした電気分解により表面に酸化皮膜をつくる。

アルミナセメント [alumina cement] アルミニウム酸化物であるアルミナを含むボーキサイトと石灰からつくられる特殊セメント。耐火性，耐酸性に優れ，短時間に強度が発現することから，緊急工事，寒冷期の工事等で使用される。JIS R 2511。

アルミナセラミックス [alumina ceramics] 一般的に酸化アルミニウム（アルミナ）を80％以上含むものをいい，耐食性・耐摩耗性・生物的物性・放射線特性に優れている。またアルミナを高温処理し紡糸製造をすればアル

ミナ繊維となり，強度・耐熱性・耐食性・絶縁性などの特徴が一段と優れ，耐火物や複合材の強化繊維として使用される。→ファインセラミックス

アルミニウムペイント［aluminium paint］アルミニウム顔料と油ワニスからなる銀色のエナメルペイント。熱線の反射，水分の透過防止などを目的として屋外の塗装に用いられる。

アレスター［arrester］雷などによって電力系統に生じる衝撃的異常電圧を瞬時に放電して，機器の絶縁破壊を防止する装置。「避雷器」ともいう。

アローダイヤグラム［arrow diagram］○印と矢印（→）を用いて，作業の順序・相互の関係を表現した工程（日程）管理手法。→ネットワーク工程

泡コンクリート（あわ―）⇨気泡コンクリート

泡消火設備（あわしょうかせつび）油火災に対して有効な消火設備。水の代わりに動物性たん白質などの発泡剤を噴霧する装置で車庫などに設置する。

合せガラス 2枚の板ガラスの間に透明なプラスチックの薄膜をはさみ，密着させたもので，割れてもガラスが飛散せず，物が貫通しにくい性質をもつ安全なガラス。防弾ガラスはこれを多層に組み合わせたもの。JASS 17。

アンカー［anchor］⇨定着

アンカースクリュー［anchor screw］石やコンクリート面にボルトやビスを取り付けるための筒形の受け金物。ドリルであけた穴に差し込まれた金物が，中で開いて引抜きに抵抗する仕組みをもつ。

アンカープレート［anchor plate］鉄骨工事でアンカーボルトに取り付けて用いる鋼製のプレート。鉄骨の柱脚部にあってベースプレートを締め付けるアンカーボルトがコンクリートから引き抜けるのを防ぐことや，アンカーボルトを固定するために用いる。アングルなどで組んだものは「アンカーフレーム」ともいう。→アンカーボルト

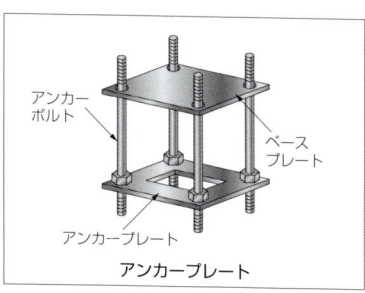

アンカープレート

アンカーフレーム［anchor frame］⇨アンカープレート

アンカーボルト［anchor bolt］建築物の構造躯体を基礎に緊結する接合金物（ボルト）のこと。木構造や鉄骨構造では，基礎部分にアンカーボルトが埋め込まれていて，そのアンカーボルトを土台または構造躯体の底部に貫通させてナットで締め固められる。→アンカープレート

暗渠（あんきょ）地中に埋めた排水路

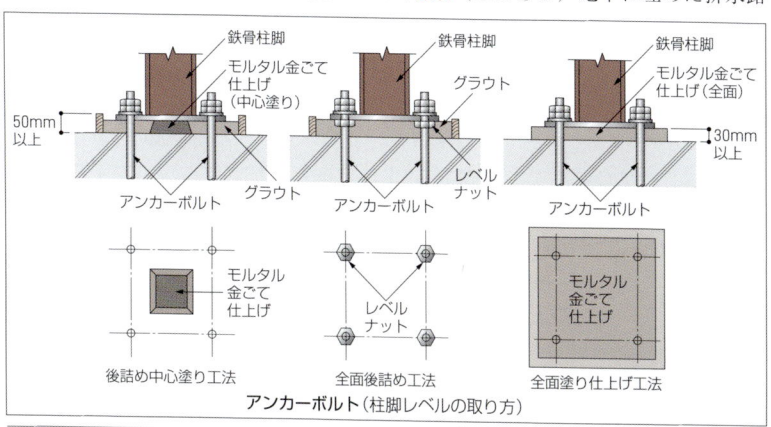

アンカーボルト（柱脚レベルの取り方）

11

のこと。「カルバート」ともいう。

アングル　[angle steel] 鋼材の一種で，L形の断面形状を有する山形鋼のこと。板幅の等しい等辺山形鋼とそれが異なる不等辺山形鋼の2種がある。JIS G 3192。

あんこ　①左官仕上げなどで，上塗り面にはみでた下塗り材のこと。②⇨盗（ぬす）み板

鮟鱇（あんこう）軒樋（のきどい）の雨水を集める桝（ます）。ここから竪樋とつながる。角形や丸形のものがあり，通常下部が漏斗状にややつぼまっている。「呼び樋」ともいう。

安山岩（あんざんがん）andesite　国内の火山に多い灰色斑状組織をもち，斜長石，角閃（かくせん）石，輝石等の鉱物で構成されている。

安全委員会　労働者の危険防止など安全にかかわる事項を審議するために，法で定める業種および規模の事業所ごとに設ける委員会で，月1回以上開催しなければならない。建設業などについては，自社の労働者を常時50人以上使用する事業所について設置が義務づけられている。労働安全衛生法第17条，同施行令第8条。→安全衛生委員会

安全衛生委員会　労働者の安全および衛生にかかわる事項を審議する，安全委員会と衛生委員会の両者の機能をもつ委員会。法に基づき安全委員会と衛生委員会をともに設置しなければならない場合，それに代えて設置できる。委員の構成，開催回数についてはいずれの委員会も同じである。労働安全衛生法第19条。

安全衛生管理　労働安全衛生法・同施行令および同規則に基づいて，労働災害を防止し，労働者の安全の確保および健康の維持をはかるとともに，快適な作業環境をつくること。建設業者は本・支店に安全衛生管理部署を設置し現場のパトロール・指導を行うとともに，現場でも安全衛生管理の組織体制を整え，現場内の管理を行っている。単に「安全管理」ともいう。

安全衛生協議会　特定元方事業者（元請）が複数の下請工事の混在作業によって生じる労働災害を防止するために設置・運営する協議組織。関係下請業者と元請が協力して定期的に開催し，安全計画・安全目標の決定，安全パトロールなど防災対策の具体策の決定，安全作業のための連絡等を行う。労働安全衛生法第30条，同規則第635条。

安全管理　⇨安全衛生管理

安全管理者　労働安全衛生法において常時50人以上の作業員が働く事業場に選任が義務づけられている安全管理の責任者。関係法令で資格要件や職務内容が定められている。

安全靴　作業者の足部の安全を確保するためにつくられた靴。重量物・危険物による衝撃防止や浸油・汚染防止の機能をもつ。

安全色彩　[safety colour] 安全，救急，防災のために，JISに定められた色彩表示。停止・禁止・危険を表す色として赤が，注意を表す色として黄と黒が，安全・進行を表す色として青が規定されている。

安全帯　高所作業や転落などの危険防止のため着用する保護用のベルト。厚生労働省告示により規格が定められている。「命綱（いのちづな）」ともいう。

安全ネット　足場を設けられなかった

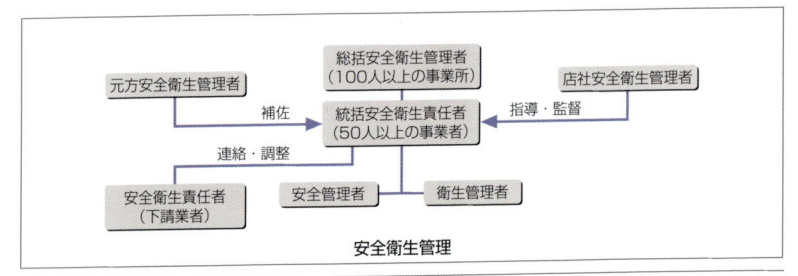

安全衛生管理

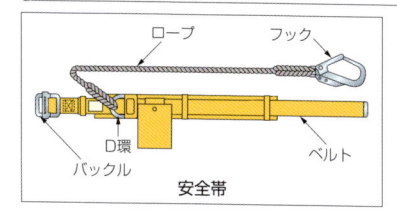

安全帯の図（ロープ、フック、D環、バックル、ベルト）

り，開口部に手すりなどを設けられない場合に，墜落による危険防止対策として水平に張る網（ネット）のこと。安全性については，網地，網編みなどの太さ，大きさ，強度などによって左右される。

安全弁 容器内の圧力が規定以上になった場合に作動して，中の蒸気などを放出して圧力を下げ，容器が破壊されるのを防止する装置。JIS B 8210。

安全率 [safety factor] 構造物，構成材の破壊に対する安全の度合いを示す係数。構造物では破壊荷重を設計荷重で除する。

安息角（あんそくかく）砂，礫（れき）等の粘着力のない土を締め固めずに盛り上げた場合に，その斜面が崩れないときの最大角度のこと。

アンダーカーペット配線 タイルカーペットの下に，情報・通信・電力用の配線を行うこと。床面とタイルカーペットの間に，テープ状のアンダーカーペットケーブルを敷設することにより安価で柔軟な配線ができる。

アンダーカット [undercut] 溶着金属の止端（したん）に沿って母材が溶けて掘られ，溝となった溶接欠陥の一種。母材断面の減少やスラグまき込みを招く。

アンダーピニング [underpinning] 新規工事により既存の構造物に影響が出るおそれがある場合，その構造物を仮受けしたり，基礎を補強すること。

アンダーフェルト [under felt] カーペットの下に敷くフェルト。クッション性，保温性を保つために使う。→アンダーレイ

アンダーレイ [under lay] 壁，床などの下張りの総称。主としてカーペットの下張りのことをいう。→アンダーフェルト

アンツーカー 土を高温で熱加工した人工土のこと。れんが色を呈する。

アンティークガラス [antique glass] ステンドグラスなどに使用される高級装飾ガラス。板厚（1.5～5 mm）に不均一の段差があり，細いすじと気泡をもつ美しい工芸用のもの。

安定液 現場打ちコンクリート杭工事，山留め工事に際して，掘削孔が崩れないように，安定させるために用いるベントナイト液などのこと。

安定型最終処分場 安定型産業廃棄物（性状が安定していて生活環境に悪影響を及ぼす可能性が少ない廃プラスチック，ガラスくず，瓦礫（がれき）等）を埋立てする処分場で，廃棄物の飛散・流出を防ぐ構造になっている。→最終処分場

安定器 [ballast] 蛍光灯等のアーク放電を利用し，点灯時に安定した放電を保持する器具。

案内図 ⇨付近見取図

アンボンデッドポストテンショニング方式 コンクリートにプレストレスを現場でかける方式の一種。コンクリート打設前に，防錆と摩擦低減を兼用した材料を塗ったPC鋼材をセットし，コンクリート打設後にPC鋼材を緊張する方式。略して「アンボンド工法」ともいう。→ボンド付きポストテンショニング方式

アンボンド処理 表面を軟質の防錆材料とプラスチックシートなどで覆う（被覆する）ことにより，鋼棒や鋼より線との摩擦を絶縁する処置のこと。

アンボンドPC鋼線 プレストレストコンクリートのポストテンション方式に用いるPC鋼材で，直接コンクリート中に埋め込んで，コンクリートが硬化した後に緊張する。冷間加工，熱処理により製造された8 mm以下の線状のものを「PC鋼線」といい，これを2本，7本あるいはそれ以上より合わせたものを「PC鋼より線」という。JIS G 3536。

い

筏打ち（いかだうち）床のコンクリートをます目に区切ってとびとびに打設すること。打設面積が広く、型枠や支保工（しほこう）への荷重の集中を防ぐために行う。

筏基礎（いかだきそ）筏地業による基礎。べた基礎の一種。

筏地業（いかだじぎょう）軟弱な地盤を改良・改善するために、軟弱部分を掘り取って、砂を充てんする簡単な地業のこと。「砂地業」ともいう。

筏印（いかだじるし）墨出しにおいて中心線を示す記号。

イギリススパナ ⇨モンキーレンチ

イギリス積み れんがの積み方の一種で、小口面と長手面とが1段ごとに交互に現れる積み方。長手面の縦目地を上下に通す方法と、通さない方法の2通りがある。→オランダ積み

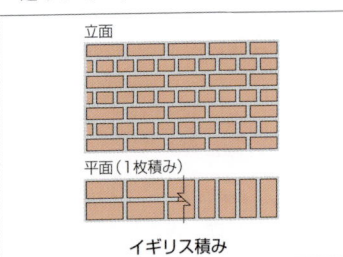

イギリス積み

異形鉄筋（いけいてっきん）⇨異形棒鋼（いけいぼうこう）

異形棒鋼（いけいぼうこう）コンクリートとの付着強度を高める目的で、表面にリブや節などの突起を付けた鉄筋の総称。一般には「異形鉄筋」と呼ばれている。→普通丸鋼

意向確認型指名競争入札 公共工事で採用する指名競争入札形式の一つ。入札参加者の選定に先立って、指名登録業者の中から、あらかじめ一定数の業者を選定し、当該工事への受注意欲の確認と技術資料の提出を求め、それらを審査して入札業者を指名する入札形式。透明性、公平性の高い指名競争入札として1994年頃に導入された。地方自治体では独自の運用基準を定めて活用している。→指名競争入札

イコス工法 Impresa di Construzione Opere Specializzateの頭文字をとったもので、イタリアで開発された地中連続壁工法。ダムの止水工事、建物の基礎工事、シールド竪坑工事、H鋼・シートパイル打込み工事等に使われる。

維持管理 広義には建築物などの資産価値を保ち、経営的に運用することをいい、狭義には修繕を含めた建物の清掃・保守点検・手入れなどのことをいう。

石工（いしく）自然石の採石、加工、据付けを行う作業員。

石積み 石垣や石壁をつくるために石を積み重ねること。野石や切石を用いたさまざまな積み方がある。

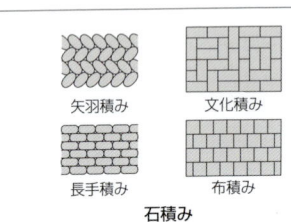

石積み

石張り工事 ⇨張り石工事

維持保全 ⇨メンテナンス

石目（いしめ）自然石における鉱物の配列によって生じた割れやすい面のこと、石の加工に利用されている。

意匠図 仕上表・配置図・平面図・立面図・断面図・矩計図（かなばかりず）・展開図・各種詳細図・建具表などの設計図の総称であり、構造図・設備図と区別する意味で使われる。

意匠設計 建築物の平面計画や立体的な形態、使用材料の決定、各所の納まりなどデザイン的な設計と同時に、その建築物の設計を総合的にまとめる設計行為のこと。構造設計や設備設計と

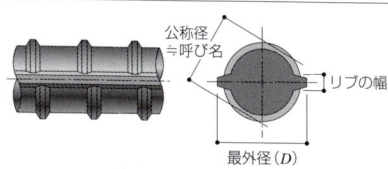

異形棒鋼（異形鉄筋）

異形鉄筋の寸法定義：公称径 ≒ 呼び名、リブの幅、最外径(D)

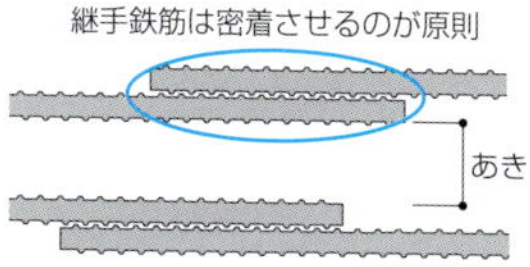

重ね継手部のあき：継手鉄筋は密着させるのが原則

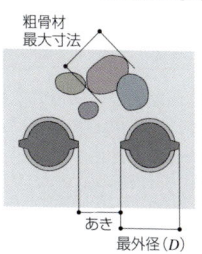

鉄筋あき寸法の測り方
あき寸法は 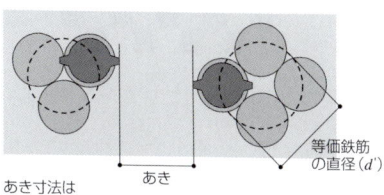
① 「呼び名」×1.5
② 粗骨材最大寸法×1.25
③ 25mm
の①～③のうち大きいほうの値。

重ね鉄筋のあき
あき寸法は
① d'×1.5　② 粗骨材最大寸法×1.25　③ 25mm
の①～③のうち大きいほうの値。

異形鉄筋の諸元（抜粋）（JIS G 3112）

呼び名	公称直径 (d：mm)	公称断面積 (s：cm²)	単位質量 (kg：m)
D16	15.9	1.986	1.56
D25	25.4	5.067	3.98
D38	38.1	11.40	8.95

$s = 0.7854 \times d^2 / 100$

丸鋼鉄筋の諸元（抜粋）（JIS G 3191）

径 (D：mm)	断面積 (mm²)	単位質量 (kg：m)
φ16	201.1	1.58
φ25	490.9	3.85
φ38	1134	8.90

異形鉄筋の最外径（抜粋）（D：mm）

呼び名	最外径(D)	呼び名	最外径(D)
D10	11	D29	33
D13	14	D32	36
D16	18	D35	40
D19	21	D38	43
D22	25	D41	46
D25	28	D51	58

区分する意味で使われる。一般的に設計者というと意匠設計者を指す。

石綿（いしわた）⇨石綿（せきめん）

遺跡調査　遺跡の埋蔵（設）が想定される場合に、造成工事や建築工事に先立って行う発掘調査のこと。文化財保護法第57条に学術調査を目的とする遺跡の発掘について、第57条の2には周知の埋蔵文化財包蔵地を土木工事などのために発掘する場合について、第57条の5には予想されない場所で発見された場合について、それぞれ文化庁長官への届出義務が記されている。

イソ　⇨ISO 略

板ガラス　建築物の窓などに使用される平板状のガラスの総称。普通板ガラス・型板ガラス・磨き板ガラス・特殊板ガラスなどの種類がある。「ガラス板」ともいう。JIS R 3202～3204。

板座金（いたざがね）ボルトを取り付けるときに、ナットの下当てに用いる板状の金属片。形状は円形、角形が多い。ばね座金に対する用語。→座金（ざがね）

板目　原木を年輪の接線方向に挽いたとき、その面に現れる山形や波形の木目のこと。幅広の材料が取りやすく、製材の効率も良いので、板などの一般の木材は、ほとんど板目である。板目に取られた材料は、柾（まさ）目のものと比べると、幅反りなど狂いを生じやすい。→柾目（まさめ）

いちころ　左官あるいは塗装工事で、下塗りや中塗りを省略して、1度で仕上げてしまうこと。

一三モルタル（いちさん—）セメントと砂の調合を、容積比で1：3にしたモルタル。

一三六（いちさんろく）コンクリートの容積配合比のことで、セメント1、砂3、砂利6の割合で混練すること。ほかに、一二四（いにし）あるいは、二四八

いちしし

（にしし/いばら）などがある。

一次下請（いちじしたうけ）元請（もとうけ）業者と直接下請負契約を結ぶこと。あるいはその契約を結んだ下請負人。

一次診断 建築物の劣化などの診断において、劣化状況の概要を把握し、修繕の要否を判断することを目的に、管理者・所有者などが目視観察、簡易な実測・設計図照会・ヒアリング等の方法で実施する診断。→診断

一次白華（いちじはっか）コンクリート、タイル、れんが、天然石などの表面やモルタル目地に内在する水酸化カルシウムが材料中の水に溶け出して、不溶解性の炭酸カルシウムに変化することによって生じた白い物質。なお白華は「エフロレッセンス」ともいう。

著しい環境側面[significant environmental aspect] 環境影響評価を行った結果、環境側面の中で、最も環境に影響を与えるとして選択されたもの。

一団地認定制度 建築基準法は一敷地に対して適用されるのが原則だが、一団地認定を受けると、複数の敷地内の建物が同一敷地内にあるものとみなして建築規制が適用される（建築基準法第86条）。

一二四（いちにし）コンクリートの容積配合比。→一三六（いちさんろく）

一人工（いちにんく）作業員1人が1日働いた分に相当する作業量のこと。「1人・日」で表す。「一人役（いちにんやく）」ともいう。

一人役（いちにんやく）⇨一人工（いちにんく）

一方向スラブ[one-way slab] 梁と同様に、曲げモーメントとせん断力を一方向だけで支持する機能をもったスラブ。

一枚積み れんがの積み方の一種。一枚とは、れんがの長手寸法（210 cm）のこと。れんがの長手が壁厚になるように小口（こぐち）を見せて積む方法。→半枚積み

一枚物（いちまいもの）板状の一つの部品が、継目のない一枚の板で作られているものの総称。

市松（いちまつ）碁盤目（ごばんめ）の仕切り

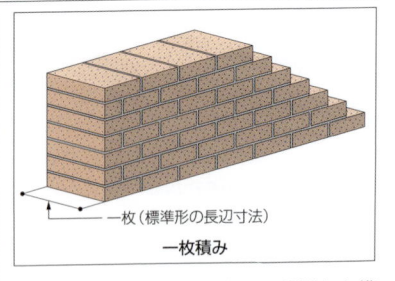

一枚（標準形の長辺寸法）
一枚積み

のなかに2色を互い違いに配置した模様のこと。一般に白と黒、または同系色の濃淡2色が用いられる。

市松

一輪車 ⇨コンクリートカート

一類合板 合板の日本農林規格（JAS）における一類の試験に合格した合板。耐水性に優れているため「耐水合板」ともいわれる。コンクリート型枠用合板には、一類の接着耐久性が要求される。「タイプⅠ（ワン）合板」ともいう。

一六（いちろく）型枠パネルなどの材料寸法の呼称で、1尺×6尺のこと。

一括請負 ⇨一式請負

一括下請負 請負業者が、工事の全部もしくは主たる部分の工事を一括して第三者に請け負わせる行為。なお、建設業法では、発注者の書面による承諾なしにこれを行うことを禁じている。「丸投げ」「トンネル」ともいう。

一括発注 建築工事を躯体、設備、内装とまとめて発注すること。この反対に「分離発注」がある。「総合発注」ともいう。→分離発注

一酸化炭素[carbon monoxide] 大気汚染、建築物環境衛生管理の指標の一つ。CO。一酸化炭素は、不完全燃焼時に発生する。人体に有害であり、血液中にカーボキシヘモグロビンを形成し、血液の酸素保持能力を著しく低下させる。大気汚染にかかわる環境基準では、8時間平均濃度が20ppm以下、

24時間平均濃度が10ppm以下と定められている。

一式請負 建築工事の全部を一括して一つの施工業者が請け負う方式のこと。基礎工事，躯体工事，仕上工事，設備工事等の建築物を完成するために必要なすべての工事を包括して請け負うもの。「一括請負」ともいう。

一式物 (いっしきもの) 建築見積の金額表示において，数量と単価が明示されず一式で金額が表示される見積項目。試験費，清掃費，運搬費，足場，養生など数量，単価が明示しにくい仮設や経費の項目に一式表示が多い。

井筒工法 (いづつこうほう) 鉄筋コンクリートでつくった筒状の構造物を内部を掘削しながら地中に沈め，それを建物の基礎とする工法。おもに軟弱地盤における地下の深い構造物に採用される。ケーソン工法の一種。→ケーソン工法

いってこい 行って戻る折り返しの状態をいう。例えば，踊り場で180°方向を変える階段のことを「いってこいの階段」という。

一発仕上げ ⇨モノリシック仕上げ

一般管理費 原価計算でいう事業全般の管理に要する費用の一種。建設工事では工事現場以外で発生する本・支店の維持に必要な経費などを指す。役員報酬，本・支店従業員の給料，退職金，土地・建物の維持・管理費，その他が含まれる。

一般競争入札 工事内容，入札者資格，入札項目など，入札に関する事項を公告して一般から入札者を募り，資格要件を満たす者の全員で行う入札形式。有資格者は誰でも入札に参加できる。公共工事では指名競争入札が談合や汚職を誘発するとの批判があり，1994年頃から一般競争入札の採用が始まった。「公入札」ともいう。→指名競争入札

一般建設業許可 建設業法による許可区分の一つで，請け負う工事を直営で施工しようとする者が受ける許可。なお下請を使って施工しようとする者であっても，下請金額が建設業法施行令で定める額の範囲内であれば，当該許可でたりる。→特定建設業許可

一般構造用圧延鋼材 ⇨SS材 略

一般構造用炭素鋼管 柱または杭に使用される鋼管の一種で，炭素の含有量を高めることによって，硬度を高めたもの。

一般図 建築物の全体像を示し，各構成要素の関係を位置づける図面のことをいう。配置図・平面図・立面図・断面図および各種伏図などを指す。

一般廃棄物 廃棄物処理法で定められた産業廃棄物以外のし尿，ゴミなどの生活系の廃棄物と事業系廃棄物の総称。→産業廃棄物

一般用錆止めペイント (いっぱんようさびどめ—) 顔料・防食剤などにボイル油またはワニスを混ぜ合わせた錆止め用の塗料で，鉄鋼製品や鉄骨などに広く用いられている。JISの番号をとって「5621」と呼ばれることもある。JIS K 5621。

一筆 (いっぴつ) 土地登記簿上，一個の土地とされたもの。土地の個数を表す単位を筆(ひつ)という。土地登記簿は，一筆の土地ごとに一つの登記用紙が設けられ，一筆の土地ごとに地番が付される（不動産登記法第15条）。登記上一筆の土地を分割（分筆）し，複数の土地とすることもできるし，複数の筆を合わせて（合筆）一個の土地とすることもできる。

一本足場 建地(たてじ)が1列だけの足場で，歩み板がなく，作業床としては適さない。布地を2本合せにした「抱き足場」も一本足場の一種。「一側(ひとがわ)足場」ともいう。

一本構リフト (いっぽんこう—) 1本のガイドレールに沿って昇降する工事用リフト。積載能力が小さく，小規模工事で採用される。

一本積り請負 ⇨総額請負

移動型枠工法 ⇨トラベリングフォーム工法

移動式足場 ⇨ローリングタワー

移動式クレーン 揚重装置(クレーン)

移動式クレーン 積載型のトラッククレーン，クローラークレーン，ラフテレーンクレーン等のように，自走が可能な揚重機械（クレーン）の総称。工場等の平面形状の大きい，比較的低層の建築物の施工に用いられる。

移動梯子（いどうばしご）昇降個所に固定しないで，必要に応じて移動ができるはしごの総称。労働安全規則第527条にその構造が規定されている。

移動間仕切り 全体が開閉できる仕組みとなった間仕切り。アコーディオンドアやスライディングウォールなど。

糸間（いとけん）⇨糸尺（いとじゃく）

糸尺（いとじゃく）表面に凹凸がある場合，その凹凸に沿って糸で測った長さ（単位：尺）。塗装工事や左官工事などの塗面積の算定の際に用いるほか，複雑な断面形状の笠木における断面の外周長を求める場合にも用いられる。長いところを測る場合には，「糸間（いとけん）」ともいう。

糸幅 糸尺（いとじゃく）で測った寸法。

糸目地 ごく細い線のような形状の目地。

糸面 石材や木材を用いた部位，部品，部材などの出隅部分に付けた細幅の小さい面のこと。大きい面は「大面（おおめん）」という。

田舎間（いなかま）⇨江戸間（えどま）

稲田石（いなだいし）茨城県稲田産の花崗（かこう）岩。黒雲母を含み全体の色調は白色。「稲田御影（いなだみかげ）」ともいう。

稲妻筋（いなづまきん）鉄筋コンクリート造の階段の配筋で，踏面（ふみづら）および蹴上げ部分に沿って山形を連続させ，段状にした鉄筋。→段押え筋

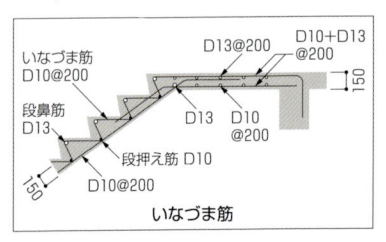

いなづま筋

稲妻釘（いなづまくぎ）床の間の軸を掛ける金物などに使う，頭を二重に折り曲げた釘。直接打ち付ける「稲妻折釘」と左右に移動する「稲妻走り釘」がある。

イニシャルコスト [initial cost] 建物のライフサイクルコストのうち，建物の建設費や備品など建設時にかかる費用のこと。→ランニングコスト，ライフサイクルコスト

委任契約 法律行為を他者に委任する契約。設計契約や監理契約がこれに当たる。また実費精算方式による工事契約は，請負ではなく委任契約とされる。→実費精算方式

犬走り ①建物の周囲および軒下部分にコンクリートや砂利などで固めてつくる細長の土間。②堤防工事や盛土の際，法尻（のりじり）と側溝の間に設ける狭幅な平坦部分のこと。

命綱（いのちづな）⇨安全帯

違反建築物 建築基準法またはこれに基づく命令や条例の規定，許可条件に違反している建築物と，その敷地のこと。違反建築物の中には，手続きに違反があるものと，建築物自体が法律に違反しているものとがある。適法に建築しながら，その後の増改築や修繕，用途変更で違法な状態になったものも同じである。→既存不適格建築物

斎(忌)鎌（いみがま）地鎮祭の苅初（かりそめ）の儀で使う鎌。→地鎮祭

斎(忌)鍬（いみぐわ）地鎮祭の穿初（うがちぞめ）の儀で使うくわ。→地鎮祭

斎(忌)鋤（いみすき）地鎮祭の穿初（うがちぞめ）の儀で使うすき。→地鎮祭

斎砂（いみずな）苅初（かりそめ）の儀や穿初（うがちぞめ）の儀に使う砂で，円錐形に盛ったもの。「清砂（きよずな）」「盛砂（もりずな）」ともいう→地鎮祭

芋積み（いもづみ）組積工事において竪目地をそろえる積み方。コンクリートブロック造では縦筋を入れるため芋積みとするが，他の組積造では耐震上好ましくないとされる。

芋目地（いもめじ）タイル，れんが，石，コンクリートブロックなどの組積造において，竪目地が2段以上，上下に連続したもの。→芋（いも）積み

いも目地

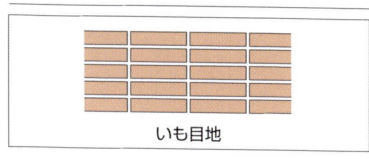

違約金 契約不履行の場合に相手に支払う賠償金。請負契約でその額が定められる。

違約金特約条項 請負契約を締結する際、請負者が私的独占の禁止や取引の確保に関する法律や刑法に違反した場合に、発注者にある定まった違約金を支払うという特別な取決めのこと。

入隅（いりすみ）2つの面が交差するとき内側にへこんだ隅角部のこと。→出隅（です）

入幅木（いりはばき）壁面よりも内側となるように納められた幅木。

色合せ 二色以上の色を混合して指定の色に調整すること。

色温度（いろおんど）光の色を表すのが色温度で、単位はケルビン〔K〕。赤は低く、青は高い。

色見本 ①塗料会社等の発行する色票のこと。②実際の仕上材を使って提示する色彩見本のこと。

いわし ⇒キンク

一五（いんご）大工用語で、メートル法施行以前に使用された尺度単位。一般的には1寸5分あるいは1尺5寸を意味するが、幅1尺で長さが5尺のことを指す場合もある。

インサート［insert］コンクリートにボルトなどをねじ込むため、あらかじめ型枠に仮止めして、内部におねじが切ってある鋼製の部品。

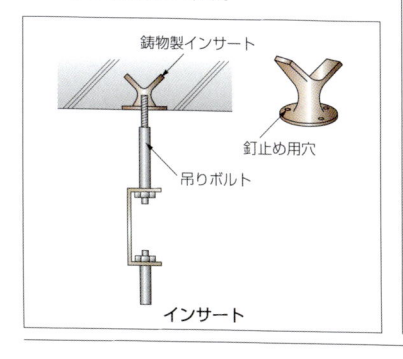

インサート

インジケーター［indicator］エレベーターの各階乗り場の壁面およびかご内に取り付ける行先表示装置。

インシュレーション材 断熱・遮音・防音・吸音・遮光・防湿材の総称。

インシュレーションボード［insulation board］ファイバーボードの一種で、JISでは密度0.35g/cm³未満のボードをいう。木材繊維がからみ合った多孔質のボードで、断熱性、吸音性、調湿性に優れている。用途により、A級インシュレーションボード、タタミボード、シージングボードの3種類がある。厚さは10～15mm程度で、屋根・床の下地材、あるいは表面加工して内装材に使用される。JIS A 5905。

引照点（いんしょうてん）工事に必要な測量点を簡単に復元できるように、工事に支障のない場所に求めておくポイント。測量点を交点とする2直線を求め、それぞれの直線上に2点以上をとる。「逃げ」ともいう。

インターロッキングブロック［interlocking block］歩道や広場などの舗装に用いるコンクリート製の組合せブロックのこと。

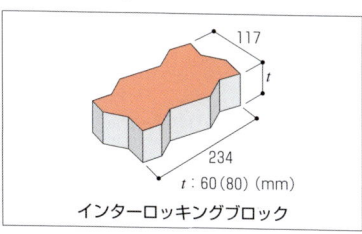

インターロッキングブロック

インターロック［interlock］安全のため電気的に鎖錠すること。一方が安全状態にならないと他方の動作ができないようにすること。

インダストリアルエンジニアリング［industrial engineering］多様なシステム化手法のうち、建築の分野に適用されるものとして、作業研究の分析手法や工程管理などの生産管理合理化の手法が代表的。略して「IE」ともいう。

インテリア［interior］室内。建築内部の内装や家具什器（じゅうき）などの設置、装飾。その設計・計画をすることを「イ

ンテリアデザイン」という。インテリアとして扱う範囲は、建築物の構造および設備等の躯体工事以外の部分と、建築物完了後、利用者の利用目的に合わせた内部構成から装飾、家具、絵画彫刻、照明器具等の設置までのすべてを含む。→エクステリア

インテリアコーディネーター [interior coordinator] インテリアの計画・販売に際し、客に助言・提案をする人またはその職業。経済産業大臣が認定し、(社)インテリア産業協会が実施する資格制度がある。

インテリアゾーン [interior zone] ペリメーターゾーンの内側にあり、外周壁から離れているため、外部からの熱負荷の影響の少ない部分。インテリアゾーンのおもな冷房負荷の照明、人体、機器からの発生熱である。→ペリメーターゾーン

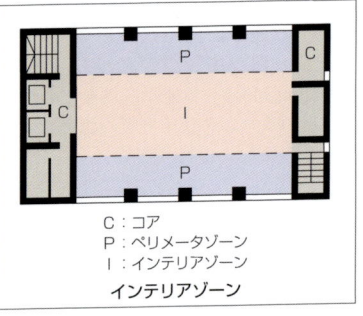

C:コア
P:ペリメータゾーン
I:インテリアゾーン
インテリアゾーン

イントラネット [intranet] 組織内の情報やノウハウを共有化し、生産性の向上を図る目的で、インターネットを組織内の情報通信網と融合させたシステム。

イントルージョンエイド [intrusion aid] プレパクトコンクリートの施工の際、骨材間に注入するペーストの浸透を良くするために用いる混和剤。

インバーター [inverter] 直流電流を交流電流に変換する装置。停電の際、自家発電に切り替える必要のある自動火災報知設備、非常放送設備などで用いられる。

インバート [invert] 下水の流れをよくするために、ため桝（$\frac{a}{T}$）やマンホールの底部をそれにつながる排水管と同じ径で半円に仕上げた溝。→汚水ます

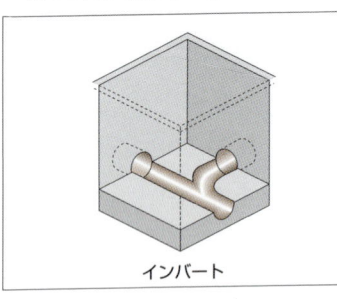

インバート

インパクトレンチ [pneumatic impact wrench] 鉄骨工事で高力ボルトを締め付けるために使用する工具。圧縮空気を使うことで、強力な締付けができることや一定トルク値以上の締付けができないような構造になっている。「空気レンチ」ともいう。

インフィル [infill] 内装、設備など構造体以外の空間装備全般をいう。「空隙を埋める」が一般的な語意。→スケルトンインフィル

インフラストラクチュア [infrastructure] 社会生活の基盤となるもので、長期的構想のもとに整備される都市構造の基幹的機能。例えば道路、港湾、鉄道、上下水道、エネルギー供給処理のネットワークなど。

インフレ条項 急激なインフレにより賃金・物価に著しい変動があった場合、スライド条項の規定にかかわらず発注者と請負者が協議して請負代金を変更することができるとした規定。公共建設工事標準請負契約約款および民間連合協定工事請負契約約款にこの規定が設けられている。→スライド条項

隠蔽配線（配管）（いんぺいはいせん）配線（配管）が天井内、壁面内、床下等で隠ぺいされている状態。対義語で「露出配線（配管）」という。

印籠継手（いんろうつぎて）①鋳鉄管の接続方法で、管の一端の差し口を他端の受け口に差し込み、そのすき間の奥のほう1/3に粗麻を詰め、残りの2/3に溶鉛を注入してたがねでたたき、かしめる。②丸太足場の組立てに使われ

る継手の一つ。建地(だて)丸太を末口と元口とで突き付けに継ぎ合わせるのが特徴。③印籠じゃくりにした継手。

う

ウィービング [weaving] スラグの巻き込みなどの溶接欠陥を防ぐための溶接方法で，溶接棒を溶接方向に対し波形に動かしながら溶接する。

ウィッピング [whipping] ①高層建築物の上部が鞭(むち)のように大きく揺れる現象のこと。「鞭振り現象」ともいう。②アーク溶接で上向き溶接を行う場合，溶融金属の垂れ下がり防止のため，アークを切れない程度に跳ね上げる操作のこと。

ウイング [wing] ⇨翼壁(よくへき)

ウィングプレート [wing plate] 鉄骨柱の脚部に取り付け，柱からの応力をベースプレートに伝えるための鋼材。

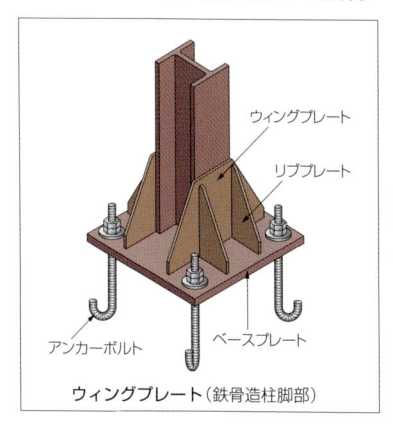

ウィングプレート（鉄骨造柱脚部）

ウインチ [winch] ロープを巻き取ることによって重量物の上げ下ろしや移動を行う機械。動力は電動機による場合が多いが，人力による手巻きウインチもある。

ウインドシアー [wind shear] 風速や風向が急に変わる領域のこと。大気の自然現象であるが，高層ビルによって起こるビル風領域にも使われる。→ビル風

ウエザーカバー [weather cover] 雨水の浸入防止や外部からの風圧を和らげる目的で，換気・排気などの配管やダクトが外壁に出る部分に取り付けるカバー。ステンレス製や鉄板製の既製品が多用される。

ウエザーコート法 耐候性鋼の初期流出さびを防ぐ表面処理方法。2層の塗布被膜により，流出しない安定したさびを発生させる方法であり，表面はチョコレート色となる。「ウエザーコートプレパレン処理」ともいう。

ウエザーストリップ [weatherstrip] すき間をなくして水密性や気密性を高めるため，外部に面したドアや窓に取り付ける部品。材料はゴム，ビニール，金属，細木など各種ある。

ウエザーリング [weathering] ①日光や風雨の影響で，時間の経過とともに起こる材料の風化。②窓下に外気に面して取り付ける雨仕舞用の水垂れ。

ウエス [weth] 機械器具の掃除や塗装工事などで使用するぼろきれ。

ウェットジョイント [wet joint] プレキャスト鉄筋コンクリート(PC)部材を接合する場合，接合部分に補強筋を入れてモルタルやコンクリートを充てんして応力を伝達できるようにした接合方法。→ドライジョイント

ウェブ [web] 鉄骨構造のH形断面やI形断面の，上下のフランジをつなぐ部分。曲げ材の主としてせん断力を受けもつ。→フランジ

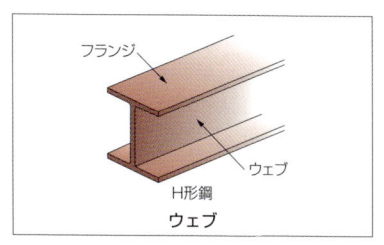

ウェブ

ウエブレン 鉄筋コンクリート造や鉄骨鉄筋コンクリート造の梁貫通孔に用いられる金属製スリーブと開口部補強筋とを組み合わせた特許製品。〔製造：テイエム技研，商標登録第1712022号〕

ウエルダー [welder] 電気溶接機のこと。一般的にはエンジン付きウエルダーを指す場合が多い。

ウエルドメッシュ [welde wire mesh]
⇨溶接金網

ウェルポイント工法 [well point method] 掘削をしやすくするために，地下水を低下させる工法の一種。端にあるパイプ（ウェルポイントと呼ぶ）をウォータージェットで地中に打ち込み，地盤内の地下水を集水し強制排水する。

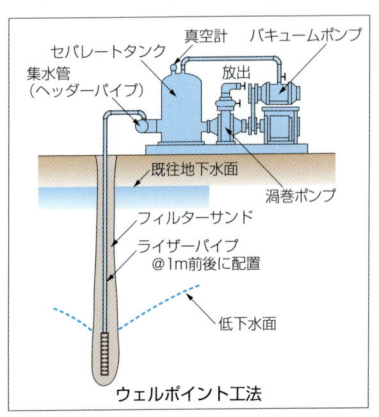

図：ウェルポイント工法（真空計，セパレートタンク，バキュームポンプ，集水管（ヘッダーパイプ），放出，既往地下水面，渦巻ポンプ，フィルターサンド，ライザーパイプ＠1m前後に配置，低下水面）

ウォークスルーインタビュー [walk-through interview] 現場調査の中で行うインタビュー。環境評価や業務調査では，実際の現場状況の把握が必要である。現場調査における観察や実測の他に，これを補正するために，実際にそこで執務・生活している者を対象に，感想や意見などヒアリングすることにより，具体的，実感的な情報を収集することができる。

ウォータージェット [water jetting] ノズル先端から噴出させた高圧水のことで，掘削工事に利用されるが，鉄筋コンクリート部材の切断にも活用されている。

ウォーターハンマー [water hammer] 水激圧。配管内を流れていた水を急に止めると，流れていた水のエネルギーが水を圧縮して水圧を上昇させるエネルギーのこと。ドンという衝撃音を発する，配管を振動させる，配管材料を膨張させるエネルギーなどに変換される。騒音問題の発生や配管損傷の原因ともなる。「水撃作用」ともいう。

ウォールウォッシャー [wall washer] ダウンライトの一種。壁面全体を均一に照射することを目的とした器具。一般的なダウンライトと異なり，一方向（いわゆる壁方向）のみ強く配光されるように反射板設計されている。

ウォールガーダー [wall girder] 鉄筋コンクリート造で，幅が狭く成（せい）の高い断面で壁のように扱われる梁のこと。例えば，外壁の腰壁と下り壁を一つの梁断面としたもの。

ウォッシュプライマー [wash primer] 塗装工事において，金属面の下地処理に使用する塗料で，「エッチングプライマー」「金属下地処理塗料」ともいう。JIS K 5633。

ウォッシュボーリング [wash boring] ノズルから圧力水を噴出させながら掘り進むボーリング方法。→ボーリング

浮かし基礎 設備機器などから発生する振動が建物に伝わらないように，建物の床との間に緩衝材をはさんでつくられた機械基礎。

穿初の儀 （うがちぞめのぎ）地鎮祭において，建築主が鍬（くわ）を入れ，施工者の代表が鋤（すき）を入れる儀式。鍬および鋤を盛砂にそれぞれ3度入れる動作を行う。「鍬入れの儀」の一部を構成する儀式である。→地鎮祭

浮き 仕上材と下地材，あるいは躯体と下地材の界面相互の接着が不良となり，すき間が生じ部分的に分離する現象。「肌分れ」，「浮上り」ともいう。

浮上り ⇨浮き

浮き石 法面（のりめん）などを造成する掘削工事において，地山（じやま）と一体になっていないで落ちそうになっている石。落下による災害を防ぐため，あらかじめ取り除く必要がある。

浮き水 まだ固まらないコンクリート

の水分が分離して表面に浮き上がった水。「ブリージング水」ともいう。→ブリージング

浮き床（うきゆか）床に遮音性をもたせるため，コンクリートスラブなどの構造床の上に緩衝材をはさんでつくった二重床。

受入検査　材料，部品，部材等を搬入する際に，受入れが可能かどうかを検査すること。また，その行為をいう。

請負　建設工事にあっては，請負業者が工事の完成を約束し，注文者がその結果に対し代金の支払いを約束すること。工事は請負業者自身の労務によらずに下請に出してもよい。また注文者は工事未完成のうちはいつでも，損害を賠償して契約を解除することができるなどが民法に規定されている。

請負業者　⇨コントラクター

受け筋　スラブ端部の上端(うば)筋の沈みを防止するために配置する補助鉄筋。

受け座　錠前において，ラッチやボルトの受けとなる短冊状の金物。ドアの枠側に付く。

請書（うけしょ）注文書に掲げられた注文を引き受ける旨を記載した簡易な書類。建設工事においては，元請が出す注文書に対して，下請が渡す簡単な請負承諾書のこと。

請け取り　事前に歩掛りと作業量とを想定し報酬を決めてから作業にとりかかる請負もしくは賃金支払いの方法。個人または小グループに対する能率給の一種。小間(こま)割りも請け取りの一種。→小間(こま)割り

後ろ踏み　⇨後(あと)踏み

雨水浸透管　雨水を土中に浸透させるもので，配管が多孔状になっている。

雨水貯留槽　雨水を敷地内に一時貯留する槽。都市洪水防止，自己水源の確保，地域防災水源，地域水循環システムの再生という4つの役割をもつ。

雨水桝（うすいます）　雨水を集め，排除するために，敷地内に設置する桝。底部に泥だめをもつことから「泥だめ桝」ともいう。

薄塗り工法　通常のモルタル塗り厚25～30mmに対し，10mm以下の塗り厚で仕上げる工法。薄塗り用の既調合セメントが使用される。

渦巻ポンプ（うずまき―）渦巻状のケーシングの中の羽根車を回転させ，この羽根車の遠心力による揚水作用を利用して揚水するポンプ。給水設備において最も多用される。

打上げ契約　コンクリートの骨材や埋戻し砂などの納入契約の際に，図面上の数量に基づいて結ぶ請負契約のこと。工事完了まで数量増減があっても契約数量を変更せず，納入者に責任をもたせる。

打上げ天井　縁甲(えんこう)板，フローリングなど，本来は床に貼る材料を使用して仕上げた天井。

内側鉄筋　壁部分をダブルで配筋する場合の，内側の鉄筋のこと。

内金払い（うちきんばらい）請負契約に基づいて，建築主が請負金の一部を工事の途中で請負者に支払うこと。

打込み杭　ハンマーやモンケンなどのおもりによって地中に打ち込まれる杭。木製，コンクリート製，鋼製などの既製杭が使われる。騒音や振動が激しいため市街地では使用されなくなった。→埋込み杭工法

打込み速度　コンクリート打設に要する速度で，一般に時間当たりの打設量で示す。

内断熱工法　断熱層を外壁など躯体の内側(室内側)に施工する工法。欠点と

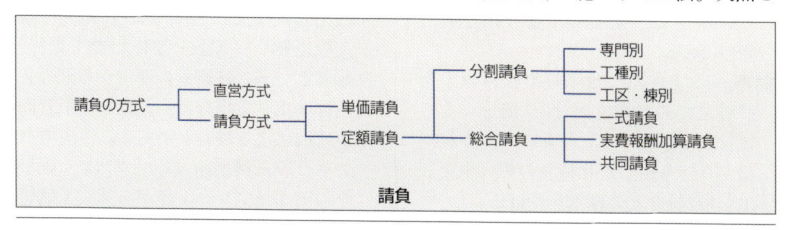

請負の方式	直営方式			
	請負方式	単価請負	分割請負	専門別
				工種別
				工区・棟別
		定額請負	総合請負	一式請負
				実費報酬加算請負
				共同請負

請負

して断熱層と外壁間，隅角部に結露が生じやすいことがあげられる。

打継ぎ ①コンクリートの打ち終わった面に，時間を経て続けてコンクリートを打設する場合の接続部のこと。②中断したコンクリート打設作業を再開すること。また，それによって生じる接続部分をいう。

打継ぎ目 コンクリートの打継ぎ部のこと。

打継ぎ目地 硬化したコンクリートまたは硬化し始めたコンクリートに，新たにコンクリートを打ち継ぐ際，構造上や防水性能上の弱点とならないように設ける直線状の欠込み部分（目地）。

打止め コンクリート打設作業が完了したこと。または打設作業をある部分で切り上げること。

内法 （うちのり）向かい合う２部材間の内側から内側までの寸法。柱間や出入口および窓の寸法を表す場合によく使われる。寸法の測り方としては，ほかに外法（そとのり），心々がある。→心々（しんしん），外法（そとのり）

打放しコンクリート 型枠を解体した状態のコンクリート面が，モルタルなどを塗らずにそのまま仕上げとなるか，あるいは吹付けや塗装下地となるコンクリートのこと。型枠の精度を良くし，ジャンカなどのない良質なコンクリート打設を必要とする。

内防水 （うちぼうすい）地下構造物で地下水などの浸入を防ぐための防水を，地下部分の外壁の内側に施すこと。→外防水

打ち増し ⇨増し打ち

打って返し １度使用した材料などを繰り返し使うこと。型枠パネルを繰り返して使う場合などに用いる言葉。

ウッドシーラー ［wood sealer］木部クリヤラッカー塗装の下塗り用塗料。JIS K 5533。→シーラー

腕木 （うでぎ）①足場板や歩み板を架け渡すために布丸太（ぬのまるた）間をつなぐ短材。「転（ころ）ばし」ともいう。②柱や梁から持ち出した片持ちの短い小梁。出し桁（げた）などの横木を受ける。

馬 ①足場に用いる，歩み板や角材を架け渡すための４本足の台。②長尺物の鋼材やコンクリートパイルを車で運搬する際，運転台の屋根を傷つけないよう荷台に置く４本足の台。③鉄筋を加工したスペーサー。

馬目地 れんが積みやタイル張りで，縦目地が１段ごとにくい違っている目地。「破り目地」「馬乗り目地」「馬踏み目地」ともいう。

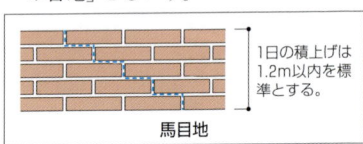

馬目地（１日の積上げは1.2m以内を標準とする。）

海砂 （うみずな）海浜で採取した砂。鉄筋コンクリート用として使用する場合は，塩分量を少なくして使用しなければならない。

膿（熟）む （うむ）地盤が水を含んで軟弱となり，どろどろの状態をいう。

埋め木 木材の節や損傷部分などの欠陥を除去し，その部分に改めて充てんする木片の総称。

埋込み杭工法 既製コンクリート杭を低振動・低騒音で施工する工法の一種で，ベントナイト液や泥水で掘削孔の崩壊を防ぎながらアースオーガーで所定の深さまで掘削を行い，オーガーを引き抜いて杭を挿入するもの。一般的には，杭の先端あるいは周囲をセメントミルクで根固めする。「セメントミルク工法」「ニーディング工法」などがある。→打込み杭

埋込み配管 壁，スラブ等のコンクリート躯体の中に埋め込まれた電気設備，給排水・空調設備用の金属管，樹脂可とう管などの総称。

埋殺し 土止めもしくは基礎部の型枠などに使用した仮設材を取り除かず埋め込んだままにしてしまうこと。「鋼矢板埋殺し」「埋殺し型枠」「捨て型枠」などという。技術上の理由からその必然性が生じる場合と，稚拙な施工管理が原因による場合とがある。薄肉のコンクリート製型枠（ハーフPC），床型枠のデッキプレート等があり，工期短

埋め樋（うめどい）⇨伏せ樋(ひ)
埋戻し 基礎工事や地下工事が完了したあと，基礎および地下構造部の周囲の掘削部に土を戻し，現状の地盤と同様にすること。
裏足 タイル裏側の凹凸のこと。タイル接着用のモルタルやセメントがはがれにくいように工夫されている。
裏当て 溶接作業に際し，溶接部の裏側から溶融金属が抜け落ちないように金属などをうしろから当てること。

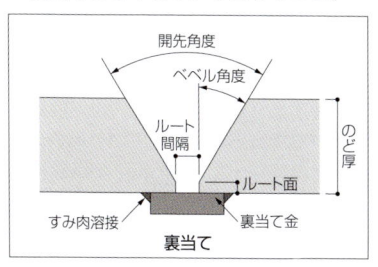

裏当て

裏当て金（うらあてがね）裏当てに用いられる金属材料のこと。
裏鬼門（うらきもん）家相において，西南の方向をいう。→鬼門(きもん)
裏込め ①積み石の安定や排水の目的で，石垣，石積みの擁壁(ようへき)などの背面に詰める砂利や割栗(わりぐり)石のこと。またはその作業。②タイル，張り石などの裏側にある空隙にとろを注入すること。
裏込めモルタル 湿式工法で，石張り工事を行うときに裏側に充てんするモルタル。
裏桟（うらざん）天井板や型枠材のせき板を押さえるために，裏側あるいは外側から当てる釘打ち用の桟木。
裏斫り（うらはつり）完全溶込み溶接において，溶込み不足の部分をガウジングで裏側からえぐり取ること。→ガウジング
売上総利益 ⇨粗利益(あらりえき)
ウルボン 炭素鋼を高周波熱処理し，表面にらせん状の溝を付けてコンクリートとの付着力を強化した異形棒鋼。〔製造：高周波熱錬〕遠心力プレストレストコンクリート杭用の緊張材や鉄筋コンクリート構造の柱・梁のせん断補強筋などに使用されている。
ウレタン塗膜防水 ウレタンゴム系の合成高分子系の液状材料を使用して，所定の厚さの防水層を形成させる防水工法。塗膜防水材には，このほかにアクリルゴム系，クロロプレンゴム系，ゴムアスファルト系等がある。単に「ウレタン防水」ともいう。
ウレタン防水 ⇨ウレタン塗膜防水
上組（うわぐみ）鉄骨工事において，柱や梁を地上で組まないで所定の位置（上部）で組むこと。→地組(じぐみ)
上越し（うわごし）クレーンなどの揚重機で物を移動する場合，途中の障害物の上からワイヤーロープをかけて吊り上げることをいう。
上塗り（うわぬり）左官・塗装・防水工事において，最後に塗る層。またはその作業。「仕上げ塗り」ともいう。
上乗り（うわのり）トラックなど車で材料を運ぶとき，材料の積み降ろしを受けもったり，荷くずれを監視するために車の荷台に乗る人をいう。
上端（うわば）⇨天端(てんば)

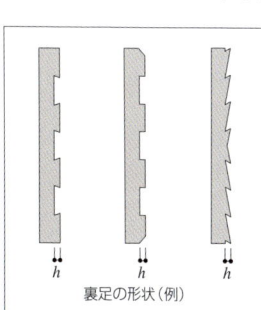

裏足の高さの基準

タイルの表面の面積[1]	裏足の高さ（h）
15cm^{2}未満	0.5mm以上
15cm^{2}以上60cm^{2}未満	0.7mm以上
60cm^{2}以上	1.5mm以上[2]

1）複数の面をもつ役物の場合は、大きいほうの面の面積に適用する。
2）タイルのモジュール呼び寸法が50×150mmおよび50×200mmのものについては1.2mm以上とする。
＊）裏足の高さ（h）の最大は、3.5mm程度である。

裏足の形状（例）

裏足

うわはき

上端筋（うわばきん）鉄筋コンクリート構造物の梁やスラブの上側（上端）に配置された鉄筋の呼称。→下端（したば）筋

上向き溶接 溶接作業において，下方から上向きの姿勢で行う溶接方法。溶融金属が垂れ下がったり火花が振りかかったりするため，最も施工困難な溶接姿勢である。→下向き溶接

上物（うわもの）地上部分にある建築物や構築物等の総称。

上屋（うわや）①建築現場内に設けられた機材・資材などを保護するための仮設用屋根のこと。②雨天などでも工事が可能となるように，建物全体を覆った屋根のこと。③建築物のことで，「あの敷地に上屋が建った」などと土地との対応で使われる。

え

エアカーテン［air curtain］人の出入りの多い開口部で，室内の温度を一定に保つために用いられる高速気流を用いた遮へい技術。百貨店，工場などの出入口に設置する例が多い。「エアドア」ともいう。

エアコン air conditioning の通称。空気の温度・湿度・清浄度などを機械装置で制御して室内を快適にすること。「空気調和」ともいう。

エアサポートドーム［air-supported dorm］屋根を薄い膜で構成し，室内に空気を送り込んで内部気圧を上げ，風船のように空気圧で膜を支える構造の屋根。膜にはグラスファイバーの布あるいはステンレスの薄板などが使用される。従来工法に比べて耐震性に優れ，工期も短く，グラスファイバーなら自然採光も得られるなどの特徴をもち，野球場などの大空間を覆う屋根として使われる。→空気膜構造

エアシューター設備 気送管の中を空気圧によって走行する気送子と称する筒の中に書類などを入れ，建物各所に搬送する装置。病院・図書館などの大きな建物に設置される。「気送管装置」ともいう。

エアタイトサッシ［air-tight sash］気密性をもたせたサッシ。

エアディフューザー［air diffuser］空調用の空気吹出し口のこと。

エアドア［air door］⇨エアカーテン

エアハンドリングユニット［air handling unit］「AHU」「エアハン」と略して呼ぶ場合がある。中央式空気調和に用いる空気調和器。エアフィルター・空気冷却器・空気加熱器・加湿器・送風機などの装置をケーシングに納めたもの。工場で組み立てた空調器をいうことが多い。

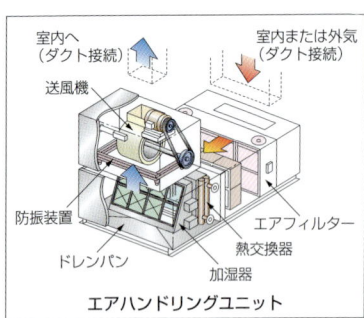

エアハンドリングユニット

エアフィルター［air filter］空気中の浮遊粉塵（ふんじん）を除去するためのフィルター。空調装置では，一般に乾式ろ過式のユニット型が用いられる。室内の衛生環境として「建物における衛生環境の確保に関する法律」施行規則で，室内の浮遊粉塵は空気1m³中に0.15mg以下と定められている。

エアレーション［aeration］汚水処理の過程で汚水に空気を吹き込み，機械的にかくはんすることによって，酸化作用と好気性微生物による浄化作用を促進すること。「曝気（ばっき）」ともいう。

エアロック［air lock］ニューマチックケーソン工法における気圧調整室のこ

と。ケーソンの上部に設けられ，二重扉をもつ。「気閘（きこう）」ともいう。

営業経歴書　民間の発注者向けに建設業者が任意に作成している工事の経歴書。営業活動に用いられる。→工事経歴書

営業停止　建設業法第28条で定められた監督処分（国土交通大臣または都道府県知事が必要な指示を出すことができる）の一つで，全国または指定された地域での営業行為が一時停止となる。なお，処分の最長期間は1年。

衛生委員会　労働者の健康障害の防止など衛生にかかわる事項を審議するために，常時50人以上の労働者を使用する事業所ごとに設ける委員会。総括安全衛生管理者のほか事業者の指名する者と労働者の代表が指名する者で構成される。月1回以上開催しなければならない。常時50人以上の労働者を使用する場合に義務づけられるので，建設現場にはほとんど該当しない。労働安全衛生法第18条，同施行令第9条。→安全衛生委員会

衛生設備工事　給水・排水・給湯，通気，汚物処理などに関する配管，器具設置などの工事。

衛生陶器　硬質陶器製の衛生器具。JIS A 5207。

鋭敏比（えいびんひ）粘性土を乱すことによる強度低下を示すパラメータ。この値が大きいほど強度の減り方が大きい。一般に鋭敏比が4以上の粘土を「鋭敏な粘土」という。

液状化現象　砂質地盤において，その粒度が一定の寸法以下の場合，地震力を受けると，その砂質地盤が液体の状態を呈することになる現象をいう。地盤が液状化すると，地盤自体が流動して支持力が維持できなくなるため，建築物の倒壊を引き起こすことになる。「クイックサンド」ともいう。

エキストラ　[extra]「余分の，特別の」の意で，見積の際，標準単価にプラスされる特別の金額に対して使われる。

エキスパンションジョイント　[expansion joint] 部材同士あるいは構造物そのものの間で，気温・地震・不同沈下による膨張・収縮・振動・ひび割れなどの有害な影響を防ぐために設ける分離した接続部。本来は一体のものを一定の長さに切り離し，かつその連続機能を損なわないように工夫されている。橋梁・道路・細長い建築物，高層建物と低層建物の連結および設備配管などに用いる。「伸縮継手」ともいう。

エキスパンデッドメタル　[expanded metal] 工場などの廊下，床，階段の踏板などに用いられる網目状の鋼材。鋼板に千鳥状の切れ目を入れ，冷間で切れ目と直角方向に押し広げて作製したもの。「エキスパンドメタル」ともいう。JIS G 3351。

液性限界　粘性土が塑性状態から流動状態に移るときの含水比のこと。$L.L.$ または WL で表示する。土の自然含水比が液性限界に近いか，それ以上であれば掘削工事において注意を要する。→塑性限界

液性指数　自然含水比と塑性限界の差を塑性指数で割った値をいう。$IL = (w - PL)/PI$ で表す。$IL \geq 1$ の場合は，土を乱せば液状になる可能性があり，注意を要する。コンシステンシー指数（Ic）とは，$IL + Ic = 1$ の関係にある。→塑性指数

エクステリア　[exterior] 各種の付属構造物や通路・庭・門扉（もんぴ）など，建物の外部にあるもの，あるいはそれらのデザインをいう。広くは地域全体の景観を含めていうこともある。「外構」ともいう。→インテリア

エコハウス　[eco-house] 自然の恵みを十分に取り入れるライフスタイルに基づいて計画される住宅で，省エネルギーや地球温暖化防止を実現するために，照明，冷暖房器具の改善や気密性・断熱性を高めた工法の採用，太陽光発電・太陽熱温水器・雨水利用・風力発電・ビオガーデンなどの設備を備えている。国土交通省が推進している環境保全型住宅の構想。「環境共生住宅」という。

エコマーク　[eco-mark] 生産から廃棄

にいたるライフサイクルを通して環境への負荷が小さく、環境保全に役立つ製品に付けられている環境ラベルの一つ。日本では(財)日本環境協会が認定している。ドイツのブルーエンジェル，アメリカのグリーンシール等，各国にも同様な制度がある。

エコマーク

エコマテリアル［ecomaterial］地球環境に優しい新環境調和材料をいう。製造時におけるエネルギー消費の抑制や環境負荷の軽減，使用時に環境を汚染しない，リサイクルが容易であるなどを考慮した環境調和材料。

エスカレーター［escalator］トラスで構造され，トラス上部の機械室にモーター(駆動装置)を置き，踏段チェーンで踏段を動かす方式が一般的。さまざまな安全装置が構成されている。基本的には，動く歩道も同じ方式。

エスレンボイドスラブ 半製品のプレキャスト鉄筋コンクリート(オムニア)板にフォームポリスチレンの成型品のボイド型枠を取り付け，現場で所定の位置にセットした後，配筋およびコンクリート打設を行ってつくられる床。同じ重量(単位面積当たり)のスラブに比べ剛性が高く，長スパンのスラブの設計が可能である。〔製造：積水化成品工業〕

エチレンフォーム［ethylene form］エチレンを発泡させ形成した断熱材料。「フォームエチレン」ともいう。

エッチング加工 特定の薬品による腐食で銅板やステンレス板・アルミ板・ガラスなどに模様を浮き彫りにする表面処理方法。絵画的な模様が可能。ふっ化水素でガラス面に絵模様などを彫刻したものを「エッチングガラス」という。

エッチングプライマー［etching primer］塗装に際して，金属の表面処理とさび止めを同時に行う塗料。金属の表面をリン酸で侵食して粗面とし，表面をさび止め顔料で被覆する。「金属前処理塗料」ともいう。

江戸間（えどま）木造建築において，柱の心々(しんしん)寸法を1間＝6尺として割り付けた間取りのこと。関東で行われている間取りで，「田舎間(いなかま)」「関東間」ともいう。→京間(きょうま)

エトリンガイト［ettringite］セメント中のアルミネートと石膏が反応してできる水和初期の針状結晶鉱物。これが多量に生ずると著しい膨張を起こし，その圧力でモルタルやコンクリートを崩壊させる原因となる。「セメントバチルス」ともいう。

エナメルラッカー［enamel lacquer］
⇨ラッカーエナメル

エネルギー消費係数 ⇨CEC 略

海老束（えびづか）床脇(とこわき)に設ける違い棚の上下の棚板をつなぐ束。束高は5〜10cm程度で，4稜に面をとり，上下の小口(こぐち)は蟻ほぞとする。「雛束(ひなづか)」ともいう。→床の間

海老樋（えびどい）シュートによるコンクリート打設に際し，ホッパーとシュートの間に取り付けて，シュートの方向を自由に変えられるようにするための樋。

エフロレッセンス［efflorescence］れんが目地，タイル目地，コンクリートなどの表面に発生する結晶化した白色の物質。セメントの硬化で生成した水酸化石灰と大気中の炭酸ガスとが化合した炭酸カルシウムのこと。「擬花(ぎか)」「白華」「鼻垂れ」ともいう。

エポキシアンカー［epoxy anchor］アンカーボルトなどを後付けで固定する方法の一つ。コンクリートや岩盤にドリルで穴をあけ，ボルトを挿入してその周囲をエポキシ樹脂で固めたもの。

エポキシエナメル［epoxy enamel］⇨エポキシ樹脂塗料

エポキシ樹脂接着剤 エポキシ樹脂を用いた接着剤。耐薬品・耐熱・耐水など万能の用途に適し，コンクリートの亀裂補修に多用されるほか，金属の接

着剤としても用いられる。

エポキシ樹脂塗料 エポキシ樹脂を成分とした塗料。常温乾燥用と焼付け用があり，耐薬品性・耐候性のある硬い塗膜をつくる。「エポキシエナメル」ともいう。

エマルジョンペイント [emulsion paint] 合成樹脂エマルジョンペイントのことで「EP」ともいう。使用樹脂の種類により酢酸ビニル系，アクリル系，合成ゴム系などがある。塗りやすく，施工中引火の心配もない。コンクリートやモルタル面の塗装に適している。エマルジョンとは，異質の液体と液体，あるいは液体と固体が溶け合わずに混ざり合っている状態をいう。JIS K 5663。

エラスタイト [elastite] 防水押えコンクリートや土間コンクリートの伸縮目地などに入れる，板状のアスファルト系材料。

エルボ [elbow] 給排水，給湯，蒸気などの配管曲部の接続に用いる円弧状の継手用曲管。JIS B 2301。

エルボ返し 暖房用の配管方法の一種。熱膨張により管が伸縮して配管や機器を破損しないよう，エルボを3～4個使用して配管の伸縮を吸収させる。

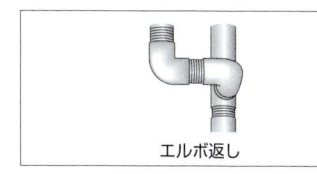

エルボ返し

エレクション [election] S造，SRC造における鉄骨の現場組立てのこと。また，プレキャスト鉄筋コンクリート（PC）構造における壁板・床板を建て込むこと。→建方(たてかた)

エレクションピース [election piece] 鉄骨柱などに工場製作段階で取り付けた仮設用のプレートのこと。鉄骨建方(たてかた)の際に利用し，現場での部材相互の溶接時に切断してしまう。

エレクター [elector] 鉄骨部材を現場で組み立てる作業者のこと。従来の鉄骨鳶(とび)の公式な呼称。

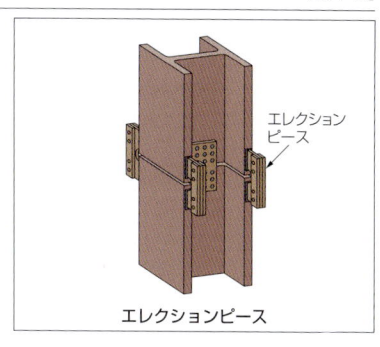

エレクションピース

エレクトロスラグ溶接 自動溶接の一種。溶けたスラグの中に電極ワイヤーを送り込んで，スラグの抵抗による熱を利用してワイヤーと母材とを溶融する溶接方法。この特徴は，板厚が厚くなるほど能率的，開先が簡単(I形)，スラグ巻き込みなどの欠陥が少ないことなどである。また熱影響部のばらつきが大きく，熱影響部は軟化してしまう，溶接金属の高温割れなどの欠陥が生じる欠点もある。鉄骨の柱・梁のフランジ溶接にも使用され，ボックス柱の箱断面が成形されたあとの溶接に多く使用されている。

エレクトロニックコマース [electronic commerce] コンピューターネットワークを使って行う経済活動の総称。「電子商取引」「Eコマース」ともいう。

エレクトロニックセラミックス [electronic ceramics] 絶縁材として用いられるセラミックス。熱や圧力を電気に変えたり，温度が高くなると電気抵抗がゼロになるなど，種々の電気特性を有する。「エレクトロセラミックス」「電子セラミックス」ともいう。

エレベーション [elevation] ⇒立面図

エレベーター機械室 エレベーターの構成材である巻上げ機，制御盤，調速機等が設置される室。建築基準法施行令において構造が規定されている。

エレベーター群管理 集中配置されている複数のエレベーターを有効に利用するため，全体の運用状況を見ながら行う総合的な運転管理方式。上り下りカゴの配置，着床階の調整，運転台数管理などを行う。

エレベーターシャフト [elevator shaft] 建築物の中にあるエレベーターの走行する垂直の空洞部分。この部分は防火区画になるので、耐火構造の壁と防火戸で区画される。

エレベーターピット [elevator pit] エレベーターの底部。最下階の床面から昇降路の底部までの垂直距離は、かごの定格速度に応じて規定されている。

エレベーターレール [elevator rail] エレベーターの構成材の一つ。かごを案内するレール。このレールに沿って、かごが昇降する。

塩害 海岸近くの構造物に海水飛沫や海塩分子が付着し、それに含まれる塩素イオンによって鉄、アルミニウムなどの金属部分が腐食する被害。台風の通過が多い沖縄地方、冬の季節風の強い日本海側の地方、島嶼(とうしょ)部などで被害が大きい。

塩化ビニル樹脂塗料 耐薬品性、耐水性、耐湿性に優れ、JISでは1種(モルタル、コンクリート用)、2種(金属面用)、3種(対薬品用素地)が規定されている。

エンクローズド溶接 [enclosed welding] 母材に開先角をとらず、すき間をあけて向かい合わせ、銅製の当て金で底部と側面をふさぎ、下向きにアーク溶接を施す工法。プレキャストコンクリートに内蔵された鉄筋相互を接合する場合に用いられる。

エンジニアードウッド 一般的に「加工木材」という訳語があてられており、木材繊維の工学的性質を利用した木材加工品の総称。LVL(マイクロラム)、集成材(グルーラム)、OSB(オリエンテッドストランドボード)、ウェハーボード、パララムなど、樹脂で木材またはその繊維を固型化したもののほか、その2次加工製品、Iビーム(商品名TJI)、ラチス梁、ボックスビームなどをいう。

エンジニアリングコンストラクター [engineering constructor] エンジニアリングの機能的意味は、プラントや工場新設に際して、事前の調査研究、設計、調達、据付け、建設管理、操業、設備機器の製作、運用管理までの一連の活動すべてをまとめていく行為をいう。これらを事業として行うものを「エンジニアリング企業」といい、大手建設会社は拡建設業の一つとして、従来の施工中心からエンジニアリング的機能をもつことを企業の目標としている。「EC化」ともいう。

延焼の恐れのある部分 隣の建物が火災になった場合に、延焼を受ける危険性のある部分。建築基準法で「隣地境界線、道路中心線又は同一敷地内の2以上の建築物相互の外壁間の中心線から、1階にあっては3m以下、2階にあっては5m以下の距離にある建築物の部分」と定義されている。建築基準法第2条6号。

延焼防止 火災の周辺への延焼や拡大を防止するための方策。建築基準法では、防火区画や防火壁の設置、外壁・屋根の防火性能の確保、開口部への防火対策などを規定している。都市レベルでは、防災建築物や防災建築街区の指定、防火林・防火水面の確保などがこれにあたる。

エンジンドア [engine door] ⇨自動扉

遠心力鉄筋コンクリート管 ⇨ヒューム管

遠心力鉄筋コンクリート杭 鋼製型枠を回転させて、遠心力を利用してコンクリートを締め固めてつくる杭。軸方向の鉄筋は径9〜13mmを使い、それをらせん状に径3〜4.5mmの鉄筋で巻く。コンクリート強度は400kg/cm²以上、水セメント比45%以下と規定されている。通称「RC杭」という。JIS A 5310。

延性 (えんせい) 弾性の範囲を超える引張力がかかっても、破壊せずに塑性変形する性質。この性質をもつ材料を「延性材料」といい、細い線や薄い板をつくるのに適する。→弾性

縁石 (えんせき) ⇨縁石(ふちいし)

鉛丹 (えんたん) 一酸化鉛を焼いた赤色顔料。

鉛丹錆止めペイント (えんたんさびど

め一）鉛丹にボイル油またはワニスを混ぜ合わせたさび止め塗料。おもに屋外の大形鉄鋼構造物や建築物の地肌塗りに用いられる。JIS番号をとって「5622」と呼ばれることもある。JIS K 5622。

鉛直・水平分離打ち工法 鉄筋コンクリート造において、梁・床の配筋の前に柱・壁のコンクリートを打設し、その後、梁・床の配筋を行ってその部分のコンクリートを打設する工法。コンクリートを十分締め固めるために行うもので、JASS 5では高強度コンクリートの打設はこの方法を指示している。

沿道区域 掘削などの結果、道路に損害を与えたり、交通止めの危険がある場合に、道路管理者によって指定される道路沿いの区域。国道、都道府県道などの種別や幅員によって指定する範囲が異なる。

沿道掘削 沿道区域を掘削すること。道路管理者の承認を必要とする。

円筒錠 握り玉にシリンダー錠を組み込んだ錠前。通常、内側はプッシュボタンまたはサムターンとなっている。モノロック、ユニロックなどの商品名が一般的。「チューブラ錠」ともいう。

エンドタブ [end tab, run off tab] 溶接の際、アークのスタートおよびエンド部分のクレーターに欠陥が生じやすいので、それを避けるため溶接ビートの始点および終点に取り付ける捨て板用の補助板。スチールの補助板を開先形状に合わせて取り付ける方式のものが一般的であるが、ほかに作業性の向上をめざして開発された「フラックスタブ」あるいは「ゲージタブ」がある。

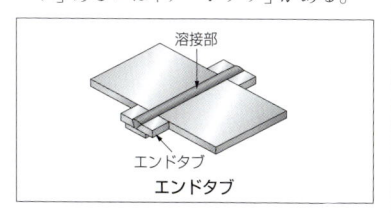

エンドタブ

煙突効果 設備関連の竪シャフト、階段室、高層建築物などの縦長の区画で内外空気の比重差、区画の長さなどによって、区画内に上昇気流が発生すること。高層建築物ではこれを防ぐために、1階出入口に風除室や回転扉を設ける。

エンドプレート [end plate] 梁などの鋼材の端部に、材軸の直角方向に取り付ける鋼板。

エントラップドエア [entrapped air] 混和剤を加えないコンクリートにおいて、混練の際に入る気泡のこと。通常のコンクリートでは、1％前後の空気が含まれる。

エントレインドエア [entrained air] AE剤などの表面活性作用によってコンクリート中に連行される気泡のこと。「連行空気」ともいう。

エンドレス [endless] スキーリフトやベルトコンベヤーのような循環式運搬用具のこと。ワイヤーロープなどの両端をつないで使う場合、「エンドレスにする」と言うこともある。

円盤摺り（えんばんずり）機械で行う板石の荒ずり。鉄砂あるいはカーボランダムを研磨材とし、円盤を回転させてみがく。

塩ビ鋼板 溶融亜鉛めっきを施した鋼板やステンレス鋼板に、ポリ塩化ビニルを主体とした被覆物を積層したり塗装した内・外装材。屋根や外壁などの高耐食・耐候性外装用として用いられるほか、家具、内壁、雑貨などの内装用にも多用されている。JIS K 6744。

エンボス鋼板 表面に凹凸を付けて模様とした塗装鋼板。凹凸は鋼板に付けたものと塗膜に付けたものがあり、後者には複雑な模様もある。

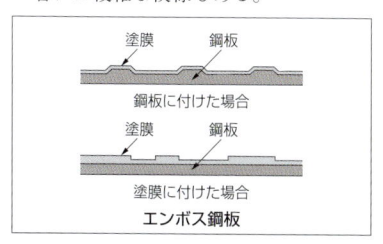

エンボス鋼板

閻魔（えんま）ペンチのように上下のかみ合せにより、打ち込んだ釘を抜く道具。

縁を切る（えんをきる）熱や音，振動などの伝導を防いだり，連続的な亀裂を防止したりするため，部材同士を直結させないようにすること。

お

オイルサーフェーサー [oil surfacer] ラッカーエナメル塗装などにおける中塗り用の塗料。下地の吸込み止めなどの効果がある。

オイルジャッキ [oil jack] 加力機器の一つで，ラムを油圧で押し上げる構造。スクリュー式やカム式のジャッキに比べ，押上げ能力が大きい。

オイルステイン [oil stain] 木部塗装で木地を生かした仕上げをする場合の着色塗料。「OS」ともいう。

オイルダンパー [oil damper] 振動エネルギーを吸収する制振装置の一つ。油の流体抵抗力を減衰力として利用するもので，油を鋼製のシリンダーの中に封入した構造のものが多い。→制振ダンパー

オイルトランス [oil trance] 変圧器の一種で，冷却媒体に油を使用しているもの。ビル建築の大半は，この種の変圧器を使用している。他種にモールド型トランスがある。

オイルペイント [oil paint] ⇨調合ペイント

黄金比（おうごんひ）線分ABをC点で分割したとき，AB：AC＝AC：BCとなる比率（ほぼ1：0.618）をいう。短辺と長辺の比が黄金比となる長方形から短辺を一辺とする正方形をとると，残った長方形はやはり黄金比となる。黄金比でつくる造形は美しく安定感があるとして古くから利用されており，建築家のル・コルビュジエはモジュールに採用した。

応力 外力に抵抗する材料内部の力。外力を加えられた材料の内部には，それに抵抗する内力が働くと考え，その内力を応力という。直線材の場合は，軸力，せん断力，曲げモーメントなどが代表的。

オーガー [earth auger] 杭の穿孔機械の錐のこと。

オーガーパイル工法 アースオーガーで掘削した杭孔に，オーガーを引き抜きながらモルタルを注入し，鉄筋を挿入して杭を造成する工法。

オーガーボーリング [auger boring] 比較的浅い部分の地盤調査用のハンドオーガーを用いたボーリングのこと。土質にもよるが通常，深さ7m程度までは調査できる。→ボーリング

大型型枠工法 型枠の組立て・脱型・小運搬などのシステム化をはかるため，せき板を大型化したり，せき板と支保工とを組み合わせてユニット化した大型型枠を用いる工法。主として揚重機を使って施工する。この工法は，労務量の節減，施工の合理化，躯体精度の向上，および型枠資材の削減などの長所をもつが，建物の規模・形状および敷地条件によっては採用が困難な場合が少なくない。

大矩（おおがね）三角形における3：4：5の割合から直角を求める定規。現場において簡単なものは貫材でつくられる。「大定規（おおじょうぎ）」「三四五（さんしご）」ともいう。

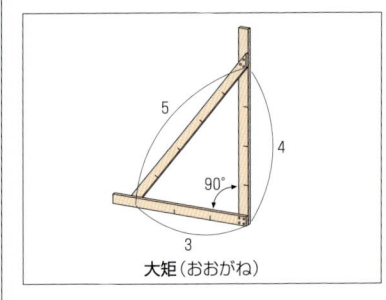

大矩（おおがね）

大壁構造（おおかべこうぞう）軸組構造に間柱や筋かいが取り付けられても，その間柱や筋かいが化粧に表れ

ることがないように，壁面が構造材を覆い隠すようにした構造をいう。現在では，パネル構造や構造用面材で壁を造り，間柱や筋かい等のない壁構造も大壁構造という。ツーバイフォー工法や軽量鉄骨軸組構造等も大壁構造である。→真壁(しんかべ)構造

オーサス [OHSAS] 労働安全衛生マネジメントシステムのことで，現在のところISO規格でなく，いくつかの認証機関が参加して作成した国際コンソーシアム規格である。この規格を運用し認証登録している組織は，安全で快適な職場環境を保持するための配慮と努力をしているとされている。

大定規 (おおじょうぎ) ⇨大矩(おおがね)

オーストラル ⇨滑り出し窓

オーダーエントリーシステム [order entry system] 顧客の要求する製品の仕様・規格などを明確にして，希望数量・時期に合うように効率的に製造・供給することを目的としたシステム。

大津壁 (おおつかべ) 色土(いろつち)，石灰，すさにのりを練り混ぜて仕上げた日本壁。表面は平滑で，光沢のある高級な仕上げとなる。

オートクレーブ養生 高温高圧の容器（オートクレーブ）を用いた養生方法。プレキャスト鉄筋コンクリート（PC）製品をこの容器内に入れ，高熱の蒸気を送り，圧力を加えることで早期に強度が得られる。ALCパネル，高強度のPC杭等の養生に用いられる。「高圧蒸気養生」ともいう。

オートドア [auto door] ⇨自動扉

オートヒンジ [auto hinge] 開いた扉を速度調整しながら自動的に閉める機能をもつ建具開閉金物。旗丁番型のものと，扉の内部に収まる中心吊り型のものがあり，防火戸などに使用する。

オートリフター装置 高天井部に設置する照明器具を昇降させる装置。電球交換等のメンテナンスを考慮して設置する。

オートロック [auto lock]「電気錠」ともいわれ，遠隔操作で電気的に施錠・開錠できる。マンションなどで使われ

ている。

オーバーコンパクション [overcompaction] 土を締め固めすぎること。締め固めるときに転圧しすぎると，かえって強度が減少してしまう。

オーバーブリッジ [overbridge] H形鋼などを柱や梁にして歩道上空につくる仮設の床。現場事務所の設置や仮設の受変電設備置場，あるいは歩行者の防護のために設ける。

オーバーフロー 洗面器，便器ロータンク，洋風浴槽など，上縁から水をあふれさせないように設けられた水の流出機構。浴槽についていえば，和風浴槽は洗い場には防水工事が施してあり漏水の心配はないが，洋風は溢水(いっすい)すると洗い場から漏水する。入浴して水があふれても，オーバーフロー管に流出するようになった機構をいう。

オーバーフロー管 水槽の水が揚水ポンプの故障や熱膨張のため一定量オーバーの状態になったとき，あふれた水を逃がすための管。「あふれ管」「溢水(いっすい)管」ともいう。

オーバーヘッドドア [over head door] シャッターと同様に，上部に引き上げて開放する大型扉。扉は両側のレールに沿って天井部に収納される。スプリングを使った手動式のものが多く，開閉が簡単で，駐車場や倉庫に使用される。「フライングドア」ともいう。

オーバーラップ [over-lap] 一般的には，ある部分に他のものの端が重なった状態でつながっていること。溶接においては，溶着金属が端部で母材に溶け込まないで重なっている状態。溶接欠陥の一種。

オーバーレイ型枠用合板 コンクリート型枠用合板の転用回数を増やし，コンクリート面の仕上がり状態の向上のため，フェノール樹脂含浸紙などをオーバーレイした合板。

オーバーレイ合板 普通合板の表面を樹脂含浸紙，PVCシートなどで覆う二次加工を施した合板。「化粧合板」ともいう。

大引き ①木造の1階床組において，

根太(ねだ)を受ける10cmほどの角材。90cm間隔で渡し、束(つか)で支えられる。②一般に仮設工事や型枠工事などで、支柱の上部に渡す横材をいう。

オープン価格 [open price] 商品に定価を定めず、販売価格は小売店が決める価格設定の方式。一般的に商品の価格はメーカーが主導的に定価を設定するが、他メーカーとの価格競争が激しい場合など、小売店が価格設定したほうが売上げが向上することがある。「オープンプライス」ともいう。

オープンケーソン工法 鉄筋コンクリート製の中空円筒状の構造物（井筒と呼ぶ）を地中に沈めるために、その内部を掘削して沈下させる工法。周辺の地下水位が低い場合はそのまま機械で掘削し、逆に高い場合は内部に水を張って水中掘削とする。圧縮空気を用いず常温で作業できる。→井筒(づつ)工法、ニューマチックケーソン工法

オープンジョイント [open joint] シーリング材に頼らない外壁のジョイント方法。表面張力・毛細管現象・気圧差・運動エネルギーなど、雨水の浸入する力に対して断面形状の工夫で対応する。外気圧と等圧の空間を設けることが特徴。カーテンウォールなどに採用される。

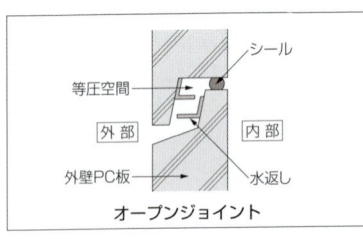

オープンジョイント図（シール、等圧空間、外部、内部、外壁PC板、水返し）

オープンタイム [open time] 接着剤を塗布したあと、被着材料を張るまでの時間。最適なねばりが出るまでの時間は、被着材料、接着剤、気温、作業状況などにより違いがある。

オープンプライス [open price] ⇨オープン価格

大面 （おおめん）柱などの隅角部(稜)をそいで加工した面が大きいもの。小さいものを「糸面」という。→面

オーライを取る 振れや回転を防ぐため、クレーンの吊り荷に介錯綱(かいしゃくづな)を付けること。

オールケーシング工法 [all-casing method] 場所打ちコンクリート杭の孔壁崩壊を防止するために、杭全長にわたってケーシングを圧入する工法。

岡打ち 根切りを行う前に、杭頭の深さを考慮して、雇い杭を使って地表面から杭打ちを行う方法をいう。「やっとこ打ち」ともいう。

拝む 直立しているべきものが傾いていること。例えば、橋台が不同沈下で手前に前傾している場合などに使う。

置きスラブ コンクリートを後打ちとし、梁とは一体としない構造のスラブ。全面ピットとなる地下室のスラブなどに用いられる。

置場渡し 材料などを置場で受け渡しする条件の取引き。例えば、少量注文の鉄筋などトラック1台で運ぶには運搬費が高くつく場合、現場にあるトラックで直接取りにいくように、使用場所までの運搬費は購入者負担となる。「倉庫渡し」ともいう。

屋外エレベーター 人や荷物を上下に昇降運搬するために、屋外に設置された機械の総称。労働安全衛生法、労働安全衛生規則、クレーン等安全規則などの法規制がある。

屋外消火栓 火災が屋内消火設備で間に合わないほど拡大した場合に使用する目的で、大規模建築物の屋外に設置する消火栓。消防法により規定されている。

屋上防水 人が出入りできる陸(ろく)屋根部分をアスファルトやシートなどの防水材料を使い防水層を形成すること。

屋上緑化 断熱作用による省エネルギー効果、都市部のヒートアイランド現象の緩和、建物の耐久性の確保、癒(いや)しの空間確保等を目的として、ビルやマンションの屋上部分に芝生を敷いたり、植栽をすること。

屋内消火栓設備 屋内に設ける消火栓で、素人でも消火活動ができる設備。水槽、配管、ポンプ、放水ホースで構

成されている。「ナイセン」とも呼ぶ。

奥行 建物，部屋，家具などにおいて正面の幅に対し側面の長さを一般的に奥行という。例えば，建物の正面に対する側面の長さ，枠の見付けに対する見込み寸法など。→間口(まぐち)

送り ①間隔のこと。②製品の納品証明書(送り状)。

送り状 資材などの納入に際して添付される書類の一つ。送り先，送り元，品目，数量などが記載されている。

押え ①左官工事で，表面の最終仕上げに鏝(こて)で押さえるようにならすこと。仕上げの程度を「金鏝3回押え」などと表現する。②防水層などを保護すること。押えコンクリートなど。

押え金物 コンクリートスラブ上の防水層をパラペットなどで立ち上げる際その端部を押さえるために使用する，アルミやステンレス等の金物の総称。

押えコンクリート 防水層を保護するため防水層の上に施すコンクリート。軽量コンクリートを使用することが多く，熱膨張に対応するため，相応の大きさに区画して打設する。→防水(層)押え

押え盛土 (おさえもりど) 軟弱地盤に盛土する場合，盛土した部分の外周の地盤が隆起することがあり，これを抑えるために盛土することをいう。

押えモルタル 防水層を保護するために，防水層の上に施すモルタル。→防水(層)押え

納まり 現場で取り付けられるさまざまな部材の組合せの具合のこと。美観的にも機能的にもきちんと整っていることを「納まりがよい」という。

押出し成形 所定の形状にくり抜いた穴から熱で軟化させた材料(金属，プラスチックなど)を押し出してつくる部材。アルミのサッシュバーはほとんどこの製法である。「引き抜き」と呼ばれることもある。

押出し成形セメント板 セメントにけい酸質材料および繊維質材料を混ぜて水練りし，押出し成形後に高温養生した中空パネル状のセメント製品。軽量で耐水・耐火・遮音性に優れ，外壁・間仕切りなどに使用される。

押出し発泡ポリスチレン ポリスチレン樹脂に発泡剤を加えて加熱し，押出し成形したプラスチック発泡材。軽量で耐圧強度が大きい，独立気泡で熱伝導率が低い，水の透過もほとんどないなどの性質をもつ。板状に裁断され，断熱材などに使われる。

押抜き剪断力 (おしぬきせんだんりょく) 板状部材の小面積に集中荷重が作用したときに，板内に生じるせん断力のこと。荷重の作用した部分を押し抜くようなせん断力となる。床スラブに集中荷重が加わる場合などに検討の対象となる。「パンチングシアー」ともいう。

押縁 (おしぶち) 板，合板，テックス類，ガラスなど板状の部材の継目を押さえて留める幅細の材料。材木のほか，真ちゅう・アルミ・銅・亜鉛引き鉄板などの金属性もある。

おしめ ①重量物を移動する際，反対側から一端を固定物に巻きつけて引っ張っておくロープのこと。移動に従って徐々に緩めて急激な移動を防止する。また，ウインチなどが横すべりしないよう水平に引っ張っておくロープのこともいう。②鉄筋やパイプなどの運搬・揚重に際して，その一部が抜け落ちないように，下部から当てがう筵(むしろ)類のこと。

押し目地 ①コンクリート舗装などにおいて，滑り止めのためコンクリート硬化前に板などで平行な凹凸を付けること。②モルタル塗り仕上げ面に，目地鏝(ごて)を使って目地を付けること。

汚水槽 大小便器およびこれに類似の用途をもつ器具からの排水を溜める槽。底部には汚物が溜まらないように勾配を付ける。各都道府県で指導要綱があるので確認が必要となる。

汚水桝 (おすいます) し尿系統の汚水排水に設ける排水ます。ますの底はインバート構造となるため「インバート桝」ともいう。→インバート

オスター [oster] 鉄管，鉛管など鋼管

オゾン層破壊［ozone layer depletion］成層圏にあり，有害な紫外線を吸収するオゾンが減少する現象。地表で使用された特定フロンやハロゲン化物が，時間をへて成層圏の特殊環境下で塩素ガスに分解し，オゾンを分解する。

尾垂れ（おだれ）①屋根や庇（ひさし）の端部において，垂木（たるき）の小口と垂木間のすき間を隠すために取り付けられる横板，すなわち垂木の鼻隠し。②バルコニーや庇の先端に，水切りのために付ける立下り。

落し掛け　床の間の小壁の下端に付く横木。→床の間

踊り場　休息や転倒防止の目的で，階段の途中に設けられる踏面（ふみづら）の広い平坦な部分。階段の方向を変える場合にも設ける。

おなま　全形（21cm×10cm×6cm）のままのれんがのことをいう。→ようかん，半枡（はんます）

帯板（おびいた）帯状に加工された鋼板一般をいう。例えば，フランジ材に二丁合せのアングルを使い，ウェブ材に帯板を一定の間隔で組み合わせたはしご状の梁を「帯板梁」という。「タイプレート」ともいう。

帯筋（おびきん）せん断補強として，鉄筋コンクリート柱の主筋を一定の間隔で水平方向に巻く鉄筋。「フープ」ともいう。

オペレーションズリサーチ　⇨OR 略

オペレーター［operater］①機械を操作・運転する作業員。労働安全衛生法および同施行令に資格についての規定がある。②シャッター・ルーバー，高窓などの開閉を操作するハンドル。

オムニア板　上弦材（トップ筋），下弦材（下端筋）および斜め材（ラチス筋）を組み合わせたオムニアトラスを主筋の一部として使用したコンクリート製品のこと。このオムニア板を鉄骨や鉄筋コンクリートの梁に架け渡し，現場で必要に応じて上端筋を組み，コンクリートを打設して鉄筋コンクリート床として一体化をはかる。また壁にも使用される。板厚は4〜8cm，板長は1〜8.5m，板幅は33cm〜3mまで製作可能である。〔製造：タカムラ建設〕→カイザーシステムKTトラス床板

親請（おやうけ）請負工事における元請のこと。重層下請の場合の直接の発注業者を指すこともある。

親方　徒弟制度による技能養成時代の呼称の名残りの一つで，現在は職人の雇用主を意味する場合が多い。

親杭（おやぐい）①杭打ち工事において，大杭と小杭が併用される場合の前者をいう。②山留めのため，あらかじめ掘削線に沿って等間隔に打ち込むH形鋼，I形鋼などのこと。

親杭横矢板工法（おやぐいよこやいたこうほう）山留め工法の一種。建築物の周囲にH形鋼あるいはI形鋼，レールなどを1〜1.5mほどの間隔で打ち込み，それに木製の横矢板を取り付けて山留めの壁とする。最も広く採用されている工法であるが，軟弱地盤には不向き。「ジョイスト工法」「H鋼横矢板工法」ともいう。

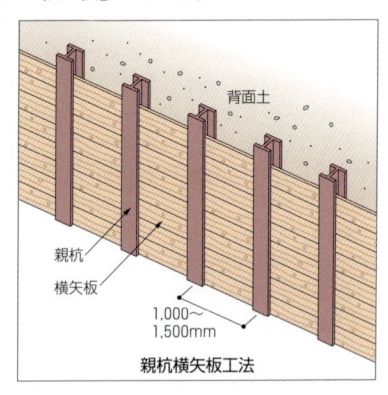

親杭横矢板工法

親墨（おやずみ）工事を進めるうえで基準となる墨のこと。通常は通り心を表す墨を指すが，通り心の基準となる墨や，さらにその基準となる墨を指すこともある。→通り心，子墨

親綱（おやづな）高所や開口部など墜落の危険がある場所で，作業員が着用する安全帯（命綱）を取り付けるため，作業場所に設置するロープ。→親ワイ

ヤー

親綱緊張器（おやづなきんちょうき）安全帯のフックを掛けるための親綱を，簡単な操作でたるみなく張ることのできる器具。

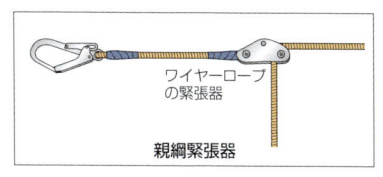

親ワイヤー クレーンなどの揚重機のワイヤーのうち，ブームを吊っているもの。「親綱」ともいう。また荷を吊るワイヤーを「子ワイヤー」という。

オランダ積み れんがの積み方の一種。イギリス積みと同様に，小口（こぐち）面と長手面が一段ごとに交互に現れる積み方だが，隅部に3/4枚（160mm幅）のれんがを入れる。→イギリス積み

折り上げ天井 天井形式の一つで，天井の中央部を湾曲した支柱で持ち上げ，回り縁より高くしたもの。断面は弧状になる。

オリエンタルメタル [oriental-metal] アスファルト被覆鋼板。〔製品：オリエンタルメタル製造〕

オリエンテッドストランドボード [oriented strand board] 木材を木の葉状にし，繊維方向をそろえて樹脂で圧縮成形したボード。「OSB」ともいう。

折尺（おりじゃく）折りたたみ式の木製の物差し。1mものを5つ折りしたものが一般的。

オリフィス [orifice] 管の途中に平板状の隔壁を設け，そこにあけた一定の形状の孔のこと。流体がその孔から吹き出すようにしたもの。これを用いた流量計が「オリフィス流量計」。

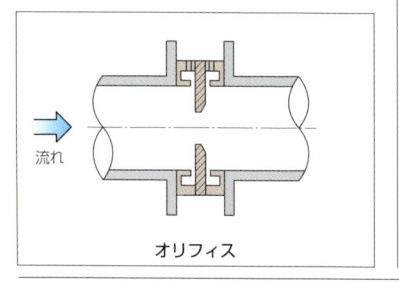

折り曲げ筋 ⇨ベンド筋

温室効果ガス 地表を暖めた太陽光エネルギーの一部は赤外線として宇宙に放出されるが，その赤外線を吸収して熱エネルギーとして蓄え，地球の温暖化を進行させるガス。石炭や石油などの化石燃料の燃焼で発生する二酸化炭素（CO_2）がその主なものといわれているが，水蒸気，オゾン，メタン，フロンなども同じ効果をもつ。→GHG 略

温水暖房 温水を熱源とする暖房のこと。ボイラーから各部屋に設置された放熱器へ温水を送って暖房する。放熱して温度の下がった水は，再びボイラーへ戻して再循環させる。

温度歪み（おんどひずみ）温度変化によって物質に生じる伸び縮み。コンクリートなどの外壁材のひび割れ，手すりなどの線材の伸び縮みなどがこれに当たる。

温度補正 ⇨気温補正強度

温風暖房 空気を加熱してつくった温風を利用する暖房。加熱器で暖めた温風をダクトで各室に送り込むダクト方式と，温水・蒸気を各室に送り込み，加熱コイルを通じて小型ファンで温風を放出するユニット方式がある。

オンブズマン [onbudsman] 行政に対しその適正を監視したり，市民の苦情を聞き調査する専門員のことで，「行政監察員」と呼ばれている。本来は公職として設けられるものをいうか，わが国では民間組織としての市民オンブズマンのほうが広く知られている。

か

加圧給水方式 圧縮空気を封入した密閉タンクの中に加圧ポンプで水を圧入すると、タンク内の空気が圧縮されて水に圧力がかかる。その水圧で高所まで水を供給する方式。

加圧排煙システム 室内、階段室や廊下、アトリウムなどのスペース内気圧を他スペースより上げることで、火災時の煙の侵入を防ぎ、避難路を確保するための排煙システム。

ガーデニング [gardening] 本来は庭づくりのことであるが、集合住宅などの居住者がベランダや屋上を利用して花と緑の空間を作る家庭園芸も含めた造園の総称。

カーテンウォール [curtain wall] 耐力壁としての用途をもたせてない仕切り壁の総称。「帳壁」ともいう。ただし、一般的には工場で製品化され、現場では足場なしで取り付ける外壁製品をいう。PCカーテンウォール、メタルカーテンウォールなどの種類がある。

カート [cart] ⇨コンクリートカート

カート足場 コンクリート打設に使用するカートの通る仮設足場のこと。「ねこ足場」ともいう。

カードロック [card lock system] 鍵の代わりに磁気カードを用いた錠前。錠前にセットされたカードリーダーが差し込まれたカードの暗唱番号を読み取り、解錠または施錠を行う。電源の必要なタイプと不要なタイプがある。

カーボランダム [carborundum] 電気炉でつくられる黒っぽい結晶。硬くて高温に耐えるので、石の研磨に用いたり、粘土など他の材料に混ぜて耐火材料となる。

カーボンファイバー [carbon fiber] 各種複合材として用いられる炭素繊維。弾性、強度の面で優れているとともに、熱にも強い特性をもつ。「CF」と略される。→ CFRC 略

カーリフト [car lift] 機械駐車の構成装置で自動車を昇降させ、駐車階へ移動させる。

カールプラグ コンクリート面に木ねじを効かすため、ドリルで穴を掘り、筒状の鉛を差し込んだもの。木ねじをねじ込むと、鉛とコンクリートの穴の表面に摩擦抵抗が生じ、引抜きに耐える構造となっている。

ガイ [guy] ①揚重機で物を吊り上げたり吊り下ろすとき、揺れなどを防ぎ、目的位置に正確に移動できるように吊り荷につける控えの綱（ロープ）。「介錯綱（かいしゃくづな）」ともいう。②坊主丸太、タワークレーンなど背の高い不安定な構造物の垂直を保つため、四方に張る控えの綱。「とら綱」「控え綱」ともいう。③⇨ガイデリック

外殻構造（がいかくこうぞう）⇨チューブ構造

飼木（かいぎ）各種部材を固定したり、位置調整のために、すき間に充てんする木片。

開渠（かいきょ）蓋など上部の覆いが設けられていない排水溝および配管用の溝。通路ぎわのU字溝もこれに該当するが、蓋付きであっても取外しが容易なものは含まれる。

外業（がいぎょう）⇨野業（やぎょう）

外構 ⇨エクステリア

外構工事図 建築敷地内の門、塀（へい）、アプローチなどの位置・高さ・材料・仕上げ方法などを示した、建物以外の外部工事に必要な図面。

開口補強 鉄筋工事において、壁や床の開口部周囲に補強用の鉄筋を入れること。開口部の周辺には斜め引張力が集中したり、コンクリートの収縮亀裂が発生することから、これを防止する目的で隅角部に配筋する。

カイザーシステムKTトラス床板 上弦材（トップ筋）、下弦材（下端筋）およ

び斜材（ラチス筋）の3部材で構成されるKTトラスを主筋の一部に使用したコンクリート製品のこと。オムニア板とほぼ同じであるが，配筋方法が多少異なる。〔製造：日本カイザー〕→オムニア板

開先（かいさき）⇨グルーブ

開札（かいさつ）入札書を開封すること。一般には，応札者の前で開封して，開札結果を公表し，入札の公正を示す。

概算契約　契約数量など契約内容に不確定要素がある場合に，契約金額を概算で設定して行う契約。不確定要素が決定したとき，または契約行為が完了したときに精算を行う。

概算見積　企画や基本設計の段階で，未完成の図面および設計条件に基づいて行う大まかな見積方法。概算見積の中には標準形状の単価を基本に，その変形の程度によって増減することもある。個々の詳細にわたる積算に基づかない見積をいう。

改質アスファルトシート防水　通常のアスファルトに合成ゴムやプラスチック等を添加して性質を改良したアスファルトシートを使用して防水層を形成する工法。

介錯綱（かいしゃくづな）⇨ガイ①

改修工事　建築物が劣化した際，その初期性能や機能を回復させるために行う全面的な修繕のこと。

外周ネット　資材・残材等の飛散防止，目隠し，作業者の墜落防止などのために，外部足場の周囲に設ける各種網（ネット）の総称。

会所桝（かいしょます）屋外に設ける排水用の溜ます。それによって屋内からの排水中に含まれる固形物を除去す

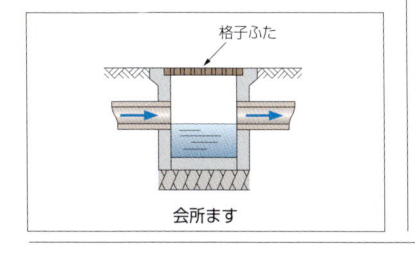

る。一般にコンクリート製で蓋が付いており，定期的に点検・掃除ができる。「排水ます」ともいう。

解体工　⇨ばらし屋

階高（かいだか）一つの階の床から，その直上階の床面までの高さ。

改築［reconstruction］建築物の全部または一部を除去し，またはこれらを損失後，従来と用途，構造などが著しく異ならない建築物を建築すること。

害虫　ビル管理法に指定されている有害虫。衛生害虫，不快害虫，食害虫があり，ビル管理法では3,000㎡以上の特定建築物について，防駆除（ネズミを含む）が義務づけられている（ビル管理法規則第4条の3）。

外注費　自社で行う業務の一部を下請業者に発注する場合に発生する費用。

ガイデリック［guy derrick］マスト，ブームおよびそれを結ぶワイヤーロープからなる揚重機械。マストに6～8本のとら綱を張って垂直を保つ。回転のたびごとにブームをマストに添えて立たせれば360°旋回可能。建方能率が悪く，現在はトラッククレーンやタワークレーンの発達で使用頻度が減少している。単に「ガイ」ともいう。

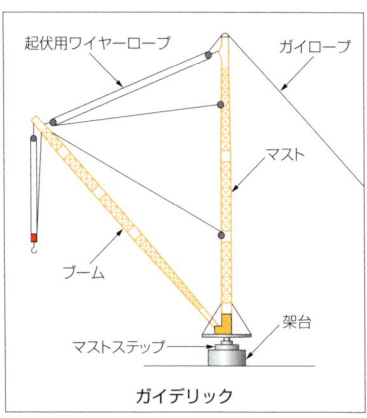

回転トロウェル　電動またはエンジンで翼を回転させ，コンクリートやモルタルの床の鏝（こて）押えを行う機械鏝。モノリシック仕上げなどに用いられ，「フロアフィニッシャー」ともいう。→モノリシック仕上げ

ガイドウォール 山留めあるいは山留めと躯体兼用の地中連続壁を施工する際，掘削孔の上部の土の崩壊防止と正確な位置のガイドのために作るコンクリートの定規。

ガイドレール [guide rail] ①エレベーターのケージ(籠)やエスカレーターの踏板などの大型レールおよび引戸などで，車輪や戸車がはずれないよう案内するレール。②シャッターのスラットがはずれないようにした縦の溝金物。

ガイドローラー [guide roller] ①引戸をスムーズに移動させるためにガイドレールに沿わせて取り付けた車。②手動ガス切断を正確に行うためにトーチに取り付けた車輪。

開発許可申請 市街化区域または市街化調整区域で，一定条件に該当する開発行為をしようとする者が都道府県知事許可を受けるために提出する申請。

開発区域 開発行為をする土地の区域。

開発行為 主として建築物の建築または特定工作物の建設の用に供する目的で行う土地の区画形質の変更をいう。都市計画法第4条12。

開発登録簿 都道府県知事が開発許可した土地について，必要事項を記載し公衆の閲覧に供するようにしたもの。

外部足場 建築工事において，建物周囲に組み立てられる仮設足場。作業者の安全確保，作業床や通路の目的で設置される。現在は鋼製が大半である。

界壁 (かいへき) 連続住宅や共同住宅の住戸間を仕切る壁のことで，所有者や利用者が異なる部分の境界に設けたもの。「戸境(こざかい)壁」ともいう。

外壁ガラリ 換気ダクトを接続するため，建築で取り付ける外壁部空気の取り入れ口，排気口，給気口。雨水浸入防止のルーバーが取り付けられている。

外壁診断法 外壁の劣化・損傷などを診断する方法。劣化・損傷に伴う部材のはく落・落下などにより，近隣や歩行者に危険を与える可能性があり，適切に維持管理されることが必要。診断者が直接肉眼で外壁表面の浮きなどを調査する外観目視法，外壁タイルやモルタル面をテストハンマーでたたき，その発生音ではく離や浮きを調査する打診法，シュミットハンマーにより壁タイルに衝撃を与え，はね返りの大きさを反発度や音圧で調査し，浮きなどを調査する反発法，外壁タイルのはく離部分と正常部分の熱伝達の違いによる表面温度の違いを赤外線装置で調査し，浮きなどを調査する赤外線装置法などがある。

界面活性剤 ⇨表面活性剤

飼いモルタル 石やテラゾーブロックを張るとき，固定の目的で裏側の空きぎに詰めるモルタル。石垣，擁壁(ようへき)，せき板などの裏込めモルタル一般を指すこともある。

改良圧着張り タイルの張り方の一種。圧着張りと同様の工程に加え，張付け用モルタルまたはセメントペーストをタイル裏面にも塗って張る。→タイル工事

改良スカラップ工法 1995年の兵庫県南部地震における鉄骨建築物の被害の特徴の一つとして，スカラップが原因とみられる梁フランジの破断が見られた。この工法は，スカラップがフランジと接する端部を10mm程度の円弧状に加工するもので，スカラップ底での局部的応力集中を起こさないディテールとしている。→スカラップ，ノンスカラップ工法

改良積み上げ張り タイルの張り方の一種。積み上げ張りと同様の工程であるが，下地モルタルを厚くして木鏝(きごて)押えとし，張付け用モルタルを薄くする。→タイル工事

改良モザイクタイル張り モザイクタイルの裏面に張付け用樹脂モルタルを塗り，下地に張っていくタイルの張り方。モザイクタイルはタイル1枚が小さいため，30cm角のユニットにして張っていくが，張付けモルタルを塗るときは，タイルの形状に穴明けした形板(マスク)を使用する。「マスク工法」ともいう。→タイル工事

ガウジング [gouging] 鋼材などの金属板に溝を付けたり，溶接欠陥部分を除

去するため溝を付けること。サンダーなどの機械を用いる方法とガスやアークを用いる方法とがある。元来，鏨（たがね）で掘るのが一般的であるところから，「はつり」ともいう。

カウンターウエイト [counter weight] 揚重機などに付ける荷吊りのバランスをとるためのおもり。

返し勾配 ①45°より勾配の角度が大きい場合，その角度から45°を差し引いた勾配をいう。②図のように，AC(勾)を1尺として，BC(股)を任意の長さ(寸)とした場合，AB(弦)のなす勾配(∠ABC)をいう。①，②とも「乗り勾配」ともいう。

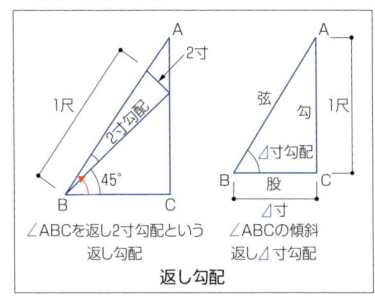

```
∠ABCを返し2寸勾配という    ∠ABCの傾斜
       返し勾配              返し1寸勾配
              返し勾配
```

返り墨 柱心や壁心の墨を打つ際，正しい心墨が打てなかったり，後続の作業で消されてしまう場合に，定位置から一定寸法離して打つ墨。→逃げ墨

価格競争方式 入札において，工事価格のみを落札条件とする入札形式。原則として最低価格の入札業者が落札業者となる。従来はほとんどが価格競争方式であったが，ダンピング受注や品質確保等の問題が指摘され，次第に総合評価方式が増えてきている。→入札，入札形式，総合評価方式

化学的酸素要求量 ⇨COD略
鏡磨き（かがみみがき）⇨本磨き
掻き落し（かきおとし）着色モルタルなどの表面を，硬化直前にワイヤーブラシなどで削り落とし，粗面とする仕上げ方法。リシン仕上げなどで施す。
夏季結露 夏季冷房時に，室内の壁などの一部が他の部分よりも温度が高くなることによって，熱貫流率が大きくなり，内外の熱交換を引き起こして，水滴を発生させる現象。

掻き均し（かきならし）敷いた砂利，砕石などを人力で平らにならすこと。
架空電線 電力供給会社の設置した電柱に支持され，空中に張られた電力伝送用の電線。
拡散剤 ⇨減水剤
隠し丁番 扉を閉じた状態で外からまったく見えない丁番。家具などに多用される。
角スコ 土や砂などをすくうスコップで，先が平らなもの。
格付け・等級 公共工事の受注を希望する企業が提出する競争入札参加申請書類を発注者が審査し，その結果からランク付けをする制度。A，Bランク等に順位付けされ，ランクによって入札に参加できる金額が決定される。
拡底杭工法（かくていぐいこうほう）場所打ち杭工法の一種。先端支持部分の杭径を拡大した杭を使用して大きな支持力を期待する工法。同一径の杭3本程度の支持力が期待できることから，材料の低減と工期短縮が可能。
客土（かくど）⇨客土（きゃくど）②
角波鉄板（かくなみてっぱん）山と谷が角形になるように折り曲げた亜鉛鉄板。外装・屋根に使われる。
確認申請書 一定規模以上の建築物の新築・増築などを行う場合に，その計画が建築基準法の規定に適合するものであることの確認を求めて建築主事に提出する申請書。建築基準法第6条1項。
確認済証 提出された建築確認申請書に対し，建築基準法および関係法令に適合するか否かを審査して，適合を確認したとき申請者に交付する書類。建築基準法第6条4項。
確認済表示 建築主，設計者，工事施工者，現場管理者の氏名および確認済である旨を，施工者が工事現場の見やすい場所に表示すること。建築基準法第89条1項。
額縁（がくぶち）窓や出入口の枠に取り付けた壁の見切り縁。枠回りの飾りと，枠に隣接する壁仕上げの納まりと

を兼ねる。

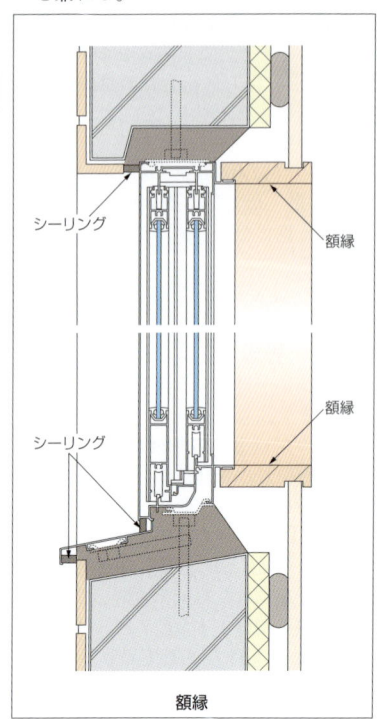

シーリング
額縁
額縁
シーリング

額縁

かくらざん ⇒ろくろ

可傾式ミキサー（かけいしき―）とっくり形をした混練用のドラムを傾斜させてコンクリートを排出する方式のミキサー。「傾胴式ミキサー」ともいう。JIS A 8602。→ドラムミキサー

架(掛)け払い 足場や山留めなどの組立てと撤去を含めた鳶(とび)職の作業をいう。「架けばらし」ともいう。

掛矢板（かけやいた）山留めする場合，掘削前に矢板を打ち込まず，掘削後に支持架構を組んで矢板を取り付ける方法。比較的良質の地盤に用いる。

囲い杭 基準となる杭やベンチマークなどを保護するために周囲に打つ杭。

架構[flame] ラーメンやトラスなどのように，複数の部材で構成された骨組のこと。

花崗岩（かこうがん）床，壁，階段など多方面の仕上げに使用されている石。耐久性に優れているが，耐火性に劣る。火成岩の一種で「御影石(みかげいし)」

ともいう。

加工図 設計図に基づいて作成される鉄骨，サッシュ，仕上げ金物，石，造作(ぞうさく)などの部材を造るための図面。おもにその部材の製作者が作成する。「製作図」「工作図」ともいわれる。

加工帳 柱・梁などの型枠を下ごしらえするための型枠加工図をファイルしたもの。

嵩上げ（かさあげ）①現在あるものの高さが不足して用をなさなくなった場合，目的にかなうよう上に継ぎ足すこと。例えば，地盤沈下で下がった堤防を上に継ぎ足すなど。②コンクリートスラブの上に軽量コンクリートなどを打設すること。

嵩上げコンクリート（かさあげ―）断面寸法を大きくするために，既存のコンクリートの上に打ち足したコンクリートのこと。

火災報知器 火災発生時に煙，熱を感知し自動的に施設利用者，近隣，防火管理者，所轄消防署などに警報を発する設備。火災感知器，火災受信・発信機，火災警報機，表示灯，配線などから構成される。

笠木（かさぎ）塀(へい)・手すり・パラペットなどの頂部に設ける横架材もしくは仕上材のこと。意匠的に工夫され木・金属・タイル・モルタルなど種々の材料が使用される。

重ね継手 部材相互の端部を重ね合わせる継手。鉄筋コンクリート構造では，コンクリートとの付着力により，鉄筋径に対する鉄筋の継手長さが決められている。

瑕疵（かし）工事成果物や製品が契約上示された性能・機能・品質などを満足していない，またはこれらに欠陥があること。

可使時間 複数の成分材料が混練すると硬化する(多成分反応硬化型)塗料や接着剤を練り混ぜてから，作業可能な精度を維持できる範囲の時間をいう。

瑕疵担保責任（かしたんぽせきにん）工事の引渡し時に発見することができなかった欠陥が，あとでわかった場合

に請負者が無償修理を保証すること。請負工事の瑕疵担保期間は，木造5年，非木造10年（民法第638条）だが，一般には契約上，木造1年，非木造2年の特約がなされる。

瑕疵担保保証制度（かしたんぽほしょうせいど）住宅の構造上主要な部分と雨水の浸入を防止する部分などの基本構造部分の欠陥に対して，消費者保護の観点から，引渡しの日から10年間，その瑕疵を補修する責任が義務づけられた制度。

かしめ ⇨リベット

かしめる ①鋼板製のボイラーや水槽で，リベット継手部分を水密にするため，鋼板の縁をたがねで叩きすき間をふさぐこと。②リベット打ちのこと。

かじや ①鍛冶屋。鋼材のガス切断や溶接を専門に行う職人。②⇨バール

荷重試験 ⇨載荷試験

可照時間 日照の可能性のある日の出から日の入りまでの時間。実際に日照のあった時間が日照時間であり，日照時間の可照時間に対する割合を日照率という。

頭（かしら）①各種部材，道具類などの上部あるいは首部のこと。②大工・左官・鳶（とび）職などの親方の通称。特に鳶職の親方を指す場合が多い。

ガス圧接継手 接合させようとする鉄筋同士を突き合わせ，軸方向に圧縮力を加えながら，酸素，アセチレン炎で加熱し，接合面を溶かすことなしに赤熱状態にふくらませて接合する継手。手動ガス圧接，半自動ガス圧接，自動ガス圧接の方法がある。

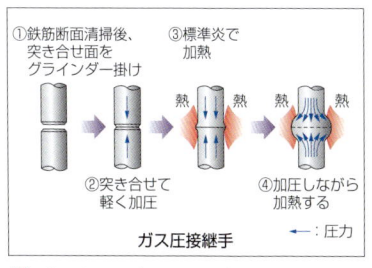

ガス圧接継手

鎹（かすがい）丸鋼，角鋼，平鋼の棒鋼の両端を折り曲げ先端を尖らしたもので，曲げ部を爪（つめ），中央部を渡りという。木造の接合部の補強のために打ち付ける6mmφ程度の金物。

ガスガバナー［gas governor］ガスを供給する場合，圧力を所定のレベルに調整する機械。

ガス化溶融炉 ゴミ焼却炉の一種。ゴミを蒸し焼きにしてガス化し，そのガスを1,000～1,300度の高温で燃やす炉。ダイオキシンの発生や焼却灰を軽減する焼却法として開発された。

ガス管［carbon steel pipe］①配管用炭素鋼鋼管。SGPの俗称。表面をめっきしてある材料を「白ガス管」，素のままを「黒ガス管」という。②ガスを供給する用途の管。

ガスケット［gasket］①部材の接合部にはさんで，水やガス漏れを防ぐパッキングのこと。②水密性・気密性を確保するため，プレキャスト鉄筋コンクリートのジョイント部やガラスのはめ込み部に使用する合成ゴム製の材料。「定形シーリング材」ともいう。

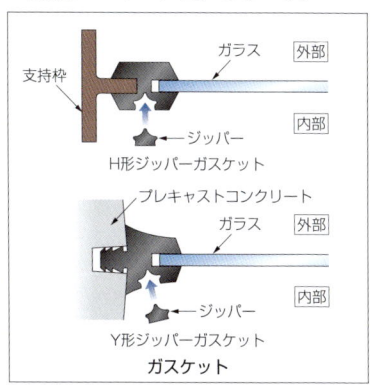

ガスケット

ガスシールドアーク溶接［gas shielded arc welding］炭酸ガスやアルゴンとの混合ガスを使って，アークと溶着金属とを空気から遮断して行うアーク溶接。→ノンガスアーク溶接

ガス切断［gas cutting, oxgen cutting］鋼材の切断方法の一つ。酸素とアセチレンの酸化炎を吹き付けて加熱し，この酸化によって鉄筋や鋼材を溶融させて切断する。

ガスをたてる ガス溶接やガスによる

仮設建築物 工事期間中，現場内に設置される現場事務所・作業員詰所・物置などで，工事完了時までに撤去される一時的な建物の総称。

仮設工事 建物，工作物を完成させるために，一時的に必要な施設や設備工事のこと。仮囲い，現場用事務所，倉庫，足場，その他機械設備などをいう。仮設工事によって建設された仮設建築物は，工事完了時には撤去される。建築確認申請は必要なく，防火の規定や接道義務，用途地域に関する規定等は適用されない。

仮設損料 現場で使用する足場材，単管パイプ，支保工（しほこう），仮囲いなどの仮設物に対する使用料もしくは賃貸料のことをいう。

仮設通路 建築工事現場において，各種作業を行うために設けられた仮の通行路をいう。

ガセットプレート［gusset plate］鉄骨構造の柱・梁などの接合部およびトラスの節点において，組み合わせる部材を接合するために用いる鋼板。単に「ガセット」ともいう。

風邪をひく（かぜをひく）長期間使用していないセメントや石膏が風化して使用できなくなることをいう。

河川法 河川環境の整備と保全を目的とした法律で，$50m^3$/日の汚水，排水がある場合には届けが必要となる。

ガソリントラップ［gasoline trap］ガソリンが排水管中に流入しないように設置するトラップ。駐車場などの排水設備の一部。

型板（かたいた）⇨テンプレート

型板ガラス（かたいた―）ガラス面に縞（しま）・ダイヤ・石目・モールなどの型模様を付けた板ガラス。「型ガラス」ともいう。JIS R 3203。

片押し 工事を一方から施工してまとめていくこと。例えばコンクリート打設において，片側から打ち上げて，順次打込み個所を移動させていく場合などにいう。

型ガラス ⇨型板（かたいた）ガラス

形鋼（かたこう）熱間ロールで圧延してつくられる構造用鋼材。その断面形により，山形鋼，溝形鋼，I形鋼，H形鋼，その他各種がある。JIS G 3192。

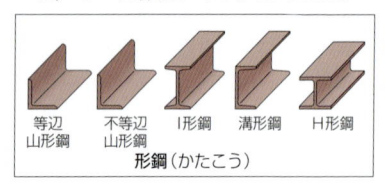

等辺山形鋼　不等辺山形鋼　I形鋼　溝形鋼　H形鋼
形鋼（かたこう）

片流れ 1方向のみに傾斜をつけた屋根のこと。

片持ち梁 一端が固定支点で，他端が

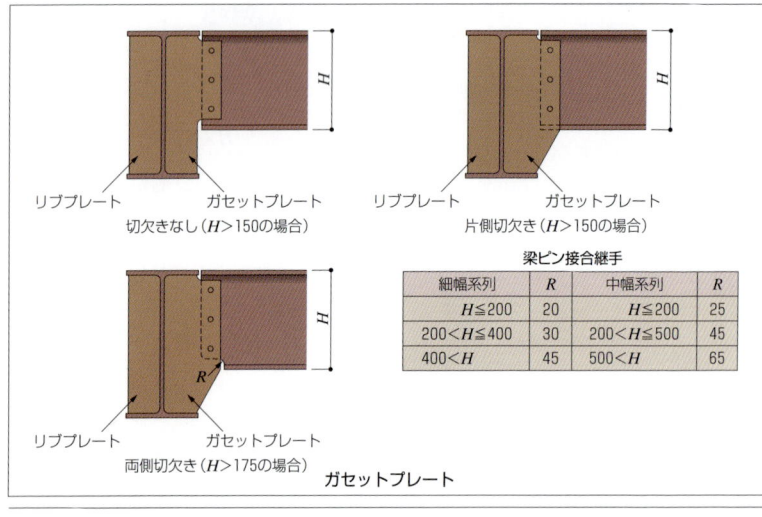

リブプレート　ガセットプレート
切欠きなし（H＞150の場合）

リブプレート　ガセットプレート
片側切欠き（H＞150の場合）

リブプレート　ガセットプレート
両側切欠き（H＞175の場合）

梁ピン接合継手

細幅系列	R	中幅系列	R
$H≤200$	20	$H≤200$	25
$200<H≤400$	30	$200<H≤500$	45
$400<H$	45	$500<H$	65

ガセットプレート

自由となっている梁。「キャンチレバー」ともいう。

片廊下式 1本の廊下とその片側に独立した部屋を連続させた平面計画の通称。独身寮・病院・学校などに採用される。→中廊下式(なかろうかしき)

型枠 せき板と支保工(しほこう)から構成されるコンクリート打設のための仮設枠。せき板には合板・鋼板・パネルなどの材料がある。「仮枠」ともいう。

型枠足場 型枠の組立て, 解体のために設ける足場。

型枠受け台 吹抜け部分や階高が非常に大きい場合のコンクリート打設にあたり, 梁や床の型枠のサポートを受けるために組み立てるステージのこと。一般には筋かいで連続した枠組足場の上にペコビーム, ばた角, 足場板などを用いて作る。「型枠構台」ともいう。

型枠工事 コンクリートを所定の形に成型する型枠の組立て解体にかかわる工事。下ごしらえ, はく離剤の塗布, 解体後の整理なども含める。型枠には木製と金属製がある。ポリスチレン形成型枠で同時に断熱材として埋め込むものが普及している。

型枠構台 ⇒型枠受け台

型枠支保工（かたわくしほこう）コンクリートが打ち込まれて所定の強度を発現するまで, 倒壊・破損・有害な変形を防止するために, せき板を所定の位置に保持するための仮設材料。支保工の材料には, 大引き, 根太(ねだ), 支柱, 仮設梁および筋かいやチェーン類などがある。床, 梁下の支保工は, コンクリートの圧縮強度が12N/mm^{2}以上で, 計算で安全性が確認できれば取り外すことができる。

型枠振動機 ⇒型枠バイブレーター

型枠図 躯体図, 型枠割付け図, 型枠製作図, 型枠組立図など型枠の製作・組立てに際して作成する図面の総称。

型枠存置期間（かたわくそんちきかん）コンクリート打設から型枠解体までの期間。型枠を解体しても品質に悪い影響を与えないだけのコンクリート強度が発現する日数によって定まる。壁・スラブ下・梁下などで期間は異なる。

型枠大工（かたわくだいく）型枠の加工・組立てを行う職種。

型枠バイブレーター 型枠外面から間接的に振動を与えコンクリートを締め固める機械。「型枠振動機」ともいう。

型枠剥離剤（かたわくはくりざい）⇒剥離剤(はくりざい)

型枠パネル 型枠として使用するパネ

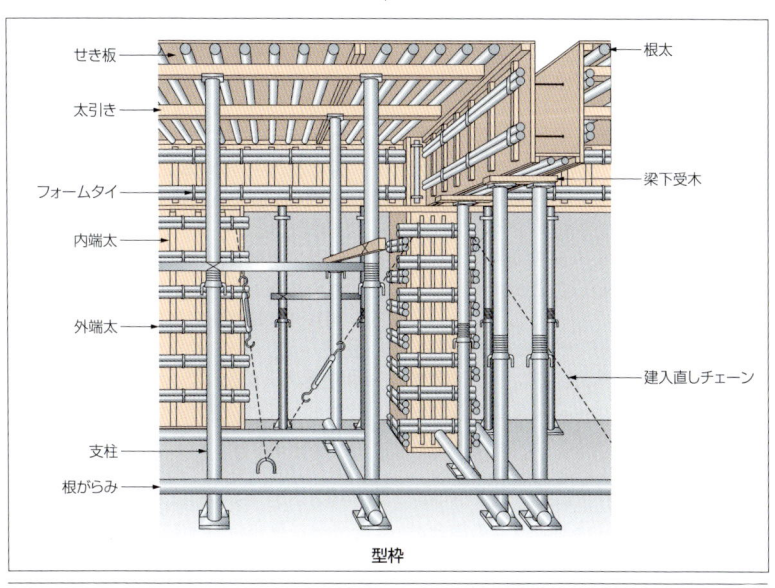

型枠

かたわく

ルのこと。木製と鋼製とがある。
型枠補強材 型枠がコンクリートの鋳型として，寸法の確保や強度上機能するように使われるフォームタイ，セパレーター，サポート，水平つなぎ材等をいう。
価値分析 ⇨VA 略
活荷重 ⇨積載荷重
滑車 資材などをロープで上下および水平移動する際に用いる溝車付きの工具。側板が開いてロープの掛け外しが簡単にできるものを「キンネン」「キンネンブロック」「スナッチブロック」などという。「ボロッコ」「ブロック」「きん車」ともいう。
活性汚泥（かっせいおでい）有機性排水の処理に用いられる汚泥。BOD，窒素，リンなどを摂取した好気性の細菌，微小動物を多く含み，浮遊物質を凝縮，沈殿させ有機性汚泥を分解する。
活性汚泥法（かっせいおでいほう）排水と活性汚泥を混合かくはんし，排水中の汚濁物で増殖した微生物を分離して処理水を得る下水・排水処理法。
活性炭 石炭や木炭・やしの殻などからつくる吸湿性および吸着性の強い粒状あるいは粉状の物質。水の浄化や脱色，気体の脱臭などに用いる。
カッター [cutter] ①紙・布その他の薄手の材料を切る小刃。②鉄筋を切断する機械。③番線などを切断するボルトクリッパーのこと。
カッター目地 工業用ダイヤモンドを外周に取り付けた鋼製の円盤を高速回転させ，コンクリートを切断する機械（コンクリートカッター）を用いて，硬化したコンクリートに取り付けた直線状の欠込み（目地）のこと。
ガット ⇨クラムセル
カットオフ筋 [cut-off reinforcing bar] 梁またはスラブの主筋のうち，上端筋（ばら），下端筋（しも）に関係なくスパンの中央で止める鉄筋の総称。「トップ筋」ともいう。
カットティー H形鋼をウェブの中央で切断したもの。各種部材との接合が容易なことからトラスなどに使用。

カットネイル [cut nail] 鋼板を切断してつくった楔（くさび）形の釘。切断されたままの角ばった形を残しており，先端が平らになっている。
カットバックアスファルト [cut-back asphalt] アスファルトに揮発性溶剤を加え軟らかくしたもので，防水層の初層に用いたり（プライマー），路面処理などに適する。
合筆（がっぴつ）数筆の土地を合わせて一筆の土地とすること。原則として土地所有者は自由に合筆を申請することができる。所有者を異にする土地や隣接していない土地は合筆できない。地目（ちもく）や地番区域を異にする土地も合筆できないと解されている。
カップラーシース [coupler sheath] 棒鋼を継ぎ合わせて使うために，内径を鋼材のそれに合わせる（カップラー）円筒形のさや（シース）のこと。
カップリング [coupling] 普通，2つの部材を結合するための継手のことをいうが，電線管同士をつなぐ継手金物をさす場合が多い。ねじ加工と止めビスでつなぐものがある。
カドウェルドジョイント 鉄筋の機械的接合方法の一種。2本の鉄筋をスリーブ内に入れ，鉄筋相互間に溶融金属を充てんして接合する工法。品質，精度の面では優れているが，溶接時に高熱を発生する欠点がある。
可動端（かどうたん）支点を固定せず，水平移動を可能とした端部。橋桁（はしげた）などに用いられる。「ローラー支点」ともいう。→固定端（こてい たん）
可動間仕切り 比較的簡単に組立て・移設・変更または移動のできる間仕切りの総称。パーティション，移動間仕切り，家具間仕切りなど。
金滓（かなくそ）⇨スラグ①
金鏝押え（かなごておさえ）⇨金鏝（かなごて）仕上げ
金鏝仕上げ（かなごてしあげ）モルタルやコンクリートの表面を金鏝で仕上げること，あるいはその仕上がり面のこと。硬化の進行に合わせて同じ表面を二度三度と仕上げを繰り返すこと

で，光沢のある平滑な仕上げとなる。「金鏝押え」ともいう。

金敷（かなしき）①鉄筋を手ハンマーを使って切断するときの受け台。②鋼材を圧延したり，打ち鍛えるときに敷く鉄製の台。

鉄挺子（かなてこ）⇨バール

矩計図（かなばかりず）建物の代表的な外壁を開口部を含めて垂直に切断した断面詳細図。床高，天井高，窓高，開口部内法（うちのり）寸法，腰高，軒高（のきだか）などの高さ関係と，外壁および開口部の納まりを表現する。通常，1/20の縮尺で描く。

金物工事 コーナービード，ジョイナー，ノンスリップ等の金属部品を取り付ける工事。板金（ばんきん），建具，設備工事は該当しない。

矩（かね）①直角を求める大工用具の一つ。②差し矩のこと。③直角のこと。直角の墨を出すことを「矩を振る」あるいは「矩を巻く」ともいう。矩墨，矩尺，矩差しなどのように使う。

矩勾配（かねこうばい）45°の屋根勾配のこと。日本古来の規矩術（きくじゅつ）における言い方で，水平距離10寸に対して，高さが10寸の傾斜であるものをいう。かね（矩，曲）とは直角を意味し，直角二等辺三角形の斜辺が屋根面になる。

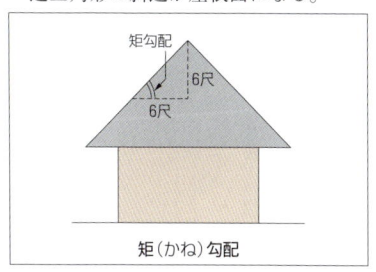

矩（かね）勾配

矩(曲)尺（かねじゃく）⇨指金（矩）

矩爪（かねつめ）鉄筋端部を90°に曲げたフックのこと。

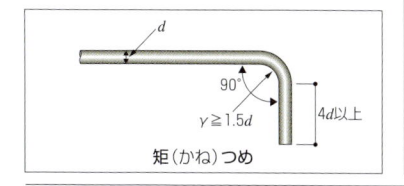

矩（かね）つめ

矩の手（かねのて）直角に曲がっている状態のこと。単に「矩」あるいは「矩折り」ともいう。

矩を振る（かねをふる）⇨矩（かね）③

過負荷防止装置 吊上げ重量がオーバーしたために生じる揚重機の転倒を防止したり，機械の破損を防止するための装置。一般的には定格荷重に近づいた場合に警報を発したり，揚重機の作動を自動的に停止させる機能をもつ。

被り（かぶり）①塗装のとき湿度の影響で塗膜が白くなること。「ブラッシング」「白化」ともいう。②⇨被（かぶ）り厚さ

被り厚さ（かぶりあつさ）鉄筋コンクリート（RC）の部位・部材において，鉄筋の表面からこれを覆うコンクリート表面までの最短寸法のこと。耐火性，耐久性の確保のため，建築基準法では構造部位とその位置，セメント等の種類に基づき，最小かぶり厚さを規定している。単に「かぶり」ともいう。
→地被（じかぶ）り

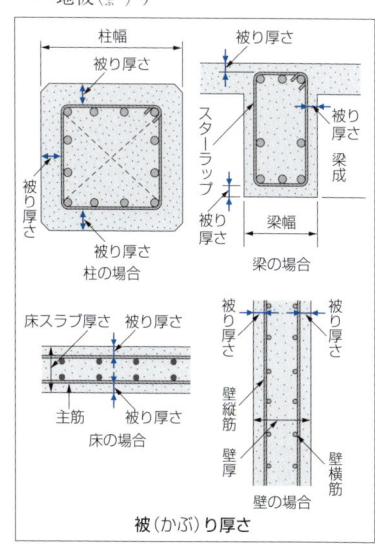

被（かぶ）り厚さ

壁勝ち 壁材と床材・天井材の取り合い部分で，壁材が他の部材を貫通する納まり。間仕切り壁などでは，壁勝ちとすると室間の遮音性能の確保，防火区画の構成などが図れる。床勝ち，天井勝ちとすると，室単位での模様替え

や改修に対応しやすい。→天井勝ち, 床勝ち

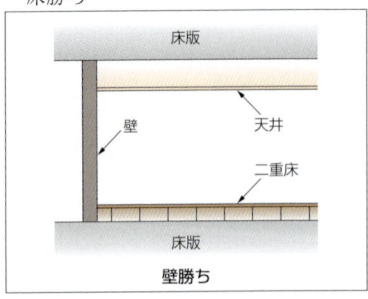

壁勝ち

壁構造 壁式鉄筋コンクリート構造および壁式プレキャスト鉄筋コンクリート構造の総称。一般には主体構造が耐力壁から構成されていて, 壁を垂直部材とする柱のない構造。また桁行(けたゆき)方向は梁幅と同寸法の偏平柱を用いたラーメン構造で, 梁間方向には梁のない連層耐震壁構造のものを壁式ラーメン構造という。

壁式プレキャスト鉄筋コンクリート造 壁式鉄筋コンクリート造の壁・床を一定の大きさに分割したプレキャスト鉄筋コンクリート(PC)部材で製作し, これらを現場で組み立てる工法。アルミサッシなどは先付けする。接合方法としては, コンクリートやモルタルなどによるウェットジョイントと溶接やボルトなどによるドライジョイントの2種類がある。部材の分割においては, 運搬上の制約(重量, 形状, 高さなど)を受ける。

壁式ラーメン構造 桁行(けたゆき)方向は梁幅と同寸法の偏平の躯体(壁柱と呼ぶ)とし, 梁間方向は梁型のない耐震壁とした構造。梁型や柱型がないので, デッドスペースの少ないすっきりとした空間となり, 複雑な型枠工事が少なくてすむなどがおもな特徴である。

壁心(かべしん) 壁厚を2等分する線。平面図では壁の中心線として表現され, 建築基準法ではこの中心線で囲まれた平面で床面積を測る。

壁繋ぎ(かべつなぎ) 外部足場で主として外側に倒壊するのを防ぐために, 足場と建物の壁とをつなぐ控え材のこと。材料は丸太, パイプ, 鉄線, ボルトなどを使用する。→後(あと)踏み

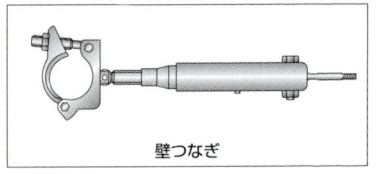

壁つなぎ

壁繋ぎ間隔(かべつなぎかんかく) 外部足場の安全性確保のための壁つなぎの設置間隔のことで, 通常の枠組足場の場合は垂直方向9 m, 水平方向8 m以下と定められている(労働安全衛生規則第570条イ))。

カポスタック けい酸カルシウムを主成分にして円筒状に成形加工した煙突用断熱材。〔製造:ニチアス〕

過巻き防止装置 クレーンなどのワイヤーロープの巻き過ぎによる事故を防止するリミットスイッチ。ワイヤーを巻き取るドラムに連動し, その回転数により巻き上げ・巻き下げの限度を知る方式と, ブームの先端からわずかに下がった位置におもりを下げ, 巻き上げた吊りフックがそのおもりと接することによって巻き過ぎを知る方式がある。「巻き過ぎ防止装置」ともいう。

鎌錠(かまじょう) 引戸に使用される錠前の一種。鎌形に飛び出した錠の先端を受け座に引っ掛けて施錠する。

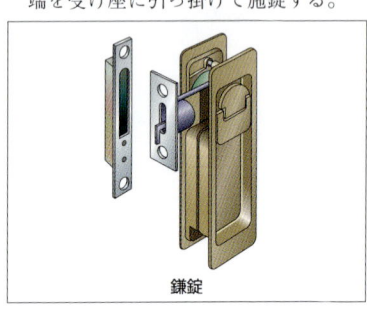

鎌錠

叺(かます) 石炭などを入れるためにむしろを2つ折りにしてつくった袋。

框(かまち) ①障子や襖(ふすま)など建具の周囲を固める部材。②床などの板の小口や側面を隠すための化粧用の横木。例えば上がり框, 床(とこ)框など。

框戸(かまちど) 左右の竪框の間に上下

の横框をはめ込み，鏡板として一枚板，はぎ合せ板，合板などを用いた戸。

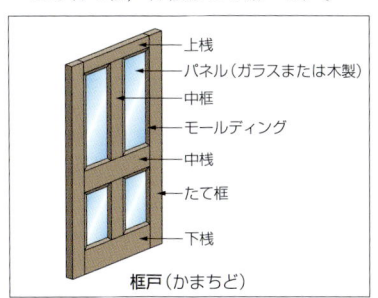

框戸（かまちど）
- 上桟
- パネル（ガラスまたは木製）
- 中框
- モールディング
- 中桟
- たて框
- 下桟

釜場 地下の湧水や透水を集めるために，根切り底などに設けるくぼみ（ピット）。集めた水は揚水ポンプで排水する。

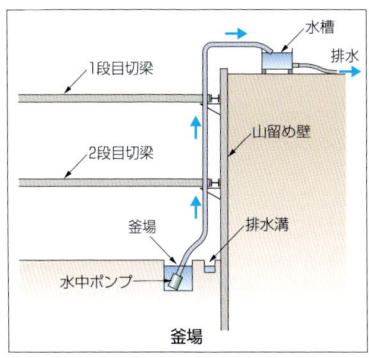

釜場
- 1段目切梁
- 2段目切梁
- 水槽
- 排水
- 山留め壁
- 釜場
- 排水溝
- 水中ポンプ

蒲鉾（かまぼこ）盛土の天端（てんば）中央を高めにして円弧状に仕上げること。

カムラッチ［camlatch］外開き窓や内倒し窓などの小窓に用いられる施錠装置。戸の部分に取り付け，回転させることによって窓枠の爪（つめ）に引っ掛ける構造となっている。

鴨居（かもい）和室の開口部において内法（うちのり）高さの位置に入れる横木。これに溝をほり建具の上枠とする。開口部に隣接する壁面に，鴨居に合わせて取り付ける化粧材を「付け鴨居」と呼ぶ。→敷居（しきい）

掃部様（かもんさま）すき，くわ，つるはしなどの柄が抜けること。

がら コンクリートやれんがなどを破壊したり，はつったりした場合に発生する屑（くず）のこと。

カラー圧着 鋼製短管（カラー）を鉄筋の接合部にはめ込み，油圧ジャッキで鉄筋を圧着したり，短管にダイスでねじを切り異形鉄筋の節を食い込ませたりする機械的な接合方法のこと。→圧着継手（あっちゃくつぎて）

カラーガラス 表面に単色の焼付け塗装をした板ガラス。店舗の意匠として使われることが多い。

カラーコーン［color corn］セーフティーコーン同様，交通規制や危険場所の表示に用いられる円すい形の保安用具。塩化ビニル製で内部に電灯の入る形式や，反射シートを巻いて夜間の反射効果を大きくしたものがある。→セーフティーコーン

カラーゾーニング［color zoning］目的の異なるスペースや機能の異なる設備などを，異なった色で塗り分けて，その違いを明確に区分する手法。

カラーチェック 溶接部の検査方法の一種。溶接部に浸透液を塗り，それを乾いた布でふき取ったのち現像剤を塗ると，クラックなどにしみ込んだ浸透液が現像液に吸い出され，その部分が着色されて欠陥が発見できる。「浸透探傷試験」または「レッドチェック」ともいう。

カラー継手 繊維補強セメントや鉄筋コンクリート製の管のつなぎ方の一種。管と管を突き合わせ，外側から管よりひとまわり大きい径の輪（カラー）を継手部分にかぶせる。カラーの材質は，鋳鉄もしくは鉄筋コンクリートで，間隙は固めのモルタルでコーキングするか，ゴム輪を用いて水密にする。

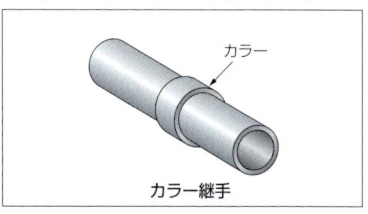

カラー継手
- カラー

カラー鉄板 着色塗料をあらかじめ焼付け塗装した亜鉛鉄板（トタン）。現場塗装のものより耐食性に優れ，仕上がりも美しい。屋根や外壁に用いられる。片面および両面焼付けがある。

49

「カラートタン」「着色亜鉛鉄板」ともいう。

カラートタン ⇨カラー鉄板

空締め（からじめ）ハンドルまたはノブを回すと，スプリングで突き出されたボルトを引き込んで扉の開閉ができるようにしたもの。

ガラス板 ⇨板ガラス

ガラススクリーン［glass screen］おもに板ガラスで構成された間仕切り壁。区画はするが視覚的には一体に見せたい場合などに採用する。固定式のものと可動式のものがある。

ガラス繊維強化コンクリート［glass fiber reinforced concrete］ ⇨GRC

ガラス繊維強化プラスチック ⇨FRP

ガラスパテ［glass putty］ガラスをサッシ等に取付け・定着させるときに使う粘土状の材料。胡粉（ごふん），亜麻仁油などを練ってつくるが，弾性に乏しく，耐久性にも問題があるため，現在はほとんど使われてない。

ガラスブリック［glass brick］ガラスをれんが状に鋳造したもの。網入りのものや着色したものがある。金属枠に沿って積み上げ，装飾用の明かり取りなどに使用される。形は板状，棒状のものなど各種ある。広義にはガラスブロックを含めていうこともある。→ガラスブロック

ガラスブロック［glass block］方形の皿状ガラスを2つ合わせて溶着した中空のブロック。大きさ115～190mm角，厚さ50～95mm。10mm程度のモルタル目地をとり，そのなかに径6mmの鉄筋を入れ，力骨としながら積み上げてガラス壁面を構成する。天井および床に用いるものを「デッキグラス」と呼んで区別することもある。

ガラスルーバー［glass louver］ジャルージーウインドーのこと。幅の狭いガラス板の両端を回転する金具で支持し，ハンドル操作によってガラス板の角度を変えることにより，斜光させたり室内の換気を図ろうとするもの。

空積み（からづみ）モルタルを使わずに石やれんがを積むこと。→練（ねり）積み

空練り（からねり）コンクリートやモルタルを，水を加えない状態でミキサーにより混練すること。

カラムキャピタル［column capital］柱頭部にあって上部の荷重を均等に柱身に伝える機能を有する部材のこと。一般に柱頭もしくは単にキャピタルと称するが，特にフラットスラブにおいて，柱頭部にあるテーパーの付いたスラブを受ける部分を区別してこのようにいう場合が多い。→フラットスラブ

ガラリ ⇨ルーバー

カラン［kraan 蘭］水栓類・蛇口（じゃぐち）。

仮囲い 工事期間中，工事現場と外部とを遮断するために現場周囲に設置された塀（へい）のこと。この塀には板塀，鋼板塀，有刺鉄線さくなどがある。

仮契約 正式な請負契約を結ぶ以前に行われる契約。例えば地方自治体で議会承認が必要な一定額以上の工事について，請負者と契約してから議会にはかる場合，この契約は議会で承認されるまでは仮契約となる。

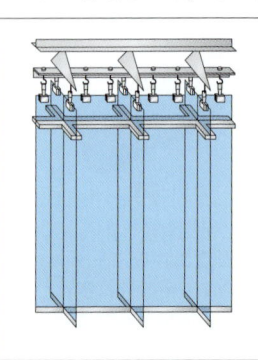

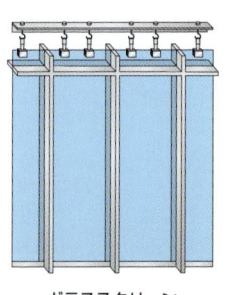

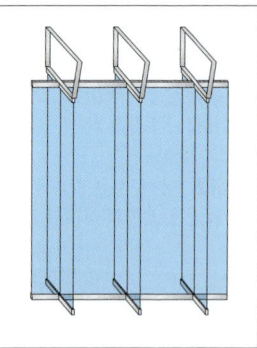

ガラススクリーン

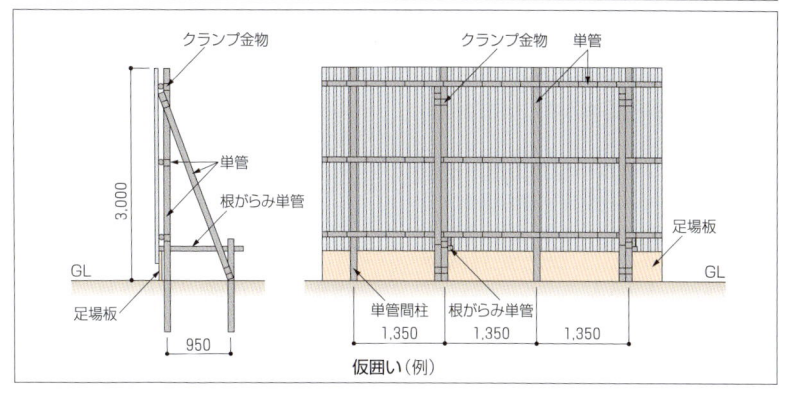

仮締め 鉄骨の建方(たてかた)に際し、建入れ直し後の本締めに先立ち、鉄骨部材の接合部分のボルトを仮に締めて接合する作業のこと。

仮締めボルト ⇨仮ボルト

仮使用 新築や増築工事において、新築建物の部分使用や増築建物の既存部分を、特定行政庁あるいは建築主事が安全上、防火上または避難上支障がないと認めて検査済証の交付の前に使用を承認すること。

苅初めの儀（かりぞめのぎ）地鎮祭で鍬(くわ)入れの儀の前に設計者代表が行う儀式。盛砂に向かい3度、鎌で草を苅る動作をする。→鍬(くわ)入れ、地鎮祭

仮付け溶接 本溶接に先立って、部材や仕口などを定められた形状として確保するために行う軽微な溶接。

仮ベンチ 仮ベンチマークの略称。工事場所と水準点が離れているとき、工事場所の近くに設ける仮の水準点。

仮ベンチマーク ⇨仮ベンチ

仮ボルト 鉄骨建方(たてかた)時に使われる仮締め用の中ボルト。使用本数は、1接合部に対し2本以上、かつボルト総本数の1/3程度とされている。「仮締めボルト」ともいう。

臥梁（がりょう）コンクリートブロック造などの組積造の壁体の頂部を固める目的で、水平にまわす鉄筋コンクリート製の梁。

加力試験 ⇨載荷試験

仮枠 ⇨型枠

カルウェルド工法 ⇨アースドリル工法

カルバート [culvert] ⇨暗渠(あんきょ)

ガルバリウム鋼板 亜鉛めっき鋼板の一種。鋼板にアルミニウムと亜鉛の合金を溶融めっきしたもので、特に耐食性に優れる。屋根、外壁、ダクトなどに用いられる。〔製造：新日本製鐵〕

側足場（がわあしば）建物の側面に沿って組み立てられた足場。

川砂利 河川から採れる砂利のことで、コンクリートの粗骨材の主流であったが、近年、採取量が減少して砕石などの使用が多くなってきている。

皮すき ペンキ落しや汚れ落しに使う用具。皮を裁つ刃物としても使われるので、「皮たち」ともいう。

側スターラップ（がわ—）補強スターラップのうち、梁貫通スリーブなどに一番近いもの。

瓦棒葺き（かわらぼうぶき）金属板による屋根葺き工法の一種。屋根の傾斜に沿って一定間隔に瓦棒を配置し、その位置で金属板の横方向の接続と吊り子による下地への固定を行う。瓦棒の位置に心木を入れる方法と、入れないで通し吊り子とする方法がある。→吊り子

ガン [gun] モルタル、塗料、岩綿などを吹き付ける器具。→セメントガン、スプレーガン

簡易型総合評価方式 →総合評価方式

簡易クレーン 移動用車輪付きの小型のジブクレーン。吊り荷重は1t以下で据付け・移動が簡単。コンクリート

簡易公募型指名競争入札 ⇨公募型指名競争入札

簡易公募型プロポーザル方式 建設工事について，技術提案書を提出することで，技術的に最適な業者を特定する入札手続きのこと。略して「簡易プロポーザル」ともいう。

簡易コンクリート 木造建築物の基礎，軽微な構造物および簡易な機械台に使用するコンクリート。JASS 5に種類・品質，施工等が規定されている。

簡易耐火建築物 防火性能が通常の木造建築物と耐火建築物との中間に位置する建築物。

簡易建地（かんいたてじ）枠組足場を構成する簡単な建地。アームロックは不要である。→鳥居型建地（とりいがたたてじ）

簡易プロポーザル ⇨簡易公募型プロポーザル方式

簡易リフト 外部足場にそって上下する工事用揚重機の一つ。積載荷重は1 t未満で，人力で組み立てられる。

かんかんハンマー かんかんむきに使用する金槌（かなづち）のこと。

かんかんむき 鉄製の工作物などの塗り替えを行う場合，金槌（かなづち）で叩いて塗料を落としたりさび落しをすること。金槌で叩く音がカンカンすることからこう呼ばれる。

換気 衛生上良好な室内環境を保つため，室内の汚れた空気と屋外の新鮮な空気を入れ換えること。屋外の風圧と室内外の温度差によって室内の空気が入れかわる「自然換気」と，送風機や排風機を用いて強制的に行う「機械換気」とがある。後者を「強制換気」または「人工換気」という場合もある。

換気回数 室内への供給空気量，または排出空気量を室容積で除したもの。時間当たりの回数で示されるのが一般的である。

環境アセスメント [environmental assessment] 開発行為が原因となる自然破壊に関して，事前に予測調査すること。また，その悪影響を最小にする方法を探し出すこと。略して「EA」ともいう。

環境影響評価 [environmental impact] 事業活動から生じる環境側面を大気汚染，水質汚染，土壌汚染，天然資源の枯渇，植物の減少等の環境の変化要素で評価すること。環境側面は原因，環境影響は結果である。

環境影響評価制度 開発実施に際し，環境にどのような影響を与えるかについて，予測調査を実施，評価書を公表し，住民・学識経験者・行政の意見を尊重して，環境の保全に対し十分な配慮をする制度。

環境衛生管理技術者 建築物における衛生的環境の確保に関する法律に基づき，特定建築物の維持管理が環境衛生上適正に行われるよう選任される監督者。

環境汚染物質排出移動登録 工場や事業所から排出される廃棄物の種類と量を行政に報告し，行政がそのデータを公表する制度。「PRTR制度」ともいわれる。

環境会計 [environmental accounting] 企業の環境にかかわる活動および影響を認識して貨幣単位，非貨幣単位で測定・評価し，または記述情報で企業の内外に公表する仕組みのこと。一般には貨幣単位で年間の環境対策費用を算出して，効果として廃棄物の削減，省エネルギー率等の環境負荷低減効果を表示することが多い。

環境基準 [environmental quality standard] ①大気汚染，水質汚濁，土壌汚染および騒音にかかわる環境上の条件について，人の健康を保護し，生活環境を保全するうえで維持されることが望ましい基準。大気汚染・水質汚濁・騒音については公害対策基本法に規定がある。②快適で安全で効率的な環境を維持するための基準。生活・執務環境については建築基準法，ビル管理法，JISなどに，労働環境については労働安全衛生法に，必要最低限を示すもの，目標値を示すものなど目的に応じて設

環境基本法 日本の環境政策の基本を示す法律。1993年11月に公布，施行。

環境共生住宅 ⇨エコハウス

環境経営 ISO14001を基にしたマネジメントを展開しているレベルから環境会計の導入，グリーン調達の導入，環境報告書による環境情報の開示レベル，持続可能な企業活動と経済，環境，社会を整合させたいわゆる「トリプルボトムライン」といわれるレベルまであるといわれている。いずれにしても環境保全と企業利益の確保とを整合両立させることが重要である。

環境コスト 環境破壊や環境保全に関連して発生するさまざまな費用のこと。汚染土壌の浄化対策費のように，環境被害に対する事後的な対策費用や，環境被害を未然に回避するための事前的な対策費用などがある。「環境費用」ともいう。

環境再生 破壊された環境の再生を通じて，地域社会の再生と持続可能な社会をめざす取り組み。その一環として日本では，2003年1月に「自然再生推進法」が施行された。→自然再生推進法

環境側面 [environmental aspect] JIS Q 14001では，「環境と相互に作用する可能性のある組織の活動またはサービスの要素」と定義している。事業活動にともなって生じるCO_2の排出，廃棄物の排出など，地球環境に影響を与える原因になるもののこと。

環境測量士 騒音，振動および有害物質の濃度等の環境レベルの計量を行う環境計量士と，その他一般の計量士の総称。経済産業大臣の登録が必要で，国家試験に合格し，実務経験などの所定の条件を満たした者か，計量教習所の課程を終了後，実務経験などの条件を満たし，かつ計量行政審議会に認められた者のいずれかがこれに当たる。

環境ビジネス 大気汚染対策，水質汚染対策，土壌汚染対策，ゴミ処理，あるいは省エネルギー化や環境診断といった環境問題を解決するためのさまざまな事業活動のこと。

環境費用 ⇨環境コスト

環境評価 地区の自然条件，公共施設・都市施設の整備状況，防災安全，土地・敷地の立地条件，建物の現状など住環境にかかわる諸条件を評価すること。

環境報告書 [environmental annual report] 年間の環境保全の取組み実績を社会に対して公表するもの。一般に，組織概要，環境への取組みの歴史，最高経営層の誓約，環境方針，環境目的・目標，環境マネジメントシステムの状況，環境パフォーマンス評価，外部とのコミュニケーション実績，第三者意見等で構成されている。

環境方針 [environmental policy] JIS Q 14001では，トップマネジメント（経営層）によって正式に表明された，環境パフォーマンスに関する組織の全体的な意図および方向付けと定義されている。企業等の環境活動の方針を示すもので，企業活動の内容に対応し，活動の継続的改善，環境に対する汚染予防，法規制の遵守，環境マネジメントプログラムの目的目標の設定，見直し等を明示したもの。

環境ホルモン 人体の各器官の働きを調整するホルモン（内分泌物質）をかく乱する化学物質の総称。極微量でも胎盤を通して妊婦から胎児へ移行して重大な影響を与えることも指摘されている。ダイオキシン，DDT，PCB，有機スズ化合物が代表的。「内分泌かく乱化学物質」ともいう。

環境マネジメントシステム [enviromental management system] JIS Q 14001では組織のマネジメントシステムの一部で環境方針を策定，実施し，環境側面を管理するために用いられるものと定義している。企業の経営システムの一つで，このシステムを的確に運営することにより，企業活動によって生じる環境負荷を減少させることができる。略して「EMS」。

環境マネジメントプログラム [enviromental management program] 企業等は環境方針に基づき，さらに著し

い環境側面の中から環境負荷減少のための目的，目標を設定し環境保全活動を展開しなければならない。このための活動計画のことをいう。この計画では，実行責任者，具体的方法，日程が明確になっていなければならない。

環境ラベル 環境にかかる負担の少ない製品やサービス情報を消費者に提供する手段の一つ。ISOでは3タイプに分類し運用基準などを定めている。タイプ1は環境配慮型製品に対し第三者機関が判定しラベルの付与を認定するもので，「エコマーク」などがこれにあたる。タイプ2は企業が独自基準を設け，その基準を満たしている製品・サービスに付けるラベル。タイプ3は製品の生産から廃棄までの全過程における環境負荷を消費者に開示するもの。→エコマーク

管渠基礎工（かんきょきそこう）排水管を布設する際，管の種類，地盤の支持力などに合わせて不同沈下が生じないように，荷重を支持・分散させるために設ける基礎。砂基礎，砂利基礎，まくら胴木，はしご胴木，コンクリート基礎などがある。

間欠空調 必要な時にのみ運転する連続性のない空調方法。夜間や温湿度条件が空調を必要としない時は運転を停止し，空調費の節減を図るもの。

緩結剤 ⇨凝結遅延剤

官公需法（かんこうじゅほう）「官公需についての中小企業者の受注の確保に関する法律」の略。1966年制定。国や公団などが発注する工事，物件，役務に関して中小企業者の受注機会を確保し，それらの発展に資することを目的とした法律。

完工高 ⇨完成工事高

簪（かんざし）①かんざし筋のこと。②土中にワイヤーロープのアンカーをとるとき，ワイヤーロープの端末に結びつける横木。③木材の接合において仕口をかためるため2つの部材を貫通する栓。

簪筋（かんざしきん）梁の主筋を所定位置にセットするため，上端（うわば）筋の下を通して挿入する補助鉄筋。

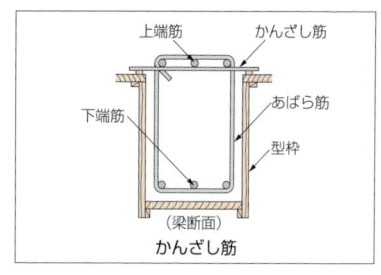

かんざし筋

乾式工法 水を使う材料を排し，木材，合板，金属材料，石膏ボード，けい酸カルシウム板などの乾式材料を用いる工法の総称。→湿式工法

寒水石（かんすいせき）茨城県世矢産の白大理石。堅固で結晶粒が大きく，砕石にして人造石の種石に使われる。

含水率 [percentage of water content] 木材中の水分含有量を示すもの。含水量の木材絶乾重量，測定重量に対する比，百分率で示す。

完成工事高 会計期間内に完成した工事の価格を合計した売上高のこと。略して「完工高」ともいう。

完成工事未収入金 建設業会計において，完成工事として売上げに計上された工事の請負代金のうち，未収入の部分(額)をいい，一般に売掛金として処理される。これに対して「完成工事未払金」は買掛金として処理する。

間接仮設 現場事務所，仮囲い，材料置場など，現場作業に直接関係ない仮設設備のこと。一般的には各種工事に共通して使用される動力，光熱，用水の設備なども包含して「共通仮設」と呼称されている。→共通仮設工事，直接仮設工事

間接工事費 工種別見積あるいは部位別見積によって工事原価を捉える際，単独の工種なり部位に属さない共通の費用のこと。共通仮設費や現場経費をいう。→直接工事費

間接照明 照明光源の中心を通る水平線の上方向に，照明光源の光束の90％以上が放射される照明方式。ランプからの直接光をカットし，照明器具の反射板や造営材の反射光により間接的に

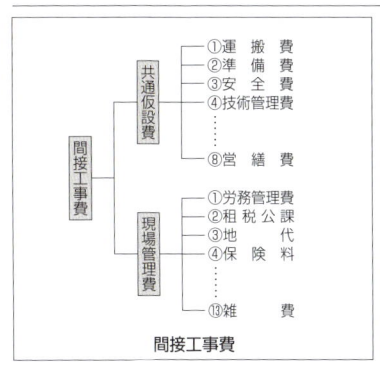

```
                    ┌①運 搬 費
              ┌共通│②準 備 費
              │仮設│③安 全 費
              │費 │④技術管理費
              │   │  ⋮
      間接    │   └⑧営 繕 費
      工事────┤
      費     │   ┌①労務管理費
              │現場│②租税公課
              │管理│③地 代
              │費 │④保 険 料
              │   │  ⋮
              └   └⑬雑   費
                間接工事費
```

行う。光源が直接目に入らないため、まぶしくなく光と影は柔らかいが、効率は悪い。

間接暖房 ダクトなどによって温風を室内に送り、室内空気と混合して室温を一定に保つ暖房方法。温風以外の熱源である蒸気や温水などを室内に持ち込まない。

間接排水 器具・機械などからの排水管を他の排水系統へ直結させず、水受け容器を経て排水処理をする方法。給水タンク・冷蔵庫・水飲み器など、飲食物に関係する器具類からの排水は、排水管に直結すると排水管が詰まった場合に汚水が器具内へ逆流するおそれがある。これを防ぐため、器具の排水は直結せず適切な空間をとり、じょうご状の水受けを介してトラップ付きの排水管に流すようにしたもの。

完全溶込み溶接 溶接継手部分の全接合面にわたって溶着金属の溶込みのある溶接方法。通常、突合せ溶接の場合は完全溶込み溶接であるが、メタルタッチの場合は完全溶込みにならない。

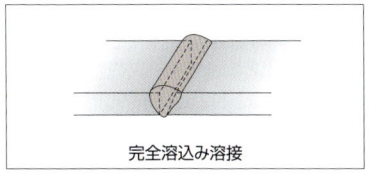

完全溶込み溶接

乾燥収縮 木材やモルタルなど水分を含んだ材料が、乾燥してその含有水分を失うことにより体積や長さなどが縮む現象。亀裂・ひび割れなどは、これによって生じる場合が多い。

カンタブ 生コンクリート中の塩分量を測定する試験紙。生コンクリートの中に差し込むと、試験紙が水分を吸い上げ色の変化を生じることによって塩分の量が測定できる。〔製造：太平洋マテリアル〕

換地 (かんち) 土地区画整理事業の施行に際して、施行地区内の土地所有者等の従前の土地についての権利に照応する別の土地についての権利を与えること。または、これに相当する土地についての権利がないときは金銭で清算すること。

感知器 火災の熱または煙を感知して電気信号を発する装置。おもに自動火災報知設備で使用される。

寒中コンクリート コンクリート打込み後の養生期間中に、コンクリートが凍結するおそれのある場合に施工されるコンクリート。凍結を防ぐため、型枠の断熱保温や加熱保温などの対策が必要となる。

貫通孔 壁の設備用スリーブ、換気、コンクリート床のだめ穴などのように、部材断面を抜け通る穴の総称。

貫通スリーブ 設備配管や換気などの目的で壁、梁、床スラブを貫通して設ける中空の円筒状、角筒状のさや。

雁爪 (がんづめ) 砂利やコンクリートがらなどをかき集める鍬(くわ)をいう。一般的には4本づめであるが、3本づめの場合は、特に「三つ股(また)」という。→レーキ

関東間 (かんとうま) ⇨江戸間(えどま)

関東ローム層 →ローム

監督官庁 建築や建設業について、国土交通省が行政の立場から監督し、その責任を負う仕組みとなっている官庁のこと。

ガントチャート [Gantt chart] 作業の日程計画やその管理に用いられるグラフ。アメリカのガント(H.L.Gantt)が考案したもの。バーチャートと同様、作業の開始・終了がひと目でわかる反面、各作業の関連性がわかりにくいのが欠点である。→バーチャート

貫入量 ①スウェーデン式サウンディ

かんのん

ング試験において，ロッドが現況地盤面から鉛直方向に沈む深さ。②杭打ち機を用いて既製のコンクリートを打設した際の，打込み深さのこと。

観音開き（かんのんびらき）両開き戸。また，両開き戸のそれぞれの戸が，さらに中央で折れて開く戸をいう。

乾腐（かんぷ）⇨ふける

岩綿（がんめん）安山岩などを1,500度ほどで溶かし，圧縮空気や高圧蒸気を吹き付けて繊維状にしたもの。断熱・吸音・耐火性に優れ，ボードやフェルトに加工したり，吹付け材や保温材として使用。「ロックウール」ともいう。

岩綿吸音板（がんめんきゅうおんばん）岩綿を主成分に，接着剤・混和剤を用いて成形した仕上材。防火・断熱性や吸音性に優れ，施工性も良いため，事務所・学校・店舗などの天井材として広く使用されている。「ロックウール吸音板」ともいう。JIS A 6307。

岩綿モルタル（がんめん―）岩綿と水を混練したもので，湿式工法による鉄骨の耐火被覆吹付け材として用いる。

ガン屋　ガンを使用して各種の壁仕上材の吹付け作業を専門に行う作業者。

管理委託　管理組合の業務の一部または全部を管理会社に委託すること。管理組合と管理会社は，管理委託契約を結ぶが，管理員の勤務形態によって，①常駐管理，②通勤管理，③隔日通勤管理，④巡回管理，⑤機械管理または無人管理がある。

管理型最終処分場　安定型産業廃棄物以外の産業廃棄物，タールピッチ類，紙くず，木くず，繊維くず，判定基準を超えない有害物質を含む燃え殻，煤塵（ばいじん），汚泥等，管理型廃棄物を埋立てする処分場で，地下水汚染防止の遮水工が施され，水質汚濁防止法に基づく排水基準を満たすようになっている。なお，PCBやアスベストなどの特別管理産業廃棄物処分のため，その基準を満たした処分場を「特別管理型最終処分場」と称することもある。→最終処分場

監理技師　⇨監理者

監理技術者　特定建設業者が下請を使って施工する場合（ただし下請金額が建設業法施行令で定める額をこえる場合），当該工事現場に置くことを義務づけられている技術者。公共性のある工作物に関係した重要な工事現場には，専任の者を置かなければならない。職務は施工計画書の作成，工程管理，品質管理その他の技術上の管理および施工に従事する者の指導監督である。建設業法第26条，同法施行令第27条。→主任技術者

管理業務主任者　「マンション管理適正化法」により管理会社に配置が義務づけられた国家資格者。管理会社の社員として管理業務の重要なマネジメントを行う。→マンション管理適正化法

管理組合　区分所有者全員で組織する団体。区分所有法第3条によると「区分所有者は，全員で建物並びにその敷地及び附属施設の管理を行うための団体を構成し，この法律の定めるところにより，集会を開き，規約を定め及び管理者を置くことができる。」となっている。なお分譲マンションの専有部分のリフォームを行う場合に，設計内容や工事方法について事前に管理組合の許可を得る必要がある場合がある。

管理建築士　建築士法第24条で定められている建築士事務所を管理する建築士。同条2項で「建築士事務所の業務に係る技術的事項を総括する」とその役割が規定されている。

管理項目　品質管理用語の一つ。管理を結果と要因との関係でとらえ，目標を達成するために重点的に選んだ結果系の管理の対象を「管理点」といい，作り込みの過程で管理点をチェックすべき要因系の項目を「管理項目」という。例えば，「屋上防水の10年保証」という目標に対し，「漏水の有無」が管理点であり，「下地の勾配」，「下地の不陸（ふろく）」などが管理項目となる。品質管理では管理点，管理項目とも，それをどう点検し，どう処置するかまで明確にするが，その具体的内容について，規範とし提案はされているもの

の，用語の使い方に定まったルールがなく，各社独自に作成されている。

監理者 発注者の委任を受けて，工事が設計図書や工期など契約内容に合致しているかどうかを監理する者。民間連合協定工事請負契約約款では第9条で監理者の業務を規定している。「工事監理者」ともいう。→工事監理

管理図 QC7つ道具の一つで，品質特性について，その工程を管理するための図。ある一定の値の範囲を設定し，この範囲を超えたばらつきに対して異常と判断が下せるような線が書き入れられたグラフのこと。

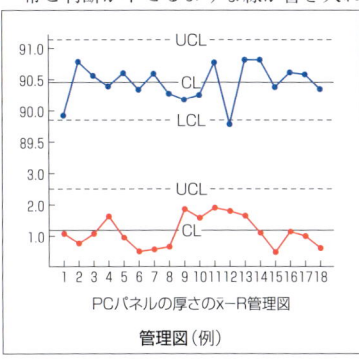

管理図（例）

管理責任者 [management representative] 品質，環境マネジメントシステムを遂行するための責任者。経営者が任命して，それぞれのシステム運用，維持に関しての最高責任者である。

管理のサイクル ⇨デミングサイクル

完了検査 ①確認申請書が提出されている建築物の工事完了時に受ける検査。建築主は工事完了から4日以内に検査を申請し，建築主事またはその委任を受けた当該市町村若しくは都道府県の吏員は，申請を受理した日から7日以内に検査しなければならない。建築基準法第7条。②竣工検査のこと。→竣工検査

寒冷紗 （かんれいしゃ）綿または麻で粗く編んだごく薄い布。塗装下地で不陸（ふろく）が大きい場合など，これを貼ってパテ飼いを行い素地調整をする。

緩和処置 [mitigating action] 事故，災害等が発生したとき，その影響をできるだけ小さくし，拡大しないようにすること。

き

キーストンプレート スラブ用の型枠（せき板）の一種。凹凸の付いた鋼板製のもので，埋殺し型枠として使用。デッキプレートよりも凹凸が小さい。

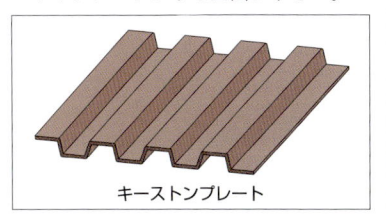

キーストンプレート

キープラン [key plan] ある部分が全体のどこに位置するかを表す図面。例えば，建具に符号を付けて，その建具が建物の平面図においてどの位置にあるかを表した図面。

気温補正強度 低温によるコンクリート強度の発現低下に対処するため，設計基準強度にコンクリート打設から28日後までの期間の予想気温による強度補正値を加えた値。「温度補正」ともいう。

擬花 （ぎか）⇨エフロレッセンス

機械換気 ⇨換気

機械器具損料 ⇨機材損料

機械式駐車場 建物の内部または外部に専用の機械装置を設けて，自動車を搬送し，格納する駐車施設。

機械室レスエレベーター 巻き上げ機や制御盤等を昇降路内に設置した機械室のないエレベーター。屋上機械室がないぶん，建物の高さ規制やエレベーター設備に要していた共有部分を有効スペースとして活用できる。

機械継手 鋼製や鋳鉄製のスリーブ，カップラーなどを用いて，2本の鉄筋を材軸方向に接合する継手のこと。スクイズジョイント工法，グリップジョイント工法などがある。→圧着継手

機械掘り バックホーや各種ショベル系の掘削機械を使って，根切りなどの掘削を行うこと。手掘りに対していう。→手掘り

きかし筋 寄せ筋による配筋方法で，通常の位置からコーナーに寄せられた柱主筋のこと。→寄せ筋

期間 ある時点から他の時点までの継続する時間の隔たりをいう。民法上の期間には，契約期間，時効期間，催告期間等がある。法律効果があるので民法で計算法が定められている。秒・分・時は自然的計算法で，日・週・月・年は暦に従った暦法的計算法で，初日を入れず次の日から計算する。例えば，5月2日に期間3ヵ月といえば，起算日（きさんび）は5月3日，満了日は8月2日である。最後の月に応答日がない場合は，その月の末日を満了日とする。ただし，年齢，戸籍，クーリングオフについては初日を算入する。

擬岩（ぎがん）⇒擬石（ぎせき）

企業化調査 ⇒フィージビリティスタディ

危険物 毒性，刺激性，腐食性，燃焼性，爆発性，可燃性などを有する物質。消防法では可燃性，発火性，引火性など火災の危険のあるものを危険物として指定している。

危険物取扱者 消防法第10条で定める危険物のうち，一定数量以上の貯蔵または取扱い作業に関して保安監督のできる有資格者。危険物取扱者は，甲種・乙種・丙種の3種に分けられ，取り扱うことができる危険物を分類している（消防法第13条）。

危険予知活動 工事現場での作業開始前に，作業遂行上予想される危険を洗い出して検討し，対策を立て実作業にいかす活動。略して「KYK」ともいう。

気孔 ⇒ブローホール①

気閘（きこう）⇒エアロック

木鏝押え（きごておさえ）木製の鏝（こて）で，刷毛（はけ）引き仕上げや金鏝（かなごて）仕上げの前に，コンクリートやモルタル面を押さえること。そのまま仕上げにすることもある。

機材センター 建設業者が保有する機材倉庫のこと。資(材)・機材センターと建設機械類センターがあり，後者を「モータープール」などと呼ぶ。

機材損料 建設業において，鋼製仮設材，車両・運搬具，機械装置等を現場または支店単位で，一定の使用料として徴収すること。これは償却費・整備費・管理費から構成される。「機械器具損料」ともいう。

起算日（きさんび）⇒期間

生地仕上げ（きじしあげ）木材の木目，地肌，色合いをそのまま生かした仕上げ。塗装は汚れ止めにワックスかクリヤラッカー程度の透明塗料を用いる。「素地仕上げ」ともいう。

技術検定 施工技術の向上を目的として，建設業法に基づいて実施する試験。合格者は主任技術者の称号が付与される。

技術士 科学技術庁(現文部科学省)長官が行う技術士試験に合格し登録を受けたもの。建設，機械など16部門に分かれ，それぞれの部門に関しての高度な専門的応用能力を必要とされる。

技術者の常駐 建設業者が建設業の許可を受ける基準の一つで，企業が配置する営業所ごとに，一定の要件を満たした専任の技術者を常駐することを義務づける制度。

技術者のプール制度 企業グループ経営を進める際，技術者の常勤雇用が経営の足かせとなることから，ある一定の条件のもとでグループ内における技術者の移動を認める制度。現在は，不良不適格業者排除の観点から，技術者は所属会社と常勤雇用の規制がある。

技術提案型総合評価方式 公共工事の総合評価方式による入札形式の一つ。入札参加者は工事価格と受注者の要求する技術提案を同時に示し，それらを総合的に評価して落札者を決定する入

札形式。国土交通省では「高度技術提案型総合評価方式」と称して運用のガイドラインを示しているが、地方自治体ではそれぞれ独自に試行が行われている。→総合評価方式，高度技術提案型総合評価方式

基準階 施設建築物のうち，同一の床利用が繰り返される階数床のことをいう。基準階は，各階の床利用が相違する場合には存在しないこともある。複合建築物の上階に集合住宅を造ったり事務所空間が重層するような場合，その繰り返される床が基準階となる。

基準強度 許容応力度を算定する基準となるもので，建築基準法に規定された材料強度のこと。

基準墨 建築物を構築するのに基準となる墨をいう。通り心を示す墨あるいは通り心の基準となる墨など。

キシラデコール 木材保存用塗料。塗膜をつくらず木材に浸透するタイプの塗料で，自然の木肌を生かすことができる。〔製造：武田薬品工業〕

キシレン [xylene] 芳香族化学物質の一つで，油性ペイントやアクリル樹脂塗料・エポキシ樹脂系接着剤に含まれ接着剤や塗料の溶剤に使用されている揮発性有機化合物(VOC)の一種。シックハウス症候群の原因の一つとされている。室内濃度のガイドラインは0.20ppmとされている。→トルエン，VOC 略

既製コンクリート杭 あらかじめ工場で製作された鉄筋コンクリート製の杭。RC杭，PC杭，PHC杭，三角節(ふし)形杭などがある。

擬石 (ぎせき) ①表面を小叩(こだた)きや研ぎ出し仕上げにして天然石のように見せた人造石。例えば人研(じんと)ぎやテラゾーなど。②天然の岩石を模倣してつくったコンクリートまたはモルタル製品。「擬岩(ぎがん)」ともいう。

基礎 構造物の荷重を地盤に伝えるため最下階の躯体下に設ける構造部分の総称。形式としては独立基礎，布基礎，べた基礎など，また工法上では直接基礎，杭基礎，ピア基礎などがある。

気送管装置 ⇨エアシューター設備

基礎杭 構造物の基礎の下にある杭をいう。構造物の荷重を直接の支持もしくは摩擦によって支持地盤まで伝達する目的をもつ。

基礎工事 基礎躯体を構築するための諸工事の総称。部分別見積書式によれば，基礎躯体工事のほか，土工事，山留め工事，排水工事，杭・地業工事が含まれる。

基礎配筋 直接基礎，べた基礎，杭基礎の鉄筋を組み立てること。また，その組み立てられた鉄筋の総称。

基礎梁 最下階の柱下を横につなぐ水平部材をいう。柱脚部を固めると同時に，柱脚の曲げモーメント，せん断力を負担する役割がある。→繋(つな)ぎ梁

基礎伏図 (きそぶせず) 基礎および基礎梁など基礎部分の構造上の配置・寸法・種類などを示す平面図。縮尺1/100〜1/200程度。

既存建物調査 既存建物の補修・改修対策を行うために，既存建物の劣化・損傷等についての現状把握や原因究明のための調査の総称。外観目視調査，外装仕上材のはく離調査，コンクリートの非破壊調査等などがある。

既存不適格建築物 建築基準法またはこれに基づく命令・条例の規定が施行された時に，現存する建築物で，その全部または一部がこれらの規定に適合していないものをいい，その限りでその部分についての建築基準法は適用されない。しかし，施行後に増築・改築等の工事をする場合は，建築基準法の規定が適用される。→違反建築物

キックオフミーティング [kick-off meeting] プロジェクトの開始を宣言するための集まりのことで，プロジェクトメンバーの顔合せ，プロジェクト計画の詳細説明等が行われる。

木積り (きづもり) ⇨木拾い

技能士 職業能力開発促進法に基づき職業能力開発協会が行う技能検定試験に合格した者。型枠施工・鉄筋組立て・鳶(とび)・左官・塗装など建設関連では31職種42作業について，それぞれ1級および2級に区分して検定試験

きはつせ

を実施している。

揮発性有機化合物［volatile organic compound］⇨VOC略

木拾い　木工事に必要な木材数量を種類・寸法別に図面から拾い出すこと。「木寄せ」「木積り」ともいう。

気泡　①コンクリート中に発生する微細な空気の泡（あぶく）。発泡剤や起泡剤を混入したり，あらかじめ用意した安定的な泡沫を用いて作られる。②塗料，モルタル，防水材などの塗り仕上げの工程で入る，細かな空気の泡。

気泡コンクリート　発泡剤や起泡剤などを用いて，多量の小さな気泡を発生させた多孔質のコンクリートのこと。軽量で断熱性や耐火性に優れている。高圧蒸気釜による養生を行って工場生産されたものが「ALC板」と呼ばれるものである。「泡コンクリート」「多孔質コンクリート」「細泡コンクリート」ともいう。

擬宝珠（義星）付き丁番（ぎぼしつきちょうばん）丁番の軸となるピンの端部に擬宝珠を付けた丁番。擬宝珠を外すとピンが抜けるもの，あるいは上部の擬宝珠がピンと一体となって抜けるものなどがある。室内の木製扉に広く使われている。

基本設計［preliminary design, basic design］建築主の要求事項をまとめ，計画建築物の全体的な概要を意匠的，技術的，法規上の制約などを考慮して図面化する業務で，設計業務の基本となるもの。→実施設計

基本設計図　設計内容がほぼ固まった段階で作成される設計図。配置図・平面図・立面図・断面図・仕上表など，実施設計の基本となる図面のこと。

気密試験［airtight test］現場における配管施工後，機器接続後に行う流体漏れ確認の検査。合否の判定基準は，配管種類，流体使用圧力によって加圧，保持時間が違う。

気密性［air tightness］空気やガスに代表される気体を通さない性質，性能のこと。ISOでは「通気性能」という。

ギムネ　木材に小径をあける錐（きり）。長い軸の上端にT字状に柄を差し込んで回転させる。現在はこれに代わり電気ドリルが普及している。「ボルト錐」「南蛮（なんばん）錐」「もじぎり」ともいう。

鬼門（きもん）家の位置・方向などから吉凶を判断する風習（家相）において東北方向のことをいい，最も忌み嫌う方向とされる。この方向の台所・浴室・便所は避けなければならないとされる。西南方向を「裏鬼門」という。

規約共用部分　マンションなど区分所有建物の共用部分は，法定共用部分と規約共用部分とに分かれるが，廊下・階段，壁等で区分されていない所は法定共用部分である。それに対し規約共有部分は，管理人室や集会室など，本来は専有部分となる建物の部分で，住民全体の共用とされるべきもの，物置・ガレージ等で規約により共用部分とされたものをいう。第三者に対抗するために，共用部分である旨の登記が必要である。

逆スラブ　通常の梁の上端に設けるスラブと異なり，梁の下端に設けたスラブのこと。

客土（きゃくど）①不良地盤を改良するために，表層土の一部を取り除いて入れ替える良質の土。②砂地あるいは瓦礫（がれき）を多く含む植栽に適さない地盤において，入れ替える良質の土壌のこと。「かくど」ともいう。

客土法（きゃくどほう）砂地盤などに植栽地盤を造成するために砂を掘り取って，赤土・黒土などと入れ替える方法。植木1株ごとに入れる場合は，苗木・低木類は0.05m^3/本，3～4mの高木は0.2～0.3m^3/本程度。帯状に客土する場合は，高木で80～100cm厚さ程度が望ましい。

キャスター［caster］家具の脚部に付ける移動用の車。

キャストストーン［cast stone］おもに外装の貼り石に用いられる人造石ブロック。その表面を砥石（といし）をかけたり磨いたりするほか，小叩（こたた）きまたは突っつきで粗面に仕上げる場合もあり，本石に近い外観となる。

脚立（きゃたつ）高所作業に用いる自立型のはしご。一般にはパイプ製で，高さが1.8～2.7 mのものが多い。

脚立足場（きゃたつあしば）脚立と脚立の間に足場板を渡してつくる仮設足場。屋内の壁や天井の作業などに用いられる。

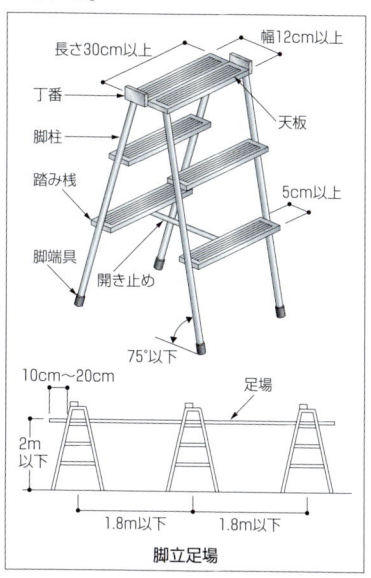

キャッチパン　サッシのジョイント部から浸入した水を受けて，外部に排水するように工夫された漏水防止部材。連窓サッシの上枠のジョイント部等に付けられる。

キャッチベース　鉄骨のフランジ部分をくわえてネジ留めで固定するクランプ。仮設の階段手すり，鉄骨建方(たてかた)時のユニット足場受け，柱の溶接足場などさまざまな仮設設備に使用。

キャットウォーク［cat walk］設備の点検用等のために高所に設けた通路。人が1人通れる程度の簡単なもの。

キャッピング［capping］試験機の荷重が均等にかかるように，コンクリートの強度試験用供試体の天端(てんば)をセメントペーストなどで平らに仕上げること。JIS A 1132。

キャップタイ［cap ties］開放型（U字形）のあばら筋の上部にかぶせるようにして取り付ける。両端を折り曲げた鉄筋。「らっきょ」ともいう。

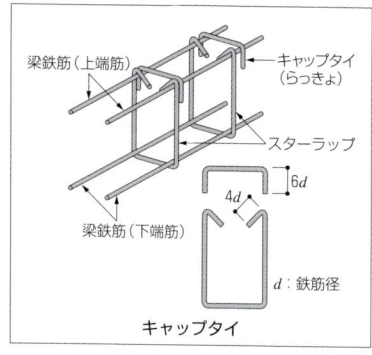

キャップナット［cap nut］⇨袋ナット

キャド［CAD］computer aided designの略。コンピューターで行う設計行為。通常は机上で行われる設計行為を，グラフィックディスプレー装置を使い，設計者がコンピューターに記憶された設計情報をその画面に取り出し，検討と選択を繰り返しながら行う。図面はプロッター（自動製図機）によって短時間に出力される。正確で大量の情報を高速で処理できるので，設計作業時間が大幅に短縮できる。

キャドキャム［CAD/CAM］computer aided design/computer aided manufacturingの略。設計をCAD（コンピューターによる設計支援システム）で行い，その設計データを生産工程に活用して生産性の向上をはかる。設計工程と生産工程を一貫して支援するコンピューターシステムのこと。

キャノピー［canopy］出入口の車寄せや商店の店先などの上部に差し掛けられる雨や日射しを除けるための屋根。

キャピタル［capital］①エジプト，ギリシア，ローマなど古代建築における装飾された柱の上部。「柱頭」ともいう。②フラットスラブにおける柱の頭部を拡大した部分。→フラットスラブ

キャブシステム　cable box network systemの略。電柱を使って上空に張りめぐらされている電線・電話線や各種ケーブル類を地中構造物（ケーブルボックス）内に納めてしまうシステム。点検が容易で電柱も不要，道路の有効利

用ができるなどの利点がある。

キャブタイヤケーブル［cabtire cable］ゴム絶縁した心線の上を丈夫なゴムでさらに被覆したもの。振動, 摩擦, 屈曲, 衝撃などに強い。JIS C 3312。

キャラメル　鉄筋コンクリート工事において, 鉄筋の間隔, 鉄筋のかぶり厚さを確保するためのスペーサーの一種。四角のキャラメル形をしたモルタルブロック。「さいころ」ともいう。

キャリブレーター［calibrator］鉄骨の本締めに際して, トルク係数値の測定や締付け機械の調整を行い, 高力ボルトの軸力を計測する機械。油圧形式のものが一般的である。

キャリブレーターテスト　鉄骨工事の高力ボルト締付け作業準備として行うトルクなど締付け器具のチェックおよび導入軸力の信頼性を確かめる試験。

キャルス［CALS］continuous aquisition and lifecycle support（commerce at light speed）の略。情報通信ネットワークを活用し, 製品の設計から保守に至るライフサイクルに関わる情報を電子化することで, 関係企業間の意志決定の迅速化, 業務の効率化, 高度化などを図るシステム。→建設CALS/EC

キャンチレバー［cantilever beam］⇒片持ち梁

キャント［cant］屋根防水などの下地として立上りの入隅(<small>さしかね</small>)部に入れ, 下地の動きによる防水層の破断を防ぐもの。キャントストリップの略。

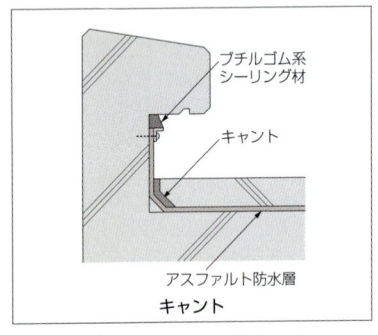

キャント

キャンバー［camber］①自重あるいは荷重を受けたとき, 正規の位置に納まるように, 前もって付けるむくり。型枠や鉄骨などで行われる。②間隔を調節するために用いる三角形の断面をもつ木片。仮設物として使われる。

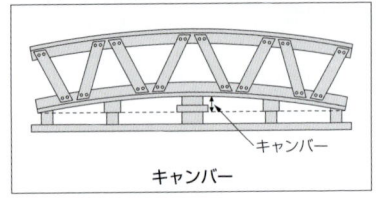

キャンバー

急結剤　モルタルの硬化を促進するための混和剤。塩化カルシウム, 水ガラス, 炭酸ソーダなどを主材とする。湧水個所の補修などに利用できる。

吸収式冷凍機　冷媒を吸収液に吸収させることによって冷却機能を発揮する冷凍機。冷媒に水, 吸収液に臭化リチウムの溶液を用いる。

給水管［water supply pipe］上水, 雑用水, 中水を供給する管。

給水方式［water supply system］給水の方式は水道直結方式, 高置水槽方式圧力水槽方式, ポンプ直送方式に分類される。

給水量　⇒使用水量

給湯管（きゅうとうかん）［hot water supply pipe］上水を加熱した湯を供給する管。

給湯方式　温水を供給する方式。局所式給湯方式と中央式給湯方式の2つに分けられる。局所式は, 給湯が必要な場所ごとにガス湯沸器等の機器を設け配管・弁等を用いて局所的に給湯を行う方式。中央式は, 機械室内に給湯ボイラーや貯湯タンクを設け, 沸かした湯をポンプ・配管・弁などを用いて建物内の給湯が必要な個所に供給する方式である。

吸熱ガラス　⇒熱線吸収板ガラス

キュービクル［cubicle］鋼板製の函に収めた配電盤の総称。変圧器やジスコン盤, 受電盤がセットになっている。

共益費（きょうえきひ）建物およびの敷地の賃貸借において, 賃料と別に支払われる費用。マンション等の共用部分にかかわる費用を共益費, 共通費, 共用部分管理費等といい, この費用の

キュービクル

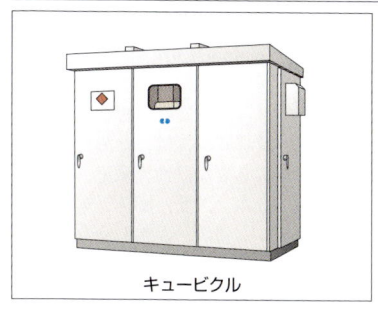

名目で、共用部分の光熱水道費、清掃費、衛生費、修繕費、保安管理費、空調費等が支払われることが多い。

境界 土地所有権の及ぶ範囲の境目。敷地と隣地、敷地と道路などの境目。境界は土地所有権の行使に際して最も基本となるもので、相隣権行使の前提でもある。界標設置権、囲障設置権、竹木に関する相隣関係、建物築造に関する相隣関係等の諸問題は、いずれも境界を中心に生ずる。土地の境界は、法律的に区画された隣地との境(地番と地番の境界線)であり、境目自体は目に見えない。そこで、土地の境界を示すための目印となる「境界標」を設置する。境界を確定するためには、調停によって解決を図るか、境界確定の訴えを提起する方法がある。

境界確定 民地と官有地の境界を双方の当事者が立ち会って確認し決定すること(国有財産法第31条の3)。宅地開発などの際、区域内にまたは隣接して国有財産がある場合は、国有財産の払い下げや開発区域の確定のため官側に境界確定を求めなければならない。

狭開先溶接 (きょうかいさきようせつ) 自動溶接の一種で、I形の開先を片面からアーク溶接する。溶接部の継手の開先面積が非常に小さく、溶接金属が少なくてすむことから厚板の溶接に適している。「ナローギャップ溶接法」ともいう。

境界査定 土地所有者、隣地所有者、行政担当者など境界に関係するものが立ち合って境界を確認すること。→境界確定

境界石 (きょうかいせき) 道路と民地などの境界に設置される細長いコンクリート製の石。用途により歩車道境界石、地先境界石などがある。

強化ガラス ガラス板を500～600度で加熱したのち急冷することによって、強度を普通板ガラスの数倍に増大させたガラス。枠なしのガラスドアや乗物の窓ガラスなどに用いる。割れたときに小豆粒(あずきつぶ)大に砕け、鋭利な破片が残らない。JIS R 3206。

供給規定 電気事業者である電力会社が電力の供給条件を定めたもの。供給電圧、供給方法、契約種別、電力料金、契約方法などが記載されている。

凝結硬化促進剤 コンクリートの早期材齢の強度を高め、硬化促進を図るために用いる混和剤。工期短縮のためや寒冷地における工事に用いられる。

凝結遅延剤 暑中のコンクリート打設などで、コンクリートの凝結を遅らせるために用いる混和剤。「遅延剤」「緩結剤」ともいう。

経師 (きょうじ) 襖(ふすま)障子、壁紙を張る職人。

供試体 コンクリートや鉄筋などの構造材の性質を調べるために用意した所定の形状・寸法をもつ試験片、資料のこと。「テストピース」ともいう。

強制換気 ⇨換気

行政指導 国や地方公共団体が、所管する事務や業務に関係する業界等に対して、一定の行政目的を達成するために、必ずしも法令の根拠に基づかないで、種々の指導・助言・勧告等をすること。行政指導に従うか否かは、行政指導を受ける側の意思によるものとされている。市町村の宅地開発等指導要綱による宅地開発やマンション建築に対する指導はこの一例である。

競争入札方式 工事等の発注に際し、複数の業者を対象として価格などを文書で提出させ、発注者の予定価格内で一番条件に適合した業者(落札者)と契約を結ぶ方法。

共通仮設工事 仮設建造物(現場事務所、仮囲い、詰所、材料置場など)や設備類(動力、用水、光熱費など)の

きょうつ

ように，準備工事および各種工事に共通して使用される仮設物を扱う工事。→直接仮設工事

共通仮設費 工事共通の仮設費のこと。敷地測量費，現場事務所建設維持費，仮囲い，動力光熱費，試験調査費，清掃費用，複数工事用のクレーン，機械等の設置使用料，現場経費，福利厚生等の一般管理費で構成されている。

共通仕様書（きょうつうしようしょ） ⇨標準仕様書

共通費 工事価額のうち，直接工事費以外の工事全体に共通にかかる費用。共通仮設費，現場経費，一般管理費などがこれに当たる。

強電（きょうでん）強電流設備の略称。一般に使用電圧が100V以上の範囲のものをいう。電力引込み設備，変電設備，動力配線設備，電灯コンセント配線設備などがこれに該当する。→弱電

共同請負 ⇨ジョイントベンチャー

共同溝（きょうどうこう）電力線，電話線，水道管，ガス管などを合わせて収容するために地中に設けられる管路。

共同事業方式 複数の土地の所有者が敷地を提供し合い，一体の土地として，所有者が共同して資金の調達，建物・事業の計画・建設，管理・運営を行う事業方式・各所有者の権利が一様でない場合が多く，土地の評価，権利や負担の調整，管理・運営などの調整が必要となる。

強度率 労働災害の強度をはかる尺度。労働時間1,000時間当たりの災害の重さを表す指標。強度率＝（労働損失日数／労働延べ時間）×1,000により算出される。

京間（きょうま）関西方面で行われている木造建築の間取りにおける基準寸法の取り方。1間を6尺3寸（中京間）または6尺5寸（本京間）とする柱割りを基準とするものと，畳の寸法を6尺3寸×3尺1.5寸と固定し，畳割りによって柱心々の寸法が変化するものとがある。京間に対し関東で行われている間取りを「江戸間」あるいは「田舎間（いなかま）」と呼ぶ。→江戸間（えど ま）

鏡面仕上げ ⇨バフ仕上げ

共用部分 [common use space] ①賃貸ビルで入居者などが共同で使用できる部分。②区分所有建物の専有部分以外の部分。賃貸ビルでは，その建物が機能するのに必要な設備機械室，運用管理員室，倉庫，玄関，廊下，エレベーターホール，便所，湯沸し室などが当たる。また区分所有ビルでは，専用部分に通ずる廊下または階段室，その他構造上区分所有者の全員またはその一部の共用に供されるべき建物の部分が当たる。構造上・利用上の独立性をもった部分でも，規約により共用部分とすることができる。これを特に「規約共用部分」という。

共用廊下 複数の占有者や使用者が共同で用いる建物，付属施設の特定された廊下部分のこと。

協力会社 工事に際し，元請業者と下請負契約をした個人または会社その他の法人のこと。土工事，杭工事，型枠工事，鉄筋工事，防水工事，木工事，左官工事等の専門工事業者や部品・部材などを供給するメーカー等の総称。

協力業者 専門工事業者のことで，元請が使う呼び方の一つ。ほかに「下請業者」「下請」「下方」「下職」などともいう。

協力金 ⇨賦金（ふきん）

強力サポート 高張力鋼でできた支柱（サポート）で，地下道建設工事，高架道路工事，上下水道工事，山留め工事に使用される。従来の軽荷重サポートと比較すると強度は約10倍で，一般のサポートと比べて本数が少なくてすみ，空間の確保が可能になるなどの利点がある。

居室（きょしつ）①日常，家族が多く居る部屋。居間，茶の間のこと。②建築基準法に「居住，執務，作業，集会，娯楽その他これらに類する目的のために継続的に使用する室」と定義されており，居室は採光・換気の条件，あるいは天井高などが規定される。建築基準法第2条4号。

清砂（きよずな） ⇨斎砂（いみずな）

木寄せ ⇨木拾い

許容応力度 [allowable stress] 構造物の外力に対する安全性を確保するために定められた，部材が許容できる単位面積当たりの力の大きさ。

切り返し モルタルやコンクリートを人力で混練りするとき，セメント，砂，砂利，水がよく混ざるように，スコップの動く方向を変えながら繰り返して練ること。

切り子 ⇨隅切り

切り込み砂利 山などから採取されたままの状態の砂や土の混じった砂利をいう。単に「切り込み」ともいう。

切り付け 面と面が交差してできる入隅のこと。例えば，室内側からみた壁と天井の交わる稜線部分など。

切土（きりど）所要高さを出すため，地盤や地山（じやま）を掘削することをいう。

切り取り 道路や宅地の造成，または地下室・基礎の掘削において，山腹や傾斜面または地盤，法（のり）などを切り取ること。

切り投げ 自分で請け負った仕事を分割して，その一部をさらに下請に行わせること。おもに鳶（とび），土工など労務提供型の職別業種で行われる。

切梁 山留め工事において，腹起こしを支えるために水平に渡した横架材のこと。→山留め

切り物タイル タイル張りに際し，標準タイルを使わず，目地の位置や形状に合わせて現場で切断されたタイル。

切り盛り 傾斜地や凸凹のある地盤を平たんにする際，高い部分を切り取って低い部分に盛土すること。

霧除け（きりよけ）窓や出入口の上に設けた小さな庇（ひさし）。

きりん 重量物を持ち上げるのに使用する工具。ねじの回転を利用する簡単なジャッキで，家の土台などを持ち上げるのに用いる。「キリンジャッキ」「スクリュージャッキ」ともいう。

キルンドライ材 人工乾燥を行って含水率を19％以下にした木材で，「KD材」ともいう。→グリーンウッド

切（きれ）容積の単位。石材，セメ

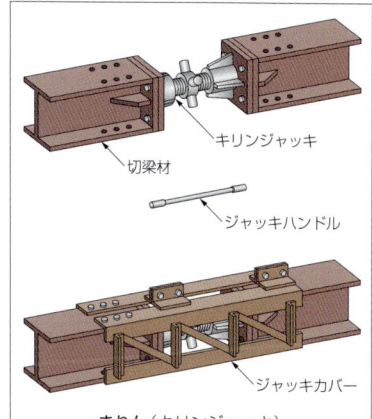

きりん（キリンジャッキ）
・キリンジャッキ
・切梁材
・ジャッキハンドル
・ジャッキカバー

ント，砂，砂利などの計量に使われる。1立方尺のこと。「さい」ともいう。

際根太（きわねだ）根太組を構成する端部，すなわち壁際に設ける床板を受ける横架材（「根太」と呼ぶ）の総称。

緊急遮断装置 ガス漏れや災害などの緊急時に，ガス供給を瞬時に停止するための装置。

緊急修繕 建物の破損時や機器の故障等の緊急時に必要とするものとして，あらかじめ決められている修繕。

キンク [kink] ねじれたりよじれたりする状態をいい，ワイヤーロープなどをこの状態で使用すると切れやすい。「いわし」ともいう。

キングポストトラス [king post truss] トラスの基本形式の一つで，山形トラスの中央に真束（しんづか）と呼ばれる垂直材をもつトラス。→トラス

金車（きんしゃ）側板の取り外しができない金属製の滑車。「地獄」ともいう。→滑車

金属下地処理塗料 ⇨ウォッシュプライマー

金属前処理塗料 ⇨エッチングプライマー

金抜き（きんぬき）工事費内訳明細書から単価および金額を消して，その部分だけを空欄としたもの。

キンネン 滑車の枠の一部が開閉可能となってワイヤーロープの掛け外しが可能な滑車。「スナッチブロック」と

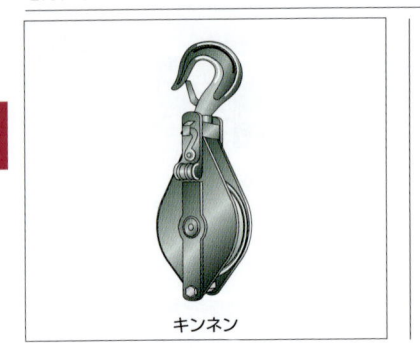

もいう。→滑車
キンネンブロック ⇨滑車
近隣対策 建設工事に際して行われる現場周辺の居住者への説明，騒音・振動対策，各種損害の補償等の総称。

キンネン

く

杭 構造物の荷重を基礎などを介して，地盤に伝達させるための柱状の構造部材をいう。材料では木杭，既製コンクリート杭，鉄筋コンクリート杭，鋼（管）杭など，また施工法からは，打込み杭，場所打ち杭，埋込み杭などの種類に区分される。
杭頭（くいあたま）⇨杭頭(くいがしら)
クィーンポストトラス [queen post truss] 山形トラスの中央に四角形の格間(ごうま)のあるトラス形式。→トラス
杭打ち機 コンクリート杭や鋼（管）杭などを地中に打ち込む大型機械。ディーゼルハンマーが代表的。
杭打ち地業 杭によって構造物の荷重を支持する工事の総称。
杭打ち試験 杭打ち工事に先立ち，杭の支持力，杭長などを求めるために，杭を打ち込んで試験を行うこと。
杭頭（くいがしら）杭の上端，すなわち打ち込む側の端部のこと。「杭とう」「杭あたま」ともいう。
杭基礎 杭を用いる基礎で，上部構造部の荷重の地盤への伝達を直接杭によって行う工法。
食付き（くいつき）塗料の下地への密着具合のこと。よく密着することを「食付きがよい」という。
クイックサンド [quicksand] ⇨液状化現象
杭頭（くいとう）⇨杭頭(くいがしら)

杭頭処理（くいとうしょり）杭打ち工事完了後，杭を所定の長さで切断すること。場所打ちコンクリートの場合は，頭部から50cm程度をはつって良質のコンクリートを出す。既製杭の場合，亀裂防止の意味からパイルカッターなどの機械を使って切断する。
杭間浚い（くいまざらい）打ち込んだ杭の間の土を平らにならすように掘削すること。
杭割り 杭を打つ順序を決めるため，杭の位置を割り付けること。
空気圧縮機 ⇨コンプレッサー
空気調和 空気を清浄にして温度，湿度，気流，塵埃(じんあい)，有毒ガス，臭気などを良好な状態に保つこと。「空気調整」，俗に「エアコン」ともいう。
空気ハンマー 圧縮空気を利用したハンマー。杭打ち機，リベット打ち機，釘打ち機などがある。
空気膜構造 皮膜の内外両面に気圧差を与えて緊張させ，膜面に生じる引張力を利用して空間を仕切る構造。大スパンを必要とするスポーツ施設などの構造もしくは屋根に用いられる。皮膜の形状には膜，マット，パイプなどの形式があり，材料としては布，プラスチック，金属などがある。内圧が外圧よりも高いair supported systemと，内圧は形態を与えるだけのair inflated systemの2方式がある。「ニューマチ

杭基礎

```
杭基礎 ─┬─ 既製コンクリート杭工法 ─┬─ 打撃工法 ─┬─ 打撃工法
        │                          │            └─ プレボーリング併用打撃工法
        │                          ├─ 埋込み工法 ─┬─ プレボーリング工法 ─┬─ プレボーリング拡大根固め工法
        │                          │              │                      ├─ プレボーリング根固め工法
        │                          │              │                      └─ プレボーリング最終打撃工法
        │                          │              ├─ 中掘り工法 ─┬─ 中掘り打撃工法
        │                          │              │              ├─ 中掘り根固め工法
        │                          │              │              └─ 中掘り拡大根固め工法
        │                          │              └─ 回転圧入工法 ── 回転根固め工法
        ├─ 場所打ち鉄筋コンクリート杭工法 ─┬─ 機械掘削工法 ─┬─ アースドリル工法
        │                                  │                ├─ オールケーシング工法
        │                                  │                ├─ リバース工法
        │                                  │                └─ その他
        │                                  └─ 人力掘削工法 ── 深礎工法
        └─ 鋼管杭工法 ─┬─ 打撃工法 ─┬─ 打撃工法
                      │            └─ プレボーリング併用打撃工法
                      ├─ 振動・圧入工法 ─┬─ 中掘り打撃工法
                      │                  ├─ 中掘り根固め工法
                      │                  └─ 中掘り拡大根固め工法
                      ├─ 埋込み工法 ─┬─ プレボーリング工法 ── ソイルセメント合成杭工法
                      │              └─ 中掘り工法 ─┬─ 中掘り打撃工法
                      │                              ├─ 中掘り根固め工法
                      │                              └─ 中掘り拡大根固め工法
                      └─ 回転工法 ─┬─ ドリル工法
                                    └─ 先端部スクリュー工法
```

施工法による分類

```
杭基礎 ─┬─ 木杭
        ├─ コンクリート杭 ─┬─ 既製コンクリート杭 ─┬─ PHC杭
        │                  │                        ├─ SC杭
        │                  │                        ├─ PRC杭
        │                  │                        ├─ ST杭
        │                  │                        └─ 節杭
        │                  └─ 場所打ちコンクリート杭
        └─ 鋼杭 ─┬─ 鋼管杭
                  └─ 型鋼杭
```

材質による分類

杭基礎

空気膜構造の図(正圧(一重膜) $P_o < P_i$、負圧(一重膜)、アーチ $P_o > P_i$、正圧(二重膜) $P_o < P_i$、負圧(二重膜) $P_o > P_i$、空気膨張式 梁 $P_o < P_i$)

空気支持式(正圧型)／空気支持式(負圧型)／空気膨張式

空気膜構造

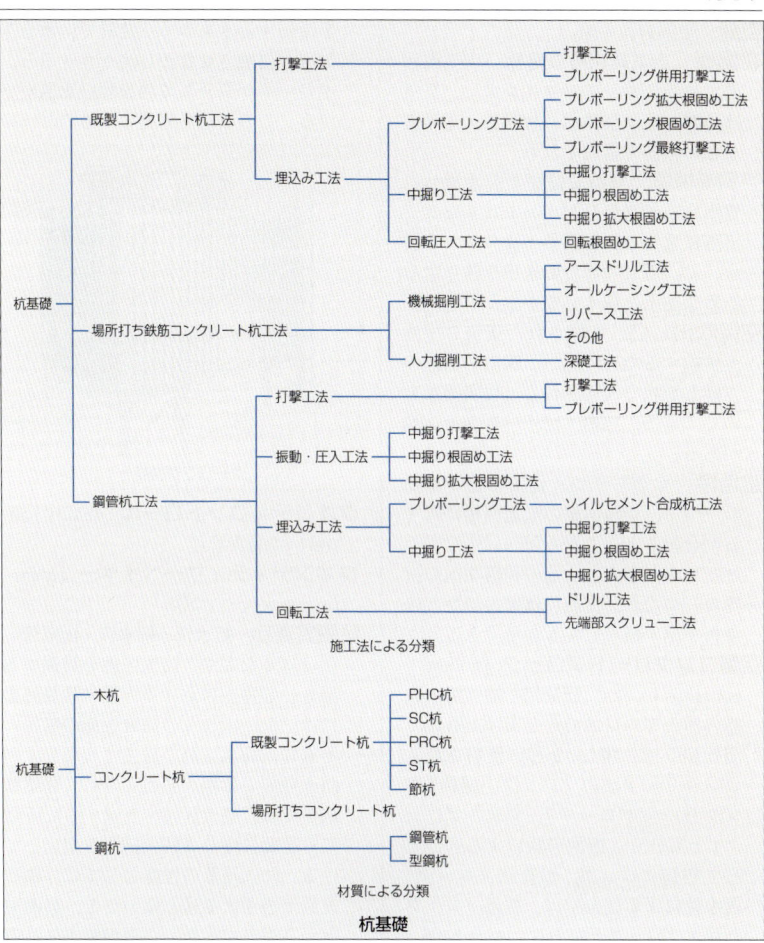

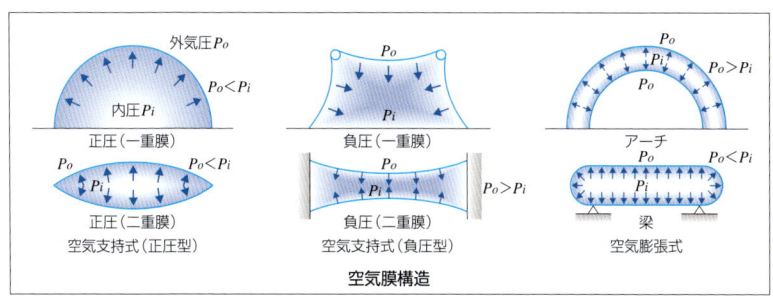

ック構造」ともいう。

空気連行剤 ⇨AE剤 略

空気レンチ ⇨インパクトレンチ

空隙率(くうげきりつ)物体容積に対する空隙容積。空隙率=(1−見かけ比重)×100／真比重。

空中権 民法269条の2で規定される土地の地上空間を支配する権利の俗称。建築においては,敷地の余剰容積率を特定街区制度などを利用して他の敷地に移転することができるが,これを「空中権の移転」という。

空調 空気調和の略。

空調機 空気調和機の略称。空気調和のための装置。エアフィルター，空気冷却器，空気加熱器，加湿器，送風機などの機器で構成される。

空調機械室 空調設備などを設置した専用室。インテリジェントビルなどで下階に重要な情報機器が設置される場合には，万一の場合の水損を防止するため床防水を施す必要がある。

空調吹出し口 空調された空気を室内へ供給するための開口。吹出し気流の方向と形状で大別される。代表的なものでアネモ，VHS，ブリーズライン等がある。

空地率（くうちりつ）建築密度の指標の一つで，空地面積の敷地面積に対する割合のこと。1から建ぺい率を引くと空地率となる。土地の利用状況の指標の一つだが，実際には災害時などの余裕を示す値としても利用できる。

空胴コンクリートブロック［hollow concrete blocks］軽量化や補強用の鉄筋の挿入等の目的で穴をあけたもので間仕切り壁，塀などに使用されるコンクリート製のブロック。通称「コンクリートブロック」，単に「ブロック」ともいう。断面形状による区分として空胴ブロック，型枠状ブロック，透水性による区分では，普通ブロックと防水ブロックとがある。JIS A 5406。

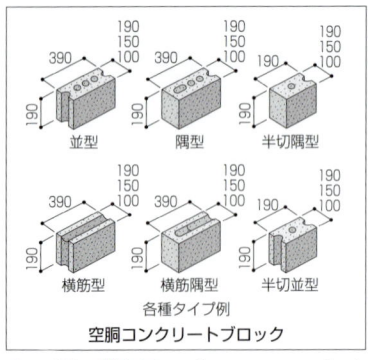

空胴コンクリートブロック

クーリングタワー［cooling tower］冷却塔のこと。空調用の冷却水を再循環使用するため，通常は屋上に設置される熱交換装置。冷凍機のコンデンサーを冷却する水をつくる装置で，水を空気流と接触させながら滴下させると，水の一部が蒸発して熱を奪い水温が下がる。この原理を応用したもの。

クーリングタワー

クオリティコントロール［quality control］⇨品質管理

クオンティティサーベイヤー［quantity surveyor］⇨QS

区画貫通部 給水管・排水管・配電管・ケーブルなどが，防火区画を貫通する部分。建物内における火災の延焼防止には，壁・床などの防火性能の確保とともに，防火区画を貫通する部分での防火性能の確保が必要とされ，建築基準法では，防火区画を貫通する配管類にも必要に応じた防火措置を規定している。防火措置の性能としては，煙や火炎が裏面まで達しないこと，裏面温度が高温とならないことが要求される（建築基準法施行令第112条の15）。

釘仕舞（くぎじまい）使用した型枠材や古材の釘を抜いて整理すること。

くくり ⇨ハッカー

櫛型（くしがた）桟木，厚板などでリブ状に補強した型枠。凸面用の曲面型枠などに使用する。「丸型」ともいう。

櫛引き（くしびき）①塗り壁仕上げなどで，重ね塗りの場合の接着を良くするため下塗り面に櫛目を入れること。②櫛鏝で縞状の模様を付けた左官仕上げ。「櫛引き仕上げ」ともいう。

くじ引き入札 入札に際し，予定価格そのものをくじで決めたり，入札希望の複数の業者をくじ引きで絞り込んでその中の数社で入札する方法。また，

同一価格の札入れに対して、くじ引きで落札者を決定する入札方式の総称。

曲（くせ）材料の曲がり、あるいはひずみのこと。

曲物（くせもの）⇨役物（やくもの）

躯体　建物の構造体のこと。「構造躯体」ともいう。通常、躯体工事というと杭工事・土工事（どこう）も含めて使われるが骨組工事のみをいう場合もある。構造躯体以外のものが、内装、外装等の仕上げ工事や設備工事である。ただし、設備工事のうち躯体内部に設置される幹線配管・配線は、広義の躯体工事に含まれる。

躯体工事　建築工事において、主要構造部分を形成する工事の総称。鉄骨工事、型枠工事、鉄筋工事、コンクリート工事などがこれに含まれる。これに対し木工事、塗装工事などの内外装工事を総称して「仕上げ工事」という。

躯体三役（くたいさんやく）建築工事における躯体部分の中心的職種である鳶（とび）、鉄筋工、型枠大工のこと。特にRC造では、土工（どこう）、鉄筋工、型枠大工を躯体三役という。

躯体図　コンクリートの位置・寸法関係を表現した施工用の図面。躯体工事はもとより、仕上げ・設備の納まりの基準となるもので、各階の梁伏図および水平断面図などで表現される。通り心、壁心、コンクリート断面寸法、スラブの厚さと位置、開口部、木れんが、インサート、アンカーボルト、貫通孔などが記入される。「コンクリート図」「裸図（はだかず）」ともいう。

躯体精度　柱、梁、壁、床など骨組の完成時における建物寸法の正確さ。この精度の良し悪しが、後の作業（タイル工事、カーテンウォール工事、金物工事など）の仕上がりや施工性に強い影響を及ぼす。

躯体蓄熱式空調　室を使用しない夜間や休日に熱容量の大きな躯体（コンクリート）へ蓄冷・蓄熱を行い、建物自体を蓄熱媒体として利用する方法。

躯体防水　ビルの地下や浄化槽において、構造体であるコンクリート自体に防水性能をもたせたもの。通常は防水剤を加えたコンクリートを使用する。

沓金物（くつかなもの）杭先端、ケーソン刃口先端に取り付け、先端の破損を防ぐ金物。

掘削勾配　⇨法勾配（のりこうばい）

沓ずり（くつずり）開き戸の付く出入口の下枠、木または石製で、床面より高く戸当たりになる。

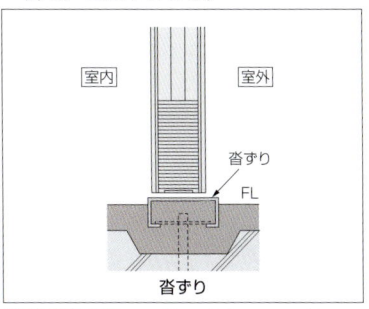

沓ずり

区分所有権　1棟の建物が2戸以上の独立した区画に区分される場合に、おのおのの区画を対象とする所有権のこと。建物の区分所有に関する法律により規定されており、対象となる区画の用途としては住居、店舗、事務所、倉庫などがある。

区分所有法　昭和37年に制定された法律で、「建物の区分所有等に関する法律」が正式名称。1棟の建物を、何人もが区分して所有している分譲マンションの、管理面も含めた基本的な約束事が定められている。分譲マンションの共用部分と専有部分の区分なども、この法律の中で定められており、分譲マンションの専有部分リフォームをする際にも、関連について事前に検討するべきである。

組立て足場　枠組足場に代表されるように、あらかじめ製作された部品を組み立ててつくる足場の総称。

組立て鋼柱（くみたてはがねばしら）鋼管や形鋼等を主材とした既製の材料を現場で組み立て、支柱として用いる型枠支保工（ほこう）。

組立て用鉄筋　鉄筋の組立てに際し、位置確保のために使用する補助鉄筋の総称。

雲形（くもがた）雲のように不規則な曲線でできた形。「雲形定規」などがある。

クライアント 依頼主。通常，建築物の設計，施工業務を依頼する者のことをいう。「建築主」「施主」ともいう。

クライミング [climing] タワークレーンの旋回体や工事用リフトを上昇させること。クワークレーンのクライミング方法には，マストを継ぎ足し，それに沿って旋回体を上昇させる「マストクライミング」と，マスト底部（ベース）を引き上げて鉄骨などに固定する「フロアクライミング」がある。

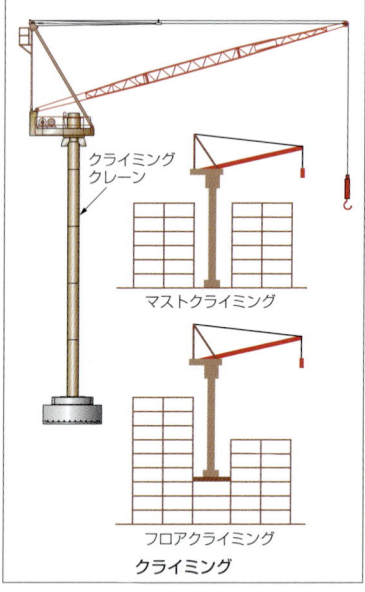

マストクライミング

フロアクライミング

クライミング

グラウティング [grouting] 亀裂部分や空隙部分のすき間を埋めるために，セメントモルタル・薬液，接着剤などを注入すること。コンクリートクラック補修のためのエポキシ樹脂注入，地盤改良の薬液注入など。

グラウト [grout] グラウティングに用いる注入・充てん材の総称。セメントペースト，モルタル，ベントナイト液，薬液などがある。

グラウトミキサー [grouting mixer] モルタル，薬液などのグラウトを混練するかくはん器（ミキサー）のこと。

グラウンドアンカー [ground anchor]
⇒地盤アンカー

グラウンドアンカー工法 [ground anchor method] 壁の後ろの地山（じやま）にアンカーをとり，これに腹起こしを緊結して山留め壁を支える山留めの架構方法。根切り面積が広く，やや深い山留めに適している。「アースアンカー工法」「タイバック工法」ともいう。

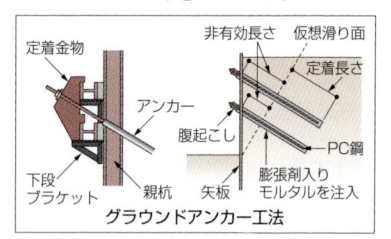

グラウンドアンカー工法

グラスウール [glass wool] ガラスを溶融して短繊維をつくり，これを綿状に集合体としたもの。接着剤を混ぜて板，筒，帯状に成形し，断熱性と吸音性に富む断熱吸音材として用いる。

グラスウール保温筒 けい砂を主成分としたガラス原料を高温で溶解し，ガラス綿状に繊維化したものを筒状にした製品。配管パイプにかぶせて断熱・保温・保冷する保温筒。軽量で施工性に優れている。

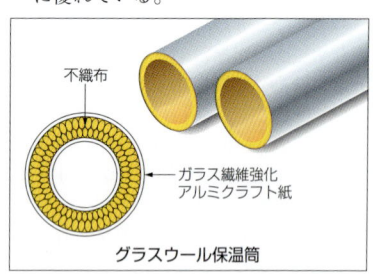

グラスウール保温筒

クラック [crack] 乾燥収縮あるいは内部応力や変形などにより生じるひび割れ現象。「亀裂」「ひび割れ」ともいう。

クラックスケール [crack scale] コンクリート製品やコンクリート構造物のクラック（ひび割れ）の状態やクラック幅などを計測するための縁に垂直に何段階かのクラック幅の直線が印刷された定規。「ひび割れ定規」ともいう。

クラック補修 [crack repair] 荷重，温

度変化，膨張・収縮によって生じるひび割れを合成樹脂入りモルタル，パテ等を使って埋めること。

クラッシャー　岩石などを粉砕して砕石(さいせき)をつくる機械。砕石はコンクリートの骨材などに使用される。

クラッシャーラン［crusher run］おもに舗装の下層路盤や目つぶし用などに用いられる砕石。→砕石(さいせき)

クラッド鋼　鋼板に他の金属板を圧着させたもの。ステンレスクラッド鋼といえば，鋼板にステンレス鋼板を圧着させたもので，ステンレス面を見え掛かりに使用すればすべてステンレス材に見える。

グラビティヒンジ［gravity hinge］丁番の一種。軸にねじ切りがしてあり，扉が開きながらせり上がり，自重で閉まる仕組みとなっている。「昇降丁番」ともいう。

グラファイトペイント［graphite paint］高純度黒鉛（グラファイト）を顔料とした油性ペイント。塗膜は透水性が少なく，耐候性に優れる。

クラフトタイル［craft tile］特に厳密な規定はないが，一般的には工芸品的にデザインされたタイルをいう。例えば，レリーフ的な外観の壁タイルなどがこれにあたる。

グラブバケット［grab bucket］⇒クラムセル

クラムセル　クラムセルバケットのこと。土工事用掘削機の一種。クレーンで吊ったバケットを口の開いた状態で落下させ，それを閉じて土砂をつかみ取る。作業面積が狭くてすむので，切梁のある根切り工事などに使われる。「ガット」「グラブバケット」ともいう。

倉渡し（くらわたし）⇒倉庫渡し

グランドホッパー［grand hopper］生コン車などからコンクリートを一時的に受け取りバケットなどに供給する鋼製容器。カート打ちの際に使用されるもので，現在はあまり使われない。

グランドマスターキー［ground master key］→マスターキー

クランプ［clamp］単管パイプを用いた鋼管足場の組立てなどに使用する結合金物。固定クランプ（直交クランプ）や自在クランプなどがある。

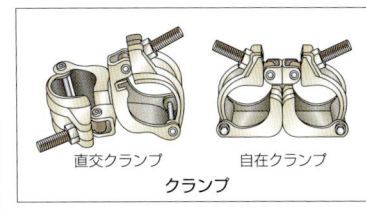

直交クランプ　　自在クランプ
クランプ

ぐり　⇒割栗石(わりぐりいし)

クリアーカット［clear cut］板ガラスを切断する際に，その切り口に傷をつくらないよう一辺を同時に切断すること。切り口に傷がつくとガラスの強度が低下する。

クリアランス［clearance］すき間，余裕のこと。

栗石（ぐりいし）⇒割栗石(わりぐりいし)

グリーストラップ［grease trap］厨房などから排出される多量の油脂が，排水管中に流れて付着し，管路をふさぐのを防止するために設ける油だまり。「脂肪トラップ」ともいう。

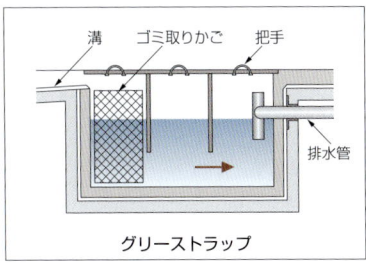

溝　ゴミ取りかご　把手
排水管
グリーストラップ

クリープ［creep］一定荷重を長時間継続的に作用させるとき発生する部材の変形が，時間とともに増大すること。

グリーンウッド［green wood］まだ十分に乾燥していない木材。生木。→キルンドライ材

クリーンエネルギー［clean energy］温室効果ガスを抑制するために用いられる天然ガス，原子力，水力，風力，潮力，太陽光，太陽熱エネルギーなどの総称。自然環境を汚染する有害な排ガスや廃棄物を生じない無公害エネルギー。石炭や石油に代わり二酸化炭素を少ししか出さない，またはまったく

出さないエネルギーとして世界各国で研究開発・実用化が進められている。

グリーンカット［green cut］水平打ち継目のレイタンスを除去するため，硬化中のコンクリートに圧力水と圧縮空気を吹き付けて除去する工法。硬化後にはサンドブラスト工法による。

グリーン購入法　国，独立行政法人および地方自治体による環境物品等の調達の推進，情報の提供，その他の環境物品等への需要の転換を促進するための法律で，公共工事に関しては再生木質ボード，タイル，混合セメント，コンクリート塊，アスファルト塊，低騒音型建設機械，排出ガス対策建設機械等が品目としてあげられており，毎年見直しがされている。

グリーンコンクリート［green concrete］⇒フレッシュコンクリート

グリーン調達［green procurement］環境に与える悪影響が少ない（廃棄処分の際の無害化やリサイクルの容易化等）材料，部品，製品などを優先的に調達すること。

クリーンルーム［clean room］空気中の微細な浮遊塵芥（じんかい）がきわめて少なく，その室の要求する清浄度が常に保たれている室。一般に温湿度，振動に対しても高度な管理が要求される。精密機械工場，LSI工場，病院の手術室などの用途に使われる。「無塵室（むじんしつ）」ともいう。

繰形（くりがた）⇒モールディング

グリスフィルター［grease filter］業務用の厨房設備に付属するグリス除去装置。排気ダクトに関連する防火安全対策装置。

グリットブラスト［grit blast］塗装の素地調整の一方法。鉄部のさびや汚れを落とし，きれいな金属面を露出させるために，鋳鉄の細片（グリット）を圧縮空気で吹き付けて仕上げること。

クリッパー［clipper］鉄線切断用の大鋏（おおばさみ）。鉄線や電線を切るのに用いるが，細径の鉄筋を切断できるものもある。

グリッパー工法　じゅうたんの敷込み工法の一種。グリッパーと呼ぶ釘の先端が多数突き出た板を部屋の周囲に固定し，それにじゅうたんを引っ掛けて敷き詰めていく。

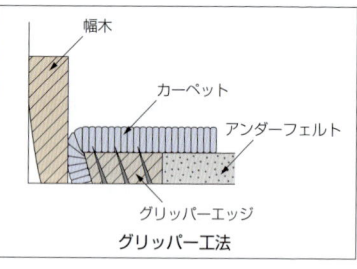

グリッパー工法

クリップ［clip］①物をはさむための金物。笠木や庇（ひさし）を左官で仕上げる場合に，定木を固定するための挟み金物など。②ワイヤーロープを緊結するための金具。この場合，特に「ワイヤークリップ」と呼ぶ。

グリップアンカー［grip anchor］メカニカルアンカーの一種。コンクリートに電動ドリルなどを使って穴をあけ，ねじの切ってあるこのグリップアンカーをハンマーなどで打ち込み，一部分ねじの切ってある鉄筋をこれにねじ込んで，アンカー鉄筋として使用する。「ホールインアンカー」とも呼ばれる。

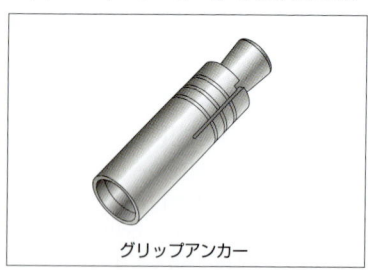

グリップアンカー

グリップジョイント工法　鉄筋の圧着

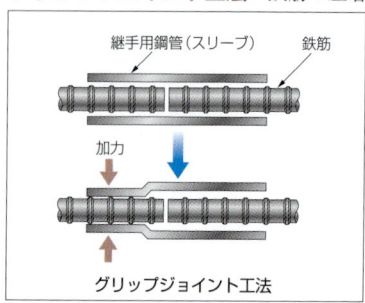

グリップジョイント工法

継手の一つ。継手用鋼管(スリーブ)に 2 本の鉄筋を突き付けにして,スリーブの両端部分を冷間で油圧機械を使って締め付けることにより鉄筋を接続する機械的な継手工法。

クリティカルパス [critical path] パート(PERT)手法において,各作業の順序や所要時間の関係の中で,最も隘路(あいろ)となっている経路のこと。パートの原理は,このクリティカルパスを見つけだすことによって,計画全体の修正が可能となることにある。

クリヤラッカー [clear lacquer] 顔料を入れない透明なラッカー。光沢があり,家具造作の木地を生かす仕上げなどに使用される。略して「CL」ともいう。JIS K 5531。

グリル [grille] 鉄格子。建具や設備の吹出し口,吸気口などに設ける金属製の格子をいう場合が多い。金属製以外でもグリルと呼ばれることもある。

クリンカー [clinker] セメントの製造工程において得られる焼塊をいい,これを粉砕して石膏を加えるとセメントができる。

クリンカータイル [clinker tile] セメントの製造過程でできる焼塊(クリンカー)を混ぜてつくられたタイル。食塩釉薬(ゆうやく)を施し,高温で十分に焼成する。色は濃い茶かっ色。硬質で吸水率が低いため屋外の床などに使用。

クリンプ金網 [crimped wire cloth] 亜鉛めっき鉄線やステンレス鋼線を縦・横定められた目合いで直交させて織られた金網で,フェンスなどに使用される。JIS G 3553。

グルーブ [groove] 溶接する 2 つの部材の間に設ける溝。片面グルーブとしてはⅠ形,V形,L形,J形,U形などがあり,両面グルーブとしてはX形,K形,両面J形,H形などがある。「開先(かいさき)」ともいう。

車寄せ 玄関前の車の発着場所。雨などを防ぐために屋根が設けられる。

グレア [glare] 光のまぶしさが目を刺激して,物が見えにくくなったり不快を感じたりする現象。単に「まぶしさ」ともいう。

代表的な開先形状

名称	形状	特徴
Ⅰ型		6mm以下の薄板に適用
レ型		加工が片側で開先加工が容易 最も一般的に用いられる
V型		横向きを除く全姿勢に適用可 X型に比べて溶接量が多い
X型		開先加工に手間がかかる 厚板の溶接に適用される
K型		厚板の溶接に適用される

グルーブ(開先)

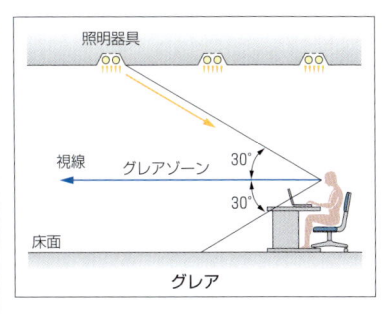

グレア

グレアゾーン [glare zone] 視野の中で特にまぶしさを感じる範囲。視線を中心とした60°の視界範囲がこれに当たる。VDT作業環境では作業視線を中心としたグレアゾーンに著しい輝度対比が生じないよう照明等に配慮する必要がある。

グレイジング [glazing] ①ガラスを固定すること。②陶磁器類に釉薬(ゆうやく)を施すこと。

グレイジングガスケット [glazing gasket] サッシにガラスを取り付けるための合成ゴムなどでできた製品。水密性・気密性が確保される。内外一体のグレイジングチャンネルと内外別のグレイジングビードの 2 種類がある。JASS 17。→ガスケット

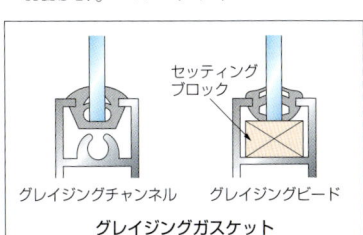

グレイジングガスケット

グレイジングビード［glazing bead］
⇨ビード②

クレーター［crater］アーク溶接におけるビード表面のくぼみ。ビードの末端に最も残りやすく、高温割れなどの欠陥が発生しやすい。

グレーチング［grating］屋外排水溝の蓋(ふた)などに使われる格子状の金物。鋳鉄製が一般的で、車両などの荷重にも耐えるよう丈夫につくられている。

クレーン［crane］資材・仮設材などの吊上げおよび移動・運搬を行う揚重機械。天井クレーン、トラッククレーン、ジブクレーン、タワークレーン、クローラークレーンなどの機種がある。

クレーン則 クレーン等安全規則の略。昭和47年労働省令第34号。労働安全衛生法(昭和47年法律第57号)の規定に基づいて、クレーン、デリック、エレベーター、建設用リフト、簡易リフト、玉掛けなどの作業に関する安全規則を定めたもの。

クレセント［crescent］引き違いサッシュなどの召し合せ部に取り付ける戸締り用の金物。外側の戸に受け金物を付け、それとかみ合うよう三日月形の回転金物を内側の戸に取り付ける。

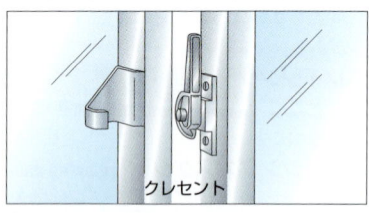

クレセント

クレモン cremorne boltの通称。気密を要する両開き扉などに用いる戸締り金物。把手の位置に付けられたレバーハンドルを回すと扉の上下からボルトが突出し、受け座に入って扉を固定する。召し合せ部からもラッチが出るので3点締りとなる。

黒 ①「黒皮」のこと。②アスファルト舗装のこと。

クローズドジョイント［closed joint］窓・開口部の枠と壁との間をシーリング材などで完全にふさぐ方式。「シールドジョイント」ともいう。

クローバー［crowbar］⇨バール

グローバルスタンダード［groval standard］ISO9000Sや14000Sのような世界標準のこと。あるメーカーの製品や技術が世界的に普及してそれが標準化したものと、各国が話し合い国際的に承認して標準としたものがある。この種の原型は、ほとんどが欧米によるところが大きい。

グローブ弁 上からねじによって圧迫することにより、弁が弁座に押しつけられて流体を止めるもの。弁箱の外形が球形であるため「玉形弁」ともいわれる。

クローラークレーン［crawler crane］キャタピラで走行する自走式の揚重機（クレーン）。シャベル系掘削機にクレーンアタッチメントを装備したもの。

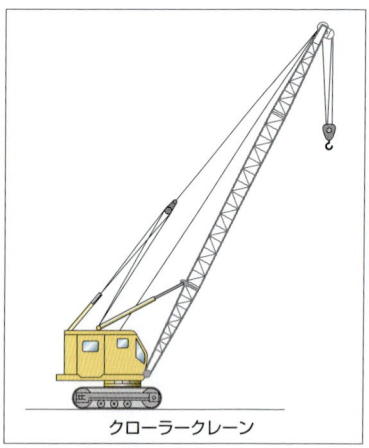

クローラークレーン

黒ガス管 内外両面とも亜鉛めっきを施さない配管用鋼管のこと。おもに蒸気管に使用する。単に「黒管」ともいう。→白ガス管

黒皮 (くろかわ)鋼材を熱間圧延するときに生ずる黒い酸化被膜のことで、「ミルスケール」ともいわれる。めっきなど表面処理を施していない鋼材を黒皮と呼ぶこともある。

黒皮ボルト (くろかわ―)熱間鍛造(たんぞう)黒皮からの仕上げ程度により分類したボルトで、仕上げのまったくない黒皮のままのボルトのこと。鉄骨の仮組み用ボルトとして使用する。略して「黒

ボルト」ともいう。

クロスコネクション［cross connection］①上水が汚水の混入によって汚染されること。例えば、地中埋設管の漏えいで汚水の混じった地下水の水圧が配管系より高い場合とか、ホースの先が洗濯水中に浸っている場合などに、上水の汚染が生じることがある。②管継手の一つ。鍛鋳鉄製の十字形で、ねじ込み形成の継手をいう。

クロス張り［cloth finish］薄い布製の装飾用壁紙を壁面に張り付けて仕上げること。ビニル製やプラスチック製の壁紙を含めて呼称されている。

グロス密度 包括的な面積を基準とした密度。例えば、床面積当たりのワークステーション密度などがある。実際にワークステーションを配置できる面積は壁の内側にあるため、床面積を単位とすることは現実的な値ではない。しかし、建物の計画段階では、床面積当たりのほうが実際的である。

クロゼット［closet］納戸、室内の物置、押入など、収納のための小室。

黒ボルト ⇒黒皮（くろかわ）ボルト

黒御影（くろみかげ）茨城県・島根県などで産する黒雲母（くろうんも）の多い花崗岩（かこう）、福島県産の斑糲（はんれい）岩。また岩手県産の閃緑（せんりょく）岩も黒御影と呼ばれる。

鍬入れ（くわいれ）地鎮祭で行う儀式の一つで、初めてその土地に鎌、鍬（くわ）、鋤（すき）を入れる。設計者が鎌を入れる「苅初（かりぞめ）の儀」と施主が鍬を入れ、施工者が鋤を入れる「穿初（うがちぞめ）の儀」からなる。→苅初（かりぞめ）の儀、穿初（うがちぞめ）の儀、地鎮祭

け

蹴上げ（けあげ）階段を構成する一段一段の鉛直面、またはその高さのこと。→踏面（ふみづら）

経営事項審査制度 建設業法第27条の23第2項に基づき、公共性のある施設、または工作物に関する建設工事の入札に参加しようとする建設業者を対象に、国土交通大臣または都道府県知事といった建設業の許可行政庁が行う経営審査のこと。公共工事発注機関は、これをもとに別の要素を加えて評価・調整し、入札参加業者に対する格付けを行う。毎年1回、1月1日時点を審査の基準として実施しており、いわば内申書的な要素をもつ。「経審（けいしん）」と略していうこともある。

計画修繕 修繕のうち、あらかじめ定めた修繕周期に基づいて、性能または機能を初期の状態に回復させること。比較的大規模な修繕であり、具体的には、マンションの鉄部の塗装、屋根のアスファルト防水、外壁の塗装などがある。分譲マンションにおける計画修繕に要する費用は、区分所有者が管理費とは別途に、管理組合に納入する特別修繕費を積み立てたものが充当される。

計画数量 建築数量積算基準で区別する数量の一つ。例えば、設計上の指示がされない掘削土量の算出などは掘削計画に、また山留めの数量も仮設計画に基づいて算出される。このような施工計画に基づいて算出される数量をいう。ほかに「設計数量」と「所要数量」とがある。

計画調合表 1 m³のコンクリートをつくるのに使用する材料の絶対容積、質量などを示した表。記載内容は、調合強度（N/mm²）、スランプ（cm）、空気量（%）、水セメント比（%）、粗骨材の最大寸法（mm）、細骨材率（%）、単位水量（kg/m³）、セメント・細骨材・粗骨材・混和材の絶対容積（l/m³）および質量（kg/m³）、化学混和剤の使用量（ml/m³またはc×%）である。

珪カル板 ⇒珪酸（けいさん）カルシウム板

75

けいかん

景観法 地方自治体が景観に関する規制として独自に設けてきた景観条例に法的根拠を与える包括的な基本法。2004年6月に成立した。

繋筋 (けいきん) ⇨繋(つな)ぎ筋

珪酸カルシウム板 (けいさん―ばん) 石灰質原料、けい酸質原料、石綿以外の繊維を主原料として成形された板。軽量で耐火・断熱性に優れ、施工性が良い。内部の仕上材や鉄骨の耐火被覆材などに使用される。略して「珪カル板」ともいう。JIS A 5430。

珪酸質系塗布防水 (けいさんしつけいとふぼうすい) ⇨セメント系塗布防水

珪酸セメント (けいさん―) ⇨シリカセメント

珪砂 (けいしゃ) 石英を主成分とする細骨材。天然珪砂は花崗(かこう)岩の風化によってできたもの、人造珪砂は白珪石を粉砕してつくる。左官工事の薄塗り仕上げ用などに使用される。

傾斜路 [ramp] 階段代わりに用いられる勾配を取った通路。勾配や表面の仕上げについて、建築基準法に規定されている。

経常JV 中小建設業者が、工事ごとではなく、継続的に結成する共同企業体。公共工事において、JV(ジョイントベンチャー)として、単体の企業と同様に入札参加有資格業者に登録される。→ジョイントベンチャー

経審 (けいしん) ⇨経営事項審査制度

計数抜取り検査 抜き取った所定数のサンプルを検査し、その不合格数または欠陥の数によって、ロットの合格・不合格を判定する検査方法。→ロット

珪藻土 (けいそうど) 珪藻類の遺骸が堆積してできた白色または灰白色の土。保温・断熱材、セメント混和剤、水ガラスなどの原料に用いられる。なお、シックスハウスの原因といわれているホルムアルデヒドの吸着・分解をはじめ、断熱・遮音等の性能に優れていることから、室内の塗り壁用材料としても用いられる。

継続的改善 [continual improvement] マネジメントシステムを向上させる繰り返しのプロセスと定義されている。計画(plan)、実行(do)、検証(check)、対策(action)を繰り返しながら、計画目標をあげていくこと。

継続能力開発制度 建築士に付託された社会的な責任をまっとうするために必要な能力開発を継続的に進め、同時に建築士が技術的に責任をもつ専攻領域および専門分野に見合う能力開発の内容を社会的に明示する目的の制度。2002年11月(財)日本建築士連合会によって開始された。参加者は建築士会の会員および入会の意志をもつ建築士に限られる。この制度は「専攻建築士制度」と車の両輪の関係にあるといわれこの制度による単位取得が、専攻建築士の申請の条件となる。略して「CPD制度」という。→専攻建築士制度

蹴板 (けいた) 扉の下部(したぶ)部分に取り付けた金属板のこと。靴先で蹴られて傷が付くのを防ぐ。「蹴り板」ともいう。

形態規定 建築基準法の規定の中で建築物の形態に影響をもつ規定。建ぺい率と高さ制限がこれに当たる。

傾胴式ミキサー ⇨可傾式(かけいしき)ミキサー

系統図 建築設備工事において、配線、配管やダクトの接続状態や作動系統を明示する図面をいう。システムの考え方や目的を理解しやすい利点がある。

系統連系 自家発電設備を電力会社の電力系統に接続している状況をいう。自家発電設備に余剰電力が発生したときは系統(電力会社の配電線)に送り、不足したときは系統から供給を受けることも可能となる。

経年劣化 年月が経るとともに起こる物理的・化学的変化や、形状、色彩の変化など、材料性能が低下する現象。

珪肺 (けいはい) シリカの粉塵(ふんじん)を吸入することによって生じる職業病(じん肺)の一種。石英炭などに含まれるけい酸分の粉塵によって起こり、肺結核と似た病状を示す。「よろけ」とも呼ばれ、鉱山作業者やサンドブラストを使う作業者に発症が多い。

経費 一般管理費と現場経費の総称。
→一般管理費，現場経費

警報盤 設備機器の故障や水槽等の満・減水警報を集中して表示する盤。

契約後VE方式 工事契約後に受注者からの技術提案が採用された場合，提案に従って設計図書を変更して，受注者には縮減額の一部を支払う方式。

契約書類 [contract document] 建築工事の請負契約の内容を示した契約書。図面，仕様書等のこと。

軽量形鋼（けいりょうかたこう）薄肉で厚さ1.6～4.0 mm程度の帯鋼（おびこう）を冷間圧延した形鋼。形状は溝形・山形・Z形などがあり，鉄骨造工場・倉庫などの母屋（もや）・胴縁（どうぶち），小規模な建物の構造材，一般間仕切り壁下地，天井下地など用途は広い。略して「LGS」ともいう。JIS G 3350。

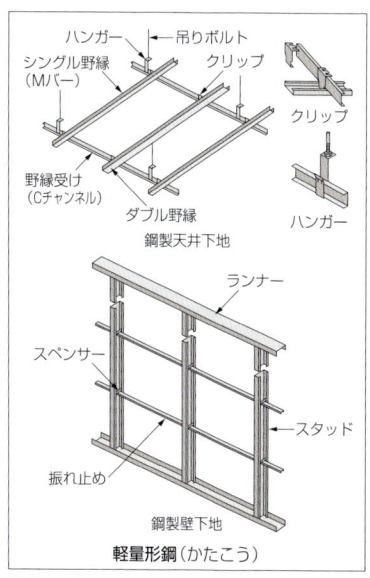

軽量形鋼（かたこう）

軽量骨材 コンクリートの質量軽減や断熱などの目的で使用する，普通骨材よりも密度の小さい骨材の総称。人工軽量骨材や天然軽量骨材および膨張スラグなどの副産軽量骨材がある。JIS A 5002。

軽量コンクリート 軽量骨材を一部または全部に用いた単位容積質量を小さくしたコンクリートで，気泡コンクリートを含める場合もある。JASS 5では1種と2種に区分している。1種は粗骨材に人工軽量骨材，細骨材に砂・砕砂・スラグ砂を用い，気乾単位容積質量(t/m^3)が1.7～2.0のもの。2種は粗骨材に人工軽量骨材，細骨材の全部または一部に人工軽量骨材を用い，気乾単位容積質量(t/m^3)が1.4～1.7のものをいう。略して「LC」ともいう。

軽量鉄骨 軽量形鋼（かた）のこと，ないしは軽量形鋼でつくられた鉄骨構造物のこと。

軽量ブロック 骨材に天然軽量骨材・人工軽量骨材などを用いた空胴コンクリートブロックのこと。JIS A 5406（空胴コンクリートブロック）の品質区分のA種ブロックおよびB種ブロックに相当する。遮音性や断熱性に優れていて，間仕切り壁などに使用される。

軽量間仕切り 軽量鉄骨下地にボード類を貼った間仕切り壁。組立てやボード貼りが簡単にできるように加工された間仕切り壁専用の軽量鉄骨を使用。

軽量モルタル セメントモルタルの中に，真珠岩（パーライト），火山砂または硬質発泡樹脂粒を混入したもの。砂とセメントによる通常のモルタルに比べて塗厚さも小さくてすみ，軽量で軟らかく施工性も良い。断熱性もありひび割れも比較的少ない。

軽量床衝撃音 軽いものが落ちたときに発生する床衝撃音。ナイフや軽い事務機器などを落としたときに発生する。表面材の影響が大きく，防止には，床表面材の緩衝力を高めることが有効である。

ケーキング [caking] 塗料の顔料分が沈降し，ケーキのように固化すること。また塗料全体が固型化し，溶剤に不溶の場合は「塗のゲル化」という。

ゲージ [gauge, gage] ①鋼材などの角度，寸法などを測定するための計器の総称。また，その角度，寸法そのもののこと。②ゲージライン間の距離のこと。③ストレインゲージのこと。

ゲージタブ [gage tabe] 突き合せ溶接などの両端部に取り付ける補助板（エ

ンドタブ)の一種。溶着材の開先(かいさき)形状に合わせて加工されたスチール製の当て板で，溶接の両端部をふさぐように取り付け，溶接完了後も取りはずさない。開先形状を延長する従来のスチール製エンドタブに比べ，取付けが簡単で溶接後の切断・グラインダー仕上げが不用などの長所があるが，小口が目視できないという短所もある。〔製造：カトー機材〕→エンドタブ

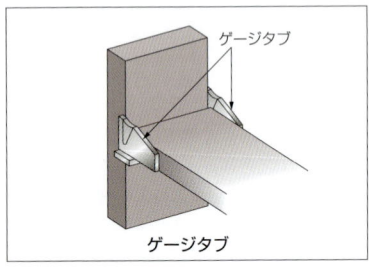

ゲージタブ

ゲージライン［gage line］鉄骨部材接合のためのボルト孔，またはリベット孔の列の中心線。

ケーシング［casing］場所打ちコンクリート杭などを施工する際，掘削孔が崩壊しないように，孔の全長あるいは上部に入れる鋼管のこと。一般的には保護のための包装，外被，囲いなどのことをいう。→ベノト工法

ケースハンドル［case handle］使用されないときは，扉の表面から出っ張らないように，くぼみ状のケース内に納められている引き手。大引戸に設けたくぐり戸や常時開閉が行われない防火戸などに使用される。

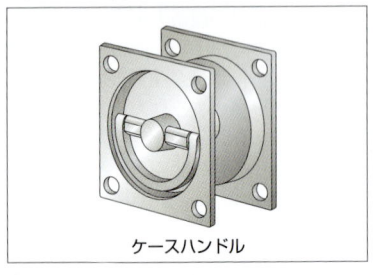

ケースハンドル

ケーソン［caisson］橋梁の基礎や地下室などに用いられる中空・函状の構造物。函状もしくは筒状に地上で製作し，所定の支持地盤まで沈下させて基礎とする。「潜函(せんかん)」ともいう。

ケーソン工法［caisson method］筒状・函状のケーソンを地中に沈め，支持地盤まで到達させて基礎としたり，地下室全体を地上でつくり下部を掘って沈めていく基礎工法。「潜函(せんかん)工法」ともいう。沈める方法から「ニューマチックケーソン工法」と「オープンケーソン工法」とに分けられる。

ゲート弁［gate valve］管を流れる流体の遮断に用いる弁の一つ。円筒形の通路を円板状の弁で遮断するようになっていて，弁は弁座と平行に上下する。「仕切り弁」ともいう。

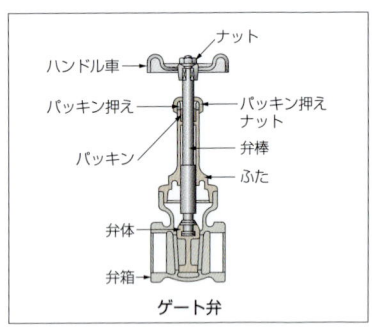

ゲート弁

ケーブル［cable］①小径の導線をより合わせた電気導線。②互いに絶縁されている電気導線の集まり。電纜(でんらん)のこと。③細い鋼線を束ねた鋼束線のこと。引張強度が大きくワイヤーとして用いられる。

ゲーブルウインドー［gable window］屋根裏部屋に付けられる採光窓で，切妻形の小さな屋根窓をいう。「ゲーブルドーマー」ともいう。→ドーマーウインドー

ケーブルクレーン［cable crane］張られたワイヤーロープに沿ってトロリーを走行させ，資材を運搬する工事用クレーン。大規模なものは山間部のダム工事で使用されるが，建築工事においては，大規模地下工事などで使用される比較的設置の簡便なものも開発されている。

ケーブルシャフト［cable shaft］幹線系のケーブル敷設のために設けられる建物の上下階を連結する区画。ケーブ

ルの将来増設や関連盤類の設置のためのスペース確保，防火区画の形成が要求される。「EPS」ともいう

ケーブルラック　［cable rack］幹線などの配線に利用する。金属製，合成樹脂製などのもので，ケーブルを多数布設する場合に，これを支持するものとして使用される。

蹴込み　（けこみ）階段や床の段差部における垂直部分。

消し墨　間違って打った墨を消すこと，また，その印。

化粧　仕上げとして表面に現れる部分。または仕上げ用に加工すること。

化粧合板　⇨オーバーレイ合板

化粧積み　積み上げたコンクリートブロックやれんがなどの表面が，そのまま仕上げとなる積み方。疵のない寸法のそろった材料を用い，目地を化粧に仕上げる。

化粧目地　タイル・石・れんが・コンクリートブロックなどの貼付けまたは組積において，表面を意匠的に仕上げた目地。引込み目地・出目地・V形目地・盲目地，そのほかさまざまな種類がある。

下水　各種用途施設における業務，生活，生産に伴って発生する汚水と雨水の総称。

下水道法　公共下水道，流域下水道および都市下水路の設置，その他の管理基準等が定められており，下水道整備，公共用水路の水質保全を目的としたもの。50m³/日以上排出する事業所，40℃以上，pH 5.7以下8.7以上，BOD 300mg/l以上の下水を排出する事業所が対象となる。

桁　（けた）木造の軸組において，梁を受けるために，それと直角方向に架けた横架材。通常は建物の長手方向に桁，短手方向に梁が架けられ，それぞれの距離を「桁行」「梁間」という。

げた基礎　設備機器設置用の基礎形状の一種。下駄の歯のように2列で構成することからの俗称。

桁行　（けたゆき）木造や鉄骨造において小屋梁と直角の方向のこと。小屋梁と

平行の方向を「梁間」という。RC造も含め，矩形平面における長辺方向を「桁行」と呼ぶこともある。

欠陥　製造物の特性，通常予見される使用形態，製造業者などが製造物を引き渡した時期，その他の製造物にかかわる事情を考慮して，その製造物が通常有すべき安全性を欠いていること。

結晶化ガラス　大理石と同様の外観をもつ特殊なガラスの加工品。強度・耐候性に優れ，石よりも軽く，曲げ加工も容易などの特徴から，天然石に代わる内・外装材として使用される。色は白・ベージュ・灰・茶などがある。

結束線　鉄筋組立てに際し，配筋の交差部分を緊結するために用いる細めの鉄線。通常径が0.8 mm（#21）のなまし鉄線が使用される。

結露　壁・床・天井あるいは配管・ダクトなどの表面，またはそれらの内部の温度が，周辺の空気の露点温度以下になって，空気中の水蒸気が液体となる現象。

尻割り　（けつわり）請け負った仕事を完遂せずに途中で投げ出してしまうこと。「しりを割る」ともいう。→とんこ

ケミカルアンカー　［chemical anchor］アンカーボルトなどの鉄筋を後付けで固定する方法。コンクリートや岩盤に穴をあけて，樹脂や硬化促進剤などとともに鉄筋を挿入して固定する。「樹脂アンカー」ともいう。〔製造：日本デコラックス〕

煙感知器　自動火災報知設備で使用される感知器の一種で，煙によって警報を発するもの。種類は感知器内部に侵入した煙粒子により散乱する光を感知する光電式と，イオン変化量により感知するイオン化式がある。一般的に光電式が用いられる。

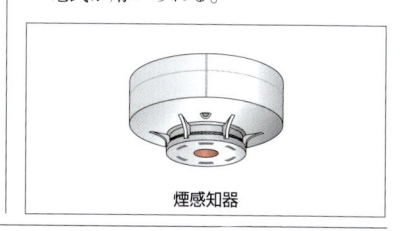

煙感知器

けむりか

煙感連動装置 防火戸や防火シャッターの閉鎖など火災時の必要な防火措置を，煙感知器からの信号で行う装置。

下屋 (げや) 主体となる建物の屋根より一段低い位置に設けた片流れの差し掛け屋根，またはその部分の建物。

螻羽 (けらば) 切妻屋根の妻側に見える屋根の端。

蹴り板 ⇨蹴板(けいた)

ケリーバー アースドリルおよびリバースサーキュレーション掘削機械の掘削用バケットを回転させる角型断面をもった棒。

ゲル化 液体の一部が冷却あるいは化学変化などによってゼリー状に固化すること。

けれん ①劣化した塗装やさびをヘラやスクレーパーを使い除去すること。②使用済み型枠やコンクリート・タイルの仕上げ面に付着したモルタルかすなどを，ヘラを使って除去すること。

けれん棒 型枠パネルや床・壁などのコンクリート面に付着したモルタルかすをかき落とす鋼製の道具。

減圧弁 配管内の蒸気圧や水圧が高い場合，適切な圧力まで下げるための弁。弁の開き具合を調節して圧力の制御を行う。

原価管理 広義の原価管理とは，一般に原価低減を目的とした原価企画およびその維持・改善をいう。経営の能率化を原価的に計画・測定・検討して，全社的に原価を引き下げることを目的とする管理活動が中心となる。

減価償却 企業が建築物や機械設備などの消耗分の費用を取り替えの準備金として留保すること。所得税法，法人税法では償却の範囲を規定しており，規定以上の償却は費用として認められない。償却方法には，取得額から残存価格を差し引いた価格を法定耐用年数で割って求めた額を毎年均等に償却する「定額法」と，償却残高に毎年一定率を掛けて償却額とする「定率法」とがある。建築物は定率法によるのが一般的である。

現況図 建築物の構成やスペースの利用状況などの現況を記録した図面。竣工図面などをもとに，間仕切り壁，建築設備，組織配置，家具・備品・情報機器などの配置，各室の面積・仕上げ・使用者などを記録した図面。

建災防 ⇨建設業労働災害防止協会

検査済証 建築主事が工事完了検査を行い，その建築物および敷地が法令に適合していると認めた場合に交付する証書。建築主は工事が完了してから4日以内に工事完了届を建築主事に提出しなければならず，建築主事はこれを受理した日から7日以内にその建築物および敷地が法令に適合しているかの検査を行う。法令に適合していると認めたとき，建築主に検査済証を交付する。建築主は検査済証の交付を得てからその建築物を使用し，または使用させることができる。→工事完了届

検査ロット 材料，部品または製品などの品質管理を行う際に，検査の対象となる単位体や単位量のこと。

検尺 (けんじゃく) 材木の長さや断面寸法を物差しで測り材種，品質ごとに整理して記帳すること。「寸検(けん)」ともいう。

検収 (けんしゅう) 納入される材料や物品などを注文した数量，等級，規格，品質などと合致しているかどうかを検査した上で収納すること。特に建築の現場では，材料の用途，性質などを熟知して検収しないと，使用時に問題を起こすことがあるので経験を要する業務の一つである。

原図 (げんず) 鉛筆あるいは墨でトレーシングペーパーなどに直接描かれ，複写の原紙となる図面。

減水剤 コンクリートを所定の流動性を確保しつつ，水量を減らすことのできる混和剤で，強度を低下させずにワーカビリティの向上が図れる。液体中のセメント粒子の集塊化を防ぐ分散作用によって目的を達するもので，「分散剤」「拡散剤」ともいう。単独での使用よりもAE剤との併用が多い。

減水促進剤 減水剤としての機能と硬化促進剤としての機能とを併せもっ

た混和剤。

減水遅延剤　減水剤の機能と凝結遅延剤としての機能をもった混和剤。

剣スコ　土砂を掘削するスコップで，先がとがったもの。

現(原)寸検査　工場などで製作される部材が設計図通りかどうかを現寸図の段階で検査すること。例えば，鉄骨工事における柱・梁などの部材が現寸検査の対象となる。

現(原)寸図　実物と同寸法で描いた図面。建具工事や金属工事・木工事などの細部の納まり図，あるいは鉄骨の製作図などがこれにあたる。

現説　⇨現場説明

建設仮勘定（けんせつかりかんじょう）自社用に建設している建物に要する支出を処理する勘定科目。有形固定資産とみなされるが，完成後「建物その他」の勘定科目に振り替えられて減価償却の対象となる。

建設機械　建設工事で使用する掘削機械，揚重機，運搬機械等の総称。

建設技術評価制度　民間等の研究開発の促進および建設事業への新技術の導入・活用のために，国土交通省が開発課題について，技術開発の目標レベルを広く提示し，民間が研究開発を実施，建設技術評価委員会でその評価を実施した結果により，国土交通大臣が評価を与えて公表する制度。

建設CALS/EC（けんせつキャルス/イーシー）公共事業の企画から設計，積算，施工，保守に至る一連の業務プロセスにおいて，情報通信技術を活用して，一度作成したデータを各プロセスの多岐にわたる関係者間で共有できる環境を実現すること。「公共事業支援統合情報システム」ともいう。ECは，Electronic Commerce の頭文字。→キャルス

建設業者種別許可制度　土木・建築一式工事または各種専門工事による28の業種別の許可制度で，建設業法では軽微な建設工事を営む者を除いて，この許可を受けることを義務づけている。

建設業7団体　国土交通省の法人許可をとっている団体は，財団法人・社団法人を合わせて200を超しているが，このうちゼネコンを代表する7団体をいう。日本建設業団体連合会・日本土木工業協会・建築業協会・日本道路建設業協会・全国建設業協会・日本建設業経営協会・全国中小建設業協会を指し，「ゼネコン7団体」ともいう。

建設業法　建設工事の適正な施工を確保するとともに，建設業の健全な発展に資することを目的に昭和24年に制定され，全文11章94か条より構成される。内容は，建設業者の許可条件，請負契約の適正化の確保，請負契約に関する紛争の処理，施工技術の確保，建設業者の経営事項の審査・監督，中央建設業審議会・都道府県建設業審議会の設置および組織に関する事項などを定めている。

建設業労働災害防止協会　建設労働災害を防止するために，労働者への教育，広報・出版，調査研究，国からの付託事業等に取り組んでいる。労働災害防止団体法に基づく厚生労働大臣の認可団体。略して「建災防」ともいう。

建設工事　土木や建築に関する工事全般を総称する用語。建設工事は土木工事と建築工事に大別されるが，建設業法では，土木一式工事，建築一式工事，大工工事，左官工事など28の工事に分類し，それぞれの工事に対応して建設業の許可をする建設業者種別許可制度がとられている。なお，建設工事の大きさを経済的に表したものが建設投資である。

建設工事施工統計調査　国土交通省が毎年実施する建設業の動向調査のことで，資本金，施工高，受注高，雇用労働者数等が調査の対象となる。

建設工事標準請負契約約款　建設工事請負契約のモデル契約書のこと。公共工事については中央建設業審議会が作成した「公共建設工事標準請負契約約款」，民間工事については建設業関連団体が作成した「民間連合協定工事請負契約約款」がある。

建設工事保険　建設・組立て工事保険

けんせつ

の略。着工から引渡しまでの間，工事現場における建物，仮設物，工事用資材などについて，すべての偶然の事故によって生じた損害を填補(てんぽ)する保険。

建設コンサルタント 顧客からの依頼により，顧客に代わって土木事業の企画，調査，設計，施工管理などを行う会社。発電土木，道路，鉄道，下水道，トンネルなど20種の部門別の登録制度があり，登録要件を満たすと国土交通省の建設コンサルタント登録簿に登録される。ただし登録を受けなくとも営業はできる。

建設デフレーター 国土交通省が作成している建設工事にかかわる価格指数で，基準とした年の価格による実質の価格がこれで求められる。建設デフレーターは土木，建築のそれぞれの工事別に作成されている。

建設発生土 建設工事にともなって副次的に発生する土砂や汚泥(おでい)などの総称。

建設副産物 [construction waste] 原材料として利用が不可能なもの，コンクリート塊，アスコン塊，発生木材等のリサイクル材として利用の可能性のあるもの，建設発生土，金属くず等そのまま原材料になるものを指す。

建設副産物情報交換システム コンクリートや木材などの建設副産物のリサイクルを推進するために，インターネットで情報を交換するシステム。工事発注者，施工者(排出事業者)，再資源化事業者に対して建設副産物の排出先，再生資材の購入先が検索でき，工事現場から再資源化施設までの最短距離，運搬時間，料金などがわかる。国土交通省が進めるシステムで，公共工事が対象である。略称を「COBRIS」という。

建設マスター制度 優秀な技能・技術を有し，直接施工に従事している建設現場の技能労働者を「優秀施工者」として国土交通大臣が顕彰する制度。正式名称は「優秀施工者国土交通大臣顕彰者」。建設労働者の社会的評価・地位の確立をめざして1992年に創設された。

建設用リフト 土木・建築等の工事で使用する，荷だけを運搬することを目的としたエレベーターの総称。建設用リフトは，それぞれの異なった揚重物の垂直搬送を満足するように多くの型式がある。

建設リサイクル法 工事の発注者に特定建設資材(コンクリート，アスコン，木材，鉄およびコンクリートからなる資材)の分別再資源化を義務づけた法律。建築解体工事は延べ床面積80m²以上，新築工事は500m²以上，建築・修繕・模様替え1億以上について，建設工事受注者は建設廃棄物の分別・再資源化を義務づけられている。

建設ロボット 危険作業の回避や作業能率の向上などを目的として，建設工事に使用されるロボット。多数試作されたが実用化されたものは少ない。

間知石 (けんちいし) 石垣用に加工したほぼ角錐状の石。花崗(かこう)岩などの硬い石を用いる。石垣の仕上がり面となるほうを面(つら)，反対側の小さい面を友面(ともづら)，長さを控えと称する。単に「間知」ともいい，例えば35間知とは，控え35cm，面540cm²，合端3cm，友面5cm程度のものをいう。JIS A 5002。

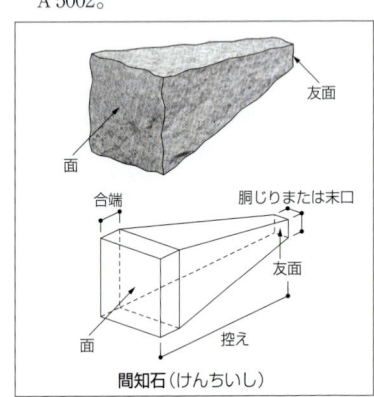

間知石(けんちいし)

建築確認 建築計画の内容が，建築基準法等の法令に適合しているかどうかを，工事着手前に建築主事が確認すること。

建築確認申請 特定の用途に供する建築物や一定規模以上の建築物、または都市計画区域内の建築物を建築しようとする場合に、事前にその計画が建築基準法の規定に適合するものであることの確認を求めて建築主事または指定確認検査機関に提出すること。

建築確認通知書 建築確認申請を受理した建築主事が、申請された計画が建築基準法などの関連する法令に適合すると確認した時に通知される文書。建築主は、確認を受けない建築物の建築を行ってはならない。

建築化照明 この方式は、建築計画の初期から組み込んでゆくもので、構造体と一体化した照明設備である。

建築監視員 違反建築物是正の実効を確保するため、特定行政庁が吏員のうちから任命した者のことで、一定の要件を満たしていることが必要である。建築監視員は緊急を要する違反是正のために、仮の使用禁止・制限命令を出せるほか、違反が明白で緊急の要がある場合は、工事中の建築物の工事施工の停止命令を出せる。

建築基準法［building code］国民の生命・健康・財産の保護を図るために、建築物の敷地、構造、設備および用途に関して最低の基準を定めた法律で、私権の制限を内容としている強行法規である。建築基準法の規定は、個々の建築物に関する規制（単体規定）と都市計画の観点からの建築物に関する規制（集団規定）に大別される。→単体規定、集団規定

建築基準法施行規則 建築基準法を具体的に施行するために制定された法律。

建築基準法施行令 建築基準法施行規則を実施するための法令。

建築協定 住宅地または商店街としての環境を維持向上させるために、土地所有者や借地権者が一定区域内における建物の用途・構造・形態・意匠・設備などに関する基準を協定すること。関係権利者全員の合意が必要であり、また協定の効力は権利を新しく引き継いだものにも及ぶ。市町村が条例で定めた区域内でなければならない。建築基準法第69〜77条。

建築公害 日照妨害、電波障害、ビル風害、眺望阻害など、建築物の新設に

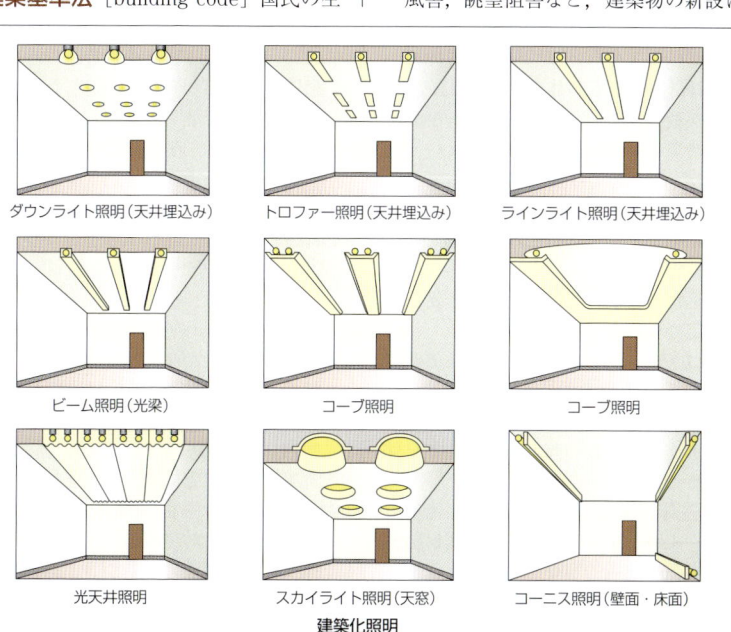

ダウンライト照明（天井埋込み）　トロファー照明（天井埋込み）　ラインライト照明（天井埋込み）

ビーム照明（光梁）　コーブ照明　コーブ照明

光天井照明　スカイライト照明（天窓）　コーニス照明（壁面・床面）

建築化照明

けんちく

より近隣住民に及ぼす悪影響の総称。

建築工事届 建物の工事に着手する際に義務づけられている届で、床面積10m²を超える建築工事をしようとする建築主は、その旨を都道府県知事に届け出なければならない。建築動態統計に利用されている。

建築工事費 工事原価と一般管理費から構成される。工事原価は純工事費と現場経費からなり、純工事費はさらに直接工事にかかわる直接工事費と、仮設の水道・電気料金や仮設事務所、運搬費等の共通仮設費から構成される。その中で、現場経費と一般管理費を合わせて諸経費と呼んでいる。→直接工事費、諸経費

建築工事標準仕様書［construction standard specification］設計図面に表示できない品質、成分、性能、精度、施工方法などを記載した書類のことを「仕様書」といい、そのうち建築物に共通に使われるものを「標準仕様書」という。日本建築学会の建築工事標準仕様書（JASS）が代表的なもの。

建築コスト情報システム 公共工事の総合的なコスト管理業務を支援するシステム。公共建築工事実績コストのデータベースをもとに、検索・解析および統計・分析資料等が提供される。国土交通省が推進し2005年度から活用が始まった。略称を「SIBS」という。

建築士［registered architect］建築士法に基づく国家資格で、1級建築士、2級建築士、木造建築士の資格があり、建築物の設計、工事を行うにあたり、建築物の種類、規模によって必要資格が定められている。

建築士法［architects law］建築物の設計、工事管理を行う技術者（建築士）の資格を定め、その業務の適正化を図り、建築物の質の向上を図ることを目的とした法律。→建築士

建築主事 建築基準法に基づく確認申請、工事完了検査など建築確認に関する事務や技術的審査をつかさどる都道府県、特定の市町村および特別区に置かれる吏員に対する建築基準法上の名称。都道府県と人口25万人以上の市には必ず建築主事を置かなくてはならない。建築基準法第4条。→特定行政庁

建築仕様概要書 沿道掘削などの承認願に添付する、沿道に建つ建築物の工期、建築面積、階数などの概要を記した書類。

建築審査会 建築基準法の施行に関する重要事項を調査審議するために、建築主事を置く市町村と都道府県に設置されている。用途規制や形態規制での例外許可の場合には、建築審査会の同意が必要とされている。

建築数量積算基準［estimation standard of building］建築積算研究会（国土交通大臣官房官庁営繕部・日本積算協会・建設工業経営研究会・日本建築家協会など20数団体で構成）が制定した建築の見積における数量積算の基準。一般的基準として広く認められている。

建築施工管理技士 建設業法による国家資格で1級と2級がある。1級は大規模工事等の高度な専門技術を要する工事管理技術者の資格、2級は比較的小規模工事の工事管理技術者の資格。

建築線 一般に、道路と敷地の境界線をいう。幅員4m未満の道路の場合は道路の中心線から2m後退した線が建築線である。→二項道路

建築着工統計 着工予定の建築物の工事費、規模、用途、構造等を確認申請時に調査し、データ化したもの。

建築主 ⇒施主（せしゅ）、クライアント

建築物 建築基準法の建築物は、土地に定着する工作物で、①屋根があり、かつ柱または壁を有するもの（これに付属する門または塀（へい）を含む）、②観覧のための工作物（競技場や野球スタンドなど）、③地下または高架の工作物内に設ける事務所、店舗、興業場、倉庫などのことである。→工作物

建築物環境衛生管理技術者 建築物における衛生的環境の確保に関する法律（ビル管理法）に基づき、一定規模以上の特定建築物の所有者などにより選任される、その建築物の維持管理が

建築物環境衛生上適切に行われるよう監督する有資格者。

建築物環境衛生管理基準 特定建築物や多数の者が使用または利用する建築物の空気環境の調整，給水および排水の管理，清掃，ネズミ・昆虫などの防除，その他環境衛生上良好な状態を維持するために必要な措置を定めたもの（建築物における衛生的環境の確保に関する法律第4条）。特定建築物（一般建物は3,000m², 学校は8,000m²）について浮遊粉塵(ふんじん)の量，一酸化炭素の含有率，炭酸ガスの含有率，温度，相対湿度，気流等が定められている。また，特定建築物の所有者は，ビル管理技術者を選任し届け出る。

建築面積 建築物（地階で地盤面上1m以下にある部分を除く）の外壁または，これに代わる柱の中心線（軒，庇(ひさし)，はね出し縁そのほかこれらに類するもので，当該中心線から水平距離1m以上突き出たものがある場合には，その端から水平距離1m後退した線）で囲まれた部分の水平投影面積。建築基準法施行令第2条1項2号。

建築用ブロック 建築構造物に使われる，空胴コンクリートブロック，構造用化粧コンクリートブロック（化粧ブロック），型枠ブロック，テラゾーブロックなどの総称。

現地調査 建設地とその周辺状況，敷地地盤等を，工事に先立って現地に赴いて調査すること。

間知ブロック （けんち—）間知石(けんちいし)の形につくったコンクリートブロック。石垣や擁壁(ようへき)に用いる。

現テラ ⇨テラゾー

見当杭 (けんとうぐい) ⇨遣方(やりかた)杭

間縄 (けんなわ) あまり精度を要さずに用地の広さなどを測るときに使用する細縄。麻または金属糸を心に入れ，細糸で巻いて径3mmほどにしたもの。「測量縄」ともいう。

現場打ちコンクリート 現場で型枠等に打ち込んで施工するコンクリートの総称で，「場所打ちコンクリート」ともいう。コンクリート製造工場で製作され，現場で組立て施工するプレキャストコンクリートと対比した用語。

現場打ちコンクリート杭 ⇨場所打ちコンクリート杭

現場管理組織 工事を受注し，現場を開設するにあたり，工事規模や建物の種類によって人員の構成を決める。通常，現場担当者の構成には，職種別編成と工区別編成の2通りがある。前者は，躯体，仕上げ，設備工事などに分けて分担し，後者は棟別に分散している場合，階別に工事を進める場合の方式である。

現場経費 [site overhead cost] 工事原価の一つで，社内機器費用，リース費用，電力用水費，燃料費，地代家賃，警備費，作業所員の給与・手当，労務管理費，退職金，社会保険料，労災保険料，福利厚生費，租税公課，保険料，事務用品費，通信交通費，交際費，補償費，雑費，設計費等で構成される。工事原価から直接工事費および共通仮設費を除いたもの。

現場サイトPC工場 プレキャスト鉄筋コンクリート(PC)部材を多用する工事において，必要部材を製造するため工事現場付近に新設する工場のこと。工事完了後，撤去するので設備は最小限にすることが望ましい。

現場説明 入札および見積に必要な諸条件のうち，図面や仕様書だけでは明示できない実際的な現場の事柄について説明すること。略して「現説」ということが多い。

現場代理人 元請業者を代表する責任者で，請負者の代理人として請負契約履行のため現場に常駐する。建設業法では，現場代理人の権限の範囲を施主(せしゅ)に書面で通知することが定められている。建設業法第19条の2。

現場研ぎ出しテラゾー ⇨テラゾー

現場配合 コンクリートを現場で配合（調合）すること。骨材の含水率，ふくらみ，計量方法など，現場の実情を考慮した調合が可能である。

現場発泡ウレタン 現場での断熱処理に用いられる，化学反応によって気泡

を発生させて多孔質のウレタンを形成させる断熱材料。

現場封緘養生（げんばふうかんようじょう）コンクリートの強度を求める強度試験のための供試体の養生方法の一つ。供試体の水分を逃がさないようにビニール袋などで密封し，日影で養生する。打設したコンクリートから切り取ったコア供試体と同類の供試体とみなされる。

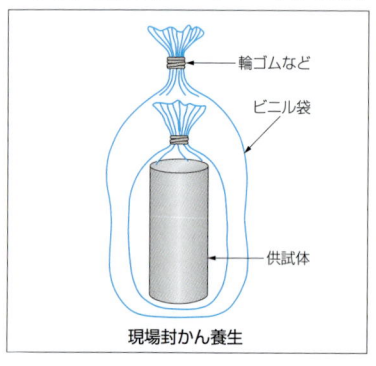

現場溶接［field welding］①鉄骨工事に際し，鉄骨部材の溶接による接合を現場で行うこと。②アルミサッシ枠，手すり等の溶接による取付けを現場で行うこと。

建蔽率（けんぺいりつ）敷地面積に対する建築面積の割合。用途地域区分や他の地域指定によりそれぞれ異なる制限割合が設けられている。建築基準法第53条。

減摩剤 プレストレスの導入時に，コンクリートとPC鋼材，およびシースとPC鋼材間の摩擦を減らすために用いる潤滑剤（水溶性）。

研磨紙摺り（けんましずり）塗装面にサンドペーパーをかけて平滑にすること。下塗りまたは中塗りのあとに行う。

現場封かん養生図：輪ゴムなど、ビニル袋、供試体

こ

コア［core］①核の意味。建物の中央部で，階段・エレベーター・便所・パイプシャフトなど共同部分の集まっている所，あるいは主要施設が集中している都市の中心部のこと。②ボーリング調査で採取した地盤の標本試料。③検査のためコアドリルで円筒形に抜き取ったコンクリートやアスファルトの試験体。「コアサンプル」ともいう。

コアドリル［core drill］コンクリート構造物などから強度試験用の供試体を抜き取るためのドリル。モーターやエンジン，油圧などによってダイヤモンドビットを回転させて採取する。コアビットの寸法はφ50〜150mmで，機械は小型で携帯用のものから車に装置するものまである。

コアボード ⇨ランバーコア合板

コアボーリング［core boring］躯体穴あけ作業。切削歯を回転させ無振動，低騒音で穴あけ作業ができる。穴あけ作業前にレントゲン等を撮影し，構造体を傷めないよう事前確認が必要。

コインシデンス効果［coincidence effect］ガラス等の遮音効果の測定において，ある周波数で入射した音波の振動が，その材料（ガラス等）の固有の振動と一致し，一種の共振を起こして遮音効果が低下する現象のこと。この現象以外の範囲では，周波数の高い音ほど遮音効果は高い。

高圧蒸気養生 ⇨オートクレーブ養生

高圧洗浄機 水をノズルから高圧で吐出する機械。コンクリート面の洗浄やコンクリート打設前の型枠の洗浄あるいは洗車などに使用される。

高圧配線 電圧が直流750V以上，交流600V以上で，両者ともに7,000V以下の電気配線のこと。→低圧配線

公開空地（こうかいくうち）建築物の敷地内の空地または開放空間（建築物の屋上部分，ピロティ部分を含む）のうち，日常一般に公開される部分。公開空地の確保により建築基準法第59条

の2の容積率の緩和規定が適用される。昭和46年9月1日付建設省(現国土交通省)通達「総合設計許可準則に関する技術基準について」参照。

硬化強度 コンクリートの強度のことで、7日強度、28日強度等で管理されている。

合格品質水準 ⇒AQL 略

硬化剤 ⇒硬化促進剤

抗火石 (こうかせき) 伊豆の天城山、伊豆七島の新島・式根島・神津島で採れる軽石。のこで切断でき、保温材・防音材として使用するほか、外壁ブロックまたは板状の仕上材としても使用される。

硬化促進剤 モルタルやコンクリートの硬化を早める混和剤。工期短縮や型枠の解体時期を早める場合などに使用する。「早強剤」「硬化剤」ともいう。

高架タンク給水方式 適当な水圧および水量を確保するため高架タンクを利用する給水方式。高層の建物の場合、屋上に水槽を設置し、そこから重力で各階の器具へ給水する。水道管の水圧が十分でなく、必要な器具に所要の水圧が得られないとき、あるいは断水時でも給水を必要とするときに用いる。

鋼管足場 ⇒鋼製単管足場

鋼管杭 鋼帯または鋼板をアーク溶接や電気抵抗溶接して製造した鋼管のことで、土木・建築などの構造物の基礎杭として使用。外径は318.5〜2,000mmまで数種類あり、単管長さは通常6m以上である。

鋼管支柱 ⇒パイプサポート

工期 工事に着手してから完成させるまでに要する期間。工事期間の略。着工日〜竣工日もしくは月数で表す。

公共空地 (こうきょうあきち) 一般の人が利用できる空地のうち、国、地方公共団体によってその土地の使用が担保されているものをいう。都市計画法では、公園、緑地、広場、墓園その他とされている。→公開空地(こうかいこうち)

工業化住宅 主要構造部が工場生産による規格化部材からなり、その組立て施工が簡単で、かつ一定の居住性能と低価格が保証された住宅のこと(昭和48年10月建設省(現国土交通省)告示、工業化住宅性能認定制度規程)。プレハブ工法による住宅はその一つ。

公共建設工事標準請負契約約款 ほとんどの官庁の建設工事で使用される標準的な工事請負契約約款。建設業法により公共工事での活用が勧告されている。→建設工事標準請負契約約款

公共工事設計労務単価 公共工事の工事費積算の参考とするために、農林水産省と国土交通省が毎年10月に調査し、公表する職種別労務者の単価。

公共工事入札契約適正化法 ⇒入札契約適正化法

公共工事品確法 2005年4月1日に施行された「公共工事の品質確保の促進に関する法律」のこと。基本理念で「公共工事の品質は(略)経済性に配慮しつつ価格以外の多様な要素をも考慮し、価格及び品質が総合的に優れた内容の契約がなされることにより、確保されなければならない」と謳われ、落札業者の決定方法として、総合評価方式の採用を打ち出している。価格のみの競争によるダンピング受注が、公共工事の品質の低下を招くとの懸念が法の背景とされる。

公共工事前払保証事業 ⇒前払い金保証事業

公共事業 国、地方公共団体、政府関係機関などにより供給される道路・港湾・下水道・公園などの事業をいう。これら公共性の強い財・サービスを生みだす社会資本は、民間にだけ任せていたのでは供給されないか、全社会的にみて不足の状態となるので、国、地方公共団体が行うものとされる。事業主体によって分類され、国が主体となって行うのが直轄事業、地方公共団体が独自の資金で行う公共事業を地方単独事業、地方公共団体などが主体となって行う事業のうちで国が費用の一部を負担するものを補助事業という。→公共投資

公共事業支援統合情報システム ⇒建設CALS/EC

公共住宅用規格部品 ⇨BL部品 略

公共投資 国の財政資金のうち投資として支出される部分を財政投資というが、この財政投資は直接投資と間接投資に分かれる。道路・港湾・下水道・公園などの公共事業への支出を直接投資といい、一般にこれを公共投資という。→公共事業

高強度コンクリート 一般に使用されているコンクリートに比べ、圧縮強度が大きいコンクリートの総称。JASS 5によると設計基準強度が36N/mm^{2}を超える普通コンクリートを「高強度コンクリート」と呼んでいる。

高強度鉄筋 一般的には降伏点が490N/mm^{2}を超える、JIS規格にない鉄筋の総称。

鋼杭 鋼材でつくられた杭の総称。代表的な形状には円筒形とH形とがあり、運搬・打込みが容易、溶接により長い杭が可能、上部構造との結合が容易などの長所があるが、耐食性の面で難がある。

高減衰積層ゴム（こうげんすいせきそう—）薄い特性ゴムと鉄板とを交互に張り合わせた免震装置の一つ。鉛直方向には建物を支えるため硬い性質をもっているが、水平方向には軟らかいため、地震の揺れを吸収することができる。地面の揺れを建物に直接伝えないところから、絶縁の意味をもつ「アイソレーター」あるいは単に「積層ゴム」とも呼ばれる。→免震構造（めんしん）、アイソレーター

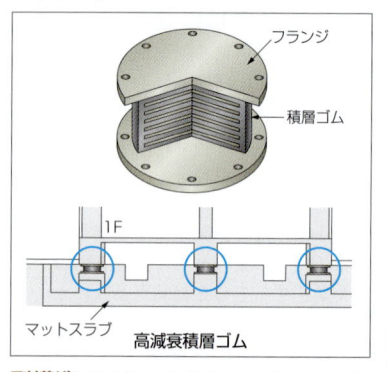

フランジ
積層ゴム
1F
マットスラブ　高減衰積層ゴム

剛構造（ごうこうぞう）RC造・SRC造のように、建物全体を一体的に剛にして地震に抵抗させる構造。耐震壁を有効に設け、外力に対し変形しにくくした構造だが、受ける地震力は大きい。→柔構造

鉱滓（こうさい）⇨スラグ①

鋼材検査証明書 ⇨ミルシート

工作図 ⇨加工図

工作物 一般に工作物の範囲は広く、建築物も含まれる。建築基準法では、建築物以外の一定の工作物について、確認手続き・検査・構造耐力・用途制限等に関する規定を準用して規制をしている。例えば、煙突や広告塔、高架水槽、エレベーター、ウォーターシュート・ジェットコースター等の高架遊戯施設などがこれに当たる。→建築物

工事請負契約書 [construction contract] 工事発注者と受注者が工事契約時に取り交わす契約書。工事場所、工期、引渡し時期、請負金額等を記載し、請負契約約款(請負者は工事の完成を、発注者は報酬の支払いを約束したもの)と設計図書を添付する

工事価格 ①工事の契約金額。②工事原価に一般管理費等負担額を合算した価格。工種別工事費と直接仮設費からなる直接工事費、共通仮設費、現場経費、一般管理費等負担金で構成される。

公示価格 地価公示法に基づくもの。都市およびその周辺の地域等において選定された標準地について、一般の土地の取引価格に対する指標として、不動産鑑定士の鑑定評価をもとに、国土交通省が1月1日時点の価格を4月1日に公示している。現在、全国で約17,000地点の地価が公示されている。

工事完成保証人 請負者が工事を続行することができなくなったときに、これに代わって工事完成を保証する建設業者。主として公共工事の契約において採用される。

工事管理 工事が設計図書通りに契約工期内で完成できるように、施工者により行われる作業の進捗、資材、予算、工程、安全などの面からの監督指導業務の総称。俗に「たけかん」と称し、

工事管理（作業所の組織例）

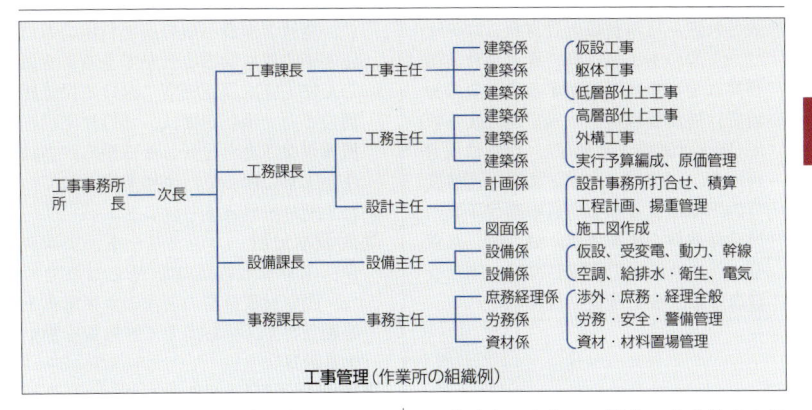

```
                                          ┌ 建築係 ─ 仮設工事
                         ┌ 工事主任 ───────┤ 建築係 ─ 躯体工事
             ┌ 工事課長 ─┤                 └ 建築係 ─ 低層部仕上工事
             │                             ┌ 建築係 ─ 高層部仕上工事
             │           ┌ 工務主任 ───────┤ 建築係 ─ 外構工事
             │ 工務課長 ─┤                 └ 建築係 ─ 実行予算編成、原価管理
工事事務所    │           │                 ┌ 計画係 ─ 設計事務所打合せ、積算
所 長 ─ 次長 ─┤           └ 設計主任 ───────┤        ─ 工程計画、揚重管理
             │                             └ 図面係 ─ 施工図作成
             │ 設備課長 ─ 設備主任 ────────┬ 設備係 ─ 仮設、受変電、動力、幹線
             │                             └ 設備係 ─ 空調、給排水・衛生、電気
             │                             ┌ 庶務経理係 ─ 渉外・庶務・経理全般
             └ 事務課長 ─ 事務主任 ────────┤ 労務係 ─ 労務・安全・警備管理
                                           └ 資材係 ─ 資材・材料置場管理
```

工事監理との区別を明確にする。

工事監理 工事が設計図書通りに実施されているかどうかを確認すること。建築主直属の工事管理部門や多くの場合設計を担当した建築士，建築士事務所がこの業務を担当する。建築士法第2条第7項。俗に「さらかん」と称し，工事管理との区別を明確にする。

工事監理者 工事監理を行う者。建築工事を行う場合，建築主は建築士法第3条から第3条の3に規定する建築士である工事監理者を定めなければならない。建築基準法第5条の4第4項。

工事完了検査 確認申請を行った建築物の建築において，工事が完了した後，工事完了届を受理した場合に建築主事などが，該当建築物および敷地がこれらに関する法律並びに命令などに適合しているかを確認する検査。適合していると認められた時には検査済証が交付される。

工事完了公告 工事完了届が出された開発行為の検査が完了し，検査済証を交付したとき，都道府県知事が行う公告。この公告がないと開発区域内の土地に建築物を建てることができない。

工事完了届 ①開発行為に関する工事が完了したとき，開発許可を受けた者が都道府県知事に提出する届け。→工事完了公告 ②確認申請を行った建築物が工事を完了した場合に，その旨を建築主が建築主事に届ける文書。完了の日から4日以内に届くように提出する。これを受理した建築主事は，届を受けた日から7日以内に完成検査を行わなければならない。建築基準法第7条1項。

工事希望型指名競争入札 公共工事で採用する指名競争入札形式の一つ。入札参加資格の登録の際に業者が申し出た希望する工事の種類，規模，工事場所等を勘案し，一定数の業者を選定して技術資料の提出を求め，提出された技術資料を審査して入札業者を指名する入札形式。透明性，公平性の高い指名競争入札として1994年頃に導入された。地方自治体では独自の運用基準を定めて活用している。→指名競争入札

工事希望申込書 入札に先立ち特定工事の指名業者として参加したい旨，発注者に申し込む書類。発注者によりいろいろの呼び方がある。

工事計画図 「仮設計画図」ともいう。工事に際しての計画図のことで，仮設足場，クレーン等の揚重機，工事桟橋，仮設事務所，資材置場，廃材置場，配電盤等，工事に必要な資機材が配置計画されたもの。計画図は工程，工事種類と整合している。

工事経歴書 建設業者が過去に受注・施工した工事の概要（注文者，工事名，工事場所，請負代金，工期など）を建設工事の種類別に一覧できるようにとりまとめた書類。建設業の許可申請や入札参加資格申請などで使用される。→営業経歴書

工事原価 [construction cost] 工事原価は材料費，労務費，外注費，経費で構

成される。材料費は仮設材料，コンクリート等の本工事材料で構成され，労務費は現場で直接雇用する作業員の労務費，外注費は材工一式で発注する費用(例えば型枠工事費等)，経費は電力用水費，運搬費，地代・家賃，運搬費等の工事経費と作業所員の給与手当，社会保険料，租税公課，設計費，雑費等の作業所経費で構成される。本社経費などの一般管理費や税は除かれる。

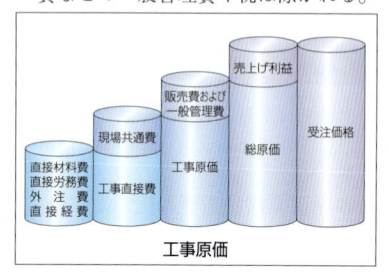

工事進行基準 決算期をまたぐ請負工事の会計処理基準の一つで，決算期末に工事の進ちょくに応じて計算した工事損益を当期に計上するもの。他に工事完成後に一括して計上する「工事完成基準」がある。

工事出来高 (こうじできだか) 工事中に部分的に完成したところ(出来形)を請負契約代金として評価したもの。工事中の中間支払いなどにおける部分支払いの対象としている。

工事費内訳明細書 (こうじひうちわけめに，いさいしょ) 工事細目別に工事数量を算出し，単価を入れて総工事費を算出したもの。工事別，部位別に算出したものがある。

工事引渡し書 建物の引渡しに際して注文通りに完成したことを知らせるため請負業者が注文者に提出する書類。
→竣工引受け書

工事報告書 各工事の計画報告書，管理報告書，施工報告書，工事完了報告書等の工事に関しての報告書の総称。具体的には，鉄骨工事施工状況報告書，鉄骨工事施工結果報告書，コンクリート工事報告書等がこれに相当する。

工事保証期間 住宅建設を受注した中小企業の住宅建設業者が倒産した場合に，発注者が最小限の追加負担のみで住宅を完成させることができるようにした住宅完成保証制度における保証期間のこと。保証期間は，(財)住宅保証機構が保証書を発行した日から，当該住宅工事に関して，当初予定されていた工期の最終日までのこと。

高周波水分計 コンクリート，モルタル，木材などの乾燥状態を知るために，測定対象材料の表面に水平電極を接触したり，押し当てて水分量を測定する計器。

高周波バイブレーター コンクリート打設時に使用する棒状バイブレーターの一種で，高周波誘導電源を内蔵した振動筒と周波数変換器(コンバーター)から構成されている。動力源と棒状バイブレーターをフレキシブルシャフトで結んだ形式のものとは区別される。

工種・工程別見積 ⇨工種別見積

工種別見積 建築費をとらえる際の分類方法の一種。見積科目をコンクリート・型枠・鉄筋・鉄骨・防水・石・タイル・木工・金属・左官・木製建具・金属製建具などのように，工種で表す見積形式。現在一般的に行われている方法。「工種・工程別見積」ともいう。
→部位別見積

公称周長 異形棒鋼の見かけの周長のこと。異形棒鋼は，丸鋼と違って直径や断面積の測定が困難であることからその重量を規定し，逆算によって求めた平均的断面積(公称断面積)に相当する円の周長をいう。

公称断面積 異形棒鋼の見かけの断面積のこと。公称断面積Aは，次式から求められる。$A=W/l·p$ A：公称断面積(cm^2)，W：鉄筋の重量(g)，l：鉄筋の長さ(cm)，p：鉄筋の比重$(7.85g/cm^3)$。

公称直径 異形棒鋼の見かけの直径のこと。公称周長の場合と同様に，単位長さ当たりの重量から算出される。

孔食 腐食が部分的に深く進行し，金属の機械的性質を著しく劣化させる金属腐食の一現象。「ピッチング」ともいう。

工種別見積（内訳）の構成：

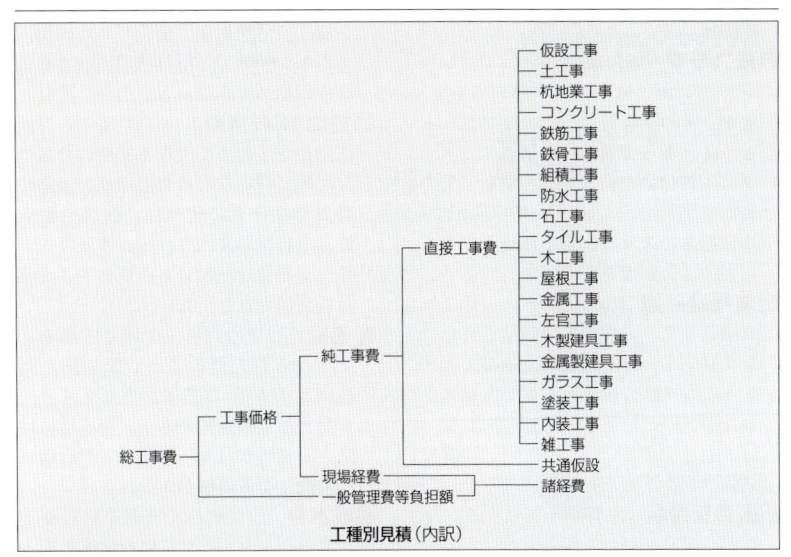

- 総工事費
  - 工事価格
    - 純工事費
      - 直接工事費
        - 仮設工事
        - 土工事
        - 杭地業工事
        - コンクリート工事
        - 鉄筋工事
        - 鉄骨工事
        - 組積工事
        - 防水工事
        - 石工事
        - タイル工事
        - 木工事
        - 屋根工事
        - 金属工事
        - 左官工事
        - 木製建具工事
        - 金属製建具工事
        - ガラス工事
        - 塗装工事
        - 内装工事
        - 雑工事
      - 現場経費 ── 共通仮設
    - 一般管理費等負担額 ── 諸経費

高所作業車 高所での作業を安全かつ迅速に行うため，走行装置に固定された作業装置を持つ車両の総称で，自走式リフト，電動リフトなどがある。作業者は，作業装置を構成する作業床の上に乗って作業を行う。

高所作業車

工事履歴管理 これまでに発生した工事について，工事の時期，期間，内容，工事額，工事会社などを記録しておくこと。

公図 登記所にある旧土地台帳法の附属地図を公図といい，土地の区画や地番が記入されているので，土地の事実概要を知ることができる。

硬水 石灰，炭酸マグネシウムなどの鉱物質を多く溶解した水。水の硬度は水中に溶けているカルシウム分とマグネシウム分によって決まり，その総量をカルシウム塩に換算して硬度を決める。90ppm以下を「軟水」，110ppm以上を「硬水」という。

工数計画 事業や仕事を行うために，全体として必要な作業者のレベルと数を算出し，工程に基づき，単位期間当たりの必要な工数（人数×時間＝仕事量）を割り振ること。

鋼製型枠 ⇨メタルフォーム

合成高分子ルーフィング防水 ⇨シート防水

合成樹脂エマルジョン塗装［synthetic resin emulsion paint］酢酸ビニル樹脂，スチレンブタジエン樹脂等の合成樹脂と顔料を水に溶かした液状塗料。主として建物内部，外部の不透明塗装仕上げに使われる。工程は「素地調整→パテ飼い→研磨→下塗り→研磨→中塗り→上塗り」の手順で行われる。通称，内装では「聚楽（じゅらく）」，外装では「セメントスタッコ」といわれているもの。

合成樹脂調合ペイント 建築物（鉄部，木部など）および鋼構造物の中塗りや上塗り用で，着色顔料・体質顔料などを，おもに長油性（樹脂に対して油分の多い）フタル酸樹脂ワニスで練り混ぜてつくった自然乾燥性の塗料。JIS

K 5516。

合成スラブ 床に敷いたデッキプレートやプレキャストコンクリート（PC）版が，その上に打設したコンクリートと一体となって構造体を構成するスラブ。一体化のためにデッキプレートの表面に凹凸を付けたり，PC版にトラスに組んだスラブ筋を半埋込みにするなどの工夫がなされる。

合成繊維補強コンクリート ビニロン繊維やアラミド繊維で補強されたコンクリート。短く切断した繊維をセメントモルタルに混入し，プレキャストコンクリートとして使用される。「PFRC」ともいう。→アラミド繊維補強コンクリート

鋼製単管足場 鋼管パイプとクランプなどの接続部品とを組み合わせて組み立てられた足場のこと。通常「パイプ足場」と称し，鉄筋を組み立てる際の足場などに使われる。「単管足場」「鋼管足場」ともいう。→鋼製枠組足場

合成調合ペイント 塗膜形成にフェノール樹脂，ポリエステル樹脂，メラミン樹脂，酢酸樹脂，塩化ビニル樹脂，エポキシ樹脂，アクリル樹脂等，さらに合成樹脂エマルジョンを用いた塗料。

高性能AE減水剤 コンクリートの減水効果がきわめて大きく，優れたスランプ保持性能をもった混和剤。通常のコンクリートに比べ高い強度や耐久性，水密性の要求される高強度コンクリートや杭などのコンクリート2次製品に使用される。JIS A 6204。

合成梁 複数の部材を合成して組み立てて作られた梁のこと。組立梁と同じ。ラチス梁，I型梁，ボックスビームなど多くの種類がある。合成梁に対応する言葉が「単一梁」で，H形鋼や□形鋼による梁材がある。

合成木材 合成樹脂や無機系材料などを原料とした，木材に似た性能をもった材料。

剛性率 建物各階の耐震性能を均質化するための指標。この値が1より大きい階は，建物全体からみて変形しにくい階であることを表す。地震力が加力されたとき，各階の耐震性能に偏りが

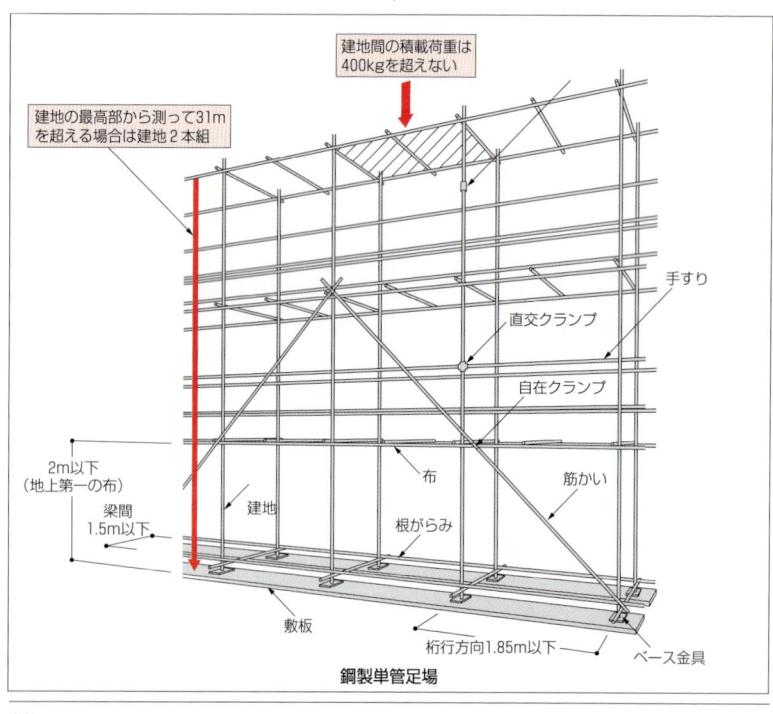

鋼製単管足場

あると，剛性の小さな階に変形が集中する。新耐震設計法では，このような事態を防ぐため剛性率を設定しバランスの取れた建物構成を規定している。
→新耐震設計法

鋼製枠組足場 鋼製の建枠，布板，筋かい，ジャッキベースなどを使って組み立てられた足場のこと。「枠組足場」「ビティ足場」ともいう。

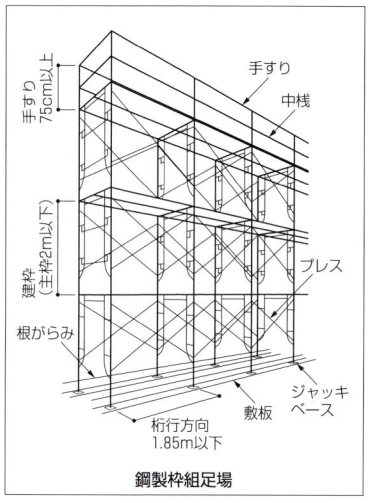

鋼製枠組足場

剛節架構（ごうせつかこう） ⇨ラーメン

剛接合（ごうせつごう） 部材と部材の接合部分が堅固に一体となるような接合方法で，水平反力・垂直反力・曲げモーメントが生ずる。鉄筋コンクリートおよび鉄骨鉄筋コンクリート構造の剛接合による骨組を「ラーメン」という。→ピン，ローラー接合

公設桝（こうせつます） 公共下水道に接続する排水桝。

鋼繊維（こうせんい） コンクリートのひび割れ防止や伸びおよび靭（じん）性を増大させるために用いる鋼製の繊維。断面積は 0.1～0.4mm^2，長さは20～40mm程度で，断面が丸，または矩形（くけい）のものが多い。「スチールファイバー」ともいう。

鋼繊維補強コンクリート ⇨SFRC 略

構造強度 建築物に対して荷重（自重，積載荷重，積雪荷重，水圧等）と外力（風圧力，地震力等）が加わったとき，建築物の構造躯体には応力（引張り，圧縮，曲げ，剪断（せんだん））が発生する。その応力に対して建築物の各構造部分および全体が抵抗する耐力をいう。

構造計算 自重や積載荷重，あるいは地震や風圧などに対して安全な建築物をつくるため，応力や部材断面を計算すること。建築基準法施行令第81～99条に構造計算上の種々の条件が規定されている。

構造シーラント ガラスの受けた風圧を，シールの接着力のみでサッシュに伝える場合に用いられる特殊なシールをいう。SSG構法における負の風圧に対応するために開発されたシール。「ストラクチャーシール」ともいう。
→SSG構法 略

構造図 [structural drawings] 基礎伏図，床伏図，小屋伏図，軸組図等の一般図や各種構造断面リスト，矩計（かなばかり）図，詳細図など構造に関する部分だけについて作成された図面。

構造スリット 鉄筋コンクリート部材の地震時の応力集中を避けるために，壁板と柱の間や壁板自体の垂直方向に設ける切欠き（目地）のこと。「構造目地」ともいう。

構造設計 設計行為のうち構造に関連する設計のこと。建築物の形状やスパン割りなどを意匠設計者とともに決定し構造計算を行い，構造図を作成する。

構造目地 ⇨構造スリット

構造用合板 建築物の構造耐力上主要な部分に使用するための合板。日本農林規格（JAS）では1級と2級に分けている。1級は，主として構造計算を必要とする構造部分や部品に使用する合板であり，2級は，主として耐力壁，屋根下地，床の下張り（シージング）として使用するための合板である。

構台 ①地下掘削を行うのに必要な重機を据えてトラックなどが乗り入れるようにした仮設の架台。「乗入れ構台」ともいう。②市街地の工事現場で，第三者に危害などが及ばないように歩道上空に設置する仮設構造物。「養生構台」ともいう。③→型枠受け台

高調波対策 高調波を含んだ電流を少なくするために行う対策。高調波は変圧器, 電動機, コンデンサー, リアクトルなどの電力機器の過熱, 寿命低下や焼損を及ぼす。平成6年9月に現経済産業省が対策のガイドラインを発布した。

工程 各工種別に, 作業量を日数に換算して作成した日程。工事全体を工期内で納めるための推進基準となる。品質管理においては「製品の集団をつくり出す源泉(JIS Z 8101)」をいい, 建築における工程(日程)と区別される。

工程管理 建築工事においては, 着工から完成までの期間(工期)内で, 各工事の順序関係や作業速度を総合的に計画し, それを達成すること。適切な工程管理によって, 建物の品質の確保, 建築工事費の節減, 工期の短縮などが図られる。品質管理においては「工程の結果を左右する要因の集まりを処置の対象とした機能であって, 工程で品質をつくり込む予防の原則にのっとった活動」をいう。

工程の4M 品質管理における工程は, 製品をつくるプロセスのことであり, この工程は人(man), 機械(machine), 材料(material), 方法(method)から構成されている。これらの頭文字をとって4Mという。

工程表 各工事の施工順序を時系列的に示した図。管理区分によって, 工事全体を示す総合工程表, 対象期間を月単位とした月間工程表, 週単位とした週間工程表などに分けられる。また, 表現方法によってバーチャート, ネットワーク工程表などがある。品質管理(QC)で使用される「QC工程表」とは区別される。

格天井 (ごうてんじょう) 格縁(ごうぶち)を格子状に組んだ天井のこと。格調の高い室内や寺院, 書院造りの天井に用いられた。明治, 大正時代には洋風の大広間にも用いられるようになった。

公道 一般公衆用の道路のうち, 国または地方公共団体が道路敷地の所有権を有し, 維持管理する道路のこと。

高度技術提案型総合評価方式 国土交通省が推進する総合評価方式による入札形式の一つ。技術的な工夫の余地が大きく, 高度な技術提案が要求される工事において, 例えば設計・施工一括発注方式の採用で, 建物の強度, 耐久性, 維持管理の容易さ, 環境への配慮, 景観との調和, ライフサイクルコスト等の観点から高度な技術提案を求め, 価格を含めた総合評価を行う入札形式。予定価格は提案の審査を踏まえて決めることができるとされている。
→総合評価方式

高度地区 用途地域内において市街地の環境を維持し, または土地利用の増進を図るため, 建築物の高さの最高限度または最低限度を定める地区。都市計画法第9条17号。

高度利用地区 用途地域内の市街地における土地の合理的かつ健全な高度利用と都市機能の更新とを図るため, 建築物の容積率の最高限度および最低限度, 建築物の建ぺい率の最高限度, 建築物の建築面積の最低限度ならびに壁面の位置の制限を定める地区。都市計画法第9条18号。

公入札 ⇨一般競争入札

購買管理 建築工事に必要な材料を購入する際, 市況と工程の進ちょく状況を的確につかみ, 材料の適切な品質管理を行いながら, 全体としての経済性と品質水準を確保するための考え方, 諸方策。

光波距離計 (こうはきょりけい) 光を変調して距離を測定する計器。相手側に反射装置をセットし, これに変調した光波を送り, 反射して送り返される光との位相のずれから距離を求める。

合板 丸太をロータリーレースという機械で薄くはいで得た単板(ベニヤ)を, 繊維方向が直交するようにして, 通常, 奇数枚接着剤で貼り合わせたもの。単板の繊維方向は1枚ごとに直交させて重ねるため, 強度も大きく, 寸法安定性に優れる。樹種, 心材の構成, 接着剤の種類などによって用途が異なる。構造用面材として, また各部

の下地材，仕上材として幅広く使用されている。

降伏点（こうふくてん）鋼材に力を加えたとき，ある力以上になると，力を加えなくても鋼材の変形が増大する状態を「降伏」といい，降伏が始る点を降伏点という。

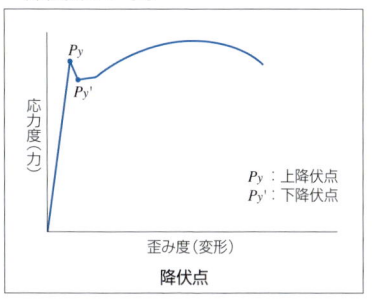

降伏点のグラフ（応力度(力)と歪み度(変形)の関係）
P_y: 上降伏点
P_y': 下降伏点

格縁（ごうぶち）格（ごう）天井や組入れ天井において，碁盤（ごばん）目に組まれた格子状の角材。多くの場合，面取りされる。→格（ごう）天井

公募型指名競争入札 公共工事で採用する指名競争入札形式の一つ。発注者が工事概要，資格要件，技術要件などを示して入札参加者を公募し，その中から指名業者を選定する入札形式。透明性，公平性の高い指名競争入札形式として1994年頃に導入され，地方自治体等で広く採用されている。規模の小さい工事や委託業務では手続きを簡易に定め，「簡易公募型指名競争入札」と称して運用されている。→指名競争入札

鋼矢板（こうやいた）⇨シートパイル

合流式下水道 雨水と事務所や家庭から出る排水を1本の下水管でまとめて処理場へもってゆく下水処理方式。雨のときは下水の量が大幅に増えるので処理場の能力はそれに合わせて大きくする必要がある。→分流式下水道

交流電流 時間とともにその大きさと方向が周期的に変化する電流。「AC」と表記される。

高力ボルト 正式には「摩擦接合用高力六角ボルト」と呼ぶ。鉄骨構造物の接合に用いられる引張り強さが大きい六角ボルトのこと。JIS B 1186では，機械的性質による等級として，F8TおよびF10Tを規定している。「ハイテンションボルト」「HTB」ともいう

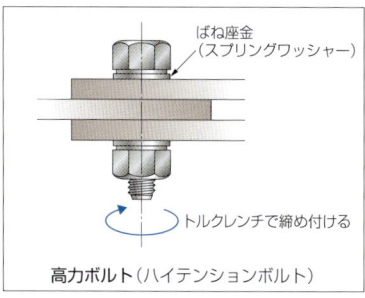

高力ボルト（ハイテンションボルト）
ばね座金（スプリングワッシャー）
トルクレンチで締め付ける

高力ボルト工法 高力ボルトを用いた鉄骨の接合方法の一つで，摩擦接合，支圧，引張りの3形式がある。ナットや座金も高強度の鋼材を使用する。→摩擦ボルト接合，支圧ボルト接合

高炉鋼 溶鉱炉（高炉）を使って，鉄鉱石に高熱を加えて溶解還元し，酸素や他の不純物を取り除いてつくられる鉄鋼。鉄くずをほとんど使用しない溶銑主体の製造法のため，高純度で良質の高張力鋼などが得られる。また鉄くずを多く用いて，電熱利用によって製造される電炉鋼もあるが，高炉鋼に比較して不純物を多く含み，溶接性能が劣る。「高炉品」「高炉物」ともいう。

高炉鉱滓（こうろこうさい）⇨スラグ①

高炉スラグ ⇨スラグ①

高炉セメント 高炉鉱滓（こうさい）を混ぜて製造されたポルトランドセメントのこと。高炉鉱滓の含有量によって，A種（5〜30％），B種（30〜60％），C種（60〜70％）の3種類に分けられる。初期強度は低いが，長期強度は普通ポルトランドセメントと同程度であり，海水などに対する抵抗性があり，耐熱性も大きいため，ダム，河川，湾岸工事などに用いられることが多い。「スラグセメント」ともいう。

小運搬（こうんぱん）工事現場内やその近辺で行う資材，仮設材，土砂などの近距離運搬のこと。運搬範囲を現場内に限れば「場内運搬」ともいう。

コーキング材 [calking] サッシ回り，コンクリート打継ぎ部，カーテンウォ

ールのすき間，壁式プレキャスト鉄筋コンクリート部材のジョイントなどに水密性・気密性を確保するために充てんするパテ状の材料。シーリング材と同義で用いられる場合と油性コーキングの意味で用いられる場合がある。

ゴースタン 揚重作業中に鳶(とび)職が使う合図言葉。クレーンなどの揚重機で重量物を吊り上げ，所定の位置に移動が完了してワイヤーロープを緩めるときに用いる。→ゴーヘイ

コーティング［coating］材料の表面をプラスチック皮膜や塗装で被覆すること。表面の硬度，耐水性，耐薬品性などの質を高めるために行われる。

コードペン cord pendantの通称。コードで吊り下げた電灯器具。

コードリール 電動工具用のコード巻上げ装置とコンセントを組み合わせた円筒形状の道具。

コーナー筋 隅角部の壁筋の定着を確保するために用いる補強用の鉄筋。D13を使用することが多い。

コーナークッション材 屋上部のアスファルト防水層を押えコンクリートで保護する際，熱による膨張によって押えコンクリートが立上り部の防水層を押し上げて，ふくれを生じさせたり，防水層を破損させたりするのを防止するために，屋上周囲に設けた目地に詰める緩衝材の総称。

コーナーストーン［corner stone］石造，れんが造等の組積造の壁の出隅部に置かれる比較的大き目の石のこと。

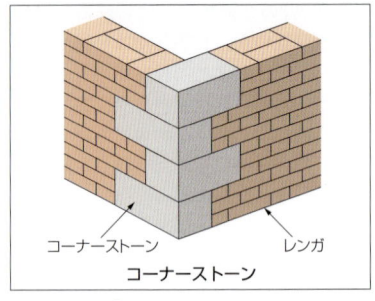

コーナーストーン

コーナーパイル［coner pile］シートパイルの一種で，曲がり角部分に使用するT字形，C字形などの断面形状をもったもの。

コーナービード［corner bead］柱や壁の出隅部を保護するために取り付ける金物。

ゴーヘイ 揚重作業中に鳶(とび)職が使う合図言葉。クレーン，ウインチなどの揚重機を使用して，重量物を吊り上げるときに用いる。吊り上げ開始・巻き上げ開始を意味する。→ゴースタン

コーポラティブハウス［co-operative house］マンション等の集合住宅が分譲後に所有者たちによって組合を作るのに対し，最初から組合を作り組合員による共同建設方式で建てられた集合住宅。

コーポレートガバナンス［corporate governance］経営者が株主の利益に反した行動をとらないよう監視するさまざまな仕組み。「企業統治」ともいう。

氷蓄熱式空調（こおりちくねつしきくうちょう）空調用の冷熱を氷の状態で蓄え利用するシステム。蓄熱に必要な容積は，水蓄熱に比べて著しく小さくなる利点がある。

コールドジョイント［cold joint］前に打設した層のコンクリートが硬化し始めた後，次の層が打ち継がれることによって生じる不連続的な接合面。大量のコンクリートを打設する際，運搬時間がかかりすぎることによる作業の中断や打設順序が適切でないなどの理由から発生し，コンクリートの欠陥となる場合が多い。

コールピックハンマー［coal pick hammer］圧縮空気を動力とする軽量小型の削岩機。略して「ピック」ともいう。

コーン支持力 ⇨コーン指数

コーン指数 サウンディングによって得られる粘性土地盤の強さを表す係数。盛土の締固め管理や土質の良否判定などに用いる。路床土の場合，10以上であれば安全に使用できるが，3未満であれば路床に使用してはならない。「コーン支持力」ともいう。単位は〔kg/cm^2〕。→サウンディング

コーンペネトロメーター サウンディングの試験機の一種で，静的貫入試験

機の中でも最も操作が容易である。人力により圧入するときの抵抗値から粘土の粘着力を測定する。調査の有効深さは5m程度であり，軟弱な粘土に適した試験機である。

顧客満足 [customer satisfaction] ISO 9001では「顧客の要求事項が満たされている程度に関する顧客の受け止め方」と定義されている。顧客の言うことは何でも対応するということではなく，「製品について顧客がどう思っているかの程度」のことで顧客満足度調査，アンケート等の仕組みで評価している。「CS」ともいう。

石 （こく）木材の材積を表す単位。1尺×1尺×10尺をいう（1石＝0.278m³，1m³＝3.6石）。

国際公開入札 公共工事における大規模建設工事の入札を国内の建設業者だけでなく，海外の業者にも平等に入札参加機会を与えること。

小口 （こぐち）石，れんが，木材などで，断面が矩形（くけい）またはそれに近い形をした長方体の部材や材料における短辺方向の面のこと。→小端（こば）

小口径タイル （こぐちけい—）⇨小口タイル

小口タイル （こぐち—）寸法60×108mmの陶磁器質タイルの通称。れんがの小口径と同じところから「小口径タイル」ともいう。

小口積み （こぐちづみ）⇨ドイツ積み

極低降伏点鋼 （ごくていこうふくてんこう）鋼材に添加する炭素量を一般鋼材の1/50程度に減らし，降伏点を1/2程度に低下させた鋼材。小さい力で変形を始め，優れた伸び性能を有して地震の振動エネルギーを効率よく吸収する材料。→制震ダンパー，降伏点

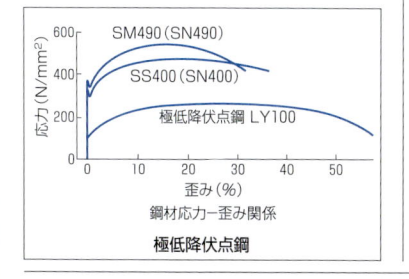

国土交通省告示 建築基準法施行令に基づき，国土交通大臣が定める基準。建築基準法施行令では規定できないものや，建築技術の進歩などにより改正または廃棄の可能性がある技術基準が示される。

国土交通省通達 建築基準法施行令の条文，告示，建築基準法に適合しない材料や工法のうち，国土交通大臣が認めたものなどについて，特定行政庁が統一的に運用するために発出される文書。

国土交通大臣許可業者 建設業法により2以上の都道府県に営業所を設置して営業を行う者が受ける許可。工事業種別に許可を受け，5年ごとに更新しなければならない。単に「大臣許可」ともいう。→都道府県知事許可業者

国土交通白書 1949年7月，前年に発足した建設省（現国土交通省）が1年間の建設行政の歩みをとりまとめ「国土建設の状況」として発表したのがはじめ。以来，毎年7月閣議了解を得たのち国土交通省より発表される。国土建設行政の現況，課題および今後の方向などを知るのに役立つ。

柿葺き （こけらぶき）スギ，ヒノキ，サワラなどからつくる薄い木片で屋根，ひさしなどを葺くこと。木片の形状は厚3mm前後，幅9～10cm，長さ20～40cm。「とんとん葺き」「土居（どい）葺き」ともいう。

戸境壁 （こざかいかべ）⇨界壁（かいへき）

腰 おおむね壁の中央から下の部分のことで，仕上げが上下異なる場合に，下部の壁面を区別していう。

コジェネレーションシステム [co-generation system] 発電と同時にその排熱を利用する電力と熱の併給システム。燃料を燃やして得られる熱を電力に変える一方，蒸気，熱水を暖房・給湯などに利用して省エネルギー効果を高めようとするもの。常時，熱を必要とするホテル，病院，スポーツセンター，スーパーマーケット，山間，離島のリゾート施設などで積極的導入が見

こしかけ

込まれる。

腰掛け ①水平な2部材の継手方法の一つ。一方を腰掛けのように加工し，他方をそれと合うように切り欠いて接合する。「敷面」ともいう。②鉄筋コンクリート工事において，スラブ鉄筋のかぶり保持などの目的で使用するモルタル製のスペーサーブロック。

腰墨（こしずみ）壁などの腰の高さに印す水平墨。「陸隅（ろくずみ）」と同じ。

腰抜けスラブ 構造欠陥の一種で，スラブの中央部が垂れ下がってしまったもの。設計上あるいは建物管理上の原因も考えられるが，スラブの上端（うわば）筋の位置が下がったままコンクリートを打設したなどの施工上の不具合によることが多い。単に「腰抜け」あるいは「髑髏（どくろ）」ともいう。

故障修繕記録 設備や装置などで，これまでに発生した故障やこれに伴う修繕について，発生時期，故障現象，原因，対応策，修繕内容，費用，対応業者などを記録しておくこと。これらデータの蓄積は傾向管理，修繕費の計画作成に反映させることができる。

拵物（こしらえもの）通常の型枠パネルでは組立てができない特殊な部分に使用する型枠のこと。この場合，既存の型枠の転用が困難なため，そのつど製作しなければならない。

コストオン［cost on］建築工事の見積において，設備工事などの工事金額をあらかじめ発注者から指示され，その額に管理費などをプラスして見積金額とするもの。形式的には一括発注であるが，実質的には分離発注であり，管理のみをゼネコンが行うこととなる。

コストコントロール［cost control］建設工事費管理または費用管理という言葉があてられている。建設業経営（コンストラクションマネジメント）における予算計画の立案，予算執行計画，予算執行の監理，工事費実績の分析，予算計画に必要な原単位，原単価データの収集整理など，費用計画の適正な執行業務をいう。

コストプラスフィー方式［cost plus-fee contract］⇨実費精算方式

コストプラス法 原価積上げによる積算方法のことをいう。積算のしかたの一つで，数量積算したものに，実績工事単価を乗じて積算したもの。コストプラスのベースとなっている単価は，企業ごとの実績に基づいてつくられ，実際に工事現場で使う際に必要とされる原価，材料の運送管理費も含まれ仕入原価ではない。

コストプランニング［cost planning］和製英語で，英語では「コストコントロール」という。建物の各部分あるいは工事別のコストのバランスを図り，建物全体として機能・品質に見合った経済的なコストを確立するための計画手法のこと。

コストマネジメント［cost management］予定された予算内でプロジェクトを完成させるために，計画からプロジェクト完了までの各プロセスで行われるコスト管理。

子墨 柱，壁，建具，金物などの位置を示す墨のこと。設計図に示された架空の線である通り心を示す墨を「親墨（おやずみ）」といい，それを基準にして出す躯体工事や仕上げ工事用の墨のこと。

コスモス「建設業労働安全衛生マネジメントシステム」のことで，略称「COHMS」の呼称。厚生労働省が定める労働安全衛生マネジメントシステムに関する指針に基づき，建設業労働災害防止協会が策定したもので，建設事業を行う事業者が店社と作業所を一体化して，安全衛生方針の表明，安全衛生目標の設定，安全衛生計画の作成，日常的な点検および改善，システムの監査・見直しなど一連の過程を定めて，連続的かつ継続的に行う安全衛生管理に関する仕組み。

擦り（こすり）⇨下地こすり

固体伝搬音（こたいでんぱんおん）建物の躯体などの固体を媒体として伝わる音。固体表面の音エネルギー吸収力の増加，固体の振動の防止，音源と固体の絶縁などにより伝搬を制御することができる。

小叩き（こたたき）石の表面仕上げの一種。びしゃんたたきの後に行うもので、石のたたき仕上げのなかでは最も手間をかけた仕上げ。両刃や片刃の小叩き用ののみで、石面を細かいピッチで平行にたたいていく。

骨材 コンクリートを構成する砂、砂利類の総称。粒径の大きさによって細骨材と粗骨材に区別され、比重によって軽量骨材、普通骨材、重量骨材などがある。さらに天然骨材と人工骨材の区別もある。

コッター［cotter］①プレキャスト鉄筋コンクリート（PC）部材相互を接合するときやPC部材と現場打ちコンクリートを接合するときに、PC部材に一定の間隔で欠込みを付けてコンクリートやモルタルを充てんし、接合部分の一体化を図る一種のシアコネクターのこと。②オーガーの継手のくさび部分。正式には「コッターピン」という。

鏝（こて）モルタルやプラスターなどを塗り付けたり仕上げたりするための左官道具。木製と鋼製があり、木鏝・金鏝と呼び、形状はその用途により種々ある。

固定荷重 建築物を構成している構造躯体、仕上材料、移動や取り外しの生じない固定された荷重。「死荷重」ともいう。

固定クランプ 単管足場の組立てに用いる結合金具の一つ。縦横の交差するパイプの結合に用いる。「直交クランプ」ともいう。

鏝板（こていた）こねあがった左官の塗り材料を乗せるための板。この上で軽くこね返してから、鏝に受けて塗り作業を行う。大きさは30cm角程度、左手で持ちやすいように握りまたは柄が付いている。

固定端（こていたん）支点を固定して外力に対し抵抗できるようにした端部。例えば、橋桁（はしげた）のような長い構造物は、四季の温度変化による伸縮に対応できるように、一端を固定し他端を動くようにしてある。→可動端（かどうたん）

鏝押え（こておさえ）モルタルあるいはコンクリート面を金鏝または木鏝で仕上げること。金鏝3押えといえば、モルタルなどの硬化の進行に合わせて仕上げを金鏝で3回行うこと。回数が多いほど表面が平滑となり良い仕上げとなる。

鏝均し（こてならし）コンクリートの表面を鏝で1回平らにすること。捨てコンクリートなど仕上げにならない面に行われる。

鏝斑（こてむら）左官工事における仕上げの欠陥の一つ。仕上がったモルタル表面に波状に残った作業中の鏝の運び跡。

捏ね場（こねば）現場で左官材料を調合、混練する場所。セメント置場・砂置場・ミキサー・ふるい・水槽などが配置される。

捏ね屋（こねや）モルタル、プラスターなど左官材料のこね作業を専門に行う職人・作業者。

コの字クランプ 鉄骨梁のフランジ部分に取り付けて、仮設手すり用鋼管やペコビームなどの型枠支保工（しほこう）をセットするための金具。

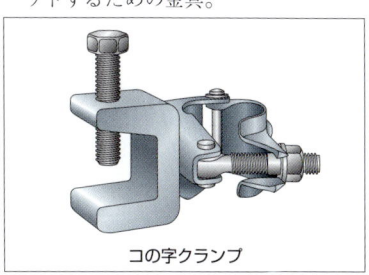

コの字クランプ

小端（こば）断面が矩形（くけい）またはそれに近い形の石・れんが・木材において、長手方向の狭いほうの面。割栗（わりぐり）石を敷き並べる際の小端立てとは、小端の小径のほうを下にして立て並べることをいう。→小口（こぐち）

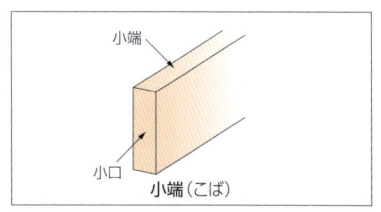

小端（こば）

小鉤継ぎ（こはぜつぎ）端部を1回折り曲げて継いだ鉤継ぎ。→はぜ継ぎ

小端立て（こばだて）割栗（わりぐり）石・れんがなどの敷込み方法の一つ。小端を上にして縦に敷く。割栗石の敷込みでは、たこ突きの際に地盤に差し込みやすいように小径のほうの小端を下にして並べる。「地蔵起こし」ともいう。

小端積み（こばづみ）鉄平（てっぺい）石・玄昌石など、板状の石の小口（こぐち）を見せるように小端を重ねる積み方。

瘤落し（こぶおとし）石の表面仕上げを行うために、こぶ状の突起をのみで落として大きな凹凸をなくすこと。

瘤出し（こぶだし）石の表面仕上げの一種。こぶ状の突起を表面に浮き出させ、素材の粗さを生かして凹凸面としたもの。

小間（こま）⇨葺き足

小間返し（こまがえし）垂木（たるき）、格子の組子、木ずりなどにおいて、部材をその材幅と同じ寸法の間隔をあけて配列すること。

小間割り　作業員1人またはグループに1日分の作業量を決めて、作業完了の遅速と無関係に1日分の賃金を支払う一種の能率給。一般に朝から始めた場合、午後2時頃に完了するのが妥当な小間割りとされる。→請け取り

ゴムアス　低温時の柔軟性を向上させるとともに、高温時の流動性を小さくするためにゴムを混入したアスファルト。防水材料や舗装材料として用いられる。「ゴム化アスファルト」の略。

ゴムパッキン　パッキン（packing）は、運動用に使用されるシールのことをさす。それに対して、静止用は「ガスケット」（gasket）と呼ぶ。これらが使用される共通の役目は、お互いに接する構成部材の間に装着して、部材の間からの漏れを防止する役割と、外部からの異物の侵入を防止する役割をもち、各システムを安定稼動させること。

ゴムブッシング　⇨ブッシング

ゴライアスクレーン［goliath-crane］門型の移動クレーンの一種で、クレーンのスパンや揚重能力が非常に大きなもの。プレキャストコンクリート部材の製造工場や現場における鉄筋加工場などで使用される。

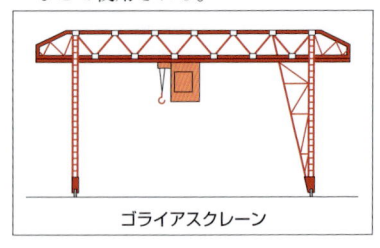

ゴライアスクレーン

コラム［column］①円形の断面をもった柱。②鉄骨柱として用いられる半製品化された円形あるいは角形の鋼管。

コラムクランプ［column cramp］独立柱や壁付き柱などの型枠補助材の一種。フラット型やアングル型の鋼材を組み合わせてせき板を締め付ける。

コリドー［corridor］廊下。

コルゲートパイプ［corrugate pipe］波形鉄板でつくった管。仮設の排水路などに使用される。

コルテン鋼　耐候性鋼の製品名でありCOR-TENと表示される。〔製造：新日本製鐵〕

コレクティブハウス［collective house］洗濯室や厨房などが共同形式で、保育や建物の運営・管理も共同方式の共同住宅のこと。

転がし配管（ころがしはいかん）設備配管工事に際して、コンクリートスラブ面に露出状態で配管すること。この場合は当然、二重スラブになるが、配管の自由性が高く、施工性も良好で、メンテナンスも容易である。

呉呂太石（ごろたいし）関西で使われる石ころに相当する用語。6～10cmの丸味のある野石。石垣の裏込めや割栗（わりぐり）地業に使われる。「栗石（くりいし）」「ごろた」「ごろ」ともいう。

転ばし（ころばし）①仮設工事の足場組みにおいて、足場板を支える短い丸太あるいは単管。②地面や床に直接置いた丸太や角材など。例えば「転ばし根太」など。→後（あと）踏み

転ばし根太（ころばしねだ）束（つか）・大引きを用いず、地面あるいはコンクリ

ート床に直接敷く根太。→転(ころ)ばし床

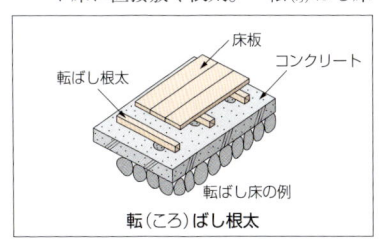

転(ころ)ばし根太 / 転ばし床の例
（床板、転ばし根太、コンクリート）

転ばし床（ころばしゆか） スラブや土間コンクリートの上に組む木造床。コンクリートの床に大引きを転ばし，根太(だ)を架ける場合と，根太を直接転ばす場合とがある。→束(つか)立て床

転び（ころび） 柱，壁などの部材が傾いている状態，あるいはその度合い。例えば，階段の蹴込み部分に付けた傾斜を「転び2cm」などという。

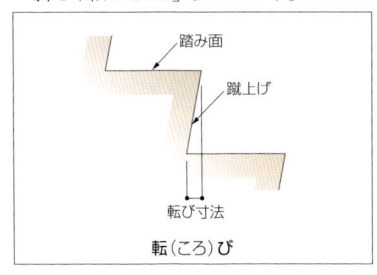

転(ころ)び
（踏み面，蹴上げ，転び寸法）

子ワイヤー クレーンなどで使用するワイヤーのうち，荷を吊るワイヤーのこと。→親ワイヤー

壊し屋（こわしや） 古い建物の取り壊しや，コンクリート塊をブレーカー等を使って壊す仕事を専門とする専門工事業者または作業者。

コンカレントエンジニアリング [concurrent engineering] 業務の効率化を目的に，関連する者がモデルや情報を共有し，従来段階的に進めてきた業務を同時並行的に進めること。「CE」ともいう。

コンクリート [concrete] セメント，骨材，水を混練したもの。各種性能の確保のため，混和材などが調合されることがある。耐久性・耐火性に富み，圧縮強度が大きい。しかし，曲げ応力や引張り応力に対しては弱く，その熱膨張率が鉄と近似しているため，鉄筋と相補って強力な構造材料（鉄筋コンクリート）をつくるために使われる。

コンクリートカート [concrete cart] 現場でコンクリートやモルタルの小運搬(ぽん)に使用する手押しの二輪車または一輪車。「猫(ね)車」ともいう。

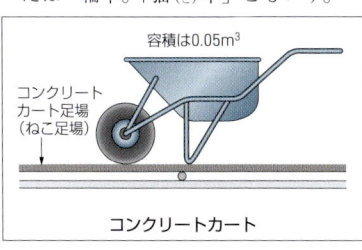

コンクリートカート
（容積は0.05m³，コンクリートカート足場（ねこ足場））

コンクリート型枠用合板 建築および土木のコンクリートを打ち込む際の型枠として使用するための合板で，厚さ12～24mmのものがある。日本農林規格(JAS)では，塗装またはオーバーレイを施したものもある。接着の程度は一類が要求されている。

コンクリートカッター [concrete cutter] コンクリートを切断する機械。試験体を抜き取る(コア抜き)作業などに使用されるものは，鉄筋も同時に切断することができる。

コンクリート鉋（ーかんな） 型枠の継目にできるコンクリートの目違いを削る電動工具。打放しコンクリート面の補修に用いる。

コンクリート強度 [concrete strength] 建築物の各部分で発現している圧縮強度のことで，単位は[N/mm²]で表される。構造体のコンクリート強度は，現場水中養生した供試体による材齢28日圧縮強度が，設計基準強度を満足するほか，現場で封かん養生した供試体が，材齢28日において設計基準強度の0.7倍，材齢91日で満足することが必要である。

コンクリート強度試験 圧縮強度試験，割裂引張試験，静弾性係数試験がある。一般的には圧縮応力を調べるため，圧縮試験機(アムスラー)を用いた水中養生，大気養生の供試体の圧縮強度試験が行われている。

コンクリート工事 材料の計量，調合，

運搬，打設，養生までの作業工程の総称であるが，建設現場では打設養生までをいう。また型枠，鉄筋工事を含めていう場合もある。

コンクリート混和剤　コンクリート中に少量だけ混入して，ワーカビリティや初期強度の増大など，コンクリートの性質を改良するために用いる物質で，代表的なものにAE剤，減水剤などがある。フライアッシュのように容積計算に組み入れられるほど使用量が多いものは「混和材」という。

コンクリート振動機　⇨バイブレーター

コンクリート図　⇨躯体図

コンクリート調合　⇨調合

コンクリートテストハンマー　[concrete testing hammer] 固まったコンクリートの強度をテストピースの採取や構造物の破壊を伴わないで測定する非破壊試験機械。内包された重錘のばねの反力を利用してコンクリート強度を測定する。「シュミットハンマー」ともいう。

コンクリート止め板　既製コンクリート杭と基礎スラブとの接合において，鉄筋かごを杭中空部に配置してコンクリートを打設する際，杭中空部にコンクリートが入らないように杭穴をふさぐ役目をもつふた。

コンクリート破砕機　(—はさいき) コンクリート塊を破砕する機械。コールピックハンマーやブレーカーがある。

コンクリート非破壊試験　コンクリートを破壊せずに圧縮強度の推定や欠陥・ひび割れ・鉄筋の付着状況などを，機械的，電気的，音響的な方法を用いて検査すること。代表的なものにシュミットハンマー法，超音波法，共振法，鉄筋探査法などがある。

コンクリートブロック　[concrete block] ⇨空胴コンクリートブロック

コンクリートボックス　[concrete box] アウトレットボックスと同じ目的で，コンクリート内に打ち込んで使用する。→アウトレットボックス

コンクリートポンプ車　コンクリート圧送装置と付属器具一式をトラックに搭載した，コンクリート打込み用車両機械。現場への移動が容易で機動性が高いことから，コンクリート工事の主流であり，配管車とブーム付き車とに区分されている。

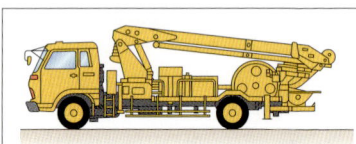

コンクリートボックス

スクイーズ式コンクリートポンプ車

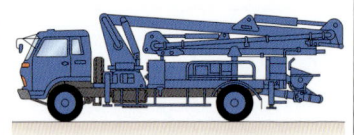

ピストン式コンクリートポンプ車

コンクリートポンプ車

コンクリート巻き　外部設備で地面より立てている機器等で，土や雨水からの腐食を防止するため一定高さまでコンクリートを打設すること。

コンクリートミキサー　[concrete mixer] セメント，骨材，混和材などコンクリート材料を混練する機械。

混合水栓　[mixing faucet] 給水と給湯がミキシングされ吐出される水栓。シングルレバー，2バルブ式がある。

混合セメント　ポルトランドセメントに他の物質を混合し，特殊な性質をもたせたセメント。高炉セメント，フライアッシュセメント，シリカセメントなどがある。「混合ポルトランドセメント」ともいう。

混構造　鉄，コンクリート，木材などの異種の構造材料を混用した構造のことを「構造材料混用構造（ハイブリッド）」と呼んでいる。わが国の建築法規では，異種構造材料の混用を予定していないが，欧米では当たり前の構造

となっている。混構造は，構造自体の仕組みが混用されているとは限らない。もっぱら構造材料の混用に着目している。

混合入札方式 1工事に対する単体企業と共同企業体の混在した入札方式のこと。

コンサルタント [consultant] ⇨建設コンサルタント

コンシールド天井工法 岩綿吸音板天井の施工方法の一種。小口に溝を切り込んだ岩綿吸音板をHバーに差し込んで取り付ける方法。

コンシステンシー [consistency] 固体と液体の中間にある物体の硬軟状態を表す概念で，通常はフレッシュコンクリートやフレッシュモルタルなどの変形流動に対する抵抗性のこと。主として水量によって左右される。→ワーカビリティ

コンシステンシー指数 [consistency index] 固体と液体の中間にある土の状態を表す指数。液性限界と自然含水比の差を塑性指数で割った値。$Ic=(LL-w)/PI$。$Ic≦0$ の場合は，土を乱せば液状となって，著しく強度低下する可能性があるので注意を要する。→液性指数

コンジットパイプ [conduit pipe] 電線を通すための金属製の管。おもにコンクリート埋込み用に使われる。「電線管」ともいう。

コンストラクションマネジメント [construction management] 建設業者や建築家が発注者の代理人となって総合的な建設管理を行うこと。その技術は設計，積算，資材労務の調達，施工計画，工事実施の全体にわたり，なかでもコストコントロール（工事費管理），トータルクォリティマネジメント（品質管理），スケジューリング（工程管理）が主要な技術である。「CM」ともいい，アメリカで発達。→アットリスクCM，ピュアーCM，プロジェクトマネジメント

コンストラクションマネジャー [construction manager] 依頼に基づき建設活動を一元的に管理・調整する者。発注者に代わり，品質・コストを満足した建物を工期内に完成するよう建設活動を管理・調整する。「CMR」ともいう。→コンストラクションマネジメント

コンストラクター [constructor] 建設者，建造者。→EC化

コンセント [receptacle] 配線用差込み接続器。水回りでは，感電防止のためのアース付きコンセント，二次災害防止用の漏電遮断機付きコンセント，外灯などのための防雨用コンセントなどがある。コンセントは和製英語。JIS C 8303。

コンソーシアム [consortium] ①発展途上国への援助方式の一つで，国際借款団または債権国会議のこと。②企業共同体あるいは事業連合体のこと。

コンターライン [conter line] 等高線のこと。

コンタクトストレインゲージ [contact strain ga(u)ge] コンクリートの弾性係数や乾燥収縮，クリープなどを計測する装置。弾性係数を測定する場合は，供試体側面に縦方向の2点に鋼球を打ち込んで，2点間の長さの変化を読み取る。

ゴンドラ [gondola] 建築物の外壁や窓の補修，清掃，塗装などに使う簡易吊り足場。建築物の屋上や中間階に仮設の梁やフックを取り付け，それにワイヤーロープをかけ，巻き上げ機械を操作して昇降させる。

コントラクター [contracter] 建築や土木工事を請け負って仕事を行う業者のこと。「請負業者」ともいう。

コントラクトカーペット 事務所・ホテル・店舗など非住宅の建物に使用するカーペットの総称。耐久性・耐摩耗性・防災性などを重視して作られる。

ゴンドラ則 ゴンドラ安全規則の略。昭和47年9月30日労働省令第35号。労働安全衛生法（昭和47年法律第57号）の規定に基づいて，ゴンドラの製造・設置・使用・検査などについて規定したもの。

混練り コンクリートをつくるためにセメント，砂，砂利，水を練り混ぜること。

コンバージョン [conversion] 既存建物を改造し，用途を変更して再利用すること。

コンパクター [compacter] 下部に付いた平板を上下小きざみに振動させて地盤を締め固める機械。砂質土，礫に適する。小型で軽量のためローラーの使えない部分の締固めに適している。

コンパネ コンクリートパネルの略。型枠に使用する合板のこと。

コンパレーター [comparator] モルタルやコンクリートの長さの変化を測定する機械。

コンファインドコンクリート [confined concrete] 鋼管型枠の中に打設したコンクリート柱のように，圧縮力（軸力）を受けたとき，圧縮力と直角方向にコンクリートが広がろうとする力が拘束される状態にあるコンクリート。この場合のコンクリートの設計強度は，通常の設計基準強度より高い強度を採用することができる。CFT（充てん鋼管コンクリート）構造のコンクリートが該当する。

コンプレッサー [compressor] 気体をある一定の圧力に圧縮する機械の総称。ケーソン作業の際の圧さく空気を送る大型のものから，コンクリートブレーカーや吹付け作業に使用する小型のものまで種々の形状がある。「空気圧縮機」ともいう。

コンベアー [conveyer] コンクリート，骨材，土砂などを可動式ベルトの上に乗せて運搬する機械。ベルトコンベアーとバケットコンベアーとがある。

コンベクター [convector] 温水や蒸気を熱源とする暖房で用いる放熱器の一種。正式には「コンベクター・ヒーター」という。ケーシングの中に銅板もしくは銅板製のフィンを付けたコイルを納め，自然対流による熱交換を行う。特に送風機を内蔵したものを「送風型コンベクター」と呼ぶ。

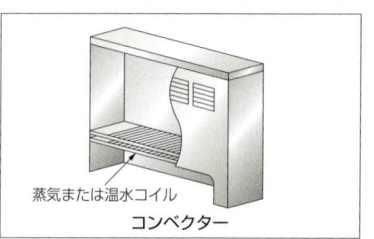

コンベックス 小型の鋼製巻尺。1.5〜5m程度の寸法測定が可能。

コンポジット材料 [composite materials] ガラス繊維強化プラスチックのように，性質の異なる2つ以上の素材を組み合わせて，単一材料よりも優れた性質をもった材料のこと。「複合材料」ともいう。

コンポスト [compost] 塵芥(じんかい)や枯木などを消化安定させ，短時間に作った堆肥(たいひ)のこと。農業用肥料として利用される。環境保全のために生ゴミを一般家庭でコンポスト化する簡易装置や，集合住宅における生ゴミコンポスト化のシステムが開発されている。

混和 ⇒コンクリート混和剤

混和材料 [admixture] 混和剤，混和材のことで，コンクリートの強度以外の性能，施工性，寒中施工性等のために添加される材料のこと。材料混和剤としてはAE剤，減水剤，AE減水剤，高性能AE減水剤，流動化剤，防錆剤があり，これらは少量添加される。混和材としてフライアッシュ，膨張剤，高炉スラグ微粉末，シリカフュームがあり，比較的量が多い。

蒸気または温水コイル
コンベクター

さ

サーバールーム［server room］各種サーバーやルーター等を設置する室。グレードによっては，電源の瞬断すら許されない環境要望がある室。防火，防水，防湿，セキュリティーを考慮する必要がある。

サーフェイサー［surfacer］塗膜の薄さを補い，厚みを与えて平たんとし，パテ面の吸込みを押さえたりするのに用いる下地塗料。

サーベイ［survey］⇨測量

サーベイランス［suveillance］①ISOの認証登録後に行われる第三者審査のこと。半年ごとに行われるのが一般的であるが，品質保証の活動状況が良好な場合は，その間隔が長くなる。②各国の経済政策監視のことで，「政策監視」ともいう。

サーマルリサイクル［thermal recycle］廃棄物を焼却し，その熱を温水プールや地域の暖房などに利用すること。廃棄物を熱資源として捉える。

サーモスタット［thermostat］自動制御で室温を一定に保つ温度調節器。検出部と調節部とからなる。

才（さい）材積の単位。木材の場合，構造材・造作材では1寸×1寸×12尺をいうが，建具材・家具材では1寸×1寸×6尺をいう。

切（さい）⇨きれ

サイアミーズコネクション［siamese connection］建物の外壁面もしくは路面に独立させて設ける消防ポンプのホース接続口。消防ポンプから建物内の消火栓給水管系統に圧力水を送る。「送水口」「連結送水口」ともいう。

最外径　異形鉄筋のリブの外側で測る直径寸法のこと。→異形棒鋼(いけいぼうこう)

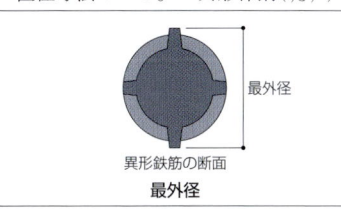

最外径
異形鉄筋の断面
最外径

載荷試験　地盤・試験杭などに静荷重を加えて行う試験で，その耐力・変形性状・破壊状態などを調査するのが目的。また，構造物や構造部材などに加(荷)力用の機器を用いて静荷重を加えて調査することをいう。「荷重試験」「加力試験」ともいう。

載荷板試験　⇨平板(へいばん)載荷試験

材工（ざいこう）建築費の単価あるいは工事請負の形態において，材料と労務を別々にせず，一緒に含めて取り扱うやり方。「材工共(ざいこうとも)」という言い方もある。

材工一式見積（ざいこういっしきみつもり）⇨材工込見積(ざいこうこみ)

材工込見積（ざいこうこみみつもり）「材工一式見積」ともいう。材料費および労務費を分離せず一体で見積った方式で，材料および労務の内訳を表に出さないようにする見積方法をいう。下請業者に対して，材工一式を請け負わせる際の下請業者の見積のこと。

材工共（ざいこうとも）⇨材工(ざいこう)

材工別見積（ざいこうべつみつもり）材料費と労務費とを区分して積算し，その内訳を明らかにした見積方式をいう。建設業法では，材料と労務との数量と価格とがわかるように見積書を作ることを規定している。

在庫管理　現場に納入された材料の格

サイアミーズコネクション

納に際して，二重運搬・積み替えなどが生じないようにしたり，常時在庫の数量がわかるように処理しておくこと。また，必要なときに適合した材料を順序よく供給したり，不用となった材料や使用済みの仮設材をすみやかに回収することを含む。

細骨材 コンクリートやモルタルを構成する砂のことで，5mm以下の粒径のものが85％以上ある骨材をいう。JASS 5。

さいころ ⇨キャラメル

砕砂（さいさ）工場で岩石を破砕して製造するコンクリート用の細骨材。品質，製造方法，試験方法等が，JIS A 5005「コンクリート用砕石及び砕砂」で規定されている。

採算可能性調査 ⇨フィージビリティスタディ

細砂（さいしゃ）粒径が75〜420μm程度の小さな砂の総称で，おもに左官工事に使用される。「細目砂（ほそめずな）」ともいう。

最終処分場 中間処理場からの廃棄物を受け入れ，埋立て処理をする所。廃棄物の種類により安定型最終処分場，

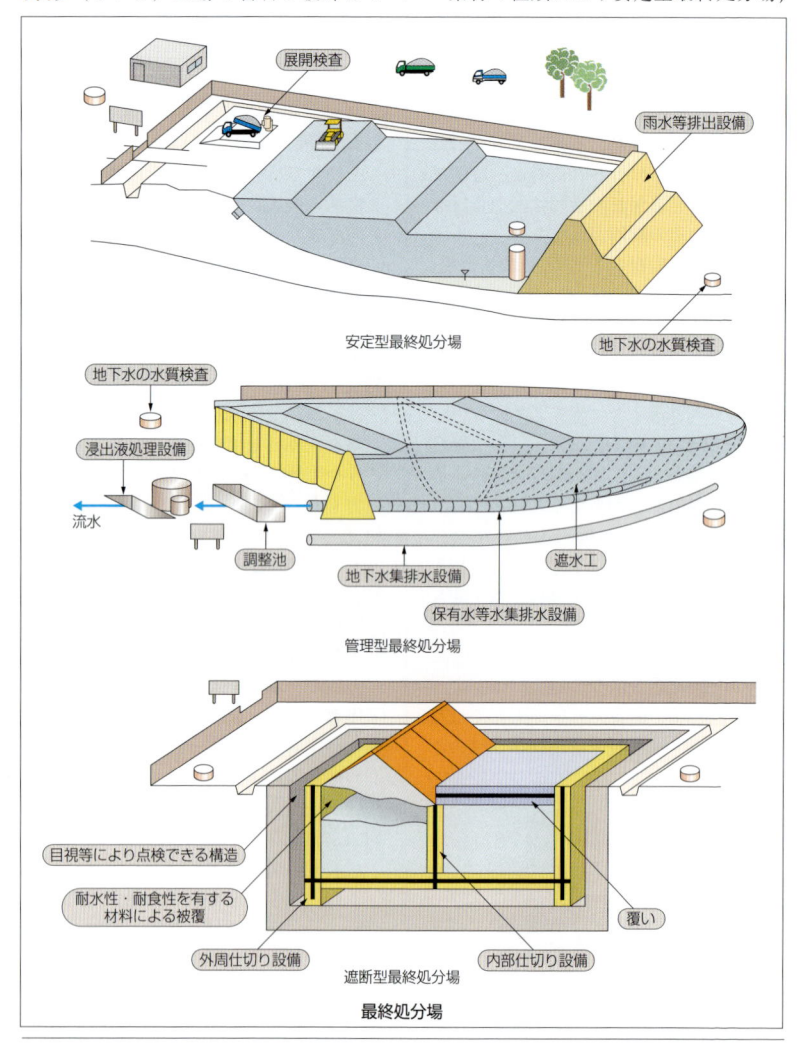

安定型最終処分場

管理型最終処分場

遮断型最終処分場

最終処分場

管理型最終処分場，遮断型最終処分場で処理される。

最小被り厚さ（さいしょうかぶりあつさ）鉄筋コンクリート構造体の各断面や特定の個所において，最も外側に位置する鉄筋の最小限度のかぶり厚さのこと。

再生コンクリート 解体コンクリートから粗骨材，細骨材を取り出し，骨材から付着したモルタルをすり取り，加熱等の処理で取り除き，それらを構造用コンクリートの骨材として活用したコンクリート。

再生棒鋼（さいせいぼうこう）正式名称は「鉄筋コンクリート用再生棒鋼」で，鋼材製造途上に発する再生用鋼材や市中発生の鋼材を圧延して製造された鉄筋(棒鋼)のこと。溶解した鋼塊から圧延する一般の鉄筋に比べ，製造工程は簡単であるが物理的性質は劣る。

再生木材 微粉化した木材（発生木材）とポリプロピレンを混合融解させて一体化したもので，耐久性に優れ，仕上材，屋外材として利用されている。また資源循環型素材の一つで，熱可塑性材料であるためリサイクルも容易。

砕石（さいせき）工場で岩石を破砕して製造したコンクリート用の粗骨材。JIS A 5005に粒の大きさによる区分，アルカリシリカ反応による区分のほか品質等についても規定されている。

砕石地業（さいせきじぎょう）フーチングや地中梁・底盤・土間コンクリートの下に砕石を敷き詰めた地業。一般的には50〜150mm程度の厚さで，この上に捨てコンクリートを打つ場合と直接コンクリートを打つ場合(土間など)がある。

最低制限価格 公共工事の入札において落札価格の最低を制限する価格。ダンピング受注など「契約内容に適合した履行がなされないおそれがある」場合に，予定価格の一定割合を最低制限として設け，その範囲での最低価格を落札者とすると「予決令(よけつれい)」で定められている。最低制限価格は予定価格の80％程度が目安とされる。

サイディング［siding］外壁に張る仕上げ板材の総称。木・繊維セメント板・金属など各種がある。

サイト［site］①敷地。建設現場のこと。②情報を提供するコンピューター内部の特定のメモリのあるところ。

再入札 最低入札価格が発注者の予定価格を上回っている場合に，条件などを一切変更しないで再度，入札を繰り返すこと。

細泡コンクリート ⇨気泡コンクリート

サイホン［siphon］液体を低位置に移動するため，一度高い所へ上げてから低位置に導くための曲り管。これを利用したものにサイホン形自記雨量計がある。

在来工法 従来から行われている施工法一般をいうが，特にプレハブ住宅に対する注文住宅，あるいはプレキャスト鉄筋コンクリートを主体とした工法に対する現場打ちコンクリート工法をいうことが多い。

材料支給 工事で使用する材料の一部または大部分を発注者が支給すること。

材料拾い 設計図書に基づいて工事に必要な各種の材料の数量を種類，寸法別に拾い出すこと。

材料歩掛り（ざいりょうぶがかり）建築工事を構成する型枠，鉄筋等の各工事の単位(単位面積等)当たりに必要な材料の数量。

材料分離 フレッシュコンクリートが運搬や打設の過程で，気泡，水，セメントペーストなどが上方に，骨材などが下方に集まり，不均一な分布となる現象。これによりコンクリートの品質は低下する。単に「分離」ともいう。

材齢（ざいれい）①コンクリートの打設後における経過日数。②木材の年輪から判断する樹齢年数。

サイレンサー［silencer］①加熱すべき水に蒸気を直接吹き込むときに用いる器具。常に蒸気が得られる病院や工場の貯湯槽等で使用される。②消音器。

サウンディング［sounding］地盤の中にロッド付きの抵抗体を挿入し，貫入，引抜き，回転，衝撃などに対する

抵抗力から地盤の性質をさぐる地盤調査方法。コーンペネトロメーター，スウェーデン式，ベーン，標準貫入試験機などの方式がある。→コーン指数

竿縁天井（さおぶちてんじょう）和室に多い天井仕上げの一種。天井板を下から支える形で，45cmほどの間隔をあけて竿を並べ，化粧とした天井。

逆打ち工法（さかうちこうほう）地下階を施工する工法の一種。1階の床を先に施工した後，この床を支保工（しほこう）として地下の根切りを行って地下階の躯体を施工する。上部躯体と並行して作業が進められることから，工期の短縮が可能。一般のコンクリートの打設順序と逆になることでこう呼ぶ。

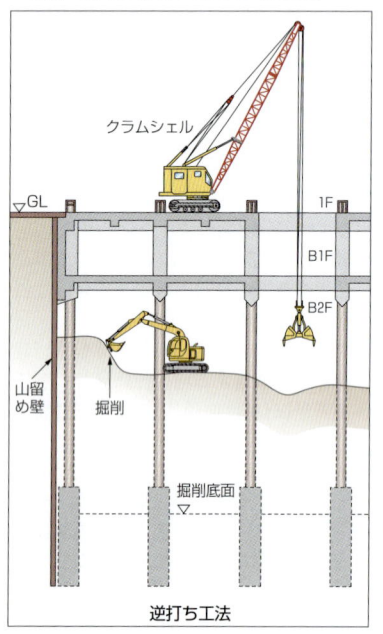

逆打ち工法

魚の骨 ⇨特性要因図

座金（ざがね）ボルトを取り付けるときに，ナットの下当てに用いる板状の金属片。「ワッシャー」ともいう。一般的に使われている平らな板状のものを「板座金」，ばねの機能をもつものを「スプリングワッシャー」という。

左官工事［plastering］モルタル塗り，プラスター塗り，繊維壁塗り，荒壁塗りなど，塗り工事の総称。左官材料を水で練って使用する（湿式工法）ため，工期がやや長くかかる。

先組み型枠 現場内の加工場あるいは地上であらかじめ組んだ柱・梁などの型枠のこと。これをクレーンなどで所定の位置まで運び，セットする。

先付け工法 鉄筋コンクリート（RC）造や鉄骨鉄筋コンクリート（SRC）造において，アルミサッシュ枠などをコンクリート打設前に型枠に取り付けておきコンクリート打設とともに固定させる工法。また，プレキャスト鉄筋コンクリート部材，工場製作時にアルミサッシュ枠などを取り付ける工法。

先付けタイル仕上げ工法 型枠にあらかじめタイルを組み込んでおき，コンクリート打設後のコンクリートとタイルの一体化をはかる工法。付着性が良くなり，はく離の危険性が少ない。「タイル型枠先付け工法」ともいう。

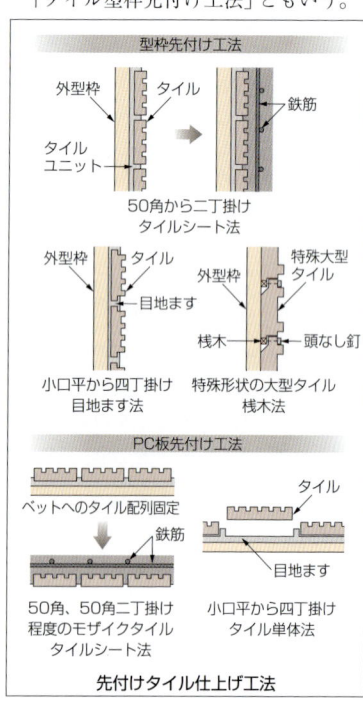

先付けタイル仕上げ工法

作業員詰所 現場で作業を行う各種作業者の休息用として，また資材・道具類を置く目的で現場に設置される仮設建築物をいう。

作業基準 ⇨作業標準

作業計画書 建設機械の配置計画，作業方法，機械の種類・能力，作業者の配置・指揮・命令系統等の内容を記述した施工計画書。

作業研究 各種作業の実態を調査・分析し，合理的な作業方法の決定や標準作業時間の設定などを行う研究。

作業構台 資材，仮設機械の集積や建設用機械の設置や移動のための作業用仮設設備。2m以上の高さで，仮設の支柱と作業床から構成されている（労働安全衛生規則第575条の2）。

作業主任者 労働災害防止のための管理を必要とする一定の作業の責任者のことで，労働安全衛生法で事業者に選任を義務づけている。作業主任者を選任しなければならない作業として，地山掘削，土止め支保工，型枠支保工，足場の組立て解体などがある。労働安全衛生法第14条，同法施行令第6条。

作業測定 特定の作業工程について，作業内容を分析し合理的改善をはかるための組織的な手段。類似なものに時間研究，動作研究，作業研究，作業の標準化など種々の手法がある。

作業手順 ⇨作業標準

作業能率 IEの分野では，作業時間あるいは投下労働量を標準作業時間と比較したもので，次式から求められる。作業能率＝標準時間による出来高時間×100％/実際に要した実働時間。建築においては厳密な定義がなく，作業時間をそのまま能率と考えることもある。

作業半径 揚重機（クレーン）の旋回の中心から吊り荷の中心までの距離のこと。アウトリガー端部や車体の端部から吊り荷中心までではない。

作業標準 安全作業を行うため，作業ごと（例えば枠組足場組立て作業・型枠支保工解体作業など）に作業方法（手順・動作・急所など）を表示したもの。作業員，特に未熟練者や新規作業員に徹底をはかり，事故防止に役立てる。安全のみならず，作業効率の向上を合わせて検討し，作成されている。「作業手順」「作業基準」ともいう。

作業床（さぎょうゆか）高所作業などを安全かつ迅速に行えるようにした，人および荷をのせる部分の総称。

酢酸ビニル樹脂（さくさん—じゅし）polyvinyl acetate 酢酸ビニルの重合による熱可塑性プラスチック，塗料接着剤のベースになる。

サクション［suction］ポンプや送風機などにおける吸込み側をいう。これに対して吐出し側を「デリベリ」という。

座屈 細長い部材や薄板を縦に圧縮すると，圧縮力のある値から突然，横方向にたわみ，以後ねじれるようにたわみが増大する現象。同じ断面の部材では，長さが長いほど座屈しやすい。

下げ苧（さげお）天井や壁の漆喰（しっくい）またはプラスターの亀裂防止およびはく離防止のため，木摺（きずり）下地に取り付けるひげ状の材料。マニラ麻・しゅろ毛などが用いられる。「とんぼ」，また短いものを「ひげ子」ともいう。

下げ越し 掘削作業において，掘削底面の凹凸などに対処して，設計上の寸法より多少下げて掘削すること。

下げ代（さげしろ）下げ越しにおいて設計寸法から下の差分をいう。

下げ振り 水糸などの先端に円錐形のおもりを付けたもので，柱や壁の垂直の良否を調べたり，定点を同一鉛直上に移したりするのに用いる道具。

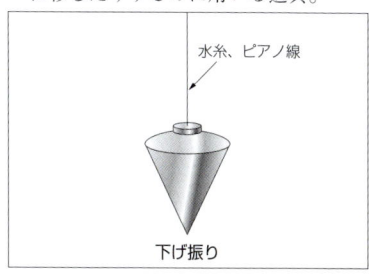

水糸、ピアノ線

下げ振り

簓（ささら）①階段状に加工されたもの。木造階段における「簓桁（ささらげた）」，外壁における「簓子下見（ささらこしたみ）」など。鉄筋コンクリート階段においても，段型に見える側面を「ささら」という。②竹を細く割って束ねたもの。

簓桁（ささらげた）階段で段板を支え

るため斜めに掛けわたす桁のうち，あらかじめ上端部が階段状にぎざぎざに加工されている材．

簓子下見（ささらこしたみ）下見板を重ね張りして簓子という竿（さお）で押さえた木造の壁．

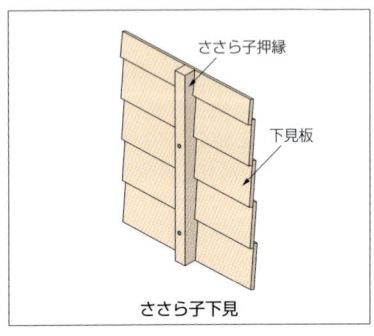

ささら子押縁
下見板
ささら子下見

指金（矩）（さしがね）大工が寸法をとるときに使うL字形の物差しのこと．わが国古来のもので，表のきざみ寸法と，その$\sqrt{2}$倍のきざみ寸法の裏目とを使い分ける．「矩尺（かねじゃく）」ともいう．⇨矩（かね）②

差し筋 コンクリートを打ち継ぐ際，打設時間差のある新旧コンクリートが構造体として一体化するため，旧コンクリート打設時にあらかじめ挿入しておく鉄筋．壁の立上り部分の差し筋が一般的．

差し下げ 差し下げ寸法の略．遣形（やりかた）(方)に張った水糸から下方に測った寸法．根切り底や割栗（わりぐり）上端などのレベルはこれにより定まる．

砂質地盤（さしつじばん）粗粒土の含有率が80%以上の地盤．

砂質土（さしつど）通常は粘性土に対して砂分の多い土を呼ぶ．粒径が75μm以上の土粒子をもった，粗粒土の含有率が80%以上の土．

挿（差）し床（さしどこ）竿縁（さおぶち）天井の竿の方向もしくは畳の合せ目の線が床の間と直角に交わるように造られた和室．このような造りを竿や畳の側からみて「床挿し」といい，昔から忌み嫌われている．

差しとろ ⇨つぎとろ

指値（さしね）資材や請負の金額に決定する方法の一つ．買手あるいは発注者が金額の上限を指定，その額に納得しなければ不成立となる方法．不動産取引きにおいては，売主指定価格を出値（だしね），買主指定価格を指値と区分している．

サス［SUS］熱間圧延および冷間圧延のステンレス鋼板，ステンレス鋼帯の種類を示すJIS規格にある種類の記号．例えば，SUS 301，SUS 302などと表される．JIS G 4304, 4305．

サステナブルコンストラクション
［Sustainable Construction］持続可能な建設．1992年にリオデジャネイロで開かれた「環境と開発に関する国連会議（地球サミット）」で提唱されたサステナブルディベロップメント（持続可能な開発）の建築版．

サスペンション構造［suspention (suspended) structure］⇨吊り構造

さすり ⇨面一（つらいち）

雑工事（ざっこうじ）建築工事費の分類項目の一つで，家具・カーテン・ブラインド・流し台・樋（とい）・造付け家具・浴槽・可動間仕切りなどの工事の総称．

サッシュ［sash］框（かまち），桟，枠等の棒状部材で構成された建具のこと．鋼製建具，木製建具，アルミ製建具，プラスチック製建具等がある．

サッシュアンカー［sash anchor］サッシュ枠を壁に固定させるための金物．鉄筋コンクリート造では通常，サッシュ枠側とコンクリート側とに鋼製のアンカー金物を付け，それを溶接で継いで固定する．

サッシュバー［sash bar］スチールサッシュ，アルミサッシュの建具框（かまち）や建具枠に使用される組子の部材．スチールはロール成形，アルミは押出し成形で専用の型材としてつくられる．その用途によりさまざまな断面形状のものがある．

雑排水 大小便器等から生じる排水以外の生活排水．ただし，雨水や有害な性質をもつ事業系排水等は除かれる．

雑費 主要工事を行うために必要な補

助的作業にかかる費用のこと。通常は金額的に少ないものを一式で計上することが多い。

薩摩継ぎ（さつまつぎ）撚(よ)り綱同士をつなぐ方法の一つ。ワイヤー同士をつなぐ場合に，相互の小綱を絡み合わせてつなぐ方法をいう。

サドルバンド［saddle band］金属管を配管支持架台や建物などに固定するために用いられる鞍形の金具。

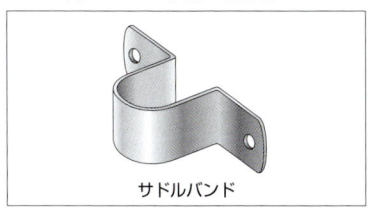

サドルバンド

サニタリー［sanitary］入浴，洗面，トイレなどの衛生の形容詞。アメリカでは公衆トイレを指す。一般的には，サニタリーウェア（衛生陶器），サニタリースペース（水回り空間），サニタリーユニット（浴室，洗面室，トイレを一体化・ユニット化した設備）などに使用される。

錆止め処理（さびどめしょり）金属の表面をめっき，塗装などのアルカリ性の物質で被覆して腐食を防止するための処置。

錆止め塗装（さびどめとそう）金属の発錆を防止する目的で，鉛丹(えんたん)，塩基性クロム酸鉛，ジンクロメート，錆止めペイント等の塗料を金属表面に塗ること。また，その作業のこと。

サブコン sub-contractorの略。元請業者の下で土工事，鉄筋工事，型枠工事，設備工事など，職別に工事を請け負う業者のこと。「下請業者」「協力業者」「専門工事業者」ともいわれている。→ゼネコン

サブストラクチャー［substructure］基礎工事や下部構造，土台の意味で，通常は地表面より下の建物部分の総称。

サブフープ［sub-hoop］⇨副帯筋(おび)

サブマージアーク溶接 自動溶接の一種。継手部分にあらかじめフラックス（粒状のもの）を盛り上げて，その内部に溶接用電極を挿入してアークを起こして溶接する方法。特徴は，大きな電流(2,000A以上可能)利用による高能率化，溶込みが大きいこと，溶接金属の品質が良好など。下向き溶接しか利用できないなどの欠点もある。鉄骨のボックス柱の継手やビルトH形鋼のすみ肉溶接などに使用される。

サブマスターキー［sub master key］→マスターキー

サプライヤー 建材供給業者の総称でディストリビューター，ホールセーラー，ディーラーと呼ばれるものが含まれる。ディストリビューターは販売代理店，ホールセーラーは問屋，ディーラーは建材店。

サブリース［sublease］賃貸ビルにおいて，不動産業者がオーナーから一括で借り上げ，その不動産業者がさらに実際の使用者に転貸すること。

三六（さぶろく）通常3尺×6尺の定尺合板や定尺パネルに用いる寸法の呼称。タイルの場合は，3寸6分×3寸6分の寸法をいう。→四八(しは)

サポート［support］支柱一般のことを指すが，パイプサポートを特定する場合が多い。

サムスチールチェッカー 鋼材の電気抵抗を測定することにより，その鋼材がSS材かSM材かを見分ける計器。携帯用で現場で簡単に識別できる。〔製造：サムテック〕

サムターン［thumb-turn］鍵を用いずに指で回すだけで施錠できるつまみ状のひねり金物。玄関の内側や室内側から戸締りに用いられ，外側からは鍵で開け閉めする。

サムピース［thumb-piece］錠前のラッチボルトを動かす金物。これを指で押し下げて戸を開ける。通称「ベロ」と呼ばれる。

鞘管（さやかん）各種配管の外側に二重に設けた管。一般に，後の配管の貫通のためにあらかじめコンクリートのスラブや梁に埋め込まれる径のひと回り大きい管のことを指す。ほかに配管

を保護するために土中に埋設される管もある。

鞘管ヘッダー（さやかん—）ヘッダーから器具枝管を複数分岐させ，それぞれさや管内を通して給水栓などへ導く配管方式。集合住宅などに多く採用されている。

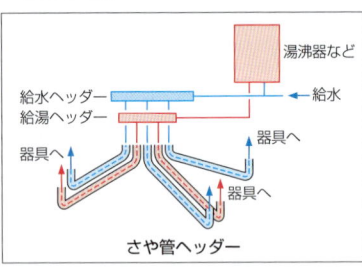

さや管ヘッダー

皿板（さらいた）①足場組立てにおいて，建枠が地中にめり込まないように足元に敷く板，および型枠の支柱に敷く板。「敷盤」ともいう。②鋼製サッシュの下枠，あるいは下枠に付く水切りや膳板（ぜんいた）。

さらかん ⇨工事監理

更地（さらち）宅地建物の取引で用いられる場合は，建物等の定着物がなく，かつ使用収益を制約する権利（地上権等）が付着していない土地のこと。新たな工事などのために，既存の建物や障害物を除去し，敷地を平らな地面に戻すことを「更地にする」という。

猿梯子（さるばしご）①2本の垂直材に横木を掛け渡して踏子とした通常の梯子。②1本の丸太を垂直材とし，これに材木などを打ち付けて足掛りとした現場用の梯子。

砂礫土（されきど）砂と礫（れき）（小石）が混合した土で，その構成割合によって礫粒土，砂粒土に区分される。細粒分（砂）が5％未満の地層を砂礫層といい，地耐力に優れている。

3R reuse（そのまま再利用），reduce（廃棄物の減少），recycle（廃棄物のリサイクル）のこと，このほかrefuse（余分なものは持ち込まない）を入れ「4R」という言葉も使われている。

三角形節杭（さんかくがたふしぐい）断面が三角形で周囲に数段の節をまわ した既製のRC摩擦杭。深い軟弱地盤に使用され，PC杭と同様，直打ちの場合と，周囲に砂利を積み，節の下面で砂利を地盤内に引き込みつつ打ち込むシーリング工法とがある。

三角支柱 梁型枠に使う支保工（しほこう）の一種。鋼製の組立て式で，15t程度の荷重を負担させることもできる。

三角スリング パネルなどの荷揚げに使用する吊り具。ワイヤーロープと金物とで安定した2点吊りができるように工夫されている。

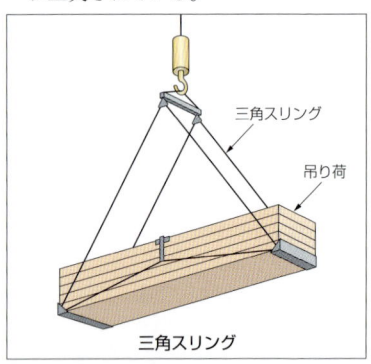

三角スリング

三角ホッパー 四角錐の形をしたホッパー。側面が三角形をしていることからこの名がある。

桟木（さんぎ）型枠を構成するせき板を押さえるための木材。

三脚デリック ⇨スティフレッグデリック

産業廃棄物［industrial waste］工事現場や工場などで発生した廃棄物で「廃棄物の処理及び清掃に関する法律」で定められたもの。汚泥（おでい）・廃油・廃プラスチック・金属くず・ガラスおよび陶器くず・コンクリート破片・工作物の除去で生じた廃木材などで，原材料として利用が不可能なものと，リサイクル材として利用の可能性のあるものがある。その処理は事業者または都道府県知事の許可を受けた処理業者でなければ行うことができない。略して「産廃」ともいう。→一般廃棄物

サンクンガーデン［sunken garden］地盤面よりも低く下げて造った庭や広場。高低に変化をつけた庭園のデザイ

酸欠 酸素欠乏のことで，空気中の酸素濃度が18％未満の状態をいう。地盤に掘った穴の中やビルの地下ピット，古井戸などには酸素濃度の著しく薄い空気が存在するため，作業員の事故につながる恐れがある。「酸素欠乏症等防止規則」で事故防止の法規制が定められている。通常，空気中の酸素濃度は約21％であるが，16〜12％で大脳機能が低下，10〜6％で意識不明，6％以下で死亡する。

三四五（さんしご）各辺の長さが3：4：5の比となっている直角三角形の板。直角を決めるときに使う定規。「大矩（おおがね）」ともいう。

三斜法（さんしゃほう）敷地面積などを求める際に，いくつかの三角形に区分し，それらの底辺と高さから算出する方法のこと。

三斜を切る（さんしゃをきる）地山や盛土の断面積を三斜法を用いて求めること。→三斜法（さんしゃほう）

散水障害 スプリンクラー設備等でヘッドからの散水に障害となる部位を指すが，散水障害による未警戒部分をつくらないようにヘッドを配置する必要がある。消防法で規定されている。

散水養生 コンクリートの湿潤養生の一つ。コンクリート打設後，表面の乾燥を防ぎ，着実な硬化作用に必要な水分を確保するため表面にホースなどを使って散水し，湿潤状態に保つこと。

三丁掛けタイル 寸法227×90mmのタイルの通称。二丁掛けタイルの1.5枚分の寸法に相当する。

サンディングシーラー [sanding sealer] 木部クリヤラッカー塗装の中塗用塗料。これを塗布した後，表面を十分に研磨して平滑な塗装下地面とする。JIS K 5533。

残土（ざんど）根切り工事で掘り出した土のうち，埋戻しなど現場内で使用される以外の土をいう。

サンドイッチパネル [sandwich panel] 心材を表面材でサンドイッチした板の総称。断熱・耐火・吸音・耐力などの性能をもつ心材と，美観・耐水・耐汚染などの性能をもつ表面材を複合し，両者の性能をもたせた材料。心材には木毛セメント板・発泡ポリスチレン，表面材にはフレキシブルボードなどが用いられる。

サンドコンパクションパイル [sand compaction pile] 軟弱地盤を改良する目的で打設する砂柱。40〜60cm径の鉄管を適当な間隔で地中に打ち込み，その中に砂を密実に充てんした後，鉄管を引き抜いてつくる。「サンドパイル」「砂杭」ともいう。→締固め杭

残土処分（ざんどしょぶん）残土を現場から外へ搬出して処分すること。

サンドドレン工法 [sand drain method] 地盤改良工法の一つ。サンドコンパクションパイルを打設後，地表面から荷重をかけて土中の水分を抜く。その際，これらの砂杭が導管の役目を果たす。

サンドパイル ⇨サンドコンパクションパイル

サンドブラスト [sand blast] 圧縮空気で砂を吹き付けること。塗装のための鉄部のさび・汚れ落し，石材の仕上げ，コンクリートの骨材露出仕上げ，コンクリート打継ぎ面の目荒し，レイタンスの除去などに用いる。

サンドポンプ [sand pump] 泥分や砂を含んだ水のくみ上げ輸送に適した渦巻状のポンプ。ポンプの羽根の枚数を少なくして厚みを大きくしている。

産廃（さんぱい）⇨産業廃棄物

桟橋（さんばし）作業員の通路，資材運搬路として組み立て，られた仮設物。パイプや丸太を使って組み立て，足場板や道板などを敷き，墜落防止のための手すりを取り付ける。足場の各段に通ずるものを「登り桟橋」という。

散布図 QC7つ道具の一つ。主として2つの変数間の相関について調べるために，変数を縦軸と横軸にとって測定値を打点してつくった図。

サンプリング [sampling] ある調査において，一部の抽出調査から全体を推

定する場合，それに必要な試料・標本を採取すること。例えば，地盤調査で土質試料を採取することをサンプリングという。

三方弁（さんぽうべん）別々の配管から合流するときや分流するときに，その比率を変化させるのに用いられる弁。空調機の冷温水配管に接続し，冷暖房能力や吹出し温度などの制御を行う場合に用いられる。

三方枠（さんぽうわく）左右の竪枠と上枠の三方の枠で構成される出入口枠の総称。通常，エレベーターの出入口枠を指す場合が多い。

三又（さんまた）重量物を吊り上げるための簡単な道具。三本の柱材を頂部で結束し，脚部を開いて固定，頂部に滑車，チェーンブロックなどを吊り下げたもの。

三面接着　シーリング材が相対する2面だけでなく，目地底にも接着している状態のこと。→二面接着

残留塩素　殺菌のために，水道水中に注入させた塩素の結水栓における濃度で，水道法で通常0.1 mg/ℓ以上と定めている。

残留応力　①材料などに作用する外力が取り除かれたあとに残る応力。②溶接により接合された鋼材に生じる応力。

三路スイッチ（さんろ—）3-way type switch　一個所で点灯してから，他の個所へ移ったあと，そこで消灯できる配線方式のスイッチ。廊下，階段，広い室などで多く採用されている。

し

地上げ　ビルなどの建設用地を確保するための土地買収のこと。市街地において土地所有者，借地権者，借家権者と交渉してまとめる行為を指す。

仕上げ工事費　内外装にかかわる石工事や左官・タイル工事，塗装工事のほか，天井，壁，床などの仕上げのクロス，合板，フローリング，カーペットなどの工事にかかる費用のこと。設計者による住宅の仕様や施工業者の積算・見積によって，項目のたて方が異なり，各工事の比率も変わってくる。また，仕上材料などにより，価格に相当違いが出る。

仕上げ墨　床，壁，天井などの仕上げ面の位置を示す墨。

仕上げ塗り　⇨上塗り

仕上表　建築各部の仕上げをひとまとめに示した表。普通，外部・内部の各室別に，床・幅木・壁・天井その他のエレメント項目について記入してある。これにより，ある部分の仕上げを知るのに，多くの図面を照合する手間が省かれる。また全般的にその建物の仕上げ程度を知ることができる。

シアコネクター　[shear connector]　コンクリート床版と鉄骨梁，また木材と木材など2つの部材を接合し，一体化させるために用いる接合部品(金具)。接合部に生ずるせん断力に抵抗するために取り付けられる。スタッド，合成鉄筋，ジベルなどの種類がある。→スタッドボルト

地足場（じあしば）基礎の鉄筋組立てや型枠組み，コンクリート打設などのために，地面に沿って水平に架ける足場の総称。

支圧ボルト接合　[bearing bolt connection]　ボルトと接合部材との支圧によりせん断力を伝達させる接合法。普通ボルトによる接合はこれに該当する。→高力ボルト接合，摩擦ボルト接合

シーアイネット　[CI-NET]　Construction Industry Net-workの略。建設会社，専門工事業者，資機材メーカーなど建設関連企業が，コンピューターネットワークを介して取引を行うためのデータ変換の標準化。(財)建設業振興基金の建設産業情報化推進センターが進めている。

シージングボード［sheathing board］
インシュレーションボードにアスファルトを含浸させ耐水性，強度を向上させたもので，おもに外壁断熱下地材として使用。厚さ12mm以上のシージングボードを張った耐力壁は，国土交通省告示により壁倍率1が認められている。→インシュレーションボード

シース［sheath］プレストレストコンクリート部材をポストテンション方式でつくる場合，PC鋼材と周囲のコンクリートを絶縁して，引張力の導入をしやすくするために用いる円筒形のさやのこと。一般的には，表面にひだの付いたフレキシブルなもの（金物）が多いが，アンボンデッドポストテンショニング方式においては，防錆材を入れた紙またはポリエチレン製のものも使用される。

シースルーエレベーター エレベーターシャフトの一部がガラス等で構成され見通すことができるエレベーター。

地板（じいた）床面と面一（つらいち）の板敷きを指す一般呼称。おもに床の間や床脇などに用いられる。→床の間

シート［canvas sheet］仮囲い，工事用機材の養生などに使用される布織物。材質は木綿のほか，ビニロン，ナイロンなどの合成繊維のもの，防火処理を施したものなどもある。

シートアスファルト［sheet asphalt］5mm以下の骨材を用いたアスファルトコンクリート。細骨材を用いているため，肌目の細かい仕上げとなる。

シートゲート［sheet gate］工事現場の出入口に設けるシートで開閉する方式のゲート。柱・梁材が軽量で開閉が簡単だが，シートを折りたたむため多少厚みをとることと高さの制約を受けるなどの特徴がある。→パネルゲート

シートパイル［sheet pile］根切り工事の山留めや止水のため，周囲に打ち込む鋼製矢板。溝型に加工した鋼板の端部が互いにかみ合い，連続した壁を構成する。本来は木製やコンクリート製を含めた「矢板」一般のことだが，現在は鋼製矢板をさす場合が多い。「鋼矢板」ともいう。

シートパイル

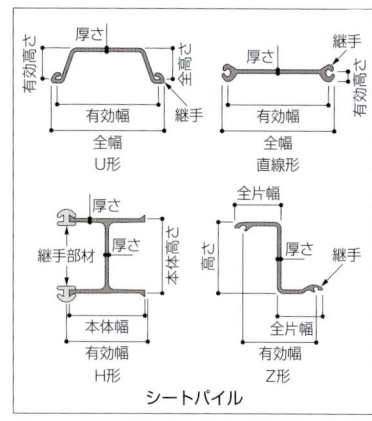

シート防水 合成ゴム・合成樹脂・合成繊維などを主原料とした防水布を防水部位に接着剤で張り付けるか他の何らかの方法で固定し，シート相互のジョイントを力学的にも防水的にも十分な性能を確保して防水層を構成する工法。「合成高分子ルーフィング防水」ともいう。JIS A 6008，JASS 8。

シートメタルスクリュー ⇨タッピングビス

シート養生 型枠材，鉄筋などの資材をビニールシートをかぶせて雨や損傷などから保護すること。

シーブ［sheave］鋼製の滑車。→滑車

シープスフートローラー［sheepsfoot roller］タンピングローラーの一種。

シーム［seam］①継目，合わせ目，はぜ。例えば，2枚の金属板の継目のこと。②地層の中に挟まれている薄い軟弱な層。

シーム溶接 抵抗溶接の一種。円盤状の2つの電極の間に重ねた被溶接物をはさみ，圧力を掛けながら電極を回転させて連続的に抵抗溶接を行う。→抵抗溶接

ジーメンスウェル工法［Siemens well method］掘削にともなう排水工法の一つ。径が20cm程度のストレーナー管を掘削孔に入れて周囲にフィルター層をつくった後，吸水管を差し入れて排水する。透水性の低い地盤に用いられる。ウェルポイント工法がアメリカ

で発達普及したのに対し，この工法は
ヨーロッパで発達したものであり，わ
が国ではあまり活用例がない。

シーラー［sealer］コンクリートやモル
タル面などの塗装に用いる下地処理用
の下塗り塗料。下地から出るアルカリ
やシミ止め，下地への吸込み止め，脆
弱下地の補強などの効果がある。

シーラント［sealant］⇨シーリング材

シーリングキャップ［ceiling cap］天
井・壁からの配管取出し用の化粧カバ
ーのこと。

シーリング材［sealing compound］プ
レキャストコンクリート板や金属パネ
ルのジョイント部，サッシュ回りなど
の建築構成材の目地部分やガラスのは
め込みなどに使用する，水密・気密の
目的で充てんする材料。用途によって
グレイジングに使用するタイプとそれ
以外に使用するタイプとがある。「シ
ール材」「シーラント」ともいう。JIS
A 5758。

シール材 ⇨シーリング材

シールドジョイント［shield joint］⇨
クローズドジョイント

仕入原価 通常，建設現場において，
材料または労務を実際に使う際に必要
な原価のことで，その中に購入原価，
物流経費，管理経費を含んだものをい
い，建設業者の場合，流通業務をやっ
ているわけではないので利益は含めな
い。仕入原価を狭義に使う場合は，建
材業者から購入する際の材料店頭引渡
し価格をいう。

ジェット工法 騒音の少ない杭および
シートパイル打込み工法の一つ。杭な
どの先端へ高圧水を噴射して周辺の土
を軟らかくし，地中へ打ち込みやすく
する。

ジェット仕上げ ⇨ジェットバーナー
仕上げ

ジェットバーナー仕上げ 石の表面仕
上げの一種。火焔を吹き付けて表面の
石をはじけさせ，粗い仕上げ面をつく
る。花崗（かこう）岩に用いられることが多
い。単に「ジェット仕上げ」あるいは
「バーナー仕上げ」「ジェットポリッシ
ュ」ともいう。

ジェットポリッシュ ⇨ジェットバー
ナー仕上げ

シェル［shell］動植物の堅くて薄い外
皮や貝殻などのように，厚さが薄い曲
面をもった板のこと。これを適切な方
法で支持し，外力を面内応力で伝導す
る構造をもつものがシェル構造であり
大スパンの屋根，海中構造物などに用
いられる。「シャーレン」ともいう。

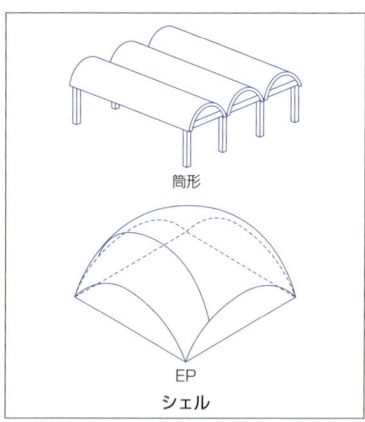

シェル

ジオトープ 地形や地質の条件を反映
する要素として，その上に生じる植物
群のこと。当初は，地理的区分の最小
単位を追求するなかで生まれた考え方
で，地形・地質的な内容を主としたも
の。この考え方が発展し，「ビオトー
プ」が誕生した。→ビオトープ

塩吹き コンクリートを打設した後や
モルタル塗りが完了した後，風化作用
によって，石灰分などが乾いた状態で
表面に白く浮き出てくる現象のこと。

塩焼きタイル タイルのうわぐすり，
釉薬（ゆうやく）として食塩を用いた施釉（せゆう）
タイル。表面にきめの粗いガラス状の
被膜ができる。塩焼きのことを「食塩
釉（しょくえんゆう）」ともいう。

市街化区域 都市計画で定められた既
成市街地およびおおむね10年以内に優
先的に市街化を図るべき区域。住居，
商業，工業その他の用途地域が定めら
れている。都市計画法第7条二の2，
同第13条七。

市街化調整区域 都市計画法に基づい

て定められる市街化を当面抑制すべき区域。建築の用に供する目的の開発行為に対しては厳しい規制がある。都市計画法第7条ノ2の3，同13条七。

市街地 都市の中心を形成する人口密度40人/ha以上で，3,000人以上が集中している区域からの連続性を含めて判断される。また，都市性の判断は，区域内の商工業就業者率50％以上で，1万人以上であることが都市の条件とされることもある。

市街地再開発促進区域 都市計画法および都市再開発法に基づき，市街化区域内でかつ高度利用地区の中に定められる促進区域。区域内の宅地所有者・借地権者は定められた日から5年以内に促進区域の目的にそった再開発事業を行わなければならない。駅前再開発などがこの区域指定で行われる。

四会連合協定 ①四会連合協定建築設計・監理業務委託契約書の略。民間の建築設計・監理業務の委託契約に使用される。日本建築士事務所協会連合会，日本建築士会連合会，日本建築家協会，建築業協会の4団体が共同で制定した。②旧四会連合協定工事請負契約約款のこと。現在は7団体の連合協定となり，名称が「民間連合協定工事請負契約約款」に改称された。→民間連合協定

直仕上げ（じかしあげ）打設したコンクリート面に直接タイル張り，クロス張り，カーペット敷き，塗装などの仕上げを行うこと。モルタル塗りやボードなどの下地工程の省略を目的とするが，コンクリートの水平垂直，面の平滑さに高い精度が求められる。

死荷重 ⇒固定荷重

直天井（じかてんじょう）上階のスラブ下面のコンクリートに，直接クロス張りや吹付け塗装を行って天井仕上げとしたもの。

直貼り工法（じかばりこうほう）⇒GL工法

地被り（じかぶり）基礎配管などの構造物のうち，地中（土中）に埋設している部分。あるいは，その上にかぶる土の厚さ。「土かぶり」「どかぶり」「かぶり」ともいう。

笧（柵）（しがら）一列に木杭を打ってこれに竹や木の枝を編んで作った柵。崩れるおそれのある盛土などでは，しがらをいく通りか組んで崩壊防止をすることがある。元来は護岸のために用いられた。「しがらみ」ともいう。

敷居（しきい）家や部屋の出入口の床の位置に水平に取り付けた部材。出入口に引戸が付いている場合は，溝かレールが付く。→鴨居（かも）

敷板（しきいた）①スラブ，土間コンクリートなどの上に直接組む転（ころ）ばし床を構成する床板。②仕上材の下地として敷き込む板の総称。

敷角（しきかく）支保工（しほ），支柱などが地中にめり込まないように，その下に敷き込む角材のこと。

敷瓦（しきがわら）床敷き用につくられた瓦。和風住宅の土間などに用いられる。

磁器質タイル 1,300℃以上の高温で焼成され，硬質で吸水性の少ないタイル。吸水率は0～1％。内外装の壁，床に使用される。略して「磁器タイル」ともいう。JIS A 5209。

敷地 建築基準法では「1の建築物又は用途上不可分の関係にある2以上の建築物（母屋と離れなど）のある一団の土地」を敷地と定義している。敷地の面積は，水平投影面積により算定される。建築基準法は，建築物の安全上および衛生上から敷地が備えるべき基準を定めている。敷地の取扱いにあたって所有権，借地権，地目（ちも）などは問題にされない。

敷地境界線 敷地と隣地・道路等との境界となる線。

敷とろ 石，コンクリート，れんがなどの組積または張付け工事において，最下段の部材を据えるために敷き込む堅練りのモルタル。

敷バタ 壁の型枠を組み立てる際，一番下に敷き込む角材のこと。

敷幅（しきはば）根切り底の幅をいう。

敷盤（しきばん）⇒皿板（さらいた）①

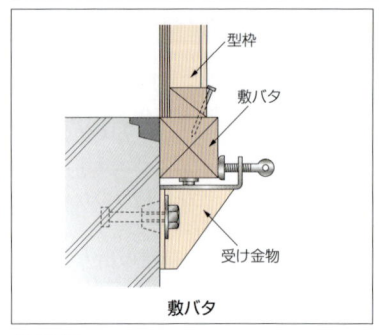

敷目板 合板やボードを目透し貼りするときの目地底に当てる板。単に「目板」ともいう。

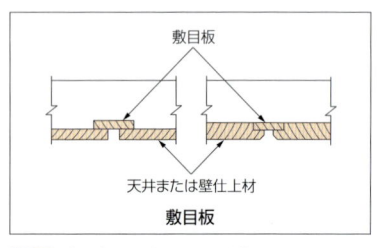

敷面（しきめん）⇨腰掛①

支給材 請け負った工事において、発注者から支給される工事用材料のこと。発注者が一括購入することで、コストダウン、一定品質の確保などが図られる。→材料支給

自吸式ポンプ 工事現場の揚水・排水用に広く利用されているポンプ。一般のポンプは起動に際して必ず呼び水を行い、ポンプを満水にしなければならないが、これはその操作を必要としないのが特徴。多少土砂混りでも、あるいは空気が混入しても揚水が可能。

地業（じぎょう）構造物の基礎を支える土もしくは地盤を丈夫に固めるための作業。代表的なものに割栗（わりぐり）地業、杭打ち地業などがある。

事業コンペ 単なる建築物等の設計だけでなく、それらの効率的な管理、利用の促進、安全な環境づくりなどの事業計画を含めた提案を求めて審査を行い、適切な提案を決定するもの。

始業点検 作業を始める前に、機械・工具類が正常に作動するかどうかを調べ、不良があれば修理・交換して作業に支障がないようにすること。

仕切り弁 ⇨ゲート弁

治具（じぐ）部材の加工・組立ての際に正確さ、作業効率の向上、安全性などを確保するために作られた諸道具。

軸足場 建物の上階の作業を行うために、建物内部に組み立てる本足場。脚立による足場とは異なる。→脚立足場（きゃたつあしば）

地杭（じぐい）杭打ち工事における杭の位置・縄張りにおける建物の位置などを示すため、地面にさし込んでおく細木の杭。

軸組 柱・梁・筋かい等で組んだ骨組。

軸組構法 構造躯体を柱・梁などの軸材で構成した構法の総称で、ラーメンとトラスの2種類がある。使用する材料には、木材、鉄骨（重量鉄骨、軽量鉄骨）がある。軸組構法にも耐力壁などを軸組によって造ることも多く、構造力学上の軸応力に対応するものには限定されない。

軸組図 建物の土台、柱、梁、桁（けた）、筋かいなどの軸部、主として構造骨組を立面として表した設計図をいう。縮尺は1/50～1/100程度。

仕口（しぐち）2部材を直交させて組み立てるとき、構造的に堅固となるような接合方法または接合部のこと。

試掘 地盤の精密な土質を確認するため地面の一部を実際に掘ってみること。試掘によって土質の直接観察、必要試料の採取および原位置での耐力試験などを行うことができる。また杭を打ち込む位置付近に、ガス管など埋設物が予想される場合は、試掘して支障がないことを確認してから杭を打つ必要がある。「試し掘り」「試験掘り」ともいう。

軸吊り金物 ⇨ピボットヒンジ

軸方向力 ［axial force］構造部材の材軸方向に働く応力のことで、材を引き伸ばすように作用する引張力と押し縮めるように作用する圧縮力とがある。

地組（じぐみ）①鉄骨工事において、そのまま運搬できないような大型部材を部分的に分割し、現場に搬入してから建方前に地上で組み立てること。→

しくみ

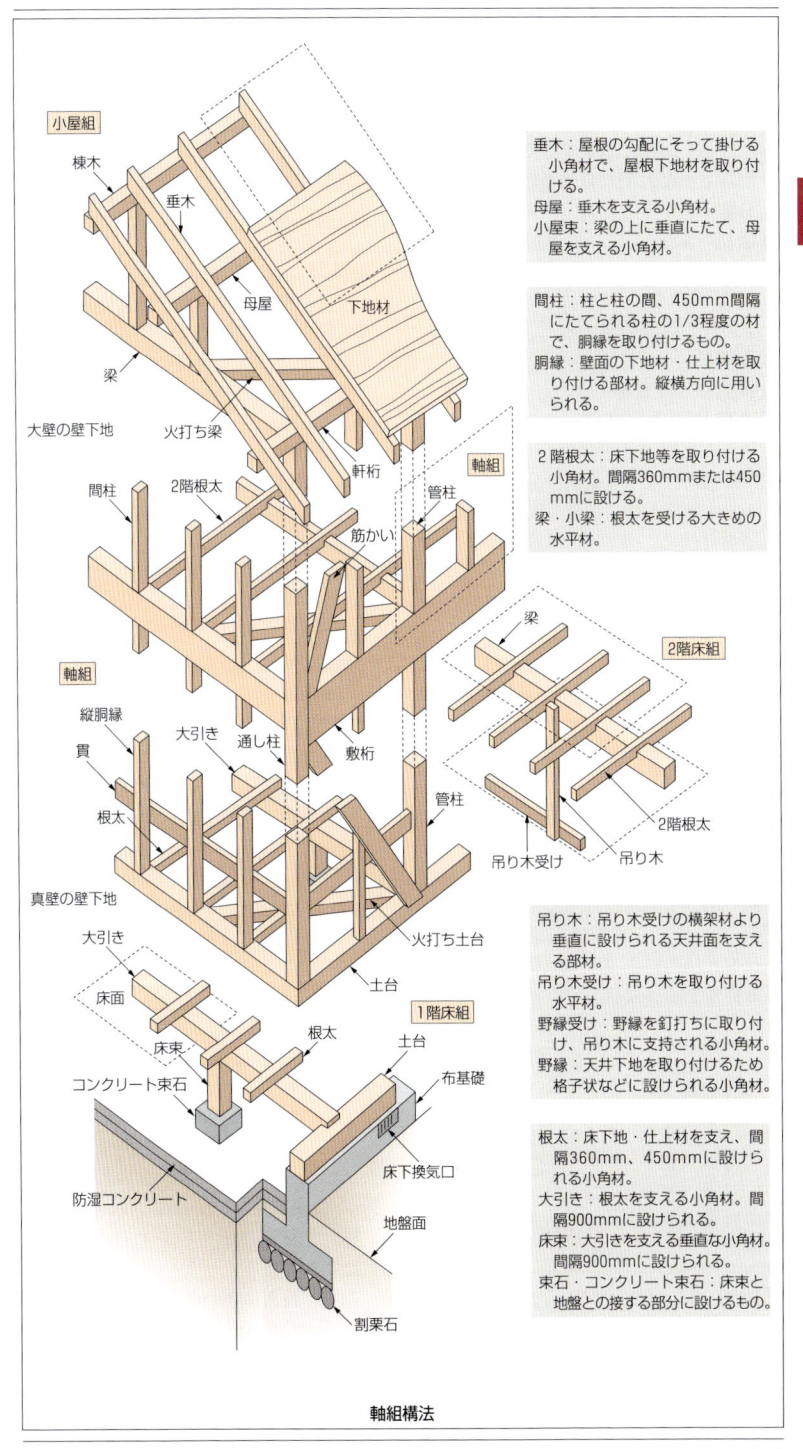

軸組構法

小屋組
- 棟木
- 垂木
- 母屋
- 下地材
- 梁
- 大壁の壁下地
- 火打ち梁
- 軒桁
- 間柱
- 2階根太
- 管柱
- 筋かい

軸組
- 縦胴縁
- 貫
- 根太
- 真壁の壁下地
- 大引き
- 通し柱
- 敷桁
- 管柱
- 火打ち土台
- 土台

2階床組
- 梁
- 2階根太
- 吊り木受け
- 吊り木

1階床組
- 大引き
- 床面
- 床束
- 根太
- コンクリート束石
- 土台
- 布基礎
- 防湿コンクリート
- 床下換気口
- 地盤面
- 割栗石

垂木：屋根の勾配にそって掛ける小角材で、屋根下地材を取り付ける。
母屋：垂木を支える小角材。
小屋束：梁の上に垂直にたて、母屋を支える小角材。

間柱：柱と柱の間、450mm間隔にたてられる柱の1/3程度の材で、胴縁を取り付けるもの。
胴縁：壁面の下地材・仕上材を取り付ける部材。縦横方向に用いられる。

2階根太：床下地等を取り付ける小角材。間隔360mmまたは450mmに設ける。
梁・小梁：根太を受ける大きめの水平材。

吊り木：吊り木受けの横架材より垂直に設けられる天井面を支える部材。
吊り木受け：吊り木を取り付ける水平材。
野縁受け：野縁を釘打ちに取り付け、吊り木に支持される小角材。
野縁：天井下地を取り付けるため格子状などに設けられる小角材。

根太：床下地・仕上材を支え、間隔360mm、450mmに設けられる小角材。
大引き：根太を支える小角材。間隔900mmに設けられる。
床束：大引きを支える垂直な小角材。間隔900mmに設けられる。
束石・コンクリート束石：床束と地盤との接する部分に設けるもの。

上組(ぅゎ))②柱・梁などの鉄筋を地上で組み立てること。この組み立てられた鉄筋(先組み鉄筋)を揚重し,所定の位置にセット・接合することにより工期の短縮を図ることができる。③橋梁などのような大型で複雑な鉄骨構造物を工場や工作場で仮組みすること。

試験杭 杭打ち試験に用いる杭。通常本杭工事で使用される杭と同種のものを用いる。また試験杭をそのまま本工事の杭として使用することも多い。

試験練り ⇨試し練り

試験掘り ⇨試掘

資源有効利用促進法 廃棄物の発生抑制,再生資源,再生部品の利用,3Rに配慮した設計・製造,分別回収の表示,使用済み製品の自主回収・再資源化等を目的とした法律(平成13年4月施行),対象品目としてパソコン,2次電池等10業種69品目が指定されている。

地獄 (じごく) ⇨金車(きんしゃ)

資材管理 建築工事に必要な材料(仮設材も含む)の量を把握し,その購入・在庫・品質などに関する事務処理,財務処理等を適正に行うこと。

自在クランプ 単管足場の組立てに用いる結合金具の一つ。単管同士の組合せ角度が自由に調整できる。

自在スパナ ⇨モンキーレンチ

支索 (しさく) ⇨虎綱(とらづな)

支持杭 硬質な地盤に先端を支持し,その支持力によって上部構造物を支える機能をもった杭。→摩擦杭

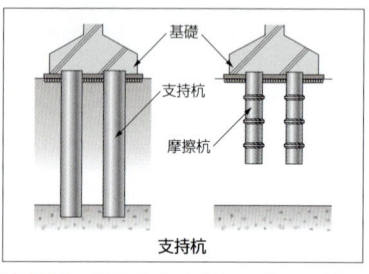

支持杭

支持層 構造物を支持し,沈下に対しても安全性が確保できる地層。

自主行動計画 1997年,経団連で36業種137団体が取りまとめた産業界の環境自主行動計画のことで,地球温暖化対策と廃棄物対策について,産業界ごとに具体的な目標設定を行い,その対策が示されている。これらの活動は毎年開示されている。

支承 (ししょう) 円筒面と平面とを組み合わせて理論上の支点を実際に工作したもの。ピン支承,ローラー支承などが代表的。

地震力 地震による加速度と建築物の自重,積載荷重および積雪荷重を乗じて得られる応力のことで,構造計算をする場合には,地震による加速度として地震層せん断力係数($C_i = Q_i / W_i$, Q_i:i階の層せん断力, W_i:i階より上階の重量)として求められる。

ジス [JIS] Japan Industrial Standardの略。日本工業規格。経済産業省工業技術院が事務局となって工業会や学会等に委託したJIS原案を主務大臣の決裁を得て制定する国家制定規格。鉱工業品の品質改善,合理化を目的に,鉱工業品の種類,形式,形状,寸法,品質の標準を定めている。

止水板 (しすいばん) コンクリート打継ぎ部分からの浸水を防ぐため,浸入する水を遮るよう打ち継目に埋め込まれる板状の材料。鉄板製や合成ゴム製およびプラスチック製などがある。

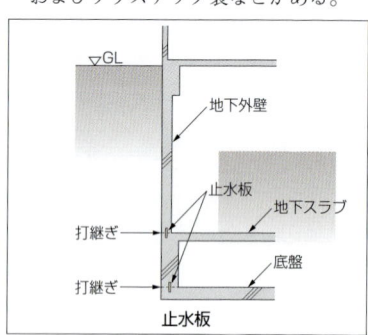

止水板

ジスコン disconnecting switchの通称。電気工事で用いられる「断路器」といわれるスイッチ。おもに高圧回路の切り替えに使われる。

シスターン [cistern] 水洗便所内に設置して,便器の洗浄水をためておく水槽。置かれる位置によりハイシスターン,ローシスターンの区別がある。

シスターン（ハイシスターンの例）

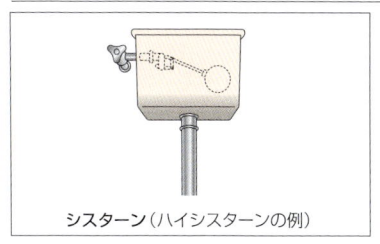

システム型枠　柱，梁，壁それぞれの部位専用に開発された型枠。せき板・せき板の押え・支保工（しほこう）が一体のシステムになっていてあまり汎用性がなく転用回数の多い現場でないとメリットが出ない。RC造あるいはSRC造の超高層集合住宅などで使用される。

システムキッチン　流し・レンジ・調理台・各種の収納ユニットなど，スペースや好みに合わせてさまざまに組合せのできる既製の厨房家具。

システム天井　仕上げの天井板と設備機器を一体に組み立てる天井の総称。照明・スピーカー・感知器・空調の吹出し口などが，天井の仕上げパネルに組み込まれ工場生産される。工期短縮と品質向上が図れ，大規模な事務所ビルに採用されることが多い。

地墨（じずみ）捨てコンや床コンクリート面に打つ墨で，型枠その他各種工事の位置決めの基準となるもの。

沈み亀裂　コンクリート打設直後の浮き水現象（ブリージング）によって，コンクリート面が沈下し，鉄筋の位置にそって発生する亀裂のこと。

自然換気　⇨換気

事前協議　①一定規模の建築物を建築する際，通常の法的手続きの前に必要となる打合せ・協議のこと。②廃棄物施設の設置・変更等に関して，不安・不信感の解消，周辺地域の生活環境への適正な配慮等を目的として，法的手続きの前に実施する協議。

事前公表制度　入札の競争性，透明性，客観性を高めるために，入札に先立ち建設工事の設計金額，予定価格，最低制限価格などを公表すること。

自然再生推進法　開発等で損なわれた湿原や干潟，河川などをNPOや住民の参加で元の姿に戻す事業を推進する法律。2003年1月に施行された。

事前審査　①開発許可申請に先立ち，事業主に所定の事前申請を提出させ，開発の適否を許可権者が判断すること。②アスファルト混合物の品質を事前に第三者機関が審査し，認定する制

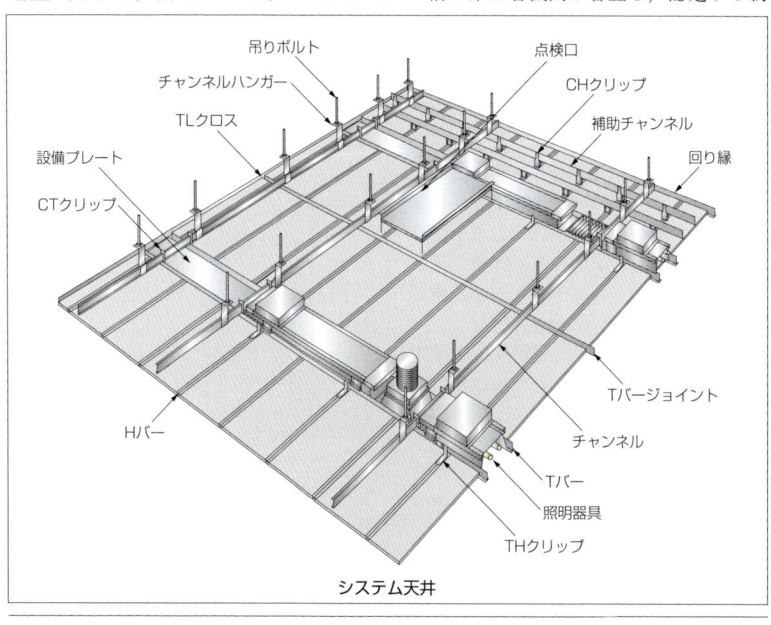

システム天井

度。③ISO 9001の認証取得に際し，実地審査に先立って行う審査機関による書類の確認やヒヤリングの総称。

事前相談 開発許可申請に先立ち，申請図書の作成要領，設計図書の内容，手続きなどについて，申請受付担当者と相談すること。

地蔵起こし ⇨小端(こば)立て

自体経費 共同企業体において，そこに参加する個々の企業自体が，その工事のために支出する人件費や福利厚生費などの経費。

下請負 (したうけおい) 施主と工事契約をした元請業者が，その工事の一部をさらにほかの職別工事業者あるいは設備工事業者に請け負わせること。

下請業者 ⇨サブコン，協力業者

下請名義人 ⇨名義人

下方 (したかた) ⇨職方(しょくかた)

下拵え (したごしらえ) 木材，石材などの材料を現場取付けに先立ち，必要な寸法に加工する準備作業のこと。

下小屋 (したごや) 工事期間中に，各種職方(しょくかた)の作業や休息のために設置された仮設の建築物。用途によって，左官下小屋，鉄筋下小屋，大工下小屋などと呼ばれる。

下地 仕上材料の素地のことで，その取付けをスムーズにして仕上げ面の効果を助ける。例えば，防水下地，塗装下地，塗り壁下地などという。

下地拵え (したじごしらえ) ⇨素地調整

下地擦り (したじこすり) 左官，塗装などの塗り仕上げにおいて，下塗りに先立ち，下地の極端な不陸(ふろく)を下塗り材と同じ材料で平滑にする作業。単に「こすり」ともいう。また左官工事では「こすりを入れる」ともいう。

下地モルタル 塗装，石張り，タイル張り等の仕上げ工事を行う場合，仕上げ作業を円滑に行うために，素地(下地)に施すモルタルの総称。

下職 (したしょく) ⇨職方(しょくかた)

下塗り モルタル仕上げや塗装など，材料を重ね塗りして仕上げるときの一番最初の塗り工程のこと。

下端 (したば) 部材あるいは部分の最下面のこと。「梁下端」「窓下端」のように使われる。→上端(うわば)，天端(てんば)

下端筋 (したばきん) 鉄筋コンクリート構造物の梁やスラブの下側に配置された鉄筋の呼び名。→上端筋(うわばきん)

下掘り 急斜面や垂直面となっている地盤を掘削する方法の一種。斜面や垂直面の下の部分を掘って，上部の土砂が自然に崩れて落下するようにしたもの。「たぬき掘り」ともいう。

下見 (したみ) 板を横に張り重ねた壁仕上げ。木造建築の外壁に広く用いられてきたが，最近は使用例が少ない。張り方により「南京(なんきん)下見」「簓子(ささらこ)下見」などがある。

下向き溶接 溶接作業において，下向きの姿勢で行う溶接方法。最も基本的でかつ施工が容易な溶接姿勢である。→上向き溶接

支柱 ⇨サポート

地鎮祭 (じちんさい) 建物の着工前に行う儀式。敷地の汚れを清め，神の加護と工事の安全を祈願するためのもので神職が祭事を行う。敷地の中央に注連縄(しめなわ)を張って祭壇の左側に盛砂(もりずな)をし，その中央に鎮物(しずめもの)を納める。工事監理者が草を刈り，建築主が鍬(くわ)で土に手をつけ，施工者が鋤(すき)で土を掘り起こす。地鎮祭は起工式に含めて行われることもある。「地祭り」ともいう。

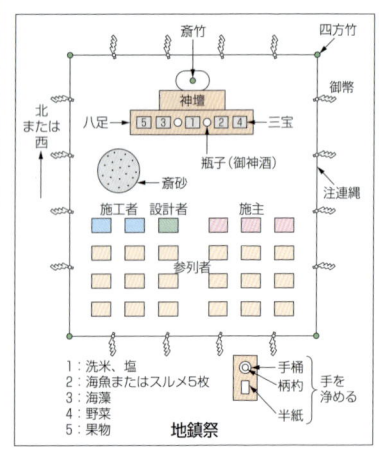

地鎮祭

1：洗米、塩
2：海魚またはスルメ5枚
3：海藻
4：野菜
5：果物

失格 入札において，参加資格あるい

は落札者たる資格を失うこと。入札時間に遅れたり，書類が不備であったりした場合に参加資格を失う。また最低制限価格が決められている場合，それ以下で入札した場合などは，最低札であっても失格する。

質疑応答 現場説明のあと入札までの間の指定期間に，入札予定者が見積に関する疑問点を出し，発注者がこれに答えること。書面での回答は仕様書と同等の効力をもつとされる。

漆喰（しっくい）消石灰に砂，苆（すさ），布糊（ぬのり）を混ぜ，水で練った左官材料。小舞（こまい），木摺（きずり），ラスボード，コンクリートなどの下地の上に塗られる。

シックハウス [sick house] 内装材から放散するホルムアルデヒド，VOCに室内環境が汚染されている住宅のこと。対策として建材の使用制限，室内換気等の規制を盛り込んで建築基準法が改正された。

シックハウス症候群 新築の住宅において，壁紙やフローリング・家具などの建材や接着剤から発するホルムアルデヒドなどの化学物質が原因で起きる，頭痛・吐き気・目や鼻・のどの痛み等の身体の不調のこと。シックビル症候群の一種。

シックビル症候群 建築物の高層化に伴う高密閉化，空調の経済化，設備や材料選択の不備に伴い，室内空気質が低下して発生する健康障害。以上のような原因で室内空気質の低下した建物を「シックビル」と呼ぶ。浮遊塵埃（じんあい）や微生物，建材からの揮発成分等が原因で，目の痛み，頭痛，めまい，倦怠感等の症状が発生している。

地付け（じつけ）⇒パテ飼い

実行予算 請負契約時の見積内容を再検討し，実際の施工に即して現場で管理しやすい型式に組み直した予算。実際の現場での予算管理は，実行予算によって行われる。

実際喉厚（じっさいのどあつ）⇒喉厚（のどあつ）

湿式工法 モルタルやプラスターのように，水を使う塗り材料を用いた施工法。乾燥するまでに時間を要する。→乾式工法

実施設計 [working design] 基本設計に基づいて，工事の実施と施工業者による工事費の内訳明細書の作成に必要な情報を提供するための設計図書を作成する業務。実施設計を基に，建設工事業者は建築主と請負契約を締結し，そこで行うべき工事内容と支払われるべき工事費用が確定される。実施設計図書は，請負契約当事者の権利義務関係の内容を確定するもので，裁量は契約当事者が許容できる範囲に限定される。→マスタープラン

実施設計図 基本設計図に基づいて，工事施工および工事費内訳明細書作成に必要な情報を提供する設計図。契約書類の一つとなる。

湿触（しっしょく）湿気を好む木材腐朽菌によって木材が腐ること。腐朽部分は褐色を呈し湿気を帯びる。

実績率 [percentage of absolute volume] 容器を骨材で満たし，容器容積に対する骨材の絶対容積を百分率(%)で表したもの。

実測 敷地や既存の建築物などを，実際に測定すること。

湿地用ブルドーザー 湿地あるいは軟弱地盤で盛土，押し上げなどの作業をするためのブルドーザー。キャタピラ部を拡げて接地圧を下げている。一般のブルドーザーの接地圧が$0.5 kg/cm^2$に対して，$0.3〜0.2 kg/cm^2$と小さい。

実坪（じつつぼ）①実際に測った土地の坪数。一般に登記簿上の坪数より実坪のほうが大きい場合が多く，これを「縄のび」という。②⇒跡坪（あとつぼ）

尻手（しって）ロープの端部。「縄尻（なわじり）」ともいう。

ジッパーガスケット [zipper gasket] サッシュあるいはコンクリートに，板ガラスを取り付けるための合成ゴム製品。気密性・水密性が確保できる。JASS 17。

実費精算方式 建築主から委任された建設業者が工事を行い，工事に掛かった実費用とあらかじめ定められた手数

料を報酬として建築主から受け取る契約方式。この場合は請負契約ではなく委任契約となる。「実費報酬加算方式」「コストプラスフィー方式」ともいう。
→委任契約

実費報酬加算方式 ⇨実費精算方式

地坪 （じつぼ）敷地の坪数。

指定建設業 建設業のうち，土木建築，管，鋼構造物，舗装の各工事のように施工技術の総合性や普及状況などを考慮して指定された業種。

支点 構造物を支え，荷重を下部構造，地盤などに伝える点。理論的には，ローラー，ピン，固定端の3つがある。

私道 一般的には，私人が交通の用に供している道のことをいう。私道と公道の違いは，道路としての使用関係が，主として道路法などの公法で規制されるか私法上の関係にすぎないかによる。したがって公道と私道とは，道路の存する土地の所有権を国や公共団体がもっているか，私人がもっているかということとは直接関係がない。なお，私道が建築基準法上の道路になるには，原則として道路位置の指定を受けなければならない。→公道

自動火災報知設備 火災発生を感知したら常時人のいる場所に早く報知する仕組みの消防用警報設備。感知器・発信機・受信機などで構成される。

自動制御 目標となる設定条件を常に保つために，そのときの状態を計測し設定条件と比較・判断し，プロセスとか機械などを調節する一連の動作を自動的に行うこと。

自動倉庫 物品の出入庫がすべてコンピューターによって管理され，無人化の進んだ倉庫。竪を幾層もの棚にした高層のラック式が多い。「立体自動倉庫」「立体倉庫」ともいう。

自動電撃防止装置 交流のアーク溶接機に取り付けて溶接作業時の感電を防止する装置。また，溶接棒を母材に短絡させるとき，アークが発生して電流が流れるが，アークが発生しない場合は，自動的に電流が切れる機能をもつことから，電力の節約にもなる。JIS C 9311。労働安全衛生規則第332条で危険防止の点から取付けが義務づけられている。「電撃防止装置」「電撃防止器」ともいう。

自動扉 手動によらず動力によって自動的に開閉する扉。動力は起動装置によりコントロールされる。起動装置には，マットスイッチ・光線スイッチ・ペダルスイッチなどの方式がある。「オートドア」「エンジンドア」ともいう。

自動閉鎖装置 開いた状態の防火戸や防火シャッターを，火災時に自動的に閉める装置。ヒューズなど熱感知のものと煙感知のものとがある。

自動溶接 自動操作により連続的に溶接できるような装置を使って行う溶接。溶接ワイヤーの供給と溶接ヘッドの移動が自動的に行われる。サブマージアーク溶接，エレクトロスラグ溶接，狭開先（きょうかいさき）溶接の3種類ある。

地縄 （じなわ）根切り工事に先立ち，敷地内での建物位置および掘削位置を示すための地面に張りめぐらす縄。要所に小杭を打って縄をとめる。

地縄張り （じなわばり）敷地境界線（境界杭）など敷地の状況を確認し，配置図に基づいて敷地に地杭（じぐい）を打ち込んで縄を張り，建物の位置を決める作業のこと。

死石 （しにいし）粗骨材としてはもろくて役立たない石。これを多く含むコンクリートは強度が減少し，耐久性も小さくなる。土木学会コンクリート標準示方書（しほう）では，粗骨材中の含有限度を重量比で5％以下としている。

屎尿浄化槽 （しにょうじょうかそう）汚水のみを処理する腐敗槽からなる浄化槽。特定行政庁が衛生上特に支障がないと認めて規則で指定する区域と特定行政庁が地下浸透方式により汚物を処理することとしても衛生上支障がないと認めて規則で指定する区域にしか設置することができない。なお後者の区域の場合には，特定行政庁が合併処理浄化槽の設置を求める場合も多く，し尿浄化槽を設置できる区域はほとんどない。

シネマコンプレックス［cinema complex］一つの建物の中に10館とか15館といった多くの映画館を入れ，ショッピングセンター等も併設した新しい映画館方式。アメリカで発展した。

しの 足場を緊結する番線を締めたり，鉄骨建方(たてかた)などでボルト穴を仮通ししたりする鳶(とび)職用の工具。

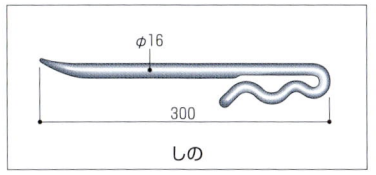

しの

忍返し（しのびがえし）侵入者を防ぐため塀(へい)の上に並べる先のとがった木片，竹，鉄片などのこと。ブロック塀などではガラス片や釘などを用いる場合もある。

四八（しはち）合板，パーティクルボードなどの板状製品の寸法呼称で，4尺(1,200mm)×8尺(2,400mm)の寸法の製品。「よんぱち」ともいう。→三六(さぶろく)

地梁（じばり）⇨繋(つな)ぎ梁

地盤アンカー［ground anchor］先端部を洪積層およびこれより良質の地盤に定着させ，これを反力として山留め壁の支持や建物の浮上り，転倒防止等に用いる構造体。「グラウンドアンカー」ともいう。

地盤改良工事 建物の支持地盤の強度の向上，掘削工事の容易化のために，地盤をサンドパイルの吸水によって締め固めたり，薬液注入により強固にすること。

地盤係数 地盤面に載荷したときの単位面積当たりの荷重 $P(kg/cm^2)$ を，そのときの沈下量 $S(cm)$ で除した係数 $(K=P/S (kg/cm^3))$。軟弱な粘土層で2.0未満，砂層で8.0～10.0の値をとる。「K値」「Kバリュー」ともいう。

地盤面 建築工事の際，垂直方向の寸法計測の基準となる地盤高さの水平面。

自費工事 建築工事などの施工に際して，歩道，L形側溝(そっこう)など公共物を補強，変更する必要がある場合，管理者に申請して施工業者の費用負担で行う工事。

ジブ［jib］クレーンを構成している部品のうち，斜めに突出した旋回のできる腕木の部分のこと。

地覆（じふく）建物が地面と接する部分に水平に据えた部材。寺院建築などで使われるものであるが，一般建築においても，外壁の幅木に該当する部分を地覆と呼んでいる。

ジブクレーン［jib crane］構台の上や建方(たてかた)の完了した鉄骨部材上に据え付けて荷上げ，荷下ろしを行うクレーンの総称。固定型と走行型があり，揚程が小さいため鉄骨建方やタワークレーンの解体などに使用が制限される。

地袋（じぶくろ）床に接してつくられる高さの低い戸棚。和室の窓の腰壁部分，あるいは床の間の違い棚の下などに設けられる。→天袋，床の間

自閉式防火戸 →自動閉鎖装置

ジベル［dowel, timber connector］重ね合わせた部材のずれを防ぐ金物。例えば，スラブのずれ止めのために，鉄骨梁の上に取り付けるスタッドボルトなどがある。

示方書（しほうしょ）仕様書(しようしょ)と同じで，土木で用いる語。

脂肪トラップ ⇨グリーストラップ

支保工（しほこう）上部あるいは横から荷重を支えるために用いる仮設構造物の一般的呼称。「型枠支保工」といえばスラブや梁受けのパイプサポート，型枠構台などを指し，「山留め支保工」といえば切梁のことを指す。

絞丸太（しぼまるた）絞ったように縦じわの入った杉丸太のことで，磨いて床柱などに使われる。自然のものと人為的に絞ったものとがある。産地としては京都の北山，奈良の吉野が有名。「しぼり丸太」「磨き丸太」ともいう。

縞鋼板（しまこうはん）⇨チェッカードプレート

地祭り ⇨地鎮祭(じちんさい)

指名 発注者が入札参加業者を選定すること。現説直前に決定した場合は，電話連絡によることが多い。

指名型技術提案プロポーザル 調査・計画・設計等の建設コンサルタント業務のうち、高度な知識・構想力そして応用力が要求される業務の契約にあたり、建設コンサルタント業者の意欲および技術的な能力などを評価し、最適な受注者を選定するもの。要件を満たした複数の業者から、提示された技術提案書やヒヤリングを通して指名業者を決定する。

指名競争入札 発注者があらかじめ指名した業者だけを対象として行う入札形式。公共工事で広く採用されているが、談合を誘発するとの批判があり、一般競争入札や公募型指名競争入札、工事希望型指名競争入札などの透明性や公平性の高い入札形式が増えてきている。2006年3月に国土交通省は同省発注工事の指名競争入札を原則として取りやめると発表している。「指名入札」ともいう。→一般競争入札、公募型指名競争入札、工事希望型指名競争入札

指名サブコン方式 ⇨ノミコン方式

指名停止 公共工事において、発注者が工事請負資格業者の指名を一定期間停止すること。当該工事契約に関して汚職事件、災害を起こしたり、工事が粗雑であったり、契約違反をしたりした場合に発注者の基準に基づいて、その業者の指名を一定期間差し控える。

指名入札 ⇨指名競争入札

指名願 (しめいねがい) 公共工事の入札参加を希望する建設業者が地方自治体に対して提出する書類。経営規模や経営に関する客観的事項の審査を受けられるように、会社の内容、実績などを知らせるため各種書類を添付する。

締固め ①盛土や埋戻し土を突き固め転圧、振動などによって密実にすること。②コンクリート打設の際、バイブレーターなどで型枠の隅々まで十分に充てんすること。

締固め杭 地盤の締固めを目的とした杭。木杭や砂杭を間隔を狭めて打設する。建物を支持するため、あるいは液状化対策の地盤改良として行われる。→サンドコンパクションパイル

締切り 工事施工上、支障となる周囲からの水の流入を防止するために、シートパイルや土のうで設けた仕切り。

ジャーナルジャッキ [journal jack] スクリュージャッキの一種で、ねじを回転して使う。能力は10〜50tが一般的で、土台下から家を持ち上げるときには100t程度のものを数台使用する。

シャーリング [shearing] 2枚の特殊鋼製の刃を用いて鉄筋や鋼材を切断するための工具。また、この工具を使って切断することもいう。

シャーレン [Schalen 独] ⇨シェル

遮音テープ 鉛などを主成分として、発生する音を遮る(低減する)テープ。

遮音壁 (しゃおんへき) 音を遮断するために、壁面を多層化したり、インシュレーション材を挿入するなどの処置を施した壁の総称。

蛇管 (じゃかん) バイブレーターの電動機と振動部分をつなぐ管。

弱電 弱電流設備の略称。一般に使用電圧が60V以下のものをいう。おもに電話・放送・有線テレビ設備などの通信関係の電気設備がこれに該当する。→強電

決る (しゃくる) 板などのおもに長手方向の側面に沿って刻みを付けたり、えぐったり、溝を掘ったりすること。

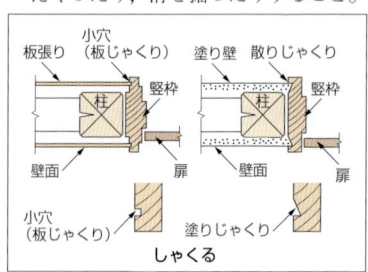

しゃくる

しゃこ ⇨シャックル

しゃこまん パネルなどの荷揚げに使用する吊り具。万力のように材料をつかんで荷揚げする。しゃこはシャックルのなまり。→シャックル

ジャス [JAS] Japanese Agricultural Standardの略。日本農林規格。農林水産省が所管する物資や建築材料など

しゃこまん

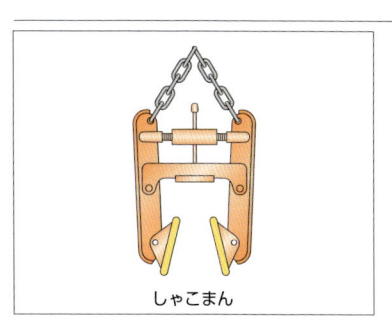

の品質の向上と安定のための規格。製材品，普通合板，特殊合板，構造用合板，難燃合板，集成材，積層床板，フローリング類などが制定されている。

ジャス [JASS] Japanese Architectural Standard Specificationの略。建築の品質の確保・向上，合理化を目的として工事別に定めた施工標準。「日本建築学会建築工事標準仕様書」ともいう。

ジャストインタイム 工程の進行にあわせて資・機材などの現場への搬入を行い，現場の資材在庫量をゼロにするためのタイムリーな納入方法のこと。

斜線制限 敷地に接する道路幅や隣地境界線と建築物の距離によって，用途地域別に規定される建築物の高さに対する制限。前面道路の反対側や隣地境界線からの距離に比例させて斜めに建築可能範囲を規定するので斜線制限という。北側斜線，隣地斜線，道路斜線がある。建築基準法第56条1項。

遮断型最終処分場 周囲をコンクリートで固め，雨水の浸入を防ぐ覆いを設けるなど，有害物質の流出を遮断した廃棄物の最終処理場。水銀，カドミウム，鉛，六価クロム，ヒ素，汚泥等の有害物質の処分が対象。→最終処分場

しゃち ⇨ろくろ

尺角（しゃっかく）1辺が30cm（1尺）の角材。古い農家の大黒柱などに見られる。仮設材としての利用は，鋼材の普及によってすたれた。

尺貫法（しゃっかんほう）わが国古来の度量衡法で，長さは尺，面積は坪，容積は升，重さは貫を基本単位とする。昭和34年に原則として廃止され，同41年以後はメートル法に統一され

た。しかし建築関係では，今でも坪や尺が慣行として使われることもある。

ジャッキ [jack] 重量物を持ち上げたり，物体に力を加えるために使用する機器。油圧・水圧を利用するもの，ねじ・梃子（てこ）・歯車を利用するものなど各種ある。

ジャッキベース [jack base] 枠組足場の建枠の足元にセットする高さ調整が可能な仮設材。地盤に不陸（ふろく）がある場合に用いる。

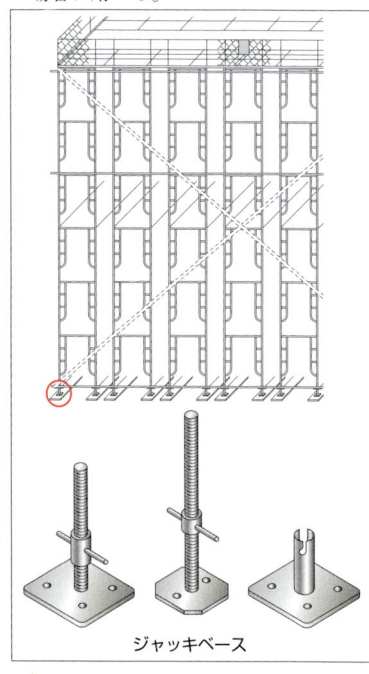

ジャッキベース

ジャックハンマー [jack hammer] 圧縮空気を用いて刃先に回転打撃を与える方式の削岩機。大型のものを「ドリフター」という。

シャックル [shackle] ワイヤーロープや鎖の端を留める金具。多くはねじピ

シャックル

ンが取り外しできるようになっている。「しゃこ」ともいう。

シャッター [shutter] 巻き上げ，巻き込みおよび巻き戻しで開閉する建具。幅の狭い金属板（スラット）をすだれ状に組み合わせたスチールあるいはアルミ製が一般的だが，ほかにパイプシャッター，ネットシャッターなどがある。巻き込みには手動式と電動式があり，性能別には軽量シャッター・重量シャッターあるいは防火シャッター・防煙シャッターなどがある。

シャフト [shaft] エレベーターや設備配管のため建物の竪方向に貫通しているスペース。「エレベーターシャフト」「パイプシャフト」と呼ばれる。

遮蔽用コンクリート（しゃへいよう—）重晶石や磁鉄鉱など比重の重い骨材を用いたコンクリートで，放射線の遮へいを目的とする。比重は3.5～4.0。「重量コンクリート」ともいう。

地山（じやま）掘削や切り取り以前の自然状態にある地盤。埋め戻した地盤や盛土した地盤に対していう。

シャモット [chamotte] 耐火粘土を焼いて粉にしたもの。シャモットと呼ばれる耐火れんがの材料，あるいは耐火れんが積みの目地材料として用いられる。「焼粉（やきこ）」ともいう。

砂利地業（じゃりじぎょう）基礎や底盤の下に敷き詰める砂利。根切り底に5～10cmの厚さで敷き，ランマーなどで突き固めを行う。

車両系荷役運搬機械 フォークリフト，ショベルローダー，フォークローダー，ストラドルキャリヤー，不整地運搬車等の総称。労働安全衛生規則第151条の2。

ジャロジー [jalousie] 建具や窓に取り付けた可動ルーバーまたはガラリ戸。

ジャンカ コンクリートの表面に見られる砂利の凝集・露出部分。コンクリート打設中の突き固めが不十分で，セメントペーストの回りが悪いと発生する欠陥の一つ。「豆板」「巣」「あばた」ともいう。

ジャンクションボックス [junction box] フロアダクト工事において，ダクトとダクト，あるいはダクトと電線管を接続するための鋼製のボックス。

ジャンピング [jambping] コンクリートやモルタルに穴をあけるドリル。カールプラグ差込み用の穴あけなどに使用される。

シュー ⇨舟③

柔構造 建物の固有周期を長くすることで，受ける地震力を小さくし，地震に抵抗させる構造。上部構造として鉄骨造を用いる。高い建物ほど固有周期は長く，超高層建築のほとんどは柔構造である。→剛構造（ごうこうぞう）

収縮亀裂 [contraction crack] コンクリート，モルタル，木材等の材料が，の収縮によってひび割れを起こす現象。また，その比較的小さなひび割れのこと。「収縮ひび割れ」ともいう。

収縮限界 土が半固体から固体になるときの含水量で，これ以上含水量を減らしても体積が減らないような最大含水比をいう。

習熟効果 同一作業を繰り返していくうちに，慣れから作業の能率が向上していくこと。

収縮ひび割れ ⇨収縮亀裂

収縮目地 鉄筋コンクリート構造物などが，温度変化やその他の原因で収縮しても，不規則なひび割れが発生しないように前もって設けておく目地のこと。モルタル仕上げやコンクリート舗装でも用いられる。

集成材 木材の板または小角材を繊維方向を長手にそろえて接着剤で重ね貼りし，角材や厚板材としたもの。造作用と構造用がある。単板を貼り合わせてつくる積層材とは区別されている。農水省告示第778号（日本農林規格）。

修繕 [repair] 建物の部位や建築設備などの劣化した性能や機能を原状あるいは実用上支障のない状態まで回復させること。

修繕周期 建築物の部位や建築設備などの劣化の進行に対し，部分修理，塗り替え，全面更改が必要とされる時期の目安として設定される期間長。長期

重層下請（じゅうそうしたうけ）元請業者の請け負った工事の一部を下請業者が請け負い（1次下請），それがさらに2次3次と下請化される状態をいう。建設産業の下請機構を複雑にしている要因の一つといわれている。

住宅街区整備促進区域　大都市地域での中高層住宅の供給を促すために指定される促進区域。都市計画法および「大都市地域における住宅地等の供給の促進に関する特別措置法」に基づき市街化区域内で高度利用地区かつ第一種，第二種中高層住居専用地域または第一種，第二種，準住居地域等に指定され，大部分が建築物の敷地に利用されていない0.5ha以上の土地に指定される。区域内の土地所有者は指定された日から2年以内に促進区域の目的にそった整備促進事業を行わなければならない。

住宅完成保証制度　住宅工事を依頼した建設会社が倒産した場合に，その建設会社に代わって工事の完成を保証する制度。(財)住宅保証機構やフランチャイズ方式に加盟する建設会社が実施している。

住宅性能表示制度　住宅の構造，防火，維持管理，遮音，断熱などの性能を，等級・数値でわかりやすく表示・評価する制度。性能評価は，国土交通大臣が指定する指定住宅性能評価機関が行い，性能評価書が交付される。この制度を利用するか否かは，住宅供給者または取得者の任意である。住宅品質確保促進法で定められた制度。

住宅性能保証制度　国土交通省の指導のもと，性能保証住宅登録機構が運営する住宅の長期保証制度。同機構に登録した業者の施工で，同機構に登録し同機構の現場審査に合格した住宅について，躯体の構造耐久力性能について10年，防水性能について5～10年を保証する。建設業者の支払う登録料を掛金にした保険制度を導入している。木造在来工法・ツーバイフォー・プレハブ工法・RC造の住宅を対象に1982年4月からスタートした。

住宅品質確保促進法　「住宅の品質確保の促進等に関する法律」のこと。新築住宅の主要な構造部および雨水浸入を防ぐ部分の10年間の瑕疵（かし）担保責任，住宅性能表示制度，トラブル処理の紛争処理機関の設置の3つの柱からなっている。2000年4月に施行された。略して「品確法」ともいわれる。→住宅性能表示制度

集団規定　建築基準法ほかの建築物に関する法令等のうち，都市計画区域内における建築物相互間に関する規定の総称。用途地域，建ぺい率，容積率，斜線制限，日影規制（ひかげきせい），接道義務などがある。→単体規定

自由丁番　前後どちらの方向にも開閉できる丁番。カウンターのくぐり戸などに使用。

充塡コンクリート（じゅうてん—）型枠コンクリートブロックや鋼管内部に打設するコンクリートの総称。

シュート［chute］コンクリート打設用の樋（とい）または管。材質は鉄板製，プラスチック製およびゴム製で，斜め用と垂直用とがある。

ジュート巻き　保温仕上げの一種。織目の粗い麻布にアスファルトを浸透させたアスファルトジュートテープを外装材としたもの。

充腹材（じゅうふくざい）H形鋼やI形鋼の梁や柱のように，ウェブの部分がすき間のない鋼板で形成されている材料の総称。「フルウェブ」ともいう。→非充腹材（ひじゅうふくざい）

重量骨材　骨材の比重による区分の一種。比重が3.0以上で，通常のものと比べて重い。重晶石，磁鉄鉱，鉄鉱，鉄片などがある。主として放射線遮へい用コンクリートに使用される。

重量コンクリート　⇨遮蔽（しゃへい）用コンクリート

重量調合　コンクリートの調合においてセメント・水・細骨材・粗骨材・混和剤の調合比率を重量で表したもの。→容積調合

重量木構造 ⇨ヘビーティンバーコンストラクション

重量床衝撃音 重いものが落ちたときに発生する床衝撃音。人が飛び降りたとき，重量物を落としたときなどに発生する。床表面材の影響は小さく，床の質量と剛性が大きく影響する。重量床衝撃音の防止には，床スラブを厚くすることが有効である。

主筋 鉄筋コンクリート部材において構造計算上必要な軸方向力や曲げモーメントなどを負担する鉄筋のこと。

縮尺 図面に表現された長さと実物の長さの比率。図面では1/100あるいは1：100というように表される。「スケール」ともいう。

樹脂アンカー ⇨ケミカルアンカー

樹脂コンクリート ⇨プラスチックコンクリート

樹脂モルタル ⇨レジンモルタル

樹脂リシン ⇨リシン吹付け

受水槽 水道本管の水圧が低くて直接個別給水ができない場合に設置する貯水用のタンク。容量は1日の使用水量の50％程度としている。→高架タンク給水方式，加圧給水方式

受注希望型競争入札 2003年に長野県が始めた入札形式。ほぼ一般競争入札と同じであるが，予定価格の事前公表，郵送による入札，入札者の資格審査は入札後に行う，独自の低入札価格調査制度の採用などを特徴としている。談合防止やダンピング防止などを目的に採用された。→一般競争入札，低入札価格調査制度

受注生産 得意先からの注文を受けてその仕様に合った製品をつくる生産方式。建設業の特徴は受注生産であるが不規則で多様な需要に対処せねばならないため，製造設備の固定資本化や建設労働者の常雇いの面で制約条件をかかえている。「注文生産」ともいう。

受電 一般的には電力会社から電気の供給を受けること。建築工事では，建物がほぼ完成し，設備機器の据付けが完了した時点で，初めて電力会社から電気の供給を受けることができる。建築工事におけるマイルストンの一つ。

主働土圧 （しゅどうどあつ）土を押さえている壁体が反対側に水平に移動すると，土は膨張し土圧が減少し最小値となり破壊する。この最小値の土圧をいう。擁壁（ようへき）が滑動したり，転倒したときに生ずる土圧であり，壁体の安定計算や強度計算に用いられる。

受働土圧 （じゅどうどあつ）地下室の外壁，擁壁（ようへき）などが水平力を受けて移動しようとする場合，押される側の土は横圧を受けて収縮し，上方へ押し上げられようとする。この土が押し上げられようとする瞬間における土の抵抗力のことをいう。

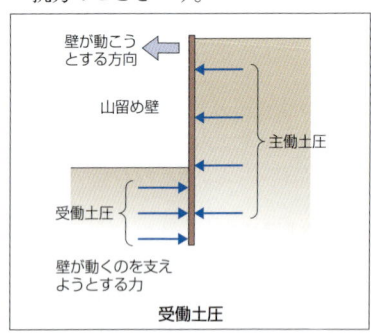

受働土圧

主任技術者 建設工事を請け負った建設業者が，当該工事現場における建設工事の施工の技術上の管理をするために置く技術者。建設業法第26条，同施行令第27条。→管理技術者

受忍限度 （じゅにんげんど）騒音・振動・煤煙等の生活妨害が，不法行為となるための要件の一つである違法性の判断基準。自己の所有地以外へ悪影響を及ぼす行為は本来違法であるが，社会生活上受忍すべきものと認められる程度のものであれば，違法性を欠くとするのが受忍限度論である。権利濫用（らんよう）の場合に違法性を帯びるとする旧来の考え方と異なる。建築基準法第3章集団規定は，都市空間利用に対する社会的受忍の限度を法的に定めたものである。

修祓式 （しゅばつしき）建物完成後，使用前に行うお祓いの儀式。

シュミットハンマー ［Schmidt concrete test hammer] ⇨コンクリートテストハンマー

主要構造部 壁・柱・床・梁・屋根または階段のこと。間仕切り壁・間柱・小梁・ひさし・外階段などは，構造上重要でないものとして除かれる。建築基準法第2条5号。

聚楽（じゅらく）砂壁の一種。元来は京都の聚楽第（じゅらくだい）近傍から採れる土を用いて塗りつける土壁を呼んだが，近年はもっぱら，それに似た色（黄褐色＋さび色）で表面砂付き状にした内装仕上材を代称する。

聚楽壁（じゅらくかべ）京都の聚楽近辺から採れる土を用いて仕上げた土壁。茶褐色の砂混じり粘土で，京都では民家，茶室，社寺などに広く使われてきたが，現在は高級な和風壁に用いられる。

ジュラクロン ⇨デュラクロン

循環型社会形成推進基本法 廃棄物処理，リサイクル，グリーン購入関連法律の基本的枠組のための法律で，循環型社会の姿の明示，循環資源の定義，行政，国民の役割の明確化，国の施策の明示等がされている。

竣工検査 ①建築物が完成したときに工事監理者が行う検査。設計図書通りに行われたかどうか，また発注者に対して引渡し可能な状態であるかを検査する。建築基準法に基づく検査は「完了検査」という。→完了検査

竣工式 ⇨落成式

竣工図 工事完了後に，施工中に発生した設計変更などの箇所を修正し，完成した建築物を忠実に表した図面。

竣工精算金 追加工事費を伴う設計もしくは施工変更による代金なども含めて，工事竣工時に精算される工事代金のこと。前渡金（ぜんときん），中間払いなどすでに受領している代金と合わせ請負代金の額となる。

竣工引受け書 工事引渡し書の受理に際して，注文者が建物が注文通り完成したことを確認し，引渡しを受けたことを証するため請負業者に提出する書類。→工事引渡し書

準耐火建築物 耐火建築物以外の建築物で，主要構造部を準耐火構造としたもの，または建築基準法施行令第109条3号「主要構造部を準耐火構造とした建築物と同等の耐火性能を有する建築物の技術的基準」に適合したもの。いずれの場合も外壁の開口部で延焼のおそれある部分には防火戸，その他の防火設備を設けなければならない。建築基準法第2条9号の3。

準耐火構造 壁，柱，床その他建築物の部分の構造のうち，準耐火性能（通常の火災による延焼を抑制するために当該建築物の部分に必要とされる性能をいう）に関して建築基準法施行令第107条2号で定める技術的基準に適合するもので，国土交通大臣が定めた構造方法を用いるもの又は国土交通大臣の認定を受けたもの。建築基準法第2条7号の2。

準不燃材料 不燃材料に準ずる防火性能を有し，国土交通大臣の定める防火性能試験に合格した木毛セメント板，石膏ボードなどの建築材料をいう。JIS A 6301, 6901。建築基準法では国土交通大臣の指定する不燃材料をいう。建築基準法施行令第1条5号。

純盛り（じゅんもり）土地の造成において，他の土採り場から土の全量を採取して盛土をすること。→流用盛土

純ラーメン構造 [pure flamed structure] 剛節点をもつ柱と梁だけで，筋かいや耐震壁をもたない骨組の構造。

ジョイスト [joist] ①根太（ねだ）または小梁のこと。②土止めのせき板を差し込むための垂直に打ち込まれるI形鋼またはレールをいう。

ジョイスト工法 ⇨親杭横矢板工法

ジョイストスラブ [joist slab] 小梁を敷き並べるように配置したスラブ。スパンの大きいビルのスラブや道路橋などに用いられる。

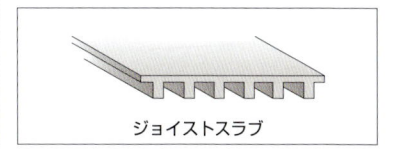

ジョイストスラブ

ジョイナー［joiner］ボード貼りの接合(ジョイント)部分に取り付ける細い棒状の目地材。アルミニウム製やプラスチック製が多く，形状も多種ある。

ジョイントプレート［joint plate］⇨スプライスプレート

ジョイントベンチャー［joint venture］複数の建設業者が共同責任で工事を請け負うこと。本来は，一企業の能力を超えた大規模工事で採用される請負方式であり，技術力の補完，危険の分散などを目的としたものだが，わが国では中小業者救済の目的ももっている。略して「ジェーブイ(JV)」，「共同請負」という。→経常JV

仕様（しよう）工事をより具体化するために，材料，品質・性能・施工方法，製造者などの条件を明示した内容。

省エネ法　エネルギーの使用の合理化に関する法律のことで，床面積の合計が2,000m²以上の建物が対象となり，着工21日前までに都道府県知事に届出が必要。PAL(建物の外壁や窓の熱の損失防止指標)，CEC(設備システムのエネルギーの効率的利用のための指標)の算出が義務づけられている。

消音チャンバー　⇨チャンバー

消火栓ボックス　屋内(外)消火栓設備の構成部材。ボックスの中に放水用ホースが格納されている。

定規（じょうぎ）①線を引くための製図用具。②左官工事に使用する木製の細長い板板。垂直・水平な仕上げ面を施すために使う。③基準となるもの一般を指す。「当たり」ともいう。

定規摺り（じょうぎずり）左官工事において，塗面を平らに仕上げるため，まっすぐな定規で塗面をすって凸部を削り取ること。

仕様規定（しようきてい）建築物の構造や材料について，その使用する内容を形態寸法という物理的に容易に計測できる内容として規定する方法をいう。階段の蹴上(けあ)げや踏面(ふみづら)の寸法，柱間の寸法，基礎の高さ，天井高さ，採光開口部の寸法等は，すべて仕様規定である。仕様規定に対して，その効用を規定する方法を「性能規定」という。→性能規定

蒸気トラップ　蒸気を熱源とする空調・暖房設備において，蒸気と凝縮した水とを分離して凝縮水のみをボイラーに戻す装置。配管の途中，管末および蒸気機器の還水部分に設けられる。JIS B 8401, 8402。

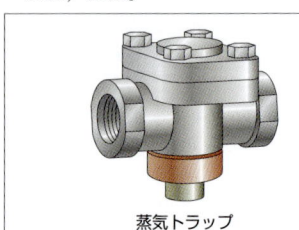

蒸気トラップ

小規模工事契約希望者登録制度　入札参加資格のない建設業者の受注機会の拡大を図るために，工事件名・場所，工事概要，工事ランクおよび工事発注予定時期を事前に公表して，希望する建設業者の意志を指名業者の選考に反映させる制度。

定規掘り（じょうぎぼり）側溝(がわみぞ)などの掘削作業において，掘削の基準となるようにあらかじめ適当な間隔を置いた地点で所要の寸法に掘ること。また，シートパイル打込みに際し，位置決め用の定規を埋め込むための根切りのこと。

蒸気養生　高温の水蒸気で行うコンクリートの養生方法で，おもにプレキャスト鉄筋コンクリート(PC)部材の養生に用いられる。コンクリートの初期強度の増進を図るとともに，優れた寸法安定性・耐食性を確保することができる。前養生期間，温度上昇期間，等温養生期間，徐冷期間のサイクル(8～20時間)で行われる。

昇降足場　作業および資材運搬併用の揚重機械を利用した足場。足場としてよりも揚重機としての機能を重視して設置されることが多い。リフトなどに比べスピードは遅いが安全性が高く，人が乗ることも許されている。

昇降丁番　⇨グラビティヒンジ

詳細図　設計図のうち特定部分の詳細

仕様書（しようしょ）施工者に対する設計者の指示のうち，図面に表示していない，あるいは表示できない事項(品質，成分，性能，精度，製造方法，施工方法，メーカー，施工業者など)を記載した書類。どの建物にも共通する「標準仕様書」と，その建物にのみ固有の「特記仕様書」とからなる。土木では「示方書(しほう)」という。→建築工事標準仕様書

を示す図面の総称で，平面詳細図，断面詳細図などがある。縮尺1/50〜1/20で描かれることが多い。

使用水量　一施設で使用される水量。原単位として，1人当たり，単位面積当たりなどの水量が基本となる。建物用途，季節，曜日，時間によって使用水量は異なってくる。「給水量」ともいう。

使用電圧〔working voltage〕設備機器や工事用仮設機器には使用電圧が決まっている。間違った電圧を機器へ供給すると，破損や未動作の原因となる。

上棟式（じょうとうしき）工事途中の一つの区切りで行われる建築儀式の一つ。木造は棟木(むなぎ)を取り付けるとき(棟札(むなふだ)に工事の主旨や建物名，上棟年月日，建築主名等を書き，棟梁が棟木に奉置する)，鉄骨造は鉄骨工事完了時，鉄筋コンクリート造は躯体コンクリート打設が完了したときにそれぞれ行う。「棟上(むねあげ)式」ともいう。

照度基準　照度とは，ある面の明るさの程度をいい，発光体の明るさの程度と照らされる場所までの距離の二乗に反比例する光束の面積密度をいう。単位はルクス(lx)で，1燭光(しょっこう)の明かりが，そこから1m離れた面に直交する部分の明るさを1ルクスという。

場内運搬　⇨小運搬(こうん)

消防検査　建物竣工前に所轄消防署に依頼して，消防法に基づいて建物に設置された消防設備の検査確認を行うこと。隠ぺい部や建物の区画形成等を確認する消防中間検査もある。

消防水利　消火栓，防火水槽などのように，火災鎮圧のための消防活動に使用する水のこと。

消防用設備等　消防の用に供する設備，消防用水，消火活動上必要な施設の総称。消防の用に供する設備には，消火設備・警報設備・避難設備があり，消火活動上必要な施設には，排煙設備・連結散水設備・連結送水管・非常用コンセント設備・無線通信補助設備がある。消防法にそれぞれの設置基準が示されている(消防法第17条)。

上ボルト（じょう―）熱間鍛造黒皮からの仕上げ程度により分類したボルト。軸および頭の軸側を仕上げた中ボルトよりも仕上げ程度が上等で，外側も仕上げてあるボルト。JIS B 1180。

使用前検査　工事計画を事前に届け出た自家用電気工作物の設置または変更の工事が完成し，これを使用しようとするときに受ける検査。

常夜灯（じょうやとう）夜間，常に点灯しておく照明。夜間の歩行や防犯を目的とした明かり。

常用　元請が下請契約以外に(下請から)労務提供を求め，仕事の出来高に関係なく勤務時間・日数に応じて賃金が支払われる方式，もしくは労働者をいう。

常用労働者　事業主に対し継続的に雇用関係にある労働者。建設業にあっては，日雇いあるいは臨時であっても，長期間にわたって事業主と雇用関係にあるものは常用労働者と呼ぶ。→常用

省令　各省庁の大臣が，法律または政令の規定を実施するために定める命令のこと。行政関係では，法律および政令の委任に基づき省令を定めるが，このような省令は一般に「○○法施行規則」と称されている。

条例　地方公共団体がその議会の議決によって制定した法のこと。条例は，それを定める地方公共団体より上位にある者が定めた法令(市町村の条例であれば，国が定めた法律とその市町村が存する都道府県が定めた条例)に違反しない限り制定できることとされている。行政に関する法律のなかには，具体の制限等を条例に委ねている例が見られる。

ショートサーキット [short circuit] 室内や外壁部で空調用吹出し口と吸込み口が接近していて，室内に開放される前に排出されてしまう現象。空調屋外機から吹き出した冷熱風が，そのまま吸込み側に回って，外気の熱が利用できなくなり，高圧カットで運転停止の原因となる。

ショートビード [short bead] 溶接作業で，母材に溶着した波形をもったビードの寸法が，正規の寸法に達していない状態。

初期強度 コンクリートが凝結・硬化していく初期段階での強度で，通常20℃の温度下で材齢3日以内のものをいう。型枠の解体，寒中コンクリートなどの養生に密接な関係をもつ。→長期強度

初期緊張力 プレストレスを導入する作業が完了した直後のPC鋼材に与えられた引張力のこと。一般に時間の経過につれて，コンクリートの収縮や鋼材のレラクゼーションなどにより緊張力が減少するので，初期には大きめの緊張力を与えておく。

初期故障 設備・装置やシステムなどの導入直後に発生し，設計や製造，設置や建設などに起因して発生する故障。アフターケアにより減少させることができる。

初期消火 一般消火器などで鎮火が可能な程度の火勢状態にある，出火直後における消火。

食塩釉 (しょくえんゆう) ⇨塩焼きタイル

職方 (しょくかた) 特定の技術をもった技能者(建築)の総称。大工職，左官職，鳶(とび)職，石工(いしく)職など。「下方(したかた)」「下職(したしょく)」ともいう。

職長 作業所において，作業中の労働者を直接指導または監督する者。従来の世話役・棒心・班長・主任などのこと。労働安全衛生法第60条で職長に対して安全衛生教育を行うことを規定しているが，作業主任者のような資格などの法的規制はない。→作業主任者

諸経費 工事価格の構成において，請負金または見積金のうち，純工事費以外の現場管理費や一般管理費など(利益を含む)のこと。

暑中コンクリート コンクリートのスランプの低下や水分の急激な蒸発などのおそれがある気温の高い時期に施工されるコンクリート。コールドジョイント，ひび割れ，強度の低下などの問題が起こりやすいので，その防止のため，コンクリート温度が高くならない打設方法の採用と打設後の十分な散水養生などが必要。JASS 5では日別平均気温の日別平滑平年値が25℃を超える期間を基準として定めている。

ショックアブソーバー 内倒しのサッシュや天井付きのダンパーなどの開放を緩やかに行うための装置。油圧を利用したものが多い。

ショットクリート [shotcrete] セメント，骨材と水を圧縮空気で吹き付けるコンクリートの施工法で，吹き付ける直前に水をノズルで合流させる乾式工法とミキサーで事前に混練させたコンクリートを吹き付ける湿式工法とがある。シェル構造の施工，法(のり)面被覆，山留め止水用，地下外壁の躯体補修，天井のふところふさぎ用壁などに用いる。「吹付けモルタル工法」「吹付けコンクリート工法」「セメントガン工法」ともいう。

ショットブラスト [shot blast machine] 鉄骨などの表面に付くさびや黒皮を取り除くための機械。鋼鉄の粉粒をタンクに入れ，ノズルから圧縮空気で金属面に吹き付ける。

ショベル [shovel] ⇨パワーショベル①

ショベル系掘削機 機械据付け地盤よりも高い部分の掘削に適したパワーショベルと機械据付け地盤よりも低い部分の掘削に適したバックホーの総称。

所要数量 建築数量積算基準で区別する数量の一つ。例えば，鉄筋や木材は市場では定尺寸法で取引きされるため現場施工の際に切り無駄が生じる。またコンクリート打ちのこぼれなどもある。このように市場寸法による切り無駄および施工上のやむを得ない損耗な

どを含む予測数量のこと。ほかに「設計数量」と「計画数量」とがある。

じょれん 土やコンクリートの敷きならしに用いるくわ形の工具。

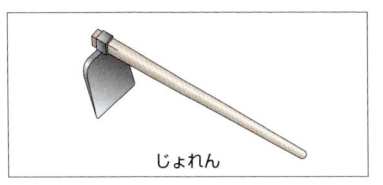

じょれん

シリカセメント [silica cement] クリンカーと二酸化けい素（SiO_2）含有率60％以上のポゾランとを混合粉砕してつくるセメントで，この含有量によってA種〜C種まである。「けい酸セメント」とも呼ばれ，水密性が高く，石灰分の溶出が少なく，耐久性が大きいことから，土木工事に適している。今日わが国では製造がほとんどされていない。JIS R 5212。

シリカヒューム [silica fume] フェロシリコン製造時に電気炉から発生するシリカ粉末のことで，高強度コンクリート用混和材として注目されている。

尻鍬 （しりぐわ）コンクリート打設に際し，シュートなどからコンクリートをかき落としたり，打設したコンクリートをならす道具，またその仕事を受けもつ作業員のこと。→鼻かき

シリコーンシーラント [silicone sealant] シリコーン（有機けい素化合物の重合体の総称）を主材としたシーリング材。繰り返し疲労が小さく，耐久性に優れ，各種カーテンウォールの目地やガラスのシーリングに使用される。JIS A 5758，JASS 8。

尻を割る （しりをわる） ⇨尻（り）割り

シリンダー錠 [cylinder lock] 円筒の中にスプリングの付いたタンブラー（小柱状のピン）を数本並べ，そのタン

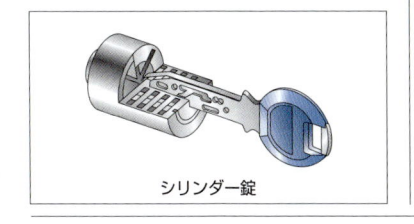

シリンダー錠

ブラーの刻みに合った鍵を入れて回転させることにより開閉する錠。「シリンダー箱錠」，握り玉に組み込まれたものは「円筒錠」といわれる。→箱錠，円筒錠

シルト [silt] 粒径が0.074〜0.005 mmの範囲にある微砂分（シルト分）を多量に含む土。塑性も若干あり，乾いた固まりは粘着性をもつ。ただし指で押すと簡単につぶれる。

しろ ①亜鉛または亜鉛めっきをしたものの俗称。銅のあか，鉄のくろなどと同義の呼称。②コンクリート舗装の俗称。アスファルト舗装のくろに対していう。

白ガス管 鋼管に亜鉛めっきをしたもの。給排水管などに使用される。JIS G 3452 ほか。「白管」，単に「白」ともいう。→黒ガス管

シロッコファン [sirocco fan] 空調設備や換気設備において，送風のために最も多く使用される遠心送風機。「多翼送風機」ともいわれる。

しわ ①下地の乾燥が不十分な防水層の表面が，たるんで細かい筋目が付いた状態となること。②化粧薄板の一部がしわ（たるんだ）の状態で接着され，筋目の付いた欠陥材料。③塗料の乾燥過程で塗膜にできる波状の凹凸のことで，一般に上乾が著しく，塗膜の内部が乾燥不十分の場合に生じやすい。

塵芥処理設備 （じんかいしょりせつび）建物内で発生したゴミを発生源からゴミ集積場まで移動し，建物外へ搬出するまでの中間処理設備。ゴミカート，ダストシュート，空気圧を利用したゴミ輸送管，ゴミ圧縮装置，ディスポーザー，焼却炉などの装置がある。

真壁構造 （しんかべこうぞう）日本の伝統的な和風建築に使われてきた壁の造り。構造躯体として造られた木造軸組が，そのまま化粧材として表面に露出する構造をいう。構造力学的には，貫（ぬき）が柱を縫って造る構造で，木造の剛性が高く，大断面構造法で高い耐力を示す。小断面では柄（ほぞ），柄穴部分に弱点をもつ。→大壁（おおかべ）構造

心関係図（しんかんけいず）⇨心線図

人感センサー　人が来たことを検知するセンサーで、人体から発した熱を感知するタイプが多い。照明を自動的に点滅させる機能等で用いる。

新技術情報提供システム　民間等が開発した新技術の公共工事への活用を図るため、国土交通省が作成するデータベース。略称「NETIS」という。

新QC7つ道具　コンピューターの普及により、言語データを図に整理する手法として開発されたもので、親和図法、連関図法、系統図法、マトリックス図法、マトリックス・データ解析法、アロー・ダイヤグラム法、PDPC法の7つを指す。→QC7つ道具 略

真空コンクリート工法　コンクリートを打設した直後に特殊な真空マットなどで覆って、コンクリート表面近くの水を除去して水セメント比を引き下げるとともに、コンクリート面に圧力をかけて締め固める工法。早期に使用するスラブやコンクリート舗装などに用いられる。「バキュームコンクリート工法」ともいう。

ジンククロメート［zinc chromate］クロム酸粘亜鉛を主成分とした黄色のさび止め顔料。鉄骨のさび止めなどに用いる。「亜鉛黄」「ジンクロメート」あるいは略して「ジンクロ」ともいう。

シングル　表面に着色砂を使用したアスファルトルーフィング系の屋根葺き材。砂付きルーフィングを厚手にしたもので、標準的には90cm×30cmほどに裁断し重ね葺きにする。曲面加工が容易、軽い、割れないなどの特徴があり、住宅をはじめ広範に使われる。「アスファルトシングル」ともいう。

シングル配筋［single layer reinforcement］鉄筋コンクリート構造の壁やスラブなどの板状の部材で、鉄筋を一段あるいは一列に配筋すること。→ダブル配筋

シングルレバー水栓　給水と給湯が一つのレバー操作で吐出される水栓。

人孔（じんこう）⇨マンホール

人工換気　⇨換気

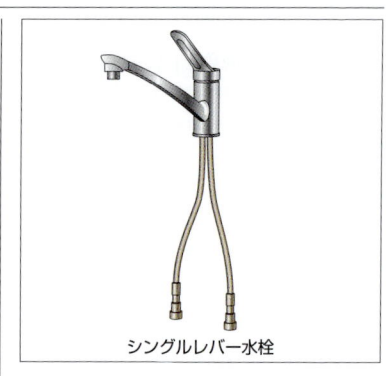

シングルレバー水栓

人工軽量骨材　人工的に製造された軽量の骨材（細骨材、粗骨材）。頁岩（けつがん）・膨張粘土・フライアッシュなどを粉砕焼成し、内部に空隙が大量にできた軽量骨材。形状が丸いものと角ばったものがある。略して「ALA」ともいう。

人工地盤　都市において、土地の有効利用や人と車の動線分離による安全確保などのため、土地の上空に鉄筋コンクリート造あるいは鉄骨造で人工的に構築された地盤。駅前広場・ショッピング広場・公園・遊歩道・駐車場などのために作られる。

心材（しんざい）木材の中心近くにある部分で、辺材（へんざい）に比べて色調が濃く、硬いことが多い。「赤身（あかみ）」ともいう。これは木部細胞の老化と死によるものであり、ほぼ10～20年で心材になる。心材は樹体を支えるという役割をもつ。針葉樹の場合は、心材は辺材より含水率が低いが、広葉樹の場合は大差ない（生材の場合）。

伸縮継手　⇨エキスパンションジョイント

伸縮戸　駐車場の出入口などに使用されるスチール製の竪格子のついた吊り戸。格子間隔が変化し、戸自体が伸縮する構造となっている。「ホールディングゲート」ともいう。

伸縮ブラケット　伸縮可能なブラケット。枠組足場の建枠に取り付け、張り出させて足場板などをのせて通路、仮設足場などに使用する。

伸縮目地　温度変化による膨張、収縮や不同沈下などによってコンクリート

などに亀裂が発生すると予想される場合，亀裂の影響を最小限にとどめるために設ける弾力性をもたせた目地のこと。エキスパンションジョイントの一種である。

心(真)々（しんしん）2部材間の中心から中心までの寸法。「柱心々」「壁心々」のように使われる。→内法（うちのり），外法（そとのり）

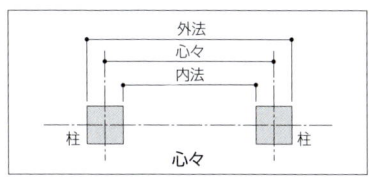

心墨（しんずみ）建物の基準や部位・部材の中心線を示す墨。「中墨（なかずみ）」ともいう。

靭性（じんせい）touhness 粘り強さのこと。鋼材等のように，弾性限界を超えても破壊までに大きく変形する材料がその特性をもつ。

心線図 各通り心の寸法関係，および通り心と柱・壁の位置関係を1枚に表現した図面。鉄骨鉄筋コンクリート造の設計図の一部として書かれることが多い。「心（しん）関係図」ともいう。

人造石（じんぞうせき）天然石に模して作った人工石。花崗（かこう）岩，石英，大理石，蛇紋岩等の砕石，細粒粉と黄土，弁柄（べんがら）などの顔料を混ぜて，塗装または成形した人工石。これには表面仕上げとして小たたき，研ぎ出しなどがある。その他，花崗岩の砕石を合成樹脂で固めたもの，合成樹脂と顔料で大理石模様を作ったもの，石膏に樹脂を含浸させたもの等がある。

人造石塗り研ぎ出し仕上げ ⇨人研（じんとぎ）ぎ

深礎工法 柱状杭を造成する工法の一つ。山留めを施しながら，直径1〜3mの円形の穴を人力で掘削する。所定の深さまで掘り進んだら，地耐力を調査して後，鉄筋を組み，コンクリートを打ち込む。

シンダーコンクリート [cinder concrete] 炭がらを骨材とした軽量コンクリート。屋根（歩行用）の防水層の押えなどに用いる。「アッシュコンクリート」「炭がらコンクリート」ともいう。現在は防水層の押えに用いる軽量コンクリートや普通コンクリートのことも，こう呼んでいる場合が多い。

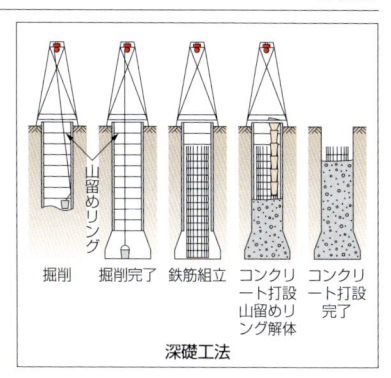

新耐震設計法 1981年に改正施行された建築基準法施行令において，全面改正され新しくなった耐震設計法。従来の設計法である許容応力度設計法に加えて，構造種別，高さに応じ層間変形角，保有水平耐力等の確認を行う二次設計が新たに導入された。

心出し（しんだし）墨出し作業において，通り心や柱心・壁心など中心となる線を墨で記すこと。

診断 建物やスペース，建築設備・システムなどの性能や機能を定量的，定性的に調査・測定して，その程度を評価・判断し，将来の進行を予測するとともに，必要により対策を立案すること。建物やスペースでは利用状況・要求条件への適合・環境の快適性・耐震性能・安全性能・性能劣化などが診断項目となる。また，建築設備・システムでは要求性能の達成度，性能劣化などが診断項目にあげられる。診断の目的，実行者などにより一次，二次，三次診断と区分される。

新丁場（しんちょうば）小規模工事において，野丁場（のちょうば）のような元請・下請という生産組織をとり，その下請に町場の棟梁や一人親方を使う新しい生産の形態。大手住宅企業が請け負う個人住宅などの場合にいう。新設用語

の一つ。→野丁場（のちょうば），町場
振動機　⇨バイブレーター
振動規制法　建設工事ならびに工場および事業場において発生する振動規制と道路交通振動にかかわる要請の措置を定めたもの。特定建設作業の開始7日前に市町村に届出が必要。特定建設作業の敷地境界線で，75デシベルを超えないこと，また地域時間帯による環境基準が決められている。
振動式杭打ち機　⇨バイブロパイルハンマー
浸透性塗布防水　コンクリートに防水剤を塗布・浸透させることによって，コンクリートそのものに防水性能をもたせる防水方法。
浸透探傷試験　⇨カラーチェック
振動ドリル　振動しながら回転する電動ドリル。コンクリートや石に小穴をあけるとき使用する。
振動パイルハンマー　⇨バイブロパイルハンマー
振動ローラー　鉄製の車輪に強制振動を与えて土砂を締め固める機械。振動は，装備した起振機によって発生させる。自走式，被牽引（けんいん）式およびハンドガイド式がある。

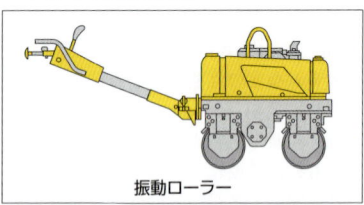

振動ローラー

人研ぎ（じんとぎ）人造石塗り研ぎ出し仕上げの略。セメントに顔料や5mm以下の大理石粒などを練り混ぜてこて塗りし，硬化後，表面を研磨して艶（つや）出し仕上げとしたもの。既製品のブロックもある。汚れやすい床，幅木，階段の踏面（ふみづら）・蹴上げ，流し台などに用いる。
針入度（しんにゅうど）アスファルトなど粘性物の硬さを示す数値のこと。恒温水槽で一定温度に保った試料に，規定の針が一定時間内に進入する長さを測定したもの。JIS K 2207。
塵肺（じんぱい）粉塵（ふんじん）を吸入することによって起こる職業病の総称。粉塵の種類により珪肺（けいはい）・炭肺・石綿肺などがある。トンネル掘削（発破をともなう明かり掘削）・ロックウール吹付けあるいは石綿・セメント・陶磁器製造などの作業者にみられる。
シンブル　⇨ワイヤーシンブル
ジンポール　⇨坊主（ぼうず）
真矢（しんや）杭打ちにおいて，モンケンの昇降をガイドする鋼製の棒。これを使用した杭打ちを「真矢打ち」といい，垂直の真矢をやぐらで支え，その真下に杭を据えてモンケンで打ち込む。→モンケン

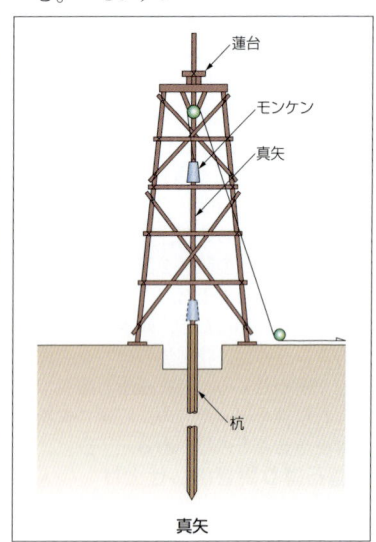

真矢

す

巣　⇨ジャンカ
水圧試験　[water pressure test] 配管の一部または全配管完了後，防露，保温被覆を行う配管，隠ぺいもしくは埋設

水圧盤 ⇨底盤（てい ばん）

随意契約 ①価格が折り合わず落札者がない場合，最低額入札者と発注者が協議して契約すること。②競争入札によらない特定業者との契約。主として公共工事の場合の呼称で，民間工事の場合は「特命契約方式」という。

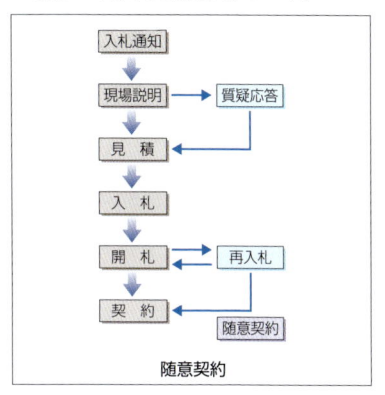

```
入札通知
  ↓
現場説明 → 質疑応答
  ↓
見 積  ←
  ↓
入 札
  ↓
開 札 → 再入札
  ↓
契 約
        随意契約
```
随意契約

スイーパー [sweeper] 電動式の床掃除機。床などにたまった水を排水する機能ももつ。

随契（ずいけい）随意契約の略。

水撃作用 ⇨ウォーターハンマー

水硬性 水と反応して硬化する性質。セメントがその代表。→水和反応

水質汚染 水質汚染には農薬，廃棄物等による化学物質汚染のほか，生活雑排水における富栄養化による植物性プランクトンの発生を原因とするものなどがあり，水道法，水質汚濁防止法等で規制されている。

水質汚濁防止法 工場，事業所から公共用水域に排出される水，地下に浸透する汚水を規制し，公共用水域および地下水の汚濁防止を図ることを目的とした法律。バッチャープラントなど特定施設からの排水は対象となる。雨水管への排水基準はpH5.8～8.6である。

水準器 ①レベルのこと。②水管内の気泡の動きを利用して水平を調べる器具。「水平器」ともいう。

水準点 全国各地に設けられた標高の基準となる地点。「ベンチマーク」ともいう。

水性塗料 カゼインなどの膠着（こうちゃく）剤に顔料を混合した水に溶けやすく，水で薄めて用いられる塗料の総称。引火の危険性がなく安全であるが，乾燥が30～60分程度とラッカー系塗料と比べて遅い。

水栓ソケット 水栓金具を接続する継手。

水中コンクリート 場所打ち杭や連続地中壁などの施工の際に，水中で打設するコンクリート。浅い水中の場合はトレミーコンクリートポンプなどを用い，深い水中では底開き箱を利用して打設する。単位セメント量，単位水量，水セメント比などが，JASS 5で規定されている。

水中電動ポンプ ポンプ本体にモーターを内蔵していて，キャブタイヤコードと排水用ホースを取り付けたまま水中に入れて使用するポンプ。工事現場のたまり水や湧水を揚・排水する場合に用いる。

水中養生 コンクリートやモルタルを水中に浸して養生を行うこと。コンクリートやモルタルの強度試験体（テストピース）養生のように，水温が20℃前後に保たれている場合を「標準養生」という。→標準養生

垂直墨出し器 床に打った墨を天井に移すための墨出し用器具。レンズを通し，光線でポイントを映し出す方式と脚立（きゃたつ）を使わずにマーキングする方式がある。後者は支柱・下げ振り・マーキングペンなどからなる。

垂直スリット 鉄筋コンクリート構造の柱と壁の間に設けた，垂直方向の構造スリットのこと。→構造スリット

水頭（すいとう）流体がもつ力学的エネルギーのこと。圧力，位置，運動（速度）のエネルギーに分けられ，水柱の高さで表示される。→ヘッド

水封（すいふう）排水管の一部に水をためて，管の中の悪臭や小動物の室内への侵入を防ぐこと。このために加工

された配管を「トラップ」という。→トラップ

水平打継ぎ目地 コンクリート工事で水平方向の打継ぎ部に設ける目地（欠込み部分）の総称。打継ぎによって生じるコンクリート接合部の構造上，あるいは防水性能上弱点となるおそれがあることから，その対策としての処置である。

水平器 ⇨水準器

水平切梁工法（すいへいきりばりこうほう）根切り工事において，掘削した外周に設けられた山留め壁が土圧で崩壊しないように，その壁を水平の支保工（切梁）で支える工法。→山留め

水平スリット 鉄筋コンクリート構造の梁と壁の間に設けた構造スリットのうち，水平方向のスリットの総称。

水平タワークレーン 塔状のタワーに付いたジブ（腕）が水平になっているタワークレーンのこと。ジブは垂直方向に起伏することなく，水平に360°回転し，揚重を行う。「とんぼクレーン」ともいう。

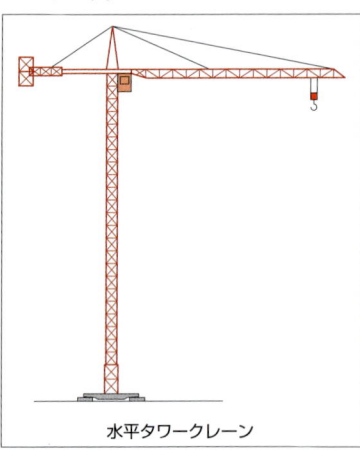

水平タワークレーン

水平繋ぎ（すいへいつなぎ）パイプサポート，単管等の型枠支保工（しほこう）の移動や倒壊防止のために，支保工相互を水平につないだ補強（助）材の総称。

水平目地 コンクリートの水平打継ぎ部分に設けたり，石，れんが，タイル等の部材間の接合部に生ずる水平方向の線状欠込み部分（目地）の総称。

水密コンクリート おもに水槽，プール，地下室など圧力水が作用して，水密を要するコンクリート構造物に使用するコンクリート。JASS 5では，調合に際しては所要に品質が得られる範囲内で，単位水量および単位セメント量をできるだけ小さくすること，スランプは18 cm以下，水セメント比は50％以下とするなどが規定されている。

水密性 材料のもつ性質の一つで，一般的には吸水性・透水性などを含めた耐水性のこと。コンクリートにおける水密性を高めるには，吸水性および透水性を少なく抑えるため以下の注意が必要となる。品質が均等で，ひび割れなどの局部欠陥のないこと。セメントペースト中の空隙が少ないこと。ブリージングによる水途（みずみち）が少ないこと。粗骨材下面の空隙が少ないこと。

水和作用 ⇨水和反応

水和熱 コンクリートにおけるセメントと水との反応熱のこと。多量のコンクリートを打ち込む場合，水和熱による温度上昇が大きく，温度応力によってひび割れが発生することがある。

水和反応 セメントが水と反応して硬化する現象。化学的には，物質が水と接触しイオン結合することをいう。「水和作用」ともいう。

スイングドア ［swinging door］前後どちらの方向にも開くことのできる扉。フロアヒンジを使った強化ガラスの玄関扉に多い。

スウェーデン式貫入試験機 ⇨静的貫入試験機

スウェーデン式サウンディング 5～100 kgの荷重を載荷したときの沈下量や，100 kg載荷による沈下1 m当りの半回転数からN値を換算するサウンディングの方法。調査の有効深さは約15 mで，玉石，礫（れき）以外の土質にはほぼ適した方法である。「静的貫入試験」ともいう。

数量公開入札 発注者より各見積細目についての数量を提示して行う入札。→数量書

数量書 ［Bill of Quantity］略称，BQ。

スウェーデン式サウンディング

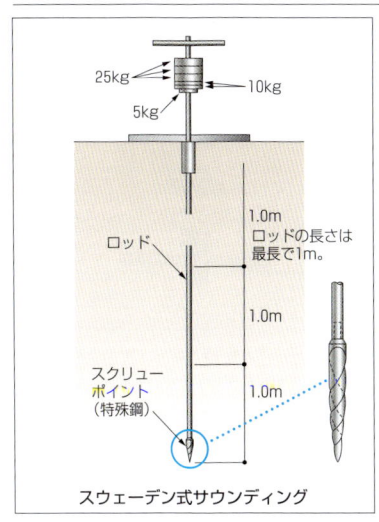

イギリスでは公共工事の発注契約において，原則として数量公開入札が行われており，入札に際してクオンティティサーベイヤー（QS）が作成するBQが提示され，入札者は単価だけをBQに記入して見積書の作成を行う。また通常，単価記入に必要な施工法や仕様などもBQに記載される。

数量積算［quantity surveying］建設工事に際して，設計図書をもとにして資材，労務量を算出すること。

末口（すえくち）切り丸太などの先端部分，すなわち細いほうの切り口。→元口（もとくち）

据付けモルタル アスファルト防水層の押えコンクリートの伸縮目地に使用する，既製の伸縮目地材を固定するためのモルタル。防水層の上にこの伸縮目地をモルタルを用いて据え付け，所定の目地間隔を確保したうえで，押えコンクリートを打設する。

透し掘り（すかしぼり）掘削の際，側面の下部を上部より掘り込んですき間をつくること。危険な掘り方の一つで上部が崩れ落ちるおそれがある。

姿図（すがたず）建物の外観を示した図面。立面図を指すことが多いが，室内展開図も姿図の一種である。

眇漏り（すがもり）屋根の雨漏り現象の一種。室内の暖房熱などで解けた雪が軒先で凍った氷にせき止められ，屋根葺き材の継目から室内に入り込み，屋根裏に雨漏りを発生させる。「すがもれ」ともいう。

スカラップ［scallap］2方向からの溶接線が交わる場合に，溶接のダブリを避けるため，片方の部材にあけた扇状の欠込みのこと。

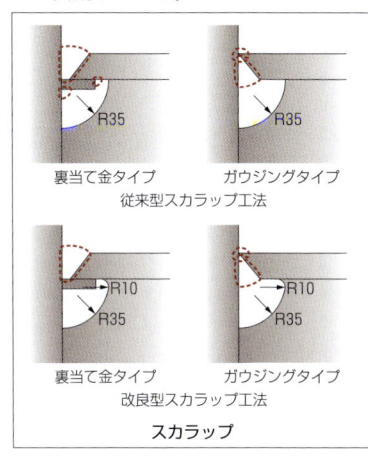

スカラップ

スキップカー［skip car］スキップタワーのガイドレール上を上下移動する車輪つき鋼製バケット。手掘りによる根切り工事，シールド工事などで掘削土の搬出に用いられる。

スキップタワー［skip tower］スキップカー用のガイドレールを備えたタワー。掘削した土の搬出に用いる。

スキップフロア型住戸 和製英語。集合住宅（共同住宅）で，各住戸がそれぞれ2層（メゾネット）形式になっていて，各住戸へのアプローチが一階飛ばしになっている住宅。廊下面積を少なくしたり，各住戸のプライバシーを拡大するうえで有効とされている。空間の変化はあるが，床に段差があるため身障者，高齢者には階段が負担となることもある。

鋤取り（すきとり）地表面下の土を一定面積の範囲で平らに削り取ること。

数寄屋造り（すきやづくり）茶の湯の茶席，勝手，水屋（みずや）などが備わった建築。室町時代に完成した書院造りと朝鮮の民家に源流をもち，千利休が簡

素の美の原点をデザインした茶室とが合体した建築で，安土桃山時代から江戸時代初期に完成。桂離宮，修学院離宮などがその代表的な建築物である。

スクイーズ式コンクリートポンプ
チューブ（ポンピングチューブという）内に送り込まれたコンクリートを，2個のローラーの回転によってチューブから絞り出すように押し出す方式のコンクリートポンプ。比較的軟練りのコンクリートに適している。ほかに「ピストン式」がある。

スクイズジョイント工法 鉄筋の圧着継手の一種。スリーブ内に挿入した2本の異形鉄筋を，ダイスで絞って一体化する。接合可能な鉄筋径は，D19〜D51（2〜4種）で，異径の場合でも1段差までなら接合が可能。日本建築センター評定番号BCJ・C2281（岡部）。

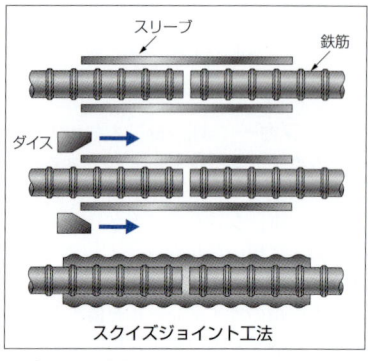

スクイズジョイント工法

スクラッチタイル [scratched face tile] 表面をくしで引いて平行溝を付け焼成した外装用タイル。

スクラップアンドビルド [scrap and build] 老朽化した施設を廃棄し，新しい効率的な施設をつくること。本来は製造業の経営の刷新策を意味する言葉であるが，今日では建築物一般に使われている。

スクリューオーガー [screw auger] 土中を穿孔(せんこう)するためにアースオーガーに設置される錐。→アースオーガー

スクリュークランプ [screw clamp] 鋼材の吊り治具の一つ。H鋼のフランジなどに噛ませ，ねじを締めて外れないようにしたもの。

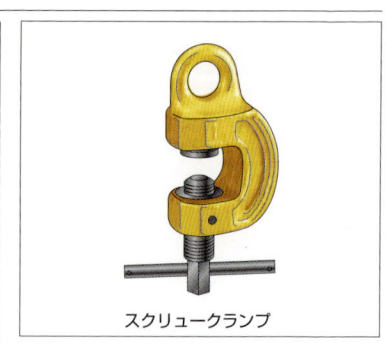

スクリュークランプ

スクリュージャッキ ⇨きりん

スクレーパー [scraper] ①土砂を削りかき取りながら移動する機械。トラクターに牽引(けんいん)されるものと自走式のものがある。②塗装などのため鉄部のさび，汚れをかき落とす工具。

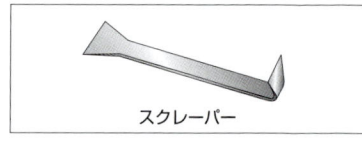

スクレーパー

スケア [square] 電線の断面積を表す単位。1スケアは1mm^2。8口，22口などとも書き，「8スケ」，「22スケ」などという。

スケーリング [scaling] はく離。コンクリートやモルタルの表面が，部分的にはがれること。

スケール [scale] ①物差し。②⇨縮尺 ③金属の腐食によって生じるさび皮。④錠箱。

スケジュールマネジメント [schedule management] プロジェクトの計画段階で，計画からプロジェクト完了までのスケジュールを作成し，そのスケジュールと実績を管理して予定期日内にプロジェクトを完了させること。

スケルトン [skeleton] 柱・梁など建築物の骨組のこと。

スケルトンインフィル [skeleton infill] 建築物を構造体（スケルトン）と内装・設備（インフィル）に分けて考え，構造体をいじらずに内装・設備が更新しやすい建築物を造る考え方。略して「SI」という。「SI住宅」のように，おもに共同住宅に使われている。

→インフィル

苆（すさ）塗り壁の補強および亀裂防止のため，塗り材料に混入する繊維質材料。わら，麻，紙，ガラス繊維，獣毛などを用いる。

筋違（交）い（すじかい）地震や風などの外力に対し，建物の軸組を強化するために入れる斜め材。木造では圧縮材として柱の2つ割り程度を用い，鉄骨造では引張材として丸鋼やアングルが用いられる。「ブレース」ともいう。

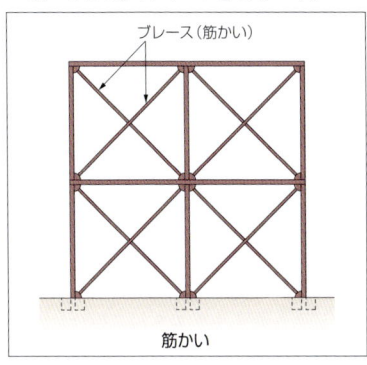

筋かい

筋違（交）い筋（すじかいきん）⇨斜め帯筋（おびきん）

スターラップ［stirrup］⇨肋筋（あばらきん）

スタイロフォーム 押出し発泡ポリスチレンの製品。〔製造：ダウ化工〕

スタックレイン［stack rain］石油，石炭の燃焼後の排ガスは，煙道・煙突内の冷却効果により，凝縮水となって煙突内部表面に付着する。この酸性の有害な水が高速の排ガス流により吹き上げられ，水滴となって地上に降り注ぐ現象。放置しておくとコンクリートの劣化などを招く。

スタッコ［stucco］セメントモルタルを5〜10mm程度吹き付けまたは塗り付けし，こてやローラーで表面に大柄の凹凸模様を付けた外装材。本来は大理石に似せたイタリア産の塗装材で，消石灰に大理石粉，粘土粉を混入したもののことである。「セメントスタッコ」ともいう。

スタッド［stud］⇨スタッドボルト

スタッドボルト［stud bolt］鉄骨梁のフランジ面にスタッド溶接によって取り付け，コンクリートスラブとの一体効果を増大させるボルト。単に「スタッド」ともいう。→シアコネクター

スタッド溶接［stud welding］ボルトや丸鋼を母材に取り付けるアーク溶接の一方法。ボルトや丸鋼の先端と母材間にアークを発生させ圧着させる。

スタッフ［staff］⇨箱尺（はこじゃく）

スタビライザー［stabilizer］軟弱な地盤を，土と固化材を混ぜ合わせて建設機械や車両等の走行に支障のないように安定させる地盤改良の機械。軟弱地盤走行用のキャタピラとかくはん装置を備えている。一般的には安定装置や安定剤のこと。

スタンション 工事期間中，高所作業や開口部付近など墜落の危険がある場所に取り付ける仮設の手すり。床スラブやバルコニーなどに取り付けて，ロープを張ったり，単管パイプを組んで安全用の手すりとする。

スチール［steel］電気工事で電線管に電線を挿入するときに，呼び線として使用する鋼線。

スチールテープ［steel tape］ケースに巻き取られる帯状の薄鋼板に目盛りを施した距離測定用の道具。一般に使用される巻尺の中では最も正確なものだが，温度変化による伸縮とさびやすいことが欠点である。20m，30m，50mなど各種ある。

スチールファイバー［steel fiber］⇨鋼繊維（こうせんい）

スチールフラッシュドア ⇨フラッシュドア

スチップル仕上げ［stippled finish］表面に小さい波形模様の付いた塗装仕上げ。スポンジのローラーブラシに塗料をふくませ，下地面を回転させながら塗ると，塗料の塗り厚の差で凹凸ができる。

スチフナー［stiffener］プレート柱やプレートガーダーなどのウェブ部分の座屈を防止するために，ウェブに添えて取り付ける補強用の鋼板。

スチロール ⇨発泡スチロール

捨て 構造上の必要からではなく，施

工上の納まりを良くするために使用される材料の頭に付する語。捨て杭，捨てコン，捨て型枠，捨て枠などがある。

ステイ［stay］①吊り構造や膜構造の建造物が，支柱内側へ引っ張られて倒れないように，頂部より斜め反対方向に設けた控えの引張材。「控え」ともいう。②→虎綱（とらづな）

捨て石 ①石垣などの地盤強化のために敷き入れる石。②堤防，橋脚など水中にある基礎地盤を安定させるために投下する，比重の大きい耐久性のある粗石またはコンクリートの塊。

スティフレッグデリック［stiff-leg derrick］デリックの一種。三角の台枠の頂点にたつマストを2本の斜め支柱（レッグ）で固定する構造のもの。マストの脚部からブームを突き出し，これをワイヤーロープで吊り，建て起こしが自由にできる。旋回角度は260°前後で，ガイデリックのように虎綱（とらづな）にじゃまされることがない。「三脚デリック」ともいう。

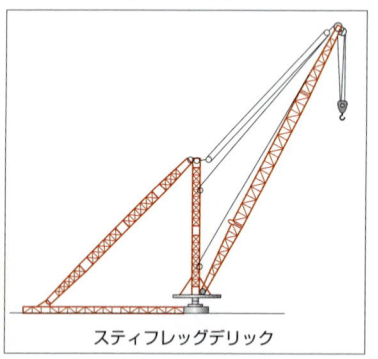

スティフレッグデリック

ステープル［staple］二股（ふたまた）になったU字型の釘。木製の下地にメタルラスなどを貼るとき，あるいは天井吸音ボードを捨て貼りの上に貼るときなどに用いる。

捨て型枠 ⇨埋殺し

捨て筋 梁主筋の梁内での定着に際し定着長さや位置の確保をするために，施工上必要となる鉄筋のこと。

捨てコン 独立基礎やフーチングの基底部分に捨て打ちする，厚さ50〜100mmの均（なら）しコンクリート。基礎の底面を平らにすると同時に，型枠および鉄筋の位置などの墨出しを行うためのもの。

ステップバック［stepback］⇨セットバック

捨て張り ①ボード張りなどで，下地用と仕上げ用の二重に張る場合の下地用をいう。天井岩綿吸音板張りの下地として張る石膏ボードなど。②中空パネルの反りや暴れを防ぐため，表面材と同質のものを裏面にも張ること。

捨てボックス コンクリートボックスに同じであるが，壁面，天井面に埋め込んで使用するボックス。壁面の建築施工時に事前に埋め込む，照明器具取付け用ボックス。

捨て枠 窓や出入口の開口部に化粧枠を取り付ける目的で，周囲のコンクリートなどの躯体部分に埋め込んだり，取り付ける下地用の枠材。

ステンドグラス［stained glass］小さく切断した色ガラスを鉛で接合し図柄や模様を表現した装飾用ガラス。中世よりヨーロッパのゴシック教会などで装飾窓ガラスとして使用されてきた。

ステンレスクラッド鋼 →クラッド鋼

ステンレスシート防水 ステンレス板を防水層とする屋根防水。継目を全溶接するので，陸（ろく）屋根に使用できる。凍結による防水層の破壊がない，耐用年数が長い，メンテナンスが不用などの特徴があり，施工費は高価だが，長期的にみれば割安となる。

ストーマー粘度計 ペイントのようなペースト状の液体の粘度を計る器具。

ストックスタンド［stock stand］プレキャスト鉄筋コンクリート（PC）部材のうち，板状のものを垂直に立てて仮置きする装置。一般にはコンクリート製のものが多い。

ストックヤード［stock yard］工事現場や工場における，資材や製品の保管場所。

ストラクチャーシール［structural sealant］⇨構造シーラント

ストラクチュア［structure］建物の構造，あるいは建物そのもののこと。

ストランドロープ［strand rope］普通のワイヤーロープのこと。鋼の撚(よ)り線を何本か用いて，さらにより合わせてつくる。PCストランドとは，プレストレストコンクリートに使われる高強度の撚り線をいう。

ストレインゲージ［strain ga(u)ge］①コンクリート構造体の変形（2点間のゆがみ，ある点のゆがみ度など）を測定する計器。微少量のゆがみを拡大して読み取れるゆがみ計のこと。②ワイヤーストレインゲージ，コンタクトストレインゲージの通称。

ストレージタンク［storage tank］給湯設備において，温水をためておくタンク。

ストレートアスファルト［straight asphalt］原油を常圧蒸留装置や減圧蒸留装置などを使って処理した残留瀝青(れきせい)物質。針入度40以下のものは工業用などに，40を超えるものは道路舗装用および水利構造物用として用いられる。ストレートアスファルトを加熱して，酸化重合したものがブローンアスファルトである。JIS K 2207。

ストレーナー［strainer］①配管内を循環する水，温水，蒸気などの気体，流体に含まれた不純物を補取するため，配管途中もしくは揚水ポンプのサクションホースの先端に取り付けるろ過用器具。②深井戸の鋼管ケーシングに設ける採水管。砂粒の流入を防ぐ。ジーメンスウェル工法においても使用。

ストレッチアスファルトルーフィングフェルト［stretchy asphalt roofing felt］合成繊維にアスファルトを浸透させ，表面に鉱物質の粉末を付着させたルーフィング。強度・耐久性に優れており，アスファルト防水に用いられるルーフィングの主力となっている。JIS A 6022。

砂壁 ふのり等で練った色砂で仕上げた塗り壁。本来は小舞(こま)を下地にした和風の伝統的な土壁の仕上げであったが，今はさまざまな下地の塗り壁として用いられている。

砂壁状吹付け材 合成樹脂エマルジョンペイントに骨材を混入した吹付け塗装材。骨材にけい砂・川砂を用いた内外装用，自然石・陶磁器粒などを用いた外装用，ひる石・パーライトなどを用いた天井用などがある。

砂杭 ⇨サンドコンパクションパイル
砂地業 ⇨筏地業(いかだじぎょう)
砂付きルーフィング 片面に1mm前後の鉱物質の粒子を付着させたルーフィング。人の歩行しない屋根などのアスファルト防水において，防水層の最終仕上げ層として用いられる。JIS A 6005。→露出用ルーフィング

スナッチブロック［snatch block］⇨キンネン

スネーク式モルタルポンプ ローターと呼ばれるねじれた鋼製の軸がゴム製のチューブ内で回転し，スクリューポンプのようにモルタルを圧送する機械。吐出し量の調節が自由で，圧送して吹き付ける作業に適している。

スパイラル筋 ⇨ら旋鉄筋
スパイラルダクト［spiral duct］亜鉛引き鋼板，普通鋼板，ステンレス板，アルミニウム板，塩ビ鋼板をらせん状に巻いた形状の空調用丸ダクト。「丸ダクト」ともいう。

スパイラルフープ［spiral hoop］柱のせん断補強と座屈圧縮強度を高めるために用いるフープ筋（帯筋）が，ら旋状に連続したもの。円形状のものと矩形(くけい)状のものとがある。

スパッター［spatter, sputter］アーク溶接やガス溶接の際，溶接作業中に溶接棒から飛び散る溶融金属の粒。これが多いと作業に支障をきたす。

スパッタリング［sputtering］低圧気体中の金属を加熱あるいはイオン照射することによって金属分子を飛ばし，それをほかの物体に付着させること。金属化合物を表面に付着させた熱線反射ガラスの製法などに用いられる。

スパン［span］梁やアーチなどの構造物を支持する支点間距離のこと。「梁（張り）間」ともいう。

スパンクリート［spancrete］プレストレスを導入したプレキャストコンクリ

ート製品の一種。板の縦方向に複数（5〜13）個の中空孔を貫通させたもの。〔製造：スパンクリート製造〕

スパンドレル［spandrel］①三角状をなす壁。②カーテンウォール構法においては、上下の窓の間を満たす壁パネルのこと。③目透し張り用に加工された幅の狭い長尺の金属板。アルミ製や塗装鋼板製などがあり、カーテンウォールの外壁や天井に使用される。

スパン割り［spacing］平面的な柱の位置、柱間の寸法を示したもの。「柱割り」ともいう。

スプライススリーブ工法 プレキャスト鉄筋コンクリート（PC）部材の接合方法の一種。円筒状の鋳鉄製スリーブに、PC部材相互の異形鉄筋を突き合わせて挿入し、このスリーブ内にセメント系の無収縮性の高強度グラウト材を充てんして、異形鉄筋相互を一体化する方法。D16〜D51までの鉄筋が適用でき、無溶接工法である点が大きな特徴。正式には「NMBスプライススリーブシステム」という。日本建築センター構造評定：BCJ・C1118他。〔開発：日本スプライススリーブ〕

スプライスプレート［splice(d)plate］木材の継手やH形鋼などの鋼材の継手部分に用いる添え板のこと。木材の継手部では鋼板や木材が用いられ、釘やボルトなどで取り付ける。「添え板」「ジョイントプレート」ともいう。

スプリンクラー設備 防火対象物の天井または屋根下部分に配置されたスプ

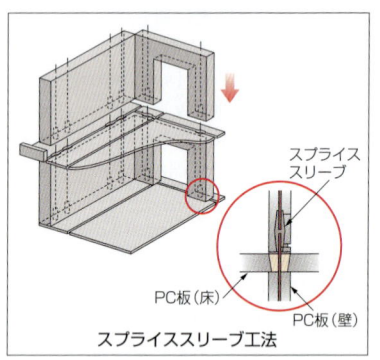

スプライススリーブ工法

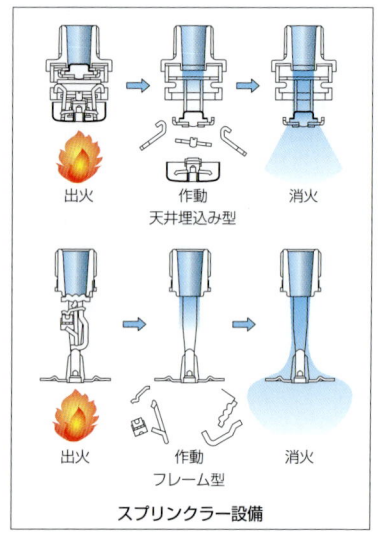

スプリンクラー設備

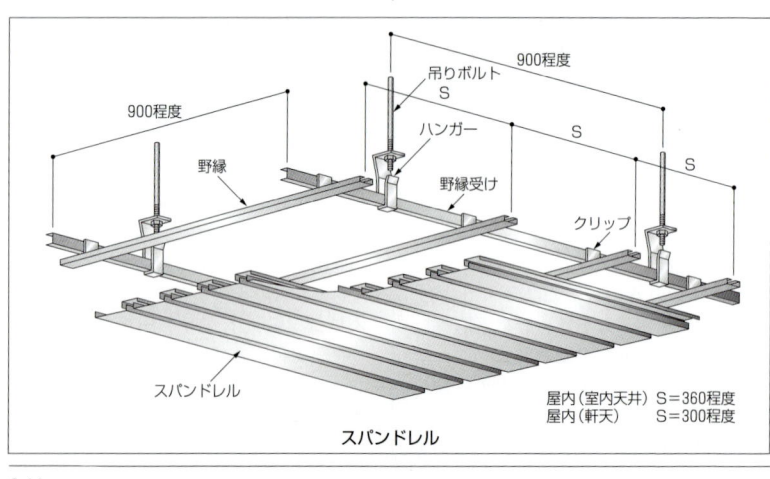

天井埋込み型
出火　作動　消火

フレーム型
出火　作動　消火

スパンドレル
野縁　吊りボルト　ハンガー　野縁受け　クリップ
900程度　S　S　S　900程度
屋内（室内天井）S＝360程度
屋内（軒天）S＝300程度

リンクラーヘッドにより，火災感知から放水までを自動的に行う消火設備。

スプリンクラーヘッド　［sprinkler head］スプリンクラー設備の構成品で，水を放水するもの。ヘッド温度ヒューズに種類があるので，部屋用途に合わせて設置する。

スプリングワッシャー　［spring washer］→座金（ざがね）

スプルース　おもに造作（ぞうさく）に使われる北米産の木材。材色が白色系の針葉樹。アラスカ産のヒノキといわれているが，ヒノキとは別種。

スプレーガン　［spray gun］吹付け塗装用の工具。塗料やセメントを圧縮空気で吹付け塗りする。

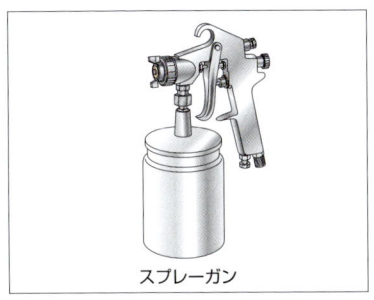

スプレーガン

スプレースタッコ　［spray stucco］吹き付けたモルタルに，こてやローラーで大柄の凹凸模様を付けた外装材。「吹付けスタッコ」ともいう。→スタッコ

スペーサー　［spacer］鉄筋コンクリート工事で，型枠のせき板と鉄筋の間隔を一定に保つために使用するモルタル製のブロックや金属製の金物，器具。

スペースフレーム　［space frame］①棒状の部材をジョイント金物で組み合わせトラスを立体的に構成したもの。大規模空間，屋根などによく使われる。②部材の大量生産や組立方法の単純化をねらって，少ない部材種で組み立てられた骨組。

スペーディング　［spading］コンクリート打ちの際に，型枠面に発生する気泡を少なくするため，鋤（すき）のような道具で挿入・引抜き・かきならしを行ってコンクリートを締め固めること。

スペック　specificationを略していう言葉で，特に海外工事などにおいて用いられる仕様書，もしくは仕様に対する呼称。

滑り出し窓　建具上框（がまち）の両端が窓枠のたて溝を滑り下りると同時に吊脚（つりあし）用金物の回転により建具が外へ開き出す窓。建具下框の両端が滑り上がる場合は内開きとなる。外開きと内開きを上下に組み合わせた窓を「オーストラル」と呼ぶ。

滑り出し窓

滑り止め　階段の段板の鼻部分に取り付ける滑り防止用の部品。段鼻（だんばな）の摩耗防止も兼ねる。ステンレス製，アルミ合金製，合成樹脂製などがある。「ノンスリップ」ともいう。

スポット溶接　［spot welding］抵抗溶接の一つ。2枚の鋼板を重ね合わせ，これを電極の先端ではさみ，小さい部分に電流を集中させて加圧しながら鋼板を接合する溶接方法。「点溶接」ともいう。→抵抗溶接

素掘り　（すぼり）山留めなしで，地盤の掘削を行うこと。浅い根切りや良質地盤などで採用される。

スポンサー企業　JV工事におけるその構成員の代表者。役割の形態は，単に発注者に対する窓口のみで，運営は共同で行う方式から，運営のすべてを一任される方式まで多様だが，おおむね運営の主導権をもつ。

スマートマテリアル　自己修復能力をもつ未来志向の建築材料。現在はまだ概念だけで具体的なものは存在しない。例えば，コンクリートの中に接着剤入りカプセルを混入し，コンクリートに亀裂が生じたら，自力でカプセルが割れて接着剤が流れ出し亀裂部を自

すみ

上筋用スペーサー　下筋用スペーサー　梁筋用シングルスペーサー

柱、壁筋用スペーサー　上筋用スペーサー　梁筋用ダブルスペーサー

丸鋼スペーサー

上筋用スペーサー　下筋用スペーサー
スチールスペーサー

（サイコロ）下筋用スペーサー　（腰掛）上筋用スペーサー
モルタルブロックスペーサー

モルタルスペーサー

（馬てい形）
（ドーナツ形）

スペーサー

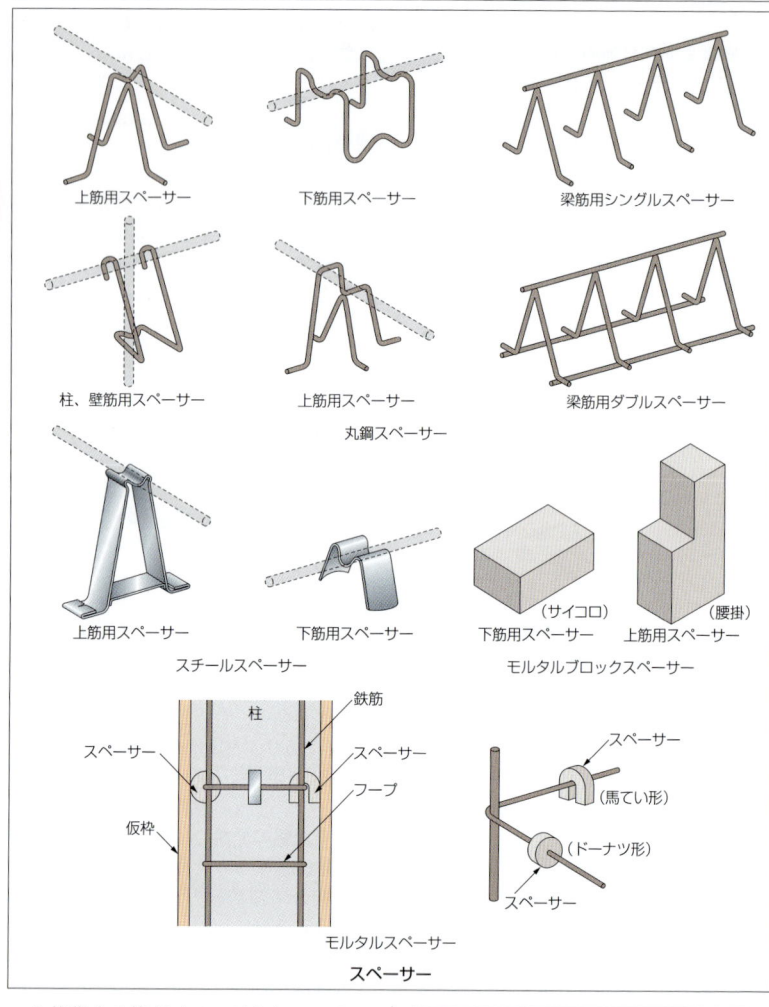

ら修復する等がイメージされている。

墨　墨さしや墨糸で記した線の総称。

墨糸　墨壺(すみつぼ)に組み込まれた部品で、糸車に巻かれている糸のこと。絹糸または麻糸が使われる。

墨打ち　⇨墨出し

隅切り　角の部分を切り取ること。例えば、道路が直交するときの敷地の角を切り取る場合にいう。また四隅の角を切り落とした四角形（「切り子」ともいう）を指す。

墨刺（すみさし）端部をへら状と棒状に加工して細かく割った竹製の墨出し用工具。端部に墨を含ませ、木材に線

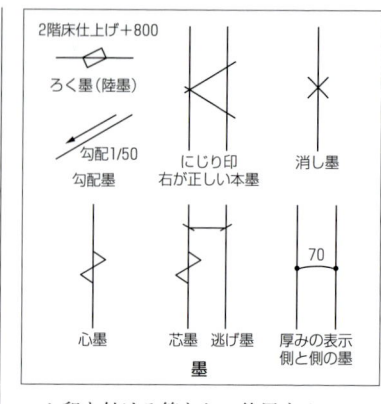

2階床仕上げ+800
ろく墨（陸墨）
勾配1/50
勾配墨
にじり印　右が正しい本墨
消し墨
心墨　芯墨　逃げ墨　厚みの表示側と側の墨

70

墨

や印を付ける筆として使用する。

墨出し ①壁・柱・床などの中心線の位置，仕上げ面の位置またはそれらの逃げ墨を墨糸などを使って記すこと。②部材の切断，取付け，継手・仕口加工などの作業のために必要な線や印を付けること。「墨打ち」ともいう。

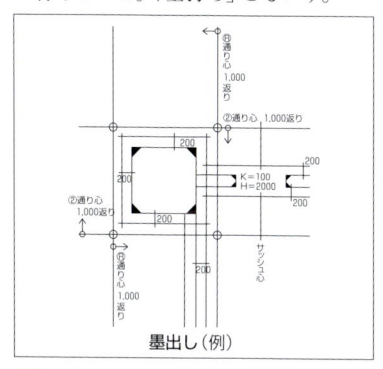

墨出し（例）

墨付け 加工に先立ち，墨壺(つぼ)と墨さし，指金(さしがね)を用いて，木材面に工作の基準となる線や印を付けること。

墨壺（すみつぼ）大工や石工(いしく)が線引きに用いる道具。壺の中に墨汁を含んだ真綿を入れ，その中に糸を引き通して墨を付けたうえで，糸を張って墨打ちを行う。壺はケヤキでつくる。

隅肉溶接（すみにくようせつ）重ね継手，T継手，角継手など母材同士が直角をなす部分に施す溶接。

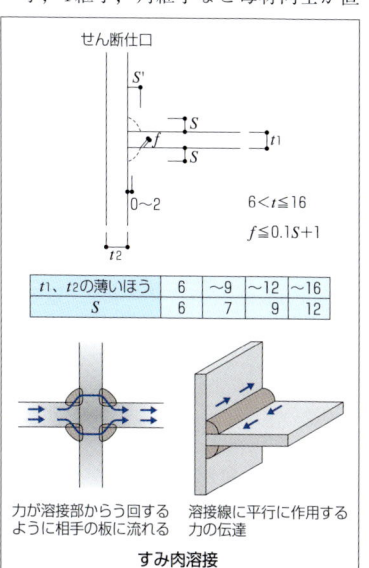

すみ肉溶接

スミネジバー ねじふし鉄筋をカプラーで連結し，その両端をロックナットで締め付けた後，カプラーとのすき間に無機グラウト材を充てんする鉄筋継手工法。日本建築センター評定番号 BCJ-C1702。〔製造：住友金属工業〕

スモークハッチ［smoke hatch］屋根に取り付ける排煙装置。手動または煙感知器連動装置によって上部のふたが開き自然排煙される。

スラー ワイヤーロープなどを緩めるよう指示する場合に用いる鳶(とび)職用語。

スライディングウォール［sliding wall］会議室や集会所に使用される移動間仕切りの一種。吊り戸形式のパネルを継いで間仕切りとし，開放するときは，レールにそってパネルを1枚ずつ移動させ，壁際の収納部に重ねる。別称「スライディングドア」。

スライディングフォーム工法［sliding form construction method］打継ぎ目なしのコンクリート壁面をつくるために用いられる，上方への滑動が可能な型枠工法。サイロ，給水塔，煙突など下部から上部までの水平断面が同じで，かつ床のない建物に適する。高さ1.2 m前後の内外両面型枠の全体を徐々に引き上げながらコンクリートを連続的に打設する。「スリップフォーム工法」ともいう。

スライド条項 工期内に賃金や物価の変動により当初の請負代金が著しく不適当となった場合，請負代金額の変更について規定した条項。請負契約約款に記載されている。→インフレ条項

スライド丁番［slide hinge］丁番の軸が扉の開閉にともない移動するもので，表からは隠されて取り付けられ，扉のデザインが重視される化粧室などの軽い扉に使われる。

スライム［slime］口径の大きい場所打ちコンクリート杭用の孔を水中で掘削する場合，掘削壁面を保護するのに用いたベントナイト泥水と掘土の粒子とが混じって孔底に沈殿したもの。杭の支持力に悪影響を及ぼすため，コンク

リート打設前に取り除く必要がある。

スラグ［slag］①高炉で鉱石から金属を採取した後の残滓(ざんさい)。高炉セメント，コンクリート骨材などに用いられる。「高炉スラグ」「高炉鉱滓」「鉱滓」「かなくそ」ともいう。②溶接ビードの表面を被覆している非金属の物質。

スラグセメント ⇨高炉セメント

スラグハンマー［slag hammer］溶接において，溶着部に生じる非金属物質（スラグ）を取り除くためのハンマー。

スラッジ［sludge］下水・上水・工場排水処理によって発生する泥状の固形分。無機物中心で，重金属などが含まれる場合は廃棄処分が難しい。

スラット［slat］シャッターやブラインドにおいて，遮へい面を構成する小幅板のこと。

スラブ［slab］床版のこと。一般的には鉄筋コンクリート（RC）の床をいう。

スラブ打込み配管 スラブ（床）に打ち込まれる電線管。打ち込む場合は，構造設計との協議が必要である。

スラブ筋［slab reinforcement］通常，鉛直荷重を支持する床板に配置される鉄筋の総称。

スラリー［slurry］微粒子の土や微粉末を水で溶かしたような泥状の液。

スランプ［slump］コンクリート施工軟度を示す言葉で，この値が大きいほど軟らかいコンクリートである。

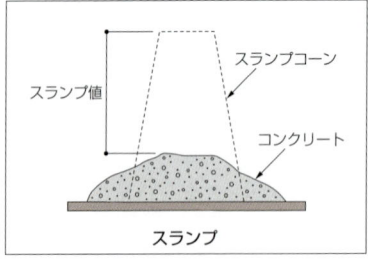

スランプコーン［slump cone］スランプ試験に用いる円錐台状の鉄製容器。上端内径10cm，下端内径20cm，高さ30cmで，下端の両側に型抜き用のハンドルが付いている。

スランプ試験［slump test］コンクリートのワーカビリティ（施工軟度）を知るための試験方法の一種。鉄製の平板上にスランプコーンを置いて，その中にコンクリートを一定方法で詰め，スランプコーンを引き上げて抜き，その頂部の下がった値を測定する。この値を「スランプ値」といい，この値が大きいほど軟らかい。JIS A 1101。

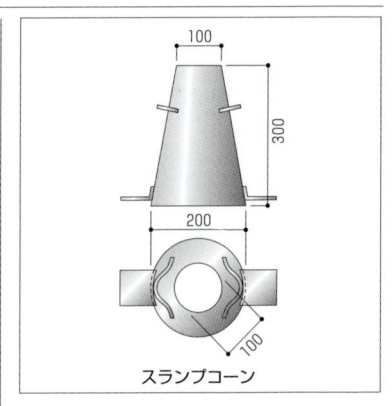

スランプ低下 ⇨スランプロス

スランプフロー フレッシュコンクリートの流動性の程度を示す指標の一つ。スランプコーンを引き上げた後，円形に広がったコンクリートの直径で表す。→フレッシュコンクリート

スランプロス［slump loss］セメントの凝結や水分が空気中へ逸散することにより，打込み前のコンクリートのスランプが低下する現象。「スランプ低下」ともいう。

砕（ずり）トンネルの施工において，掘削や発破(はっぱ)により生じた片付ける必要のある土砂，岩石のくず。

擦り合せ（すりあわせ）部材の接合面を互いに平滑にして密着させること。

スリーウェイフロアダクト［3 way floor duct］フロアダクトを，電源，信号（データ），電話の3列に分けて埋め込んだもの。

スリーブ［sleeve］設備工事において，配管の継手に用いられる筒状の部品。また，コンクリート構造体の梁，壁，床などを貫通する設備の配管類のために，あらかじめ埋め込んでおく筒状の金属管をいう。

スリーブ伸縮継手 軸方向に自由に移

動できるよう継手本体の片側または両側にすべり管を挿入し, 熱膨張による配管の伸び縮みを吸収するための継手の一種。

スリーブ箱入れ　コンクリート打設前にダクト等の大きな設備を躯体(床壁)を貫通する部位にいれる箱。

スリット目地　コンクリートの壁や仕上げ面に設ける細長いすき間。コンクリート壁に付ける場合は, おもに構造上の免震スリットとして用いられ, 仕上げとして表れるものは意匠として用いられる。

スリッパ[sleeper]　枕木, 転(ころ)ばし根太(ねだ), 大引き, 材料などを地上に置くとき下にころばす材料。

スリップバー[slipbar]　コンクリートの目地や隣接するカルバートで両方の面を同一に保つため目地を横断して入れる鋼棒。片方はコンクリートに埋め込んで固定し, 反対側はシースに入れコンクリートの膨張収縮に対応する。

スリップフォーム工法　⇨スライディングフォーム工法

摺り目地　(すりめじ)　石積み, れんが積み, タイル張りなどで, 材料の表面と同一面に平滑に仕上げた目地。「平目地(ひらめじ)」ともいう。

スレート[slate]　石綿以外の繊維で強化したセメント板。波板と平板があり平板は「フレキシブルボード」ともいわれる。本来は粘板岩を薄くはいだ天然スレートのこと。

スロット溶接　溶接方法の一つ。重ね合わせた2部材の一方に溝状の穴をあけ, その中に肉盛り溶接を行い接合する。「溝(みぞ)溶接」ともいう。

スロップシンク[slop sink]　モップや雑布などを洗うための掃除用流し。略して「SK」ともいう。

スロップシンク

寸検(すんけん)　⇨検尺(けんじゃく)

寸法安定性　温度・湿度などの環境条件の変化が生じても, 材料などの寸法変化が生じない性能。仕上材では, 温湿度変化によりすき間の発生などを防止するため, 寸法安定性の良いものを選定する。

せ

静荷重[static load]　建物の構成部分の重さである自重や人, 物品, 貯蔵物の重さのように, 変化しないで静止の状態で作用する力, あるいはその大きさのこと。地震力, 風力等は動荷重。

成形伸縮目地材　アスファルト防水層等の保護用の押えコンクリートに設ける伸縮目地に使用される, 各種断面形状をもった既製の目地材の総称。

制限付き一般競争入札　入札者資格に地域要件や企業規模などを加えて参加者を制限した一般競争入札。→一般競争入札

制振構造　建物の骨組に取り付けた制振装置(ダンパー)によって, 地震や風による建物の揺れを小さくする建築構造。大きくはパッシブタイプとアクティブタイプに分かれ, 風対応型, 地震対応型など, 超高層建築の発展とともに多くの種類が開発されている。「制震構造」ともいう。→アクティブタイプ制振システム, パッシブタイプ制振システム

制振ダンパー　地震や風による振動エネルギーを吸収する装置。超高層建築の発展とともに地震, 風対策としてさ

せいそう

耐震構造、制震構造、免震構造の特徴

		耐震構造	制震構造 履歴系	制震構造 粘性系	免震構造
対象建物	中低層（～10階）	●	●	■	■
	高　層（10階～20階）	●	■	■	■
	超高層（20階～）	●	■	■	●
大地震時の構造安全性		●	■	■	■
加速度応答低減効果	中小地震	▲	▲	●	●
	大地震	▲	▲	●	■
大地震後の復旧容易性		▲	●*A	■	■
メンテナンス		■	●	▲*B	▲*C
コスト		■	■	●	▲

［凡例］■：非常に優れる／非常に適する　　＊A：大地震後に交換する場合がある。
　　　　●：優れる／適する　　　　　　　　＊B：定点点検が必要な場合がある。
　　　　▲：やや劣る／やや不適　　　　　　＊C：現状では定期点検が必要。

まざまな種類が開発されている。→オイルダンパー

製造物責任法　通称「PL法」（product liability low）といわれる。製造物の欠陥により，人の生命・身体・財産に被害が生じた場合に，製造業者等の損害賠償の責任について定めたもの。

静定貫入試験機　ロッドに取り付けたスクリューポイントを地盤中に貫入・回転させ，その貫入から土の硬さ，締まりの程度を判定する機械。この試験を「スウェーデン式貫入試験」ともいい，また機械を「スウェーデン式貫入試験機」ともいう。

静的貫入試験［static penetration test］円錐形のコーンを地盤中に静的荷重で貫入させることにより，地盤の強度や変形性状を調べるための試験。

静的破砕剤（せいてきはさいざい）けい酸塩や酸化カルシウムを主成分とした粉末で，水和反応による膨張圧を利用してコンクリート塊などを破砕するもの。場所打ちコンクリート杭の騒音のない杭頭処理などに使用される。

性能規定　建築物や建材の性能についての規定のしかたとして，その外形から規定する仕様規定（しようきてい）とは別に，その効力を物理的に計測し，評価する規定のこと。性能規定の場合，試験方法，試験機械器具，試験機関と担当者の能力，試験体の大きさや作り方等々の条件により，結果は相違し，判定のしかたによってもばらつきが生まれる。→仕様規定（しようきてい）

性能発注　設計図・仕様書の規定によらない工事発注方式の一種。建築物を構成する各種部品・部材および建物全体の性能を指示することにより，設計図書なしで発注する。VE（バリューエンジニアリング）と同じ考え方。

生物化学的酸素要求量　⇨BOD 略

政令　法律の規定を実施するため内閣が制定する命令のこと。行政関係の法律体系では，法律で基本的な事項を定め，細部の事項や手続き等についての定めを政令や省令に委ねることがよく行われている。このような政令は，一般に「○○法施行令」と称されている。法律だけでなく政令，省令が一体となって一つの法律体系ができていることになる。→省令

ゼーゲルコーン［segercone］粘土焼成品の焼成温度測定や耐火・耐熱試験の温度判定に用いる三角錐の試験体。粘土，けい酸塩，酸化金属などを調合してつくる。温度上昇により試験体が軟化し高さ6cmほどの錐頭が頭を下げて底面まで垂れ下がったときの温度を軟化温度とする。600～2,000℃位まで測定できる。耐火れんがの耐火度

は，ゼーゲルコーン番号で表される。

セーフティーコーン［safety corn］建築現場の危険場所の表示や道路工事における車両の誘導などに使用される円すい形の保安用具。天然ゴム製でゼブラ模様をもち，夜間光を受けた場合反射するようにコーティング処理がされているものと無反射のものとがある。→カラーコーン

セオドライト　墨出しや実測に使用する測量機器。直線の延長や角度を振るなど，その機能はトランシットと同様であるが，角度の読み取りが目盛りでなく表示数字に基づく。

ゼガーミキサー　とっくり形の可傾式ドラムを備えた可搬型のコンクリートミキサー。15〜25°に傾斜させて混練するもので，材料自動投入装置（パーローダー）が付いている。

堰板（せきいた）①型枠の構成部分のうち，直接コンクリートに接する板状の材料。木製（合板），鋼製などがある。②土工事において，掘削面の土が崩壊しないようにあてがう土止め用の板。①，②とも「幕板」ともいう。

赤外線吸収ガラス　⇨熱線吸収板ガラス
赤外線遮断ガラス　⇨熱線吸収板ガラス
積載荷重［live load］建築物の使用時に発生する荷重。例えば，人間，家具什器（じゅうき），事務机・用品，機械装置，貯蔵物。構造設計上は建物用途によって積載荷重が設定されている。「活荷重」ともいう。

積算　数量積算と価格積算とから構成されている。いずれも実際に使用され，支出される数量および価格（コスト）に基づいて計算される。経費および利益については，別立てで計算される。数量積算は，実使用数量に無駄分の歩留（ぶど）りを見込んだ数量をいい，その数量に材工の仕入原価を乗じたものに，経費と利益を加算して価格積算を行う。建築においては，設計図書に基づき建築物の生産に必要な工事費を各部分計算の集積の形で事前に予測することをいう。従来，建築物の各部分数量の算出を「積算」といい，それに単価を掛けて工事費を求めることを「見積」とする考え方もある。→見積

積算価額　設計図書や積算用資料を元に算出された金額。これを元に入札などが行われ工事価格が決定される。

積算士　建築積算業務を専門とする技術者に与えられる名称。（社）日本建築積算協会による資格試験および登録制度がある。イギリスにおけるクオンティティサーベイヤー（QS）の資格制度は歴史も古く権威のあるものである。

積雪荷重［snow load］積雪の単位荷重（積雪量1cmごとに1m²につき20N以上）に屋根の水平投影面積およびその地方の垂直積雪量を乗じて計算する（建築基準法施行令第86条）。

積層工法　鉄筋コンクリート（RC）構造や鉄骨鉄筋コンクリート（SRC）構造の構造体や外壁などを1層（1階ないし数階を単位とする）ごとに組み立て，仕上げ，設備などの工事までを同時に行って完了させていく工法。部材のプレハブ化により現場労務の省力化，工期の短縮，品質の向上，繰り返し作業による熟練によって生産性の向上が図られ，安全性の確保につながるなどの特徴をもつ。

積層ゴム　⇨高減衰（こうげんすい）積層ゴム
積層材　何枚もの単板を，繊維方向を平行にして接着剤で貼り合わせてつくった材。狂いの少ない均質な長大材を得ることができ，湾曲加工も可能。扉枠や窓枠，家具などに使われる。「単板積層材」ともいう。

責任施工　工事を請け負った者が，その工事を完成するまでの一切の責任を負って工事を実施すること。当然，瑕疵（かし）担保責任も負担する。元請にとっては下請の選別発注の際に，下請のこの能力を重視する。

石綿（せきめん）蛇紋岩・角閃（かくせん）石が変質し繊維状となったもの。保温・耐火・電気絶縁材などに使用されていたが，粉塵（ふんじん）の人体に及ぼす害が指摘され現在は使用が禁止されている。「アスベスト」「いしわた」ともいう。

セクション［section］⇨断面図

施工管理 元請業者が専門工事業者に対して行う施工全般にかかわる管理のこと。工程計画などに基づいて，おのおのの専門工事についての安全・作業手順・方法・品質などの管理を行う。

施工管理技術検定 国土交通省が建設業法第27条に基づいて，建設工事に従事する技術者の技術力の向上を図るために実施している技術検定のこと。(財)建設業振興基金が指定試験機関としての指定を受けて「建築施工管理技術検定試験」と「電気工事施工管理技術検定試験」を実施している。

施工管理者教育 (財)建設業振興基金が昭和57年以降全国主要都市で行っている中堅以上の職長を対象とした教育システムのこと。建設業一般，施工・工程管理，品質管理，原価管理の4コースについて実施されており，テキストも業種別に用意されている。

施工基面 [formation level] 切土・盛土・コンクリートスラブなどの工事前の仕上がり面で建設工事の基準になる高さ。「フォーメイション」ともいう。

施工計画 設計図書に記載された条件や契約条件に基づいて，施工機械や設備の検討および施工方法の検討を行い工事計画を立てること。工事内容の調査，敷地状況の調査，予算の検討，工期の検討，躯体工事の工法検討，材料数量のチェックなどを行う。

施工図 設計図書に記載されていない現寸，割付け，施工順序，方法などを示す施工用の図面の総称。現寸図，工作図，型枠図，取付け図，割付け図などがある。主として施工準備段階で書かれ，資・機材，労務の手配を行うための資料ともなる。

施工数量 実際に施工するために必要とされる材料や労務の数量。歩留(ぶど)りを考慮するため，設計数量よりも大きくなる。

施工体制台帳 建設業法第24条の7第1項によって，特定建設業者が元請として総額3,000万円以上の工事金額を下請に出す場合に作成が義務づけられている台帳。工事施工を請け負う下請，孫請などのすべての業者名，施工範囲，工期，配置技術者名等を記載する。→特定建設業許可

施工単価 積算に際し，施工費の算出に使用する費用。一般に歩掛りをもとに，材料価格，労務賃金，その他仮設的な費用，機械器具費，運搬費，下請経費などを計上して求めた単価や刊行物に掲載されている市場実勢単価，および専門工事業者の見積単価を参考にする方法がある。

施工軟度 ⇨ワーカビリティ

施工費 設計図書に示されている個数あるいは設計寸法から求めた施工数量と，施工単価を乗じて求めた費用。

施工評価 建築工事や土木工事において，施工業者自らが行う施工に関しての良否の評価。品質の改善，施工技術の改善，新技術の開発，コストダウンなどを図るため，組織・建物の品質，性能，安全，近隣問題などの種々の面から評価を行う。

施工品質 設計上の品質に対するもので，建築物ができ上がった後の実際の品質のこと。建設業界に品質管理の概念が導入されてきたことから用いられるようになった。→設計品質

施工品質管理表 ⇨QC工程表 略

施工変更 →設計変更

施工方法提案型指名競争入札 発注者が想定する施工方法と提案を求める施工方法の範囲を示し，施工者からの提案を審査して入札参加者を決定する入札方法。施工者の技術力や施工方法を取り入れることで費用，工事期間等の改善が図れる。

施工目地 施工上，コンクリート打設を中断して打ち継がねばならない場所をあらかじめ計画して，その部分に設ける目地のこと。

施工面積 バルコニーや外廊下・ピロティなどの面積を延べ床面積に加えた面積。建築物のm^2当たりの建築費，あるいは積算数量のm^2当たりの歩掛りの基準として使われる面積だが，その範囲については法的にはもちろん，習慣としても定まったものはない。

施工要領書 各工種ごとにその工事についての使用材料・施工方法・検査方法・安全管理などの詳細を記述した計画書のこと。下請業者が元請へ提出するものと，元請が監理者へ提出するものがある。

施主（せしゅ）建築工事の依頼主を指す慣用語。「発注者」「注文主」あるいは「クライアント」「建築主」ともいう。また業者は「お施主」とか「お施主様」などと尊称していう。

是正処置 [corrective action] 発見された不適合（マネジメントシステムの要求事項を満たしていないこと）の原因を除去するための処置。

絶縁工法 アスファルト防水において下地のひび割れや膨張・収縮などによる防水層の切断を防ぐため，下地と防水層を部分的に接着させる工法。穴あきルーフィングの使用などによって可能となる。→密着工法

絶縁テープ 電線・ケーブルの接続部（圧着等）が電気短絡しないよう保護するための被覆テープ。

石灰アルミナセメント [lime aluminous cement] ⇨アルミナセメント

炻器質タイル（せっきしつ—）1,200℃前後で焼成された硬質で吸水性の少ないタイル。吸水率が5％以下で，素地が有色で素焼きのまま使用されることが多い。JIS A 5209。

設計被り厚さ（せっけいかぶりあつさ）コンクリート打設後の状態が所定の被り厚さの最小値を満たすように定めた設計上の寸法。型枠や配筋など施工上生じる誤差を考慮して寸法を大きめにとる。

設計監理 建築物の実施に必要な設計図書を作成し，建築主の代理人として工事を設計図書と照合し，設計図書のとおりに実施されているかどうかを確認すること。

設計監理契約 建築物の設計図書を作成することは建築士の業務であるが，その建物の施工に際し，その設計図書どおりに施工されるよう監理も同時に行うことが多い。その設計と工事監理を委任する契約のことをいう。設計と工事監理の双方の業務を一体的に行う契約のことで，設計監理という業務は存在しない。

設計監理費 建築工事において設計と工事監理に要する費用をいい，建築士法に基づいて，国土交通大臣がその業務報酬の標準的な考え方の勧告を行っており，設計および工事監理業団体では，それぞれ報酬率表を定めている。

設計基準強度 構造計算に際し，採用したコンクリートの圧縮強度。→品質基準強度

設計強度 ⇨設計基準強度

設計数量 建築数量積算基準で区別する数量の一つ。設計図書に示された寸法，またはそれらの寸法から算出される各部分の寸法などに基づいて求める数量。ほかに「計画数量」と「所要数量」とがある。

設計施工 建設業者が建築物の設計と施工の両方を一貫して行うこと。建設業者の多くは設計部門をもち，設計事務所の登録を行っている。「設計・施工一貫方式」ともいう。

設計・施工一貫方式 ⇨設計施工

設計・施工分離方式 建築工事に際し設計事務所等が設計を行い，建設業者が施工を担当するもの。建設業者が設計と施工を同一組織内で行う「設計・施工一貫方式」と区分される。

設計説明書 建築物の設計品質のうち重要とされるべき点，すなわち発注者が特に要求している点，設計者が特に重視している点を記述した説明書。品質管理活動として新たに仕様書の付属図書として位置づけるように，昭和61年日本建築士会連合会が提案（施工管理と工事監理への一提案）している。

設計図書 建築物の工事施工，あるいは法的出願・契約などに必要な図面，仕様書，その他書類の総称。建築法規では建築物，その敷地または工作物に関する工事用の図面（現寸図その他これに類するものを除く）および仕様書と規定している。建築基準法第2条12号，建築士法第2条5項。

設計図書

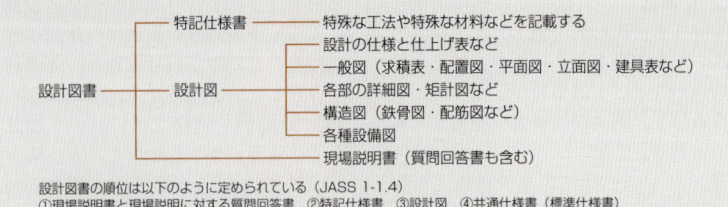

```
設計図書 ─┬─ 特記仕様書 ──── 特殊な工法や特殊な材料などを記載する
          │
          ├─ 設計図 ──┬── 設計の仕様と仕上げ表など
          │           ├── 一般図（求積表・配置図・平面図・立面図・建具表など）
          │           ├── 各部の詳細図・矩計図など
          │           ├── 構造図（鉄骨図・配筋図など）
          │           └── 各種設備図
          └─ 現場説明書（質問回答書も含む）
```

設計図書の順位は以下のように定められている（JASS 1-1.4）
①現場説明書と現場説明に対する質問回答書　②特記仕様書　③設計図　④共通仕様書（標準仕様書）
＊確認申請書、工事予算書、施工図は含まれない。

設計図書

設計入札　①建物の設計とその設計に基づく工事金の両者を合わせて入札する競争入札方式。②設計者の決定を設計料の入札で行うこと。公共建築で実施される。

設計品質　設計者が意図し、設計図書に表現された品質。まだ実現していない品質であり、「ねらいの品質」ともいわれる。これに対し実際にできあがった品質を「施工品質」という。ともに品質管理活動の中で使われる言葉。

設計変更　すでに決定した設計内容を変更すること。契約金額の変更を伴う場合はそのつど増減見積を行うが、民間工事の場合は変更部分の契約が未締結のまま工事が完了し、後でトラブルとなることがある。軽微な設計変更は契約金額の増減はしない旨、仕様書などでうたう場合もある。また、工事代金の変更を伴わない設計変更を「施工変更」と称して区別する場合もある。

石膏プラスター　[gypsum plaster] 焼石膏を主成分とし、必要に応じて消石灰、ドロマイトプラスター、粘土および粘着材などを混入した左官材料。硬化が早く、ひび割れが少ない。

石膏ボード　石膏を芯に、その両面を厚紙で被覆し形成した内装材。防火・防音性に優れ、温度・湿度による伸縮が少なく、施工が容易だが、衝撃や湿気に弱い。天井・壁の下地材、仕上材として広く使用されている。「プラスターボード」ともいう。JIS A 6901。

石膏ラスボード　⇨ラスボード

接続アダプター　配管等の規格や機能の異なる機器を接続したり、別の用途に使用したりするときに用いる付属品。接続器具。

接地極　[grounding electrode] 避雷導線または接地線と大地とを電気的に接続するために地中に埋設した導体。接地極は、各引下げ導線に1個以上接続する。棒状、板状のものがあり、それぞれ材質によって仕様が決まっている。

接地工事　電気設備技術基準で、「電気設備の必要な箇所には異常時の電位上昇、高電圧の侵入等による感電、火災その他人体に危害を及ぼし、または物件の損傷の恐れが無いよう適切な処置を講じる」こと。電気設備一般用、電話設備、危険物の施設、建物の避雷設備、音響設備などに法令または規格等を定めて要求されるものや、継電器の動作のためなどシステム機能上行うものがある。A,B,C,Dの4種の接地工事がある。

接地線　[grounding conductor]「アース線」とも呼ぶ。接地線に用いる電線はJIS C 0446（色又は数字による電線の識別）に規定する緑-黄（やむを得ない場合は緑）色のものを使用すること。ただし、接地線の埋設部分には、裸銅線または裸銅帯を使用できる。また接地線の最低太さは、内線規定や高圧受電設備規定によって定められている。

接地端子箱　（せっちたんしばこ）[grounding terminal box] 接地線に接続する端子を内蔵している箱。

接着張り工法　主として内装タイルに用いられる張り方で、平たんなモルタルやボード面に合成ゴム、エポキシ樹脂等の有機接着剤を塗り付けて、その上にタイルを取り付けるもの。

セッティングブロック　[setting block]

板ガラスをはめ込んだとき，ガラスの端部がサッシにじかに接するのを防ぐためにはさむ合成ゴムなどの小片。JASS 17。

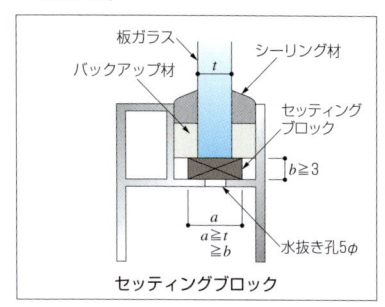

セッティングブロック

セッティングベースプレート［setting base plate］壁式プレキャスト鉄筋コンクリート造において，壁パネルを溶接接合するための鋼製プレート。このプレートはプレキャスト鉄筋コンクリート（PC）部材製作の時点で取り付けられ，現場で溶接，固定される。

接道義務　都市計画区域内の建築物の敷地は，原則として幅員4m以上の建築基準法の道路に2m以上接していなければならないと建築基準法で定められている。このことを接道義務と称している。

セットバック［setback］敷地や境界線より後退させて建築すること。建築基準法で規定されており，道路幅員と建築物の高さによって決められた斜線制限内に納まるようにするため，高層の建築物では上階ほど後退して段状をなす。「ステップバック」ともいう。

折板構造（せつばんこうぞう）紙を折り曲げるような形で平面板を組み合わせて構造体を架構する構造。体育館・劇場など大空間建築では鉄筋コンクリートの折板を用いることがある。鉄板を連続V形に折り曲げた折板屋根もこれに該当する。

折板屋根（せつばんやね）板を折り曲げW形を連続させた断面形状をもつ屋根。体育館など大空間をつくるために用いられる鉄筋コンクリート製と，工場等に用いられる亜鉛鉄板製がある。

設備投資ベース　企業の設備投資高を

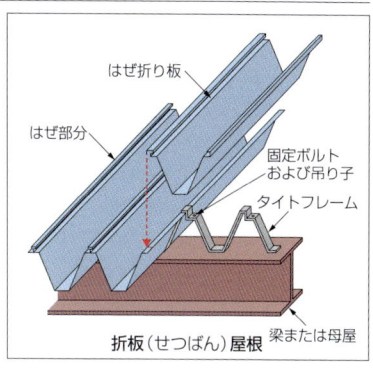

折板（せつばん）屋根

示す統計の一つ。企業の設備資金を工事の進行期間中の工事額でとらえたものを「工事ベース」という。支払い段階でとらえたものが「支払いベース」である。

設備費　通常の建築工事費の中で，設備関連工事費の占める割合は15～25%である。設備費の内訳は，給排水，ガス・給湯，電気，厨房，空調，防災・情報機器工事等であるが，どれに費用をかけるかは個々の選択による。

節理（せつり）岩石にできた規則的な割れ目。板状・柱状・球状などがあり，例えば板状節理の場合は，石が板状にはがれやすい。

ゼネコン　general contractor の略で「総合建設業者」のこと。工事を元請し職別および設備業者を下請にして工事管理全般の責任をもつ。ただし，設備工事専門の元請については通常，ゼネコンとは呼ばない。「総合請負業者」「総合工事業者」ともいう。→サブコン

ゼネコン7団体　⇨建設業7団体

ゼネレーター［generator］現場に直接電力が引けないときや停電になったときの緊急用電源のために使用する仮設電源装置（発電機）のこと。車輪が付いた移動が容易なものと，トラックに乗せて運搬するものがある。動力は軽油が多く使われる。

セパレーター［separator］鉄筋コンクリート造の梁・壁などにおいて，鉄筋間の間隔，鉄筋と型枠との間隔，また相対する型枠の相互間隔を保持するために取り付ける飼い物。鋼製，薄鉄板

セパレーター

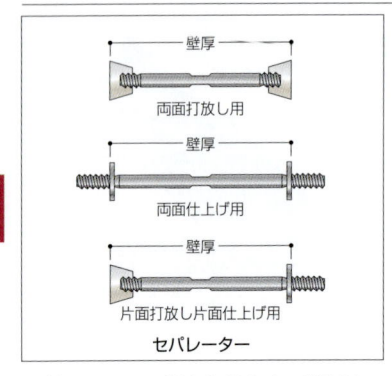

製，モルタル製などがある。「隔(へだ)て子」ともいう。

セミハードボード［semi-hard board］⇨MDF **略**

セメントガン［cement gun］ モルタルまたはミルク状のセメントを吹き付ける機械。圧縮空気でセメントと砂の混合物を送り出し，ノズル先端で水を混ぜて吹き付ける機構をもつ。

セメントガン工法 ⇨ショットクリート

セメント系塗布防水 ポルトランドセメント，細骨材，けい酸質微粉末などから構成される既調合粉体の塗布材料を用いて防水層を形成する防水工法。「けい酸質系塗布防水」ともいう。

セメントスタッコ［cement stucco］⇨スタッコ

セメントバチルス［cementbacillus］⇨エトリンガイト

セメントペースト［cement paste］ セメントと水，場合によっては混和剤を加えて練り混ぜた糊(のり)状の物質。俗に「とろ」「あま」「のろ」ともいう。

セメントミルク 杭のプレボーリング工法で，既製杭の根固めやソイルセメント連続壁の地盤改良に使用，セメントと水を練り混ぜたミルク状の液体。

セメントミルク工法 コンクリート既製杭を低振動・低騒音で施工する埋込み杭工法の代表的なもの。アースオーガーで掘削した孔に，セメントミルクを注入し，杭を挿入する方法。セメントミルクの硬化により，杭の荷重を支持地盤に伝えることができる。孔の掘削に際しては崩壊防止のため，ベントナイト液を使用することが一般的。

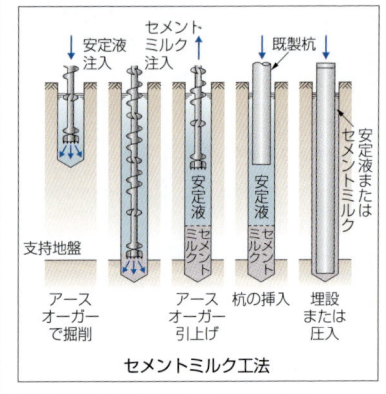

セメントミルク工法

セメントモルタル ⇨モルタル

セメントリシン［cement lithin］⇨リシン吹付け

施釉（せゆう）陶磁器にうわぐすり(釉薬(ゆうやく))をかけること。製品に美観を与え，汚れを防ぐ。施釉タイル・施釉瓦などがある。

セラックニス［shellac varnish］ セラックをアルコール，木精，テレピン油などで溶解した揮発性ワニス。耐熱・耐候性の面で弱点をもち，もっぱら家具やラワン材造作(ぞうさく)の仕上げ塗装などに用いられる。「ラックニス」あるいは「ラック」ともいう。JIS K 5431。

セラミックス［ceramics］ 狭義には陶磁器のように粉を固めて焼いた非金属の固体材をいう。広義には非金属・無機の固体材で，セメント・ガラス・宝石・ホーローあるいは人工原料を使ったファインセラミックスや光ファイバーまで含まれる。語源はギリシア語で陶器を意味した。

セラミックスファイバー［ceramics fiber］ 断熱材などに用いられる，セラミックス材料からつくられる繊維の総称。軽量で耐熱性に優れる。

セラミックタイル［ceramic tile］ 窯業製タイルの総称。

迫台（せりだい）⇨アバット②

セルフクリーニング効果 光触媒複合酸化チタンを建物の外壁へコーティングして，外壁表面に付着した排気ガス，油等の汚染物質との間に浸透する

水によって，汚染物質を自然に浮かび上がらせて除去するもの。

セルフシールド溶接［self shield welding］⇨ノンガスアーク溶接

セルフレベリング工法 石膏やセメントを用いた流動性の高い材料をコンクリートスラブ上に流すだけで平滑な床面をつくることができる工法。

セルフレベリング材［self-leveling material］床などを均一で，平たんな面として仕上げようとする場合に，下地に用いる泥状にして流し込む石膏系やセメント系の材料。

セルラーダクト デッキプレートの下端に鉄板を張り，できた空間を配線ダクトに使用するもの。

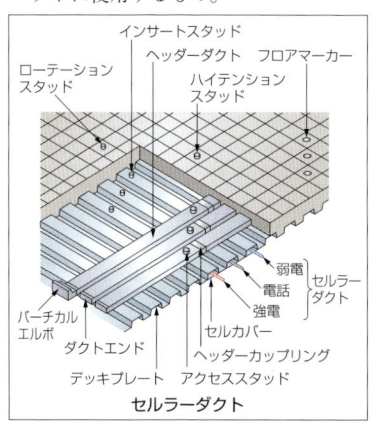

セルラーダクト

セルラー方式 折板(せっぱん)屋根に用いる薄鋼板の断面性能をあげて，より大スパンに架構するため，折板を2枚重ねに葺く方法。

ゼロエミッション［zero emission］工場，建設現場等での排出物を限りなくゼロにすること。また産業レベルでは，ある産業で発生する廃棄物を別の産業の原材料として再利用し循環させることにより，全体として廃棄物をゼロにすること。

世話役 親方制度の名残りで，職人グループの長を指す名称。仕事の分担，作業のやり方の指導や賃金の受け渡しが主たる役目である。「せわやき」ともいう。→職長

繊維壁 おもに木造住宅の内壁に用いられる繊維質の塗り壁材。パルプ・綿あるいは木粉・細砂・色土(いろつち)・ひる石などにのり材を加えて練ったもの。

膳板（ぜんいた）窓敷居の室内側に取り付ける額縁(がくぶち)の下枠部分。腰壁仕上げの見切り材。

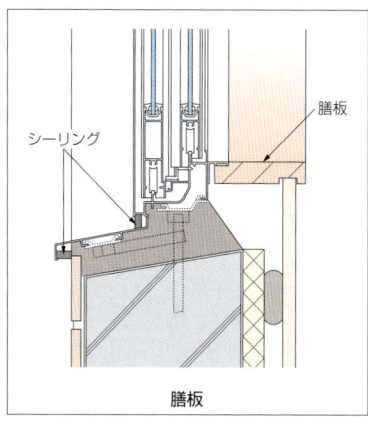

膳板

繊維板 木材・わら・綿・パルプなどを繊維化し，接着剤を混ぜて圧縮成形した板。JISでは比重によって，軟質繊維板(インシュレーションボード)・半硬質繊維板(セミハードボード)・硬質繊維板(ハードボード)に分類されている。

繊維補強コンクリート 高強度繊維を補強材として混入したコンクリート。混入される繊維によりGRC（ガラス繊維）・CFRC（炭素繊維）・SFRC（スチール繊維）・PFRC（合成繊維）などの種類がある。「FRC」ともいう。

線入りガラス 50mm間隔で平行に金属線を入れた，網入り板ガラスの一種。

潜函（せんかん）⇨ケーソン

潜函工法（せんかんこうほう）⇨ケーソン工法

専攻建築士制度 建築士の専門分化に対応した専攻領域および専門分野を表示し，建築士の責任の明確化を図る目的で，(財)日本建築士連合会が実施する自主的な表示制度。建築士会の会員，実務経験年数，継続能力開発制度の実績等が申請の要件とされ，建築士会が審査し，第三者性のある認定機関が認定する。専攻領域として「まちづ

くり」「設計」「構造」「環境設備」など7つが設定され，2003年10月から開始された。→継続能力開発制度

全社的品質管理 ⇨TQC略

全数検査 材料，部品，製品などについて，使用する，または検査対象となるすべてのものに対して行う品質，性能などの検査。鉄骨部材の溶接や壁式プレキャスト鉄筋コンクリート部材の溶接による接合部分は全数検査によることが多い。→抜取り検査

全体工程表 ⇨総合工程表

剪断力（せんだんりょく）剪断とは，鋏(はさみ)による上下の刃のズレの力で切断することをいう。剪断力は部材の内部の任意の面を境に，その両側が逆方向へずれるように働く内力のこと。

前渡金（ぜんときん）⇨前払い金

セントラルヒーティング［central heating］中央暖房方式のこと。建物内部の1個所に暖房用熱源装置を設けそこから各部屋に温風，温水，蒸気などを送って暖房する方式。

専任技術者 建設業法でいう営業所に置かれる専任の技術者。建設業の許可基準の一つで，一定の資格または経験を有する者で，専任でなければならない。一般建設業に比べ，特定建設業の技術者の資格要件は加重されている。建設業法では「専任の者」「専任の技術者」と表記されており，「専任技術者」というのは通称である。建設業法第7条，第15条。

全熱交換器［total heat exchanger］換気機器の一種。空気の潜熱と顕熱を同時に熱交換する機器。夏季では，外気は冷却され導入し，室内の空気は加熱されて排出される。回転型と静止型があり，俗称商品名でもあるが「ロスナイ」とも呼ばれる。

全般照明 天井に設置し，床面全体を明るくする照明のこと。これに対して，視作業のため部分を明るくしたり，限られた場所を明るくするものを，「重点照明」とか「局部照明」という。

専門工事業者 おもにゼネコンの下請となって，建築工事のうちの一部を専門に請け負う業者。「下請業者」「サブコン」と同様に使われている。

専有部分 区分所有建物の区分所有権の目的となる建物部分。構造上区分された数個の部分で，独立して住居，店舗，事務所などの用途に供することができる部分(建物の区分所有等に関する法律第1,2条)。→共有部分

栓溶接（せんようせつ）2枚重ねた鋼材の一方に孔をあけ，その孔の周囲あるいは孔の全部に溶着金属を盛る溶接方法。「プラグ溶接」ともいう。

専用部分 賃貸ビルで，賃借人が専用に使用する部分。専用部分が賃貸借契約の対象となるが，建物構成によりエレベーターホール，便所などの共用部分を専用部分に参入することがある。専用部分を延べ床面積で除した値を「レンタブル比」と呼び，面積効率の指標としている。→共用部分

専用床面積 共同住宅における専有部分とバルコニー部分の床面積の和。階段・共用廊下・ホールなどの共用部分は含まない。住宅金融公庫法の面積算定基準において使用される言葉。

そ

ソイル杭柱列山留め壁 アースオーガー機により現場の土とセメントとベントナイトの液をかくはんし，土中にソイルセメントの柱を作り，それを連続させて構築する止水壁のこと。柱の中にH鋼を挿入すれば山留め壁となる。「SMW」ともいう。

ソイルセメント［soil cement］セメントと土中の砂・礫(れき)・土などを練り混ぜたもの。硬化するとかなり強度が出るので，既製杭の周囲の根固め，路盤の安定処理，トンネル覆工の背部の

裏込めなどに使用される。「ソイルモルタル」ともいう。

増圧給水方式 水道の水圧が低い場合増圧ポンプ装置を設け圧送する給水方式。受水槽，高架水槽が不要な給水方式である。

造園 一般的には庭園や公園の設計・施工・管理をいうが，大きくは土地開発などにおいて美しい景観をつくり出すための一連の行為をいう。

騒音環境基準 望ましい生活環境を守るための行政的な目標値。公害対策基本法に基づき，一般騒音，道路交通騒音，航空機騒音，新幹線鉄道騒音について定められている。

騒音規制基準 騒音の排出に関する法的規制値。騒音規制法により，工場騒音，建設作業騒音，自動車騒音，航空機騒音について規定されている。

騒音規制法 建設工事ならびに工場，および事業場において発生する騒音規制と自動車騒音にかかわる許容限度を定めたもの。特定建設作業の開始7日前に市町村に届出が必要となる。地域別に昼間，夜間の環境基準が決められている。

総価請負方式 わが国の建築工事において一般化している請負形態で，請負報酬を一定の金額に定めて契約を行うもの。「総額請負方式」「定額請負方式」ともいう。

総額請負 総額確定請負の略で，工種別の内訳を明らかにせず，総額を請負代金額として定める契約。したがって工種ごとに数量の変更があっても契約額の変更は行わない。「総価請負」「定額請負」「一式請負」「一本積り請負」などともいう。

総価契約 ⇨総額請負

総括安全衛生管理者 法で定める規模の事業所ごとに，労働者の危険または健康障害の防止を指揮するため事業者によって選任される者。当該事業所において，その事業の実施を総括管理する者を充てなければならない。建設業においては，常時100人以上の自社の労働者を使用する事業所におかなければ ならない。常設の事業所が対象となり，建設現場はほとんど該当しない。労働安全衛生法第17条，同施行令第8条。→安全衛生委員会

層間変位 地震，風などの水平外力によって，ある階とその上階あるいは下階との間に生じる水平方向の相対変位量。

早強剤 ⇨硬化促進剤

早強セメント ⇨早強ポルトランドセメント

早強ポルトランドセメント［high-early-strength Portland cement］冬期の工事や工期短縮をはかるために，強度の発現が早くなるように成分調整を施したもの。「早強セメント」ともいう。

双曲放物線面シェル 水平に切断するとその切り口が双曲線となるシェル。体育館など，大空間の屋根の構造に応用される。「HPシェル」ともいう。

雑巾摺（ぞうきんずり）和室の板張りの床と壁の見切りに取り付ける，幅15mm程度の板。雑きんがけによる壁面の汚れを防ぐために取り付ける。元来は，床の間の三方の壁裾に用いる薄板をいうが，押入や簡易な板の間の壁裾に見切りとして打たれる縁木（ふちぎ）のこともいう。

総合請負業者 ⇨総合工事業者

総合仮設図 杭打ちから仕上げ工事までの全工事工程の仮設計画を一枚の平面に表した図面。仮囲い，車両出入口，仮設事務所，詰め所，電気，給排水，構台，資材置場，揚重機，外部足場などの位置が表現される。

走行クレーン 工場内の天井部に設置したクレーンが，ガーダーの上を桁行

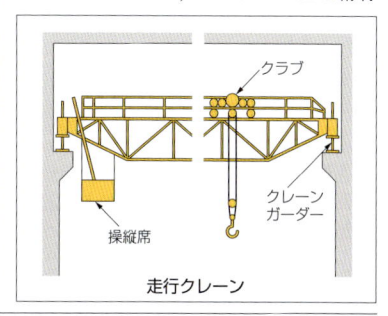

走行クレーン

（けゆき）方向に走行する揚重装置（クレーン）。また、梁間方向は円形のクラブの移動により、工場内のあらゆる場所で重量物の揚重が可能となる。

総合建設業者 ⇨ゼネコン

総合工事業者 建築主から直接建築工事一式または土木工事一式を請け負う業者。「ゼネコン」「元請業者」「総合請負業者」「総合建設業者」と同様に使われている。

総合工程表 着工から完成に至るまでの期間を対象にして、主要工事を主体とした基本的な工程表のこと。躯体工事を中心としたものと、仕上げ工事を中心としたものに分けて計画されることが多い。「全体工程表」ともいう。

総合図 建築、電気、衛生、消火、空調設備工事の図面を一つに重ね合わせた図面。各工事の寸法、取り合いを確認するのに有効である。

総合設計制度 容積率などの緩和条文である建築基準法第59条2項に基づき、一定規模以上の敷地でかつ一定割合以上の空地率を有する建築計画について、建築基準法上の容積および形態の制限を緩和する制度。建築敷地の共同化・大型化による土地の有効利用と公共的な空地空間（公開空地）の確保による市街地環境の整備を図ることを目的として創設された。許可は特定行政庁の権限であり、「一般型総合設計制度」「市街地住宅総合設計制度」など特定行政庁ごとに各種のタイプが用意されている。

総合発注 ⇨一括発注

総合評価一般競争入札 一般競争入札による入札において、落札者の決定を価格だけでなく、技術提案などを含めた総合評価方式によって決める入札形式。→一般競争入札、総合評価方式

総合評価方式 公共工事の入札において、価格のほか入札者の技術的能力や提案を審査項目に加え、それらを総合的に評価（点数化）して落札者を決定する入札形式。国土交通省では工事の特性に応じて、①簡易型：技術的工夫の余地が小さい工事、②標準型：技術的な工夫の余地が大きい工事、③高度技術提案型：技術的な工夫の余地が大きく、高度な技術提案が要求される工事の3つに区分し、それぞれについての入札手順を示している。「公共工事品確法」（2005年4月施行）で、価格のみを落札条件とする価格競争方式に代わる入札形式として推奨され、地方自治体にも採用が拡大しているが、審査項目や手続き等は各団体が独自に作成している。→高度技術提案型総合評価方式、公共工事品確法、価格競争入札、入札形式

倉庫渡し 材料の売買において、材料供給業者の保管場所で受け渡しすることを条件とする取引き。現場までの運搬費用は購入者負担となる。「倉渡し」「置場渡し」ともいう。

造作（ぞうさく）木工事において、床組、軸組、小屋組などの骨組が完了した後に施される内外の木工事全般をさす。間仕切り、階段、開口枠、敷居、鴨居（かもい）、天井、床、造付け家具、幅木などの工事を含む。

掃除口（そうじぐち）掃除用に設けた小開口。排水管の掃除口は、排水が詰まったときに掃除器具を差し込むようになっている。これにつける蓋（ふた）を「掃除口キャップ」という。

送水口 ⇨サイアミーズコネクション

増築 既存建築物の床面積を増加させる建築行為。上階を設ける上増築、横方向に広げる横増築、別の棟を建築する別棟増築がある。

層別 QC7つ道具の一つで、全体（母集団）をいくつかの層に分けること。クレームや部品のばらつきなどの問題点を改善するため、作業者別、使用工具別、材料別などにデータを分類して整理・分析する。

総掘り 柱下・基礎梁下および床下の区別なく、建物下全面にわたって根切りすること。壺（つぼ）掘りや布（ぬの）掘りに対していう。「べた掘り」ともいう。

添え板 ⇨スプライスプレート

添え巻き スパイラル筋の端部の定着方法で、一巻きの鉄筋に添える形で二

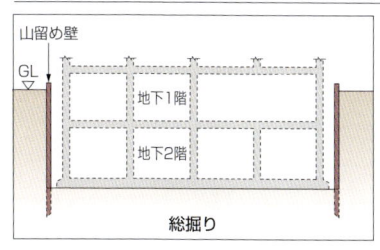

図：山留め壁／GL／地下1階／地下2階／総掘り

重に巻くこと。

ゾーニング［zoning］①都市計画で使われるゾーニングは，土地利用の地域地区制のこと。②空気調和において，一つの建物の中を複数の区域に分け，おのおの別個の空調機を使って空調すること。区域の分け方としては，方位別，用途別，使用条件別および使用時間別などがある。「ゾーニングコントロール」ともいう。③建築防災計画の場合は，安全域の性能レベルのこと。防災地域のことは「ファイアーゾーニング」という。

ソーラーシステム［solar system］太陽熱利用設備の総称で，太陽の光を直接熱あるいは電気の形に変換して利用する。太陽熱温水器として風呂の給湯用に使用されるほか，集熱効率の高い集熱器と貯湯槽，ボイラー，冷凍機などと組み合わせて給湯，暖房，冷房などに利用される。

ソーラーパネル［solar panel］太陽電池本体。セルの大きさによって数ワットから出力が可能。

ゾーンコントロール［zone contrtol］空調や照明システムを建築物の用途，負荷，使用時間，入居者組織などに応じて系統分けし，運転管理すること。

側圧（そくあつ）①地下壁，山留め壁に作用する土圧と水圧を加えた力。②コンクリート打設時に，壁や柱の型枠（せき板）に加わる力。

促進汚泥法 ⇨活性汚泥法（かっせいおでいほう）

促進区域 一定期間内の宅地化や再開発などを義務づけて，土地所有者に土地を積極的に利用させることを目的とした区域。市街地再開発促進区域，土地区画整理促進区域，住宅街区整備促進区域，拠点業務市街地整備土地区画整理促進区域の4種類がある。都市計画法第10条の2。

促進試験 材料の性能や耐久性などの結果を得るまでに長時間を要する場合，短期間に強い負荷を与えてその現象を早める試験。

促進養生 コンクリート製品の強度発現を早くするために，蒸気，オートクレーブ等の養生を行うこと。

側壁（そくへき）①トンネルのアーチを支える下側面。②暗きょ（カルバート）などの両側面。

測量 設計図に基づく敷地の境界を決定する作業や，敷地の高低差を調査してGLを設定する作業などのこと。「サーベイ」ともいう。

測量図 地形，地物の形状・高低を計測した結果を，一定の縮尺で図示したもの。平面図・縦断面図・横断面図・地積（ちせき）（求積）図などがある。

測量縄 ⇨間縄（けんなわ）

ソケット継手 配管継手の一種。ヒューム管，鋳鉄管，鋼管を接合する際に，受け口をもった管に他の管をさし込む。ねじ込みによる方法とコーキングによる方法とがある。

底地買い（そこちがい）底地とは，土地に付随する借地・借家権を除いた土地そのもののことで，底地買いとは借地権あるいは借家権の付いた土地を買うことをいう。不動産業者は，借地・借家権者と話し合いの上で，その土地にビルを建てたり転売するという目的で買うが，借地・借家権者を不法に追いたてるケースが問題となる。

粗骨材 5mmふるいに重量で85％以上とどまる骨材の総称で，天然砂利，人工砕石（さいせき）などがある。経済的に所要のコンクリートをつくるために，大小粒が適当に混合しているのがよいとされる。

素地拵え（そじごしらえ）⇨素地調整
素地仕上げ ⇨生地（きじ）仕上げ
素地調整（そじちょうせい）塗装に先立ち，木，金属，コンクリート等の対象物の表面を平滑にしたり，汚れを取りして，十分な施工が行えるよう

にすること。亜鉛めっき面は，化成塗膜，プライマー処理，木面はパテ飼い等を行う。「素地(下地)拵(こしら)え」ともいう。

粗砂（そしゃ）⇨荒目砂(あらめずな)

塑性限界　粘性土が塑性状態(こねて自由に形がつくれるような状態)から半固体(こねると割れてしまう状態)に移るときの含水比のこと。$P.L.$またはW_pで表示する。→液性限界

塑性指数　液性限界と塑性限界の差。単位の％は表示しない。$P.I.$またはI_pで表示する。$I_p=L.L.-P.I.$　→液性指数

塑性変形　外力を除いても形状が元に戻らないこと。この反対は，外力を除くと形状が元に戻る弾性変形。

組積工事（そせきこうじ）コンクリートブロックやれんが・石などを，おもにモルタルを使って積み重ねて壁面などを造る工事。

息角（そっかく）砂，砂利などを盛り上げて安定したときの斜面と水平面のなす角度。切土や盛土の場合は，自然にとり得る最大の傾斜角をいう。粘着力のある土の場合は，その高さによって息角は変化する。→内部摩擦角

袖石垣（そでいしがき）⇨翼壁(よくへき)

袖壁（そでかべ）建築物の構造体から突き出した壁で，共同住宅のバルコニー部分の隔壁で構造体と一体的に造られたものが該当する。そのおもな目的は，延焼防止やプライバシーの確保等であるが，袖壁が柱材と一体的に造られる場合，柱自体のせん断応力に対する耐力を高めることになる。

外側鉄筋　壁部をダブルで配筋する場合，外部に面した鉄筋のこと。

外勾配（そとこうばい）外部に向かって勾配をとること。雨が外壁貫通する配管，配線，ダクトを伝わらないよう行う。

外断熱工法　断熱層を外壁等の構造体の外側に取り付ける工法。省エネルギー，結露防止，構造体の劣化緩和に優れているが，外装材の劣化，耐火性等の問題がある。

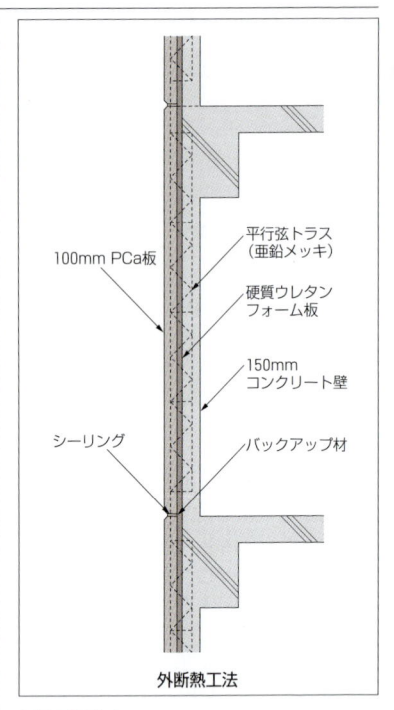

図：外断熱工法
- 100mm PCa板
- 平行弦トラス(亜鉛メッキ)
- 硬質ウレタンフォーム板
- 150mmコンクリート壁
- シーリング
- バックアップ材

外断熱防水　⇨断熱防水

外面（そとづら）部材や製品，建築物の部位などの外側の面の総称。

外法（そとのり）向かい合う2部材間の外側から外側までの寸法。→心々(しんしん)，内法(うちのり)

外防水　地下構造物において，地下水などの浸入を防ぐための防水を地下部分の外壁の外側に施すこと。→内防水

外割り　ある量に増量したとき，増量の全体に対する割合。例えば，プラスターにセメントを外割りで20％加えるとは，セメント÷(セメント＋プラスター)＝20％ということである。

礎版（そばん）⇨底盤(ていばん)

ソフト幅木（―はばき）ビニル樹脂系材料でつくられた幅木。モルタルやボード面に接着剤で貼るだけなので施工性が良い。

空錠（そらじょう）握り玉やレバーハンドルで扉の開閉を行うが，鍵の機能を有しない錠前のこと。戸締りを必要としない室内の扉に使用される。

反り　①上方に向かって凹状をなした

線また曲面。「反り屋根」「そり破風(はふ)」などがある。起(むく)りに対する語で「照り」ともいう。②板材などが乾燥収縮によって反り返ること。

粗粒率 コンクリートに使用する骨材の粒度分布を表す指標。各ふるい(80, 40, 20, 10, 5, 2.5, 1.2, 0.6, 0.3, 0.15 mm)にとどまる試料の質量百分率の和を100で割って求める。砂利は6〜7程度，砂が1.5〜3.5程度である。

ぞろ ⇨面一(つらいち)

損料 工事に必要な仮設材や機械器具などの使用料。修理すれば数回の再使用に耐える場合に，当該工事に負担させる分の費用をいう。

た

ターボ冷凍機 圧縮式冷凍機の一つで，羽根車の回転によって冷媒ガスを圧縮する機構をもつ。→圧縮式冷凍機

ターンキー [turn key] 海外建設工事などの契約方式の一つで，すべての内容を含んだ契約。契約対象物の企画，計画，実施，必要品の調達など，発注者の要望するものをすべて用意して引き渡す契約方法。発注者がキーを回したり，スイッチを入れればよい状態での引渡しのため，この名称が用いられる。「フルターンキー」という。

ターンテーブル [turn table] 立体駐車場の出入口に設けられ，自動車の方向転換を行う円盤状の台。

ターンバックル [turn buckle] ワイヤーロープなどを緊張するのに用いるねじ式の引き締め金具。鉄骨のひずみ直しや筋かい鉄筋の緊張に使用する。

ダイアゴナルフープ [diagonal hoop] ⇨斜め帯筋（ななめおびきん）

耐圧スラブ ⇨耐圧板

耐圧板 上部構造の広範囲な荷重を，単一の基礎スラブまたは格子梁と基礎スラブで地盤に伝えるべた基礎で，接地圧に耐えるように設計されたスラブのこと。「耐圧スラブ」ともいう。

耐圧盤 ⇨底盤（ていばん）

ダイアフープ ⇨斜め帯筋（ななめおびきん）

ダイアフラム [diaphragm] ①鉄骨部材を組み合わせた構造の水平スチフナーのこと。②シェル構造における補強材で，シェル部分の妻部の補強材および支点中間部に設ける隔壁のこと。

```
内ダイアフラム    通しダイアフラム


          ダイアフラム
```

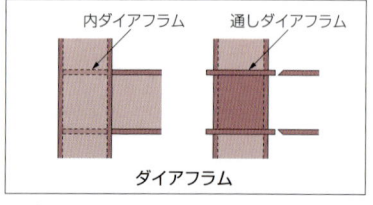

代案入札 入札する者が，設計図書に示された設計に対する代案の提案を認める入札方法。発注者の設計意図を尊重しながらも，提案により経済化などを図ることが可能となる。

ダイオキシン類対策特別法 ダイオキシン類による環境の汚染防止およびその除去等をするため，ダイオキシン類に関する施策の基本となる基準を定め，必要な規制，汚染土壌にかかわる措置等が定められている。

耐火建築物 主要構造部が耐火構造または建築基準法施行令第108条の3「耐火建築物の主要構造部に関する技術的基準」に適合する建築物。外壁の開口部で「延焼の恐れのある部分」には防火戸などの防火設備を設置しなければならない。建築基準法第2条9号の2。

耐火構造 壁，柱，床その他の部分の構造のうち，耐火性能に関して建築基準法施行令第107条「耐火性能に関する技術的基準」に適合する鉄筋コンクリート造，れんが造などの構造で，国土交通大臣が定めた構造方法を用いるものまたは国土交通大臣の認定を受けたもの。建築基準法第2条7号。

耐火材料 一定時間中，火や熱を受け，高温になっても強度などの性能が低下したり，形状が変形しないコンクリート，石材等の材料。

ダイカスト ⇨ダイキャスト

耐火断熱煉瓦（たいかだんねつれんが） 熱伝導率が低く，蓄熱量が小さく，主として窯炉等の炉壁からの放散熱量軽減を目的として使用されるれんがのこと。JIS R 2611。

耐火被覆（たいかひふく） 鉄骨構造で火災が発生した場合，その鉄骨部材が熱で変形したり，耐力が低下することを防止するために鉄骨を覆うこと。一般には，岩綿（ロックウール）板，けい酸カルシウム板などの成形板とひる石モルタルなどを原材とした吹付け材が

用いられる。

耐火被覆材（たいかひふくざい）柱・梁などからなる鉄骨構造の骨組を、火災から守るために用いる断熱性の大きい材料の総称。けい酸カルシウム板、ひる石モルタル、ロックウール、セラミック系材料等がある。

耐火モルタル 耐火れんがおよび耐火断熱れんが積みの目地材として用いられる熱硬性モルタルの総称。粘土質耐火モルタル、高アルミナ質耐火モルタル、けい石質耐火モルタル、耐火断熱モルタル等がある。JIS R 2501。

耐火煉瓦（たいかれんが）1,580℃以上の高温度に耐えるれんが。煙突・暖炉・工業用炉などに用いられる。

大気汚染防止法 工場、事業場における事業活動ならびに建築物の解体等にともない発生する煤煙（ばいえん）、粉塵（ふんじん）の規制を目的とした法律。建設現場ではアスベストの除去作業が対象になり「特定粉塵排出等作業実施届書」を作業開始14日前までに都道府県知事に提出することが義務づけられている。

大規模の修繕 建築物の主要構造部の1種以上について行う過半の修繕（建築基準法第2条の14）。

大規模の模様替え 建築物の主要構造部の1種以上について行う過半の模様替え（建築基準法第2条の14）。

ダイキャスト [die cast] 金属製鋳型で製造する鋳物（いもの）。アルミニウム製のものが建具金物やカーテンウォールに多く使用されている。「ダイカスト」ともいう。

耐久性能 材料は使用し続けることによって、摩耗、風化、その他繰り返し使用によって、材料性能が劣化する。材料がその置かれた環境の下で、どれだけの期間その性能を維持し続けるかを表示する性能をいう。各物理的性能に関し、固有の耐久性能がある。

耐久設計基準強度 構造物などの供用期間の耐久性を確保するために必要なコンクリートの圧縮強度。

耐久年数 ⇨耐用年数

耐候性鋼 さびの進行とともに、そのさびが安定した酸化被膜となって母材を保護し、それ以後の腐食進行を阻止する性質をもった合金鋼。塗装を省くことができる。

耐候性塗装鋼板 合金めっきや高級塗料で耐候性を高めた薄鋼板の総称で、普通のカラー鉄板と比べ寿命がはるかに長い。

太鼓落し（たいこおとし）丸太の二面を平行に切り落とし、小口（こぐち）が太鼓形になった木材。通常、丸太の小屋梁は両端部分を太鼓落しにして、仕口（しぐち）を容易にする。

台車 車輪の付いた運搬用の荷台。

代車 予定されていた車が使用できず、代わりに配置される車のこと。

大臣許可 ⇨国土交通大臣許可

耐震診断 すでに建っている建物の保有する耐震性能を、調査および計算により評価すること。老朽化した建物や旧耐震設計法で設計された建物の構造体の耐震的な健全度を明らかにし、必要に応じて補強するために行う診断。一般的な耐震診断の調査方法は、①図面調査、②聞き取り・下見調査、③現場調査の3段階がある。

耐震ストッパー 防振継手を使用する際、規定以上に振幅した場合に機器が飛び出さないように取り付ける鋼材。

耐震対策 建築物の耐震性能を確保するための方策。建物の構造の耐震性能は建築基準法に決められているが、さらに免震構造を取り入れたりして、性能を維持していくためのさまざまな工夫をする。非構造部材や家具の落下、転倒防止や避難訓練なども含まれる。

耐震壁（たいしんへき）地震時の水平荷重に耐えて効果的に抵抗する壁。これにより柱や梁の水平力負担が軽減され、経済的でバランスのとれた構造計画が可能となる。

耐震補強 耐震診断を行った結果、建物の保有する耐震性能が十分でない場合に、構造体に対して行う補強。耐震壁の増設や増し打ち、壁開口の閉塞、柱のせん断補強などがある。

耐震リフォーム 建築物の耐震性を向

上させるためのリフォーム。鉄筋コンクリートの建物の場合は，①耐震壁の増設。②柱の断面を増やすなどの柱のせん断補強がある。

耐水合板 ⇨一類合板

代替型枠 型枠工事用として一般に合板型枠が使用されているが，地球環境の上から熱帯雨林の減少が問題視されるようになり，合板に代わる金属性型枠，薄肉プレキャストコンクリート板等が使われるようになってきた。これらを総称していう。

台付け ⇨台付けワイヤー

台付けワイヤー クレーンなどを使って揚重作業を行う際，資材に巻き付けたり引っ掛けたりする補助ワイヤー。クレーンのフックで吊りやすくするために用いる。単に「台付け」ともいう。

帯電防止タイル 静電気の帯電を防ぐように製造された床タイル。静電気が障害となる精密機械室や電算機室の床仕上材として使用される。

タイトフレーム［tight frame］金属板による折板（せっぱん）屋根を構成する部品の一つ。帯鋼（おびこう）を折板の形に曲げ加工したもので，折板を梁に固定するために使用する。

台直し コンクリート打設時に位置のずれが生じた鉄筋やアンカーボルトをコンクリート打設後に正規の位置に修正すること。

代人 現場代理人の略。

耐熱シール材 防火区画貫通部に使用する認定工法に用いる材料。火災時の加熱により膨張を開始し，体積膨張し配管などが溶融してできる隙間をふさぎ，延焼を防止するシール材。

タイバック工法［tie-back method］⇨グラウンドアンカー工法

台引き 掘削土の搬出に際し，ダンプトラックに積み込んだ土量に関係なく，1台当たりの値段を決めて搬出する契約。

タイプレート［tie plate］⇨帯板（おびいた）

タイプⅠ合板 ⇨一類合板

タイヤローラー［tire roller］地盤の転圧作業を行う機械の一種。空気タイヤを多数装着したもので，前輪(タイヤ3～5本)で操作して後輪(タイヤ4～6本)で駆動する自走式のものと被牽引（けんいん）方式のものとがある。タイヤの空気圧を大きくすれば締固めの効果が上がる。

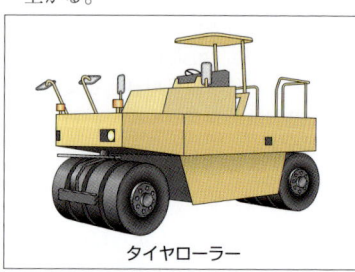

タイヤローラー

代用特性 ある品質特性を直接測定することが困難な場合に，その代用として用いる他の品質特性のこと。溶接部の強度測定を破壊検査に代えて超音波による瑕疵（かし）の有無の測定で代替するなど，品質管理のなかで用いられる用語。

耐用年数 減価償却資産の使用可能期間としての年数をいう。建築物自体の物理的寿命を根拠にした物理的耐用年数，社会的寿命を根拠にした社会的耐用年数のほかに，法律上の減価償却を定めた法定耐用年数や，家賃や分譲価格を計算する際の建築物の償却期間として定められる償却用耐用年数がある。なお法定耐用年数は，通常の使用，一般に行う修繕を前提に算定されている。「耐久年数」「耐久命数」ともいう。

耐用命数 ⇨耐用年数

大理石［marble］石灰岩が高温・高圧を受けて再結晶し，粗粒化してできた岩石。建築物の内装材として利用されている。イタリア，中国などが名産地だが，日本でも産出される。

耐力壁 （たいりょくへき）構造体の壁の中で，鉛直および水平荷重を負担するための壁。間仕切り壁と区別する。「ベアリングウォール」ともいう。耐震壁は，地震力に抵抗させるために設けた耐力壁である。

タイルカーペット 50cm角のタイル状に切断したカーペット。下地との接着

は行わず，市松模様に敷き並べて仕上げとなるので，施工が簡単で部分的取替えができるなどの特徴がある。

タイル型枠先付け工法 ⇨先付けタイルし仕上げ工法

タイル工事 壁，床などにタイルをモルタル，接着剤で張り付け仕上げる工事。タイル割り（取付け位置の墨出し），タイルごしらえ（タイルの切断加工など準備工事），クリーニングなども含む。

タイル割り タイルの寸法に合わせ，壁や床面に張り方の割付けをすること。目地で調整して，左右もしくは上下両端のタイルが同寸法でかつ小さな切り物を使わないようにする。「目地割り」と同義。

タイロッド [tie rod] ①最上階の梁が山形に屈折した形状の山形ラーメンの柱頭部同士の開きを防止するための引張材。②面外たわみ防止のために，鉄骨母屋（もや）同士を連結するボルト。③切梁を用いない山留めに際し，矢板と腹起こしを山側に引っ張って支保工（しほこう）の役割をもった棒材。

田植え コンクリート打設直後に，アンカーボルトや差し筋を所定位置に埋め込む作業のこと。

ダウンライト [down light] 電球を天井に埋め込み，直接下向きの照明をする円形照明器具。「下向き灯」ともいう。これにレンズ，反射板もしくはルーバーなどを組み込んだ照明方式をダウンライティング（下向き照明）という。

抱き 開口部の左右にみえる壁厚の見込み部分。またはそこに使われている部材もしくはその寸法のこと。

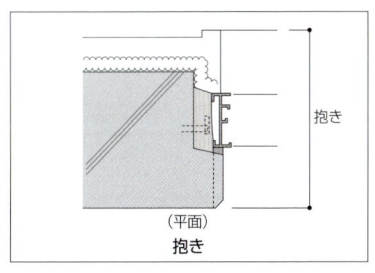

（平面）
抱き

抱き足場 1列の建地（たてち）に布地を2本ずつ流した足場。本足場の組めない狭い所に用いられる。

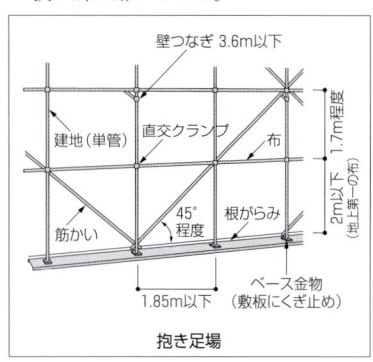

壁つなぎ 3.6m以下
建地（単管） 直交クランプ 布
1.7m程度
筋かい 45°程度 根がらみ
2m以下（地上第一の布）
1.85m以下
ベース金物（敷板にくぎ止め）
抱き足場

抱き合せ梁 ⇨合せ梁

宅地 建物の敷地に供される土地。都市計画法に規定する用途地域内の公共施設用地を除いたすべての土地。土地登記簿の地目（ちもく）の一つであり，普通の建築物を建築するには，地目が宅地でなければならない。宅地でない場合は，地目の変更が必要。→地目（ちもく）

ダクト [duct] ①空調や換気のために空気を所定の位置に導くための管路。各階を結ぶ竪ダクトと横方向を結ぶ横ダクトがある。②電気配線・電力線を収納するスペース。「風道」ともいう。

ダクトスペース [duct space] 空調や換気のための風道を収納するスペース。通常は建物の上下を結ぶ風道スペースを指すことが多い。略称「DS」。

ダクト用テープ 冷暖房装置のダクトの穴や接続部をふさぐためのテープ。

たけかん ⇨工事管理

打撃式杭打ち機 ドロップハンマー，ディーゼル機関による打撃力で杭を打ち込む機械のこと。振動騒音が大きく，市街地での使用には制約が多い。

竹の子（筍） 工事用の給排水，給気用のビニルホースやゴムホースを接続するときに使用する継手。ホースを抜けにくくするように管を加工したもの。

多孔質コンクリート ⇨気泡コンクリート

たこベンド 配管が熱膨張で曲がったり，破壊されるのを防止するため，Ω（オーム）型に曲げた伸縮継手用の管。

たこへん

種類	工法		適用部位	適用タイル
積上げ張り		「だんご張り」ともいう。タイル裏面に20mm程度のモルタルをのせ、下地コンクリート面に直接張り付ける工法。	内装タイルに多く適用。外装の場合には白華が生じやすい。	陶器質タイル、小口以上の大型磁器質やせっ器質タイル。
改良積上げ張り		下地コンクリート面にモルタルを塗り、ある程度の精度を出してから積上げ張りを行う。張付けモルタルの厚みを押えることができる。	張付けモルタルが薄く、均等になり、白華が少ないため外装に適している。	小口以上の大型外装タイルに適し、陶器質タイルも可能。
圧着張り		コンクリート面にモルタルで下地をつくり、その上に5mm程度の張付けモルタルを塗り、タイル表面を木づちで叩いて張る。最近はあまり用いられない。	外壁	小口以下の陶器質タイルに適している。陶磁器質タイルは吸水率が高く、ドライアウトを生じる。
改良圧着張り		圧着工法と同様であるが、張付けモルタルをタイル表面にも塗る。確実性の高い工法であるが手間がかかる。	主に外壁	小口・二丁掛の磁器質タイル、せっ器質タイルに適する。
密着張り（ビブラート工法）		圧着工法と同様であるが、張付けモルタルを2度塗りして厚み7mm以上とし、かつタイル張付け後、タイル表面から振動機（ビブラート）をかける。	主に外壁	小口・二丁掛の磁器質タイル、せっ器質タイルに適する。
モザイクタイル張り（ユニット張り）		圧着工法と同様であるが、ユニットタイル（小型タイルの表面に紙を張ってシート状にしたもの）を張る場合にユニット張りという。タイル表面を叩き板で叩いて張る。	主に外壁	45二丁掛以下の小型磁器質タイル、モザイクタイル。
改良モザイクタイル張り（マスク法）		モザイクタイルまたは内装タイルのユニットタイルの裏面に所定のマスクを使ってモルタルを塗り、平たんにこしらえた下地モルタル面に押し付けて張る。	主に外壁	45二丁掛以下の小型磁器質タイル、モザイクタイル。
	タイル工事			

ダストシュート［dust chute］ゴミ類を建物の上部各階から最下部に設けた焼却炉または塵芥(じんかい)集積所まで投下する堅型のコンクリート製筒。

叩き，三和土（たたき）土，にがり，消石灰を混ぜ合わせ，小槌(こづち)でたたいて仕上げた土間。現在ではコンクリート仕上げの土間が多く，これを「コンクリートたたき」という。

叩き合い（たたきあい）競争入札において，互いに入札金額を格段に下げて受注を競い合うこと。

叩き仕上げ（たたきしあげ）石工事における仕上げの一種。げんのうでたたいて表面を粗面に仕上げる。びしゃん叩き，小叩き，こぶ出しなどの種類がある。

叩き屋（たたきや）コンクリート打設に際し，型枠内の隅々までよく充てんさせ，せき板面との間に空隙などが発生しないように，型枠表面を木槌(きづち)などで叩く作業者のこと。

叩く（たたく）①「買い叩く」の略で，安く値切ること。②工期内で仕事を仕上げること。

畳の寸法　京間(本京間，中京間)，江戸間(関東間)，田舎間(いなかま)など，地方ごとに部屋の寸法は異なり，それぞれに対応した畳の寸法がある。本京間(ほんきょうま)は6尺5寸，中京間(ちゅうきょうま)は6尺3寸，江戸間は5尺8寸，田舎間は6尺をそれぞれ1間とする。1間は畳の長尺寸法である。

畳寄せ　畳と壁すそとの間にできるすき間を納める細い横木。柱面と壁面と

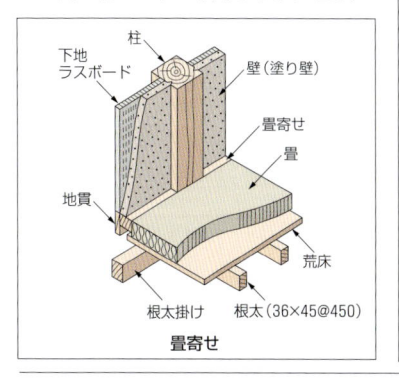

畳寄せ

立ち　作業再開を意味する職人言葉。「立ちにしようか」などと休憩後に言う。

建ち　①垂直性のこと。「建ちをみる」とは，垂直かどうか確認すること。→建入れ　②建物の高さ。「建ちが高い」などのように使う。

立会い検査　契約図書に記載されている通りの品質となっているかどうかについて，資材や建物自体を受け取る前に発注者側で行う検査。

立上り　①部材が水平面から折れて垂直方向に上がること。防水層の立上りといえば，パラペットなどに沿った垂直面の防水層をいう。②地表面に出てきた躯体工事の進行状況を表す言葉。

立入り検査　建築主事が確認検査のために建築物，建築現場内に入って検査をすること。また特定行政庁の命を受けた者が指導や命令をするために建築現場内に入ること。

立木（たちき）土地に生育するままの樹木。普通はその集団をいう。土地の定着物として扱われる。「立木ニ関スル法律」によって登記が認められ，登記された立木は建物と同様に扱われる。立木法による登記をしない立木は土地の処分に従うが，特に明認方法を施せば，独立の物として，地盤と離れて取引の対象となる。

脱気装置［ventilator］防水層の一定面積ごとに湿気を外部に排出するパイプ（ベンチレーションパイプという）を設けたり，パラペットや軒先まで水蒸気を導く材料により，外部に水蒸気を排出する装置の総称。防水下地のコンクリートに含まれる水分が，太陽の直射などにより水蒸気になった際，これを排出して防水層のふくれを防止する。

タックフリー［tack free］不定形シーリング材の硬化時間のことで，充てんしてから触れても付着しなくなるまでの所要時間。

脱型　コンクリートが硬化した後に型枠を取り外すこと。

タッセル［tassel］開いたカーテンを開

口部の両側に束ねて留めるための装飾ひも。

タッチアップ 塗装工事などで，一度仕上げたところを部分的に修整塗りすること。工場塗装の鉄骨のさび止めの傷や塗り残しを，現場で塗装する場合などをいう。

立(建)端 (たっぱ) 元来，軒高やパラペット高さのような最高部までの高さを表すときにいう。転じて，一般に高さ，あるいは丈を示す現場用語。

タッピングビス [taping screw] 薄鉄板や軽量鉄骨にボード等を固定するために用いるビス。ビス頭にドライバー用の溝があり，粗いねじ切りが施されている。「タップビス」または「シートメタルスクリュー」ともいう。

タップ工法 Taisei-Auger-Pile工法の略。バイブロオーガー機を使用し，オールケーシングの場所打ちコンクリート杭打設工法。オールケーシング工法のため，施工精度が高く，低騒音で施工できる。〔開発：大成建設〕

タップビス ⇨タッピングビス

竪穴区画 建築基準法施行令第112条で定めた建物の防火区画のうち，吹抜き，階段，エレベーター昇降路，ダクトスペースのように，竪方向に連続している空間の防火区画を定めた9項の規定をいう。火災時の他区画への煙の流出や延焼防止を目的に区画される。

建入れ (たていれ) 軸組，型枠，サッシュなどを所定位置に正しく設置すること。またその際の垂直・水平の正確さのこと。「鉄骨の建入れ直し」「型枠の建入れ検査」などと使われる。

建入れ直し (たていれなおし) ⇨歪(ゆが)み直し

建方 (たてかた) 鉄骨構造における柱・梁の組立て(仮ボルト締め，歪(ゆが)み直しを含む)やプレキャスト鉄筋コンクリート(PC)構造における壁・床部材の組立てなどのような，現場における部材組立て作業(工程)のこと。

立て管 [vertical pipe] 設備配管の垂直方向に行う配管。

建具金物 建具の開閉動作とそれに伴う操作と制御をしやすくするため，建具に付随して設けられた部品の総称。

建具工事 建具には，金属製(アルミサッシュ，スチールサッシュ，ステンレスサッシュ)，木製，樹脂製などがある。これらの製作，吊込み，建具金物の取付け，建入れ調整工事の総称。

建具表 建築の開口部に取り付く建具の立面を表現した図面で，形，材料，寸法，金物，ガラスの種類等が記される。

竪子 (たてこ) 手すり・格子あるいは障子における竪桟または竪の組子。

建地 (たてじ) 丸太足場，パイプ足場，仮囲いなどにおける柱材。→後(あと)踏み，転(ころ)ばし

立て(縦)墨 柱や壁などに印す垂直方向の墨の総称。

建付け (たてつけ) 建具と隣接部材との納まり具合のこと。柱と建具の間にすき間ができたり，開閉の具合がよくない状態を「建付けが悪い」という。竣工後も6ヵ月程度ごとの点検の際には注意を配りたい。

建坪 (たてつぼ) 敷地の中で，建物の1階部分が占める床面積を坪単位で表したもの。建物規模の概要をつかみやすい。建築面積と同義で用いることもある。延坪(のべつぼ)と区別して用いる。→延坪(のべつぼ)

竪樋 (たてどい) 雨水を流す樋のうち，壁や柱にそって鉛直に取り付けられるもの。一般に軒樋(のきどい)で受けた雨水は呼び樋で受け，それに竪樋を接続する。なるべく直管であることが望ましい。曲りが多くなると流水の抵抗が大きくなり，流量の低下をきたす。

建値 (たてね) 生産者の公表する販売価格。実際の取引きはそれよりも低く例えば「建値の9割」などのように，取引きの標準として扱われる。

立て向き溶接 溶接の進行が立て方向となる溶接。

建物管理契約 建物を使用してゆくために必要な点検，清掃，保守などの維持管理を内容とする契約。

建物保護法 正式には「建物保護ニ関スル法律」。借地人保護の目的で制定

され，宅地の地上権または賃借権は，その登記がなくとも，地上の建物の登記をしておけば，第三者に対抗できるとされ，建物の登記は地主の協力なくとも単独でできるため，借地人が保護されることになる。建物の登記は，借地人名義でされることが必要。

竪遣形（たてやりかた）組積工事における目地割り，段数など垂直方向の積み位置を示すための遣形。通常，垂木（だる）や貫（ぬき）に寸法を刻んで用いる。

棚揚げ 機械・設備類を用いない手掘り作業の際，掘り取った土砂を地表面まで搬出するため，上段に設けた棚まで一端スコップではね上げること。→段跳ね

棚足場 ①前後に設けた2組の足場間に腕木を渡し，その上に棚板を敷き並べて作業床としたもの。②天井や高い壁の工事作業などを行うため，水平に板を架け渡した面積の広い足場。

棚杭 山留め工事に際して，切梁を中間で支えるために打ち込まれた杭のことで，おもにH鋼を用いる。→山留め

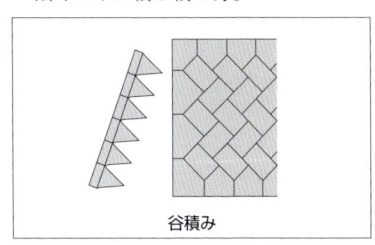

谷積み 石積みの表面において，それぞれの石の接合部が水平面と45°程度傾くように積む積み方。

谷積み

谷樋（たにどい）傾斜する2面の屋根が交差してつくる谷の部分に設ける樋の総称。雨仕舞に注意を要する。

たぬき掘り ⇨下掘り

種石（たねいし）人研（じんとぎ）ぎやテラゾーに用いる大理石や花崗（かこう）岩の砕石や玉石のこと。

多能工 作業間での手待ち防止や作業能率の向上のために，いくつかの関連する作業をこなす技能者のことで，プレハブ工法や工業化工法などで採用されている。通常，製造業において広く使われる言葉で，技術を習得して熟練度が高いばかりでなく，応用力・判断力・融通性を兼ね備えた熟練工あるいは中堅技術者を意味する。

多能工型建築生産システム 多種多様の熟練工に依存する建築生産システムと異なり，部材のプレハブ化，ユニット化，新材料の採用等によって，作業を単純化・標準化し，マニュアルにそって短期間の教育を受けた作業者（多能工と呼ぶ）で一連の作業を実施する建築生産システム。

ダブルナット［double nut］鉄骨工事などで使用される，ボルトの緩みを防止するために二重に締め付ける構造のナットのこと。

ダブル配筋 鉄筋コンクリート構造の壁やスラブなどの板状の部材の鉄筋工事で，鉄筋を二段あるいは二列に配筋（置）すること。→シングル配筋

ダブル巻き 斜め柱，斜め梁，柱サイズが異なる部分などのように，応力が集中する個所において，主柱のはらみ出し防止の目的で，帯筋（おびきん）を2本重ねて組み立てる方法。

太枘（だぼ）石や木材を重ねて接合するとき，ずれ止めのため，上下の材にまたがって差し込む枘（ほぞ）。木工事では堅木の木片，石工事では鉄物を使用する。

玉石（たまいし）径が10～30cmの丸形をした石の総称。主として礎石，積み石，縁石（ふちいし），敷石などに使われるが，砕石機で砕いてコンクリートの骨材に使用することもある。

玉掛け 重量物をクレーンなどを使って揚重・移動する際，重心を失わないようにワイヤーロープなどをかけること。玉掛け作業者は労働安全衛生法に定める資格が必要である。

玉形弁 ⇨グローブ弁

玉串（たまぐし）榊（さかき）の小枝に小さな紙片または麻をつけたもの。神への捧げ物として地鎮祭でも使われる。

玉砂利 形状がまるく，粒のそろった砂利で，敷石として珍重される。

ダムウェーター［dumbwaiter］建築基

準法で規定する，かご面積1m²以下，かご天井高さは1,200mm以下，積載量は500kg以下の人が乗れない貨物用昇降機。規定サイズを超えるとエレベーターになる。「リフト」ともいう。

駄目穴（だめあな）施工上の必要性から設けられた開口部で，使用後はふさぐ。工事用クレーンやリフト設置のため，スラブに開けた開口などのこと。

駄目工事（だめこうじ）工事がほとんど完成した竣工直前の段階で，わずかに残された未仕上げあるいは手落ち部分を完成させること。または，不具合部分を手直しすること。「駄目直し」という。

試し練り　計画した調合で所要のスランプ，空気量，強度などの品質をもつコンクリートが得られるかどうかを確認するために実施する練り混ぜ試験。

試し掘り　⇨試掘

駄目直し（だめなおし）⇨駄目(め)工事

駄目回り（だめまわり）駄目を点検し，見回ってチェックすること。

多翼送風機　⇨シロッコファン

垂木（たるき）木造建築の屋根で下地板を支えるために，棟(むね)から母屋(もや)・軒桁(のけた)の上に斜めにかけ渡す木材。通常4cm×4.5cm程度のものを45cm間隔で用いるが，その寸法の木材を垂木(たるき)と呼ぶこともある。

樽栓（たるせん）コンクリートやブロックの壁面に，内装下地材や造作材などを釘止めする目的で，コンクリートに穴を掘って埋め込む木片。

達磨（だるま）⇨達磨ポンプ

達磨ポンプ（だるま―）工事現場の排水に使用されるポンプ。通常，電気を動力にした膜ポンプであり，砂などが混じった泥水でも詰まることがない点が長所。単に「達磨(だるま)」ともいう。

タワークレーン［tower crane］塔状をしたマストに水平ブームを取り付けたクレーンのこと。高層建築用のクレーンとしての用途が広く，ブームが起伏するジブ式タワークレーンと水平のままの水平タワークレーンがある。

タワーバケット［tower bucket］タワー内部を昇降する鋼製の容器。コンクリートや砂利を所定の位置まで持ち上げ，そこで容器を転倒させてタワーホッパーに放出する。「なべ」ともいう。

タワーピット［tower pit］コンクリートなどを揚重するためのタワーの基礎部分を，地下に入れるように掘り込んだ穴のこと。

タワーホッパー［tower hopper］タワーバケットによって揚重されたコンクリートなどを受け取り，シュート，ねこ車，グランドホッパーなどへ流し出す漏斗(じょうご)状の装置。

単位水量　表乾状態の骨材を用いて1m³のコンクリートをつくる場合の水の質量(kg)。単位水量が大きくなると乾燥収縮，ブリージング，打込み後の沈降などが大きくなり，鉄筋コンクリート構造物の品質，特に耐久性に悪影響を及ぼす。JASS 5では単位水量の上限を設け185kg/m³以下としている。

単位セメント量　コンクリート1m³をつくるために使用されるセメントの質量のこと。一般的には，単位セメント量は300kg/m³程度。単位セメント量を大きくすると高強度となる半面，水和熱が増大し，クリープも大きくなる。逆に単位セメント量を小さくするとワーカビリティが悪くなる。

段裏　⇨上げ裏(あげうら)

段押え筋　階段部の鉄筋のうち，稲妻(いなずま)筋の支持および主筋となる配力筋に接して直交する鉄筋。→段鼻(だんばな)筋，稲妻(いなずま)筋

単価請負　あらかじめ数量が把握しにくい工事において，単価のみを定める請負契約のこと。通常，総額請負による土木工事などは，実質的には単価請負的色彩が濃いといわれている。→総額請負

炭殻（たんがら）石炭やコークスの燃料殻。軽量コンクリートの骨材として使用される。「アッシュ」ともいう。

炭殻コンクリート（たんがら―）⇨シンダーコンクリート

単管足場　⇨鋼製単管足場

単管抱き足場（たんかんだきあしば）

一側(ひとかわ)足場の一種で，安全と作業性を良くするために足場の布材を建地をはさんで2本とした単管足場のこと。

単管パイプ [tube pipe] 単管足場や仮設用の手すりに用いる材料。外径48.6mm，肉厚2.9mmあるいは2.4mmの亜鉛めっき鉄管で，長さは1，1.5，2，3，4，5mなどの種類がある。

短期応力 常時作用する荷重と比較的短時間作用する臨時荷重(積雪・地震・暴風など)を加えた短期荷重によって構造物の各部に生じる応力のこと。

短期荷重 [temporary load] 長期荷重(固定荷重，積載荷重)に地震，風，積雪等の一時的に作用する荷重を組み合わせたもの。→長期荷重

段切り ①法(のり)勾配をつけて掘削する際に，法足(のりあし)が長くなって地山(じやま)が崩れる危険がある場合，中間に段形をつくること。②築堤のかさ上げなどで盛土する場合，既設の法面(のりめん)を階段状に切り取ること。盛土と法面のなじみをよくするために行う。①②とも「ベンチカット」ともいう。

談合(だんごう) 本来は「話し合うこと」の意味であるが，建設業界では主として公共工事の入札において，複数の業者があらかじめ入札価格や落札者などについて話し合うこと。協定して請負入札に応じ，あとで落札者から利益の分配を受けると罰せられるもので，刑法に談合罪があり，独占禁止法によっても談合行為は禁じられている。

だんご張り ⇨積み上げ張り

段差スラブ 設備配管，床の仕上げ等の条件から，高低差のある構造体としての床スラブの総称。

端子盤(たんしばん) 電話設備の配線の分岐，接線，整理などに用いられる装置。端子を取り付けた木板を金属製の箱などに収めたもの。

探針(たんしん) 細い鉄棒などを土中にさし込んで，埋設物，障害物などの有無を確認すること。

弾性 外力を受けたときの物体の変形が，外力を解除したとき，元の形状に戻る性質。→延性(えんせい)

弾性係数 [elastic modulus] 弾性体における応力とひずみの比例定数であるヤング係数，せん断弾性係数，ポアソン比，体積弾性係数の総称。

弾性シーリング [elastic sealing compound] 建築用シーリング材の弾性復元性による区分で，クラス25，20，30S，12.5Eのシーリング材の総称。主成分による区分で，ポリサルファイド系・シリコーン系・ポリウレタン系・アクリル系などがある。JIS A 5758。

鍛造(たんぞう) 鉄などの金属を加熱し，槌(つち)でたたいて加工すること。「火造り」ともいう。

炭素繊維強化プラスチック ⇨CFRP略

炭素繊維補強コンクリート ⇨CFRC略

単体規定 建築基準法第2章に規定されており，建築物単体ごとにその使用する者の安全の確保，建築物内の財産の保護を目的とする技術的規準を定めた規定。この規定は，すべての建築物に適用される。→集団規定

だんち 段違いの通称。2つの面の高さに差のあること。

段通(だんつう) 手織りの高級敷物。ペルシャ段通，中国段通などが有名。厚手の織物ではあるが工芸品的に扱われ，絨毯(じゅうたん)とは区別している。

タンデムローラー [tandem roller] ローラーによる締固め機械の一種。前輪(案内輪)と後輪(駆動輪)が同一幅の1列に配置された2軸タンデムが一般的。→マカダムローラー

段取り 支障なく工事に着手したり，円滑に進められるよう事前に準備・計画を行うこと。建築工事では，工事工程に基づいて資材・労務・仮設機械などの計画を立て，手配をすること。

段取り筋 地下外壁の外側鉄筋の基礎梁への定着長さを確保するために，1m程度ごとに耐圧スラブの上端まで下げて配置した施工上必要な補助鉄筋。

断熱亜鉛鉄板 亜鉛鉄板に断熱材としてフォームポリウレタンあるいはフォームポリエチレンを付着させたもの。倉庫や工場の折板(せっぱん)屋根などに使用される。

断熱インサート 断熱材を貼り付ける壁や天井にボルトなどを取り付ける際に用いられる，断熱材の厚み分を加えた長さで断熱材に固定できる機能をもったインサートの総称。

断熱工事 ⇨保温工事

断熱防水 おもに屋根スラブの防水において，防水層の上または下に発泡ポリスチレンなどの層を設け，断熱性能をもたせた防水工法。屋上スラブの上側に断熱層を設けることから「外断熱防水」ともいう。

タンパー [tamper] 床板などのコンクリート打込みに際して，亀裂や骨材の浮き上がりを防止するため，打設直後の床コンクリートの表面をたたく道具。把手の付いた木製または金属製の簡単なものが広く使われている。

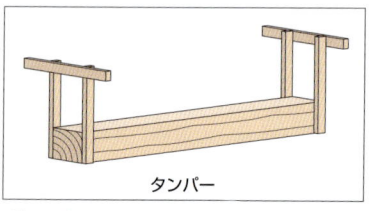

タンパー

ダンパー [damper] ①ダクト途中に入れ空気を遮断，調整する器具。防災と連動するFD（ファイヤーダンパー），SFD（スモークファイヤーダンパー）や風量調整用VD（ボリュームダンパー）等がある。②振動エネルギーを吸収する制振装置。→制振ダンパー

段鼻筋（だんばなきん）階段部の鉄筋のうち，稲妻(いなづま)筋の踏面(ふみづら)側先端部分をつなぐ鉄筋。→段押え筋，稲妻筋(いなづまきん)

段跳ね 土を深く掘り下げる場合，側面を階段状に残しておき，掘った土を次々と上の段へ跳ね上げ排土すること。段数によって「二段跳ね」「三段跳ね」などという。→棚揚げ

単板積層材（たんぱんせきそうざい）⇨積層材

タンピング [tamping] 床のコンクリートを打設した後，タンパーでコンクリート表面を繰り返し打撃して締め固めること。沈み，亀裂，骨材の浮き上がりを防止するほかに，コンクリートを密実に充てんし，水密性や鉄筋の付着力を向上させる効果がある。

ダンピング受注 競争入札時に，市場価格よりも不当に低い価格で受注すること。受注高を確保するため作為的に行われる場合がある。→最低制限価格

タンピングローラー [tamping roller] 盛土などの締固めに使用される表面に突起物の付いたローラー。通常トラクターなどを使って引っぱる。突起部分が盛土などにくい込むので十分に締め固めることができる。ローラー内に入れる砂や水でその重量を調整する。突起の形状により，シープスフートローラー，テーパーフートローラーなどの区別がある。

単品スライド条項 特別な要因により建設資材の一部が高騰した場合に，請負代金額の変更を請求できるとした規定。→スライド条項

ダンプカー [dump car] 土・砂利などを運搬する車両で，荷台を油圧により

段跳ね

傾斜させて荷降ろしができる機能を有する。普通のダンプトラックのように，後ろに荷を降ろすリヤーダンプと横に荷を降ろすサイドダンプ，またその両方ができるものもある。

たんぽ 綿などを布でくるんで丸くしたもので，拓本を取るときに用いる。また塗装において，これにニスやクリヤラッカーなど乾燥の早い透明塗料を付けて，たたきながら塗る。

断面欠損 貫通孔，ボルト穴，切欠きなどによって，梁や壁のコンクリート部材断面に生じた欠損部分の総称。

断面図 建物を垂直に切断した場合の切断面の図面。通常，建物全体の切断面を表現する。「セクション」ともいう。縮尺は1/50～1/100程度。

断面二次モーメント 材料の応力や撓（たわ）みに抵抗する断面形状により決められる数値。材料が曲げや撓み力を受けた場合の材断面の中軸（応力が均衡している軸）から材断面各部分までの距離の二乗に，断面の各単位面積を乗じたものを，材断面全体について合算した数値として計算される。

単粒度砕石（たんりゅうどさいせき）おもに構造物の地業などに用いられる粒径の一様な砕石。→砕石（さいせき）

ち

地域冷暖房 [district heating and cooling]「DHC」ともいう。建物がおのおのに冷暖房の熱源発生装置を持つ代わりに，その地域の何箇所かに熱源供給設備を集中させ，そこから熱源を供給する方式。

チーズ [tees] 三方に接続口のあるT字形をした配管用の継手。

チーズ

チェーンスリング [chain sling] チェーン式の吊り治具。吊り金具と吊りフックをチェーンで結んだもので，欧米での普及率は高い。日本ではワイヤースリングが主流をなしている。

チェーンブロック [chain block] 滑車と鎖を組み合わせて人手による揚重力を増幅する道具。梁や三又（さんまた）に取り付けて吊り下げる。

チェーンブロック（手動）

吊り金具
チェーン
吊りフック
チェーンスリング

チェッカードプレート [chequered plate] 表面に滑り止め用として縞（しま）模様状の凹凸を付けた鋼板。工場・倉庫などの床，屋外階段の踏板，溝・ピットの蓋などに用いられる。「チェッカープレート」「縞鋼板」ともいう。

チェッキング [checking] 乾燥収縮などにより，シーリング材や塗膜の表面

に起こる細かいひび割れのこと。

チェックシート [check sheet] 点検・確認項目などを明らかにし，これを羅列し，漏れなく簡便にデータ収集，整理できるよう定型化された調査表。データ収集が確実にでき，整理も容易にできる。QC7つ道具の一つ。

遅延剤 ⇨凝結遅延剤

チオコール [thiokol] アメリカのチオコール社で生産されるポリサルファイド系の弾性シーリング材。昭和30年代後半に輸入され普及したもので，ポリサルファイド系シーリング材の別称として使われることもある。

違い棚 2枚または3枚の棚板を段違いに配置させた装飾的な棚。床棚，書院などに取り付けられる。→床の間

地下埋設物 上下水道・ガス管・電気通信用ケーブルなど，路面下に埋設されるものをいう。

地下連続壁（ちかれんぞくかべ）⇨地中連続壁工法

千切り（ちぎり）鼓（つづみ）形につくった木片または金属片。板のはぎ合せや石の合せ目などに鎹（かすがい）として用いる。

蓄熱式空調 一般の空調方式は，熱源と空調機等が直結された熱の製造と熱の消費が同時に行われる。蓄熱式空調は，熱源と空調機の間に蓄熱槽が存在し，夜間電力等の利用によりランニングコストの低減が図れる。蓄熱式空調には，水，氷，躯体蓄熱等がある。

蓄熱槽 空調設備の熱を貯める，一種のバッファータンクである。水蓄熱式空調の場合，地下ピットを断熱して使用する場合が多い。

地権者 その土地に対して権利を有する者で，一般にはその土地の所有権または借地権を有する者をいう。土地区画整理法第25条では，所有権か借地権を有する者でなければ区画整理の組合員になれないとしている。

知事許可 ⇨都道府県知事許可

地質柱状図 ⇨土質柱状図

地上権 他人の土地に建物や樹木などを所有するために生じる，その土地を借用して使用する権利。建物の所有を目的とする地上権については，借地法の制限を受ける。地上権と賃借権のおもな違いは，地上の所有物の譲渡・転貸に伴い，前者が地主の承諾なしに権利移転しうることである。

地積（ちせき）土地の状況を表示する登記事項の一つ。登記上は，各土地一筆（いっぴつ）ごとに地積が土地登記簿標題部に記載される。登記上の地積は，水平投影面積によって測定され，単位は平方メートルで表示される。

地籍図（ちせきず）国土調査法に基づく地籍調査により，各筆の土地について所有者，地番および地目（ちもく）並びに境界および地積の調査測量を行った成果を地籍図という。この写しと地籍簿が登記所に送付され，不動産登記法の規定による地図として備え付けられる。→公図，地籍簿

地籍簿（ちせきぼ）国土調査法に基づく地籍調査により，各筆の土地について所在，地番，地目（ちもく），地積（ちせき），所有者の住所および氏名または名称等が記載された成果を地籍簿という。地籍簿は，主務大臣の認証を得て，地籍図とともに登記所に備え付けられる。→地籍図

地耐力（ちたいりょく）地盤が建築物の重さに耐える強さのことで，主として設計時の許容地耐力として使われる。例をあげると，長期許容地耐力(t/m^2)は岩盤で100，硬いローム層で10，礫（れき）層で30，密実な砂質で20である。

チタン鋼板葺き屋根 チタンの薄板で葺いた屋根。厚さ0.3mmほどであり施工法は銅板などと同じである。ステンレスや銅板に比べ気温による膨張収縮が少ない，比重が小さい，耐食性に優れているなど，屋根材としての適性を有している。高価であり，施工例はまだ少ない。

地中梁 ⇨繋（つな）ぎ梁

地中連続壁工法 山留め壁工法の一種。敷地の周辺の土を安定液を使用して固め，壁厚に相当する部分を溝形に掘り，この中に鉄筋コンクリートの壁

を連続してつくる工法。特徴は，施工に際しての騒音・振動が少ない，止水が可能，周辺地盤の沈下などの影響が少ないことなど。「地下連続壁」「連続地中壁」「連壁（れんぺき）」ともいう。

窒素酸化物（ちっそさんかぶつ）窒素（N）と酸素（O）で化合された亜硝酸ガス（NO），硝酸ガス（NO_2）で，水（H_2O）と結合すると強酸性になる。硝酸性化合物になると分解されにくく，地下水汚染の原因になる。窒素酸化物は酸性度が高いため植物への被害も大きい。

チッピング［chipping］硬化したコンクリート面の突出部や不要部分をたがねではつること。

千鳥（ちどり）ジグザグ形のことを指す。2列のものを互い違いに配置することを千鳥配置という。

地反力 基礎スラブに作用する地盤からの応力。

地目（ちもく）土地の用途区分。土地台帳に明記される地目として，田，畑，宅地，池沼，山林，原野，雑種地などの区分がある。

チャージ［charge］バッテリーなどに充電すること。

着色亜鉛鉄板 ⇨カラー鉄板

茶室 千利休による極限の美の追究の中で，徹底した素朴さの演出として朝鮮の民家を原型として生み出されたもの。小空間の中に宇宙を演出する空間ともいわれ，座った人間の寸法ですべてが設計されている。広さは，四畳半以下の小間（こま）と四畳半以上の広間に分けられる。畳の敷き方，炉の切り方，床の間の配置などにより，さまざまな形式がある。

チャッキバルブ［check valve］配管内の流体を一方向にのみ流し，逆流を防止する弁。

着工 仕事や工事に着手すること。形式的には，契約書に指定してある工事期間の第1日目が着工日となるが，現場設営などの諸準備のため，実際の着工は遅れるのが普通で，実際の工事着手は根切り作業の開始を着工とすることが通例である。

チャンネル［channel］⇨溝形鋼（みぞがたこう）

チャンネルベース［channel base］設備機器等を固定するための金属製基礎。上部に，機器接続用のボルト穴を開けて機器をボルト止めする。

チャンバー［chamber］空調気流の混合や分岐・方向転換，騒音防止などを目的に，空調用ダクトの中間に挿入される，ダクトより断面積の大きな箱状の簡単な装置。その中を消音材で内張りすると消音チャンバー等になる。

チャンバー法 建築材料から放散されるホルムアルデヒドを含む揮発性有機化合物（VOC）の放散量を測定する一方法。JIS A 1901。

中間金 ⇨中間払い

中間処理場 産業廃棄物を工場，建設現場等の排出事業者から受け入れて減量・減容化，安定化・無害化，分別処理，リサイクル処理をする施設。ここで処理された廃棄物は，最終処分場で埋立て処分される。→最終処分場

柱間帯（ちゅうかんたい）フラットスラブにおいて，受ける曲げモーメントが小さい範囲。柱と柱の間の帯状部分をいい，他の部分を「柱列帯」という。→柱列帯

中間払い 請負契約において，部分工事の出来形（できがた）査定を実施して，工事途上で代金の一部を支払うこと。「部分払い」「出来高（できだか）払い」ともいう。また，このときの代金を「中間金」ともいう。

中空スラブ ⇨ボイドスラブ

中込み（ちゅうごみ）左官工事における下塗りと仕上げとの中間に塗る層。「なかごめ」ともいう。→中塗り

中砂（ちゅうしゃ）粒径が1.2～2.5mmのものが大部分を占める骨材用の砂の俗称。「中目砂（ちゅうめずな）」ともいう。→粗砂（そしゃ），細目砂（ほそめずな）

柱状図 ⇨土質柱状図

中水（ちゅうすい）排水を処理して浄化し水洗便所の洗浄水などの雑用水に再利用する水。飲料用の上水と下水の中間に位置するところから中水と呼ぶ。

中性化［neutralization］コンクリート

が空気中の二酸化炭素によってアルカリ性を失い中性に近づく現象。コンクリート部材中の鉄筋がさび，膨張してコンクリートにひび割れが発生する。

鋳鉄管（ちゅうてっかん）鋼管に比べてさびにくく腐食に強いため水道管，排水管，ガス管などに使用される。

柱頭（ちゅうとう）⇨キャピタル

注とろ ⇨つぎとろ

注入コンクリート ⇨プレパクトコンクリート

注入補修 タイルやモルタルに生じた浮きやはく離，モルタルやコンクリートに発生したひび割れに，樹脂や混和材入りのセメントペーストなどを注入する補修方法。

チューブ構造 建物外周部に柱を細かく配置して，ラーメン架構としたり，ブレースの組合せで骨組を造り，骨組の強度や剛性を高めて，内部に広い空間を取ることを可能にした構造形式。「外殻（がいかく）構造」ともいう。

チューブラ錠 ⇨円筒錠

中目砂（ちゅうめずな）⇨中砂（ちゅうさ）

注文書 工事の施工，資材納入などを依頼する書類のこと。元請が下請に出し，下請は請書（うけしょ）を提出して契約の締結が完了する。

注文生産 ⇨受注生産

中庸熱ポルトランドセメント（ちゅうようねつ—）普通ポルトランドセメントよりも硬化時の水和熱が少ないセメント。ダム工事など一時に大量のコンクリートを打つ場合に用いられる。

柱列工法 山留め壁工法の一種で，杭を連続的に並べて山留め壁とする。場所打ち鉄筋コンクリート杭を並べて施工する方法と，既製鉄筋コンクリート（RC）杭を並べて埋め込む方法が代表的。低騒音・低振動で止水壁としての役割も果たすが，鋼製の矢板を用いる工法に比べて工費が格段に高い。「パイル柱列工法」ともいう。

柱列帯 フラットスラブにおいて，ほかの部分よりも大きな曲げモーメントを受ける範囲。柱を含んだ帯状の範囲をいい，他の部分を「柱間帯」という。

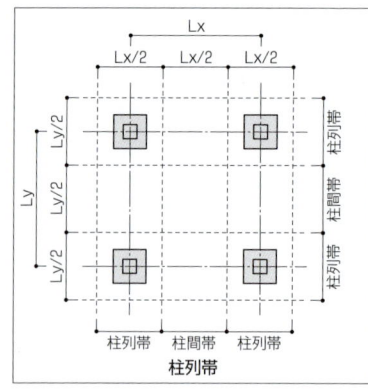

超音波探傷試験 パルス発信機，受信機，超音波を発信・受信する探触子および表示装置から構成される機械を使用して，金属内部の欠陥やコンクリート外壁はく離部分の探知，溶接内部等を検査するための非破壊試験方法。内部に伝搬した超音波が，試験体内部の傷や異物があった場合，そこで反射したエコーが検出される原理となっている。JIS Z 3060。

鳥瞰図（ちょうかんず）建築物の全体を見おろす視点から描いた透視図。

長期応力 固定荷重，積載荷重，多雪区域における積雪荷重などの常時荷重（長期荷重）によって構造体の内部に生ずる応力。

長期荷重 [sustained load] 固定荷重，積載荷重を合計した長期間にわたり作用する荷重。→短期荷重

長期強度 材齢が28日（4週）以上経過したコンクリートの強度。一般に長期強度は材齢28日を基準とするが，短期強度に比べ強度の増進は少ない。→初期強度

調合 コンクリートを練り混ぜる際の，コンクリートを構成するセメント・骨材・水および混和剤の割合。「配合」ともいう。

調合強度 コンクリートの調合を決める際の目標とする(圧縮)強度のことで，標準養生の供試体の強度で表す。調合（配合設計）は生コン1m^{3}当たりの材料使用量(kg/m^3)で表され，水セメント比，細骨材比，単位水量，単位セメン

ト量，単位細骨材量，単位粗骨材量，単位AE剤量，空気量を表記する。

超高層RC住宅 ⇨RC超高層住宅略

超高層建築 特に定義はないが，一般的には高さ100mを超える高層建築物をいう場合が多い。1968年竣工の霞が関ビル（地上31階113m）がその第1号といわれている。事務所ビルは鉄骨造，住宅用はRC造が多い。

調光装置 光量を調整して電灯の明るさを加減する装置。おもに劇場の舞台用および客席用として設置される。

調合ペイント そのままで使用できるようにすでに調合された塗料。油性調合ペイントと合成樹脂調合ペイントとがある。鉄部・木部の塗装に使用される。前者を「オイルペイント」または「OP」，後者を「SOP」ともいう。

長尺シート床材（ちょうじゃく―ゆかざい） 長尺のプラスチック系床仕上材の総称。リノリウム・ビニルシート・ゴムシートなどがこれに該当する。呼称として固定されたものはなく「ビニル床シート」「長尺ビニルシート」「プラスチックシート床」などさまざまな呼び方がされる。

長尺ビニルシート（ちょうじゃく―） 長尺のプラスチック系床仕上材の呼称の一つ。→長尺シート床材

調整区域 市街化調整区域の略称。

超早強ポルトランドセメント 化学成分の調整と粒度を細かくすることにより，硬化初期の強度を高めたもの。1日で普通セメントの7日強度が得られる。材齢1日で20N/mm²程度となる。緊急工事や工期短縮を目的とした各種工事に採用されている。

長太郎（ちょうたろう） 仮設用支柱の呼称。

提灯（ちょうちん） ホッパーで受けたコンクリートを打場所まで導く筒状の樋。地下のコンクリート打設において，ポンプ車を使わず生コン車から直にコンクリートを打設する場合に使われる。

蝶取り（ちょうとり） 長すぎるロープを切断せずに短くする方法の一つ。ロ

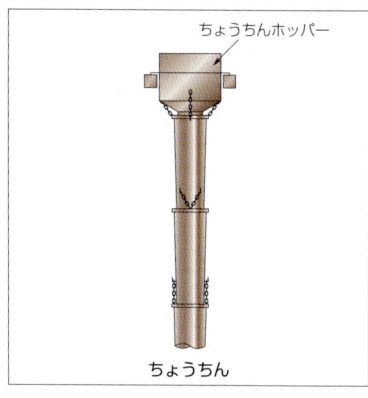

ちょうちん

ープの途中で蝶結びをして縮める。

手斧始め（ちょうなはじめ） 建築や船の建造を始めるとき，あるいは新年の仕事始めに，木工匠の間で行われてきた儀式。今日でも新年の仕事始めの儀式として行っている建設会社もある。

丁場（ちょうば） ①採石場または石工事の現場。「石丁場」ともいう。②建築工事の営業領域・縄張りのこと。「町丁場（町場）」「野丁場」「出合い丁場」などと使う。

丁張り（ちょうはり） 掘削や盛土などの土工事，石積みの擁壁工事などで，板材などを使って設置した仕上がり面を表示する定規類。

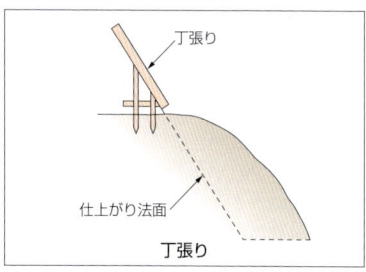

丁張り

丁番［hinge］ 扉，窓，引戸等の開閉の軸となる金物。

帳壁（ちょうへき） ⇨カーテンウォール

眺望権（ちょうぼうけん） 建築物から景色を眺望できる一種の既得権。建築物の周辺に工作物が建築されることにより，その建築物からの眺望が変化し，従前まで眺望できた景観が眺望できなくなる。この際，従前までの景観を眺望し続けたいとして，その既得権とし

て主張されるものが眺望権である。その法的権利と侵害の判断の基準は，現在の日本では確定していない。

チョーキング [chalking] 塗装やシーリング材の表面が，劣化によりチョーク状の粉をふいたようになること。「白亜化」ともいう。

直営 元請業者に工事を発注せず，施主自ら労務，材料，機械類などを調達し，かつ施工管理を行うことをいう。

直交クランプ ⇨固定クランプ

直接仮設工事 遣形(やりかた)，墨出し，山留め，型枠，足場などのように，工事種類によって限定時に使用される仮設物を扱う工事のこと。→共通仮設工事

直接基礎 建物荷重を直接支持地盤に伝える形式の基礎で，フーチングとべた基礎，布基礎がある。

直接工事費 工事そのものに直接かかわる費用。一般的には，躯体工事費・仕上げ工事費・設備工事費・外構工事費，下請経費等に直接仮設費(墨出し・足場・機械器具・養生など)を加えたもの。各工事部門を工事の種類や箇所により，工種，種別，細別および名称に区分し，おのおのの区分を材料費，労務費，機械器具費，運搬費に分けて算出する。→間接工事費

直接照明 照明光源の中心を通る水平線の下方向に，照明光源の光束の90％以上が放射される照明方式。執務空間では，作業面方向への放射が多いため照明効率が良い。

直接暖房 室内に設置した放熱装置に蒸気や温水を送って直接空気を暖める方式。放熱形式によって対流暖房とふく射暖房に分けられる。

直通階段 建築物の避難階以外から，避難階または地上に直接通じる階段。居室の種類，建築物の構造によって，居室の各部分から直通階段の一つに至る歩行距離が制限されている。また居室の用途，建築物の構造，居室などの床面積規模によっては，2以上の直通階段の設置が義務づけられている（建築基準法施行令第120条，第121条）。→避難階段，特別避難階段

直用 (ちょくよう) 事業主が直接に雇用し，賃金管理および各種の保険手続きなどを行っている労働者のこと。元請直用の労働者はまれで，ほとんどは下請負業者に雇用されている。

直流電流 流れる方向が一定の電流。乾電池，バッテリー等。「DC」と表記される。

直結給水方式 都市水道本管内の水圧を利用して，建物の各器具へ直接給水する方式。一般家庭は大部分がこの方式による。

地絡継電器 (ちらくけいでんき) 電気回路に漏電が発生したとき，これを検出する機器。ブザー，スイッチなどを併用して警報を発したり，故障回路で作動したスイッチなどを復旧させるための信号を出したりする。

散り 建具枠の小端($\frac{1}{5}$)面と壁面，柱の外面と壁面など仕上げ面の段差によって生じる寸法差。またはその部分。

散り決(决)り (ちりじゃくり) 柱と塗り壁とが突き合せとなる場合に，柱面にほり込む溝のこと。木材や塗り材の乾燥・収縮によって生じるすき間を見えないようにする工夫。

チルチングレベル 水平墨出し用の計測器（レベル）の一種。暗い場所でも気泡像がはっきり見えるように照明が内蔵されている，50cmの近距離まで視準できる，耐水構造で内部が曇らないなどの特徴がある。

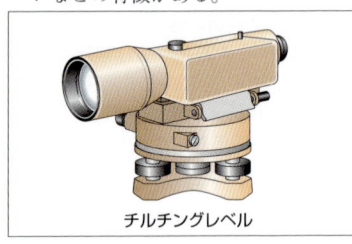

チルチングレベル

賃金台帳 事業所ごとに労働者の使用者に義務づけられている賃金計算の基礎事項，賃金額，その他必要事項を記入するための台帳。

沈床園 (ちんしょうえん) ⇨サンクンガーデン

賃貸面積比 ⇨レンタブル比

つ

追跡調査 建築物の空間利用において，当初計画したものと実際の利用のされ方とが，経年するにつれどのように変化したかについて，一定の期間を経過した後，実態を調査することをいう。

通気管 排水系統または水槽類のおいて，通気のために設ける配管。通気管を設けることによって，排水の流れを円滑にしたり，トラップの封水を保護したりする目的がある

通気弁 通気管内の空気圧の差と可動盤の自重による自然力を利用して作動する臭気流出を防止するための装置。

通水試験（つうすいしけん）排水通気設備工事および衛生器具の取付け完了後，各器具の使用状態に適応した水量で排水し，管からの漏水，排水状況，封水状態の適否を試験すること。

通線（つうせん）電線管の中に電線を挿入し目的個所まで貫通させること。

ツーバイフォー [two by four method] おもに2インチ×4インチの断面寸法をもつ木材を枠組にして合板パネルをつくり，それを組み合わせて床および壁を構成する壁構造の木造住宅建築。北アメリカで広く使われている工法を昭和40年ごろわが国に導入したもので，基準断面の2インチ×4インチからツーバイフォーの名がある。「枠組壁工法」ともいう。

ツールボックスミーティング [tool-box meeting] 現場において作業前に行う作業手順や安全に関しての簡単な話し合いのこと。ツールボックスは道具箱のことで，作業現場を意味する。

束立て床（つかだてゆか）木造の一階床が束を立てた構造になっているもの。束を立てない床には「転(ころ)ばし床」がある。→転(ころ)ばし床

突き合せ抵抗溶接 部材の端面を突き合わせ，圧力を加えて接合する抵抗溶接。「アプセットバット溶接」と「フラッシュバット溶接」がある。

突き合せ溶接 同一断面の鋼材同士を重ねずに，ほぼ同じ面内で接続する溶接方法の総称で，一直線に継ぐ場合のほか，T字形，L字形などがある。溶接部の強度が母材と同等以上となるように，全断面が十分に融合され，のど厚は母材の厚さ以上となるように溶接する。→アプセットバット溶接

突き固め 盛土やコンクリート打設の際，密実になるように突いたり，たたいたりして締め固める作業。

継ぎ杭 所要杭長が大きくて，一本の杭だけでは不足する場合，継手を設けて打設時に連結して打ち込まれる杭。先に打ち込まれる杭を「下杭」，それに継がれる杭を「上杭」という。

つき代（つきしろ）左官工事において

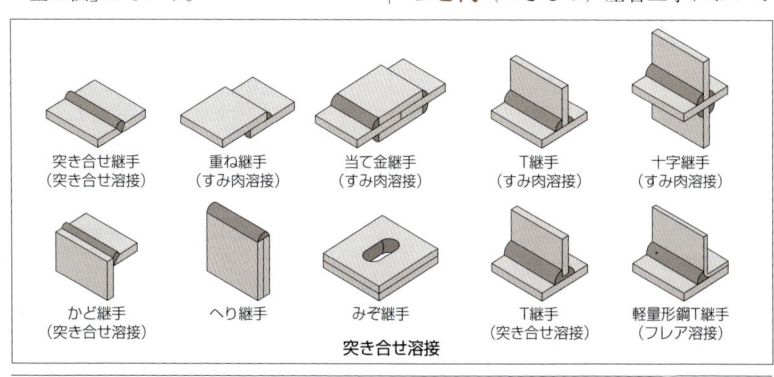

突き合せ継手 （突き合せ溶接）	重ね継手 （すみ肉溶接）	当て金継手 （すみ肉溶接）	T継手 （すみ肉溶接）	十字継手 （すみ肉溶接）
かど継手 （突き合せ溶接）	へり継手	みぞ継手	T継手 （突き合せ溶接）	軽量形鋼T継手 （フレア溶接）

突き合せ溶接

つきたし

下地の上に塗り付けるモルタル厚さのこと。「つけ代」「塗り代」ともいう。

突き出し窓 建具の上框(かまち)を丁番などで窓の上枠に吊り，そこを回転軸に外へ突き出して開く窓。上框が下がりながら外へ突き出して開くものを「滑り出し窓」という。

突き立て 盛土作業が完了した後，天端(てんば)や法(のり)面を突き固めてならしたり，土砂などを小運搬する作業などをいう。

継ぎ玉石（つぎたまいし）玉石を積み重ねて行う地業。

突き付け 2つの材料の平らな小口を単に突き合わせる接合方法。欠込みを付けたりすき間を設けるなどの細工をしない最も簡単な方法。

継手 ①部材相互をその材軸方向（長手方向）に継ぐ場合の接合部分。木工事においては，部材相互を直角，またはある角度で接合する仕口(しぐち)と区別して用いる。→仕口 ②配管同士を接続するもの。

つぎとろ 張り石と下地のすき間または石裏の空隙（とろ代）などにモルタルやセメントペーストを注入すること，およびその注入材料。「差しとろ」「注とろ」ともいう。

突き棒 ①壁，柱などのコンクリートを打設する際，突き固めるためにバイブレーターの補助として使用する棒状の道具。長さ3〜5mの丸竹・割竹，木，鉄棒などが用いられている。②スランプ試験やコンクリート強度試験用の試験体（供試体）作製に使用する直径16mm，長さ50cmの丸鋼のこと。

突き屋 コンクリート打ちの際，型枠内の隅々までコンクリートが十分に行き渡るように，竹などでコンクリートを突く作業者をいう。

蹲踞（つくばい）日本庭園を飾る水をたたえた庭石。茶会で手を浄めるために使われたものが，次第に装飾的に用いられるようになった。

造付け（つくりつけ）戸棚・書棚・洋ダンスなどの家具類を建物と一体にして造り込むこと。造付け家具に対し，製品として独立している家具を「置き家具」という。

つけ送り 左官工事において，塗り下地の凹凸が著しいとき，下地調整のためにモルタルその他の材料をつぎ足して凹んだ部分を埋めならすこと。

付け鴨居（つけがもい）→鴨居(かもい)

付け書院 書院造りにおいて，床の間脇に設ける出窓形式の明かりとり。床の間を中心とする床構えの構成要素の一つ。→床の間

つけ代（つけしろ）⇨つき代

付け面 建具や家具の框(かまち)に後から付ける細い面木。

土被り（つちかぶり）⇨地被(じかぶ)り

土壁（つちかべ）左官材の一種。聚楽(じゅらく)や漆喰(しっくい)壁，珪藻土(けいそうど)は内外壁に使用し，さび砂壁は内壁用として使う。下地は竹小舞(たけこまい)が本来だが，最近はラスボードが多い。

筒先管理（つつさきかんり）コンクリートポンプ車でコンクリートを打設する際，コンクリートが流出する筒先部分で，コンクリートの品質や打設数量などをチェック・確認すること。

突張り ①山留め工事において，土圧による矢板の倒壊を防ぐための水平方向を支える短い切梁。切梁の解体時に構造躯体を支えにして土止め壁に臨時・暫定的に飼う短い木材のことにも用いる。「てっぽう」「張木」ともいう。②足場の控え。

鼓（つづみ）ウインチの一部品で，ドラムのシャフトの端についている鼓状の金属。ドラムで巻き取っているワイヤー以外のワイヤーの仮巻きなどに使われる。

繋ぎ（つなぎ）足場の倒壊を防止するために，建物と足場とを緊結する材。「足場繋ぎ」ともいう。

繋ぎ筋（つなぎきん）あばら筋，帯筋(おびきん)など，せん断補強のために主筋の周囲に巻き付けた鉄筋の総称。「繋筋(けいきん)」ともいう。

繋ぎ梁（つなぎばり）独立基礎を結んでいる梁。柱脚の回転を拘束すると同時に，水平力，地盤反力および不同沈

184

下による応力に抵抗する役目をもつ。多くは地中にあるため「地中梁」「地梁」ともいう。

角柄（つのがら）建具の枠の納まりにおいて、上下枠が縦枠より、あるいは縦枠が上下枠より突き出ている部分。建具の上框（うわまち）の納まりに用いることもある。

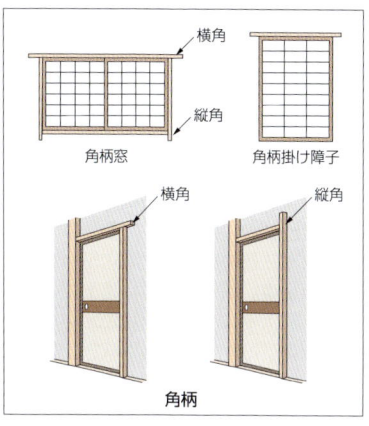

角柄窓
角柄掛け障子
角柄

鍔付き鋼管スリーブ（つばつきこうかん—）壁などのコンクリート貫通部に使用する鋼管製スリーブのうち、雨水の浸入防止や抜け防止を目的として、管周囲につば状の突出物を取り付けたもの。

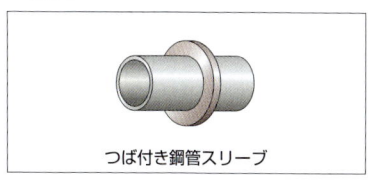

つば付き鋼管スリーブ

坪（つぼ）①面積の単位。1間×1間すなわち1.818m×1.818m＝3.305m²。②体積の単位。立坪のことで、1立坪＝6尺立方で約6m³。③小さな中庭のこと。坪庭（つぼにわ）の略。

坪勘（つぼかん）概算見積を坪単価で見当づける熟練者の「勘」をいう。

坪建て（つぼだて）木材取引において使われる用語で、板のような薄い木材の面坪を単位とする場合の取引単位。ほかに本建て、板建て、石（こく）建てなどの区別がある。

坪庭（つぼにわ）塀（へい）や垣根、または建物で囲まれた、あまり大きくない庭園のこと。古くは、町屋造りにおける主屋（おもや）と離れとの間にある庭園を指したが、現代では建物にとり囲まれた小さな庭園を指すことが多い。

壺掘り（つぼほり）①独立基礎の根切りに際し、柱下部分を必要な寸法だけ基礎の形状に合わせて方形に掘削すること。②ガス管など埋設管の位置を探るため、狭い部分を試験的に掘ってみること。→総掘り

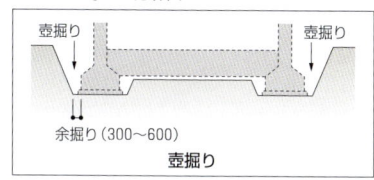

余掘り（300〜600）
壺掘り

妻入り（つまいり）①建築物の妻側に主要な出入口を設けている建築物を妻入りの建築物といい、妻側からの出入口の形式を妻入りという。②豪雪地帯などで、屋根の雪が出入口に落ちないようにする屋根形式。→平入り

積み上げ張り　タイルの張り方の一種。コンクリート面に直接、あるいはあらかじめくし目を引いたモルタルの下地に、裏面に張付け用モルタルをのせたタイルを、1枚ずつ押しつけながら張る。「だんご張り」ともいう。→タイル工事

詰めモルタル　すき間やだめ穴をふさぐ（充てんする）ために使用するモルタルの総称。間隙を避けて充てんを完全にするためには、無収縮モルタルを使用し、入念に施工する必要がある。

積り合せ　⇨見積合せ

積る　工事費を見積ること。

艶出し磨き（つやだしみがき）⇨本磨き

面一（つらいち）相接する2つの部材の表面が同一平面に納まること。「ぞろ」「さすり」ともいう。

釣合い鉄筋比　鉄筋コンクリート部材において、鉄筋の引張応力度とコンクリートの圧縮縁応力度の2つが、同時に許容応力度となるような引張鉄筋比のこと。

吊上げ筋　梁の下端筋（した）のかぶり厚

つりあし

さを確保するために，上から吊り上げる補強筋。

吊り足場 上部から吊り下げた作業床の総称。鉄骨の塗装・ボルト締めなどの作業用や，エレベーターピット内の作業用として多く用いられる。

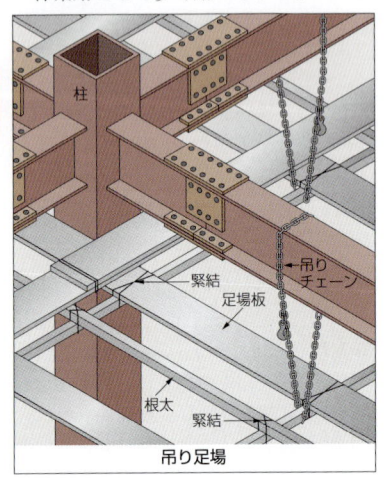

吊り足場

吊り籠足場（つりかごあしば）⇨ユニット足場

吊り荷重 クレーン等の揚重機の吊上げ能力をいう。吊り能力は，吊り荷重と作業半径の積で表される。

吊りガラス工法 大きな板ガラスを，上部の梁あるいはスラブから吊り下げて支持する工法。大面積のガラススクリーンが構成できる。

吊り桁（つりげた）水道管などの埋設物で掘削の支障となるものがある場合に，一時的に埋設物を吊って置くために使用する桁。

吊り子 屋根葺きの金属板を下地板に固定する短冊状の金物。一端は金属板の小鈎（こはぜ）に巻き込み，他端を釘で下地に留める。瓦棒葺きにおいては，瓦棒の位置にチャンネル型の吊り子を取り付け，キャップと吊り子と金属板とをはぜに組んで，下地への固定と同時に金属板の接続も行う。

吊り構造 剛材のように引張力に特化した材料を有効に使い，経済効率の高い構造として開発された吊り屋根や吊り床の構造。屋根や床を構造支柱から吊り下げることによって，構造体を引張力を中心にして支持する。

吊り込み ①杭打ち工事で，杭をワイヤーロープを使って所定の打込み位置まで移動して建て込むこと。②建具を枠やその他に取り付けること。③クレーンを使用して材料を吊ること。

吊り戸 ⇨ハンガードア

吊りボルト［hang bolt］天井インサートにねじ込んで吊り下げるボルト。設備機器，配管，天井下地等を吊る際に使用するもので，荷重に合わせて，吊りボルトサイズを変更する。

吊り元 開き戸における丁番の付く側。把手や握り玉の付く側は「手先」。

吊り枠足場 主として鉄骨工事の溶接作業や鉄筋の組立て作業に用いられる仮の足場。鉄骨建方前に地上で組み立てられ，ボルト，補助材などをのせて鉄骨梁に吊り下げられた状態で揚重され，所定の位置にセットされる。

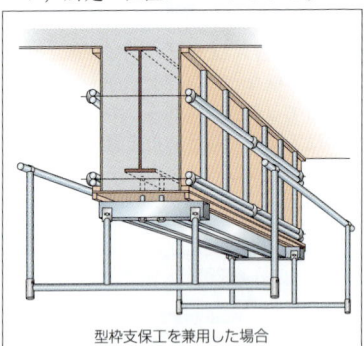

型枠支保工を兼用した場合
吊り枠足場

186

て

出合い丁場（であいちょうば）工事現場における特定作業場所で、複数異職種の作業が同一時間帯に重なり合うこと。または複数の業者が同時に作業をすること。かつては下職間の紛争の種でもあったが、現在ではあまり使われない言葉である。

手空き（てあき）⇨手待ち

低圧配線 電圧が直流で750V以下、交流で600V以下の電気配線。→高圧配線

ディーゼル規制 粒子状物質の排出基準を超えるディーゼル車の運行が東京都、埼玉県、千葉県、神奈川県のそれぞれの条例で禁止されている。

ディーゼルパイルハンマー［diesel pile hammer］ディーゼルエンジンにおけるピストンの落下とシリンダー内の燃焼爆発を打込み力に利用した杭打ち機。

ディープウェル工法［deep well method］井戸の集水部分を根切り底より深く下げ、そこにポンプをセットして排水を行う地下工場の工法。地下掘削が深く、地下水位が高く、水量が多い場合に採用される。

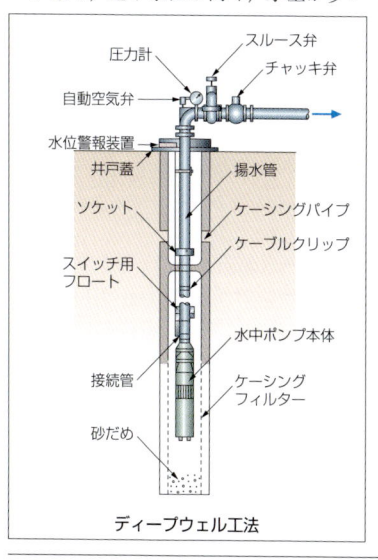

定格 機器ごとに表示しなければならない当該機器の使用限度のこと。出力・電圧・電流などで表される。

定額請負 ⇨総額請負

定額請負方式 ⇨総価請負方式

定格荷重 クレーンあるいはデリックの構造によって決められた最大吊り荷重から、フックまたはバケットなどの吊り具の重量を引いた荷重。すなわち実質的な吊り荷重の限度。

定期借地権 契約期限がきた時、契約更新ができず、建物を取り壊して更地（さらち）にして返還する必要のある借地権のこと。借地借家法では一般定期借地権（契約期間50年以上）、事業用借地権（10年以上20年以下）、建物譲渡特約付き借地権(30年以上建物付きで土地を返却）の3種類が決められている。

定期借家制度（ていきしゃくやせいど）あらかじめ賃貸期間を定め、その期間の満了によって契約が解除される住宅の賃貸借契約の方法。期間が過ぎていれば立退き料等の授受はなくなる。2000年3月に施行された「良質な賃貸住宅等の供給の促進に関する特別措置法」で作られた制度。

定期借家権（ていきしゃっかけん）貸主と借主の合意により、自由に契約期間、賃料などを決めて、契約期間の満了によっていったん契約が終了する建物の賃貸借のこと。

定期清掃 一定の時間間隔をおいて繰り返し実施される清掃作業。日常清掃の行き届かない点を補完し、建築物の清潔度を維持するうえで重要な役割を果たす。

定形シーリング材 成形されたシーリング材の総称で、代表的なものにガスケットやビードなどがある。→不定形シーリング材

抵抗機 交流電流によるアーク溶接機。

ディープウェル工法

抵抗溶接　接合する部材の接触部に狭い範囲で集中的に通電し，発生する抵抗熱と加えた圧力によって行う溶接。「スポット溶接」「シーム溶接」「フラッシュバット溶接」などがある。「電気抵抗溶接」ともいう。

定尺物　（ていじゃくもの）板，パネル，棒鋼など，あらかじめ定められた寸法で市販されている建築材料のこと。

泥水　（でいすい）ボーリングや場所打ち杭の削孔に際して，孔壁の崩壊防止や土砂の排出を目的に，孔内に満たす比重の大きい水のこと。

ディスクサンダー　[disk sander]　コンクリート面を平滑にしたり，金属のさび落しなどに使用する電動式の研磨機械。石材や研磨紙を回転板に取り付けて，これを回転させ，手に持って移動させながら研磨を行う。

ディスクロージャー　[disclosure]　企業が，投資家の判断のために自らの財務内容や経営方針，業績の変化などを開示すること。

ディスチャージ　[discherge]　バッテリーから放電すること。反対に充電することを「チャージ」という。

定礎式　（ていそしき）本来は，礎石を据えるときに行った儀式のことであるが，現在は建築関係者や竣工年月日を記した定礎板を所定の位置に取り付ける儀式をいう。

定置式ミキサー　現場内などに固定して混練を行うミキサーの総称。トラックミキサーなどの移動式ミキサーと対比させて用いる。

定着　コンクリート中の鉄筋や鋼材が移動したり引き抜けたりしないように，必要な長さをコンクリートに埋め込んで固定すること。またその必要長さのこと。「アンカー」ともいう。

定着長さ　鉄筋コンクリート構造が大きな力を受けたとき，鉄筋がコンクリートと一体になって機能するための引抜け防止のための必要長さ。

ディップ　[dip]　U字管のくぼみ部分のこと。U字トラップの管の曲がりの上部内側で水平接線との交点をいう。

「ディップをとる」とは電線のたるみを少なくすることを指す。

ディテール　[detail]　全体に対して特定部分の詳細をいう。図面化したものが詳細図。

低入札価格調査制度　主として公共工事の競争入札で，入札価格が一定の基準価格よりも低い場合，調査を行い，その結果が契約の内容に合いそうもないと認められたときに，その者を落札者としないことができる制度。

底盤　（ていばん）鉄筋コンクリートの基礎の一部。建物の垂直荷重を，接する地盤に直接伝達するため基礎梁の下部に設けたスラブ。直接基礎の場合に多く用いられる。「水圧盤」「耐圧盤」「礎版」ともいう。

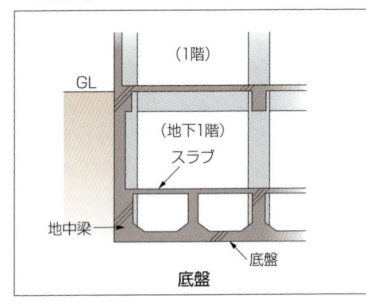

底盤

ディベロッパー　[developer]　都市・地域再開発や宅地・別荘地の開発，マンションや住宅の建設と販売などを総合的に手がける都市開業者または宅地開発業者。

ティルトアップ工法　[tiltup construction method]　外壁となるコンクリートパネルをあらかじめ現場内でプレキャスト化し，クレーンで所定の位置に取り付ける工法。

テーパー　[taper]　勾配・傾きのこと。

テーパージョイント　[taper joint]　テーパーボードを使用した際の目地処理

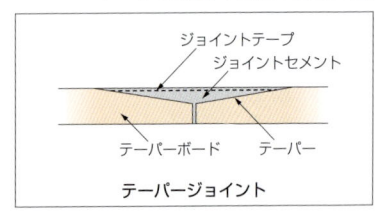

テーパージョイント

のこと。テーパー部分をジョイントセメントやジョイントテープで埋め，継目の見えない仕上げとする。

テーパーボード　石膏ボードの長手方向の側面にテーパーを付けたもの。「テーパージョイント用ボード」のこと。→テーパージョイント

テープ合せ　鉄骨部材の現寸作業と現場とでおのおのの使用するスチールテープを比較して，その誤差を確かめること。一般的には，5kgの張力を与えて5m単位で誤差を測定する。

出来形　（できがた）工事施工が完了した部分のこと。「出来形部分」「既成部分」ともいう。→出来高

出来高　（できだか）出来形を金額で換算したもの。中間払いの対象となる。

出来高勘定　（できだかかんじょう）完成工事における支払金もしくは受入金のこと。請負人にとって，契約通り出来高に応じて支払われた内金が出来高勘定の受入金であり，施主の認定に至らない原材料費などの支払金を含めて未成(みせい)工事支出金とする。→出来高

出来高査定　（できだかさてい）建設工事中の中間払い等において，工事出来高を査定すること。

出来高払い　（できだかばらい）建築工事の部分払いの計算方法。出来高と検査済工事材料の請負代金相当額の9/10以内の金額。

出来高部分払い方式　（できだかぶぶんばらいほうしき）月間とか隔月間などの短い間隔の出来高払いを導入した公共工事の工事代金支払い方法。前払い金と完成払いの2回を中心に行われてきた支払い方法に代わる方法として，2001年3月から試行されている。

適用事業報告　建築物の建設，解体などを行うために作業所を設置する場合に，所轄労働基準監督署長にその旨を報告すること。適用事業とは特定の法律が適用される事業のことである。労働基準法施行規則第57条。

テクスチャー　[texture] 材料のもつ質感のこと。形態・色とともに造形上の基本要素と考えられている。

テクノロジーアセスメント　[technology assessment]「技術事前評価」あるいは「技術審査」などと訳される。技術の開発および適用に際して，技術による影響を，多面的な見方から事前に把握して，その利害・得失を総合的に評価することにより，技術の展開に対する意思決定に反映すること。

デザインサーベイ　[design survey] 都市，街並み，建築物などの全体を実測し，この実測図から景観，空間構成などを整理・分析する調査。

デザインタイル　おもに室内の壁・床に使われる陶器質の模様入りタイルを指すが，さらに広く工芸的にデザインされたタイル一般をいうこともある。

デザインビルド　[design-build] 建築物の設計と施工を同一の業者あるいは共同企業体に発注する方式。設計施工一貫方式のこと。「DB」とも略す。

デザインレビュー　[design review] 設計の各ステップ（企画・基本設計・実施設計）で設計内容を見直すこと。設計品質の適切性を確認するため，意匠・機能・生産性・コストなどについての評価を行う。

手先　（てさき）開き戸における把手や握り玉の付く側。丁番の付く側を「吊り元」という。

デシベル　[decibel] 音の強さの単位。最小可聴音を0デシベルと設定し，これとの比較で音の強さを表す。記号として〔db〕または〔dB〕を用いる。

テストハンマー　[test hammer] ①モルタル塗りやタイル張りなど仕上材の表面を打撃またはこすり，音の違いにより浮きなどの劣化部分を見つけるために使用するハンマー。②コンクリート表面に打撃を与え，はね返りの程度から強度を推定する非破壊試験機。

テストピース　⇒供試体(きょうしたい)

出隅　（ですみ）2つの部位・部材の2面が交差する場合，外側に突き出ている角の部分。→入隅(いりすみ)

出隅・入隅補強　（ですみ・いりすみほきょう）床，屋根スラブのコーナー（出隅・入隅）部のコンクリートのひび割れ

防止のために配置する補強用の鉄筋。

手摺り子（てすりこ）笠木などの手すり材を支える束(つか)状の垂直材。「竪子」「手すり束」ともいう。

デッキグラス［deck glass］入射光線を分散あるいは集中させ，柔らかい光となるように工夫された80～200mm角のガラスブロック。鉄枠にはめ込まれ，人や車の荷重にも耐える。天井窓や地下室の採光などに使用。「プリズムガラス」ともいう。JASS 17。

デッキプレート［steel deck］コンクリートスラブの型枠や床板として用いられる波形をした薄鋼板。冷間で圧延形成される。サポートが不要なため，特に高層建築物の床に多く用いられ，床の軽量化，工期短縮などの利点がある。JIS G 3352。「床鋼板」ともいう。

鉄筋足場　主として柱筋や梁筋などの鉄筋を組み立てる目的でつくられた仮設足場。単管パイプを組んでつくられることが多い。

鉄筋加工図　主として鉄筋加工場で，鉄筋の部材・部品を加工するために用いる工作図の一つ。配筋図に基づいてより詳細な図面が作成される。

鉄筋加工場　鉄筋工事に用いられる鉄筋を切断，曲げ加工をする所。梁筋とか柱筋を一部組み立てし，鉄筋をプレハブ化することもある。

鉄筋工［bar bender］鉄筋の加工・組立てを行う職種。

鉄筋工事［reinforcing bar work］鉄筋コンクリート構造物等の工事で柱，梁，床，壁などの鉄筋を加工，組立てをする作業の総称。

鉄筋コンクリート［reinforced concrete］鉄筋とコンクリートを組み合わせ，相互の短所を補い合った構造材料。コンクリートの材質によって普通鉄筋コンクリート，軽量鉄筋コンクリートに区別している。略して「RC」。

鉄筋継手　鉄筋工事で鉄筋を連続させるための接合方法のことで，重ね継手，ガス圧接，溶接，機械継手などの各種工法がある。

鉄筋の空き　鉄筋コンクリート構造で平行に配置された鉄筋相互のあき（間隔）をいう。隣接する鉄筋間距離が少なすぎると粗骨材が通らず，コンクリートが完全に充てんされないため，構造上の欠陥の原因となる。

鉄筋の最小間隔　コンクリートの充てんが確実にでき，付着強度を確保するために設ける，鉄筋相互の最小中心間距離のこと。

鉄筋比　鉄筋コンクリートの部材断面において，鉄筋の断面積がコンクリート部材の断面積（有効断面積と全断面の場合がある）に占める割合。一般に百分率（％）で表す。

鉄筋プレハブ工法　鉄筋をあらかじめ柱，梁，床などの部位単位で組み立てておき，それらを揚重して所定の位置に運びセットする工法。特徴は，施工精度の向上，工期の短縮，作業の単純化，管理の容易さなど。特に鉄骨なしの高層の鉄筋コンクリート構造物に採用される。

でっこ　揚重作業中に鳶(とび)職が使う合図言葉。吊り上げ作業中，揚重機の運転手にワイヤーを緩めることを合図するときに使う。また，吊り上げ作業中にワイヤーが切れて物が落下した場合にも使う。「れっこ」ともいう。

鉄骨工事［steel work］鉄骨構造部材を揚重機を用いて組み立て，溶接，ボルト等で接合すること。

鉄骨構造　鉄骨構造と一般に呼ばれている構造は，重量鉄骨と呼ばれるH形鋼，L形鋼，□形鋼，□形鋼などの鋼材を，溶接または高力ボルトで接合して造る。鉄骨は火熱に対し急速に構造強度を低下させることから，耐火建築物を造るためには耐火被覆が必要となる。薄い鉄板を加工してつくる鉄骨構造を「軽量鉄骨構造」という。

鉄骨造　主要な骨組が鉄骨でつくられた建造物。SteelのSをとって「S造」ともいわれる。

鉄骨鉄筋コンクリート造　柱や梁の鉄骨部材の周囲に鉄筋を組んでコンクリートを打設した構造。鉄骨造は，鉄筋コンクリート造と比較してはるかに

てつこつ

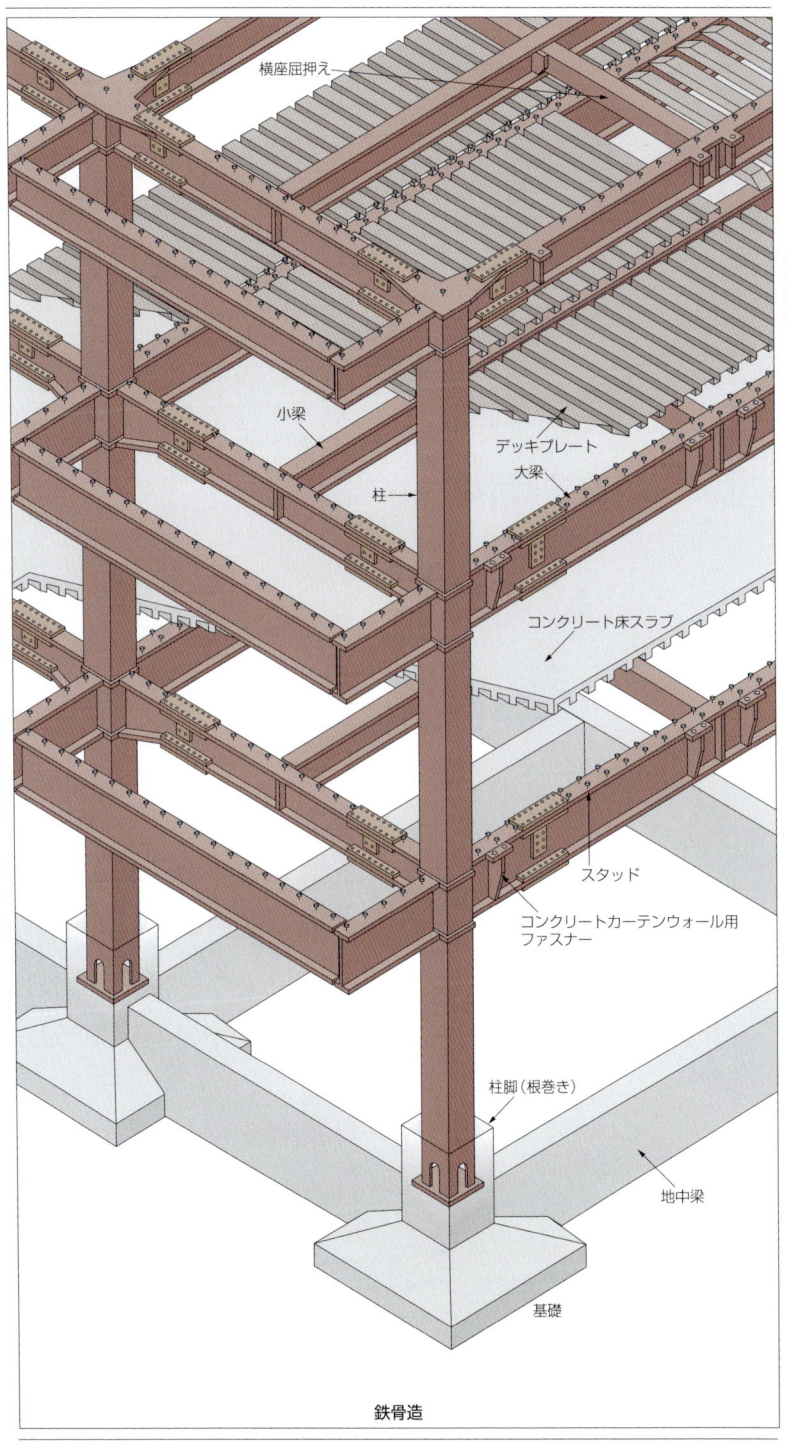

横座屈押え
小梁
デッキプレート
柱
大梁
コンクリート床スラブ
スタッド
コンクリートカーテンウォール用ファスナー
柱脚（根巻き）
地中梁
基礎

鉄骨造

てつこつ

鉄骨鉄筋コンクリート造

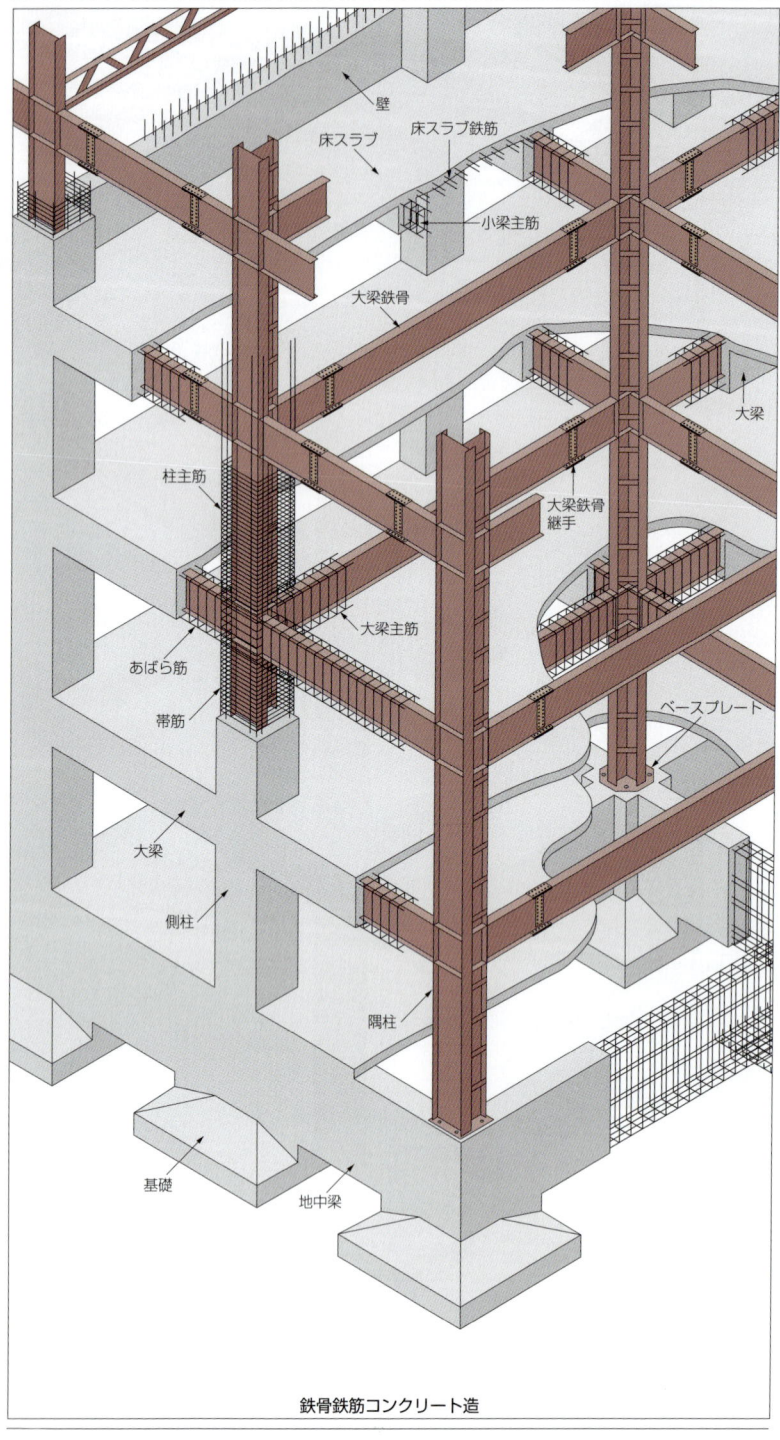

重量が軽いが，価格面では高く，火災に対して弱い。一方，鉄筋コンクリート造は，鉄骨造に比べ価格の安さと耐火性能の高さで優れている。この鉄骨造と鉄筋コンクリート造の利点を合わせ，耐火性能が高く，価格も安く，構造体の重量の軽減化を図った構造。鉄筋コンクリート構造よりは粘りがあるため，高層建築物の構造体として利用される。略して「SRC」ともいう。

テッセラー [tessera] 大理石などの自然石をタイル状の小片にしたもの。壁の仕上げなどに用いられる。テッセラーに似せたタイルを「テッセラータイル」と呼ぶ。

デッドスペース [dead space] 利用しにくい無駄な空間。

デッドボルト [dead bolt] 本締り錠において，サムターンや鍵の回転によって錠面から出入りするボルト。扉を閉めて受け座の中へボルトが入ると錠が締まる。→箱錠(はこじょう)

鉄平石 (てっぺいせき) 安山岩の一種で，薄板状に採石しやすい。耐圧強度が大きく，耐火性もある。テラス，浴室，玄関床，腰壁などに使用。産地は長野県諏訪地方をはじめ全国各地にわたる。「平石」「へげ石」ともいう。

てっぽう ⇨突張り①

鉄網モルタル塗り ワイヤラス，メタルラスの上にモルタルを塗ること。

出面 (でづら) 現場作業を行うため現場に出た各職種別作業者の日ごとの人数を表すもので，賃金支払いの資料として用いられることが多い。

手直し 工事が完了して建物を引き渡す前の点検で，設計図書と異なった個所や施工不良個所を，部分的にやり直したり修正すること。

テナント 土地建物などの賃借人，賃借権保有者。居住者や土地建物について正当な権利による不動産の所有者，保有者のこともテナントという。

テノコラム 地盤改良工法の一つ。オーガーの先端に取り付けたノズルからセメント系固化材液を噴出しながらオーガーを回転させ，液と土をかくはんして地盤の中にソイルセメントの柱を構築する。建物を支える地盤の支持力の増大，地盤の液状化防止，地下工事の山留めなどに使用される。テノックスの商品名。

手ハッカー ⇨ハッカー

出幅木 (ではばき) 壁面よりもわずかに出して納めた幅木。→幅木(はばき)

テフロン支承 ローラー接合の一種できわめて摩擦抵抗の少ないテフロンを鋼板に貼り，その滑りやすさを利用したもの。

手掘り スコップやつるはしなどの道具を使って人力のみで行う掘削作業。→機械掘り

手間 (てま) 職人の労力または工賃。

手間請け (てまうけ) ⇨手間請負(てまうけおい)

手間請負 (てまうけおい) 注文者が材料支給および機器貸与を行い，主として作業の完成のみを契約内容とするような請負のこと。「労務請負」または「手間請け」ともいう。

手待ち 材料の不足，関連作業の遅れ，作業の錯そうなどの理由から，作業者が工事を進めることができないで待たされること。「手空き」ともいう。

デミングサイクル [Deming cycle] 計画(plan)，実施(do)，検討(check)，処置(action)という生産プロセスの連続的な繰り返しで目標の達成を目指す

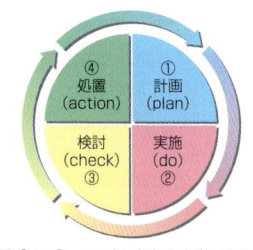

①計画 [plan] : 工事目的物を安全によく，速く，安く完成させるための計画を立案する。
②実施 [do] : 計画に基づき実施し，あわせて教育・訓練をする。
③検討 [check] : 施工された実情と計画を比較・検討する。
④処置 [action] : 検討の結果，計画からはずれていれば，適切な処置をとる。計画が悪ければ，フィードバックして計画を修正する。

デミングサイクル

品質管理の手法。アメリカのデミング博士が提唱した。「PDCA法」「管理のサイクル」ともいう。

デミング賞 [Deming Prize] 品質管理の第一人者，W.E.デミング博士（米国）の業績を記念して，1951年に創設されたもの。統計的な品質管理の理論および応用研究，その普及，実施に対する表彰である。

出目地（でめじ）壁の表面よりも出して仕上げた化粧目地。→化粧目地

手元（てもと）職人の補助的作業を行う半人前の作業者。手伝いと同じ意。

手戻り 作業手順を間違えて作業をやり直すこと。また，関連する作業の後先を逆にしたため，工程を元に戻してやり直すこと。

デュアルダクト方式 空調方式の一つ。中央の空気調和機から各部屋に冷風と温風を別々のダクトで送り，部屋の負荷条件に応じてサーモスタットにより混合チャンバーで自動的に混合して室内へ吹き出す方式。「二重ダクト方式」ともいう。→チャンバー

デューデリジェンス [due diligence] 不動産の建築的評価，市場価値や収益性，法的権利関係などについて弁護士，建築士，会計士，不動産鑑定士などの専門家が行う調査。不動産購入の際の不動産評価として行われる。

デュラクロン おもにアルミニウムの焼付け塗装に用いられる熱硬化型アクリル樹脂塗料。カーテンウォールやサッシュパネルに用いる。「ジュラクロン」ともいう。〔製造：大日本塗料〕

手溶接（てようせつ）自動溶接に対する用語で，溶接作業を手動により行うこと。多くの場合，アーク溶接はこの方法で行われる。→自動溶接

テラコッタ [terracotta 伊] イタリア語で素焼きの意。現在は引き金物で構造体に固定するような大型のタイルをいう。テラコッタブロックとは，焼物の空胴ブロックのこと。

テラスハウス [terraced houses] 各戸が専用の前庭または後庭をもち，ほぼ敷地境界に沿って境壁を共有して連続する低層集合住宅。1戸が2階建の場合が多い。

テラゾー [terrazzo 伊] 顔料・白セメントに大理石などの砕石粒を練り合わせて塗り，硬化後，研磨艶（つや）出ししたもの。大理石の代用品。工場で板状に製作したものを「テラゾーブロック」，現場でじかに塗り，研磨艶出ししたものを「現場研ぎ出しテラゾー」，略して「現テラ」という。

テラゾータイル [terrazzo tile] 床用テラゾーブロックの規格品。30cm角または40cm角で厚さ3cmが一般的。

テラゾーブロック [terrazzo block] ⇒テラゾー

照り ⇒反り①

デリック [derrick] クレーンの一種で垂直支柱の根元に斜めにブームを取り付け，ブーム先端にシーブを介してワイヤーロープで重量物を吊り，ウインチで巻き上げる装置。構造により「ガイデリック」「スティフレッグデリック」などがある。構造が簡単で移設が容易であるが，現在はほとんど使われていない。

デリベリ [delivery] ポンプや送風機における吐出し側をいう。これに対して吸込み側を「サクション」という。

デルマック デルマックハンマーのこと。2サイクルエンジン（ディーゼルエンジン）式の杭打ち機械で，ドイツのデルマック社によって開発されたことからこの名がある。ディーゼルパイルハンマーの代表例。

テルミット溶接 [thelmit welding] 鉄筋の接合や鉄道レールの溶接などに使用される溶接法の一つ。アルミニウム粉末と酸化鉄によるテルミット反応によって発生する熱を利用して溶接を行う。溶接作業が比較的簡単で歪みが少ないという長所をもつ。

てれこ「反対」を意味する職人言葉。例えば部材の前後を逆に取り付けたとき，「てれこになっている」という。

転圧 タイヤローラーなどの機械を使って土を締め固めたり，割栗（わりぐり）石や砂利などを小型の転圧機（ランマー）を

展開図　通常，4面で構成される室内の壁の立面を横ならびに展開させて書いた設計図。1室ごとに描き，壁面仕上げ，開口，設備器具の位置などを記入する。

電解着色　アルミニウムの着色法の一種。耐食性を増すための電気分解1次による酸化皮膜の生成後，2次の電気分解による金属酸化物の吸着によって着色する。色はブロンズ，アンバー，ゴールド，ブラックなどで濃淡が出せる。「電解二次着色」「二次電解着色」ともいう。

電気亜鉛鍍金（でんきあえんめっき）電気化学的に行う亜鉛めっき。亜鉛板とめっきする素材を電解液（例えば食塩水）に入れ，それぞれを導線でつないで電流を通すと，亜鉛が電解液に溶けて素材の表面に析出する。溶融亜鉛めっきとともに鋼板の防食に用いられる。JIS H 8610。→溶融亜鉛鍍金(めっき)

電気錠　電気的に遠隔操作で施錠・解錠のできる錠前。インターホンで入館者を確認し，ボタン操作で解錠する際の管理方法として採用される。

電気設備技術基準　電気工作物の工事，検査，維持に関する技術基準。電気事業法に基づいて制定されたもの。電気工作物が，この基準に適合していない場合，大臣から電気工作物の使用停止や改修等の命令が発せられることにもなる。

電気抵抗溶接　→抵抗溶接

電極棒　水槽類の水量制御に使用する棒状の電極を組み合わせたもの。長短何本かを組み合わせて用い，満水，減水に際し，ポンプの停止，運転，警報などの信号を出す。同じ機能でフロートスイッチがある。

天空率（てんくうりつ）隣接する建造物や樹木などによって遮へいされていない天空の水平面に対する立体角投射率のこと。

電撃防止器　⇒自動電撃防止装置
電撃防止装置　⇒自動電撃防止装置
点検　建築の部位，建築設備・システムなどが機能を果している状態，機能の低下や部位などの劣化・減耗などの程度を，決まった手順により日常的または定期的に調査すること。

電源周波数　日本で使用されている電源周波数は2種類あり，静岡県の大井川／糸魚川を境にして，東と西で50Hzと60Hzに分かれている。

電磁開閉器　押しボタンで電流の入・切の操作ができる一種の自動開閉器。主としてモーターの制御用に使われる。「マグネット」ともいう。

電子セラミックス　⇒エレクトロニックセラミックス

電子入札　入札参加資格登録，入札告示，応札，開札，落札者決定まで一連の手続きをインターネットで行う入札システム。公共工事の入札に広く活用されている。

点字ブロック　目の不自由な人の歩行に際し，位置表示，誘導，警告するために表面に突起を付けたコンクリート製ブロックで，歩道，駅のプラットフォームなどで使用される。関連した製品として，「点字タイル」「点字プレート」などがある。埋込み用と貼付け用の2種類で，材質は磁器，樹脂，合成ゴムなどからなる。

電磁弁　空調設備，給排水衛生設備の自動制御に用いられる弁の一つ。流体の流量を制御するバルブの開閉を電磁石によって自動的に行うもの。

天井足場　天井作業を行うための仮設足場。一般には脚立(きゃたつ)と足場板を使って組み立てる。

天井勝ち　壁材と天井材の取り合い部分で，壁材が天井材の下でとまる納ま

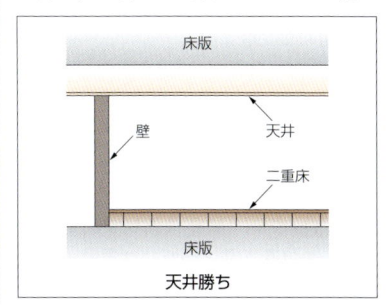

天井勝ち

り。簡易な間仕切り壁などは，天井勝ちにより移設や移動に対応しやすい。壁勝ちとすると，室間の遮音性能の確保，防火区画の構成などが図れる。→壁勝ち，床（ゆか）勝ち

天井伏図（てんじょうふせず）天井の平面図のことで，天井材の割付け・仕上げ・照明・冷暖房機器などの配置を指示する。伏図としては，見上げた図面になるべきであるが，作図上の便利さや他の図面との照合の便利さから，上方から見透した平面図（反射平面図）として描くのが普通である。縮尺は1/100〜1/50程度。

天井懐（てんじょうふところ）⇨ふところ

点食　金属外装材などの表面に大気中の汚染物質が付着し，点状となって進行する金属腐食現象。点食の大きいものを「孔食」という。

電食　①一般には，異種金属間のイオン化傾向の差によって化学変化を起こし腐食することをいう。建築では通常鉄筋コンクリート中の鉄筋に電気事故などの原因で電流が流れて腐食し，体積が膨張してコンクリートを破壊する現象のこと。②配管腐食の原因の一つ。正式には「電気化学防食」という。

展色剤　塗料などの成分の基材となるもの。顔料に展色剤が混ぜ合わされ塗料の成分を形成する。油性ペイントの油，合成樹脂ペイントのワニス，ラッカーエナメルのクリヤラッカーなど。「ビヒクル」ともいう。

テンション構造　[tention structure] ワイヤーロープ使用のサスペンション構造，薄い皮膜を用いるテント構造，床荷重を鋼棒などで吊り下げて支持する構造など，構造物の重量を材の引張力を利用して支点に伝達させる構造の総称。

電線管　⇨コンジットパイプ

でんでん　堅樋（たてどい）を壁体に留めるための輪形をしたつかみ金物。

電動カッター　鉄筋や鋼材を切断するための電動工具。切断には電動モーターにより回転する薄い円盤形のカッティングディスクを使用する。

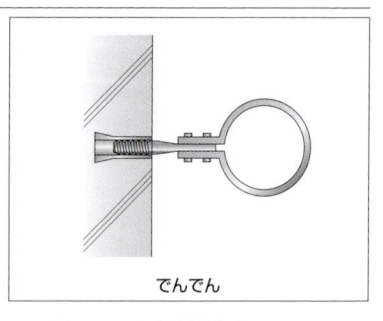

でんでん

天然軽量骨材　火山礫（れき）や軽石など天然に産出される軽量の骨材の総称。一般的性状は多孔質，形状が不ぞろい，吸水率が大きいなどの特徴をもつ。

天然砂利　川砂，海砂，火山礫（れき）等の天然から産出される骨材。

天然石　石材のうち，人工でない自然石を利用したもの。石の目にそって割った割石（わりいし）仕上げ，切断機でひいた挽石（ひきいし）仕上げ，磨き仕上げ，のみ切り仕上げ，びしゃん仕上げ，ジェットバーナー仕上げなど，石の種類のほかに多様な工法がある。大理石，花崗（かこう）岩，砂岩それぞれに多数の品種がある。

天端（てんば）部材などの最上面または上の端。「上端（うわば）」ともいう。

電波障害　[TV wave interference] 高層建築物や都市構造物により，放送電波が反射，遮へいされ発生する受信障害。高層建造物による周囲の建物への難視聴について，「高層建築物の建設に伴い発生したテレビ電波障害については，その建築主が責任をもって解消にあたらなくてはならない。」と定めている。

天端ブロック（てんば―）床のコンクリート打設に際し，所定の床厚の仕上げ面を示す目安として使用される12cm角程度のコンクリートブロック。

天袋（てんぶくろ）押入などの上部の天井に近い位置につくられる戸棚。押入上部以外では，天井から吊り下げる形をとる。→地袋（じぶくろ），床の間

てんぷら　⇨溝漬（みぞづ）け

テンプレーティング　[templating] 金

属板や合板の複雑な曲面を成形する場合，あらかじめ所定の形状と寸法に単板を切断すること。

テンプレート［template］①鉄骨工事において，アンカーボルト位置決め用の鋼製型板のこと。②製図用の文字板・数字板のこと。

電縫管（でんぽうかん）帯鋼をロールにより管状に巻き，継目を電気溶接で接合したもの。一般に設備工事用配管として使用，大口径の管材である。

天窓（てんまど）意匠上や採光計画上，屋根面に設ける窓。壁面に設ける窓に比べ，採光効率が良いが，雨仕舞の面で難点がある。

点溶接 ⇨スポット溶接

電炉鋼 電気炉を使ってつくられた純度の高い鋼の総称。主原料が大量のくず鉄(少量の銑鉄を混入)であることから，温度や成分の調整が容易で，特殊鋼の製造に適している。鉄筋はほとんどが電炉鋼であるが，鉄骨部材への使用は少ない。

と

ドアクローザー［door closer］開いた扉を自動的に，速度をゆるめながら静かに閉めるための金物。扉の上がり框(がまち)と上枠に取り付ける。「ドアチェック」「DC」ともいう。

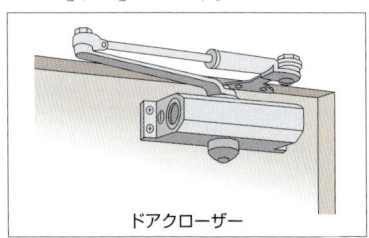

ドアクローザー

戸当り ①締めた扉が所定の位置に止まるように，建具枠や方立ての面に突き出させて取り付けた桟木。②開いた扉の握り玉などを壁に当てないために取り付ける金物。

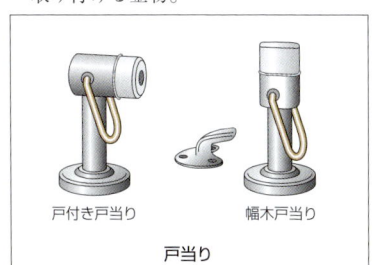

戸付き戸当り　幅木戸当り
戸当り

ドアチェック［door check］⇨ドアクローザー

土圧（どあつ）土が壁などの接触面に及ぼす圧力のことで，主働土圧と受働土圧がある。同じ条件下では，後者のほうが大きい。

ドイツ積み れんがの積み方の一種。表面に小口(こぐち)面だけを出す積み方で，「小口積み」ともいう。

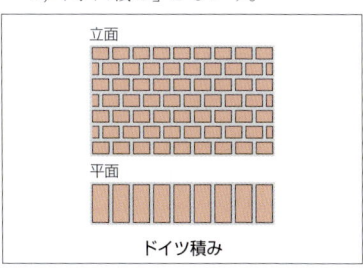

立面

平面

ドイツ積み

同意協議 事前協議終了後，開発許可申請以前に必要な手続きの一つ。都市計画法第32条に基づく開発行為に関係する公共施設の管理者の同意を得るための協議。→事前協議

等価交換 地主が提供した土地に不動産会社がビルやマンションを建設し，建物完成後は土地の評価額と建設費の割合によって，土地・建物を地主と不動産会社とで共有ないしは区分所有するもの。地主は土地の高度利用，不動産会社は土地代なしの建物建設というメリットがある。

投下設備 高所から物を投下する際に物の飛散やはね等による作業員のけが

を防止するための各種装置の総称。労働安全衛生規則第536条では，3m以下の高所から物を投下する場合には，こうした設備と監視人を置くことを義務づけている。

統括安全衛生責任者 工事現場において元請，下請の労働者が50人以上で作業するとき，労働災害を防止する目的で選任される責任者。選任にあたっては，その現場を統括管理する者をあてる。協議組織の設置・運営，作業間の連絡調整，作業場所の巡視，安全衛生教育の指導援助，工程・機械設備の配置計画，合図・警報の統一などを行う。労働安全衛生法第15条。

陶管 粘土を原料として，1,100～1,200℃の高温で焼成，内外面に食塩釉薬（ゆうやく）を施した管。内径50～450mm程度まであり，主として排水管に用いる。

登記（とうき）一定の事実，法律関係を第三者に知らせるため，登記所に備える登記簿に記載することまたは記載そのものをいう。不動産登記については，その不動産の特定に必要な事項および物理的状況を表示し，所有権・抵当権等の権利関係を公示している。所有権の取得は，登記しなければ第三者に対抗できないため，不動産の物権変動はそのほとんどが登記されている。ただ登記されている事項は，必ずしも実体とは一致しないため，登記だけを信用して取引することは危険である。

陶器質タイル 多孔質で吸水率が大きく，焼成温度が1,000～1,200℃の素地が陶器のタイル。吸水率が22%以下，耐摩耗性が劣ることから内装用タイルとして使用される。JIS A 5209。

登記簿（とうきぼ）一定の事項を記載した公の帳簿で，不動産登記簿，商業登記簿等があり，登記所に置かれて閲覧・謄本（とうほん）交付が受けられる。不動産登記簿は，土地・建物各登記簿に分かれており，所在地や構造などの物理的現況や，物権などの権利関係が記載され，公示されている。→登記

統計的品質管理 統計的な手段(法)を使って品質管理を行うこと。「SQC」ともいう。

凍結深度 厳寒期に土中の水分が凍る深さを地表から測った長さ。寒冷地では凍結深度が深いため，それより浅く設けた土間コンクリートや基礎などが，土の凍結膨張で壊されることがある。給水，排水配管を布設するときは，これより深くする。→凍上（とうじょう）

凍結防止剤 硬化前のコンクリートの凍結を防止するために添加する薬剤。

凍結融解試験 材料の性能試験の一種。コンクリートや石材など吸水性のある材料を−20℃程度で凍結させ，次に＋5℃程度で融解させることを繰り返しながら，その材料の弾性係数の低下，重量の減少などが一定の値となるまでのサイクル数で求めた値。

投光器 レンズと反射鏡を組み込んだ小型の照明器具。工事現場では，夜間作業などで使用する。

等高線 地図の上で同じ高さの点を結んだ線。等高線の間隔がほかに比べ狭いことは，その地形が急傾斜していることを表す。

動作研究 作業方法の改善を目的に，ギルブレスが提唱した作業者の動作分析手法。後に動作研究と時間研究とを結合させて，作業の方法，材料・工具・設備などを含めた分析研究がバーンズによって提唱され一般化した。建設業においても作業方法の改善や工程計画の基礎データを採取する一手法として，その必要性が認識されている。

透視図 建物の内観，あるいは外観をある視点から見た完成予想図。「透視図法」と呼ばれる作図法により立体的に表現され，着色されることが多い。「パースペクティブ」または「パース」ともいう。

透湿 水蒸気圧差のある壁の場合，高いほうから低いほうへ壁を通して湿気が移動する現象。

凍上（とうじょう）地盤の表層が凍結して氷の結晶が膨張することにより，地盤面が盛り上がること。凍上による被害としては，道路面・鉄道軌道の浮き上がり，地下埋設管の破壊，構造物

の傾斜・変形・亀裂発生などがある。

透水係数 土中における水の流れやすさを表す係数で，多孔性の著しい土質ほど係数が大きくなる。室内試験と現場試験の2種類の求め方がある。この値が，10^{-4}cm/sec程度より大きいと透水性が高いといい，10^{-7}cm/secより小さいとほとんど水を通さないことから「不透水層」という。

透水層 砂質土のように土粒子間のすき間が大きく，水を浸透しやすい地層。

動線計画 動線とは，建築物等施設内で人々の動く行動軌跡のことで，空間相互の関連の強さを示す。動線は空間の用途や性格によって定性的な関係として示す場合と，その頻度を考慮して定量的な関係として示す場合がある。その動線の計画をいう。一般に動線をできるだけ短くするように，また異質の動線(例えば人と車)を交錯させないようにする。

動線図 設計段階において，人や車の動きをスムーズに処理するために，その流れを表現した図面。

胴突き 機械を使用しないで人力で地盤を突き固めたり杭を打ち込むこと。

凍土(とうど) 土中の間隙水が凍結して固まった状態となった土。

胴縁(どうぶち) 壁の仕上材や下地材を貼るため，45～90cmほどの間隔で横または竪に取り付ける部材。「横胴縁」「竪胴縁」と呼ばれる。

等辺山形鋼 L形断面をもつ形鋼で，両辺の長さが等しいもの。JIS G 3192。

塔屋(とうや) 高層の建物などで，エレベーター用の機械室や階段室として屋上から部分的に突出している建物。「ペントハウス」「PH」ともいう。

当用買い 在庫の安全余裕をもたずに必要に応じて物品などを発注して購入すること。いつも市場から調達し得るものは当用買いをし，そうでないものは取引先に在庫保有の有無を確認しておく必要がある。

棟(頭)梁(とうりょう) 大工の親方のことで，古くは建築工事の組織や工匠組織での技術指導者を示す高位の地位の名称，または武士のかしらという意味にも用いられた。鳶(とび)の親方を「頭領」また「かしら」と呼ぶ場合もある。

道路管理者 道路法で認定された道路(高速自動車国道，一般国道，都道府県道，市町村道)を維持管理する責任者。高速自動車国道と一般国道は国土交通大臣，都道府県道と市町村道はその自治体の長が原則。建築工事で歩道切り下げなど，道路に手を加えたり，道路を使用したりする場合は，道路管理者の承認を得なければならない。

道路規定 建築物の敷地と道路との関係に関する規定。建築物の敷地は道路に接していなければならない(接道義務)。また条例により指定されるように，一定規模以上の建物の敷地に対し接道長さの制限がある。これは，道路網の確保と災害時の避難消火活動の確保のためである。

道路境界線 敷地と公道との境界線。公道が二項道路の場合は，道路中心線から2m後退した線を道路境界線とする。

道路斜線制限 用途地域に応じて指定される道路や周辺の空地・安全・採光などの確保を目的とした斜線制限(建築基準法第56条第1項第1号)。

道路使用許可 鉄骨組立て用クレーンやコンクリート打設用のポンプ車などを道路に停めて作業する場合に必要な許可。所轄警察署長宛に申請して許可を得る。→道路占用許可

道路占用許可 工事現場の仮囲い，足場，朝顔，構台など道路上にはみ出して設置する場合，もしくは道路を掘削する場合に必要な許可。その道路の管理者である国や都道府県などに申請して許可を得る。→道路使用許可

通し配筋 [through reinforcement] 鉄筋コンクリート構造の柱，梁などの部材の途中での定着を避けて，隣接する部材まで延長される鉄筋の総称。

トーチ式防水工法 [torch applied] アスファルト系ルーフィングの表層をガスバーナーで加熱溶融し，下地への接着とジョイントの接合を行うアスファ

トーチランプ［torch lamp］鉛管のはんだ接合やビニール管接合などで使用する手持ち加熱器具（バーナー）。ガソリンまたは石油を燃料として気化燃焼させる。

ドーナッツ［doughnut］鉄筋と型枠の間隔を保つためのスペーサーの一種。円環形で，モルタル製やプラスチック製などがある。

ドーマーウインドー［dormer window］小屋根付き窓のこと。屋根面に対して直角に小屋根付き窓を付き出して，屋根裏部屋に採光・換気をとるために用いる窓で，屋根面に完全に乗っかった形で造られる窓を「ルーフドーマーウインドー」といい，軒部分から立ち上がる窓を「ウォールドーマーウインドー」という。

通り ①建物の平面に設けた基準線。通常は柱を結ぶ縦横の碁盤（ごばん）目の線とし，その1本1本を通りという。各通りはアルファベットまたは数字で区別する。線自体は「通り心」と呼ばれ墨出しの基準となる。②直線となる状態。「通りが悪い」とは直線になっていないこと，「通りをみる」とは直線になっているかを確認すること。

通り心 建物の柱列や壁の軸線を通して設定する基準線または中心線。

土方（どかた）⇨土工（どこう）

どか付け 左官工事において，一度に厚く塗り付けること。

土被り（どかぶり）⇨地被（じかぶ）り

研出し（とぎだし）人造石の表面を研磨して仕上げること。「人研ぎ」や「テラゾー」で行われる仕上げ方法。

特殊建築物 建築基準法では，学校，病院，劇場，百貨店，旅館，共同住宅，遊技場，工場などを特殊建築物と称している。特殊建築物については，不特定多数が集合する等の理由から，一般の建築物以上に厳しい基準が適用されている。

特殊鋼 ステンレスなど炭素以外の元素を添加して，強度，伸び，耐食性などの諸性能を改善した鋼材の総称。

特殊高力ボルト［special hightension bolt］締付けのために種々の改善の加えられたボルト。ナット，座金で構成される。

特殊コンクリート 一般には砂利，砕石，軽量骨材以外の骨材を用いたコンクリートやポリマーセメントコンクリート，レジンコンクリートなどのセメント以外を用いたコンクリートの総称。また，寒中コンクリート，暑中コンクリート，マスコンクリート，水密コンクリート，水中コンクリート，プレパックドコンクリート，流動化コンクリート，高強度コンクリートなどを総称する場合もある。

特殊継手 通常使用されている重ね継手，ガス圧接継手以外の継手の総称。スリーブ（鉄管使用）継手，ねじ式継手等がこれに該当する。

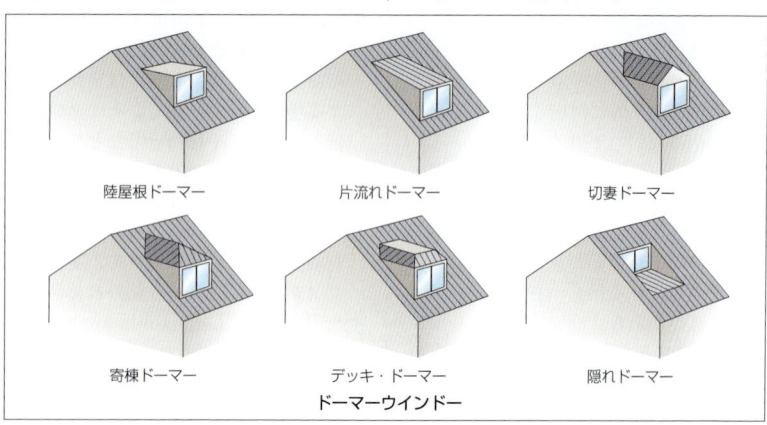

陸屋根ドーマー　片流れドーマー　切妻ドーマー

寄棟ドーマー　デッキ・ドーマー　隠れドーマー

ドーマーウインドー

特性要因図 QC7つ道具の一つで，品質の特性や不良特性とその原因との関係を系統的に整理した図。問題点の整理および改善，各種実験計画の要因などの整理に有効である。「魚の骨（フィッシュボーン）」ともいう。

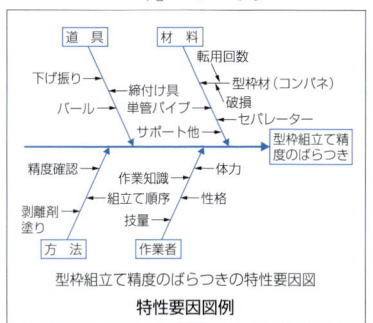

型枠組立て精度のばらつきの特性要因図
特性要因図例

特定街区（とくていがいく）地域地区の一つ。街区において良好な環境と形態を備えた建築物とともに，有効な空地(空地)を確保するように，総合的な配慮をもって建築計画される場合に，その街区について，建築基準法の一般的規定の適用に代えて，都市計画で容積率・高さの最高限度・壁面の位置を定める制度。市街地再開発などで良好な環境の確保を推進するために指定される。超高層ビルの多くがこの適用を受けている。都市計画法第8条，第9条，建築基準法第60条。→総合設計制度，地域地区

特定行政庁 建築基準法の運用の責任を担う国の機関委任事務を行う地方行政機関のことで，建築主事を置く市町村の区域についてはその市町村の長，それ以外の市町村の区域については都道府県知事がそれである。特定行政庁には建築基準法についてすべての事務を扱うことができる「一般特定行政庁」と，限定された事務しか扱えない「限定特定行政庁」がある。建築基準法第2条35号。→建築主事

特定建材 住宅性能表示制度における製造工程において接着剤等を使用することにより，ホルムアルデヒドを放散する可能性のある以下の建材をいう。パーティクルボード，MDF，合板，構造用パネル，フローリング，その他の木質建材，壁紙，塗料，接着剤，保温材，断熱材等。→ホルムアルデヒド発散建築材料

特定建設業許可 元請として請け負った工事のうち，合計3,000万円以上(建築一式の場合は4,500万円以上)の工事を下請に出す場合の建設業法による許可区分。2以上の都道府県で建設業を営む営業所を設ける場合は，国土交通大臣の許可が必要であり，1つの都道府県内だけの場合は都道府県知事の許可が必要となる。→一般建設業許可

特定建設作業 著しい騒音または振動を発生する作業で，騒音規制法で定められた杭打ち機・杭抜き機・びょう打ち機・削岩機・空気圧縮機・コンクリートプラントの各作業等と，振動規制法で定められた杭打ち機・杭抜き機・鋼球を使用した建築物の破壊・舗装版破砕機・ブレーカーの各作業をいう。作業にあたり開始の7日前までに都道府県知事に届けなければならない。

特定建築物 「建築物における衛生環境の確保に関する法律(ビル管法)」において，興行場，百貨店，店舗，事務所，学校，共同住宅などの用に供される一定以上の規模を有する建築物で，多数のものが使用または利用し，かつその維持管理について環境衛生上特に配慮が必要なものとして定められたもの。また，集会場・図書館・博物館など，店舗または事務所，旅館などの特定の用途に供する床面積の合計が3,000㎡以上の建築物には，環境衛生管理基準を設けた運営管理を義務づけている。また，特定建築物には建築物環境衛生管理技術者の選任が必要とされる。

特定工作物 都市計画法に基づく開発許可の対象となる一定の工作物。第一種工作物は，コンクリート等のプラント，危険物の貯蔵施設等をいい，第2種工作物は，ゴルフコース，レジャー施設，墓園等である。第二種工作物は市街化調整区域の開発行為の許可基準は適用されない。

特定施設 大気汚染防止法，水質汚濁

防止法，騒音規制法，振動規制法などで指定される，有害物質や著しい騒音や振動を発生する施設。

特定測定物質 日本住宅性能表示基準において，厚生労働省で指針値が定められている化学物質のうち，濃度表示を申請した場合に，測定することが定められている化学物質をいう。ホルムアルデヒド，トルエン，キシレン，エチルベンゼンおよびスチレンを指している。このうち，ホルムアルデヒドは必ず測定することが定められており，他の4物質は申請者が選択することができる。

特定元方事業者（とくていもとかたじぎょうしゃ）⇨元方事業者

特別管理型最終処分場 ⇨管理型最終処分場

特別修繕積立金 区分所有建物における管理組合において，長期修繕計画に基づき将来発生する，外壁塗装の塗り替えや設備配管の修繕などの大規模修繕に備えるための積立金。

特別避難階段 火災時の避難のため特別にその構造が規定されている階段。階段室と一般の部屋の間に付室を設けること，付室には排煙設備を設けるなどで，15階以上の建物あるいは5階以上の物品販売の店舗などに設置が義務づけられている。建築基準法施行令第122条，第123条。→避難階段

特別用途地区 都市計画法で定められた用途による区域指定の一つ。用途地域を補完するもの。特別工業地区・文教地区・小売店舗地区・事務所地区・厚生地区などがあり，その指定は地域の実情に即して市町村が行う。都市計画法9条13項。建築基準法第49条。

特命 ⇨特命契約方式

特命契約方式 建築主自ら，あるいは設計者，コンサルタント等と相談しながら，建設業者の技術水準，工事消化能力，技術者などを調査し，適当であれば見積をとり，それが予定した工事価格内であれば，競争入札によらず特定の請負者と契約する方式。単に「特命」ともいう。

独立基礎 柱位置に他と切り離して単独に設けられる基礎。形状は，立方体およびそれと角錐台の組合せなどが一般的である。

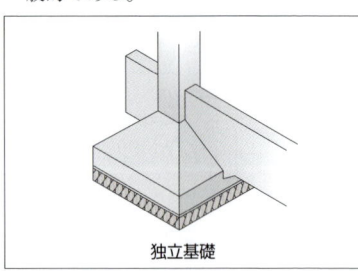

独立基礎

特類合板 合板の日本農林規格（JAS）における接着の程度(耐水性)による区分の一つ。特に耐水性が要求される場合には特類合板を用いるが，屋外または常時湿潤状態で使用される構造用合板には特類が要求されている。一般に特類合板の製造には，フェノール樹脂接着剤が使用される。

特例容積率適用区域 区域内の未利用容積を他の敷地に転用して，区域内の高度利用の促進を図ろうとする区域。地権者の申請により特定行政庁が認めるもので，敷地は隣接していなくてもよい。2000年の都市計画法・建築基準法の改正によって創設された。

髑髏（どくろ）⇨腰抜けスラブ

溶込み不足 溶接において，母材の溶けた部分と母材間の距離不足によってルート面などが溶融されずに残る溶接欠陥。

床石（とこいし）土間コンクリートの下に敷き込む割栗(わりぐり)石。

床板（とこいた）床の間の床(ゆか)に貼る板。→床の間

土工（どこう）掘削，埋戻し，残土処分，盛土，場内整理などの作業を行う労働者で，比較的単純な労働に従事する職種。ただし，山留め，揚水，揚重などを扱う者は熟練技能者である場合が多い。「土方」ともいう。

土工事（どこうじ）地盤の掘削，基礎完了後の埋戻しなどの工事の総称。ただし，積算の内訳書の項目では，慣習的に山留め工事を土工事に含ませるこ

土工定規（どこうじょうぎ）盛土・切土などの横断面の形状を示す定規で，主として法（のり）面の勾配を定めるのに用いる。

床框（とこがまち）床（ゆか）のレベルが畳面よりも一段高くなった床の間において，床の段差部に設ける化粧のための横架材。→床の間

床土（とこさ）⇨まさ

床付け（とこづけ）砂利の敷込みや捨てコン打ちができるように，根切り底まで所定の深さに掘りそろえること。

床の間（とこのま）座敷の装飾として，日本間の一角につくられる空間。壁には書画を掛け，床には置物が飾られる。床柱・床框（がまち）・床畳または床板・落し掛けなどで構成される。

床柱（とこばしら）床の間の脇の化粧柱。柾目（まさめ）の面取り柱や絞り丸太，皮付き丸太，竹などの銘木が使われる。→床の間

床掘り（とこほり）基礎の根切り底まで掘削すること。

床脇（とこわき）床の間の隣の天袋（てんぶくろ）や地袋（じぶくろ），違い棚などを飾った部分。

どさる　根切りなどの掘削作業中に，土砂が崩れ落ちること。どさりと崩れるの意。

都市ガス［city gas］主原料である天然ガスは，他の化石燃料に比べ燃焼時のCO_2やNO_x，SO_x発生量が少なく，環境に優しいエネルギーである。建物では，空調用やボイラーやガス湯沸器用のエネルギーとして使用する。

都市計画区域　都市計画法に基づき，自然的および社会的条件，ならびに人口，土地利用，交通量その他を勘案して，一体の都市として総合的に整備し，開発および保全する必要がある区域で，都道府県知事が指定したもの。都市計画法第5条。

都市計画法　都市の健全な発展と秩序ある整備を図るために定められた都市計画に関する基本的法律。都市計画区域と市街化区域等や用途地域等の地域地区の指定，道路・公園・河川等の都市施設の整備，市街地開発事業に関する計画など，都市計画に関する必要事項が規定されている。

都市再生機構　2004年7月に都市基盤整備公団と地域振興整備公団が統合して発足した独立行政法人。民間による都市再生の推進，旧日本住宅公団の事業を引き継いだ賃貸住宅の管理等の事業を行う。

都市再生緊急整備地域　都市再生特別措置法によって創設された都市再生の拠点として緊急に整備すべき地域。政令によって指定され，都市再生特別地区の指定など都市計画の特例が認められる。「東京駅・有楽町駅周辺地域」「新宿駅周辺地域」「横浜みなとみらい地域」「名古屋駅東地域」など全国に指定されている。→都市再生特別措置法，都市再生特別地区

都市再生特別措置法　政府の緊急経済対策の一環として打ち出された都市再生を推進するために，2002年6月に施行された法律。都市再生の推進に関する基本方針，都市再生緊急整備地域の創設，都市再生特別地区制度の創設などがうたわれている。

都市再生特別地区　都市再生特別措置法によって創設された都市計画。都市再生緊急整備地域内において，個別プロジェクトごとに都市計画決定が行われる地区で，従来の用途地域等に基づく用途規制・容積率規制にとらわれずに，容積率，建ぺい率や高さの最高限度などを自由に計画決定できる。また建築基準法の道路高さ制限，北側高さ制限，日影規制などが適用除外とされる。→都市再生特別措置法，都市再生緊急整備地域

都市再生プロジェクト　政府の緊急経済対策の一環として打ち出された都市再生施策の一つ。都市再生を先導するようなプロジェクトで，都市再生本部が選定し推進する。「東京湾臨海部における基幹的広域防災拠点の整備」「大都市圏におけるゴミゼロ型都市への再構築」「中央官庁施設のPFIによる整備」など逐次選定されている。→都市再生

本部

都市再生本部 政府の緊急経済対策の一環として打ち出された都市再生施策の総合的推進を目的として，2001年5月に内閣総理大臣を本部長として内閣府に設置された組織。都市再生プロジェクトの選定と推進，民間による都市開発投資の促進，全国都市再生の推進を主な課題として取り組んでいる。→都市再生プロジェクト

土質試験 試削やボーリングによって得られた試料から，土の物理的，化学的，力学的性質などを抽出するための室内試験の総称。

土質柱状図 ボーリングなど地質調査の結果，判明した地層の垂直分布状況を柱状の断面図で示したもの。「地質柱状図」，単に「柱状図」ともいう。

土質調査 建築物の設計・施工に必要な建設地の土層，土の力学特性，物理化学特性，地下水位，地耐力(じたいりょく)等を調べること。標準貫入試験，平板(へいばん)載荷試験等がある。

戸決(決)り (とじゃくり) 木造の柱や方立ての戸当り部分に浅い溝をほること，またはその溝。すき間風を防ぐ。

土壌汚染 土壌汚染には揮発性有機化合物汚染，重金属汚染，ダイオキシン汚染がある。揮発性有機化合物は，地表から浸透して地下水汚染を引き起こす可能性が高く，重金属ダイオキシンは，水に溶けにくいので表土汚染が多い。浄化方法としては，現位置浄化と掘削除去処理があり多くの技術が開発されている。

土壌汚染対策法 有害物質使用特定施設が廃止されたとき，知事による調査命令があるとき，土地所有者等は指定調査機関による調査義務があり，汚染があれば指定区域指定がされ，知事による措置命令に従い措置しなければならない。措置としては立入り禁止，舗装，盛土，掘削削除等がある。特定化学物質としてトリクロロエチレン等揮発性有機化合物，水銀，砒素(ひそ)等重金属，農薬25物質が指定されている。

吐水口空間 (とすいこうくうかん) 給水の汚染の原因の一つとなる逆サイホン作用を防止するために，水受け容器に給水する給水管の管端と，その容器のあふれ面との間に設けた空間の垂直距離。

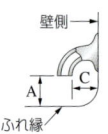

近接壁の影響がない場合　近接壁の影響がある場合
A：吐水口空間　C：壁からの離れ
吐水口空間

度数率 労働災害の発生率を表す指標の一つ。年千人率と異なり，次式によって労働時間100万時間当たり何件の災害があったかを表す。度数率＝死傷者数／労働延べ時間×1,000,000　→年千人率

土捨て場 (どすてば) 根切りにおいて生じた残土や，切土工事において生じた余分の土を廃棄処分する場所。

塗装鋼板 あらかじめ工場で塗装された鋼板の総称。ほとんどが焼付け塗装で，現場塗装に比べ耐食性能の高い表面処理ができる。カラー鉄板・塩ビ鋼板・フッ素樹脂塗装鋼板などがある。

土台 構造躯体の最下端に設けられる構造材で，通常，基礎の上に寝かせて，アンカーボルトによって取り付けられる材料。建築構造躯体は，この土台の上に建てあげられる。

土丹 (どたん) 石のように硬い土の総称。粘土層が圧密で非常に硬くなり泥岩化したもの。掘削の際の貫入に対して大きく抵抗する地盤の一種であり，「土丹盤」ともいう。

土地区画整理事業 都市計画区域内の土地について，道路・公園・上下水道などの公共施設の整備改善および宅地利用の増進を図るため，土地区画整理法で定めるところに従って行われる土地の区画形質の変更および公共施設の新設または変更に関する事業。土地区画整理法第2条。

土地区画整理促進区域 大都市地域での大量の住宅地の供給を促すために指

定される促進区域。都市計画法および「大都市地域における住宅地等の供給の促進に関する特別措置法」に基づき市街化区域内で大部分が第一種または第二種低層住居専用地域，第一種または第二種中高層住居専用地域，第一種または第二種住居地域等にあって宅地化の進んでいない0.5ha以上の規模の土地に指定される。区域内の土地所有者は，指定された日から2年以内に土地区画整理事業または開発行為を行わなければならない。

土地区画整理法 土地区画整理事業に関し，その施行者，施行方法，費用の負担などの必要な事項を規定することにより，健全な市街地の造成を図り，もって公共の福祉の増進に資することを目的とする法律。

突貫（とっかん）普通に施工すれば当然かかるはずの日数を大幅に短縮すること。機械，人員を大量に投入するため費用がかかり，またでき栄えも雑になりやすいので突貫を避けるよう，工期管理を十分に行うことが必要。

特記仕様書（とっきしようしょ）標準仕様書に記される共通事項以外に，それぞれの工事に特有な事項を記載した仕様書のこと。その記載事項は共通仕様書に優先する。→標準仕様書

トップ筋 ⇨カットオフ筋

トップコート［top coat］露出防水の最上層に塗って防水層を保護したり，床の表面に塗って摩耗や滑りを防ぐ仕上材。

トップライト［top lighting］光井（こうせい）の最上部の屋根に取り付けられる採光窓から取り入れる明かりのこと。天井部分からの採光は，垂直な開口部からの採光に比べて，同一面積であれば3倍の効力をもつ。「天窓」「スカイライト」ともいう。

都道府県知事許可業者 建設業法により1つの都道府県のみに営業所を設置して営業を行う者が受ける許可。営業しうる区域，施工しうる区域は限定されない。大臣許可の場合と同様28工事業種別に許可を受け，5年ごとに更新しなければならない。単に「知事許可」ともいう。→国土交通大臣許可業者

土止め（どどめ）きり立った周囲の側壁あるいは斜面の土砂が崩壊しないように設ける架構をいう。土止め板や矢板などを使用する。

土止め板（どどめいた）土の崩壊を防ぐため土圧を直接支える板。通常，H形鋼の支柱を土中に打ち込み，その間に土止め板を架け渡す。「堰板（せきいた）」ともいう。

土止め壁（どどめかべ）土止めや山留めにおける擁壁（ようへき）部分をいう。

土採り場（どとりば）埋戻し用，盛土用などの土砂を採取する場所。

砥の粉（とのこ）仕上げに用いる砥石を切り出す際に出る粉末，あるいは粘土を水に入れきょう雑物を取り除き，微粒子のものだけを水またはふのりの薄い液で練ったもの。木理（もくり）の目止めや汚れ止めのために水に溶いたものを木部に塗って使う。

土羽（どは）斜面および盛土の法（のり）面のこと。

土場（どば）砂利，砂，石および木材などの材料を集積する場所。

土羽打ち（どはうち）盛土の法（のり）面の柔らかな土を仕上げ羽板でたたき固めること。または法面を板などでたたいて平らに仕上げること。

ドバル試験［Deval test］コンクリート用骨材の硬さ，すり減り抵抗を調べるための試験方法。砕石の原石試験にこれを用いる。30°に傾斜させた鋼製円筒の中に骨材と鋼球を入れ，毎分30回程度の速度で1,000回転させ，すり減った骨材の重量を測定する。

鳶（とび）足場の組立て，鉄骨の建方（たてかた），基礎工事，杭打ちなどの作業を専門とする職人。高所作業を得意とし重機類の操作も行う。

塗布剤 ⇨剥離剤（はくりざい）

漬漬け（どぶづけ）ある物に塗装する場合，刷毛やスプレーなどを用いず，その物を塗料の中に漬けて塗装すること。「てんぷら」ともいう。

塗布防水 地下内外の壁，地下ピッ

ト，防火水槽等のコンクリート躯体表面に防水材を塗布し，それが躯体内部に浸透した後，コンクリートをち密にすることで防水性能を確保する工法。塗膜防水と浸透性塗布防水とがある。→塗膜防水，浸透性塗布防水

土間（どま）①屋内にあって床が土のままのところ。古い住宅あるいは農家などに見られる。②下が直接土に接しているコンクリートの床。「土間コンクリート」あるいは略して「土間コン」ともいう。

塗膜防水 主として鉄筋コンクリート造の建築物の屋根や外壁などの下地面にウレタンゴム系防水材，アクリルゴム系防水材，ゴムアスファルト系防水材等を塗布して防水層を形成する防水工法。防水材としてウレタンゴム系，アクリルゴム系，クロロプレンゴム系，ゴムアスファルト系およびシリコーンゴム系の5種がある。

度曲げ器 柱・梁・床などの配筋された部分の鉄筋を曲げる携帯用の電動工具。帯筋（おびきん）やあばら筋など細径鉄筋の加工に適す。

土間コンクリート ⇨土間②

土間埋設配管 建物内の土の部分や石敷き，コンクリート打ち等の部分に，給排水・衛生，電気などの設備用の管を埋め込んで管路を設けること。

留め 木造における仕口（しぐち）の一つ。長押（なげし）や額縁（がくぶち）などの出隅（ですみ）・入隅（いりすみ）において，小口（こぐち）を見せないで接合する方法。互いに45°の角度に切って合わせる。

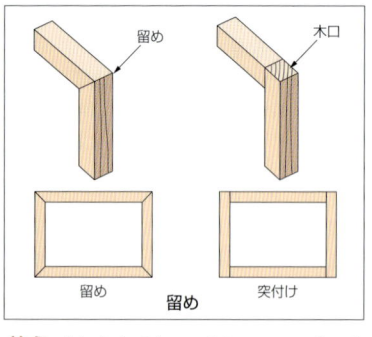

留め／木口／留め／突付け

共心（ともしん）ワイヤーロープの中心にある心に，ストランド（より線）と同じものを使用したもの。→麻心（あさしん）

共吊り（ともづり）1つの重量物を2つの揚重機で同時に吊り上げること。

とら ⇨虎綱（とらづな）

ドライアウト［dry-out］モルタル，プラスターなどの塗り材料が，直射日光・風・下地の吸水などにより水分が急激に減少し，正常な凝結硬化をしないこと。薄く塗った場合などは特に発生しやすい。

ドライウォール工法 石膏ボードによる内装下地工事を実施する工法で，石膏ボードの継手部分をプラスター（石膏）ペーストとテープによって連続的に接合するとともに，石膏ボード止め釘の頭の打込み部分の防錆（ぼうせい），平滑面をつくるためプラスターを塗り，サンドで平滑面を作る。仕上げはペンキ塗りでも壁紙貼りでも可能。→テーパージョイント

ドライエリア［dry area］地下室の採光・換気のため，地下外壁に沿って設けた空掘りの空間。奥行1m以上，幅2m以上，居室の床面積の1/7以上の採光および換気上有効な開口部を設けるなどの指導がある。

ドライジョイント［dry joint］プレキャスト鉄筋コンクリート（PC）部材を接合する場合，現場打ちのモルタルやコンクリートによらないで，ボルト締めや溶接を用いて一体化させる接合方法。→ウェットジョイント

ドライブイット［drive-it］硬化後のコンクリートにボルトや特殊釘などを打ち込むための大型のピストルの形状をした工具。内部に火薬を充てんし，その爆発力を利用する。

ドラグショベル［drag shovel］⇨バックホー

トラクターショベル［tractor shovel］先端に油圧で動くバケットを取り付けたキャタピラ式重機。土砂の掘削と積込みを行う。

ドラグライン［drag line］土工事用掘削機の一種で，クレーンで吊ったバケットを振り子のように前方に投げ，た

ぐり寄せながら土をすくう仕組みとなっている。機械を移動させないで広い範囲の掘削ができる。

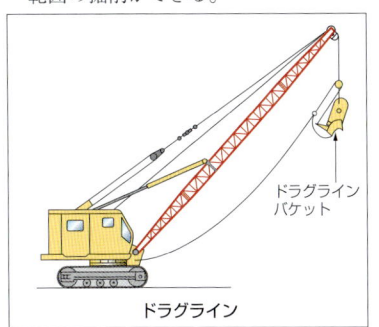

ドラグライン バケット

ドラグライン

虎尻（とらじり）虎綱(とらづな)の端およびその緊結処理。

トラス [truss] 部材の節点がピン接合となっている三角形を基本単位とした構造骨組。鉄骨屋根や木造屋根の架設に用いられる。

トラッククレーン [truck crane] トラックに360°旋回可能な揚重装置（クレーン）を搭載した移動式クレーンで，機体の安定を保つためにアウトリガーを装備している。走行用と揚重装置（クレーン）の原動機が分かれていて，高速走行ができ，長大ブームの取付けが可能である。

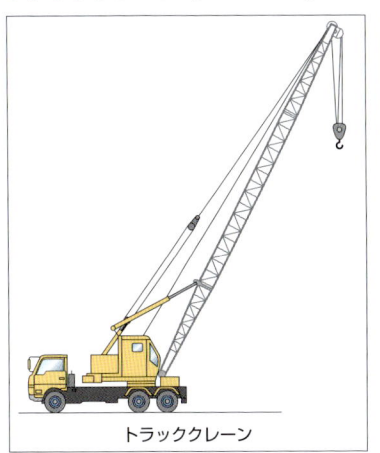

トラックミキサー [truck mixer] 生コンを運搬するトラック。走行中に混練かくはんするトランシットミキサーと練り混ぜたコンクリートが分離しないように，かくはんしながら運搬するアジテータートラックの2種類がある。「生コン車」ともいう。

虎綱（とらづな）揚重機，コンクリートタワー，ポールなど直立する不安定構造物を支えるため，頭部あるいは上方部から四方ないし八方へ張った補強用の控えの綱。「とら」「ガイ」「ステイ」「控え綱」「支索」などともいう。→ガイデリック

トラップ [trap] 衛生器具と排水管の接続部または屋内排水の末端部に設ける水封(すいふう)装置。排水管の一部にU字形の部分を設け，排水した水の一部が常時たまるようにして，下水管中の有毒ガスや小動物などが室内に侵入しないようにした装置。Uトラップのほか形状によってPトラップ，Sトラップなどの種類がある。

トラバーサ ①特殊な形状の部材を安定よく吊るために，鋼材などでつくられた吊り治具。②鉄道車両などを横移動させる装置。

トラバース測量 [traverse surveying] 既知点から次の測点の方向角と距離を

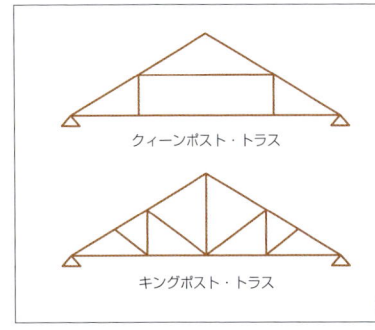

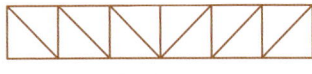

トラッククレーン

クィーンポスト・トラス

ハウトラス

キングポスト・トラス

プラットトラス

トラス

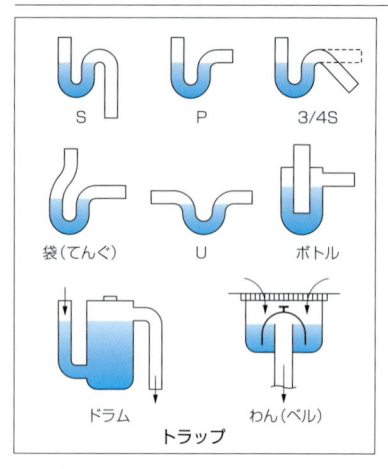

トラップ 図：S, P, 3/4S, 袋（てんぐ）, U, ボトル, ドラム, わん（ベル）

測定し，その測点からまた次の測点を測量していく測量法。測量にはトランシットと巻尺が使用される。

トラバーチン［travertine］多孔質で縞（$\frac{1}{L}$）模様のある茶褐色の石灰石。特に質の密なもので，壁や床の内部仕上げ用に張り石として使うものは，大理石の一種として扱われる。イタリア産が有名。

トラフ ①［trough］U字溝，道路排水溝および配管・配線などのためのU字形の溝，ボックスをいう。②［cable trough］地中に布設するケーブルを保護するために使われるコンクリート製の溝とふたをいう。③直（$\frac{ちょく}{}$）付け用蛍光灯型照明器具の一種で，反射笠がない。間接照明等で利用，また安価なため工事用仮設照明としても使われる。

トラフィカビリティ［trafficability］工事用機械の走行に対する地盤の耐力の良否をいう。一般にコーン指数で表され，その値がおよそ12以上ならダンプトラック走行可能，3程度なら湿地ブルドーザーしか走行できない，というように判定する。→コーン指数

ドラフト 通風，通風装置のこと。煙などを室内に拡散しないように，排煙施設に煙を吸引することもドラフトという。隙間風が吸い入れられることもドラフトである。

ドラフトマン 図面の作成作業を専門とする人。おもに基本設計以降の各種詳細図などを描く人をいい，基本設計をまとめる設計者とは区別する。

トラベリングフォーム工法［travelling form construction method］連続シャーレンの屋根スラブ，ドームおよびトンネルなどで用いられる移動式の型枠工法。形状が複雑な型枠を繰り返して使用する場合，台車などを利用して横移動させ，再び持ち上げて使用するため，組立て・解体などで省力化を図ることができる。「移動型枠工法」ともいう。

ドラム［drum］機械部品などで円筒形をしたものに対する通称。ウインチのドラムというとワイヤーを巻き取る円筒形の部分を指す。

ドラムミキサー［drum mixer］円筒形の混合容器の中にセメント，骨材等を入れて混練し，混合容器を傾けないで可動シュートによってコンクリートを排出するミキサー。→可傾式ミキサー

トランシット［transit］水平角と鉛直角とを測定するための機器。水平面を基準にして，望遠鏡の視準線を目標にセットしてできる方向角と高度角とが目盛り盤で読み取れる。

トランシット

取り合い 部材同士が接触し合う部分またはその状態。

鳥居 一般の鳥居のように，2本のたて材の上に横材を一本渡した形をなすものの総称。

鳥居型建地（とりいがたたてじ）枠組足場を構成する一般的建地。鳥居に似た形状をもち，幅・高さ・寸法の違い

から数種ある。→簡易建地(かんいたてち)

鳥居型建地

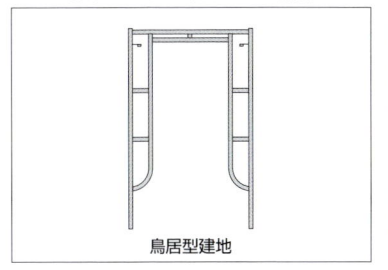

トリクロロエチレン [trichloroethylene] 発ガン性の疑いや地下水汚染で話題となっている物質で，ドライクリーニングや半導体工場で溶剤・洗浄剤として使用される炭化水素の塩素置換体。1987年5月施行の「化学物質の審査及び製造等の規制に関する法律」により規制の対象となる。

取下げ金 前受け金や出来高(できだか)払いを受領すること。「取下げ」ともいう。

鳥の子紙 和紙の一種で，鳥の子色の紙のこと。雁皮(がんぴ)(落葉灌木)の樹皮と楮(こうぞ)との液に，三椏(みつまた)を混ぜて漉(す)いた和紙。高級な和紙で，光沢があり，平滑・緻密な紙質をもち，障子紙としても使われる。「新鳥の子」はパルプを加え機械漉きしたもので，品質は鳥の子より劣る。

トリハロメタン [trihalomethane] 消毒用塩素と水中のフミン酸などの有機質とが結合してできるクロロホルム，ブロモジクロロメタン，ジブロモクロロメタン，ブロモホルムの総称。特に水質汚染の進行によって浄水場で前塩素処理をすることも影響して，水道水中に存在することが発見され，発ガン性を有するため法的な規制がある。

ドリフター [drifter] 大型のジャックハンマーのこと。

ドリフトピン [drift pin] 鉄骨の建方(たてかた)で接合部材のボルト穴がずれている場合，部材を引き寄せて穴を合わせるため，その穴にたたき込む鉄製のピン。先端に行くほど細くなっている。「ボルシン」ともいう。

とり舟 ⇨舟②

トリプルボトムライン 組織が目指すゴールといわれているもので，社会的責任(Social Responsible)，経済的発展(Economically Viable)，環境にやさしい(Environmentally Sound)を満足させること。

土量変化率 地山(じやま)の状態，掘削時および締固め時において変化する土の体積の割合を示す値。掘削した土は，地山よりも体積は大きくなるが，ほぐしてから締め固めた場合は，岩石，礫(れき)などを除くことから，地山よりも体積が少なくなる。

トルエン [toluene] キシレン等と同様に，シックハウス症候群の原因の一つとみられる揮発性有機化合物(VOC)の一種。木材保存剤や油性ニス・建材の接着剤等に含まれ，住宅室内の空気汚染を引き起こす化学物質の一つといわれている。厚生労働省では室内濃度のガイドラインを 0.07 ppmと定めている。→キシレン，VOC

トルク [torque] 回転軸に沿って回転させる偶力のこと。円運動の半径×力(m·kg)で表される。

トルク係数値 [torque coefficient] 高力ボルトへ安定した軸力を導入するための管理に用いる数値で，高力ボルトの締付けトルク値をボルトの公称軸径と導入軸力で除したもの。

トルクコントロール法 高力ボルトの締付けをトルク量によって判定する方法。インパクトレンチによるものや油圧によるものなど種々の締付け機器がある。→ナット回転法

トルクレンチ [torque wrench] 鉄骨工事における高力ボルトの締付けや検査に用いる道具。一般的には手動式で，締め付ける場合のトルク力が調整可能

トルクレンチ(ダイヤル型)

となっている。配管接続時に使用する場合もある。

トルシア型高力ボルト　[torqueshear type high tention bolt]　一定のトルクでボルトのテール部分が破断して，それに対応する軸力が導入される仕組みとなっている特殊な高力ボルトのこと。→トルク

トルシア型高力ボルト

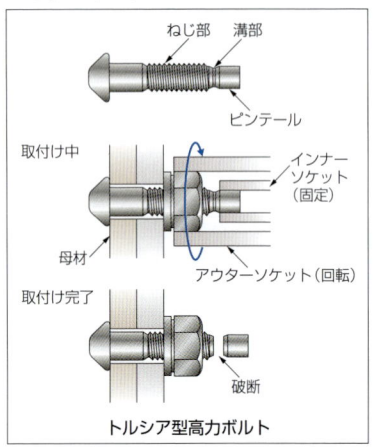

ドレーキップサッシュ　内開きと内倒しの2つの機能を併わせもつサッシュ。内開き機能により室内からガラスの清掃ができ，内倒し機能により自然換気ができる。ドレーは内開き，キップは内倒しの意。「ドリーキップ」ともいう。

トレーサビリティ　[traceability]　不適合が発見されたとき，どこに原因があったかをさかのぼって追跡する調査のこと。ISOで用いられる専門用語。

ドレープ　[drape]　厚手の手工芸の織物。壁掛けや緞長(どんちょう)，椅子貼り地，カーテンなどに用いられる。

トレミー管　[tremie pipe]　水中コンクリートや連続地中壁コンクリートの打設に用いる直径15〜30cm程度の輸送管。上部にコンクリートを受けるホッパーが取り付けられている。先端にはバルブや蓋が付いて，常にコンクリート中に入っている状態で徐々に管を引き上げて連続的に打設する。単に「トレミー」ともいう。

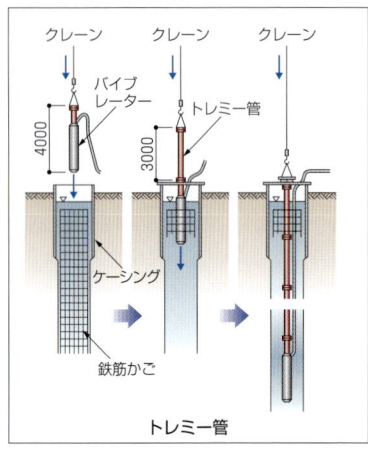

トレミー管

ドレン　[drain]　①排水や水抜きのこと。②雨水や雑排水を流すパイプや溝。③冷暖房設備おける空調や蒸気の凝縮水。

トレンチ　[trench]　設備配管などのため，床下あるいは土中に設けた溝。

トレンチカット工法　地下構造物の外周部の躯体を先行して構築し，それを山留めとして内部を掘削する工法。大きな面積の地下工事に採用される。

トレンチシート　[trench sheet]　鋼製矢板の一種。施工性は良いが，止水効果の点で劣る。

ドレンチャー設備　火災の際，外部からの延焼を防止するため，自動または

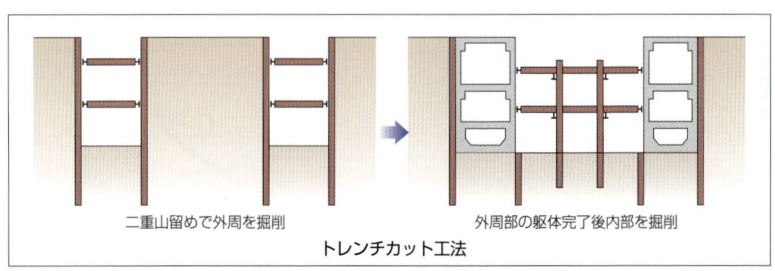

トレンチカット工法

手動で，建物(特に国宝，重要文化財産)外部を水幕で覆う防火設備。建物の屋根，外壁，軒先などに設置した散水ノズルから放水する。

ドレン配管 エアコン，空調機からの凝縮水(排水)用排水配管。

とろ ⇒セメントペースト

トロウエル [trowel] コンクリートの床仕上げを行う機械で，柄の付いた回転こてを揺動させながら床を仕上げていく。人の搭乗タイプもある。

とろ代 (とろしろ) あてとろで接着した張付け材料と下地との間にできるすき間。石張り工事における張り石とコンクリート下地のすき間など。

泥だめ桝 (どろだめます) ⇒雨水桝(ます)

ドロップパネル [drop panel] フラットスラブにおいて，柱頭部の床剛性を増すために，柱頭部まわりのスラブを厚くして受け皿状にした部分。→フラットスラブ

ドロップハンチ [drop haunch] 鉄筋コンクリートスラブの床剛性を増強するために付けた段差付きハンチ。

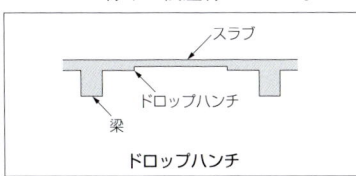

ドロップハンチ

ドロップハンマー [drop hammer] 鋼製の重りを落下させて杭などを打設する機械。「モンケン」ともいう。

ドロマイトプラスター [dolomite plaster] 白雲石を焼成した，アルカリ性の強い気硬性の左官材料。壁・天井に使用されるが，ひび割れを生じやすいため，砂やすさを混入する。上塗り用と下塗り用がある。「マグネシア石灰」「ドロマイト石灰」ともいう。

トロンメル 回転式の篩(ふるい)の総称。円筒形で，表面がふるい網の構造をもった筒の一端から，コンクリート用骨材などの材料を入れ，低速回転させてふるい分けを行う。

トン扱い 材料の取引において，トン単位で購入・運搬などを行うこと。鉄骨や鉄筋が該当する。

とんこ 与えられた仕事を投げ出して現場から逃げること。遁甲がなまった語。「けつわり」「けつをわる」「とんずら」ともいう。

トンネル ⇒一括下請負

丼勘定 (どんぶりかんじょう) 非科学的で大まかな金銭勘定のこと。職人の腹掛け丼(財布もしくは物入れとして利用)に由来する。

とんぼ ①⇒とんぼばた ②防水層の立上りに貼るラスを止めるための金物。防水層へ接着する座とラス結束用の針金とでできている。③石工事用の槌(つち)の一種。先端が刃のようになっている。④屋根瓦を野地板に緊結するための釘で，銅線を頭に付けたもの。⑤根切りの深さなどを測るためのT形の定木。「馬鹿棒(ばかぼう)」ともいう。⑥⇒下げお ⑦盛土などの天端(てんば)の仕上がり高さを表すT字方の遣方(やりかた)。

とんぼクレーン ⇒水平タワークレーン

とんぼばた 梁の型枠を受ける角材。一般的には100mm角程度のものが用いられる。

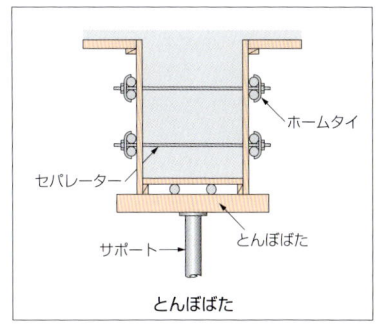

とんぼばた

とんぼふり 盛土の天端(てんば)ならし作業において，T字に作った木製の定規を約20m間隔にたてて，見通しながら水平高さに仕上げること。

な

ナースコール設備 病院において看護婦詰所と病室の患者との間の通話に使用される通信設備。親子式インターフォンのほか，病室の入口に取り付けられる表示灯，その復旧押しボタンなどで構成される。

内装工事 床，壁，天井など室内の仕上げ工事(下地工事を含む)の総称。床ではカーペット，プラスチックタイル，フローリング，畳など。壁，天井では石膏ボード，合板，繊維板，金属板，クロス，壁紙など数多くの種類がある。また，カーテンやブラインドなどの工事も含まれる。

内装制限 建築物の初期火災の拡大を妨げて，フラッシュオーバー(爆発的燃焼)の時間を引き延ばすため，室内の壁・天井の仕上げを，不燃性または難燃性の材料として，建築物からの安全避難を守るための制限。特殊建築物，一定規模以上の建築物，火気を使用する室をもつ建築物，窓のない居室をもつ建築物などが対象となる。建築基準法第35条の2，同施行令第128条の4，第129条。

ナイトラッチ [night ratch] 外側からは鍵で開けるが，内側からはノブを回転するだけで開けられる錠。

内部監査 [internal audit] 企業等の組織内部で品質や環境マネジメントシステムが的確に実施されているか否かを監査すること。定期的(一般には1回/年)または必要に応じて実施する。

内部結露 断熱材の内部など，壁の内部で水蒸気の露点温度が実際の温度より低くなると起こる。凍害や材料の腐朽をもたらす。結露には「表面結露」と「内部結露」と呼ばれる2つのパターンが存在する。→表面結露

ナイフスイッチ [knife switch] 電路の主幹，分岐開閉器および電灯，電熱などの操作開閉器として使用する。

内部摩擦角 地盤が地滑りを起こしたとき，滑りに抵抗する滑り面の摩擦を内部摩擦といい，その摩擦抵抗を垂直応力(横軸)とせん断抵抗力(縦軸)の関係で表したときの直線の横軸との角度をいう。粘土質では小さく，砂質では大きな角度となる。→息角(そくかく)

直会 (なおらい) 神前に供えた酒饌(しゅせん)をおろしていただく酒宴のこと。またおろした神酒。地鎮祭では神前に供えた酒を，かわらけ(素焼の杯)でいただいた後，参列者に酒肴をふるまう。

中込め (なかごめ) ⇨中込み(なかごみ)

中桟 (なかざん) ①上下の框(かまち)が付いた建具の中間で横に入れた桟。②型枠パネルの小幅板を継ぐ桟木。

流しとろ 石を床に据えるとき，目地に軟らかいモルタルを流し込むこと。

流し張り アスファルト防水工事におけるルーフィングの張り方。溶融したアスファルトをひしゃくですくい，流しながらルーフィングを張る。

長杉丸太 (ながすぎまるた) おもに丸太足場に使われる杉丸太。たんに「長杉」ともいう。

中墨 (なかずみ) ⇨心墨(しんずみ)

長手積み (ながてづみ) 表面に長手面のみが見えるれんがの積み方。

中庭 一つの建物の中に取り込んで，外部から直接見られないように作られた庭。通風や採光の用途や観賞用として有効な方法である。西欧では「パティオ」とも呼び，一般的に床は，タイルまたは芝生やれんが張りとし，噴水および植木がある庭を指し，また南欧では住宅建築の中心として扱われている。→坪庭(つぼにわ)

中塗り 左官工事や塗装工事における下塗りと仕上げとの中間に塗る層，その工程もしくは作業。左官工事では「中込(なかご)み」ともいう。

中掘り工法 既製コンクリート杭の中

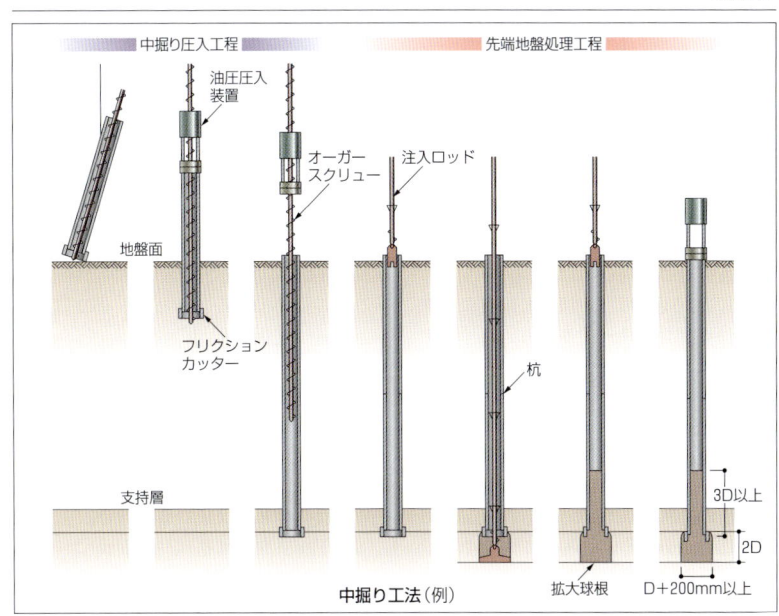

中掘り工法（例）

空部にアースオーガーを差し込んで掘削し、杭を所定の深さまで貫入させる杭打ち工法。支持力がなかなか得られない場合などは、地盤に対してセメントミルクなどで処理を施す。

中廊下式（なかろうかしき）廊下の両側に独立した部屋を配置した平面計画の通称。ホテルなどはこの形式が多い。→片廊下式

長押（なげし）和室の壁面に水平に取り付ける化粧材。鴨居（かも）のすぐ上に付くものが一般的であるが、他に天井長押、腰長押などもある。

投げる ①仕事を下請負でやらせること。分割してやらせるのを「切り投げ」、まとめて全部やらせるのを「丸投げ」という。→一括請負 ②仕事を途中で放棄すること。

馴染み（なじみ）複数の部材が具合よく密着すること。「馴染みがいい」というように使われる。

ナックル［knuckle］丁番においてピン（回転軸）を通すための円筒状の部分。

ナット回転法 高力ボルトの締付けをナットの回転量により判定する方法。トルクコントロール法などで使用する特殊機器は必要としないが、回転量を測定し始める位置の決め方に問題がある。→トルクコントロール法

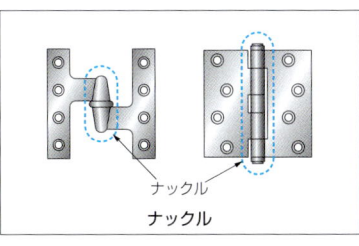

棗丁番（なつめちょうばん）⇨フランス丁番

斜め帯筋（ななめおびきん）柱の鉄筋組立てにおいて、柱主筋を対角方向に結ぶ帯筋。主筋のはらみ出し防止および柱のねじれ防止の目的で使用される。「ダイアフープ」「ダイアゴナルフープ」「筋かい筋」ともいう。→副帯筋（ふくおびきん）

斜め筋 壁・スラブ・基礎などの鉄筋のうち、斜め方向に配置される補助鉄筋、および開口隅角部の補強用鉄筋のこと。

斜めひび割れ 鉄筋コンクリート構造の耐震壁、梁、柱などの部材にせん断力が働いて、材軸に対して斜め方向に発生するひび割れの総称。

なべ ⇨バケット，タワーバケット

鈍矩（なまがね）鈍角のこと。矩（か
ね），すなわち直角よりも開いている角度という意味。

生子板（なまこいた）波形亜鉛引き鉄板のこと。略して「なまこ」ともいう。

生コン［freshly mixed concrete, ready-mixed concrete］①コンクリート製造設備をもつ工場（生コン工場）で生産され，まだ固まらない状態で現場に運搬されるコンクリートのこと。②⇨レディミクストコンクリート

生コン車 ⇨トラックミキサー

鈍し鉄線（なましてっせん）軟鋼線材に冷間加工を行った後，軟化のため焼なましを施した，円形の断面をもった鉄線の総称。適用線径は，0.10 mm以上18.0 mm以下で，鉄筋の結束や仮設材，型枠材の緊結用として使われる。JIS G 3505，3532。「番線」とも呼ぶ。

鉛ガラス 成分の中に多量の鉛を含んだ透明ガラス。X線防護用に使用。

波形スレート［fiber reinforced cement board］セメント，石綿以外の繊維，混和材料からつくられる，断面が波形の繊維補強セメント板。耐火・耐水性に優れていることから，外壁，屋根材として用いられるほか，内装材としても使用される。JIS A 5430。

嘗(舐)める（なめる）語源は，仕事などを馬鹿にしてかかる，みくびるという意味で，仕事が予定通りに仕上がらなかったことを指す。「小間（こま）割りをなめる」などと使う。

均し（ならし）表面を平滑にすること。例えば，打設したコンクリートの表面を鏝（こて）で平らにすることを「コンクリート均し」という。

均し桁（ならしげた）重量物を支える場合，荷重を分散させるため下に敷く桁のこと。一般に型枠支保工の組立てに用いられる。長物の角材，太鼓（だいこ）落しおよびIビームなどが使われる。

均しモルタル（ならし―）床面，屋根面等の仕上げ，鉄骨柱のベースプレート面の水平面調整のために，下地コンクリート面に塗るモルタルのこと。

ナレッジマネジメント［knowledge management］個人のもつ知識や経験，情報を組織全体で共有し，活用することで新たな創造性を引き出そうとする経営管理手法。

ナローギャップ溶接法 ⇨狭開先溶接（きょうかいさきようせつ）

縄尻（なわじり）⇨尻手（しりて）

縄延び 実測した土地の面積が登記薄上の面積より大きいとき，その差をいう。→実坪（じつつぼ）

縄張り 建物位置を示すために，遣方（やりかた）に先立って，建物の輪郭通りに縄やひもなどを張ること。

南京落し（なんきんおとし）開き戸を固定する上げ落し金物の一種。受け座を建具枠または床に取り付け，上下するボルトを建具框（かまち）の表面に取り付けたもの。「丸落し」ともいう。

軟質フレキシブルボード ⇨フレキシブルボード

軟弱地盤 埋立て地，河川のデルタ地帯などのように軟弱層が厚い地盤。支持力は小さく，地盤沈下が発生しやすい。また，地震時に建造物の被害が大きくなるおそれがある。

軟練りコンクリート 通常，スランプが15 cm以上の流動性に富んだコンクリートの総称。

難燃合板 普通合板を難燃薬剤で処理し燃えにくくした合板。合板の日本農林規格（JAS）で品質が規定されており，基準に適合した製品は「難燃処理」と表示される。難燃合板のうち，厚さが5.5 mm以上のものが難燃材料として国土交通大臣認定を取得しており，建築基準法による特殊建築物の内装制限に該当する部分に使用することができる。

難燃材料 建築材料のうち，通常の火災による火熱が加えられた場合に，加熱開始後5分間，建築基準法施行令第108条の2「不燃性能及びその技術的基準」の各号に掲げる要件を満たしているものとして，国土交通大臣が定めたものまたは同認定を受けたもの。建築基準法施行令第1条6号。

南蛮錐（なんばんぎり）⇨ギムネ

に

二四八（にいしいはち）コンクリートの容積配合比。→一三六（いちさんろく）

ニーディング工法　既製コンクリート杭の埋込み杭工法の一種。アースオーガーの先端から水を注入し，掘削土を泥水にして掘削孔内にためながら所定の深さまで掘削を行う。アースオーガーを引き抜き，杭を回転させながら挿入する。最後に軽く打ち込むか先端をセメントミルクで固める。〔開発：三谷セキサン〕

ニートセメント　[neat cement] セメントと水を混ぜたペースト状のもの。

荷打ち（にうち）ケーソンなどを沈下させるために荷重をかけること。

握り玉　扉の把手のうち，球状のものの総称。回転するもの，しないもの，鍵穴付きのもの，サムターン付きのものなどがある。「ノブ」ともいう。

逃げ　①材料の加工誤差や現場での取付け誤差などを吸収するために，あらかじめ取っておくすき間や重なりにおける余裕のこと。→遊び　②「逃げ墨」のこと。　③⇨引照点（いんしょうてん）

逃げ墨　基準墨（心墨）から一定の寸法を離して出した墨。一般に心から500mm，1,000 mm離して出すことが多い。→返り墨

逃げ札（にげふだ）指名競争入札などにおいて，落札する意志のない業者がわざと高い金額で入れる札のこと。

二項道路（にこうどうろ）建築基準法第42条2項に規定されている道路で，この法律施行時に建物の建っていた幅員4m未満の道で，特定行政庁が指定した道路。道路の中心線から2mの線が，道路との境界線とみなされる。

二酸化炭素　大気汚染，環境汚染の指標の一つ。CO_2。二酸化炭素は，化石燃料の燃焼や人間の新陳代謝により生産される。なお，二酸化炭素濃度は汚染質としてばかりでなく，全般的な空気の清浄度の指標としても用いられる。地球温暖化の一因として，排出規制が行われている。

二次電解着色　⇨電解着色

二次白華（にじはっか）コンクリート，タイル，れんが，天然石などの表面やモルタル目地に，雨や湿気，結露の浸入によって生じる不溶解性の炭酸カルシウムが主成分の白い結晶化した物質。→エフロレッセンス

二重壁工法　遮音，断熱，防水などの目的で，二重に構成された壁の総称。

二重スラブ　[double floor] 遮音，断熱，配線，配管等のために二重にした床構造。そのほか二重床や二重窓があるが，これらは遮音・断熱が主目的。

二重ダクト方式　⇨デュアルダクト方式

二重天井　コンクリートスラブと天井下地の間に空間を確保する構造（吊り構造またはコンクリートスラブに天井下地が接しない構造）を指す。

躙印（にじりじるし）墨出しの際，正しい墨と誤った墨の2本が並行しているような場合に，どちらが正しいのかを見分けるために示す印。>印を用い開いた側にある墨を正しいとする。「躙墨（にじりずみ）」ともいう。

ニス　⇨ワニス

二段筋　柱，梁などで最外側の主筋よりも1段内側，すなわち2段目に配置される主筋の総称。

二段巻（撒）き出し（にだんまきだし）盛土で土を上下2層に分けて盛り上げ，それぞれを仕上げること。

日常災害　日常生活の中で発生する災害全般のことで，滑ってころんだり，階段を滑って落ちたり，段差でつまずいてころんだりすることで発生する災害のことをいう。

日常点検　建物および建物設備全般について，外観や運転状態の異常の有無を目視調査を中心にして点検し，必要

二丁掛けタイル 寸法 227×60 mm のタイルの通称。小口タイル 2 枚に目地幅を加えた寸法になる。略して「二丁掛け」ともいう。JIS A 5209。

日給月給制 月単位で計算され支払われる時間制賃金の一種。日曜日，祝日，年末・年始など就業規則で定められた休日以外に欠勤すれば賃金の日割り額から差し引かれる。

日照権 日当りを確保する権利。法律として明文化された規定はないが，高層建築物などの建設により日当りが遮られた場合，日照権を認め，その保護あるいは損害賠償を認める判決が出されている。関連法規として建築基準法に日影(ひかげ)規制がある。

ニッチ 彫像や花瓶(かびん)などを置く壁のくぼみのこと。ぴったり合っていること。

ニップル [nipple] 配管継手用の短管で，両端外周にねじを切ったもの。

ニップル

2 方向避難 火災などの災害時の避難経路の設置のため，異なった方向に避難経路を確保すること。建築基準法では，一定の建物用途・構造・規模を有する建築物に対して，避難階または地上に通ずる 2 以上の直通階段の設置および居室から直通階段にいたる歩行経路の重複区間の長さを規定している。建築基準法においても規定があるが，災害時の避難行動特性を考えれば，建物利用者の安全確保のうえからも防災の基本といえる(建築基準法施行令第 120 条)。

日本壁 (にほんかべ)「土壁(つち)」「漆喰(しっくい)壁」「大津壁」「砂壁」など，日本の伝統的な塗り壁の総称。

日本建設業団体連合会 総合建設業者で構成される団体で，1967年に設立された。建設産業の健全な発展のための諸制度の制定，建設産業関連の調査研究，統計の作成，資料収集等の活動を行っている。会員は総合建設業者団体 (10団体)，法人会員(大手建設業者56社)，特別会員(外国建設業者 5 社)で構成されている。

日本建築学会建築工事標準仕様書
⇨ジャス(JASS)

日本工業規格 ⇨ジス(JIS)

二本構リフト (にほんこう—) 二本のガイドレールに沿って昇降する工事用リフト。積載能力が小さく，中小規模の現場で採用される。

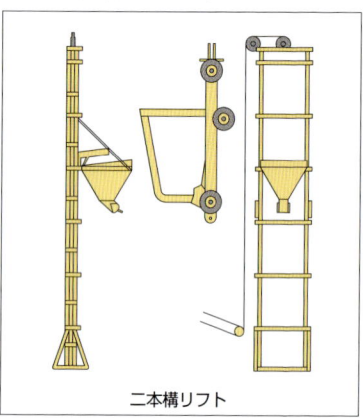

二本構リフト

日本農林規格 ⇨ジャス(JAS)

二又 (にまた) 2 本の丸太ないしパイプの上部を結束して，脚部を開いて立て，虎綱(とらづな)で固定する簡単な揚重装置。取り付けた滑車，チェーンブロックなどで重量物を吊り上げる。

二面接着 シーリング材が被着体である相対する二面のみで接着している状

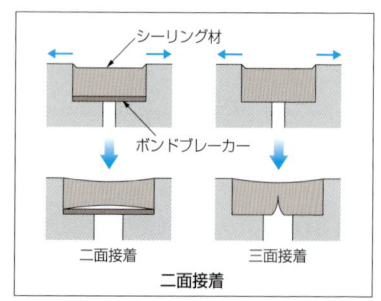

二面接着

態のことで，シーリング材の耐久性を確保するためには重要なポイントとなる。→三面接着

入札 請負工事等の業者決定方法の一つ。競争者である2以上の請負者が，発注者の求める要件（工事金額等）を発注者に提出し，その内容によって請負者を決定する。この場合の決定を「落札」という。会計法，地方自治法により公共工事は入札が原則とされている。

入札形式 入札に採用されるさまざまな形式。入札形式は，1）入札業者の選定方法による分類として「指名競争入札」と「一般競争入札」，2）落札業者の決定方法による分類として「価格競争方式」と「総合評価方式」に大別できる。実際に採用される形式は1）と2）の組合せで行われる。→指名競争入札，一般競争方式，価格競争方式，総合評価方式

入札契約適正化法 契約プロセスの透明化，適正な施工の確保，公正な競争の推進などを目的として，公共工事の入札契約における発注者の義務等を法制化した「公共工事の入札および契約の適正化の促進に関する法律」のこと。入札契約経過と契約内容の公表，一括下請の禁止，施工体制台帳の写しの発注者への提出などが決められている。2001年4月施行。「公共工事入札契約適正化法」とも呼ばれている。→施工体制台帳

入札参加申請 入札制度には一般競争入札，制限付き一般競争入札，指名競争入札があるが，一般競争入札のとき応札者が入札参加の申請をすること。

入札辞退 指名業者などの入札参加業者が，参加する権利を自ら放棄すること。入札前に社会的に大きな影響を及ぼすような事態が業者に発生した場合とか，再入札の結果，価格が折り合わない場合などに辞退することがある。

入札時VE方式 工事の入札時に受注者の技術提案が，発注者の事前審査で承認された場合，その技術提案のもとで入札が可能となる入札方式。

入札ボンド ⇨ボンド制度

ニューセラミックス ⇨ファインセラミックス

ニューマチックケーソン工法 [pneumatic caisson method] オープンケーソンの刃口部分に気密性の床板をつくり，その下の空間を作業室として，水圧を排除するため圧縮空気を送り，作業室内をドライにして人力または機械併用で掘削して沈下させる基礎の施工方法。→オープンケーソン工法

ニューマチック構造 [pneumatic structures] ⇨空気膜構造

二六（にろく）定尺物の尺モジュールの一つ。2尺×6尺寸法のこと。→三六（さぶろく）

人工（にんく）作業に要する作業者の数のことで，作業員1人が1日働くのに相当する仕事量のことを「1人工」という。

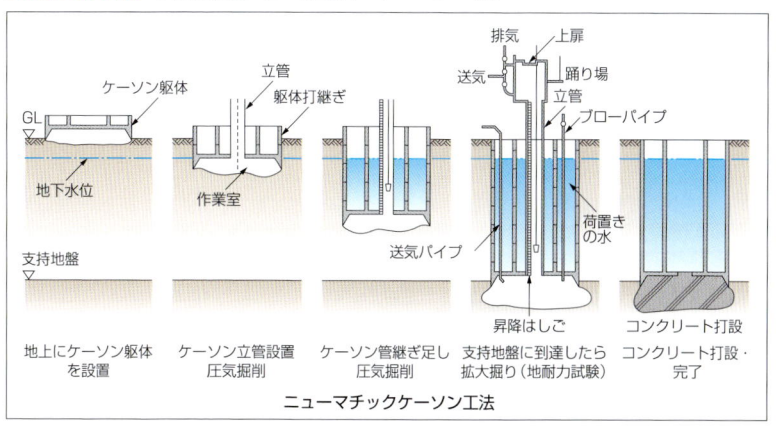

人工手間（にんくでま）工事するのに必要な作業者の数および作業時間。建築工事の見積や支払い方式などで対象となる。

ぬ

貫（ぬき）木造真壁（しんかべ）造りにおいて、柱を貫いて横に渡し、壁下地の骨組としたもの。今日ではその貫に使われた幅10cm、厚さ1cmほどの板材を一般に貫と呼んでいる。「小幅板（こばばいた）」ともいう。

抜取り検査　材料、部品、製品などについて、一部の標本、試料を抽出して行う品質・性能などの検査。鉄筋コンクリート構造体では、壁、床などから円筒形ピースをくり抜いて試料とする場合もある。→全数検査

盗み板（ぬすみいた）コンクリートに欠込みや溝を設けるため、型枠に入れる板。後付けサッシ用の欠込みなどに使われる。「あんこ」ともいう。

布（ぬの）①水平や長手などを意味する言葉で、布基礎および布丸太の略称。②足場を構成する建地（たてち）と建地を連結する水平部材。「布地」ともいう。→後（あと）踏み、転（ころ）ばし

布基礎（ぬのきそ）縁の下（クロールスペース）を持つ建築物の構造から発生する応力を、地盤へ伝達するための、構造耐力上一体の構造として造られた逆T字形の断面で帯状に連続した基礎。布基礎が、上部構造からの応力や地盤の状態によって破壊したり、不等沈下しないように、鉄筋によって補強し、構造上一体として働く強さが要求されている。「連続基礎」ともいう。

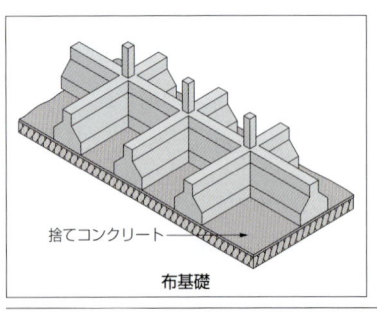

布地　⇨布②

布積み　石積みの表面において、それぞれの石の長辺の接合面が水平になるように積む積み方。

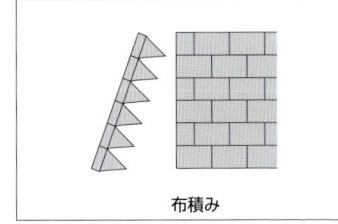

布積み

布伏せ　漆喰（しっくい）塗りなどにおいて、収縮亀裂の発生しやすい貫（ぬき）表面や柱、鴨居のちり回りなどに蚊帳布（かやぬの）、寒冷紗（かんれいしゃ）などを塗り込むこと。

布掘り　布基礎や基礎梁の位置に沿って、連続的に掘削する根切り方法。→総掘り、壺（つぼ）掘り

塗り下　モルタルやプラスターなど左官仕上げの下地となる場合のコンクリート壁面やコンクリートブロックの壁面。「塗り下地」ともいう。

塗り代（ぬりしろ）⇨つき代（しろ）

塗り代カバー（ぬりしろ—）壁に埋め込む電気のスイッチボックスなど、壁の仕上げの厚味を見込んでつくられたボックスのカバー。

塗り斑（ぬりむら）左官や塗装の仕上げ面が不均一なこと。

布基礎

ね

根石（ねいし）①石積みまたは石張りにおける最下段の石。この石が全体の基準となる。②基礎に用いる石または建物の足元に積む石。

ネイラー［nailer］自動釘打ち機。

根入れ①杭，基礎，掘立て柱などの地中に埋設した部分。②地表面から地中埋設部の先端までの貫入深さ。「根入り」ともいう。

ネオパリエ耐候性や耐久性に優れた結晶化ガラス建材で，内外装の仕上材として多用されている。〔製造：日本電子硝子〕

根枷（ねかせ）門柱，櫓（やぐら）などの工作物や仮囲いにおいて，控え柱の根元に一文字あるいは十文字に組んで地中に埋めた横材。控え柱を丈夫にする役目をもつ。

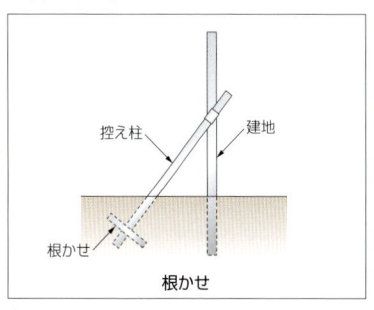

根かせ

根固め①橋脚などの地中部分を割栗（わりぐり）石を埋めて固めること。②護岸工事において，水流のために法先（のりさき）が壊れたり，基礎が移動しないようにする工事のこと。

ネガティブフリクション［negative friction］地盤沈下によって杭に下向きの摩擦力が生じること。杭に余分な荷重をかけることになるので，それを軽減するため，杭の表面にアスファルトを塗布するなどの摩擦低減の処置を講ずることもある。

根搦み（ねがらみ）足場の建地（たてじ）下部や型枠を支えるパイプサポートの下部を横に連結して，足元を固めるための補強材。

根搦みクランプ（ねがらみ―）サポートの補強に用いられる根がらみパイプを連結する金具。

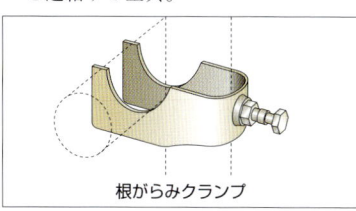

根がらみクランプ

根切り基礎や地下構造物を造るために，地盤面下の土を掘削すること。布掘り（布基礎），独立基礎（壺（つぼ）掘り），総掘りなどがある。

根切り工事［excavation］構造物の基礎部分，地下躯体を構築するために，地盤地下部分を掘削する工事。

根切り底（ねぎりぞこ）構造物の基礎または地下部分を築造するために行う地盤掘削の底にあたる部分。

猫（ねこ）①猫車の略称。コンクリート運搬や材料の小運搬（こうん ぱん）に使う手押し車。二輪車と一輪車があり，「カート」ともいう。②土止め用の切梁に取り付ける火打ちを受けるため，梁の側面に打ち付ける添え木。③接合部分において補助材に使われるアングルなどの小片の一般的呼称。

ネゴnegotiation の略。①発注者と受注者が見積条件・金額などについて協議すること。②入札が不調なとき，発注者が適格者を選定し，見積条件や金額を交渉，契約すること。

猫足場（ねこあしば）⇨カート足場

猫車（ねこぐるま）⇨コンクリートカート

ネゴシエーション方式入札前に競争参加者を決定するための事前審査の段階で，参加希望者からの価格提案や技術提案についての交渉を行うこと。

ネジコン ねじふし鉄筋の商品名。熱間圧延で右ねじ状に形成した鉄筋と，これを接続するためには六角のカプラーを用い，ガタ付き防止用にカプラー内に無機グラウト材またはエポキシ系樹脂を注入する継手工法に用いる。日本建築センター評定番号BCJ-C2296。〔製造：神戸製鋼所〕

捻子締り （ねじしまり）引違い建具の戸締り金物。建具框(かまち)の重なった部分に穴をあけ，ねじを差し込んで框を締め合わせる。

ネジ接合 ねじが切ってある継手を用いて配管を接続すること。

捻子ふし鉄筋 （ねじふしてっきん）凸部をねじ状に見たてて利用される異形鉄筋の総称。スミネジバー，ネジデーバー，ネジコン，ネジテッコンなどの種類がある。ふしがねじであることから，ロックナット，カップラーなどを使っての接合が容易である。

根太 （ねだ）①木造の床組において，床板を受ける横木。大引きや床梁の上に30～45cmほどの間隔で渡される。②仮設工事や型枠工事などで，作業床や床版型枠の床板を受けるため，比較的細かい間隔で入れる横架材。

ねた場 工事現場に設けた塗料倉庫。

熱可塑性樹脂 熱を加えると軟化溶解し，冷却すると固化する性質をもつプラスチック。塩化ビニル，ポリエチレン，ポリプロピレン，スチロールの各樹脂など。

熱間加工 山形鋼やH形鋼の構造用鋼材を加工する方法で，鋼を1,300℃前後で処理する。

熱橋 （ねつきょう）⇨ヒートブリッジ

ネッキング [necking] 弾性シーリングなどの弾性材が，引張応力を受けてくびれる現象。

熱硬化性樹脂 成形後，再加熱しても硬化したままで性質が変化しないプラスチック。ポリウレタンやポリエステル，メラミンの各樹脂。

熱交換器 温度の異なる流体を，間接的もしくは直接的に接触させ，熱を交換させる装置。例えば，蒸気を用いて温水をつくるストレージタンクなどがある。

熱式感知器 火災感知器の一種。一定の温度により感知する定温式，単位時間内の温度上昇率により感知する差動式，異種金属接合による局部電池を利用した熱伝対式がある。

熱線吸収板ガラス 熱線である赤外線を吸収することにより熱を遮断する着色透明板ガラス。空調設備の軽減に役立つ。色はブルー，グレー，ブロンズの3色あり，デザイン上の効果もある。「赤外線吸収ガラス」「赤外線遮断ガラス」「吸熱ガラス」ともいう。JIS R 3208，JASS 17。

熱線反射板ガラス 日射熱の遮へいを主な目的としてガラスの片側の表面に金属酸化物を焼き付け，太陽熱の反射率を増大させた板ガラス。JIS R 3221。

熱線反射フィルム 日射の遮へいや飛塵防止を目的として，室内や屋外の窓ガラスに貼り付けて日射中の赤外線を反射させるフィルムの総称。

根包み ⇨根巻き②

ネット調達 企業がインターネットを利用して必要な生産資材や備品を調達すること。自社のホームページに調達したい物の情報を開示して売り手がそれに応じる形態や，第三者が運営する分野別の電子市場に買い手と売り手が参加して取引する形態などが行われている。

ネットワーク工程 [network planning] ネットワーク手法によって作成された工程のこと。サークル型ネットワーク（丸印で作業を示す）とアロー型ネットワーク（矢印で作業を示す）の2種類がある。また，ネットワーク手法には，そのプログラムの開発過程や適用分野によって，PERTとCPMおよびマルチプロジェクトに分類される。

熱負荷 [heating load] 空調設備の設計やシュミレーションを行うために用いる熱量。一般に室内負荷，外気負荷，装置負荷，熱源負荷の4種類がある。

熱膨張係数 [coefficient of thermal expantion] 一定の圧力の下で温度を変

ネットワーク工程表

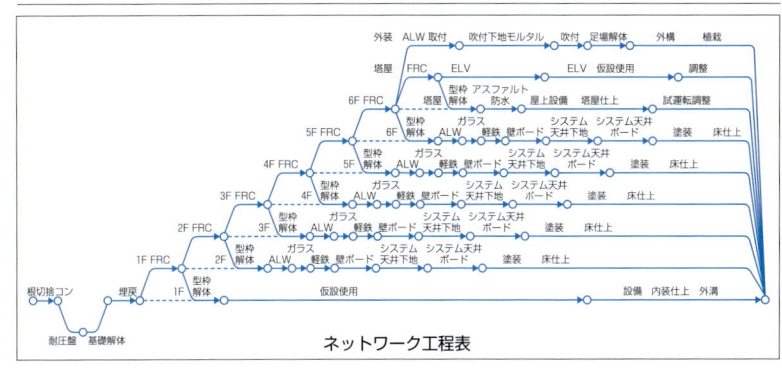

化させたときに、材料の長さが増加する割合のこと。熱による体積または長さの増大の割合を示す物体の固有の量で、一般には温度の関数として、体積膨張率や線膨張率で示される。

熱割れ 窓に取り付けられた板ガラスが日射を受けて引き起こす現象で、周縁部(エッジ部)に引張力が発生して、ガラスのもつ強度を超えてガラスが破壊すること。

根巻き ①根巻きモルタルの略。型枠組立てに先立ち、墨に沿ってモルタルを盛り、建込みの定規とするモルタルのこと。②木造柱の地面と接する部分の腐食を防止するため、モルタルや石などの材料を使って巻き付けること。またその材料のこと。「根包み」ともいう。③鉄骨の柱脚部をコンクリートで固めること。またその状態のこと。このコンクリートを「根巻きコンクリート」という。

眠り目地 目地幅なしで部材を密着させたときの目地。「盲(めくら)目地」ともいう。

ねらいの品質 ⇨設計品質

練り板 コンクリートやモルタルをスコップなどで混練するときに用いる鉄板。板の両側に立つ2人の作業員が同時にスコップを使い混練する。「練り鉄板」ともいう。

練り置き モルタル、プラスターなどに水を加えて混練したまま放置しておくこと。練り置き時間が長いと使用不能となったり、また不良品を生む原因となる。

練り置き時間 生コンクリートの練り混ぜ後から打設までの時間のこと。コンクリートの種類、外気温によって時間は異なるが、普通コンクリートの場合、外気温25℃未満の場合、120分以内に打込みを終了する。輸送時間は、生コンプラントから90分程度を目安にする必要がある。

練りが浅い コンクリートが十分に混練されていない状態のこと。この状態でコンクリートを打設すると、骨材の分離などの欠陥が生ずる。

練り返し 固まりかけたコンクリート、モルタル、プラスターなどに水を加えて再度混練すること。また、コンクリートが分離を起こしたとき、再度混練し直すこと。「練り直し」ともいう。

練りスコ コンクリートやモルタルなどを練り板や練り舟で混練するときに用いるスコップ。

練り付け 木材を薄くはいで厚紙状とした化粧板を、接着剤で合板などに貼り付けること。木目の美しい高級内装材として使用される。

練り積み モルタルを使って石やれんがを積むこと。→空(から)積み

練り鉄板 ⇨練り板
練り直し ⇨練り返し
練り舟 ⇨舟
年間熱負荷係数 ⇨パル

粘性系制振ダンパー 油や高分子系高粘性の液体の粘性抵抗力によって、地震エネルギーを吸収する制振ダンパーの総称。→制振ダンパー

粘性土 (ねんせいど) 粘りのある土。

細粒土（粒径75μm以下の土粒子）の含有率が50％以上の土。

年千人率 労働災害の発生率を表す指標の一つ。労働者1,000人当たりの年間死傷者数の割合で，以下の式で求められる。年千人率＝（1年間における死傷者の総数／1年間の平均労働者数）×1,000。→度数率

念達（ねんたつ）仕事にとりかかる前に関係者の了解を求めること。例えば工事を始める前に，近隣対策として挨拶(あいさつ)回りをすること。

燃料電池 ［fuel cell］水の電気分解により酸素と水素ができるが，燃料電池はその逆で，酸素と水素を反応させることで電気と水が発生する発電装置。

の

野石積み（のいしづみ）未加工の石を積み上げて仕上げる組積工事。

農地転用 農地を宅地や農業生産以外の用途に転用すること。市街化区域内では届出のみであるが，市街化調整区域の農地は，都道府県知事などの許可が必要となる。

ノースランプコンクリート ［no slump concrete］ゼロスランプまたはこれに近い超硬練りのコンクリート。即時脱型工法によるコンクリート製品の製造に用いられる。

ノーヒューズブレーカー ［no fuse breaker］⇨ブレーカー①

ノーマライゼーション 高齢者も若者も，障害者も健常者も，すべて人間として普通の生活を送るために，ともに暮らし，ともに生きる社会こそノーマルであるという考え方。地域においても住宅においても，この考え方が普及してきている。段差のない街や家づくりもその一つである。→バリアフリー

ノーマルベンド ［normal bend］電気設備工事において，電線管を直角に曲げて接続する継手。

軒裏（のきうら）⇨上げ裏

軒高（のきだか）木造ではグランドラインから建築物の小屋組の上端(じょうば)，またはこれに代わる横架材を支持する2階敷桁(しきげた)の上端までの高さ。RC造では，地盤面からパラペット天端までの高さをいう。

軒天（のきてん）屋根面の裏側で外壁から突出している部分のこと。「軒裏(のきうら)天井」ともいう。2階以上の階の床裏で，外気に直接面した部分も含んで呼ぶことがある。準耐火構造の建物や準防火地域に建てる木造建築で延焼のおそれある部分は，建築基準法によって防火制限を受ける。

軒樋（のきどい）屋根の雨水を受けるため軒先に付ける樋。断面は半円形または溝形。樋を露出する外樋が一般的だが，内樋，箱樋などもある。

野地板（のじいた）屋根の瓦葺きやスレート葺きの下地として，垂木(たるき)の上に貼る板。厚さ12～15mmのスギ板の使用が一般的である。最近は合板による代替がかなり進行している。

野丁場（のちょうば）職人が自分達の仕事場を生産組織の違いによって2つに区分して呼ぶときの一方の呼称。建設業者（ゼネコン）が元請となり，下請業者を使って生産する形態の，鉄骨造や鉄筋コンクリート造などの分野である。もう一方は，町の棟梁や工務店の請け負う木造住宅中心の分野で「町場(まちば)」という。町場は日本の伝統的な生産組織を引き継いでおり，発注者と職人が直接かかわりをもつが，野丁場は建設業者が一切を取り仕切っており職人はその下請の一員となる。また大手住宅企業の請け負う個人住宅などを両者の中間的な形態とみて「新丁場」と呼ぶこともある。→町場

ノックダウン ［knockdown］製品を複数の部品・部材にあらかじめ分割し，取付け・据付け場所まで運搬して，そ

ノッチタンク［notch tank］根切り工事のときの排水の土砂を沈殿させるための水槽。水槽内の仕切りの上部がV字形に切り込まれ，水槽のうわ水だけが排水されるようになっている。

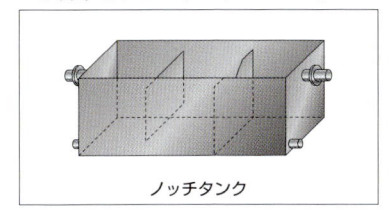

ノッチタンク

野積み（のづみ）資材を屋外に野ざらし状態で保管すること。

喉厚（のどあつ）鉄骨などの溶接継手で，応力を有効に伝達させる溶接金属の厚さのこと。「理論のど厚」と「実際のど厚」とが区別される。単にのど厚という場合は，理論のど厚のことを指す。→実際喉厚

ノブ［knob］⇨握り玉

野縁（のぶち）天井板を取り付けるための下地材として30〜45cmほどの間隔で配置される細長い材。木材以外にアルミ製や軽量鉄骨製のものなどもある。

延べ間（のべけん）→延べ尺

延べ尺 幅木や手すりなどの場合の数量表示において，同一品をすべて合算して，尺の単位で測った延べ長さのこと。同様に，間単位のときは「延べ間」，メートル単位のときは「延べメートル」という

延坪（のべつぼ）坪単位で表した延べ面積。→建坪

延べ床面積 建築物の各階の床面積の合計。地下階，屋根階は含む。ただし，容積制限のときは一定割合の車庫，駐輪場は除外される。

登り桟橋（のぼりさんばし）作業員が足場を昇降するために設ける斜めの仮設用通路。傾斜は30°以下で手すりを取り付け，7mごとに踊り場を設けることが法的に義務づけられている。

呑み込み（のみこみ）部材の取り合いにおいて，一方の部材が他の部材に入り込んだ部分，またはその長さ。

のみ込み寸法 材料や機器を設置する場合，躯体，仕上材，配管継手部分へのみ込まれる寸法のこと。

ノミコン方式 発注者が，元請会社に対して下請会社を指定する発注方式。ノミネートされたサブコントラクター

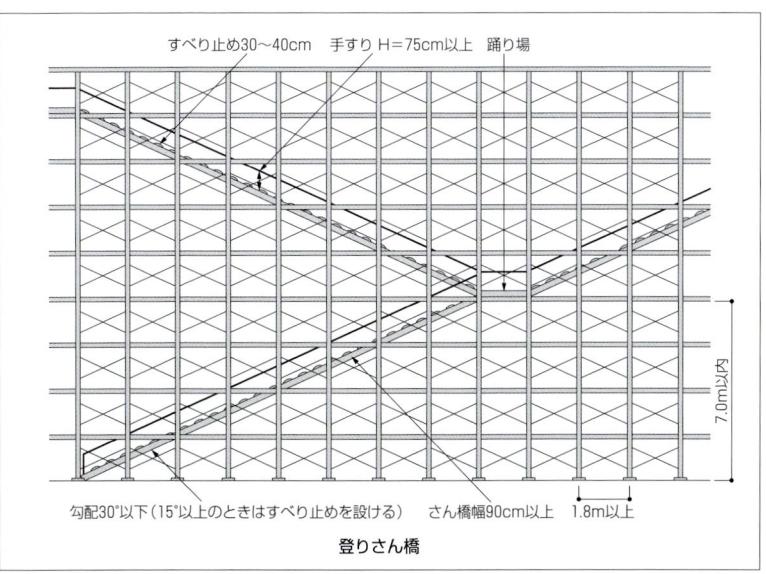

登りさん橋

という意味で，ノミコンといわれる。コストオン方式と同様に，下請会社に対する工事価格はあらかじめ決められているが，瑕疵(かし)担保や品質に対する責任分担が異なる。外資系企業の発注に採用されている。「指名サブコン方式」ともいう。

野物（のもの）①仕上げ加工されていない木材。②外部から見えない場所に使用する部材。例えば，天井裏，床下などの部材，壁などの下地材。

法（のり）①崖(がけ)や擁壁(ようへき)および切土や盛土で生じる傾斜面のこと。②長さを意味する言葉。→内法(うちのり)

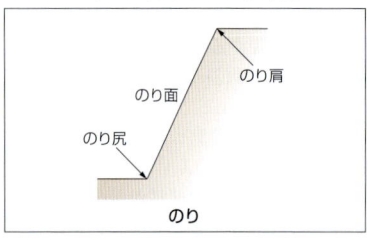

のり肩／のり面／のり尻／のり

法足（のりあし）法尻(のりじり)から法肩(のりかた)までの傾斜の長さ。→法(のり)

乗入れ構台　根切りや地下躯体工事に際して，土砂の搬出や材料の搬入・搬出を行う車両が乗り入れる仮設の作業床。→構台①

法肩（のりかた）法面(のりづら)の一番上の部分。すなわち法面最上部の角の部分をいう。→法(のり)

法切り（のりきり）根切りや切土に際し，掘削壁面を傾斜させること。

法勾配（のりこうばい）切土や盛土における傾斜面の勾配。根切りにおいては「掘削勾配」ともいう。

乗り勾配（のりこうばい）⇨返し勾配

法先（のりさき）→法尻(のりじり)

法尻（のりじり）法面(のりづら)の一番下の立上り部分のことをいい，立上り点を「法先(のりさき)」という。→法(のり)

法付け（のりづけ）法面(のりづら)をつくりながら行う掘削作業。

法面（のりづら）切土や盛土における傾斜の表面。「法面(のりめん)」ともいう。

のろ　⇨セメントペースト

のろ引き　セメントペーストを刷毛で塗ること。コンクリートの表面仕上げ，あるいは接着性を増すためのモルタル下地に施される。

ノンアスベスト［non-asbestos］アスベスト(石綿)を含まない建材のこと。アスベストが人体に有害であるところから，それに代わるガラス繊維やパルプ繊維などを使用したもの。

ノンガスアーク溶接［nongas arc welding］シールドガスを使用せず，ソリッドワイヤーやフラックスワイヤーを用いて空気中で直接溶接を行う方法。半自動溶接の中では最も容易なもので，風に対しても強い。「セルフシールド溶接」「ノンガスシールド溶接」ともいう。→ガスシールドアーク溶接

ノンガスシールド溶接［nongas shield-welding］⇨ノンガスアーク溶接

ノンスカラップ工法　スカラップが原因とみられる梁フランジの破断を起こさないように，文字通りスカラップを設けない方法で，変形能力には優れるが，切削加工形状がやや複雑になる。→スカラップ，改良スカラップ工法

ノンスリップ　⇨滑り止め

は

バーインコイル［bar in coil］コンクリート補強用鉄筋として用いられる棒状に熱間圧延された鋼材で、コイル状に巻かれているもの。JIS G 3191。

バー型スペーサー 鋼線を加工してつくった長さ30～90cmほどのスペーサーの総称。鉄筋からはずれることが少なく、コンクリートかぶり厚さが安定して確保できる。スラブ筋用や梁下端(だ)筋用などがある。

パーカッションボーリング［percussion boring］土質調査などに使用される掘削機。ビットと呼ばれる鉄の刃先をロープで吊り、これを60～70cmの高さから落下させ、その衝撃によって穿孔(せんこう)する。

バーカッター［bar cutter］電動もしくはてこを利用して、鉄筋を所定の長さに切断する機械。

パーカライジング処理 リン酸塩の水溶液中に鋼材を浸し、表面に耐食性のリン酸塩被膜を生成させた鋼材の防食処理方法。塗装しない場合は、さらに防錆油で仕上げる。パーカライジング処理のうち、塗装下地用に行われる処理を「ボンデライト」という。

パーゴラ［pergola］角柱や円柱で支持され、屋根部分を格子状に組んだ棚。ブドウや藤など蔓(つる)状の植物をはわせて歩道、通路、テラスなどに日陰をつくる。

バーサポート［bar support］鉄筋下部のかぶり厚さの確保や鉄筋の支持を目的とした補助材。鋼製、コンクリート製、プラスチック製、ステンレス製などのものがある。

パース ⇨透視図

バーチカルブラインド［vertical blind］窓の内側に取り付ける日除けで、羽根(スラット)が縦型のもの。ひもの操作で羽根の方向を変えたり、脇にたたみ込むことができる。カーテンのような感じで、装飾を兼ねて用いられる。

バーチャート［bar chart］縦軸に作業項目を取り、横軸に時間(暦日などの月・日数)を取って、各作業の開始から終了までを棒状で表現した工程表のこと。見やすく、わかりやすいなどの長所があるが、各作業の関連性や作業の余裕度がわかりにくい欠点もある。ガントチャートとほぼ同じ表現方法であり、「棒(状)工程表」ともいう。

バーチャート

工事種類\月別	4月	5月	6月	7月	8月	9月	10月	11月	12月
仮設工事									
土木工事									
杭工事									
コンクリート工事									
型枠工事									
鉄筋工事									
防水工事									
タイル工事									
金属工事									
左官工事									
建具工事									
内外装工事									

□予定 ■実施

パーティクルボード［particle board］木材の砕片を接着剤で熱圧成形した板状の材料で、大きくて厚い板が取れ、加工が容易、遮音・断熱性が良いなどの性質をもつ。厚さは10～40mm程度で、屋根・壁・床の下地、あるいは表面加工して家具・建具・内装材に使用される。JIS A 5908。

パーティション［partition］間仕切りのことであるが、一般には、床・壁・天井を仕上げた後に取付け・分解・移設が簡単にできる既製品をいう。

ハート ①シートパイルを引き抜く時に使用するハート形の工具。②ハート形をしたスペーサーブロックの一種。

パート［PERT］Program Evaluation and Review Technique の略。ネットワーク手法の一つで、サークル型で表現される。矢印(各作業の所要時間として表現)は、楽観値・最可能値・悲観値を加重平均した期待値として考

え，これとそのばらつきからプロジェクトの工期内での完成の可能性を検討する。この手法は，作業時間が不確定なプロジェクトの計画・管理に適用される。

ハートビル法　「高齢者，身体障害者等が円滑に利用できる特定建築物の建築の促進に関する法律」の通称。病院，劇場，デパート，ホテル等の不特定多数が利用する建築物の出入口，廊下，階段，トイレ等を，高齢者や障害者が円滑に利用できるように，その障害を除去する建築基準を定めてある。この法に基づき都道府県知事が認定した建築物は，補助，低利融資，税制などの優遇措置が受けられる。1994年9月に施行された。→バリアフリー

ハードボード　[hard board] 主として木材などの植物繊維を形成した密度が0.8g/cm³以上の繊維板のこと。正式には「ハードファイバーボード」といい，油樹脂などの特殊処理や表面処理を施して，内装材や外装材として使用する。JIS A 5905。

バーナー仕上げ　⇨ジェットバーナー仕上げ

ハーフPC板　床スラブの下端（した）筋と下弦材の入った薄肉（厚さ70mm程度）のプレキャストコンクリート板。これに上端（うわ）筋を配筋してコンクリートを打ち込み，一体化することで床スラブを形成する。

ハーフミラー　[half mirror] ガラスの表面に金属酸化物を焼き付け，鏡面効果をもたせた板ガラス。「熱線反射板ガラス」ともいう。

バーベンダー　[bar bender] 鉄筋を曲げ加工するための機械。手動式と電源を使用する自動式のものがある。単に「ベンダー」ともいう。

パーマネントサポート　[parmanent suport] 根太（ねだ）とせき板を取り外しても，高さ調節して床スラブを支え続けることのできるサポート。

バーミキュライト　[vermiculite] ⇨ひる石

パーライト　[perlite] 真珠岩・黒曜石

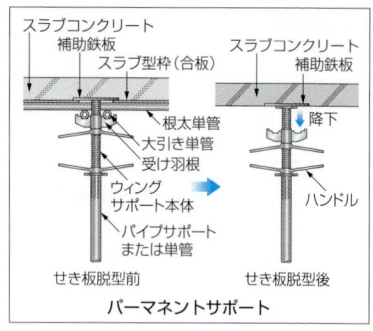

パーマネントサポート

を粉砕し，焼成膨張させたきわめて比重の軽い断熱性・吸音性に優れた骨材で，左官の塗材・吹付け材の骨材として，あるいはパーライトブロックとして使用される。

バール　[crawbar] 重い物を持ち上げる場合，そのものの下に差し込んで「てこ」として用いる鉄製の工具。釘抜きとして，また型枠解体にも使われる。「かなてこ」「かじや」「クローバー」ともいう。

パールタイル　⇨ラスタータイル

排煙口　火災時の煙を外部へ排出するため，天井や壁に設けられた開口。直接外気に接して設けるか，あるいは天井開口などは風道で外気とつながるようにする必要がある。建築物の用途・規模などにより，建築基準法でその設置が規定されている。

排煙設備　火災により発生する煙を強制的に排気する装置。劇場，百貨店などにおいて，火災発生時に避難を容易にしたり，煙による窒息死を防ぐために設置する。

廃棄物　組織の事業活動や生活において発生する固形状または液状の汚物，不要物。廃棄物は一般廃棄物と産業廃棄物に大別される。一般廃棄物にはゴミ，粗大ゴミ，し尿などがあり，産業廃棄物には燃えがら，汚泥（おでい），廃油，紙くず，木くず，建設廃材など19種が特定されている。

廃棄物処理法　廃棄物の排出抑制，適正分別・保管・収集・運搬・再生・処分を行い，または生活環境の清潔化により，生活環境の保全および公衆衛生

の向上を図ることを目的にした法律。事業者としては，廃棄物のマニフェストによる適正処理が求められる。

パイキャビネット [π cabinet] 自立型高圧キャビネットの俗称。電力引込み線の電力会社側と需要家側との境界に設置。キャビネット内に開閉器を収納，配線の形状がπ形をしている。

配筋 鉄筋コンクリート工事において，鉄筋を所定の位置に組み立てること。

配筋検査 鉄筋コンクリート工事において，配筋が設計通り行われているか否かを検査すること。コンクリート打設前に，鉄筋の種類，かぶり厚さ，間隔，継手位置，定着状態などを，監督官庁および設計監理者が検査する。

配筋図 RC造またはSRC造建築物の構造図面の一つで，柱，梁，スラブなど各部材の鉄筋位置，鉄筋の寸法，かぶり厚さなどを示す。

配合 ⇨調ون

ハイサイドライト [high side lighting] 高窓からとる採光のこと。美術館や体育館などに見られる。

はい作業 倉庫，上屋(うわや)，土場(どば)などに荷を重ねる作業，または積み重ねてある荷を取り崩す作業のこと。

倍尺（ばいしゃく）製図において，より正確に表すために，拡大して描く場合の長さの拡大率のこと。

排出基準 大気汚染防止法に定められた煤煙(ばいえん)発生施設における大気への汚染物質の放出許容濃度基準。硫黄酸化物，カドミウム，煤煙，塩素，塩化水素，フッ素，鉛などが規制される。

排水基準 水質汚濁防止法で定められる工場事業場から公共水域への放流水の水質基準。カドミウム，シアン，アルキル水銀などが規制される。

排水ドレン 建物およびその敷地内の雨水，汚水，雑排水等を取り除くために，床面や溝などの排水口に設けて，配水管に接続させる部品のこと。

排水桝（はいすいます）⇨会所桝(かいしょます)

排水溝（はいすいみぞ）排水（雨水や冷暖房機械のドレン水など）を流すために，屋外階段，廊下，バルコニーなど

の床に設けた溝の総称。

排水横主管（はいすいよこしゅかん）排水配管系統の水平と45°未満の角度で設ける管で，枝管接続されている幹線をなす部分。

ハイステージ [high stage] 鉄骨のボルト締めや溶接作業に用いる吊り枠足場の一種。組立方法として，鉄骨の柱・梁部材の建方(たてかた)時にセットする方法と建方完了後に組む方法とがある。

配立て（はいだて）建設資材を一定の数量ずつにまとめて並べ，数えやすくするという意味。骨材，割栗(わりぐり)石，石材，れんがなどを角錐台状に積んで検収しやすくするときに用いる言葉。「張り立て」ともいう。

ハイタンク [high tank] ⇨シスターン

配置図 ①製品等の配置と相互の位置関係を示す図面。②建築では，敷地と道路，敷地と建物や工作物等の位置関係を示す。

ハイテックセラミックス ⇨ファインセラミックス

ハイテンションボルト [high tension bolt] ⇨高力ボルト

ハイドロクレーン [hydro-crane] ⇨油圧クレーン

パイピング [piping] ボイリングのため地盤に空隙ができ，水が通りやすくなった状態。→ボイリング

パイプ足場 ⇨鋼製単管足場

パイプクランプ [pipe clamp] ⇨クランプ

パイプサポート [pipe support] スラブ・梁などの型枠を支える支柱。径5〜6cmほどの上下2本の鋼管を組み合わせ，長さの調整が自由にできるようにしたもの。「サポート」「鋼管支柱」ともいう。JIS A 8651。

パイプシャフト [pipe shaft] 各階にわたる配管等をまとめて収納する防火壁で囲まれたシャフトまたは室。

ハイブリッド構造 [hybrid construction]「合成構造」「複合構造」などともいわれ，鉄骨，鉄筋コンクリート，鉄骨鉄筋コンクリート，プレキャストコンクリート，木などを複合させて使

パイプサポート（図）

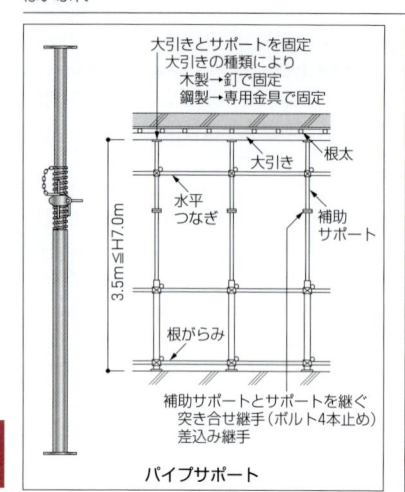

用する構造のこと。架構としての複合と部材としての複合があるが，明確な定義はない。

バイブレーター［concrete vibrater］コンクリート打設の際，振動を与えることにより，コンクリート中の気泡発生を防止したり，型枠内および鉄筋・鉄骨間に密実なコンクリートを充てんするための機械。棒状の振動機を直接挿入する機械，型枠の外から振動を当てる機械および，コンクリートスラブ面あるいは舗装面に振動を与える機械などがある。「コンクリート振動機」「振動機」ともいう。

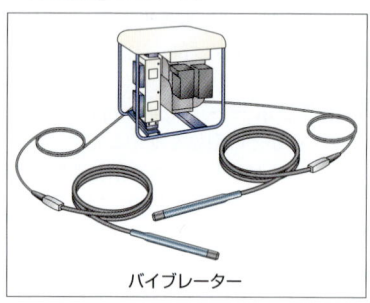

パイプレンチ［pipe wrench］パイプをつかんで回転させる工具。ねじ切りしたパイプのねじ込みや取り外しに使う。略して「パイレン」ともいう。

バイブロオーガー［vibro-auger］基礎杭や土止め壁の造成に用いられる，振動機能をもった地中穿孔（せんこう）用のアースオーガー機械。

バイブロパイルハンマー［vibro pile hammer］機械による振動を杭に伝えて，杭体に縦振動を起こしながら機械および杭の自重で杭を地中に貫入する杭打ち機。振動があるので都市部，住宅地の施工には制約が多い。「振動パイルハンマー」「振動式杭打ち機」ともいう。

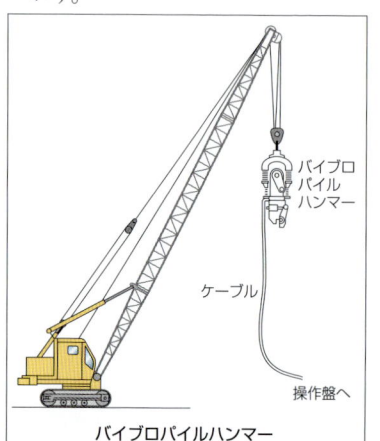

バイブロフローテーション工法［vibro-floatation method］振動とジェットの併用で砂杭を作る砂質地盤の改良工法。

バイブロランマー［vibro-rammer］割栗（わりぐり）石や砂利などを締め固めるための機械の一つ。ガソリンエンジンで得た回転力をクランクで往復運動に変えその衝撃を利用する。

ハイベース　鉄骨部材の組立てにおいて，柱脚部の接合に用いる部品。〔製造：日立金属〕

ハイモル　セメント・天然砂・けい砂を主成分とし，特殊樹脂をプレミックスした左官材の商品名。一般用・補修用・下塗り用など用途に応じた種類がある。〔製造：昭和電工〕

配力筋　鉄筋コンクリートのスラブ配筋や壁配筋などにおいて，主筋方向以外の方向に応力を分散させるために配置する鉄筋。一般には主筋と直角方角の鉄筋を指し，四辺固定の長方形スラブでは長手方向の鉄筋をいう。「副筋」

図の説明：
吸水ホース、モーター部、ロッド部、横噴きジェット孔、先端ジェット孔、振動部、微砂、先端ジェッティング、充てん材注入、横噴きジェッティング

貫入開始　　所定位置へ貫入　　締固め中　　締固め完了

バイブロフローテーション工法

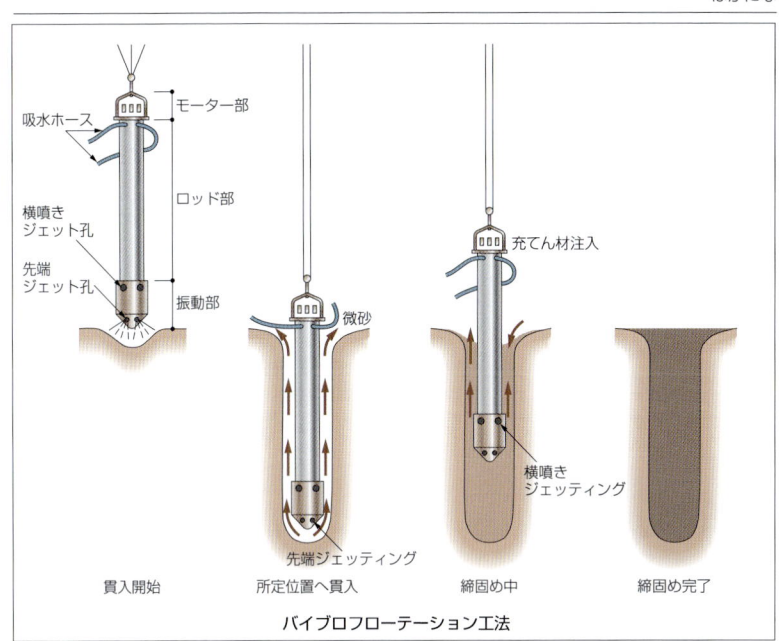

ともいう。

パイルカーペット　[pile carpet]　基布（下地となる織物）表面に繊維を立てて織り上げたじゅうたんの総称。立てた繊維の頭をカットしたカットパイルとカットしないループパイル（またはアンカットパイル）がある。カーペットには，ほかにフラットタイプがある。

パイルカッター　PCパイルの杭頭(くいとう)処理や電柱，その他のコンクリート二次製品の切断に用いる機械。

パイルキャップ　[pile cap]　①杭を打設する際，ハンマーの打撃が先端まで有効に伝わるように，また杭頭(くいとう)が破損しないように，杭頭に取り付ける鋼製のキャップ。②PC杭の杭頭処理が完了した後，杭頭部に取り付けるプラスチック製の蓋。基礎部のコンクリート打設の際，杭中にコンクリートが入っていくことを防止する。

パイルスタッド工法　既製コンクリート杭と基礎スラブの接合において，杭頭(くいとう)端部鋼板に接合用鉄筋（パイルスタッド鉄筋）をスタッド溶接して配筋する工法。

パイル柱列工法　⇨柱列工法

パイルドライバー　⇨杭打ち機
パイレン　⇨パイプレンチ
バインド線　[binding wire]　絶縁性および耐水性の処理がなされている線で，碍子(がいし)に電線を固定する際に使用。

ハインリッヒの法則　アメリカの安全技術者ハインリッヒが主張した事故に関する法則で，重大事故と軽度の事故とヒヤリ・ハットの事故徴候は，1：29：300の割合で発生するとしたもの。事故が発生する場合，往々にして一つの重大事故の前に何十という軽い事故が起こっており，また何百という予兆的な危険信号があるというもの。

ハウスマーク　防災性能評定委員会の認定マーク。BCJマーク。マークは家の形をデザインしたもの。

馬鹿穴　（ばかあな）ボルトを通すために鋼材にあけた穴などが，必要以上に大きいもの。

はかがいく　職人の言葉の一つ。はかどる，能率が上がるという意味。

馬鹿になっている　（ばかになっている）機器類の組立て時に，組立て締付け用のボルト，またはナットのねじ山が損傷して締付けができなくなることをい

う。部材の正確な位置決めがされてない状況で,無理な力で接合を試みたときなどに生じる。

馬鹿棒(ばかぼう)高さの測定に使う物差し代わりの棒。工事現場にある木切れを用いて簡単に作る。→とんぼ⑤

袴筋(はかまきん)基礎コンクリートに生ずる引張力に抵抗させるために配置するはかま状の鉄筋。→ベース筋

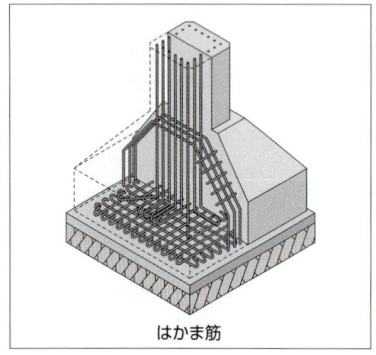

はかま筋

掃き出し窓 敷居の上端(うわ)面が,床面と同じ高さの窓。埃(ほこり)を掃き出す窓という意味。

バキュームコンクリート工法 [vacuum concrete] ⇨真空コンクリート工法

白亜化 ⇨チョーキング

白色セメント ⇨ホワイトセメント

剥離(はくり)コンクリートとその上に塗るモルタル層,あるいは下地モルタルとタイルおよび塗り仕上材などの接着層で分離し,はがれること。

剥離剤(はくりざい)コンクリート型枠の脱型を容易にするため,型枠の内面に塗布する液状の薬剤。動植物油とそれを用いたソーダ石けん,重油,鉱油,パラフィン,合成樹脂などがある。「型枠剥離剤」「塗布剤」ともいう。

暴露試験(ばくろしけん)材料の自然環境における性能などを調査する目的で,屋外にさらす試験。

バケット [bucket] 土砂やコンクリートなどを入れて運搬する鋼製容器のこと。所定位置まで運搬した後の排出方法として,転倒式と開底式とがある。「なべ」ともいう。

バケットコンベアー [bucket conveyer]

1連または2連のコンベアーチェーンにバケットを付け,下部で投入されたものを上部に運搬・排出する。

刷毛引き(はけびき)モルタルまたはコンクリート表面仕上げ方法の一種。仕上げ面がまだ硬化しないうちに,表面を刷毛でなでて粗面仕上げとする。

羽子板ボルト(はごいた―)短冊(たんざく)型鉄板にボルトを取り付けた接続用金物の一つで,木造建築の梁と柱の仕口部や丸鋼ブレースの端部の接合用として多く用いられる。

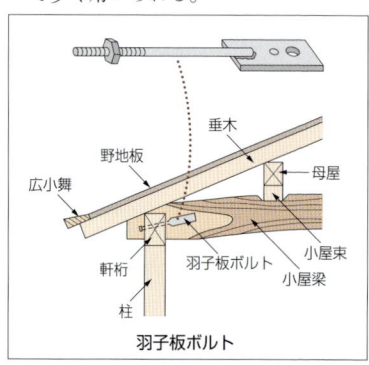

羽子板ボルト

箱入れ コンクリート造の床や壁に設備の配管やダクトを通す開口を設けるため,コンクリート打設前に型枠に取り付けておく箱状の仮枠。

箱尺 水準測量用の目盛りのついた箱型の器具。レベルで水平高さを見るのに用いる。「スタッフ」ともいう。

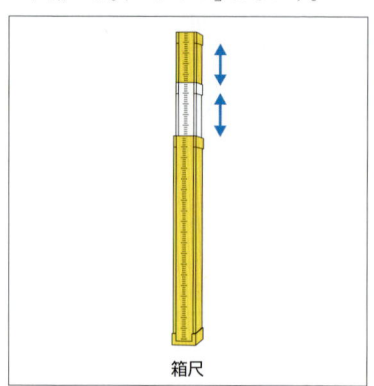

箱尺

箱錠 空締(そら)めおよび本締めボルト(デッドボルト)を組み込んだ箱形の錠。戸の竪框(たてがまち)に彫り込んで取り付

ける彫り込み箱錠が一般的である。本締めボルトが付いているので「本締り箱錠」，シリンダー錠が組み込まれているものは「シリンダー箱錠」ともいう。→シリンダー錠

箱抜き　コンクリート打設後の機械据付け用アンカーボルトの取付けやダクト貫通の目的で，あらかじめ木でつくった箱などを型枠に取り付けること。

箱番　工事現場に仮設される，監督員や係員のための小型の詰所，または簡単につくった作業員のための休憩所や道具置場のこと。

箱物　箪笥（たんす）や棚など，箱状の形をした家具の俗称。これに対比して，椅子やテーブルなどを，俗称として「脚物（あしもの）」という。

挟み梁（はさみばり）⇨合せ梁

はしあき寸法　壁や梁などに設けた貫通スリーブ等の間隔のことで，これが小さいとひび割れが発生して，漏水の原因となる場合が多い。

梯子胴木（はしごどうぎ）石垣や下水管などの基礎に用いる梯子状に組んだ木枠。地盤が軟弱で不同沈下が起こりやすい場所に用いる。横木の間は砕石などを突き固めて，横木の個所で点支承にならないよう注意する。→管きょ基礎工

場所打ちコンクリート　⇨現場打ちコンクリート

場所打ちコンクリート杭　現場で造成されるコンクリート杭の総称で，機械または人力で掘削を行い，鉄筋を挿入し，コンクリートを打設する。掘削方法あるいは掘削孔の崩壊防止方法の違いにより「アースドリル杭」「BH杭」「リバース杭」「ベノト杭」「深礎杭」などがある。「場所打ち杭」「現場打ちコンクリート杭」ともいわれる。

柱心（はしらしん）柱の平面寸法の中心線。

柱間（はしらま）柱と柱の中心間隔。

柱割り　⇨スパン割り

走り　①関西の方言で，台所流しを指す語。②板類などの材料の1束（そく）ないし1把（わ）が，どれだけの長さで使用できるかを表す語。③左官の定規の一種。12×36 mmの断面をもつ細長の杉の型板。

バスダクト［bus duct］主として低圧電気の大容幹線として使用する銅またはアルミの裸導体を，導体支持物で支持，または絶縁物で被覆したもの。ケーブル工事に比べて構造が簡単で経年変化が少なく，コンパクトで保守も容易である。「ブスダクト」また略して「ブス」ともいう。

バスタブ［bath tub］洋式浴槽。一般にシャワー併用で浴槽内で体が洗える。

バスタブ曲線　設備機器などのライフサイクルにおける故障率変化を表す曲線。設備機器などの導入直後は初期故障が発生し，徐々に安定して故障率の低い偶発故障期間に入り，耐用期間終期に摩耗故障が徐々に高くなる。形状がバスタブ断面に似ている。

鉤継ぎ（はぜつぎ）板金工事において金属板の端辺を小さく折り曲げて継ぎ合わせること。小鉤継ぎ，巻き鉤継ぎ，立て鉤継ぎなどがある。

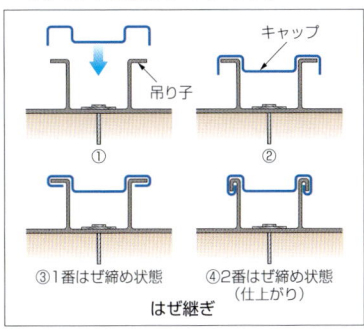

はぜ継ぎ

端太（ばた）⇨端太角（ばたかく）

肌落ち　掘削または切り取った斜面の表層の土砂や岩の一部が，自然に崩れ落ちること。

ばたおろし　トラックの荷台に積んだ材料を，揚重機を使わず，ひっくり返すようにして地面に降ろすこと。「ばたくり」ともいう。

端太角（ばたかく）型枠工事の支持材として使われている角材。10 cm四方のスギ，マツ，ヒノキの角材がよく使われている。また重機の支持台や仮設

道路の路盤などにも用いられる。「端太」「端太材」ともいう。

裸図（はだかず）⇨躯体図

裸渡し（はだかわたし）材料などを荷造りなしで受け渡しする条件の取引。

ばたくり　⇨ばたおろし

バタコー　資材などを運搬する小型トラックのこと。

端太材（ばただい）⇨端太角（かく）

旗丁番　1枚が上下2つに分かれるようになっていて，上部の軸が下部に差し込まれる形式の丁番。下部をたて枠，上部をたて框（かまち）に取り付けるため，開いた状態で上に持ちあげると扉がはずれる。鋼製扉に広く使われている。

肌分れ　⇨浮き

破断　外から加えられた引張力，あるいはせん断力が許容応力を超えたため部材が切断される現象。

白化　⇨被（かぶ）り

白華（はっか）⇨エフロレッセンス

ハッカー［hooker］鉄筋を番線で結束するときに用いる工具。「くくり」「手ハッカー」ともいう。

伐開除根（ばっかいじょこん）作業場所にある樹木，竹，雑草などを刈り取り抜根し，整地すること。

曝気（ばっき）⇨エアレーション

ハッキング　鉄筋をなまし鉄線で結束すること。ハッカーという工具を使って行われる。→なまし鉄線

パッキング［packing］部材の接触面に挟み込む小部品。気密性・水密性の確保，およびすき間の寸法調整などのために用いる。

バックアップ材［back up material］シーリングの目地底に詰める合成樹脂系の発泡材料。深い目地を浅くしたり，シーリング材の三面接着を防ぐために用いる。→二面接着

バックセット［back set］箱錠の面座から握り玉の中心までの距離。

バックホー［back hoe shovel］地盤面よりも低い部分の掘削や水中の掘削に適したショベル系の掘削機械。パワーショベルと同程度の掘削能力を有し，硬い土の掘削作業に適する。「ドラグショベル」「ユンボ」ともいう。

バックホー

バックマリオン［back mullion］外部から見えないように，ガラスの裏側に配置されたサッシの方立て。連窓サッシなどでガラスとガラスの縦ジョイントをシールのみとし，ジョイント部の裏側に方立てを配置する。ガラスにかかる負の風圧に対応する場合は，ガラスと方立てを構造シーラントでつなぐ。→構造シーラント，SSG構法 略

パッケージ型空気調和機　packaged air conditionerのこと。冷凍機・送風機・フィルターなどを本体の箱に収めた室内用の空気調和機。工場で組み立てられ，搬入・据付けが簡単。単に「パッケージ」ということもある。

パッシブソーラーシステム［passive solar system］省エネルギーを目的に受動的な方法で太陽熱を活用するシステム。温室などを利用し，自然対流，伝導，ふく射現象などを用いてエネルギーを集める方式。

パッシブソーラーハウス［passive solar house］太陽熱を利用して採暖を行う住宅形式の一つ。特別な機械装置を設けず，建物に太陽熱を十分取り入れ，それを逃がさない工夫をこらしたもの。→アクティブソーラーハウス

パッシブタイプ制振システム　建物の揺れに対し，設置された制振装置が

慣性力によって作動し，揺れのエネルギーを吸収するシステム。タワーや超高層ビルでは，最上部に水槽あるいはおもりを載せ，建物の振動に共振させることによって揺れを止める力を発生させる等の装置がある。中高層ビルでは，振動エネルギーを吸収する材料（極低降伏点鋼，粘弾性体など）を使用した制振装置を構造架構の中に組み込む。このタイプの制振装置は，さまざまな形状のものが開発されている。

撥水剤（はっすいざい）水を弾くために用いられる塗布または添加剤。コンクリートの防水性を高めるための塗布剤などに使われる。

ハッチ［hatch］①間仕切りまたは収納棚の両側から物を出し入れするために設けた開口。②天井・床・屋根などの人が出入りする覆い付きの開口。③図面の表現方法の一つで，主として陰影や断面を強調するために用い，通常，細かい間隔の平行の斜線で表す。

バッチ［batch］ミキサーなどを使って1回に練り混ぜるコンクリートやモルタルの量。

バッチャープラント［batcher plant］コンクリートを構成するセメント，骨材，水などの自動計量装置を整えたコンクリート製造設備。

発注者 ⇨施主(せしゅ)

バットレス［buttress］控え壁のこと。壁に加わる側圧に抵抗して，壁が倒れないようにした補強用の壁で，壁から突出している。また，装飾用の柱形のこともいう。

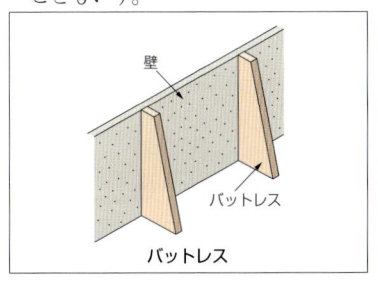

バットレス

発破（はっぱ）①爆薬を使用して岩などを破砕すること。②人を激励したり警告したりすることを「はっぱをかけ

る」と言う。

発泡コンクリート　アルミニウム粉末などを混ぜて多量の気泡を発生させ，単位容積重量を軽くしたコンクリートのこと。

発泡スチロール　ビーズ状に発泡させたポリスチレン樹脂を金属製の型枠に入れてさらに加熱発泡させ，成形したプラスチック発泡材。電気製品やカメラの包装などに用いられる。きわめて軽量で，断熱性・耐水性に優れているが，耐熱性に劣る。畳床や表面に化粧材を貼った天井材などに用いられている。単に「スチロール」または「フォームスチレン」ともいう。

発泡ポリスチレン　ポリスチレン樹脂の発泡材。押出し発泡ポリスチレンとフォームスチレンとがあるが，「発泡ポリスチレン」といった場合，前者を指すことが多い。

斫り（はつり）石およびコンクリートの表面や側面の凸部分，不要部分などを，のみや鏨(たがね)，専用の機械などを用いて削ること。

斫り工（はつりこう）コンクリートなどの斫り作業を専門とする作業者。「斫り屋」ともいう。

パテ［putty］ガラスの取付け，塗装の下地処理，鉄管継目の水漏れ・ガス漏れ防止などに使用する硬いペースト状の充てん材。

パティオ［patio］スペイン風の中庭のこと。住宅の外部空間で，住宅の内部空間と一体的に使うことを意図して計画された庭空間。食堂，応接室，居間等に連続した屋外空間。→中庭

パテ飼い　塗装の素地（下地）の不陸(ふろく)や目違い，傷にパテをへらで塗り付けて平らにすること。乾燥後，サンドペーパーでさらに平らにする。「パテしごき」「地付け」ともいう。

鳩小屋（はとごや）屋上スラブを貫通する設備配管の雨仕舞をよくするために，これを覆うように作られた小屋。屋上防水の納まりをよくする目的で設ける。

歯止め　止まっている車などが自然に

動き出さないように，タイヤと地面の間に何か物をかますこと。もしくはそのための治具（じぐ）類。歯止め専用の治具を用いたり，角材や石を代用する。

鼻掻き（はなかき）コンクリート打設の際，ホッパーの取出し口やシュートの掃出し口に，コンクリートが滞留しないようにかき出すこと。またはその作業者。→尻鍬（しりくわ）

鼻垂れ（はなたれ）⇨エフロレッセンス

バナナ曲線 建築工事における，着工から竣工までの月次の累積出来高（できだか）グラフが示す曲線。一般的に緩いS字カーブを描くといわれる。

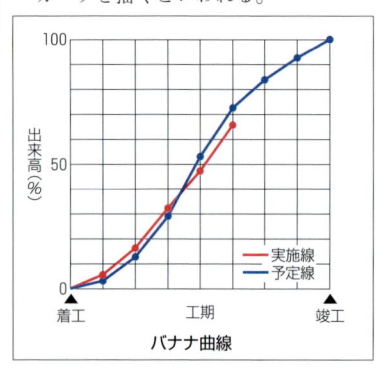

バナナ曲線

ハニカムコア［honeycomb core］リボン状の厚紙ないしアルミニウムを蜂の巣状に構成してつくったサンドイッチパネルの心材。間仕切り用スクリーンや内部の建具に使用される。

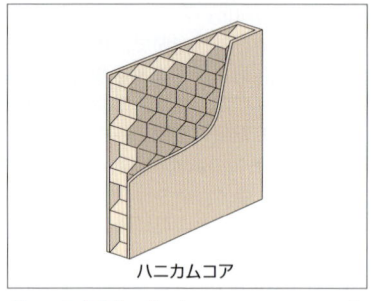

ハニカムコア

ハニカムビーム［honeycomb beam］H鋼のウェブ部分に六角形の空隙が並んだ形状のH形梁。H鋼のウェブを切断加工して2つに割り，それをつないでつくると，元のH鋼よりも梁せいの大きいH形梁ができる。

刎出し（はねだし）一方が壁や柱に支えられて，他方がそこから突き出している状態。「持ち出し」「持ち放し」「片持ち」「キャンチレバー」ともいう。

刎出し足場（はねだしあしば）外壁からはね出して組まれた足場。一般的には，仮設のはね出し梁やブラケットの上部に設置される。

跳ね付け（はねつけ）スコップによる掘削で，掘削位置より1段高い所へ土を跳ね上げて移動させる作業のこと。

パネル［panel］下地を必要とせずに，単独でも必要な機能をもった板状の材料，部材。種類，使用目的により，型枠パネル（壁用，床用など），内装パネル，プレキャスト鉄筋コンクリートパネルなどがある。

パネルゲート 幅45cmほどの板状の材料（パネル）を連続してハンガーレールで吊り，屏風（びょうぶ）のように折りたたんで開閉できるようにした工事現場出入口に設けた仮設用扉。同様の形式をもち，布製シートでできているものを「シートゲート」という。

パネルゾーン［panel zone］鉄骨の柱と梁が交差する部分。大きなせん断力を受ける場合には，板厚のアップ，スチフナーなどにより補強されることがある。「仕口」ともいう。

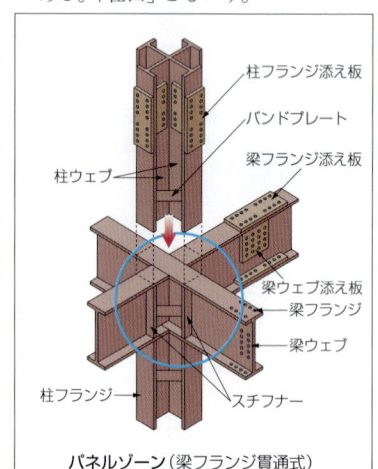

パネルゾーン（梁フランジ貫通式）

パネル割り ①型枠工事の際，使用する型枠パネルを割り付けること。②内

装工事において，間仕切り用のパネルを割り付けること。

幅木（はばき）壁の最下部(床と接する部分)に帯状に取り付ける仕上材。壁の保護および壁と床の見切り材として用いられる。木・石・タイル・テラゾー・プラスチック等が使われる。形としては出幅木，入り幅木，面一（つらいち）幅木に分かれ，壁と同材の場合もある。

幅杭（はばぐい）道路や鉄道を新設するために必要な用地の幅を示す杭。あくまでも仮設的な杭で，用が済み次第，工事中に撤去する。

幅止め筋 ①鉄筋コンクリートの梁の腹筋間に架け渡した補助鉄筋のこと。肋（あばら）筋の幅を保ち，配筋全体を固定することを目的としたもの。②RC壁のダブル配筋の場合に，壁筋の位置を保つために配置するつなぎ用の鉄筋。

破封（はふう）トラップの封水が減少またはなくなり，封水効果が切れ，空気が流通してしまうこと。→封水，トラップ

パフォーマンス［performance］ISO 14001では「組織の環境側面についてのその組織のマネジメントの測定可能な結果」と定義されている。具体的には省エネの程度，廃棄物の削減量，振動，騒音の程度などのことをいう。

バフ仕上げ 金属の表面を磨き光沢のある仕上げとすること。車輪に皮あるいは布を巻いてつくった道具（バフ）を回転させながら，研磨剤を滴下しつつ磨きあげる。「鏡面仕上げ」ともいう。

嵌殺し（はめごろし）主として採光用に用いられる，開閉しない固定した建具，またはその状態。

払い 足場を解体すること。

散板（ばらいた）柱・梁の型枠でせき板に用いられる厚さ15～20mm，幅90～120mmの長尺の板。桟木に打ち付けて使用する。

バライト［barytes］白色の体質顔料や遮へい用コンクリートの重量骨材として用いられる，硫酸バリウムを主成分とする白色の岩石。

腹起こし 山留め工事において，矢板などの山留め壁にかかる土圧を切梁に伝えるため，山留め壁面に接して水平位置で取り付ける横架材。→山留め

腹筋（はらきん）鉄筋コンクリートの梁で梁成が大きい場合，梁の中腹部分に主筋方向に配置する鉄筋。スターラップの振れ止めやはらみ出し防止を目的としたもの。「腹鉄筋」ともいう。

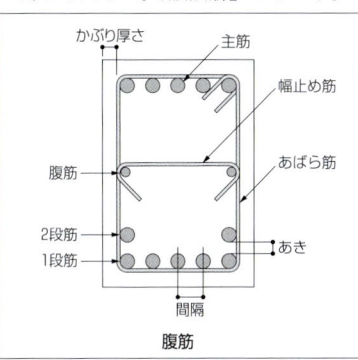

腹筋

ばらし コンクリート型枠を解体すること。

ばらし屋 コンクリート型枠の解体作業を専門とする作業者。「解体工」ともいう。

ばらす 型枠や足場を取り外すこと。

バラス ⇨バラスト

バラスト［ballast］砂利のこと。略して「バラス」ともいう。

ばらセメント［bulk cement］袋詰めしていないばら積みのセメント。特殊トラックや貨車，セメントタンカーなどによって運搬される。

腹鉄筋（はらてっきん）⇨腹筋（はらきん）

パラペット［parapet］屋上などの外周に，外壁に沿って立ち上げた腰壁。防水層の端部として，その納まり上大切な役割を果たす。本来は橋の欄干（らんかん），建物の手すり壁などのこと。

パラボラアンテナ［parabola antenna］指向性の特に強いアンテナの一種。回転放物面（パラボラ型）の金属板でいったん電波を反射させて受信する。

孕む（はらむ）コンクリートの打込みに際し，その圧力で型枠が膨れでる現象をいう。

梁 建築物の棟（むね）の通りと直交して，

屋根(小屋)または床版の応力を，柱または耐力壁に伝達する横架材。梁間(ま)方向といえば，一般的に建物の奥行方向を指し，梁間間隔のことをスパンともいう。梁間方向と直交する方向のことを，桁行(けたゆき)方向という。

ばり ①突っかい棒のこと。②切梁の略称。③型枠のすき間などからはみ出したコンクリートが，固まって突起した状態のこと。または突起したコンクリートのこと。

バリアフリー [barrier-free] 本来は，段差の解消や手すりを取り付けるなどの配慮をした設計を意味する建築用語であったが，現在は障害者や高齢者が生活する際の障壁(バリア)を除き，暮らしやすい環境をつくるという考え方が一般的となっている。→ハートビル法，ノーマライゼーション

張り石工事 御影(みかげ)石や大理石を板状に加工して，柱や壁に張る仕上げ工事。「石張り工事」のこと。

梁落し ⇨梁筋(はりきん)落し

張木 (はりぎ) ⇨突張り①

梁筋落し (はりきんおとし) スラブと梁の型枠が組み終わってから行われる鉄筋コンクリート造の梁配筋において，あらかじめ所定の位置より上部で仮組みした梁筋を，梁型枠の所定の位置に下げること。

バリケード [barricade] 一般的には防塞(ぼうさい)，障害物を意味するが，建築工事や土木工事においては，危険防止のために第三者などが作業区域内に侵入できないように設けた柵(さく)のこと。

張り下 張り物下地の略。ビニルタイルなど張り物の下地として仕上げるモルタルやコンクリート面のこと。

張り代 (はりしろ) タイルや石などを張る場合に必要な下地表面から仕上げ面までの厚さ。

張出し足場 工事途中の建物の躯体から梁を突出して，この上に組み立てた足場のこと。

張り立て ⇨配立(はいだ)て

張付けモルタル タイルの圧着張り工法の際，下地モルタルと一体化させる

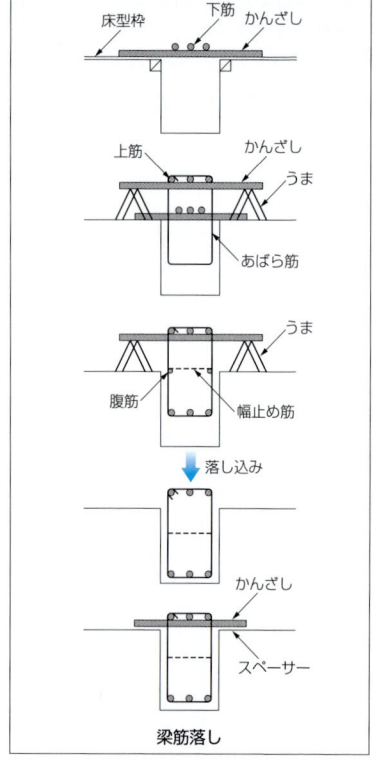

床型枠　下筋　かんざし
上筋　かんざし　うま　あばら筋
うま　腹筋　幅止め筋
落し込み
かんざし　スペーサー

梁筋落し

ために，タイル張付け用に塗り付けたモルタル。

梁(張り)間 (はりま) スパン。木造や鉄骨造における小屋梁と平行な方向のこと。あるいは小屋梁の支点間。梁間との直角方向を「桁行(けたゆき)」という。RC造も含め，矩形平面における短辺方向を「梁間」と呼ぶこともある。

バリューエンジニアリング ⇨VE略

パル [PAL] perimeter annual loadの略。建物外周部の建築的手法による空調負荷の省エネルギー効果を評価する指標。建物外周から5m以内のペリメーターゾーンと，最上階の年間の暖房と冷房の負荷の和を，その部分の面積で除して求める。「年間熱負荷係数」「PAL」とも呼ぶ。

バルキング [bulking] 砂が水を含んで膨張する現象。また，砂を盛り直したときに容積が膨張する現象のこと。

パルハンマー モルタル仕上げ面のは

名称	取付け断面	概要
石積み工法	上石／モルタル／下地コンクリート／太ほぞ／下石／アンカー／引き金物	100m程度以上の厚石を躯体に引き金物で緊結しながら積み上げ、躯体との間にモルタルを充てんする方法。大正から昭和初期にかけての建物の外壁に採用された。
湿式工法（全とろ工法）	だぼ／引き金物／横筋／縦筋／アンカー／下地コンクリート／モルタル／張り石	30～40mm程度の厚さの張り石を躯体に引き金物で緊結し、躯体と張り石との間にモルタルを充てんする工法。おもに外壁に花崗岩を張る場合に採用されるが、最近では乾式工法に変わりつつある。
帯とろ工法	だぼ／引き金物／横筋／帯とろ／アンカー／下地コンクリート／張り石	30～40mm程度の厚さの張り石を躯体に引き金物で緊結し、引き金物の周辺を帯状にモルタルで固定する工法。おもに内壁に大理石を張る場合に採用される。
乾式工法	取付け金物／だぼ／アンカー／固定モルタル／下地コンクリート／張り石	張り石を取付け金物で直接コンクリートに取り付ける工法。張り石の裏側は空胴になっており、雨水が回り込む可能性がある。張り石に加わる外力が、だぼを介して躯体に伝わるため、石材および金物強度の確認が必要。内壁の大理石にも適用可能。
石打込みPC工法	裏面処理材／下地コンクリート／張り石／かすがい／シャーコネクター	張り石をPC版に打ち込み、PCカーテンウォールとして取り付ける工法。石材を、かすがいやシャーコネクター等の定着金物を介してコンクリートと一体化する。石材とコンクリートの挙動の違いを考慮し、石材裏面にエポキシ樹脂を塗布するなどの裏面処理を行う必要がある。

張り石工事

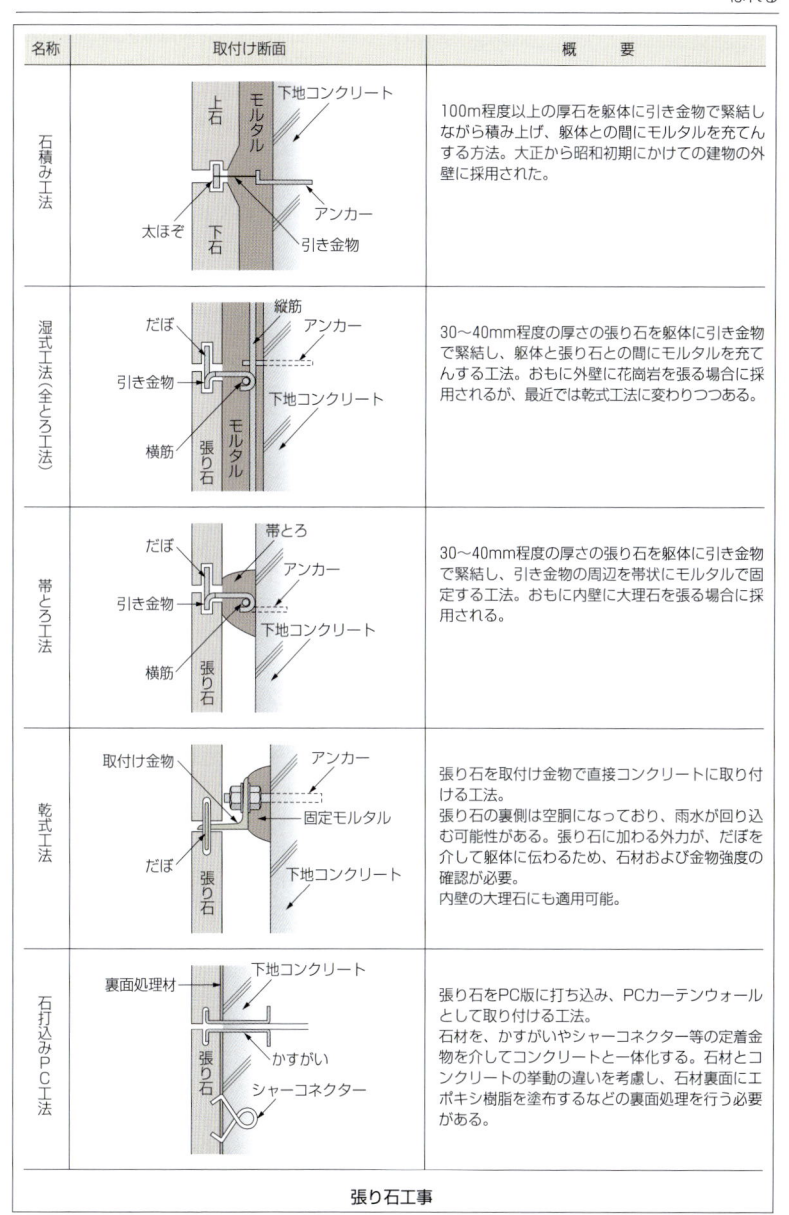

く離個所，外壁タイル等の浮き状態を打診するために用いる，先端に球を取り付けた伸縮可能な打診棒。

パレート図 QC7つ道具の一つ。部品の不良，各種クレーム，事故などに関する発生件数や損失金額について，原因別・現象別にデータをとって多い順に棒グラフを書くとともに，これらの値を遂次累積して折れ線で表した図。

パレッター 手押しの小型運搬車の一つ。油圧で荷台がせり上がり，重量物の場内小運搬（こうんぱん）に適する。

ばれる 型枠がコンクリート打設中に側圧などが原因で壊れること。「パン

パレート図(例)

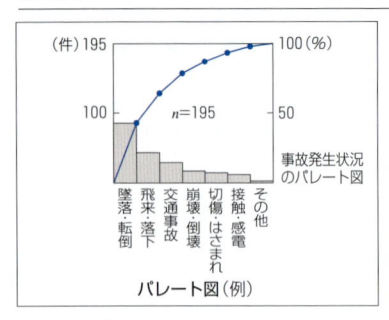

クする」ともいう。

パワーショベル [power shovel] ①土工事用掘削機の一種。バックホーとは逆にバケットが上向きに付いており，下から上にすくうように掘削する。機械の位置より高い所の掘削に適する。単に「ショベル」ともいう。②バケットの交換できる油圧ショベル。バックホーとして使われることが多い。

ハンガードア [hanger door] 上框(がまち)に取り付いた吊り車を上部のレールから吊り下げて，左右に開閉するドア。「吊り戸」ともいう。

ハンガーレール [hanger rail] 吊り戸などの吊り車をつり込んで，左右に移動させるために用いるレール。

パンク コンクリート打設の際，コンクリートの圧力によって型枠が破壊してコンクリートが流れ出ること。

パンザーマスト 鋼材を円筒形にした組立て式電柱。小型車でも運搬可能。

盤下げ (ばんさげ) 一度つくった掘削底面を施工上の正しい計画基面まで掘り下げること。

半磁器質タイル 磁器質タイルよりもやや低い温度で焼成したタイル。吸水率は磁器と陶器の中間(15%程度)で，白色または有色の素地をもつ。内装の壁・床などに使用される。

半自動アーク溶接 溶接棒(ワイヤー)の送給が自動的で，溶接トーチの移動が手動である半自動溶接機を用いて行うアーク溶接。

番線 ⇨なまし鉄線

ハンチ [haunch] 梁やスラブの端部の断面を中央より大きくした部分。曲げモーメントやせん断力の抵抗を大きくするために行う。梁成またはスラブ厚が端部の一定の範囲で斜めに大きくなる垂直ハンチが一般的であるが，梁においては幅が大きくなる水平ハンチもある。→ドロップハンチ

ハンチ筋 梁，スラブなどの端部に設けるハンチに入れる鉄筋。

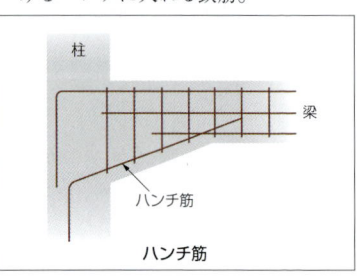

ハンチ筋

パンチングシアー [punching shear] ⇨押抜きせん断力

パンチングメタル [punching metal] 金属板に種々の形状の穴を打ち抜いた材料で，換気孔や排水溝の蓋などに用いられる。

礬土セメント (ばんど—) ⇨アルミナセメント

ハンドホール [hand hole] 地中管路に設けて，ケーブル引入れや中継を行うために用いる箱体。工場製作のプレハブ式と現場でコンクリートを打設する方式がある。蓋は，荷重に応じて3種ある。

万能鋼板 (ばんのうこうはん) 仮囲いに使用する鋼製材料の一種。リブの山のピッチが細かく，曲げ剛性が大きいため傷がつきにくいが，表面の凹凸が多いため文字などは書きにくい。

万能試験機 アムスラー型試験機のうち，鉄筋の引張試験，コンクリート圧縮試験および鉄筋コンクリート部材の曲げ試験の機能を有するもの。

反応性骨材 セメントに含まれるNa_2OやK_2Oと反応して膨張現象を起こす物質を含んだ骨材の総称。

盤ぶくれ ⇨ヒービング

ハンマードリル [hammer dril] コンクリートや岩石の破砕に使用する小型さく岩機械。先端に取り付けられたキリが圧縮空気の利用によって急激な打撃

運動を起こすハンマー形式のもの。

半枚積み れんがの積み方の一種。半枚とは，れんがの小口（こぐち）幅（10cm）のこと。れんがの小口幅が壁厚になるよう平積みする方法。→一枚積み

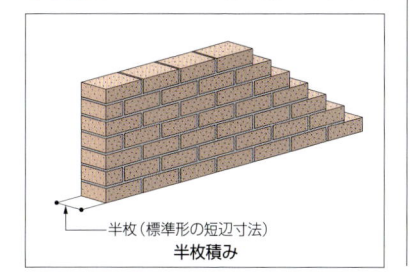

半枡（はんます）普通れんがの長手方向を2等分にした大きさのれんが。10cm×10cm×厚6cmの形状のもの。

半ようかん ようかんサイズをさらに横半分にした大きさのれんが。→ようかん

番割り 職長が，作業の開始前に作業員の役割分担をすること。

ひ

庇合い（ひあい）建物同士が境界付近ですき間なくくっついた状態，またその部分のこと。

ピア基礎 建物の基礎にかかる荷重を硬質の基盤まで伝達させるため，基礎の下に設ける独立柱状の鉄筋コンクリート場所打ち杭。

ピアット 外部足場に設ける工事用エレベーターの商品名。〔製造：三井三池製作所〕

ピアノ丁番 吊り元の全長にわたり連続して付ける丁番。ピアノの鍵盤の蓋に使われるところからいう。高級家具などにも使用される。

ピークロード [peak load] 一日のうちで，電力の消費量が最大となる時刻の電力負荷。また，使用水量の消費が最大となる時刻のこと。

ビード [bead] ①溶接の溶着部分にできる帯状の盛り上がりのこと。②ガラスを固定するためサッシのガラス溝にはめ込むクッション材。ゴム製，塩化ビニル製などがある。「グレイジングビード」ともいう。→グレイジングガスケット

ヒートアイランド [heat island] 冷房設備の排出熱や車の排気ガスの影響で気温が高くなる都市部のこと，またはその現象。

ヒートブリッジ [heat bridge] 例えば，外気温を遮断する外壁の構成材の中にきわめて熱伝導率の高い部材が，壁を貫通するような位置に入っている場合，その構成材の周囲が他より外気温に近くなる現象。「熱橋」ともいう。

ヒートポンプ [heat pump] 冷凍サイクルにおいて，蒸発器の吸熱作用で冷房を行い，凝縮器の放熱作用で暖房を行うこと。空調機内の冷媒回路を切り換えることにより，冷暖房両方に使用できる。小規模の建物に空冷ヒートポンプパッケージエアコンが多く採用されている。略して「HP」ともいう。

ヒートロス [heat loss] 建物の断熱処理が施されていない部分で発生する，熱が無駄に逃げてしまう現象。

ヒービング [heaving] 軟弱粘土層を土止めしながら掘削した場合，ある程度

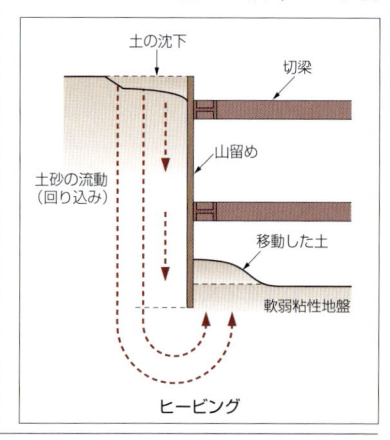

以上深くなると，土止め壁背面の土が掘削面にまわり込んで根切り底面を押し上げる現象のこと。または，軟弱な粘性土地盤に盛土をした場合，盛土周辺の地盤が盛り上がること。「盤ぶくれ」「膨れ上がり」ともいう。

ピーリング試験［peeling test］ひきはがし試験。アスファルト防水のルーフィングと下地との接着性能を確かめる試験。

ピールアップ工法 カーペット類の全面的な張り替えや破損・損傷部分の部分的な張り替えを可能にした直張り工法で，カーペットを容易に引きはがすことができ，いつまでも粘着性を失わない性質をもつ接着剤を使用する。

ピーレス工法 せき板に足場板などの厚い合板を使用し，セパレーターと特殊な締付け金具（ピーレスタイ）で組み立てる型枠工法。桟木や単管パイプ・フォームタイなどの使用材料が大幅に減少し，型枠の建込み・解体の工期が短縮できる。壁構造・庇（ひさし）などのない外壁・梁下寸法が各階同一の壁など，転用回数の多い場合に適している。〔開発：諸橋工機〕

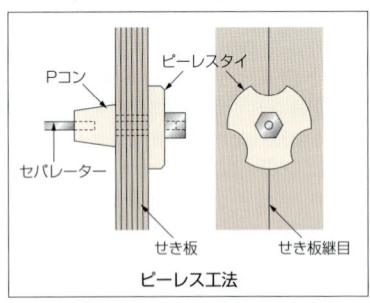

ピーレス工法

火打ち 梁，桁（けた），土台などが直交する水平部材を補強するために，水平に入れる斜め材。木造のほか，山留め工事における腹起こしの支保工（しほこう）としても使われる。

火打ち梁 梁と桁（けた），大梁と小梁のように，直交する横架材の水平構面の変形を生じないようにするために，縦方向（梁間方向）と横（桁行方向）との接合部の近くに入れる斜材のこと。構造体の剛性を有効に高める材料である。

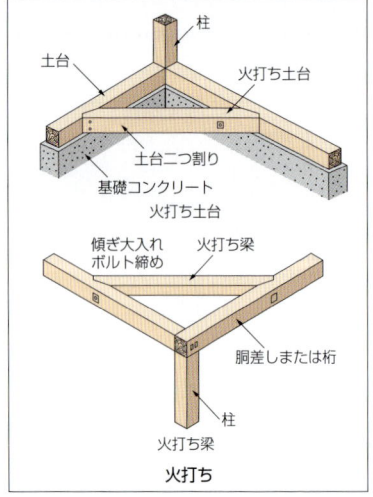

火打ち

ビオトープ［biotope 独］野生生物の生息空間の意で，都市の開発で自然が壊されることに対する対策としてドイツで提案されている手法。自然環境の積極的な整備・育成に基づいた住宅や工場建設，緑地帯の造成，人工池の造成などを含んだ河川・道路工事のこと。

控え 直立する構造物・部材・機械・装置類の傾斜や倒壊を防ぐ支えのこと。控え壁・控え柱・控え綱など。

控え綱 ⇨虎綱（とらつな）

日影規制（ひかげきせい）住宅市街地において，日照を阻害する中高層建築物の制限を規定した建築基準法第56条の2および同施行令第135条の12，13をいう。第一種住居専用地域・第二種住居専用地域・住居地域・近隣商業地域・準工業地域で地方公共団体の条例で指定する区域において，冬至日の午前8時から午後4時まで（北海道では午前9時から午後3時まで）に建築物によって生ずる日影時間の限度を定めたもの。

日影時間（ひかげじかん）1日のうち，建築物または工作物が，太陽の日照を受けて影を落としている時間をいう。日影時間は，建築物または工作物の大きさと太陽の季節による高度によって相違する。通常，冬至日における日影時間が一番厳しい日影になるため，冬

至日照時間が問題にされる。

光触媒（ひかりしょくばい）光エネルギーを吸収し，光を吸収しない別の物質に化学反応を起こさせる技術。脱臭を目的とした有害物質の除去や防汚効果を有した製品等に使用される。

光天井（ひかりてんじょう）光源の下に細かい格子ルーバーを全面に張った天井。格子ルーバーが照明器具と天井の仕上材を兼ねる。ルーバーで光が拡散され天井全体が光るため，まぶしさがなく陰影のつきにくい照明となる。

引き金物　石張り工事に際し，取り付ける石のはく落がないように，下地と緊結するのに用いる，径が6mm程度のステンレス線や真ちゅう線のこと。

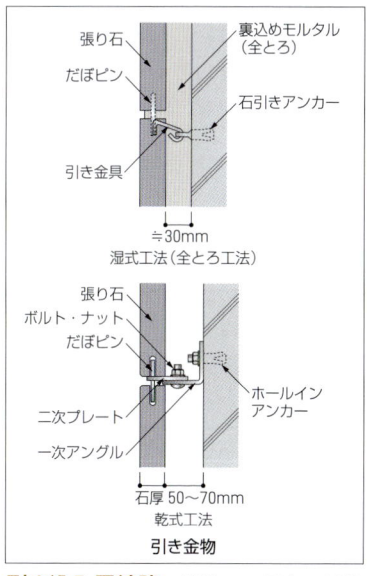

図：引き金物（湿式工法（全とろ工法）／乾式工法）

引き込み電線路　建物への電力，通信を引き込む管路のこと。

挽き材心合板（ひきざいしんごうはん）
⇨ランバーコア合板

引き違い　2枚以上の建具を2本以上の溝またはレールにそって左右に開閉する方式。2枚引き違いのほかに，建具枚数や溝の数を増やした3枚引き違い・4枚引き違いなどもある。「二本引き」といった言い方もある。

引き通し　一直線上に取り付けた部材のそろい具合のことで，「引き通しが良い・悪い」というように使われる。

引抜き材　押出し成形でつくられた部材のこと。

曳き屋（ひきや）建物を解体せずに，建物の位置を変えるために，コロなどを用いて水平移動する作業，またはその作業を専門とする職人。

引渡し　完成した建築物の所有権を請負業者から建築主へ移転すること。この時，請負業者から建築主へ建物引渡し書が，建築主から請負業者へ建物引受け書が，それぞれ渡される。

引渡し勾配　反り屋根・起（む）り屋根などにおける，軒先（のき）と棟（むね）とを結ぶ直線の勾配。

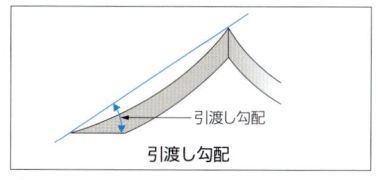

図：引渡し勾配

火口（ひぐち）ガス切断やガス圧接などに用いるバーナーの先端のこと。ここから炎を出すが，用途によって火口の形状・構造が異なる。

ひげ子　⇨下げ苧（さげお）

肘壺（ひじつぼ）門扉（もんぴ）や木戸などに使われる和風の丁番。門柱側に付けたひじ金物に，扉側に付けたつぼ金物を落とし込んで丁番とする。

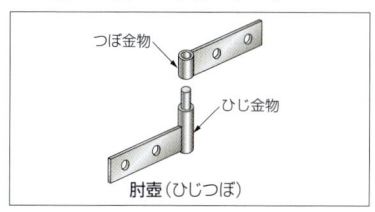

図：肘壺（ひじつぼ）

微砂（びしゃ）非常に細かな砂のこと。シルトおよびシルト状の砂など。

びしゃん　石工事用のハンマー。碁盤（ごばん）目状に突起が付けてあり，これでたたいてつくる表面仕上げを「びしゃんたたき」という。突起の数により5枚（25目），8枚（64目）などと呼ぶ。

びしゃん叩き（びしゃんたたき）ハンマー型の石工具を用いて，石材表面を細かくたたいて平滑に仕上げること。

れんがの仕上げに使うこともある。

非充腹材（ひじゅうふくざい）トラス梁やラチス梁などのように，ウェブ部分にすき間のある材料のこと。→充腹材（じゅうふくざい）

非常コンセント 消防設備。地下街および11階以上の事務所ビル，百貨店，マンション等，消防活動にて必要な電源供給を行うコンセント。一般的には消火栓箱に組み込まれる場合が多い。盤に収める場合，一種耐熱盤のように耐火対策が必要な場合がある。

非常電源 停電時であっても消防用設備が作動するように設けた電源。非常電源専用受電設備，自家発電設備および蓄電池設備の3通りの方法がある。

非常用エレベーター 高さが地上31mを越える建物に設置が義務づけられている消防隊が使用するエレベーター。

非常用照明 火災など非常時の避難を助けるために居室，廊下，階段などに設置される照明。特殊建築物の居室，階数が3以上で延べ床面積が500㎡をこえる建築物の居室，無窓の居室およびこれらの居室から地上に通じる廊下，階段などへの設置が定められている（建築基準法施行令第126条の4）。

非常用照明器具（日本建築センターのマーク）

非常用進入口 建築物の高さ31m以下の部分にある3階以上の階に設ける，おもに火災時の消防隊の消火・救助活動に供するために設ける進入口（建築基準法施行令第126条の6）。

ビス［vis］小さいねじ。

ヒストグラム QC7つ道具の一つ。製品の品質状態が定められた値（規格値）を満足しているかどうか判断する場合に用いる図。測定値の範囲を複数の区間に分け，そのばらつき程度を棒グラフで表したもの。

ピストン式コンクリートポンプ 2

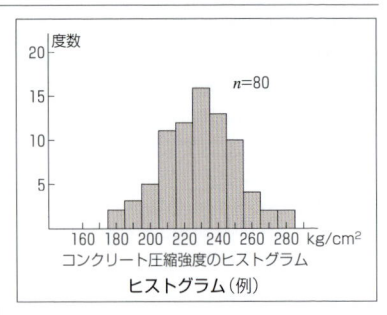

コンクリート圧縮強度のヒストグラム
ヒストグラム（例）

本のピストンが油圧で交互に作動し，コンクリートを押し出す方式のコンクリートポンプ。今日のコンクリートポンプの主力である。ほかに「スクイーズ式」がある。

歪み計（ひずみけい）⇨ストレインゲージ①

歪み取り（ひずみとり）→歪み直し②

歪み直し（ひずみなおし）①鉄骨建方（かた）などで，垂直でない部分を修正すること。「建入れ直し」「ゆがみ直し」ともいう。②溶接などで生じた母材のゆがみを取り除くこと。「ひずみ取り」ともいう。

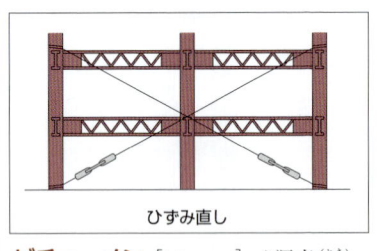

ひずみ直し

ビチューメン［bitumen］⇨瀝青（れきせい）

筆（ひつ）土地の所有権を示す単位。土地台帳（登記簿）には一筆ずつ地番が付されている。

ビッカース硬さ 材料の静的な押込み硬さを表す指標のことで，荷重を永久くぼみの表面積で除した値で示す。

引掛けシーリング シーリングローゼット。屋内配線と照明器具の電源を接続し，照明器具を吊り下げる。

ピック ⇨コールピックハンマー

火造り ⇨鍛造（たんぞう）

ピッチ［pitch］①石油やコールタールなどを蒸留して得た後にできる黒色の残りかす。「タールピッチ」「石油ピッ

チ」「ロジンピッチ」などと呼ばれ，電気絶縁材・防水・舗装などに用いられる。②同形のものが等間隔に配置される場合，その間隔をいう。歯車，ねじ山などのほか，垂木(たるき)，根太(ねだ)の間隔など。

ピッチング [pitting corrosion] 孔状に深く腐食していく状態で，「孔食」あるいは「点食」ともいう。

ビット [bit] ①穿孔(せんこう)機の先端に取り付ける刃先。ボーリングの際，ロッドの先端に取り付けて，掘削，せん孔を行うもので，衝撃式と回転式のものがある。②さく岩機ののみ先。一文字，十文字，大文字，菊形，星形，Z形などの種類がある。

ピット [pit] ①周囲より一段下がった部分。穴，溝などのこと。例えば「オーケストラピット」「配管ピット」など。②溶接欠陥の一種で，表面に生じた小さな気孔のこと。

ビッドボンド [bid bond] 入札保証あるいは入札保証金のこと。建設工事に関する保証制度の一つで，落札業者の失格などによる発注者の損失を保証するためのもの。

ヒッパラー レバーブロックの商品名。チェーンブロックを改良し，操作をレバーで行うようにした揚重装置。積み荷の際のワイヤーロープの締め上げにも利用される。〔製造：ヒッパラー〕

引張り応力度 [tensile stress] 部材に外力が働き，互いに引き合う方向に作用したときの仮想断面の単位面積当りの軸方向力。

引張り筋 ⇨引張り鉄筋

引張り鉄筋 曲げ応力を受ける鉄筋コンクリート部材の引張り側に配置した鉄筋で，引張応力を負担させる。「引張り筋」ともいう。→圧縮鉄筋

引張り鉄筋比 鉄筋コンクリート部材の断面において，引張り鉄筋の断面積がコンクリートの有効断面積に占める割合のこと。

ビティ足場 ⇨鋼製枠組足場
一側足場 (ひとがわあしば) ⇨一本足場
一人親方 (ひとりおやかた) 雇用者とも被雇用者ともならず，1人で下請負の仕事を行うもの，あるいは仕事のあるときのみ労働者を集めて親方となるもの。前者はダンプカーの運転手，後者は町場(まちば)の大工などに多い。

ヒドロスイーパー 床にたまった水を排水するポンプ。じょうご状の口から水を吸い込む方式であり，浅い水たまりの排水に適している。

避難階 直接地上に通ずる出入口のある階(建築基準法施行令第13条の3第1号)。

避難階段 火災時に避難上有効な階段のことで，建築基準法では耐火構造の壁で区画されており，屋内からの出入口までの到達距離についても定められた避難階にまで直通する階段をいう。5階以上の階または地下2階以下の階に通じる直通階段は，避難階段または特別避難階段としなければならない。建築基準法施行令第122条，第123条。→直通階段，特別避難階段

避難器具 火災などの災害時に建物外へ避難するための器具。避難ばしご，緩降機，救助袋，滑り台，タラップなどがある。防火対象物の2階以上の階について，消防法施行令に設置基準および点検周期が定められている。

避難口誘導灯 誘導灯の一種。避難経路となる出入口および最終避難口を表示する誘導灯。緑地に白色で，避難口であることを示している。誘導灯は常時点灯し，停電時には非常用電源で自動的に点灯しなければならない。

避難地 災害時または被害が発生するおそれがある場合に，避難することができる安全な場所のこと。災害対策基本法に基づく地域防災計画に定められた面積10ha以上の公園などの公共空地(こうきょうくうち)をいう。→公共空地

避難ハッチ バルコニーの床などに設ける非常用の避難口。非常時には蓋を開け，備え付けのはしごなどを利用して他の階へ避難する。

避難路 災害時に避難者が安全に避難地へ行くことができる道路等のこと。災害対策基本法に基づく地域防災計画

に定められた幅員15m以上の道路, 幅員10m以上の緑道等をいう。なお避難通路は, 避難のための敷地内の通路, 建物から公園その他の空地(あきち)に通ずる経路の総称。→避難地

ビニルクロス [vinyl cloth] 塩化ビニルを主材料とした壁装材。塩化ビニルのシート地に紙を裏打ちしたもの。

ビニル樹脂塗料 塩化ビニル樹脂ワニス, 塩化ビニル樹脂エナメル, 塩化ビニル樹脂プライマーなどの塩化ビニル樹脂とトラフィックペイント用やスチロール板用などの特殊な塗料としての酢酸ビニル樹脂塗料の総称。JIS K 5581, 5582, 5583。

ビニル床シート 長尺のプラスチック系床仕上材の呼称の一つ。→長尺シート床材

ビニロン強化コンクリート 合成繊維ビニロンを補強材とした繊維補強コンクリート。ビニロン繊維は比較的安価で, 炭素繊維よりも引張強度は大きい。プレキャストコンクリート(PC)部材などに使用される。

非破壊試験 構造体や材料の形状・寸法などに変化を与えないで, その材料の強度・性状などを調べる試験方法。放射線による透過検査, 超音波検査, 軽い打撃を加える方法, 試薬を用いる方法などがある。

ビヒクル [vehicle] ⇨展色剤

ひび割れ定規 ⇨クラックスケール

ひび割れ防止筋 ひび割れ防止のために, 鉄筋コンクリートの壁開口部周囲(隅角部等)に配置する補強筋の総称。

ひび割れ誘発目地 セメントの水和熱, 外気温度, 乾燥などにともなう温度変化や乾燥収縮等の要因で発生するひび割れを抑制し, その幅を小さくする目的で, 施工目地以外に設ける断面欠損部分(目地)。

被覆 保温・保冷・耐火などの目的で, 材料の表面を他の材料で覆うこと。

被覆アーク溶接 心線が被覆材で覆われた溶接棒を使用したアーク溶接。被覆材は, 溶接時に溶融金属を大気から保護する目的をもつ。

ビブラート工法 タイルの施工法の一つで, 張付けモルタルを下地に塗り, ビブラートという工具で振動を与えながらタイルを押し付けて張る方法。振動で張付けモルタルが軟らかくなり, タイルとの接着が良くなる。「密着張り」ともいう。→タイル工事

ピボットヒンジ [pivot hinge] 重い扉を堅軸中心に容易に回転させるための開閉金物。「軸吊り金物」ともいう。

紐付き (ひもつき) ①取引の際に特別な条件がついている紐つき契約のこと。金融機関や業者を指定するなど, その契約を履行するのに直接関係ないことが条件として付されている契約。②発注者, または設計監理者が指定する業者のこと。

冷飯 (ひやめし) コンクリート, モルタル, プラスターなどを練ったまま放置して, 凝結し始めた状態。またはそのものをいう。

ピュアーCM CM方式による建設生産・管理方式の一つ。コンストラクションマネージャー(CMR)は発注者とコスト・プラス・フィー方式のCM契約を結び, CMRは発注者の補助者として設計の検討や工事発注方式の検討, 品質監理, 工程管理, コスト管理などのマネジメント業務の全部または一部を行う。設計者, 施工者はそれぞれ発注者と契約を結ぶ。→アットリスクCM, CM略

ヒューム管 [Hume pipe] 遠心力を応用して製造するコンクリート管で, おもに排水管として用いられる。考案者Humeの名にちなんで付けられた名称で, 正式には「遠心力鉄筋コンクリート管」という。

標準請負契約約款 (ひょうじゅんうけおいけいやくやっかん) 建設工事の請負契約をする場合の標準になるものとして, 中央建設業審議会が作成したもので, 公共工事標準請負契約約款, 民間建設工事標準請負契約約款, 建設工事標準下請契約約款がある。

標準型総合評価方式 →総合評価方式

標準貫入試験 土の堅さ・密度を調べ

る試験。63.5kgのおもりを75cmの高さから落下させ，規定の鋼管が30cm貫入するのに要した回数（N値という）を測定する。ボーリングによる土質調査は，通常この試験が行われる。JIS A 1219。→サウンディング

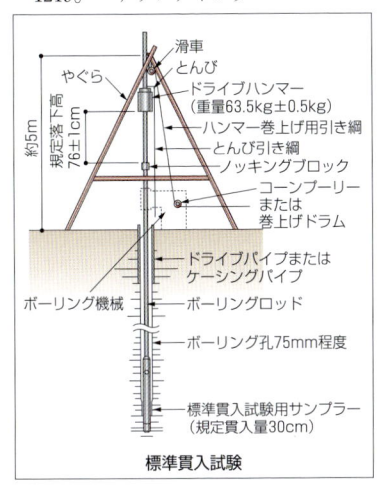

標準貫入試験の図（滑車，とんび，やぐら，ドライブハンマー（重量63.5kg±0.5kg），ハンマー巻上げ用引き綱，とんび引き綱，ノッキングブロック，コーンプーリーまたは巻上げドラム，ドライブパイプまたはケーシングパイプ，ボーリング機械，ボーリングロッド，ボーリング孔75mm程度，標準貫入試験用サンプラー（規定貫入量30cm），約5m，規定落下高 76±1cm）

標準砂（ひょうじゅんさ）強度試験のモルタルに使われる砂。山口県豊浦市黒井産の天然珪石（けいせき）を精製し粒度分布を調整したものが用いられている。

標準作業時間 必要能力と経験をもつ作業者が，所定の作業条件下で，一定の作業方法で，一定の品質の作業を一定量完成させるために必要な作業時間をいう。

標準仕様書（ひょうじゅんしようしょ）各工事に共通して適用される仕様書。全工程にわたり建築工事・設備工事の品質性能が詳細に記述されている。独自の標準仕様書をもたない設計事務所では，日本建築学会建築工事標準仕様書（略称JASS）あるいは国土交通大臣官房官庁営繕部監修建築工事共通仕様書などが使われている。そのほか設備工事に関するものとして，空気調和・衛生工学会の設備工事標準仕様書（略称HASS）および，上記国土交通省営繕部監修の電気・機械設備工事共通仕様書などがある。「共通仕様書」ともいう。

標準設計 あらかじめ設計された複数の標準タイプから選択して対象建築物の設計をすること。意匠的に独創性をもたない空間を設計する場合に適用可能な設計手法である。設計の省力化，スピードアップ，事務所レベルの統一などを目的としている。

標準歩掛り（ひょうじゅんぶがかり）建築工事を構成する部分工事の一単位当たりの標準的に必要な労務量と資材量。積算に用い，これまでの施工実績データなどを参考に算出する。

標準篩（ひょうじゅんふるい）コンクリート用骨材の粒度分布，最大および最小寸法，粗粒率やセメントの粉末度などを求める試験で用いる網ふるい。JIS Z 8801-1。→篩（ふるい）分け試験

標準偏差 品質管理において，品質のばらつき度合いを判断する手法。あるグループの個々の測定値からそのグループの平均値を引いた値を2乗し，その集計値をグループの個数で除した値の平方根で表す。許容されるばらつきの範囲の目安となる。

標準養生 モルタルやコンクリートの強度試験体の養生の標準として用いられる方法。温度20℃前後，水中もしくは湿度100%に近い空気中に置く。

屏風建て（びょうぶだて）①鉄骨の建方（たてかた）工法の一つで，初めに奥の1スパンを最上階まで組み上げ，次にその手前の1スパンと，順次手前に組み上げていく方法。②矢板の打込みにおいて，数枚並べて建て込むこと。打込みが斜めになるのを防ぐために行う。

表面活性剤 液体に添加したとき，その表面張力をはなはだしく低下させるような物質。コンクリートのワーカビリティを良くするための混和剤として用いるAE剤・減水剤・AE減水剤などをいう。「界面活性剤」ともいう。

表面結露 室内の湿った空気が壁，天井，窓ガラスなど低温の室内側表面に触れたとき，その部分が室内空気の露点以下であると，その表面で結露する現象。目に見える部分での結露。→内部結露

避雷器 ⇨アレスター

平石（ひらいし）⇨鉄平石（てっぺいせき）

避雷針（ひらいしん）受雷部，避雷導線および接地極からなる避雷用設備のこと。雷撃によって生ずる火災，破損または人体への障害を防止するのが目的である。

平入り（ひらいり）建築物の棟(むね)の軸と，その建物への主要な出入口との関係を示す言葉で，棟方向に対し，その棟軸と直交する方向に主要な出入口の設けられた建築物を平入りの建築物といい，その入口の形式を平入りという。→妻入り

開き勝手　丁番を扉の左右どちらに付けるかによって決まる扉の開く向きのこと。

平鋼（ひらこう）帯状で肉厚の薄い鋼材。幅は25～300mm，肉厚は6～30mm程度。鋼板として市販されるほか加工して軽量形鋼や鋼管などに使われる。「フラットバー」ともいう。

平ボディー（ひら―）ユニック車などのように揚重装置を持ったり，ダンプカーのように後部が傾斜したりする特殊な機能をもたない，通常のトラックのこと。

平目地（ひらめじ）⇨摺(す)り目地

平ラス（ひら―）メタルラスの一種。平らな菱形網目をした一般的なもの。JIS A 5505。

びり　砂利の中に混入している砂および小砂利。

蛭石（ひるいし）黒雲母(うんも)の葉片(ようへん)を焼成してつくる左官用軽量骨材。モルタルに混入して塗ると吸音・断熱効果がある。「バーミキュライト」ともいう。

ビル風　[wind shear] 建物が高層化することにより，上空を流れる強い風が下方あるいは建物に回り込んで吹いてくる突風。→ウインドシアー

ビル管法　正式名「建築物における衛生的環境の確保に関する法律」の略称。室内空気の温湿度，浮遊粉塵(ふんじん)濃度，一酸化炭素や二酸化炭素の濃度の許容範囲，水の残留塩素量などを定めている。

ビル管理システム　ビル内の空調・電気・衛生・防災・防犯・駐車場などの諸設備をコンピューターで総合的に管理し，省エネルギーと管理人の省力化を図る中央管制装置。

ビルディングエレメント　[building element] 建築の部位，すなわち空間を仕切る屋根・各階の床・外壁・間仕切り壁や基礎などのこと。これは設計とそれに対応するコスト評価の基本になると考えられるが，現状では部位別分類の標準書式はない。略して「BE」。

ビルトアップメンバー　[built-up member] 数種の形鋼・鋼板などを組み合わせてつくられた組立て部材。トラス柱，ラチス梁，プレートガーダーなどのほか，溶接により組み立てられたビルトHのような形鋼も含まれる。

ビルトイン　[built-in] 造付け。建築物の一部として造り込まれており，移動できないもの。

ビルトH　左右のフランジ材と間に入れるウェブ材を溶接を用いて組み立てたH形鋼のこと。→ロールH

ビルトスラブシステム　無支保工型枠による床スラブ工法の一種。せき板にプラスチック（コファーフォーム）を使い，鉄筋のトラス（ミッコートラス）とトラス下端の木片（ソフィット）で打設コンクリートおよび仮設の重量を支える。上端(うわ)筋には溶接金網を使用する。「ミッコースラブシステム」ともいう。〔開発：清水建設・中央ビルト工業〕

拾い出し　工事費の積算に先立ち，設計図書から建物各部の材料や手間などの数量を算出すること。

疲労破壊　繰り返しかかる応力によって，材料が破断荷重よりも低い応力値で破壊する現象。

ピロティ　[pilotis 仏] 建物の1階部分を壁で囲わず，外部と連続させて開放した列柱空間のこと。人や車の動線処理のための，あるいは意匠的な空間として建築家ル・コルビュジエにより提唱された。

檜皮葺き（ひわだぶき）一定の大きさに加工した檜(ひのき)の皮を重ねて葺いた

屋根。おもに神社建築に用いられる。
ビン［bin］集積貯蔵用の容器。通常，コンクリート用の砂利・砂などの骨材を集積する設備をいう。
ピン［pin］骨組における部材の節点または支点の一種。回転は自由にできるが，鉛直と水平方向の移動は拘束されているためできない。→剛(ごう)接合
品確法 ⇨住宅品質確保促進法
ピングラウト工法 地下外壁などの漏水の止水工法の一つ。漏水個所を溝掘りしてメッシュホースを埋め込み，表面を急結セメントなどでシールして，メッシュホース内に親水性のポリウレタン樹脂を注入する。樹脂が水とゆっくり反応し硬化する。
ぴんころ ①歩道や斜路の滑り止め舗装などに使われる拳(こぶし)大の石。おもに花崗(かこう)岩が使われる。②塗装を1回塗りで仕上げること。2回塗りを「りゃんこ」という。
ヒンジ［hinge］①建具の開閉金具。丁番。②「ピン」と同じ。
品質管理 品質の不良発生の予防，品質検査の実施，品質不良に対する適切な処置および再発防止に関する一連の活動のこと。品質とは広義に「物の質」のみでなく，仕事やサービスの質も含む。JIS Q 9001：2000(ISO9001：2000)では「品質要求事項を満たすことに焦点を合わせた品質マネジメントの一部」と定義している。略して「QC」。
品質基準強度 一般的には，設計基準強度と耐久設計基準強度を確保するために，コンクリートの品質の基準として定める強度のこと。
品質特性 品物の品質を示す要素（性質，性能など）。品質の評価の具体的な対象となる。品質管理の中で用いられる言葉。
品質方針 ISO9001のトップマネジメントによって表明された，品質に関する組織の全体的な意図及び方向付けと定義されている。目的に対する適切性，継続的改善，品質目標の設定，レビューの枠組等が含まれている。
品質保証 品質が所定の水準にあることを保証すること。建築でいえば，建築物が発注者の要求に合致するように各部門（営業・設計・施工など）が組織的・体系的に保証のための活動を行うこと。JIS Q 9001：2000(ISO9001：2000)では「品質要求事項が満たされるという確信を与えることに焦点を合わせた品質マネジメントの一部」と定義している。略して「QA」。
品質マニュアル ISO9000では「組織の品質マネジメントシステムを規定する文書」と定義され，ISO9000の文書体系では最上位に位置する文書。品質マニュアルに記載されている事項の遵守が，ISO9001の認証の条件となる。
品質マネジメントシステム［quality management systems］ISO9001のこと。組織のマネジメントシステムの一部で品質方針を策定し，それと整合の

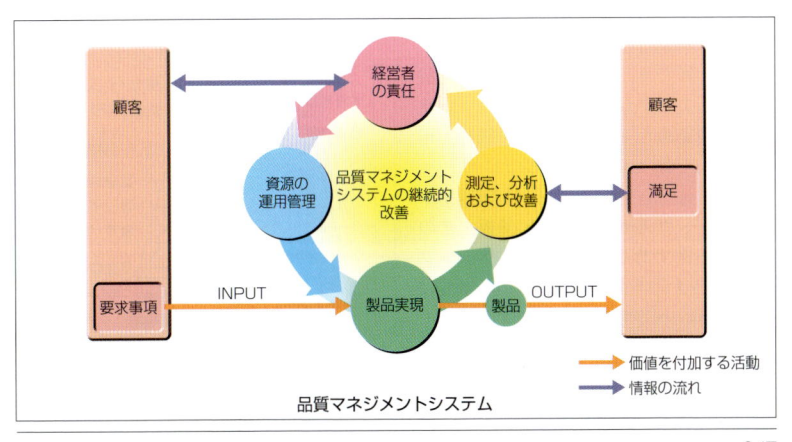

品質マネジメントシステム

取れた，品質目標の設定と実施・管理に用いられるものと定義している。企業との経営システムの一つで，このシステムを的確に運営することにより顧客満足度を高めることができる。

ピン接合　ピンを用いた接合。→ピン

貧調合（ひんちょうごう）コンクリートにおいて，単位セメント量が比較的少ない(150〜250 kg/m³程度)調合。「貧配合」ともいう。→富調合(とみちょうごう)

貧調合モルタル（ひんちょうごう—）単位容積当たりのセメント量が，通常より少な目に調合したモルタル。多目に調合したものは「富調合モルタル」という。

ピンテール　特殊高張力ボルトの一種。締付け反力をボルトで受け，ボルト先端のノッチ(破断溝)が破断することで所定の締付け力が得られたと確認できるような機能をもつボルトの総称。また，この破断するボルト端部のこと。

貧配合（ひんはいごう）⇨貧(ひん)調合

ピンホール［pinhole］塗膜，タイル，衛生陶器などの表面に生じた小穴の総称で，欠陥の一つ。塗装工事で，塗装中に水分や空気の混入によって塗膜に生じる小穴は，はく離の原因となる。

ふ

斑（ふ）石材・木材などの表面に出ているまだら模様のこと。

ファイバーボード［fiberboard］木材をおもな原料とし，これを繊維化してから成形した製品の総称。「繊維板」とも呼ばれる。軽量，軟質で，吸音，断熱性が大きいなどの特徴をもつ。用途に応じて密度は広範囲のものがありJISでは密度により，インシュレーションファイバーボード(インシュレーションボード)，ミディアムデンシティファイバーボード(MDF)，ハードファイバーボード(ハードボード)に区分している。略称「FB」。

ファインセラミックス　陶磁器など天然の材料を焼き固めた従来のセラミックスと異なり，人工合成した原料と製法の工夫により，ある特定の性質を集中的に高めたセラミックスの総称。用途は人工骨・人工歯・コンデンサー・切削工具・自動車エンジン・光通信ケーブル・ガスセンサー・IC基板，そのほか多様である。「ニューセラミックス」「ハイテックセラミックス」とも呼ばれる。→アルミナセラミックス

ファウンデーションエンジニア［foundation engineer］基礎に関する問題を専門に担当する技術者のことで，海外工事などで使用される。そのおもな業務には，土質試験，基礎形式の提案などがある。

ファサード［façade 仏］建物の外観のうち，装飾上最も重要な面。通常は正面玄関のある面の立面のことをいう。

ファシリティマネジメント［facility management］企業の保有する設備あるいは施設全体を，経営的視点から，最大効率をめざして管理・運営すること。略して「FM」ともいう。

ファスナー［fastner］プレキャスト鉄筋コンクリート板や金属製カーテンウ

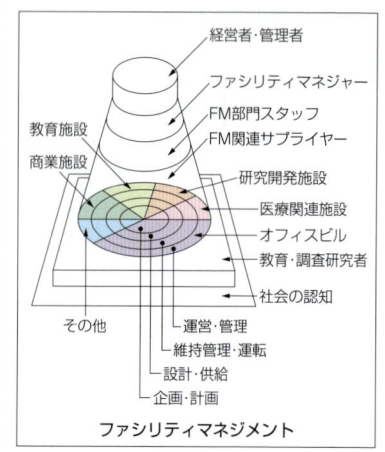

ファシリティマネジメント

ォールなどの取付け用金物。取付け精度の確保，層間変位の吸収などのため2〜3個のピースを組み合わせたものが多い。

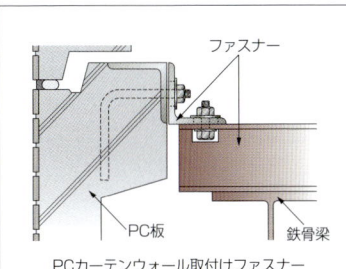

PCカーテンウォール取付けファスナー
ファスナー

ファブ ⇨ファブリケーター

ファブデッキ 型枠と鉄筋が一体となったスラブ工法。上端(うわば)筋と下端筋を溶接で一体に組み，その下に薄鋼板を型枠として貼ったもの。デッキプレートと同様に工場で製作され，現場で鉄骨梁の上に敷き込む。〔発売：伊藤忠商事〕

ファブリケーター [fabricator] 鉄骨部材を製作する業者，いわゆる鉄骨業者のこと。略して「ファブ」ともいう。

ファンコイルユニット方式 小型空調機を各室に設置する空気調和方式。内部にファンと冷温水コイル，フィルターを納めたユニットに，室内空気を循環させてろ過・冷却または加熱する。各ユニットの冷温水コイルには機械室から冷水または温水を送り込む。

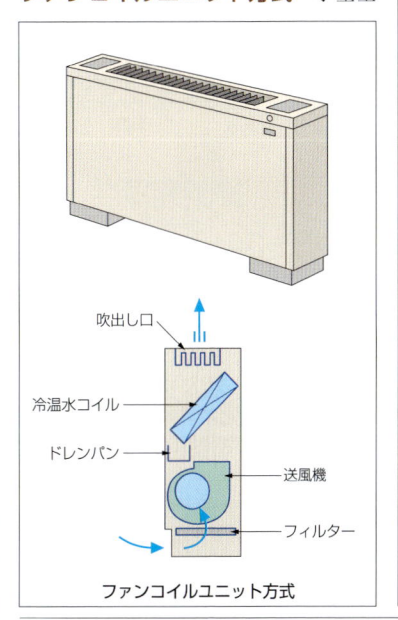

ファンコイルユニット方式

フィージビリティスタディ [feasibility study] 新しく事業を計画する場合に，採算性をベースにして実施可能性を事前に調査すること。「企業化調査」「採算可能性調査」などともいわれる。略して「FS」ともいう。

分一 (ぶいち) 何分の1という縮尺を意味する。図面で，寸法記入のない部分に物差しをあてて長さを測ることを「分一を当たる」という。

フィッシュボーン [fish bone] ⇨特性要因図

フィニッシュコート [finish coat] 最終の表面仕上げとなる上塗り層。

部位別見積 建築費を捉える際の分類方法の一種。見積科目を，例えば躯体(基礎躯体・地下躯体・地上躯体)，外部仕上げ(屋根・外壁・外部開口部・天井・雑)，内部仕上げ(内部床・雑)のように，建物の部分(部位ともいう)で捉える見積形式。設計段階のコストプランニングなどに便利であるが，見積形式としては例が少ない。「部分別見積」ともいう。→工種別見積

フィラー [filler] すき間や穴などを埋める材料の総称。壁吹付け下地の目違い調整用のセメント系フィラー，鉄骨の板厚調整用のフィラープレートなどがこれにあたる。

フィラープレート [filler plate] 厚さの異なる鉄骨部材を添え板で挟んでボルト接合する場合，厚さを調整するために挿入する薄い鋼板。

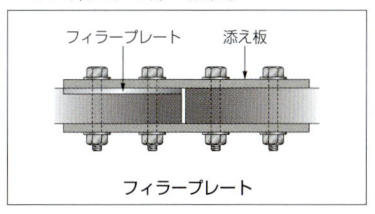

フィラープレート

ブー ⇨ブーム

	大科目	中科目	小科目
工事費	仮設	総合仮設	
		直接仮設	
	土工・地業	土工	土工
		地業	山留め
			排水
			杭・ピアー
			特殊地業
	躯体	基本躯体	鉄筋コンクリート
		上部躯体	鉄骨
			その他
	外部仕上げ	屋根	間仕切り下地
		外壁	組積材仕上げ
		外部開口部	防水材仕上げ
		外部雑	石材仕上げ
	内部仕上げ	内部床	タイル仕上げ
		内壁	木材仕上げ
		内部開口部	金属材仕上げ
		天井	左官材仕上げ
		内部雑	内(外)装材仕上げ
	付属備品	造付け家具	ガラス仕上げ
		家具・備品	その他仕上げ
	電気設備		
	衛生設備		
	空調設備		
	昇降機設備		
	その他設備		
	その他		
	諸経費	現場経費	
		一般管理費等	

部位別見積

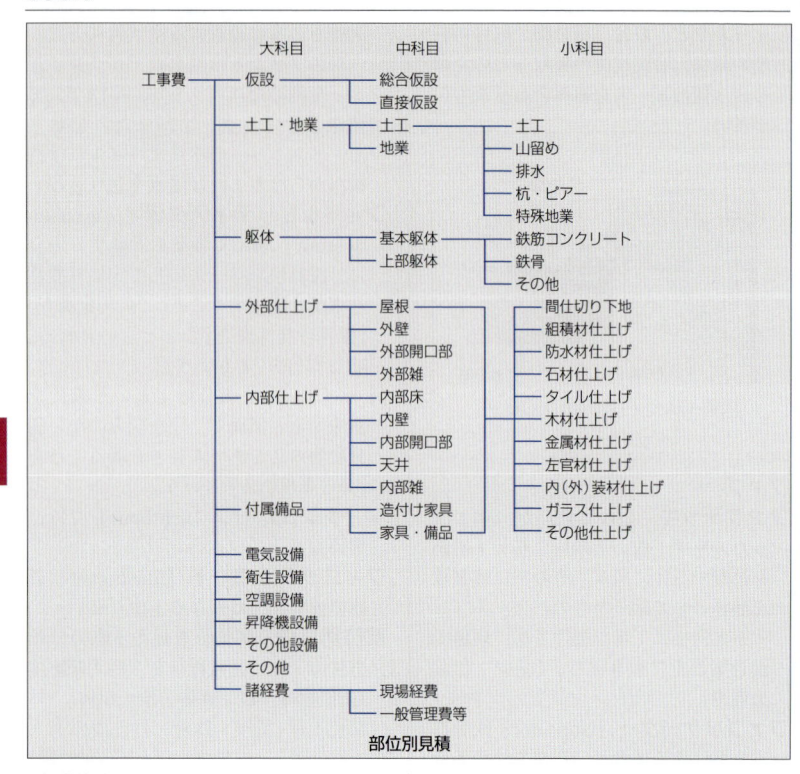

封緘養生（ふうかんようじょう）⇨現場封緘養生（ふうかんようじょう）

封孔処理（ふうこうしょり）アルミニウムの表面処理工程の一つで，電解法によりアルミニウムの表面につくられる有孔性酸化皮膜の孔をふさぐもの。耐食性を高めるためには，酸化皮膜の孔をふさぐことが必要となる。高温湯に浸漬する方法（水和封孔）と電着塗装の2種の方法がある。

ブース［booth］①便所，あるいは同時通訳室のような小さな部屋。②レストランなどにみられる仕切り席。

封水（ふうすい）トラップ内に設けられた水を溜めた部分のこと。排水管からの臭気の逆流や衛生害虫，ネズミ等の侵入を防止する役割をもつ。→破封，トラップ

風袋（ふうたい）はかりで目方を計るときの包装や容器の目方のこと。

ブーちゃん ⇨ブーム

フーチン［footing］⇨フーチング

フーチング［footing］鉄筋コンクリートの建物において，荷重を杭または地盤に伝えるため，柱や壁の最下部を拡大した部分。俗に「フーチン」ともいわれる。

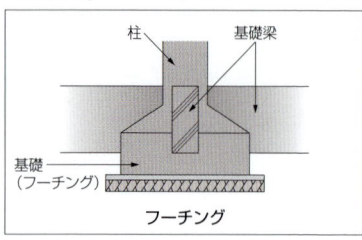

フーチング

フード［hood］熱気，水蒸気，煙，臭気などを排出するための換気用の天蓋（てんがい）。厨房のレンジ上部や粉じんなど有害物を発生させる作業場所などに取り付ける。

風道（ふうどう）⇨ダクト

フート弁 ポンプの吸込み管の入口に取り付ける弁。ポンプの運転が停止しても水が落ちないように，逆流防止構

フード

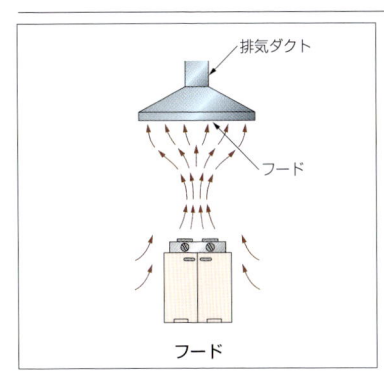

造となっている。

フープ［hoop, tie hoop］ ⇨帯筋(おびきん)

ブーム［boom］ クレーンなどの揚重機械の腕木の部分。この先端に荷物などを吊り上げる装置があって，水平，垂直両方向に吊り荷を移動する。俗に「ブー」とか「ブーちゃん」とかいう。→ガイデリック

風力係数 風が建築物または工作物に当たって風速が変化したときに生ずる静圧の変化量を，速度圧を単位として表した係数のこと。建築基準法施行令第87条に定められている。

フェロセメント［ferrocement］ 2層以上の金網と小径の補強鉄筋を埋め込んだセメントモルタルの薄い板。通常の鉄筋コンクリートでは得られない粘りや衝撃・ひび割れに対する抵抗力をもつ。4～5cmほどの厚さに鉄筋と金網2層を配置するので，品質管理が難しい。ヨーロッパにおいて船舶などに使用され発達した技術で，日本ではカーテンウォールや階段の段板・手すりなどに使用されている。

フェロセメントPC階段 フェロセメントを用いた組立て式の階段。

フェロモルタル ⇨フェロセメント

フォアマン［foreman］ 海外工事において使われる言葉で，各職種別の現場作業員のグループを指導監督する技能労働者のこと。職長または世話役に相当する。

フォーム［form］ ⇨型枠
フォームエチレン ⇨エチレンフォーム
フォームスチレン ⇨発泡スチロール

フォームタイ［form tie］ 型枠締付け用のボルト。相対するせき板の間隔を一定に保つと同時に，締付け用パイプを取り付けたりする役目をもつ。

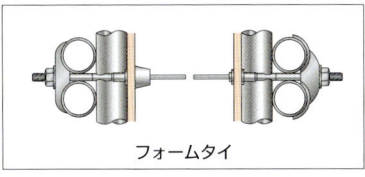

フォームタイ

フォームポリウレタン ⇨ポリウレタンフォーム

フォーメイション formation levelの略。⇨施工基面

負荷（ふか）冷房や暖房において，部屋を冷やしたり暖めたりするのに必要な熱量に相当するものを「冷房負荷」あるいは「暖房負荷」という。

歩掛り（ぶがかり）建築工事や土木工事などで，各部分工事の原価計算に用いる単位当たりの標準労務量や標準資材量のこと。労務歩掛りと材料歩掛りの区別がある。また，これらの歩掛りは工程計画の際にも用いられる。

ふかす ①おさまりを良くするために，コンクリート寸法を構造計算上の必要寸法より余分にとること。②ガス切断器で鋼材に穴をあけること。③ジャッキ類で構造物を持ち上げること。④生石灰に水を加えて発熱させ，消石灰にすること。⑤見積金額を実際のものより余分に見込むこと。

深目地仕上げ（ふかめじしあげ）通常タイルの目地深さは，タイルの厚さの1/2以下だが，それ以上にした仕上げ方法。特に密着張りでは，タイルの浮きやはく離の危険性があることから，施工上注意が必要である。

葺き足 瓦やスレートの屋根葺きにおいて，流れる方向に重ならないで露出

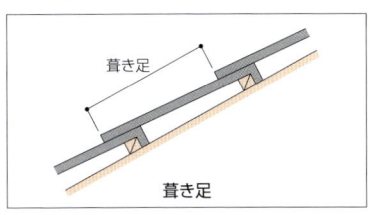

葺き足

する部分の長さのこと。これに対して，流れと直角方向に表れている幅を小間（$\frac{こ}{ま}$）という。

吹出し口 空調あるいは換気のため室内へ空気を送る送風口に取り付ける口。取り付ける場所や型によってさまざまな種類がある。

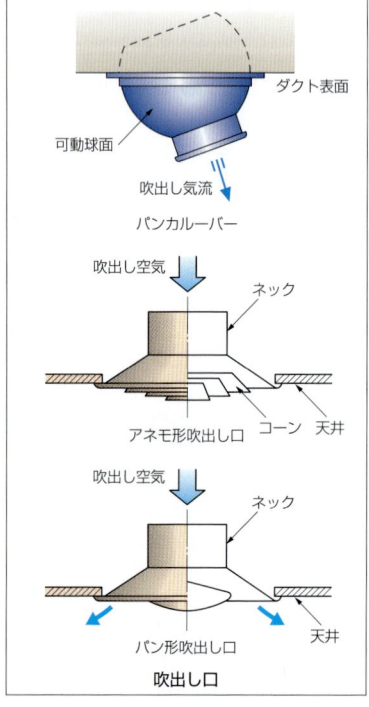

吹出し口

吹付けコンクリート工法 ⇨ショットクリート

吹付けスタッコ ⇨スプレースタッコ

吹付けタイル おもに建築物の外壁に吹き付ける仕上材。タイルに似た光沢があり，表面に凹凸模様を付ける。主材によりセメント系，合成樹脂エマルジョン系，エポキシ系などがある。「複層模様吹付け材」ともいう。

吹付けモルタル工法 ⇨ショットクリート

吹抜け 階をまたがって上下に連続した空間のこと。階段室部分は機能上も吹抜け空間となるほか，アトリウムによって大きな空間を吹抜けでつくることもある。→アトリウム

吹放ち ピロティのように柱のみで壁のない空間。

吹寄せ 垂木，格子，さお縁天井の棹（$\frac{さお}{ばら}$），障子の組子などにおける組合せ方法の一種。数本が1組に見えるように間隔をつめて組み合わせ，ほかの組との間隔を広くする。

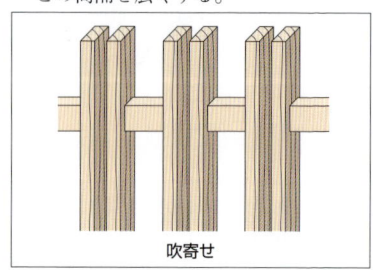

吹寄せ

分（歩）切り（ぶぎり）支払い金額などの端数を切り捨てること。請負工事においてみられる値引きサービスの一種。発注者の要請に基づく場合と，請負者が自主的に申し出る場合とがある。

分切れ（ぶぎれ）建材の分量や寸法が不足していること。

賦金（ふきん）建築工事において，元請業者が足場等の共通仮設の使用料を下請業者から徴収すること。建築と設備工事が分離発注される場合も，建築元請が設備業者から一定の比率で徴収している。「協力金」ともいう。

付近見取図 建築工事のための公的手続きに使われる図の一つ。工事敷地の場所と周囲の状況を示すもので，方位・道路および目標物を明示する必要がある。一般に「案内図」ともいう。

ぶく ⇨ブローホール②

幅員（ふくいん）横方向の距離のことで建築物，その部分である廊下，階段，公共施設の道路など。このなかで道路を構成する各部分の横断方向の長さ。車道・歩道・分離帯・駐車帯・路肩・路上施設などが幅員構成要素である。

副帯筋（ふくおびきん）柱の鉄筋組立てにおいて，隅部以外の主筋のはらみ出しを防止し，柱のねじれを防止するために用いられる帯筋。構造計算上は必要とされない。「サブフープ」ともいう。→斜め帯筋（$\frac{おび}{きん}$）

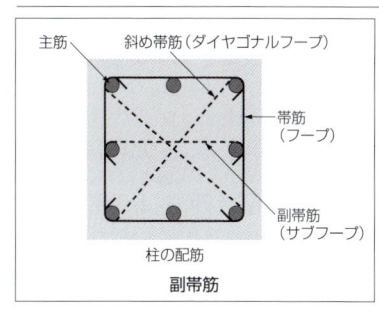

```
主筋   斜め帯筋(ダイヤゴナルフープ)
                帯筋
                (フープ)
                副帯筋
                (サブフープ)
        柱の配筋
```
副帯筋

副筋　⇨配力筋

複合化工法　集合住宅の高品質化・ローコスト化などを目的として，在来の現場打ちコンクリートとプレキャスト部材とを併用させた工法。

複合材料　⇨コンポジット材料

複合単価　労務費，材料費，経費を含んだ単価。下請契約の材工請負時に採用される。

副産軽量骨材　工場の副産物から製造される軽量骨材のこと。膨張スラグ，炭殻(たんがら)などがこれに当たる。

輻射暖房（ふくしゃだんぼう）天井，壁，床など躯体の内側を加熱して，躯体表面から放出される輻射熱を利用する暖房。パイプコイルを埋め込み温水を通す方法，電熱線を埋め込む方法，床下ダクトに温風を送る方法などがあり，もっとも柔らかい温度環境を与える方式である。

複層ガラス　2枚以上のフロート板ガラス，型板ガラス，網入り板ガラス等の板ガラスや合せガラス，強化ガラスなどの加工ガラスの間隙部分に大気圧に近い圧力の乾燥空気を満たして気密性をもたせたガラスの総称。断熱性に優れた断熱複層ガラスや日射熱を遮へいする日射熱遮へい複層ガラスに区分される。JIS R 3209。

複層模様吹付け材　⇨吹付けタイル

膨れ（ふくれ）①塗膜を乾燥させる過程で生じる表面の欠陥の一つで，硬化が不十分の塗膜内部に含まれるガスや下地面からの水蒸気・水分・ガスなどが侵入した場合に起こる。②接着剤を使って施工する際，接着不良で表面がふくれて見える現象。

膨れ上がり（ふくれあがり）⇨ヒービング

袋ナット　片面をふさぎ，ボルトが貫通しない形状にしたナット。美観上の問題や気密性を増すために使用される。「キャップナット」ともいう。

袋張り　ふすま紙や壁紙などを張る際に，その周囲にだけ「糊(のり)」を付けて張る張り方。

ふける　①生石灰が水を吸って消石灰になること。②木材が乾燥状態のまま，腐朽菌におかされて腐ること。「乾腐(かんぷ)」ともいう。

腐食［corrosion］鋼のさびや応力腐食などのように，材料が純化学的反応または電気化学的反応によって変質，破損する現象。

普請（ふしん）建築すること，または工事，施工などのこと。古くから使われてきた言葉で，粗末な建築を「安普請」，道路工事を「道普請」などという。封建時代においては，普請は現在の土木の意味に用いられ，建築は作事(さくじ)という言葉が使われた。

ブスダクト　⇨バスダクト

伏図（ふせず）おもに構造部材の取合せを表現した平面図の総称。基礎伏図・床(梁)伏図・小屋伏図など。そのほか仕上げ関係では天井伏図，屋根伏図などがある。

伏せ樋（ふせどい）土中に埋め込んだ排水用コンクリート管，土管，パイプ類のこと。「埋め樋」「伏せび」ともいう。

付帯設備　冷暖房，換気，電気，電力，ガス，給排水，電気通信，火災報知機，セキュリティなど建築物に付帯する設備。最近の建築物では，設備の機能，投資ともに大きなものになってきており，付帯設備というよりも建築設備というほうがよい。

二側足場（ふたかわあしば）⇨本足場

二つ割り（はんあしば）角材を長手方向に二等分すること，またはその寸法の材。「二つ切り」ともいう。同様に三つ割り，四つ割りもある。

二又（ふたまた） ⇨二又（にまた）

縁石（ふちいし） 車道と歩道の境界部や花壇の端部等に敷き込んだ石やコンクリートブロックのこと。「えんせき」ともいう。

付置義務 オフィスや集合住宅などの建築物の建設にともない，周辺地域への影響，都市機能の確保などを目的として，駐車場や住宅の設置を義務付ける制度。

付着 2つの部材が接する面のくっつき具合。鉄筋コンクリートにおいて，引っ張られた鉄筋が抜けないのは付着抵抗のためである。

付着強度 2つの部材の付着面の強度。鉄筋コンクリートでは，付着力はセメントペーストの粘着力によって生じるが，荷重増加によるコンクリートの鉄筋表面の圧力によっても生じる。

不調 工事の入札に際し，発注者の予定した価格におさまらず，落札者が決定しないこと。あるいは見積をしたが契約までに至らないこと。

富調合（ふちょうごう） コンクリートにおいて，単位セメント量が比較的多い(350〜450 kg/m³程度)調合。「富配合」ともいう。→貧調合（ひんちょうごう）

富調合モルタル（ふちょうごう―） →貧調合（ひんちょうごう）モルタル

ブチルゴムテープ ブチルゴムを主体とした押出し成形シーリング材。自己融着性のものをケーブル接続部の絶縁材として使用する。

普通合板 広義には，表面に特別な加工が施されていない合板をいう。狭義には，日本農林規格(JAS)における普通合板をいう。JASでは，合板のうちコンクリート型枠用合板，構造用合板，天然木化粧合板，特殊加工化粧合板以外のものをいう。

普通骨材 骨材の比重による区分の一種で，比重が2.5〜2.8程度のもの。一般のコンクリートに使用される。→軽量骨材，重量骨材

普通コンクリート [plain (normal) concrete] 普通ポルトランドセメントと砂利・砂からなる一般的なコンクリートをいう。

普通ポルトランドセメント [normal (ordinary) Portland cement] 最も多く使用されているセメントで，ポルトランドセメントの中でも代表的なもの。単にセメントという場合は，これを指す。「普通セメント」ともいう。

普通丸鋼 コンクリート補強に使用する熱間圧延によって製造される，直径が9 mm以上の円形断面をもつ棒鋼。引張り強さの区分から，SR235とSR295の2種類ある。JIS G 3112, 3191。→異形棒鋼（いけいぼうこう）

フック [hook] 先端に鉤（かぎ）状のつめをもつ形状のことで，開き建具のあおり止め金物，鉄筋先端の折り曲げ部分，アンカーボルトの埋込み先端，揚重機械の吊上げ部などがこれに相当する。

フックボルト [hook bolt] 先端が鉤（かぎ）状に曲がったボルト。波板鉄板・スレートなどを鉄骨に止めるボルト，アンカーボルトなどとして使用される。

覆工（ふっこう） 掘削工事や地下鉄工事などで，GLの高さにつくる仮設の床。地表面での歩行や交通の支障がないようにする。この覆工に用いられる各種の板を「覆工板」という。

覆工板（ふっこうばん） →覆工（ふっこう）

プッシュアップ工法 [push-up method] 地上階で建物の最上層を最初に構築し，それをジャッキで押し上げ下部に空間をつくり，そこに下層階を構築してまたジャッキで押し上げる，というように建築物をジャッキで押し上げながら上層から下層へ構築していく工法。高所作業を大幅に削減できるが，押上げ装置はかなり大掛かりとなる。

ブッシング [bushing] 電線を電線管に引き入れる際に，電線を傷損させず滑らかに行う目的で，電線管の端部にはめ込む付属部品。

ブッシング

弗素樹脂塗料（ふっそじゅしとりょう）　優れた耐候性・耐薬品性・耐熱性をもつ合成樹脂塗料。カーテンウォールなどの焼付け塗装のほか、現場塗装もできる常温硬化タイプもある。

ぶったくり　施工用の俗語で、部材の全長・建物の端から端など、全体の長さをいう。

物理的耐用年数　建築物が経年するにつれ、材料や構造が物理的に劣化し、その必要な耐力を維持することが困難と判断されるようになるまでの経過年数。物理的耐用年数は、建築物自体の構造とその立地条件の環境の両方の影響を受けるため、個々の建築物ごと相違する。

不定形シーリング材　コーキング材や弾性シーリング材など充てんタイプのシーリング材のこと。ガスケットなどの定形シーリング材に対応した呼称。→定形シーリング材

不動産　土地およびその定着物（建物・樹木等）をいい、動産に対する語。土地は連続したものであるため、人為的に区別を設け、登記簿上の一筆（いっぴつ）を1個として取り扱い、それぞれに独立した物権が成立すると考えられる。また日本では、建物は土地とは独立した不動産と考えられ、土地と建物が別な所有者となることも多い。

不動産証券化　不動産に対応する証券を発行し、それによって得た資金で不動産を取得し、その不動産の賃料収益や売却費を投資家に還元する仕組み。金融機関の担保不動産や企業の固定資産として存在する不動産の流動化や、不動産投資信託（J-REIT）による個人の不動産投資への参入など、その目的によってさまざまな仕組みがある。→J-REIT（ジェイリート）

不同沈下　建築物の地盤の沈下が不等であるために、建築物自体が傾斜または変形破壊を起こす地盤の沈下現象。その結果、建物に亀裂が生じたり、床面が傾斜したり、建具が機能しなくなる。建築物の支持地盤が異質の構造であったり、伐土（ばっど）部分と盛土（もりど）部分があったり、盛土部分のてん圧が十分でない、また粘土地盤等で圧密自体に時間がかかるために発生する。この現象を防ぐには、的確な地盤調査に基づく杭工事をはじめとした細心の地業が求められる。→圧密沈下

不等辺山形鋼　辺の長さが違うL形の断面をもつ構造用形鋼（けいこう）。鉄骨の組立て柱・梁などに使用される。

太径鉄筋（ふとけいてっきん）　鉄筋の太さによる呼び名の区分で、D29（直径29mm）以上の異形鉄筋の総称。

懐（ふところ）　2つの面がつくる間、または小空間のこと。例えば、天井と上階床との間にできる空間を「天井ふところ」という。

歩止（留）り（ぶどまり）　製品の製造過程で使用された原材料と、完成した製品に使われている材料との比率。通常現場で消費される各種資材量と、切り無駄などのロスを除き、実際に使用される数量との比率を意味する語として用いられることが多い。

舟板（ふないた）　サポートなどの下に敷き込む板で、移動しやすいように舟形をしているもの。

舟底天井（ふなぞこてんじょう）　一方向の中央部を高くし、両端に下り勾配を付け舟底をさかさにしたような形の天井。おもに和室の意匠として用いられる。特に勾配の強い場合は「屋形（やかた）天井」と呼ぶ。

舟　①左官工事の塗り材料を混練する底の浅い箱の容器。薄鉄板製、木板製がある。「練り舟」ともいう。②塗り作業のとき、左官が手元に置く受皿用の小箱。「とり舟」ともいう。③坊主丸太などを水平に移動しやすいように足元に入れる板。「舟板（ふないた）」「シュー」ともいう。

不燃材料　建築材料のうち、不燃性能に関して建築基準法施行令第108条の2「不燃性能及びその技術的基準」に適合するもので、国土交通大臣が定めたものまたは国土交通大臣の認定を受けたもの。不燃材料は原則として無機質材料で作られている。通常の火災時

富配合（ふはいごう）⇨富調合（ふちょうごう）
部分払い　⇨中間払い
部分引渡し　請負工事において，完成検査に合格した契約目的物の一部を引き渡すこと。その部分の請負代金相当額を発注者が支払い，その部分の所有権は発注者に移る。
部分別見積　⇨部位別見積
歩増し（ぶまし）規定時間を超えて働く場合における時間外賃金の割増し部分のこと。
踏み込み　①出入口の土間から1段上に設けられた踏み板。②和室の一角にあって，室の出入りの際，スリッパなど履物（はきもの）を着脱する場所。
踏み桟　⇨足止め
踏面（ふみづら）階段において，足をのせる踏み板の面，またはその奥行長さ。「踏み幅」ともいう。→蹴上（けあ）げ
踏み幅　⇨踏面（ふみづら）
フラース脆化点（―ぜいかてん）アスファルトの特性を表す値の一つ。アスファルトを冷却したとき脆化が始まる温度。この値が低いほど低温に対する特性がよい。
フライアッシュ［fly-ash］石炭を使用する火力発電所の微粉炭燃焼ボイラーの煙道で採取される球状となった副産物。粉末度や活性度指数からⅠ種～Ⅳ種に区分される。けい酸質の混和材料としてモルタルやコンクリートに用いられ，十分な湿潤養生を行うことにより，長期にわたって強度が増進し，水密性が向上する。
プライマー［primer］①防水用の溶融アスファルトを，下地と密着させるため下地面に塗る下塗り用の液状物。アスファルトプライマーを単にプライマーと呼ぶこともある。②木部，プラスター，金属などの塗装下地の塗料の浸み込みやさびの発生を防いで，上塗りとの付着性を高める下塗り用の塗料。
フライングショア［flying shore］ショアの本来の意味は，建物の転倒を防止する支柱・梁などのことであり，フライングショアは2つの壁の間を突っ張って支える材木のこと。現場では大型の移動式スラブ型枠をいう。
フライングドア　⇨オーバーヘッドドア
ブラインド［blind］日除け。一般的には窓の内側に取り付け，羽根（スラット）の向きを変えて日照を調節するベネシャンブラインド（水平スラット），バーチカルブラインド（垂直スラット）を指す。巻上げ式のロールブラインドもある。
ブラインドリベット　板金工事において，薄鋼板の取付けや接続に使われる鋲（びょう）。鋲を鋲穴にさし，その先端を潰して締め付けるリベット型であるが，専用工具により一方向から作業できる。この作業を「かしめる」あるいは「からくる」と呼ぶ。
プラグ溶接　⇨栓溶接（せんようせつ）
ブラケット　①はね出し金具。②張出し床などを支える持ち送り，または窓庇（びさし）などを支える腕木のこと。③壁に付いた張出しの照明器具。

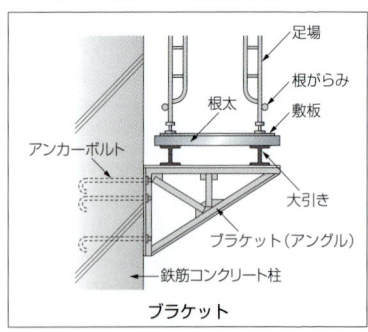

ブラケット

ブラケット付き一側足場（―つきひとかわあしば）建地（たて），布板（ぬのいた），緊結金具，継手金具，ブラケット，ベース金具，壁つなぎ等で組み立てた単管足場のこと。労働安全衛生規則第570条，第571条。
ブラケット枠　枠組足場を構成するブラケット付きの建枠。ブラケットが片側に付いたものと両側に付いたものとがある。
プラスター［plaster］鉱物の粉末や石

膏を主成分とする，壁，天井の塗り仕上材料。石膏プラスター，ドロマイトプラスターなどがある。

プラスターボード［plaster board］⇨ 石膏ボード

プラスタン接合　鉛管の接合法の一種。鉛管の一端を拡げて接合する鉛管を差し込み，プラスタンという接合剤を塗布してトーチランプで加熱する。

プラスチックコンクリート［plastics concrete］セメントコンクリートの引張りや曲げに弱い性質，酸その他の化学薬品に対する抵抗性が劣る性質などを改善するために，結合材に天然または合成ポリマーを混入したコンクリート。製造方法によって「ポリマーセメントコンクリート」「レジンコンクリート」などがある。「樹脂コンクリート」などともいう。

プラスチック床シート　長尺のプラスチック系床仕上材の呼称の一つ。→長尺シート床材

プラズマ溶接　発生させたアークにガスを通過させてできる高温エネルギーで被溶接材料を溶解する溶接方法。各種の高融点金属の溶接が可能である。

フラックス［flux］溶接で生じる酸化物や有害物の除去などの目的で，溶接棒の被覆剤およびアーク溶接・ガス溶接などの添加剤として用いられる有機質の粉末状の材料。

フラックスタブ　突き合せ溶接などの両端部に取り付ける補助板（エンドタブ）の一種。溶着材の開先（かいさき）形状に合わせて加工された耐火性のセラミック製ブロックで，押え金物で所定の位置に取り付け，溶接完了後に取り外す。スチール製のエンドタブに比べコストはやや高いが，溶接後の切断・グラインダー仕上げが不用。→エンドタブ

フラッシュオーバー［flash over］屋内火災によって，可燃物が熱分解または不完全燃焼し，可燃ガスを発生する。その可燃ガスと室内の酸素が適当に混合し，それが火炎などの衝撃的エネルギーにより爆発的に燃焼する現象をいう。フラッシュオーバーが起きると，空気中の酸素は消費され，酸欠現象が起き，また爆発的燃焼で室内気温は著しく高くなるため，肺気泡が火傷を受けて生存ができない状況になる。

フラッシュドア［flush door］下地の骨組を両面からはさんで一枚板を貼った戸。桟や組子のない平らな表面仕上げとなる。「ベニヤフラッシュドア」「スチールフラッシュドア」などがある。

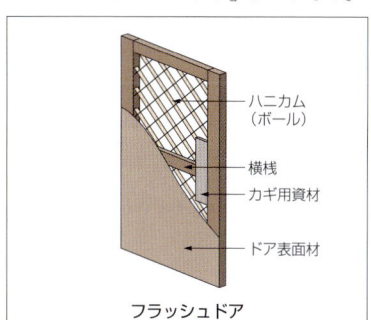

フラッシュドア

フラッシュバット溶接［flash butt welding］電気抵抗溶接の一種。母材同士を突き合わせて全面溶接を行う場合，その溶融部分に火花を発生させ，接合部を加熱した後，圧力を加えて接合する方法。→突き合せ溶接

フラッシュバルブ［flush valve］水洗用大小便器の洗浄水を流すための弁。レバーや押しボタンを操作すると，一定量の水が瞬時に勢いよく出て，自動的に閉止する。

フラッシュバルブ

ブラッシング［blushing］⇨ 被（かぶ）り

フラット　「flat」共同住宅のこと。語源としては，廊下型共同住宅が水平に連続して，各戸にアプローチできること

からフラット（平ら）の言葉があてられている。イギリスでは，共同住宅はすべてフラットの名で呼ばれる。

フラットスラブ［flat slab］鉄筋コンクリートの構造体の架構に梁を用いず柱で直接スラブを支持する構造。柱には頭部を拡大させた形状の「キャピタル」や「ドロップパネル」が設けられる。鉛直荷重が大きく，スラブ下までの空間を利用する倉庫などに有効。「無梁(むりょう)スラブ」「無梁板」「無梁板構造」「マッシュルーム構造」ともいう。

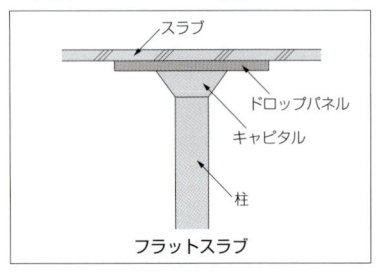

フラットスラブ

フラットデッキ 上面が平らなデッキプレート。鉄骨造におけるスラブの埋込み型枠として用いられる。

フラットバー［flat steel bars］⇨平鋼(ひらこう)

プラニメーター［planimeter］図面上の図形の外周に沿って測針を一周させて，図形の面積を求める器械。「面積計測器」ともいう。

プラン［plan］①実施企画あるいは計画のこと。②平面図のこと。

フランジ［flange］H形鋼やI形鋼などのウェブをはさむ上下の鋼材。曲げにおいては主として曲げ応力に抵抗する。→ウェブ

フランジ

フランジ接続 配管接続の一種。管端部のつば形状継手。パッキン，ガスケットを挟みボルト止めをする。

フランス落し 両開き建具の召し合せ面に彫り込んで取り付ける上げ落し金物。錠のつかない側のたて框(がまち)に彫り込む。

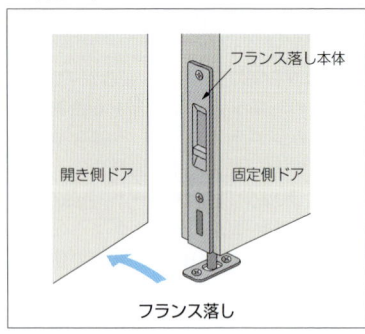

フランス落し

フランス丁番 軸部がなつめの実の形（たて断面は楕円形）をした丁番。収納棚の両開き戸や物入れの戸に多用され「なつめ丁番」「ルーズジョイント丁番」ともいう。

フランス積み れんがの積み方の一種。同段に小口(こぐち)面と長手面とが交互に現れる積み方。「フレッシュ積み」ともいう。

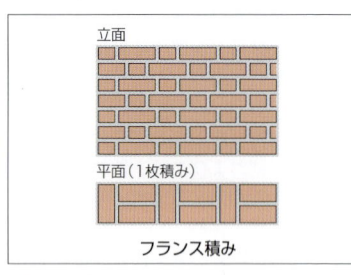

フランス積み

プラント［plant］製造・組立て・貯蔵・管理のシステムを有する工場施設のこと。建築においてはコンクリートプラントを指すことが多く，生コン製造工場施設をいう。

プランニング［planning］建築の設計作業において，主として平面計画を行うこと。

フリーアクセスフロア［free access-floor］コンクリートスラブと床仕上げとの間に配線や配管のための空間を設けた二重床。45～60cm角の床パネルと，それを支持する高さ調節の可能な束とで構成される。電算室の床に多く使われているが，電気室や放送スタ

ブリージング［bleeding］コンクリート打設後，骨材，セメント粒子の沈降や分離によって，混練ぜ水の一部が分離してコンクリート上面に上昇する現象。特に水セメント比が大きく，スランプが大きいコンクリートほどこの現象が著しくなる。ブリージングが著しい場合は，コンクリートの沈下量が大きく，沈下ひび割れの原因となる。→沈み亀裂，浮き水

ブリード現象 外壁の塗装や吹付けタイルなどの仕上材が，伸縮目地等に施したシール可塑材と反応して変質し，シールの周辺が汚れたり仕上材のはく離などが生じる現象。「目地汚染」ともいう。

フリープラン方式 室内の間取りを自由に変えることができる建築システム。外壁を耐力壁にし，内壁を非耐力間仕切り壁とし，設備の配線を工夫することによって，自由な間取りを容易に実現できる

フリーフロート［free float］ネットワーク工程表において，ある作業の工程表上の時間のなかに後続作業が最も早く開始しても，なお含まれている余裕時間をいう。

不陸（ふりく）水平でないこと，あるいは平面が凹凸していること。「ふろく」ともいう。→ろく

フリクションパイル［friction pile］⇨摩擦杭

プリズムガラス［prism glass］⇨デッキグラス

ブリッジ構法 独立した柱の上にピン接合で梁を架構する構造。柱を鉄筋コンクリート造，梁を鉄骨造とした屋根の構造などに用いられる。橋の構法を建築に応用したもの。

ブリネル硬さ試験［Brinell hardness test］材料の硬さを示す表示方法の一種であるブリネル硬さを求めるための試験。試験体に鋼球を当て，そこにできたくぼみの表面積と加えた荷重から硬さの程度を求める。JIS B 7724。

振り分け ある基準点（線）を中心にして，左右または上下に同寸法に割り付けること。

プリントボード 化粧石膏ボードの一種で，表面に木目などの模様を印刷したもの。

篩分け試験（ふるいわけしけん）①コンクリートに使用する骨材について，JIS Z 8801に規定する標準ふるいを使って粒度分布状態を把握するために行う試験。JIS A 1102。②高有機質土以外の土で，75mmふるいを通過した土の粒度を求めるために，JIS Z 8801に規定する試験用網ふるいを使っ行う試験。JIS A 1204。

フルウェブ［full web member］⇨充腹材（じゅうふくざい）

フルターンキー［full turn key］プラントや工場の企画・計画から設計・施工，設備機械の据付け，試運転指導・保証までプロジェクトの一切を引き受ける契約方式。注文者はできあがった建設物のキーを回すだけということからこの名称がついた。→ターンキー

ブルドーザー［bulldozer］整地，小規模の掘削，盛土，運搬，除雪などに使用する土木作業用機械。トラクターに作業用アタッチメント（土工板）を取り付けたもので，土工板の形状と機能が異なる各種のブルドーザーがある。

プルボックス［pull box］電気の配管工事において，管が長い場合，分岐する場合，あるいは曲がりの数が多い場合などに，電線の引き入れを容易にするため途中に設ける鋼板製の箱。

フルメンテナンス契約 機器や設備などのメンテナンス契約の一形態で，修理・調整，部品交換を契約内で行い，常に良好な機能を発揮できるよう維持する契約。契約代金以外の支出が発生しない。

フレア溶接［flare groove welding］接合する2部材間の円弧と円弧，または円弧と直線にできた開先（かいさき）に行う溶接方法。鉄筋や軽量形鋼の溶接に用いられる。

プレウェッチング［prewetting］吸水性の大きい軽量骨材をコンクリートに

用いる前に，骨材をあらかじめ散水または浸水させて十分に吸水させること。コンクリートの練り混ぜ中やポンプ圧送時に，軽量骨材が吸水してコンクリートの流動性が変化するのを防ぐことを目的とする。

ブレーカー［breaker］①規定以上の電流が流れた場合，自動的に電流を遮断して，電気回路を保護する安全遮断装置。JIS C 8371。②コンクリートの破砕機械。先端に取り付けられたのみに圧縮空気を利用して打撃力が加わる仕組みになっている。

プレーサビリティ［placeability］フレッシュコンクリートの性質の一つで，コンクリートの打込みやすさの程度を表す語。→フレッシュコンクリート

ブレース［brace］⇨筋かい

プレートガーダー［plate girder］橋げたやクレーンガーダーなどに用いられるⅠ型の断面をもった鉄骨組立て梁の総称。一般に梁せいがフランジに比べて大きいことから，ウェブ部分をスチフナーで補強する場合が多い。ウェブにトラスを用いたものを「ラチス梁」という。

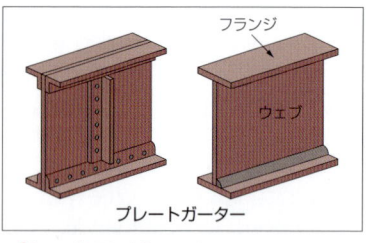

プレートガーダー

プレートワイヤー［plate wire glass］網入りの磨き板ガラスのこと。→網入り板ガラス

プレーナー［planer］木工用かんな盤のこと。現場慣用語として単に電動かんなを指す。ポータブル型の軽量で，100 V用のものが多用されている。

プレーンコンクリート［plain concrete］①混和剤をいっさい用いないコンクリート。②無筋コンクリート。

プレカット　木造住宅用木材の加工を工場において機械で大量に行うこと。大手住宅メーカーが採用している。

フレキシブル継手　機器接続部の保護や振動伝達を防止するために使用する配管継手。SUS製，ゴム製がある。

フレキシブルボード［flexible board］セメント，石綿以外の繊維および混和材料を使って強化形成された内外装用のボードの総称。「フレキシブル板（ボード）」と「軟質フレキシブル板（ボード）」があり，平板や軟質板に比べ，曲げ強さが大きく，吸水率が小さい。JIS A 5430。

プレキャストコンクリート［precast concrete］現場ですぐ取付けや組立てができるように，あらかじめ工場などで製作されたコンクリート製品・部材の総称。壁式プレキャスト鉄筋コンクリート造の壁板や床板などの建築用の部材のほか，側溝などの道路用製品，橋げたなど多くのものがある。略して「PC」ともいう。

プレクーリング［pre-cooling］ダム工事などのように大量のコンクリートを打設する場合，コンクリートの発熱による温度上昇を防止するために，フレーク状の氷を水の代わりに使うことがあるが，このようにコンクリートの打設温度を低くするために，水を冷却したり，骨材を冷却すること。

フレクサラム　着色したアルミ合金製の板を幅84 mmのチャンネル形に加工した既製ルーバー。取付けはチャンネルの溝部分を専用の下地にはめ込むだけでビスは使用しない。日除け・屋上の目隠し・店舗の外装などに使われる。〔製造：三協アルミニウム工業〕

プレストレス［prestress］引張応力の生じる部分にあらかじめ圧縮力を与えておくように，荷重などの外力による応力の一部を打ち消すために，あらかじめ計画的にコンクリート部材に導入された応力。

プレストレストコンクリート［prestressed concrete］PC鋼材を用いてプレストレスを導入し，あらかじめ圧縮力を与えておくことにより，曲げ抵抗の増大や収縮ひび割れの防止を図ったコンクリート。プレストレスの加え

方には，主として工場製品に採用されるプレテンション方式と現場施工によるポストテンション方式がある。「PC」「PSコンクリート」ともいう。→プレテンション方式，ポストテンション方式

プレゼンテーション［presentation］本来は自分の考え方を表現する意味だが，建築では図面や模型を使って主張し，表現すること。

フレックス工期［flextime system］労働者不足の現状を反映し，施工平準化対策の一貫として請負業者が着工・施工時期を選択できるとする制度。施工時期選択可能工事制度。1990年に新潟県が試行。

フレッシュコンクリート［fresh concrete］混練後，まだ硬化の始まっていないコンクリート。テストピースはこの状態のとき採取する。「グリーンコンクリート」ともいう。

フレッシュ積み ⇨フランス積み

プレテンション方式［pretensioning system］コンクリートにプレストレスを導入する方式の一つ。PC鋼材を緊張した後で，周囲にコンクリートを打設し，コンクリート強度が発現してからPC鋼材の引張力を解放して，コンクリートとPC鋼材の付着力によってコンクリートに圧縮力を加える方法。工場製品はこの方法による場合が多い。→ポストテンション方式

振れ止め 天井から吊りボルト等で吊り下げている機器，配管等の横振れを止めること。

振れ止めチャンネル 振れ止めに使用される□形鋼材（チャンネル）。

プレパーク prefinish parquetの略。あらかじめ工場で塗装仕上げしてあるパーケットブロック。

プレパクトコンクリート［prepacked concrete］あらかじめ型枠内に粗骨材を詰めておき，その中に特殊なモルタルを注入してつくられるコンクリートのこと。遮へい用コンクリート，水中コンクリートなどに使われる。「注入コンクリート」ともいう。

プレハブ工法 建物の構成部材をあらかじめ工場生産して，現場では組立てのみを行う工法。工期の短縮，現場労務の省力化，品質の安定などの利点がある。

プレボーリング工法［preboring method］既製コンクリート杭や山留め杭などの施工において，あらかじめアースオーガーなどで先行掘削し，その孔内に杭を挿入する工法。最終工程で杭をハンマーでたたく工法や杭先端を根固め液で固める工法がある。低振動・

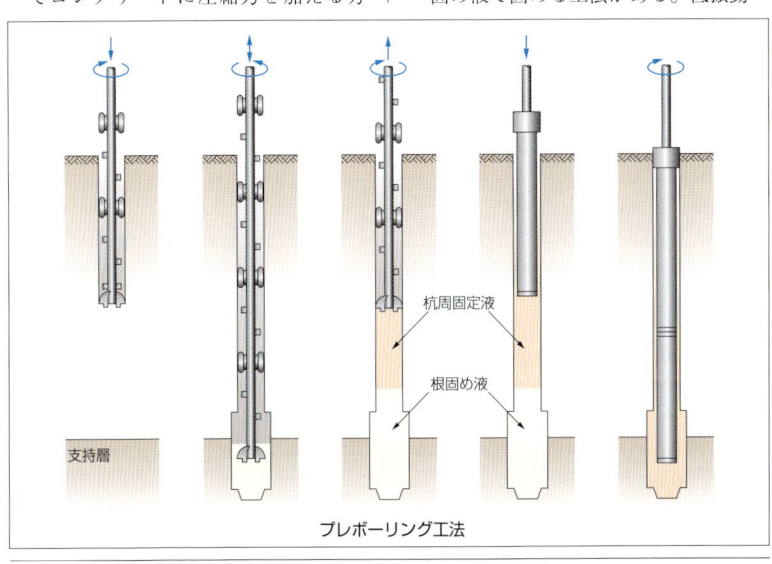

プレボーリング工法

低騒音工法として採用される。

プレミックスモルタル［premix mortar］セメントと種々の細骨材・混和剤をあらかじめ調合混入し袋詰めしたモルタル材料。水を混ぜるだけで使用できる。

プレロード工法［preload system］①プレストレストコンクリートにおけるポストテンション方式の定着方法の一つ。構造体の外側にPC鋼線を固定して締め付けるもの。〔開発：プレロード社（アメリカ）〕②山留め工事において、土圧によってかかる軸力を、油圧ジャッキであらかじめ切梁に導入してから掘削を行う工法。切梁のジョイント部のなじみや、切梁自身の縮みなどによる山留め壁のたわみを防止し、そのために起こる周辺の地盤沈下を防ぐなどのために採用される。

フロアクライミング［floor climbing］タワークレーンにおけるクライミングの呼称で、旋回部分を鉄骨などの構造体にあずけて、機械のベースを引き上げていく方式。「ベースクライミング」ともいう。

フロアダクト［floor duct］コンクリートの床に金属製のダクトを埋め込み、必要な場所から電話線や電線を引き出すもの。最近は、OAフロアに変更されてきている。

フロアドレン［floor drain］浴室やトイレの床に設ける排水用の器具。受け皿および密閉したトラップが付く。

フロアパネル工法 鉄骨造の高層ビルなどにおいて、1スパンの大梁・小梁・デッキプレートや天井内に付くダクト・空調機・配管を地上で地組みしてから所定の位置に取り付ける工法。組合せ部材については、現場の条件によって変わる。資材の揚重回数の削減による作業効率の向上と高所作業の削減を目的に行われる。

フロアヒーティング［floor heating］床に発熱装置を埋め込み、輻(ふく)射暖房を行うもの。通常、熱源として温水、蒸気などが用いられる。暖めた煙を循環させるオンドルもこれに該当する。「床暖房」ともいう。

フロアヒンジ［floor hinge］重い扉の開閉用金物の一つ。箱形をしており直接、床に埋め込む。油圧により開閉速度を調整しながら自動的に扉を閉める機能をもつ。前後両方向の開閉が可能でかつ、重い扉にも耐えるので、玄関の扉や大きな防火戸に使用される。

フロアフィニッシャー［floor finisher］⇨回転トロウェル

フロアホッパー［floor hopper］コンクリートバケットなどから排出される生コンを一時的に貯蔵しておくため各階に設置する鋼製容器。ホッパーゲイトの開閉によりコンクリートカートなどに生コンを供給する。

フロー試験［flow test］モルタルやコンクリートの軟度を測定するための試験。供試体を乗せたフローテーブルに上下振動を与え、底面のひろがりをフロー値(mm)として示す。JIS R 5201。

フローチャート［flow chart］種々の問題を発生の流れに従って分析したり、解決したりする場合の図的表現の一種。品質管理の分野において、クレーム処理体系図や品質保証体系図などに活用されている。

フローティング基礎 船が水に浮かぶように、建築物を地盤に浮かべる考え方。建築物の重量と、その建築物によって排除された土の重量がほぼ等しくなるように設計された基礎で、軟弱地盤において行われる。

フローテーブル［flow table］フロー試験に用いる鉄製テーブル。JIS R 5201によるモルタルのフロー試験では直径30cm、上下振動落差10cmのものを用いる。

フロートガラス［float glass］磨き板ガラスと同様に、ゆがみの少ない滑らかな表面をもつ高級透明板ガラス。ガラス表面が溶融金属面に浮くように高温で製造する。

フロートスイッチ［float switch］浮子（フロート）と開閉器を組み合わせた自動スイッチ。液面の昇降に従って上下する浮子により電気の接点を開閉する

もの。シスターンや高架水槽で用いる。

ブローホール [blowhole] ①溶接金属の内部に発生した空洞。溶接金属内部の水素・炭酸ガスが途中で固まった状態で，欠陥となる。「気孔」ともいう。②ガラス，陶磁器，金属などの鋳型成形の際にできる微小な気泡。「ぶく」ともいう。

フローリング [flooring] 木質系床仕上材の総称。日本農林規格（JAS）によると，ひき板でつくられる単層フローリングと合板や集成材でつくられる複合フローリング，さらにフローリングボード，フローリングブロック，モザイクパーケットなどに分類される。

フローリングブロック [flooring block] ひき板を接合して正方形または長方形のブロックをつくり，アスファルトセメントあるいはモルタルを使用してコンクリート床に貼り込む木質の床仕上材。厚さ15mmまたは18mmで30cm角のブロックが多く用いられる。

フローリングボード [flooring board] 幅5～10cmほどの板で，表面をかんな仕上げし，側面をさねはぎ加工した床仕上材。根太(ねだ)あるいは下地板に釘または釘と接着剤で貼る。「縁甲板(えんこういた)」ともいう。「広葉樹フローリングの日本農林規格」に該当する。

ブローンアスファルト [blown asphalt] 原油から得られる残留瀝青(れきせい)物質のストレートアスファルトを加熱しながら空気を吹き込んで成分の重合と脱水素を促進させたもの。硬質で耐熱性が大きいことから，防水用，電気絶縁用などに使用される。JIS K 2207。→ストレートアスファルト

不陸 （ふろく）⇨ふりく

プロジェクトマネージャー [project manager] 開発事業・新規工事（プロジェクト）などの大規模工事でプロジェクトチームを組む場合，その計画を総合的に運営していく責任者のこと。略して「PM」「プロマネ」ともいう。

プロジェクトマネジメント [project management] 工事を効率化してコストを削減するため，プロジェクトの企画段階からプロジェクトマネージャー（PMR）が参画して工事の発注から管理までを行う方式。建設工事に対象を限定したコンストラクションマネジメント（CM）よりは幅広い概念をもつ。→コンストラクションマネジメント

プロセス管理 [process-based management system] プロセスとは設計，購買，施工などの業務のことで，これらの業務を遂行する際にインプット，アウトプットを明確にして業務管理を行う。例えば，設計であれば，顧客から提示される要求事項，法規等がインプットになり，それに基づいて設計業務が行われて設計図書がアウトプットされ，それが次工程の購買業務のインプットになる。

ブロック ⇨滑車，空胴コンクリートブロック

プロパティマネジメント [property management] 不動産の保守管理や家賃回収，入居者確保のほか，不動産の収益性や資産価値向上の対策を行い，不動産価値の維持向上を図る総合的な不動産管理業務のこと。

プロポーザル方式 発注者が設計者あるいは施工者を選定する場合，予定する建築物に対する設計提案あるいは技術提案の提出を求め，その内容を評価して決定する方法。高度な設計技術，施工技術が要求される場合などに行われる。→簡易プロポーザル

プロマネ ⇨プロジェクトマネージャー

プロモーションテーブル [promotion table] 鉄骨・PC版・サッシ・金物など，おもに工場製作されるものの発注から現場納入までの時期を記入した工程表。発注時期，製作図作製期間と承認時期，工場製作期間，製品検査時期，現場納入時期が示されている。

フロン回収破壊法 正式名称は「特定製品に係るフロン類の回収及び破壊の実施の確保等に関する法律」で平成12年制定。オゾン層破壊や地球温暖化の原因物質であるフロンの大気中への排出を抑制する目的で，業務用冷凍機などのフロン回収業者登録，回収量報

告，破壊業者指定などを規定。カーエアコン，家庭用エアコン，家庭用冷蔵庫は別のリサイクル法で規定。

フロン問題 空調熱源機器の冷媒として使用するが，特定フロンと代替フロンがある。フロンは大気中に放出した場合，成層圏に上昇し宇宙からの紫外線により分解して放出された塩素が，オゾン層を連続的に破壊する。また，一部のフロンは強い温室効果を示し，地球温暖化に大きく影響する。

歩をつける （ぶをつける）定傭（じょうよう）作業で規定の賃金以上に支払うこと。例えば，強風下や大雨の中での作業のように環境の悪さ，仕事の難しさを考慮して「歩をつける」場合がある。

分解性プラスチック 環境への負荷が小さい「腐るプラスチック」として開発されたプラスチック。おもに微生物によって分解される生分解性プラスチックの研究・開発が進んでいる。

分割請負 ⇨分業請負

分割発注 発注者(起業者)が1つのプロジェクトを1社もしくは1グループの建設業者にすべて請け負わせるのではなく，例えば鉄道工事で工区別に，また集合住宅団地で住棟別に分けて複数の建設業者に請け負わせといった発注の形態。大規模プロジェクトに多くみられる。→分離発注

分業請負 建築工事を分割して，複数の施工業者と請負契約を締結する方式。専門工事別，工程別，工区別などに分割する方法がある。「分割請負」ともいう。

分散剤 ⇨減水剤

分電盤 建物内において電気幹線を分岐配線する装置。ボード上に配線用遮断器を取り付け，多くは鉄箱または合成樹脂の箱に納める。

分筆 （ぶんぴつ）土地登記簿に記載された一つの区域(筆($\frac{ひつ}{ふで}$))の所有権を分割して再区分し，それぞれの筆ごとに登記し直すこと。

分別 廃棄物をリサイクルするために材料種類ごとに区分すること。(社)建築業協会では，建設現場での分別を促進するために木くず，金属くず，コンクリート塊，ダンボール，塩ビ管，廃プラ，生ゴミ，空き缶，安定型産業廃棄物，管理型産業廃棄物等の分別ステッカーを作成している。

分別ヤード [segregated disposal yard] 建設現場等における建設廃棄物の分別集積場。

粉末消火設備 水の代わりに，重炭酸ソーダを主成分とする粉末を放出する消火設備。おもに電気火災，油火災に対して用いられる。

分離 ⇨材料分離

分離契約 分離発注方式で発注された工事の契約。→分離発注

分離発注 発注者が1つの建築物の工事一式を1社にすべて請け負わせるのではなく，建築と設備のように工種で分けて請け負わせる発注形式。官庁工事に多い。→分割発注，一括発注

分流式下水道 雨水と事務所や家庭からでる排水を別個の下水管で処理場へもってゆく方式。処理場は合流式に比して小さくて済むが，下水管を雨水用と汚水用と2系列配管しなければならない。→合流式下水道

ペアガラス [pair glass] ⇨複層ガラス

ヘアクラック [hair crack] 毛髪状の細かなひび割れ，亀裂の総称。コンクリートの表面に発生する0.1～0.2mm幅の細い亀裂などをいう。

ヘアライン仕上げ [hair line finish] ステンレス鋼の研磨仕上げの一つ。ステンレスの溶接部の余盛り部分をサンダーやヤスリを使って除去し，平滑にした後，研磨して仕上げる方法で，すべ

ベアリングウォール［bearing wall］
⇨耐力壁(たいりょくへき)

平板（へいばん）①平板測量に使用する図板。②歩道に敷くコンクリートブロック。

平板載荷試験（へいばんさいかしけん）地面に平らな板を置き，その上から荷重をかけて地盤の強度を求める試験。板の形状は，道路などで地盤係数を求める場合は直径30cmの円鋼板，構造物の基礎に対する地耐力などを求める場合には，30cm角の方形鋼板が標準的である。「載荷板試験」ともいう。JIS A 1215。

平板測量（へいばんそくりょう）平板上でアリダードを動かして行う測量。方向，距離を測定して平板上の紙面に作図する。

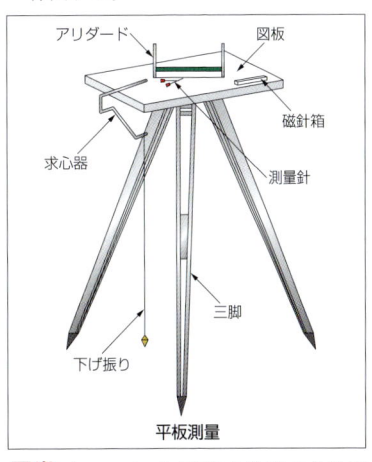

平板測量図（アリダード，図板，磁針箱，求心器，測量針，三脚，下げ振り）

平米（へいべい）面積の単位である平方メートル(米)を略した俗称。

平面図 建物を床から一定の高さで水平に切断し，投影した図面。一般に，建築物などの間取りを，各階ごとに表現したもの。1/100～1/200の縮尺のものが多い。「プラン」ともいう。

平面測量 敷地の形状や敷地内および周辺の建物，工作物，樹木，道路などの平面的な位置関係の測量。

ベース金物 ジャッキベースや固定ベースなどのように，枠組足場の脚部に取り付けられる金物の総称。→ジャッキベース

ベース筋 基礎(フーチング)底面(ベース)に発生する引張力に抵抗させるために，もち網状に組んで敷く鉄筋。→袴筋(はかまきん)

ベースクライミング［base climbing］
⇨フロアクライミング

ベースコンクリート［base concrete］①建物の基礎のうち，最下部にあって一番最初にコンクリート打設が行われる底盤やフーチングコンクリートのこと。②流動化コンクリートの製造に際し，流動化剤を使用する前の基本となるコンクリート。

ペースト［paste］セメント，プラスター，石灰などを水で練ってのり状としたもの。

ベースプレート［base plate］鉄骨の柱脚部に取り付ける鋼製の底板。アンカーボルト用の穴があいている。→アンカープレート，ウィングプレート

ベースボードヒーター［baseboard heater］温水や蒸気を熱源とする暖房で用いる放熱器の一種。機構はコンベクターとほぼ同様だが，室内の幅木の部分に取り付けられる形式になっている。→コンベクター

ベースモルタル［base mortar］鉄骨柱のベースプレートと基礎の間に敷く高さ調整の役目を果たすモルタル。

ペーハー［pH］水質を表す指標の一つ。水素イオン濃度のことで，水素濃度イオンは通常pHで表す。pH＜7は酸性，pH＝7は中性，pH＞7はアルカリ性となる。

ペーパーハニカム クラフト紙で作ったハニカムコア。主として室内のスクリーン用や扉用のサンドイッチパネルの心材として用いる。

ベーン試験［vane test］十字形に組み合わせた羽根(ベーン)を回転させトルクを測定することにより，粘土のせん断強さおよび粘着力を求める試験。軟弱な粘土地盤の原位置での強さを求めるのに多く用いられる。

壁面基盤造成型緑化 ⇨壁面緑化

壁面線（へきめんせん）道路境界から

へきめん

建物の外壁までの間に一定の空間を確保するため，特定行政庁により指定される建築物などの建築位置の制限線。住宅地の前庭あるいは商店街の歩行通路として利用し，環境の向上を図ることを目的として指定される。建築基準法第46，第47条。利害関係者の公開聴聞，建築審査会の同意が必要である。

壁面緑化 物理的な環境改善，整理・心理効果，防火・防災効果等の身近な環境の改善，建築物の保護，省エネルギー，宣伝等の経済的な効果および都市の環境改善効果を目的に，壁面に直接面的，あるいはスポット的に基盤を設けて緑化を行うもの。なお，地上の土壌や人工地盤上の植栽基盤から登はんや下垂による緑化とは異なる。「壁面基盤造成型緑化」ともいう。

へげ石 ⇨鉄平石（てっぺいせき）

ペコビーム 長さの調整できる仮設用の鋼製梁。人力で運搬でき，取付け・取り外しが簡単である，比較的大きな荷重に耐えることができるなどの特徴をもち，スラブ型枠の支持あるいは鉄骨や切梁上の仮設通路などその用途は広い。〔開発：住金鋼材〕

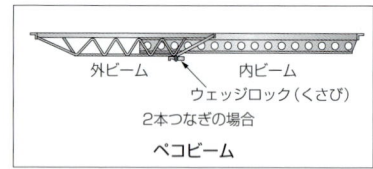

ペコビーム

べた 全面の意味。「べた基礎」「べた塗り」「べた張り」などのように使う。

べた打ち ①杭打設に際して，杭相互の間隔をつめて打つこと。②コンクリートを床などに全面的にすき間なく打設すること。

べた基礎 直接基礎の一種で，建物の荷重を基礎梁と耐圧盤の底面積全体で地盤に伝える形式のもの。

隔て板 スペースを小部分に区切る板。例えば公衆電話や男子小便所などで，隣り同士を仕切る板，あるいは共同住宅のバルコニーにおける隣家との仕切り板など。

隔て子 ⇨セパレーター

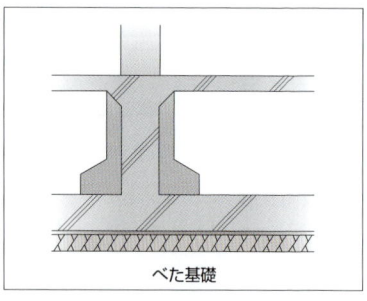

べた基礎

べた張り ①張付け材を目地や空隙を設けずに全面に張ること。②⇨密着張り①

べた掘り ⇨総掘り

ヘッシャンクロス 麻で織った壁張り用クロス。裏打ちに紙を使用したものが多い。「ヘンプクロス」ともいう。

ヘッダー [header] 冷温水，蒸気などを系統別に分配する多数の取出し口のついた円筒形の容器。

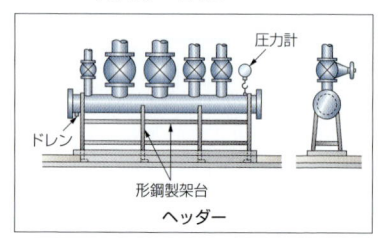

ヘッダー

ヘッド [head] ①水頭（すいとう）のこと。一般的に現場でヘッドというと，2地点間の水圧差のことをいう場合が多い。②ポンプの揚程。

別途工事 （べっとこうじ）正規の契約に含めない工事のこと。例えば，「設備工事また外構工事は別途工事とする」などという。

ペデスタル杭 [padestal pile] 場所打ちコンクリート杭の一種。内管および外管の二重の鋼管を所定の深さまで埋め込み，コンクリートを投入して先端部にペデスタル（球根）ができるように，内管でコンクリートに打撃を加えながら外管を引き抜く操作を交互に繰り返して形成する。

ペデストリアンデッキ [pedestrian deck] 歩行者専用の公共歩廊，陸橋。人と車両を立体的に分離することによ

って，その区域の都市機能に対する動線を有効に処理しようとするときに設ける。大規模なものはニュータウンの中心地区に，小規模なものは市街地の再開発などに用いられる。

へどろ 悪臭を放つ水分の多い（液状に近い）泥の俗称。

ベニヤコア合板 心板が単板だけで構成される合板。→ランバーコア合板

ベニヤフラッシュドア ⇨フラッシュドア

ベネシャンブラインド［Venetian blind］窓の内側に付ける水平ルーバー一式の日除け。ひもの操作によってルーバーの角度を変えたり，全体を上部に畳み込むことができる。ベネシャンとは「ベニス風の」という意味。

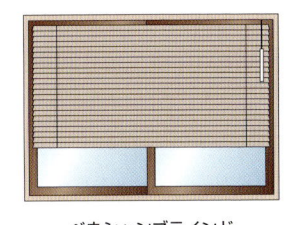

ベネシャンブラインド

ペネトロメーター［penetrometer］人力で行う土質調査の器具。先端に，コーンと呼ばれる錐先の付いた鉄棒に圧入用のハンドルと貫入抵抗を読み取るダイヤルゲージが付いている。軟弱地盤用であり，5 m程度が限度である。この器具を使用して行う試験を「ポータブルコーン貫入試験」という。

ベノト杭［Benoto pile］オールケーシングの場所打ち鉄筋コンクリート杭。

ベノト工法［Benoto method］大口径の場所打ちコンクリート杭。ベノト機を用いてケーシングを地中に圧入させながら，地盤中の土砂をハンマーグラブと呼ばれる掘削機（フランス・ヘット社開発：直径300〜2,000 mmまでの穿孔（せんこう）が可能）で排出し，コンクリート打設後，このケーシングを引き抜いて杭を造成する。

ヘパ［HEPA］high efficiency particulate air filterの略。クリーンルームな

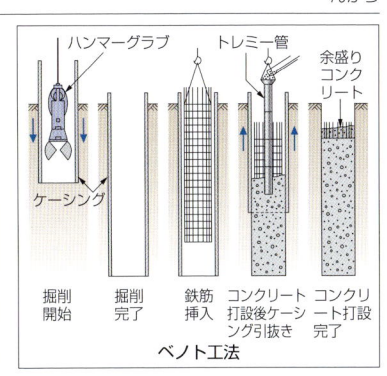

ベノト工法

どで使用される高性能フィルターの一種。→クリーンルーム

ヘビーティンバーコンストラクション［heavy timber construction］耐火性能の向上を目的として，各部材の寸法を大きくした木構造のこと。「重量木構造」ともいう。

へら押え コーキング材やシーリング材を目地に充てんした後，表面をへらを使ってきれいに仕上げること。

減り ⇨目減り

ペリメーターゾーン［perimeter zone］空気調和において，建物をゾーニングしたときの窓側，および外壁側にある室内部分のことを指す。建物内では外周部からの熱量変化の影響が大きいので，その部分をほかと区分して空調制御を行う。→インテリアゾーン

ベルカ［BELCA］Building and Equipment Life Cycle Associationの略。建築・設備維持保全推進協会。1989年設立。維持保全または改修で優良な実績を残した建築物を「BELCA賞」として表彰している。

ヘルメット［helmet］落下物から，あるいは転倒や転落の際に頭部を保護するために着用する帽子。「保安帽」「保護帽」ともいう。

べろ ①ミキサーに付いているシュートなどの可動式掃き出し装置のこと。②⇨サムピース

紅殻，弁柄（べんがら）酸化第二鉄を主成分とする赤色顔料で，塗料やモルタルの着色に使われる。インドのベンガル産が渡来し名称になったという。

辺材 樹皮のすぐ内側の形成層と樹体中央の心材部との間にある，一般に白っぽい部分。水分や養分の通り道となっている。10～20年で心材になってしまうので，辺材の厚みはほぼ一定であり大きい樹木ほど辺材の割合が低くなる。→心材

偏心基礎 力の作用線が断面の図心や材軸を通らないで，ずれている基礎形式の総称。

変成シリコーンシーリング 弾性シーリング材の一種。シリコーン系に比べ接着性が良く，石などに対する目地汚染もない。耐候性・耐疲労性にも優れ，カーテンウォールの目地に適している。ガラスには適していない。

ベンダー ⇨バーベンダー

ベンチ ⇨ベンチマーク

ベンチカット [bench cut] ⇨段切り

ベンチマーク [bench mark] ①施工の際，建物の基準位置・高さを決める原点。②土地の高低測量を行う際の水準の標点。①，②とも単に「ベンチ」ともいう。

ベンチレーター [ventilator] 換気扇，あるいは通風筒のこと。工場などの換気に用いられる。

ベントキャップ [vent terminal cap] ダクトや通気管が外気に開放される部分に，雨水や小動物，虫の侵入を防止する目的で取り付ける金物。

ベンド筋 [bend bar] 梁やスラブの主筋のうち，途中で45°の勾配で折れ曲がったもの。曲げによる引張力に抵抗するとともに，せん断力にも抵抗する。「折り曲げ筋」「曲げ上げ筋」ともいう。

ベンドスラブ 端部の上筋と中央部の下筋を，1本の鉄筋を折り曲げて配筋したスラブ。折り曲げは短辺の長さの1/4の位置が一般的である。配筋間隔が端部・中央部・側部で異なっていることが多い。

ベントナイト [bentonite] 水を吸収して著しく膨潤する微細な粘土。溶液状にして，掘削孔の崩壊を防止する目的で，場所打ち杭や地中連続壁の掘削時に用いられる。

ペントハウス [penthouse] ⇨塔屋(とうや)

ヘンプクロス ⇨ヘッシャンクロス

片務契約 (へんむけいやく) 契約当事者の一方だけが義務を負う不平等な契約。建設業は受注産業であり発注者に対して弱い立場になりやすいところから，双務契約でありながら実際上の片務性を指摘する声もある。元請と下請の契約についても同様。

ほ

保安帽 ⇨ヘルメット

ホイールクレーン [wheel crane] トラッククレーンなどのように揚重装置を自動車に取り付けた移動式クレーンのこと。クレーン用の原動機が走行用と兼用で，揚重作業と走行が同時にできる。「モビールクレーン」ともいう。

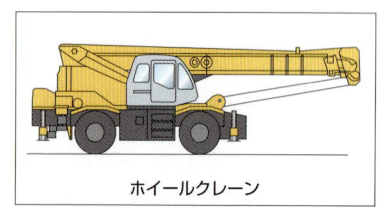

ホイールクレーン

ホイスト [hoist] モーターとワイヤー巻取りドラムが一体となった小型のウインチ。簡単な巻上げ設備で，リフトの巻上げなどに使われる。

ボイド [void] 空隙・すき間・間隙のこと。砂利，砂，砕石などの骨材粒間の空隙率を指す場合もある。また，設備の配管用としてコンクリートに打ち込む紙製のスリーブをボイドと呼ぶこともある。

ほいとこ 滑り出し窓において，建具の左右のたて框(がまち)中央部分にそれぞれ取り付ける開閉用の金物。

ボイドスラブ [void slab] 中央部に何

ほうえん

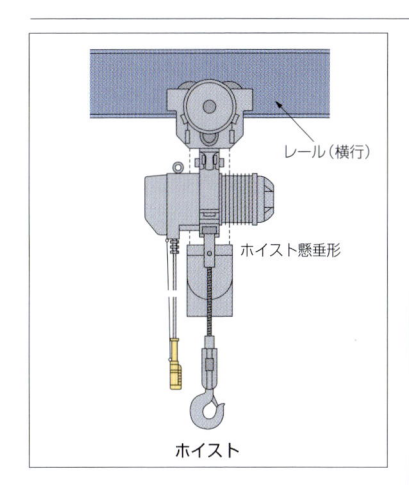

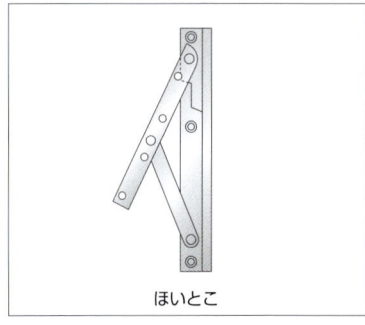

ホイスト（図：レール（横行）、ホイスト懸垂形）

ほいとこ

本もの空胴をもった鉄筋コンクリート床スラブのこと。一般にはこの空胴の断面は円形で，単位容積当たりの重量が減少することから，スパンを大きくできる。また，床厚を大きくすることが可能なので，断熱・遮音効果が期待できる。「中空スラブ」ともいう。

ボイドスリーブ［void sleeve］設備の配管用として，コンクリートに打ち込む紙製のスリーブ。

ボイドチューブ 鉄筋コンクリート構造の円柱の型枠材として使用される断面が円形で中空となった厚紙製品。設備配管用のスリーブにも用いられる。

ボイラー［boiler］蒸気や温水をつくる缶で，電気，ガス，重油などを熱源とする燃焼装置を有するもの。

ボイリング［boiling］砂質土の根切り底などにおいて，上向きの水圧により水とともに砂が吹き上がる現象。「沸き出し」ともいう。山留めの大事故を引き起こす原因となる。

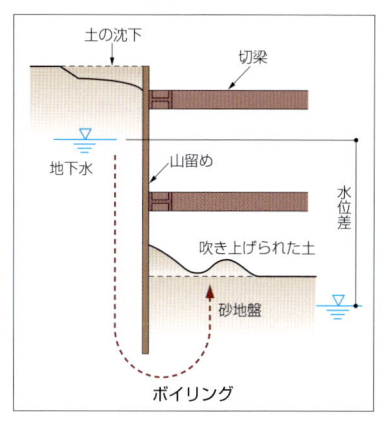

（図：ボイリング―土の沈下、切梁、地下水、山留め、吹き上げられた土、砂地盤、水位差）

防煙区画 火災時の煙の拡大防止，排煙の効率化，避難者の煙からの保護を目的とし，垂れ壁，間仕切り壁，防火戸などで構成する区画。

防炎合板 薬剤処理により自己消炎性を付与した合板。消防法により，高層建築物もしくは地下街または劇場，旅館，病院その他の政令で定める防火対象物において使用する展示用合板，および舞台で使用する大道具用の合板には，防炎合板の使用が義務づけられている。

防煙垂れ壁 建築基準法で定められた防煙区画を構成する防煙壁の一種。火

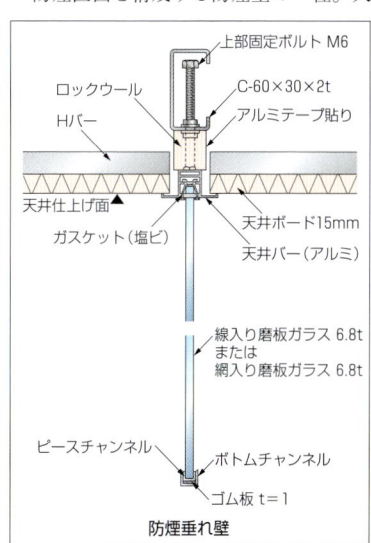

（図：防煙垂れ壁―上部固定ボルト M6、ロックウール、C-60×30×2t、Hバー、アルミテープ貼り、天井仕上げ面、天井ボード15mm、ガスケット（塩ビ）、天井バー（アルミ）、線入り磨板ガラス 6.8t または 網入り磨板ガラス 6.8t、ピースチャンネル、ボトムチャンネル、ゴム板 t=1）

269

災のとき，煙の流動を妨げるため，天井から50cm以上下げられた壁。視覚的意味から，網入り透明ガラスを使ったものが多い。常時は天井内に収納され，火災時に下りてくる可動式のものもある。

防煙ダンパー 火災時などに発生する煙の流動を防止するために，ダクト内や壁開口部などに設けられる閉鎖板。

防音シート 臨時の防音用の囲いとして使用される，薄い鉛シートをはさんだ帯状の仮設材。

防火管理者 仮設建物や本建築物において収容人員が50人以上の場合，防火管理上の業務を行うため消防法で選任を義務づけられている者。おもな業務は，1）消防計画作成。2）消火，通報，避難訓練実施。3）消防用設備の点検整備。4）火気取扱いの指導監督。5）避難，防火上の構造，設備の維持管理。6）収容人員の管理など。消防法第8条。

防火区画 火災時に建築物内の延焼・煙の拡散を防ぎ避難を容易にするため一定の床面積あるいは部屋の用途に応じて行う防火上の区画。その区画は準耐火構造の床，壁または60分の遮炎性能を有する防火戸等で行わなければならない。建築基準法施行令第112条。

防火区画貫通処理 防火区画貫通処理の考え方の基本は，火災が発生した場合に，壁・床等の防火区画を貫通する設備部材またはその周囲から火災の延焼，拡大を防止すること。建築基準法施行令で指示されている処理方法のほか，各メーカーが国土交通大臣認定を取得した専用処理材料がある。後者は，施工性，納まりに優れている。

防火構造 建築物の外壁または軒裏の構造のうち，防火性能に関して建築基準法施行令第108条「防火性能に関する技術的基準」に適合する鉄網モルタル塗り，しっくい塗りその他の構造で，国土交通大臣が定めた構造方法を用いるものまたは国土交通大臣の認定を受けたもの。建築基準法第2条8号。

防火シャッター シャッター形式の防火戸。建築基準法では防火設備として性能が規定されている。→防火戸

防火ダンパー 換気・暖房・冷房設備の風道が耐火構造の防火区画を貫通する場合に設ける，火災の延焼を防止するための閉鎖装置。建物内における火災の延焼防止には，壁・床などの防火性能の確保とともに，防火区画を貫通する風道での防火性能の確保が必要とされる（建築基準法施行令第112条の16）。「FD」ともいう。

防火戸 火災の延焼を防ぐため，防火区画を構成する壁面の開口部などに設ける扉。建築基準法では防火設備と称し，20分の遮炎性能を有する防火設備と60分の遮炎性能を有する特定防火設備の2種類がある。建築基準法第2条9号の2，同法施行令第109条，109条の2，112条。

箒目（ほうきめ）硬化前のモルタルまたはコンクリート面に箒ではいて付けた筋模様。仕上げ面の場合は滑り止めとして，下地面の場合は接着性を良くするために施す。

方形（ほうぎょう）四方向勾配で，勾配が1点に集中する形状，すなわち角すい状の屋根。

防護構台 一般的には歩道防護台のことを指す。歩道上の歩行者の安全を確保するため歩道上空に設置する仮設工作物のこと。この上に仮設事務所やキュービクルなどを載せる場合もある。

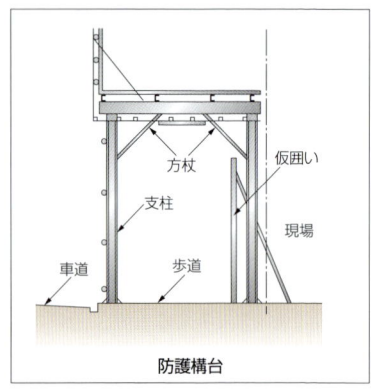

防護構台

防護棚 ⇨朝顔（あさがお）

防災小堤（ぼうさいしょうてい）造成

中に盛土表面の雨水が法(のり)面を流れ落ちないように，盛土の法肩(のりかた)付近につくる小さな土手。

防湿シート　湿気を防ぐために用いるシート。多くは土に接する1階床コンクリートの下に敷いて，土中からの湿気を防ぐ，厚さ0.1～0.2mmほどのポリエチレンフィルムを指す。

棒状工程表　⇨バーチャート

防食処理　酸，アルカリ，塩分，電食等から，材料が腐食しないように処理すること。耐食材料によって対策手段が異なる。

防食テープ　重ね巻きを行うことで電気特性に優れ，迷走電流などの電食や酸，アルカリ，水による腐食から守る。錆や腐食などの対策上必要な躯体貫通部，土中埋設等に配管施工する場合などに用いるテープ。

防食鉄筋　塩分や酸などによる鉄筋の腐食を防止するために表面処理された鉄筋。合成樹脂などの非金属材料や亜鉛めっきによって被覆される。

棒心　(ぼうしん)　⇨ボーシン

防振アジャスター　乾式置き床工事でベースパネルを固定するための床鳴り防止機能をもった高さ調整用の支柱。

防振ゴム　[vibration isolation rubber]　機器の振動を躯体に伝播させないように中間に挟み込むゴム。また，精密機器に振動を伝播させたくない場合にも用いる。振動周波数によってはゴムでは効果がない場合があるので，他の防振設備を用いる必要がある。

防振シート　建築物や機械類の振動を抑制したり，絶縁するために用いるフェルト，ゴム等のシート状の材料。

防塵処理　(ぼうじんしょり)　クリーンルームや電算機室の床などに防塵のために行う仕上げ。例えば，硬化強度のあるものとして樹脂モルタルなどが使われる。

防振継手　機器接続部の保護，振動伝達防止のため使用する配管継手。SUS製やゴム製がある。

坊主　(ぼうず)　太い丸太を立てて数本のガイロープで支え，先端に滑車を取り付けて荷の吊上げを行う簡易な揚重機。また地面に立てた状態の松丸太をいう。「ジンポール」ともいう。

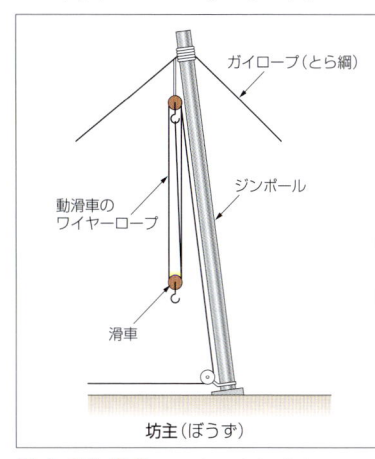

坊主（ぼうず）

防水(層)押え　防水層を保護するため防水層の上にコンクリート，モルタル，敷石用ブロック，れんがなどを敷くこと。アスファルト防水の場合に用いられることが多い。

防水工事　[water proofing work]　アスファルト，シート，塗膜防水材を用いて建物の屋根，床，地下室などに防水層をつくる工事。→表(273頁)

防水工事用アスファルト　防水工事に必要な特性をもったアスファルトの総称。用途によって1種～4種に区分されている。JIS K 2207。

防水コンクリート　防水性を高める混和材を入れたり亀裂を防ぐ方法を講じて，防水性能をもたせたコンクリートの総称。JASS 5では「水密コンクリート」として規定している。→水密コンクリート

防水剤　防水性を向上させるために，モルタルやコンクリートに混入する混和剤。

防水紙　木造の屋根や壁の防水，あるいはアスファルト防水などに使用されるアスファルトを浸した紙。アスファルトフェルト・アスファルトルーフィングなど。

防水下　(ぼうすいした)　アスファルト防水やシート防水の下地として適する

ほうすい

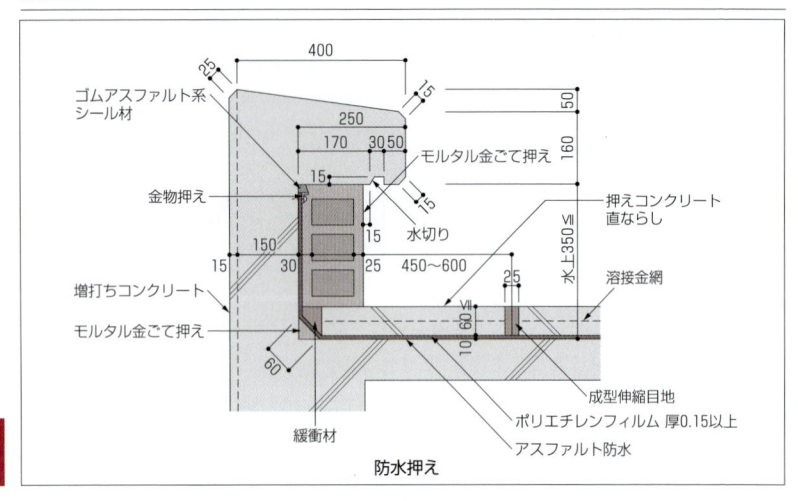

[図: 防水押え の断面詳細図]

図中ラベル:
- ゴムアスファルト系シール材
- 金物押え
- 増打ちコンクリート
- モルタル金ごて押え
- モルタル金ごて押え
- 水切り
- 押えコンクリート直ならし
- 溶接金網
- 緩衝材
- 成型伸縮目地
- ポリエチレンフィルム 厚0.15以上
- アスファルト防水

寸法: 400, 25, 15, 15, 50, 250, 170, 30, 50, 160, 15, 15, 15, 150, 25, 450〜600, 水上350≦, 25, 60, 溶接金網, 30, 60, 10, 15

防水押え

程度のコンクリートまたはモルタル仕上げ面をいう。

防水パン　浴室ユニットの床部分や洗濯機を設置する床部分に据え付ける，防水用の皿状の製品。熱硬化性プラスチック（FRP等），熱可塑性プラスチック（ABS，ポリプロピレン等），再生プラスチック（ポリエチレン等）などでつくられたパンとABS樹脂または鋳鉄製の排水トラップから構成されている。

防水ブロック　防水性を有するコンクリートブロック。JIS A 5406（空胴コンクリートブロック）において水密性による区分で規定されている。防水剤，フライアッシュ，石粉などを混ぜて，単位セメント量を270kg程度に配合してつくる。

防水モルタル　混和剤を混入して防水性能を向上させたモルタル。

防水リシン　⇨リシン吹付け

防水冷工法　⇨冷工法防水

方立て（ほうだて）開口部において，窓，ドア，パネルなどが横に連続する場合に中間に入れる竪桟。→マリオン

膨張水槽　⇨膨張タンク

膨張セメント　硬化の際，化学的に膨張するセメント。モルタルやコンクリートの乾燥・収縮を防ぐため，または化学的にプレストレスを導入するために用いる。鉄骨や機械台のベースモルタル，躯体コンクリート，ヒューム管などのコンクリート2次製品に使用される。「無収縮セメント」ともいう。

膨張タンク　ボイラーなどの配管系統において，温度上昇により膨張してあふれる配管内の温水を一時的に貯え，多すぎる場合はあふれ管を通して逃す仕組みのタンク。「膨張水槽」ともいう。

防潮板（ぼうちょうばん）高潮や大雨などで道路が冠水したとき，地下室への水の流入を防ぐために開口部に設ける仕切り板。

膨張モルタル　硬化の際に膨張し，乾燥後も収縮が非常に小さいモルタルの総称。乾燥収縮によるひび割れの発生を防止することを目的として，膨張材（アルミ粉末など）と良質な砂をプレミックスしたセメントを使用する。「無収縮モルタル」ともいう。

方杖（ほうづえ）梁，桁などの横架材が柱と接合する部分を補強するために横架材から柱へ斜めに入れる部材。

棒突き　突き棒などを使って突き固めること。突固めおよび締固めの対象としては，コンクリート，骨材，および埋め土などがある。

法定共用部分　区分所有建物のうち専有部分以外の建物部分で，区分所有法で規定された共用部分。建物の基本的構造部分となる壁・屋根・基礎工作物など，区分所有者の全員または一部の

防水工法の種類

工法名		特徴	長所	短所
アスファルト防水		溶融釜を用いて溶融したアスファルトとルーフィングを、交互に数層重ねて密着させて防水層を構成する積層式熱工法。アスファルトやアスファルトルーフィングは時代の変化に対応して改質、改良がなされ、実績が多く最も信頼性の高い工法。	・ルーフィングの組合せと層数を変えることによって、要求レベルに応じた防水性能をもたせることが可能。 ・建物の種類と部位、耐用年数に対応して、適切な防水層を選択できる。	・アスファルト溶融釜（加熱装置、熱源および設置場所）が必要。 ・臭気と煙が発生。 ・複雑な部位の施工難。 ・高温で軟化、低温で硬化。 ・工程数が多い。
シート防水	ゴムシート防水	合成ゴムを主原料とした厚さ1.0～2.0mmのシート（「標準仕様書」では、特記なき場合は1.2mm）を接着または機械的固定工法で下地に張り付ける。シート同士の接合は接着。厚塗り塗装材を保護層（トップコート）とすることで軽歩行も可能。	・温度による物性変化が少なく、施工地域の制約が少ない。 ・耐候性良。 ・伸びがあり、下地の亀裂に追随。 ・下地の挙動が大きいALC板等の下地に対応可能。 ・施工容易で、工期短。	・シートが薄く、下地の突起物や外部からの衝撃に弱い。 ・複雑な部位の施工難。 ・3枚重ね部は不具合を生じやすい。 ・機械的固定工法では、風圧力に耐えるよう、固定金具の留付け間隔の管理が必要。
	塩ビシート防水	塩化ビニル樹脂等の合成樹脂を主原料とし、柔軟性を付与するための可塑剤を添加し、シート化した厚さ1.0～2.0mmのシート（「標準仕様書」では特記なき場合は1.5mm）を、接着または機械的固定工法で下地に張り付ける。	・保護層なしで軽歩行可。 ・シート相互の接合は、熱着または溶剤溶着で防水層が一体化し水密性が高い。 ・シート自体に着色でき、仕上げ塗装不要。 ・耐候性良。 ・施工容易で、工期短。	・シートが薄く、下地の突起物や外部からの衝撃に弱い。 ・複雑な部位は施工難。 ・低温時の作業性悪い。 ・出・入隅の処理に成形役物が必要。 ・機械的固定工法では、風圧力に耐えるよう、固定金具の留付け間隔の管理が必要。
塗膜防水		ウレタンゴム系、ゴムアスファルト系等の液状の塗膜防水材を混合して、金ごて、ゴムベラまたは刷毛等を用いて塗り重ね、必要に応じてガラス繊維や合成繊維の不織布で補強積層し、連続的な膜（防水層）を形成する工法。耐久性（耐用年数）に難。	・複雑な形状でも施工が容易。 ・継目のない防水層の形成が可能。	・均一な厚さの防水層確保が難しい。 ・下地に突起物がある場合は欠陥となりやすい。 ・外部からの衝撃に弱い。 ・防水膜形成時に天候の急変等がある場合、影響を受けやすい。
改質アスファルトシート防水（トーチ工法）		合成ゴムや合成樹脂をアスファルトに添加し、耐久性・耐候性を向上させた改質アスファルトシートを、熱工法のような溶融したアスファルトを使用せずに、トーチバーナーであぶりながら接着して防水層を形成する工法。「常温工法」ともいう。	・シート相互の接合部は、トーチバーナーによる溶融、融着により防水層が一体化する。 ・アスファルト溶融釜が不要。 ・アスファルト防水熱工法に比べて煙・臭気の発生が少ない。 ・耐衝撃性良。	・高い施工技量を要求される。 ・アスファルト防水の熱工法に比べ歴史が浅く、実績が少ない。 ・改質アスファルトシートが厚いため、複雑な部位の施工難。

共用となる複数の専用部分に通じる廊下，階段室，エレベーター室などがこれに当たる。

法定耐用年数 減価償却資産の減価償却において，残存価額が取得価額の10%となるに要する年数。

法定点検 法令に定められている点検。建築では「建築基準法」「消防法」「危険物の規制に関する政令」「労働安全衛生法」「水道法」「電気事業法」「建築物における衛生的環境の確保に関する法律」「浄化槽法」などが関連する。

防犯カメラ セキュリティー，監視用にモニターするために取り付けるカメラ。防犯設備の構成機器の一つ。

ボウビーム [bow beam] 弓形をした梁の意味で，組立て式の支保工（しほこう）の一種。床型枠の受けや仮設用の床などに使用される。

防腐木煉瓦（ぼうふもくれんが） 防腐

処理した床仕上げ用の木製ブロック。年輪の見える小口を表面にして敷き詰める。店舗の床や外部の通路などに使用される。単に「木煉瓦」ともいう。

防網設備 物の落下から作業者を守るために，ネット等を使って防止する仮設物。労働労全衛生規則第537条。

琺瑯処理 （ほうろうしょり）鋼板の表面処理の一種で，ガラス質の琺瑯釉薬(ゆうやく)を焼付け塗装したもの。防錆効果が大きく着色もできるが，処理後の加工はできない。カーテンウォールの外装，浴槽などに使われる。下地にアルミニウムを用いることもある。

防露工事 給水管・排水管は内部を流れる水温が外より低いと，管表面に結露を生じ水滴が建物各部を損傷させる。これを防ぐために，牛毛フェルトや岩綿その他を巻き付けて保温する工事をいう。

防露巻き 機器や材料に結露を防ぐために保温材等を巻いて施すこと。

ボーシン [bosun]棒心。作業グループの長のことであり，職長・世話役などと同じ。ボースンがなまったもので棒心はあて字。

ボーダー [border] ①意匠的あるいは機能的に設けた縁(ふち)一般のこと。②劇場の舞台上部から吊り下げた水平パイプ。大道具や照明器具をそこから吊り下げる。

ボーダータイル タイルの寸法による呼称の一種。縁(ふち)取りに用いるような細長いタイル一般をいい，特に定まった寸法はないが，227×30 mm，36，45 mmなどがよく使用される。

ポータブルウェルダー [portable welder]小型で持ち運びが容易な溶接機械。用途によって，交流アーク溶接機，半自動溶接機，アルミ溶接機の3種類がある。

ポータブルコーン貫入試験 →ペネトロメーター

ポーラスコンクリート [porous concrete]粒径の小さい粗骨材のみを骨材とした，多孔質で透水性のあるコンクリート。

ボーリング [boring]掘削用の機械・器具を用いて，地中に深い穴を掘ること。おもに土質調査のために，またさく井のための場合もある。方法として衝撃式，水洗式および回転式がある。

ポール [pole]測量用の赤白に塗り分けた棒。測点上に立てて測線の方向を決めるときに用いる。

ホールインアンカー [hole in anchor]メカニカルアンカーの一種。コンクリート躯体に孔をあけ，鉛製の円筒座金またはプラグを打ち込んでアンカーとする方法。このアンカーにボルトやねじを施した鉄筋をねじ込んで用いる。

ボールタップ [boll tap]ハイタンクあるいはロータンクの水量を自動的に調節する器具。水位が上昇するとボールが浮力で上昇し吐水口を閉止し，水位が下がればボールも下がって水が出るような仕組みになっている。「玉栓」「浮子栓(うきせん)」ともいう。

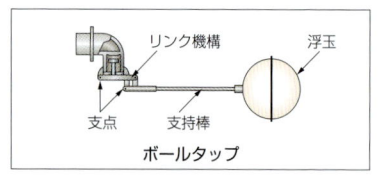

ボールタップ

ホールディングゲート ⇨伸縮戸

ボールト [vault]中世ヨーロッパにおけるゴシック様式の教会等に用いられるアーチ型(半円形)の天井をいう。「穹窿(きゅうりゅう)」ともいう。

ポールトレーラー 既製杭やシートパイルなどの長い重量物を運搬するトラック。前輪と後輪の間隔を変えることができる。

保温工事 配管および機器の要所や外周面を，表面の結露防止，凍結防止，熱放散の減少などの目的で，熱の伝わりにくい材料で覆うこと。「断熱工事」ともいう。

補強筋 ①鉄筋コンクリート造の部分補強をするための鉄筋。開口部周囲の曲げ補強筋，せん断補強筋などをいう。②コンクリートブロック造のブロック壁に入れる縦筋および横筋のこと。「補強鉄筋」ともいう。

補強コンクリートブロック造 鉄筋で補強したコンクリートブロックの建物。空胴コンクリートブロックを用い縦横の目地部に適度な間隔で鉄筋を配して，空隙をモルタルまたはコンクリートで充てんし，鉄筋コンクリートの臥梁(がりょう)を配した構造。

補強スターラップ 梁を貫通するスリーブ回りを補強するために，一般部のあばら筋の間隔よりも狭くして配置した補強筋のこと。

補強組積構造（ほきょうそせきこうぞう）⇨RM構造 略

補強鉄筋 ⇨補強筋②

保護衣 危険作業から身を守るために付けるヘルメット，手袋，安全靴等の総称。

保護帽 ⇨ヘルメット

保護マスク ①有害な紫外線や赤外線から溶接作業者の目を保護するための特殊フィルターを使ったマスク。②エポキシやポリエステルを使用した道具の洗浄，塗料の希釈にアセトンやシンナーなどの有機溶剤を使用する場合，発生する有機ガスから人体を保護するために使用するマスク。

保護メガネ 浮遊粉塵(ふんじん)，薬液の飛沫，飛来物などが発生する作業に際し目を保護するために使用するメガネ。

保護モルタル アスファルト防水などの防水層が，防水押えの材料によって傷付けられないように，防水層の上に塗るモルタル。

補助板 型枠の側板などに用いる規格外の板，またはパネルのこと。

補助桟 断面寸法が30mm×60mmほどの型枠用の木材。おもにせき板に用いられる合板の補強，および組立てに用いられる。

ポストテンション方式［post-tensioning system］コンクリートにプレストレスを導入する方式の一つ。コンクリートの硬化後，所定の位置にあけた孔にPC鋼材を通して緊張しグラウティングを行い，その両端をコンクリートに定着することでコンクリートに圧縮力を加える方法。現場施工に適した方式である。→プレテンション方式

ポストフォーム 出隅や入隅に曲面をもつ板の表面にプラスチック化粧板を高温で圧着したもの。カウンターの甲板や棚板などに使われる。〔製造：ア

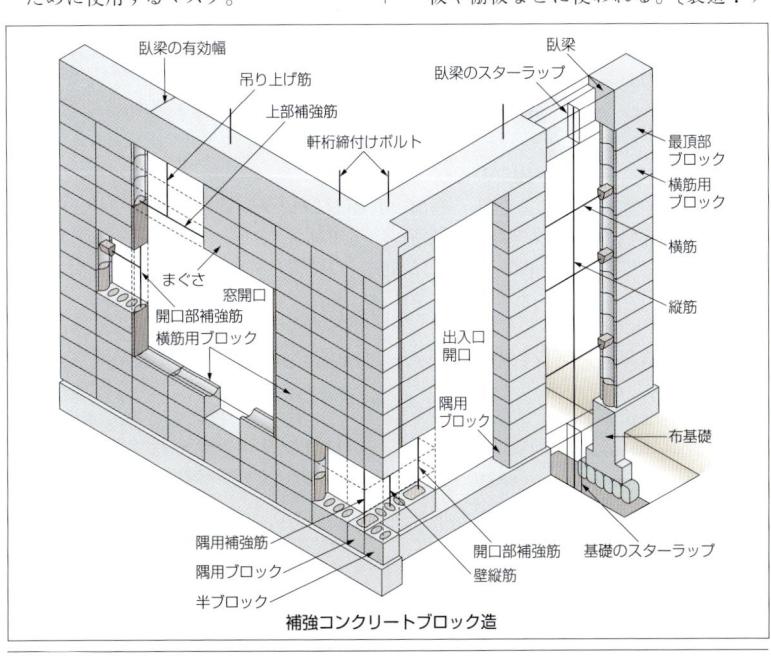

補強コンクリートブロック造

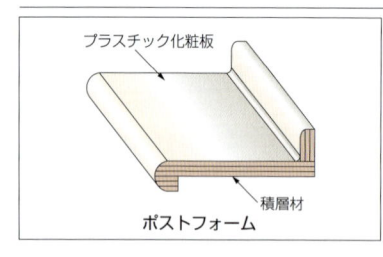

プラスチック化粧板 / 積層材 / ポストフォーム

イカ工業〕

保全 建物などのファシリティが有用に存続する期間内において，全体または部分の機能および性能を，使用目的に適合するよう維持または改良する諸行為で，「維持保全」と「改良保全」とに分けられる。

柄 （ほぞ）木材，石，金物などの部材同士の接合において，片方の部材にくり抜いた穴に合うように他方の部材につくり出した突起。

細目砂 （ほそめずな） ⇨細砂（さいしゃ）

ポゾラン [pozzolan] けい酸白土，珪藻土（けいそうど），フライアッシュなどに代表される，シリカ質の粉体のセメント混和材の総称。

ボックスカルバート [box culvert] 下水道，排水路用の暗きょ水路，地下道の共同溝などに使用される□形断面の鉄筋コンクリート製品。

ホットコンクリート [hot concrete] 骨材やミキサー中のコンクリートを加熱し，高温で混練したコンクリートのこと。通常50～55℃の練上り温度とする。プレキャストコンクリート部材，鉄道の直結軌道スラブなどの製造に使用され，蒸気養生期間の短縮に効果がある。「ホットミクストコンクリート」ともいう。

ホットミクストコンクリート ⇨ホットコンクリート

ホッパー [hopper] コンクリートや骨材もしくは掘削した土砂などを一時仮受けして，所定量を下方へ出すために使用するじょうご形をした装置。落し口は手動と自動とがある。「タワーホッパー」「フロアホッパー」「グランドホッパー」などの種類がある。

ポップアウト [pop out] コンクリート表層下に存在する膨張性物質や軟石がセメントや水との反応および気象作用により膨張し，コンクリート表面を破壊してできたクレーター状のくぼみ。「ポピング」ともいう。

火床 （ほど）鋼材を熱間加工するための炉。この炉内に鋼材を入れて熱して種々の形状に加工する。

歩道切り下げ 工事資材の搬入など車両が歩道を横断する必要があるとき，車道との段差を少なくするため歩道を低くすること。同時に歩道防護を行うのが一般的である。→歩道防護

歩道防護 建築現場への出入りに際し工事用車両が歩道上を通過する場合に重量に耐えられるよう歩道を補強すること。道路管理者の承認を必要とする事項の一つ。→歩道切り下げ

ポピング [popping] ⇨ポップアウト

ポリアミド樹脂 [polyamide resin] アミド結合をもつ高分子化合物。耐薬品性・耐水性に優れ，強度をもつ。

ホリービーム スラブ型枠用の鋼製梁で，両端を鉄骨梁あるいは梁側型枠で支持するため，スラブ型枠を受けるサポートが不用である。〔製造：ホリー〕

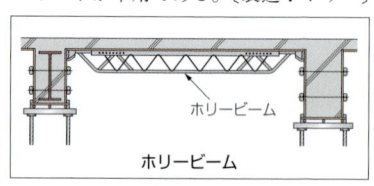

ホリービーム

ポリウレタン樹脂塗装 ポリオールとイソシアネートから得られる熱硬化性の樹脂を主成分とする塗料を用いた塗り仕上げのこと。JIS K 5500。

ポリウレタン樹脂塗料 [polyurethane resin paint] ウレタン結合を高分子形成の主要因とした合成樹脂塗料のことで，耐久性に優れている。

ポリウレタンフォーム [polyurethane form] ポリオールとイソシアネートから得られる熱硬化性樹脂を発泡させ，成形した断熱材料。「フォームポリウレタン」ともいう。

ポリエステル合板 ポリエステル系のプラスチック板を貼った化粧合板。間

仕切り壁や木製扉などに使用される。

ポリエチレンシート ⇨ポリエチレンフィルム

ポリエチレン樹脂 エチレン重合の安定性の高いプラスチックでフィルム，チューブ，各種容器類に使われる。

ポリエチレンフィルム [polyethylene film] おもに防湿層として用いられる透明なシート。厚さ0.1～0.2mm，幅0.9～1.8mの長尺シートとして多く使われている。「ポリエチレンシート」ともいう。→防湿シート

ポリオレフィン [polyolefine] 炭素と水素を構成元素とした高分子化合物の総称。焼却時にダイオキシンを発生する塩化ビニールに代わる素材として，床タイルやクロス，タイルカーペットなどに使用されている。完全に燃焼すると水と二酸化炭素になる。ポリエチレン，ポリプロピレンが代表例。

ポリカーボネイト [polycarbonate] 衝撃強さと引張強度に優れた非常に強いプラスチック。ヘルメット，電気部品などに用いられる。またガラスに近い透明度を利用して安全ガラスにも利用される。

掘り方 土を掘削する作業員をいう。

掘り越し ⇨余掘り

ポリサルファイドシーラント [polysulfide sealant] ポリサルファイドを主材としたシーリング材。引張応力が大で耐久性に優れ，カーテンウォールなどの外装の目地処理用材料として多用されている。JIS A 5758，JASS 8。

ポリシング [polishing] ①塗装面を研磨したり，つや出しすること。②床面を磨き用機械を用いて清掃すること。

ポリッシャー [polisher] コンクリート面，金属面の表面磨き用の機械。

ポリバス ガラス繊維強化プラスチックでつくられた浴槽の通称。軽量で，耐水，耐圧，耐熱，耐酸性に優れ，木製やタイルに代わり，一般住宅に広く使われている。

ポリマーセメントコンクリート [polymer modified concrete] 混和剤としてゴムやプラスチックのようなポリマー(重合体)を加えたセメントコンクリート。使用されるポリマーとしては，スチレンブタジエンゴム(SBR)・ポリ酢酸ビニル(PVAC)などがある。引張りおよび曲げ強度，接着性，水密性，耐摩耗性などの向上が図られ，仕上材，防水材，接着材，補修材として使用される。

ボルシン ⇨ドリフトピン

ボルト錐 (ーぎり) ⇨ギムネ

ボルトクリッパー 番線や径13mm程度までの細物鉄筋を切断する大鋏(おおばさみ)。→カッター

ポルトランドセメント [Portland cement] セメントクリンカーに適量の石膏を加えて，粉砕して製造されるセメントで，わが国で使用されるセメントの大部分を占める。普通ポルトランドセメント，早強ポルトランドセメント，超早強ポルトランドセメント，中庸熱ポルトランドセメント，低熱ポルトランドセメント，耐硫酸塩ポルトランドセメントがある。JIS R 5210。

ホルムアルデヒド [formaldehyde] 合板用接着剤の防腐用に使用されているメチルアルコールを銀などの触媒として酸化して得られるフォルマリンの水溶液。人体に有害となることから，その使用に際しての規制がある。

ホルムアルデヒド発散建築材料 合板，パーティクルボード，壁紙等，ホルムアルデヒドを使用した建築用材料の総称。ホルムアルデヒドは2001年4月，厚生労働省より揮発性有機化合物(VOC)の室内環境濃度に関する規制対象物質となった。

ボロッコ ⇨滑車

ホワイトセメント [white cement] 白色の水硬性石灰，マグネシアセメントやプラスター類を含んだ白色のポルトランドセメント。人造石の製造，塗装に利用される。「白色セメント」ともいう。

本足場 (ほんあしば) 2列の建地(たて)，布(ぬの)，腕木，筋かいから構成され，建物外部に組み立てられる足場。倒壊防止のため，壁つなぎや控えなどをと

る。「二側(ふたかわ)足場」ともいう。

本締り錠　本締めボルト(デッドボルト)をもつ錠。外部からは鍵でロックするが、内側からはサムターンで開閉するものもある。→箱錠(はこじょう)

本締め　仮ボルトによる鉄骨の組立てと、建入れ直しの後に行う本接合ボルトによる最終的なボルト締め。

本締めボルト　①本締り錠において、鍵またはサムターンを回すと出入りする施錠用ボルト。「デッドボルト」ともいう。→箱錠(はこじょう)　②鉄骨建方(たてかた)において、本締めに使用するボルト。→本締め、仮ボルト

ポンス　⇨ポンチ

ポンスケ　⇨ポンチ

本建て　1本当たりの単価を決めて行う木材の取引。ほかに1束(たば)を単位とする「枚建て」、板のように面坪を単価とする「坪(つぼ)建て」、体積を単位とする「石(こく)建て」などがある。

ポンチ　鋼材にリベット孔などをあけるための工具。孔抜き器、穿孔(せんこう)ばさみ、なまって「ポンス」あるいは「ポンスケ」ともいう。

ボンデ鋼板　亜鉛めっき鋼板の一種。鋼板に電気亜鉛めっきを行い、さらにその表面にボンデライト処理により、リン酸塩皮膜を施したもの。加工性・塗装性が良く、サッシュ、シャッター、ドアなどに用いられる。〔製造：新日本製鐵〕

ボンデライト　[bonderite process]　鋼材の表面処理の一種。リン酸塩の水溶液中に鋼材を浸し、表面に耐食性と塗装性の優れたリン酸塩皮膜を生成させたもの。亜鉛めっきの上に施すこともある。パーカライジング処理の一種。

ボンド制度　契約の履行を保証会社が建築主に対して保証する制度。工事完成保証人制度に代わる履行保証制度として、平成8年度から本格実施された。落札者の工事請負契約の実行を保証する「入札ボンド」、建設会社の契約通りの工事完成を保証する「履行ボンド」、建築主が支払った代金が下請業者等に支払われることを保証する「支払いボンド」の3種類がある。

ボンド付きポストテンショニング方式　[bonded posttensioning system]　コンクリートにプレストレスを現場でかける方式の一種。コンクリート打設前に、円筒状のさや管のシース内にPC鋼材をセットし、コンクリート打設後、PC鋼材を緊張し、かつシース内にグラウトを行いPC鋼材のさび止めとコンクリートとの付着とを行うもの。→アンボンデッドポストテンショニング方式

ボンドブレーカー　[bond breaker]　コの字形目地に充てんするシーリング材を目地底面に接着させないために貼るテープ。三面接着による破断を防ぐために行う。JASS 8。→二面接着

ポンプクリート　コンクリートポンプを使用して打設するコンクリート。「ポンプコンクリート」ともいう。

本磨き(ほんみがき)　石の表面仕上げの一種。最終の磨きは、最も微粒のカーボランダムを用いて渦巻きで仕上げる。艶(つや)出しと艶消しの2種類があり、前者を「艶出し磨き」「鏡磨(かがみみが)き」ともいう。

本命　入札に際し諸々の条件が有利に作用していて、その工事を落札するものと予想される業者。→当て馬、逃げ札(にげふだ)

本溶接　設計図書に指示されたとおりに、溶接寸法を確保するために行う溶接。→仮付け溶接

ま

埋蔵文化財 文化財保護法による文化財の一つ。地中や水底に埋蔵されている状態の有形文化財，民俗文化財，記念物などのこと。これらの埋蔵文化財の所在が確認され，その地点，範囲が地図に記載されているものを「周知の埋蔵文化財包蔵地」といい，開発工事等の着手前に調査，措置方針について協議をしなければならない。

埋蔵文化財の記録保存 造成工事などで出た遺跡など埋蔵文化財を調査して記録のみ保存すること。その場合，造成および建築工事は予定通り実施できる。しかし重要な遺跡については原状のまま保存することになり，工事計画の変更が必要となる。

枚建て（まいだて）→本建て

マイティシャックル 柱鉄骨建方(たてかた)用の玉掛け機械。無線操作により自動的に玉掛けワイヤーが吊り荷から外れる仕組みになっている。一種の建設ロボットでありきわめて安全性が高い。

前払い金 請負契約において，工事着手前に支払われる請負代金の一部。公共工事では前払い金の保証が義務づけられており，請負業者は保証会社（公共工事の前払い金保証事業に関する法律に基づいて設立される）との保証契約書を発注者に提出しなければ前払い金を受けることができない。「前渡金(ぜんときん)」「前渡し金」ともいう。→前払い金保証事業

前払い金保証事業 公共工事の発注者が工事を請け負う建設業者に工事代金の一部を前金払いする際，発注者が請負人である建設業者の倒産などによって損失をこうむらないよう補てんする事業のこと。正式には「公共工事前払保証事業」といい，保証会社として東日本建設業保証，西日本建設業保証，北海道建設業信用保証の3社がある。

前払い金保証料 公共工事において前払い金が支払われる場合，発注者が前払い金の保証として受注者に義務づける保証会社への支払い金。→公共工事前払い保証事業

前踏み 本足場において，建物側に近い建(たて)のこと。→後(あと)踏み

前渡し金 ⇨前払い金

マカダムローラー［macadam roller］前輪が1輪，後輪が2輪の鉄輪ローラー。舗装，路盤の転圧に用いる。

巻き尺 距離測定用の目盛り帯で，ケースに巻き取ることができる器具。鋼製，布製のものがある。

巻き代（まきしろ）ウインチに巻き取られるワイヤー量。荷揚げにおいて「巻き代が少ない」とは，材料を高く吊り揚げることができないことであり，荷揚げに支障をきたす。

巻き過ぎ防止装置 ⇨過巻き防止装置

撒き出し（まきだし）盛土場所や土捨て場で，運んできた土をブルドーザーなどで層状に敷き広げること。

巻きワイヤー ウインチなどの巻上げ機に使用するワイヤーロープの呼称。虎綱(とらづな)などと区別するときに使われる。JIS G 3525。

膜厚管理（まくあつかんり）膜厚計などを使って塗料の厚さを管理することで，塗装が所定の性能が得られるようにすること。塗料の厚さが不均一であると，乾燥が不十分であったり，色むら，下地の保護等に悪影響を及ぼす。

幕板（まくいた）⇨堰板(せきいた)

楣（まぐさ）窓や出入口の上部の壁を支えるために渡す横架材。

間口（まぐち）建物または敷地の前面道路に接する側の幅。→奥行

マグネシア石灰 ⇨ドロマイトプラスター

マグネシアセメント［magnesia cement］早期に硬化し，強度と硬度が大きいセメント。硬化体は光沢もあり，半透明

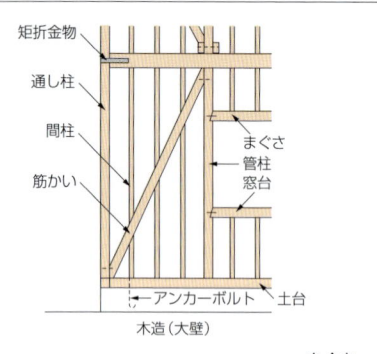

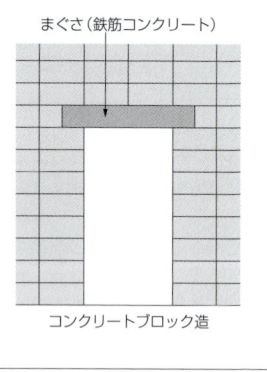

まぐさ

図: 木造(大壁) / コンクリートブロック造 — まぐさ(鉄筋コンクリート)、矩折金物、通し柱、間柱、筋かい、枕胴木、アンカーボルト、土台、管柱、窓台、まぐさ

で着色が容易なため，床や壁の塗装，人造石やタイルの製造に用いられる。「MOセメント」ともいう。

枕胴木（まくらどうぎ）下水管，石垣などの基礎に用いる木材。管の下に横木を敷き並べる。特別な基礎工を必要としない地盤で用いる。「枕土台」ともいう。→管渠（かんきょ）基礎工

マクロ試験 溶接部分を切断し，平滑に研磨した後，硝酸アルコールなどで処理したその切断面から，溶込みや融合の状態，有害な欠陥の有無を試験する方法。

曲げ上げ筋 ⇨ベンド筋

曲げ拘束筋（まげこうそくきん）大きな曲げ圧縮力を受けるコンクリート断面に対して，鉄筋のはらみ出を防止するために設ける補助筋。

曲げ台 鉄筋の曲げ加工に用いる台。鉄筋をのせて一端を固定し梃子（てこ）を利用して人力で曲げる。

孫請（まごうけ）2次下請のこと。元請から直接請け負う下請業者を1次下請，そこからさらに下請負する者を2次下請という。さらに3次以下の下請もある。→重層下請（じゅうそうしたうけ）

真砂（土）（まさ）砂まじりの粘土。左官材料の一つで，床の間の壁仕上げに用いる。「真砂土（まさつち）」「床土（とこつち）」ともいう。

摩擦杭 軟弱地盤などにおいて，支持杭の施工が難しい場合に使用されるもので，杭の周辺摩擦抵抗力による支持力を期待する杭。密に打てばそれだけ支持力が高くなる。「フリクションパイル」ともいう。→支持杭

真砂土（まさつち）⇨真砂(土)（まさ）

摩擦ボルト接合［friction bolt joint］高力ボルトを用いて接合部材同士を強力に締め付け，接合面で材間に働く摩擦抵抗によって応力を伝える接合方法。→高力ボルト接合，支圧ボルト接合

柾目（まさめ）木材の表面に表れる年輪がほぼ平行になっている木目。年輪に対し直角，すなわち中心から放射状に挽き割った断面が柾目となる。→板目

増し打ち 鉄筋コンクリートの柱や壁で，部材の取り合いの合理性や仕上げ上の納まりから，構造上必要とされる断面寸法よりも大きくコンクリートを打ち込むこと。「打ち増し」ともいう。

増し杭 予定の耐力が得られなかったり，打設された杭の信頼性に問題が生じた場合，設計数量よりも多く打ち込む杭のこと。

間仕切り壁 建物の内部をいくつかの部屋に分割するためにその仕切りとして設けた壁のことで，構造的な役割をもつ耐力壁（たいりょくへき）と区別される。固定的なものと可動のものとがある。→可動間仕切り

増し張り アスファルト防水において部分的にルーフィングをはり増し，防水層を補強すること。

マシンハッチ［machine hatch］機械を出し入れするための開口。例えば地下の空調機のために1階の床に設ける。

マシンルームレスエレベーター ⇨機

280

間仕切り壁（配管・配線の例）

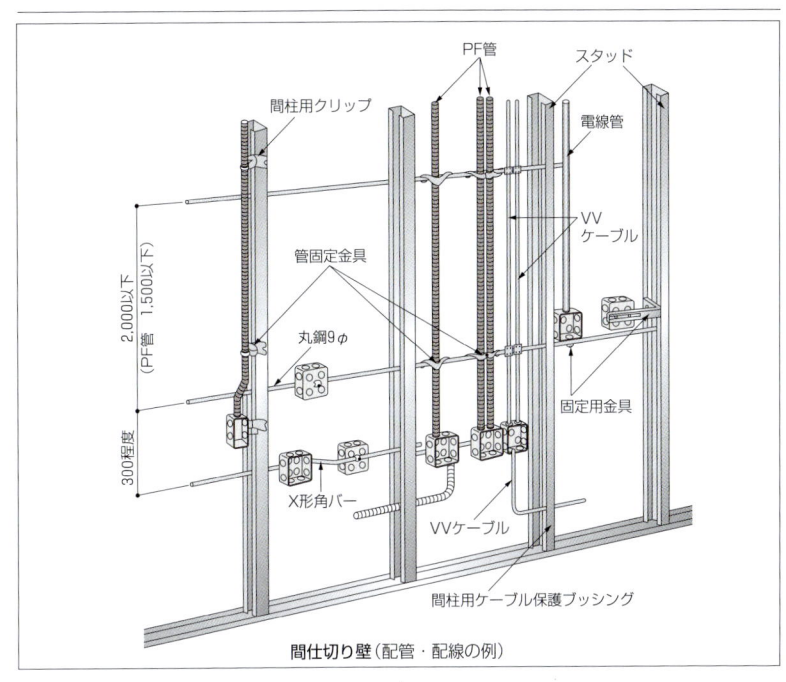

械室レスエレベーター
枡打ち（ますうち）⇨筏（いかだ）打ち
マスキングテープ［masking tape］後ではがしやすいように接着剤を塗ったテープ。汚れを防ぐための養生紙の貼付けや塗装における色の塗り分けなどに用いる。また不定形シーリング材の充てん時に，目地周囲の汚れ防止と，目地の線をきれいに仕上げるために，目地の両側に貼る。

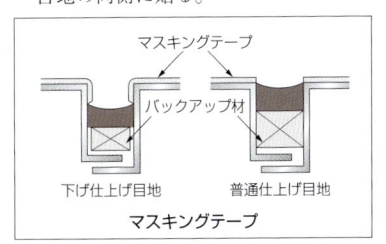

マスキングテープ

マスク工法　⇨改良モザイクタイル張り
マスコンクリート［mass concrete］断面寸法の大きい部材に打ち込まれ，セメントの水和熱による温度上昇によって有害なひび割れが入るおそれのあるコンクリートのこと。JASS5では，最小断面寸法が壁状部材で80cm以上，マット状部材，柱状部材で100cm以上が目安となっている。

マスターキー［master key］複数の錠に共通して使用できる1本の鍵。例えば，事務所ビルの管理に必要な全館共通の鍵をいう。貸しビルなどで，テナントごとのマスターキーと全館共通のマスターキーとが使用される場合，前者を「サブマスターキー」，後者を「グランドマスターキー」と呼ぶ。

マスタープラン　基本計画，基本設計のこと。基本構想のほか，総合基本計画，全体計画のこともマスタープランという。基本設計に対応させて，実施内容を詳細に定めた設計のことを実施設計という。→実施設計

マスチック［mastic］①アスファルトに繊維や石粉を混ぜた防水材または床仕上材の総称。伸縮目地や防水層端部のコーキングなどアスファルト防水の補助材として使われることが多い。マスチック防水は，マスチックをこて塗りして防水層とする工法だが，使用例は少ない。②塗料に岩綿などを混ぜ，ローラーで表面波形の厚い塗膜を作る

281

外装材。吹付けによらない立体模様の外壁の仕上げ塗材として開発されたもので「マスチック塗材」ともいう。

マストクライミング [mast climbing] タワークレーンにおけるクライミングの呼称で、マストに相当するタワーを継ぎ足し旋回部分を上昇させる方式。

町場（まちば）職人が自分たちの仕事場を生産組織の違いによって2つに区分して呼ぶときの一方の呼称で、町の棟梁（とうりょう）や工務店が請け負う、おもに木造個人住宅の工事分野をいう。→野丁場（のちょうば）

マッシュルーム構造 ⇨フラットスラブ

マットコンクリート 下敷きとなるコンクリートのことで、捨てコンクリートやべた基礎をいう。

マテハン ものの移動や取扱い状態を示す表現、あるいはそのための機器。Materials Handling の略。

マテリアルリサイクル [material recycle] 廃プラスチックを再生プラスチックの原料、発生木材等をパーティクルボードの原料にする等、廃棄物を加工し原材料にすること。

窓台（まどだい）①窓下の外側に取り付ける水垂れ勾配をつけた水平材。②木造建築における窓の下枠を支える水平材。下枠自体をいうこともある。

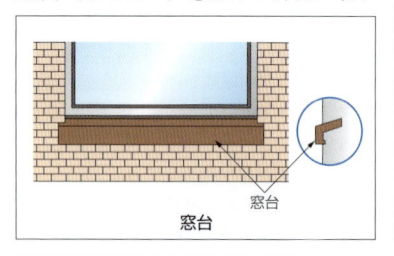

マニフェストシステム マニフェスト(積載目録)という伝票を使用して、元請業者(ゼネコン)が建設廃棄物の流通過程を管理する仕組みのこと。マニフェスト伝票は排出事業者、収集運搬業者、処分業者のそれぞれ保存用シート3枚、廃棄物の受渡し、中間処分、最終処分の結果を排出業者に報告するシート3枚、中間処分を収集運搬業者に報告するシート1枚の計7枚綴りとなる。厚生省(現厚生労働省)の指導により1990年から実施されている。

マネジメントレビュー [management review] 組織内のマネジメントシステムの運用状況を定期的に経営責任者に報告し、改善策を出し、マネジメントシステム自体の見直しを行うこと。

間柱（まばしら）柱と柱の中間に補助的に入れる柱。構造の補強として入れる場合と仕上げのための下地として入れる場合がある。大壁（おおかべ）造りでは、通常の柱の1/2や1/3の割り材が使われることが多い。

豆板 ⇨ジャンカ

豆砂利 径約10mm以下の小さな砂利。

真物（まもの）組立て材に対する単一材の呼称。床柱・天井板などでは、無垢（むく）または正物（しょうもの）というほうが一般的である。タイル、れんが、ブロックなど単体を切断せず既成品寸法のまま使用する場合にもいう。

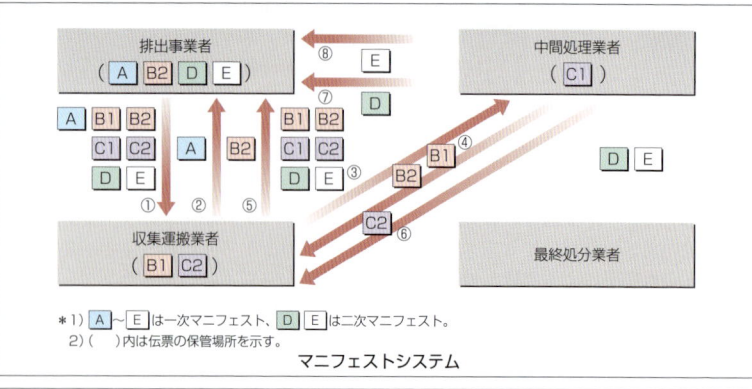

窓台

マニフェストシステム

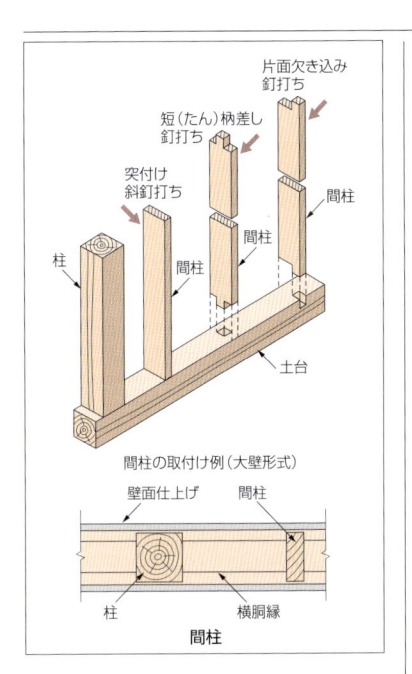

にねじの付いた丸鋼(径は7，9，12mmの3種)で，せき板相互の間隔を保つ役割をもつ。→木(き)コン

丸太足場 杉丸太で組んだ足場。

丸ダクト ⇨スパイラルダクト

丸太組構法 丸太などの木材を水平に積み上げて，構造体としての壁を構成する構法。正倉院の校倉(あぜくら)造り，あるいは欧米のログハウスもこの構法の一種。建築基準法施行令の木造の規定に合致しない特殊構造として，国土交通省告示411号(平成14年5月14日)「丸太組構法を用いた建築物又は建築物の構造部分の構造方法に関する安全上必要な技術的基準を定める件」が出されている。

マルチアクティビティーチャート [Multi Activity Chart] 複数の作業チームによって行われる相互関係をもつ繰り返し作業を調整し，作業順序・時間を示す作業計画手法。作業チームを構成する作業者1人ずつの作業を1日単位で時間表に表す。→バーチャート

マルチゾーンユニット [multizone unit] 異なる負荷条件のゾーンに対応して送風する空調機。空調機の出口に加熱器と冷却器をセットし，温風と冷風を混合して各ゾーンの負荷に応じて同量を調節，ダクトで送る。

マルチプロジェクト [multi-project] ⇨ネットワーク工程

丸投げ 注文者から請け負った工事の全部をそのままほかの一業者に下請させること。建設業法では，注文者の書面による承諾なしにこれを行うことを禁止している。→一括下請負，投げる

丸面 (まるめん) 出隅部に付ける，丸味をもった面。→面

回り縁 (まわりぶち) 壁と天井の取り

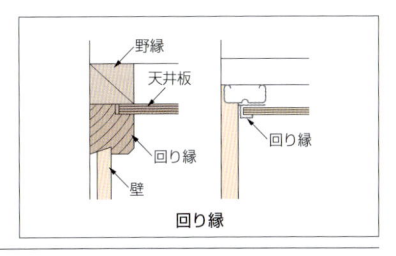

マリオン [mullion] 方立てと同義だが，主としてカーテンウォールの部材名称として使われる。→方立(ほうだて)

丸落し ⇨南京(なんきん)落し

丸型 ⇨櫛型(くしがた)

丸環 (まるかん) 屋上のパラペットや塔屋の外壁などに取り付けた鉄の輪。ビル外壁のメンテナンスに使用するゴンドラやロープの保持に使われる。

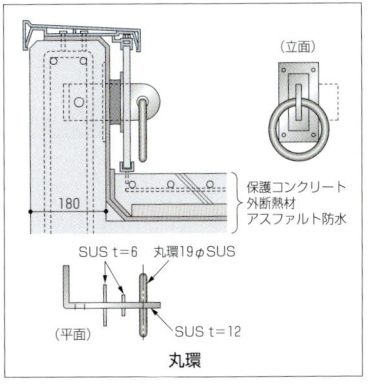

丸鋼 (まるこう) 断面が円形の鉄筋のこと。一般的には$\phi 6 \sim 32$mmまである。JIS G 3191。

丸セパ 丸型セパレーターの略。両端

まんじゅう 鉄骨の柱を基礎コンクリートの上に立てるときに，高さ調整のために敷き込むモルタルのこと。

マンション管理士 管理組合の管理者や区分所有者の委託を受けて，マンションの管理規約や維持・修繕等について助言・指導する専門家。「マンション管理適正化法」によって創設された国家資格。→マンション管理適正化法

マンション管理適正化法 2000年12月に成立した「マンションの管理の適正化の推進に関する法律」のこと。マンション管理業者に対する国土交通省への登録と「管理業務主任者」の配置の義務付け，国家試験による「マンション管理士」制度の創設などがうたわれている。→管理業務主任者，マンション管理士

満水検査 排水管の接続完了後，配管に水を満たし，水位の低下による接続部分からの漏水の有無を調べる検査。

マンセル［Munsell］色彩表示に使用される記号の一種。色相・明度・彩度を立体的に組み合わせた体系をもち，マンセル記号で表示する。アメリカのA.H.マンセルにより考案された。

合う個所に設けて，両者の見切りとなる化粧材。→竿縁(さおぶち)天井

万成石（まんなりいし）岡山県万成産の淡紅色の花崗(かこう)岩。「赤万成」「万成御影(みかげ)」ともいう。

万能（まんのう）コンクリートのがらをかき集めたり，硬い地盤を手掘りするときに使う爪(つめ)の付いた鍬(くわ)。爪の数から2本万能と3本万能がある。

マンパワースケジューリング［manpower scheduling］工程計画における作業員の配員計画のこと。技術者や労務者の必要人数が，最も経済的，合理的になるように作業の予定を決めること。日によって必要人数の変動が大きい計画を避け，なるべく平均化を図ることが必要である。

万棒（まんぼう）作業量および分量が回数で数えられる場合に使う言葉。員数，丸太の本数，杭打ち数などの数を数えること。掘削工事でダンプトラックの搬出台数を数えることを「まんぼを取る」という。

マンホール［manhole］ふた付きの改め口。下水管や電話線など地下埋設のための暗きょ，地下水槽，ボイラーなどの点検補修用に設けられる。「人孔(じんこう)」ともいう。→ハンドホール

万力（まんりき）⇨ろくろ

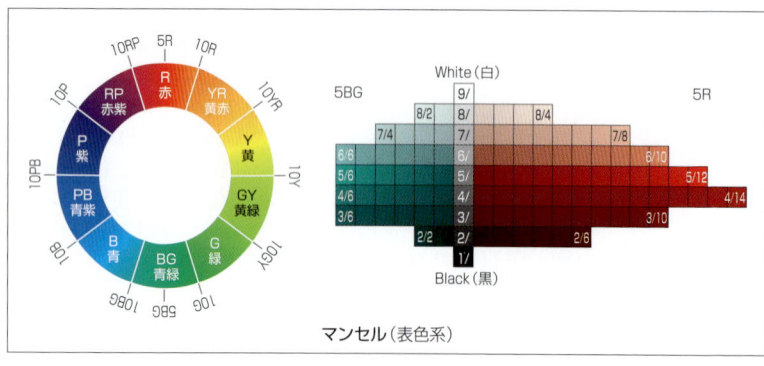

マンセル（表色系）

み

見上げ 軒裏(のきうら)や天井のように，見上げる部分のこと。

見え掛かり 部材面のうち，直接目に見える側または部分。→見え隠れ

見え隠れ 部材面のうち，建物が完成したときには隠れて見えなくなる部分。→見え掛かり

見返し 壁面などで，正面に対しその裏側をいう。例えば外壁面を正面とすれば，その壁の室内側の面のこと。目について意匠的にも重視される正面に対し，人目につかない裏側という意味が含まれる。

磨き板ガラス 溶融ガラスから板ガラスを製造する過程でできたガラス面のゆがみを磨いて平滑に仕上げた板ガラス。「磨きガラス」ともいう。フロートガラスが主流となったため現在はほとんど製造されていない。JIS R 3202。

磨きガラス ⇨磨き板ガラス

磨き丸太 ⇨絞丸太（しぼまるた）

御影石（みかげいし） ⇨花崗岩（かこうがん）

ミキサー［mixer］セメント・骨材・水などの材料をかくはん・混練してモルタルおよびコンクリートを作る機械。

ミキシングバルブ式水栓 水と湯の2系統から供給を受け，水栓金具の中で混合して適当な温度に調節し吐出する機能をもった水栓。

ミキシングプラント［mixing plant］セメント・骨材・水・混和材料などの貯蔵・計量・混練・積み込みおよびそれらの管理などを一貫して行うコンクリート製造装置。一般に「プラント」というと，ミキシングプラントを指す場合が多い。

見切り 仕上材の端辺あるいは材質の変わり目，またはその処理のしかた，納め方。→見切り縁（ふち）

見切り縁（みきりぶち）仕上材の端部あるいは材質の変わり目を意匠的にきちんと納めるために取り付ける細い部材。コーナービートもその一つ。

見切る 仕上材の端辺あるいは変わり目を意匠上きれいに納めること。

見込み 窓枠や出入口枠の厚み，すなわち奥行寸法のこと。正面に立ってみた幅を「見付け」という。→見付け

見込み生産 製品が売れるのを予想してあらかじめ生産すること。コンクリート製品のように，製造に着手してから出荷まで相当期間を要するもので，一般的な工事によく使用されるものについては，急を要する場合に対応できるように，あらかじめ製造しておく場合がある。

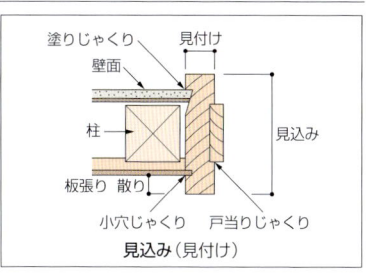

微塵粉（みじんこ）塞水（白色の大理石）などを砕いた石粉。作業性を向上させるため，左官材料の混和材などに用いられる。

水 ①陸墨（ろくずみ）のこと。②水平，水平線または水平面をいう。

水糸 遣方（やりかた）などで水平および通り心を示すために使う糸。木綿糸，ナイロン糸，ピアノ線などが使われる。

水送り コンクリート打設完了後，コンクリートポンプ車内や圧送管内に残っているコンクリートを水を加えて排出すること。

水替え 根切りの際，底にたまる水を除くために，穴（釜場）にたまった水を集めてポンプなどで排水すること。

水返し 水の浸入を防ぐために，窓や出入口の下枠，窓台などに設ける立上り。

水ガラス 水にアルカリけい酸塩ガラスを溶解したもの。モルタルやコンクリートの急結剤，不燃性・無煙性・防かび性を生かした塗料，接着剤として使用される。

水切り 庇（ひさし）や窓台などで雨水が下端にまわり込まないように，その先端付近に付ける溝あるいは立下り。室内への水の浸入や壁面の汚れを防ぐ。立下りに対しては「尾垂れ」ともいう。

水切り金物 防水層の端部に設けて，壁面から流れ落ちる雨水の水切りを確実に行うためのアルミ製やステンレス製の金物。

水切り板 ⇨雨押え

最上階バルコニー庇の納まり例

サッシの納まり例

水切り

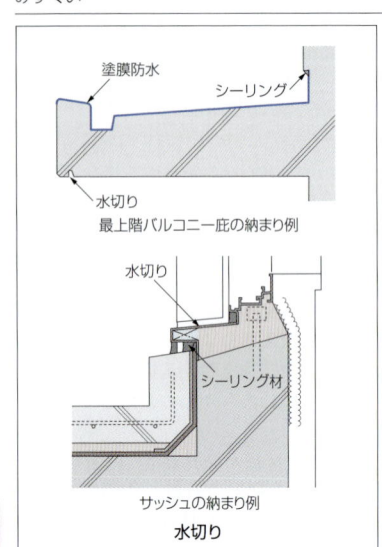

水杭 ⇨遣方杭(やりかたぐい)

水勾配 雨水や汚水を流すために付ける傾斜。屋根や床，雨樋(とい)，下水管などに付ける。

水締め 砂などの上から水をまき，その水の浸透水圧を利用して，砂などを締め固めること。

水印（みずじるし）⇨水墨(みずすみ)

水墨（みずずみ）桁(けた)，母屋(もや)，棟木(むなぎ)の峠から2〜3寸下がった側面の位置に，水平に打つ加工用の墨。水平線に＃印を付ける。水平に打つ墨一般をいうこともある。「陸墨(ろくずみ)」「水印(みずじるし)」ともいう。

水セメント比 コンクリート強度を左右する指標の一つ。コンクリートの調合(配合)におけるセメント量に対する使用水量の重量比で表す。

水垂れ勾配（みずたれこうばい）水を切るために，外部の笠木や窓台の上面に付けた勾配。→水切り

水研ぎ（みずとぎ）塗装面を研いで平たんな粗面をつくること。石粉の練ったもの，あるいは耐水研磨紙をフェルトやスポンジにあて，水で湿らしながら研ぐ。高級な仕上げの下塗・中塗りのあとに行う。

水貫（みずぬき）遣方(やりかた)の際，杭に水平に打ち付ける小幅板。高さの基準とする。「遣方貫(やりかたぬき)」ともいう。

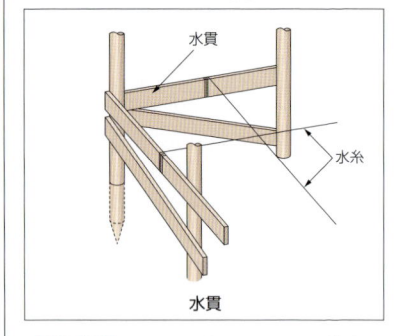

水貫／水糸／水貫

水抜き穴 ルーフドレン，バス兼トラップ等にある水抜き用の穴。特に後者の穴は，風呂シンダー内に溜まる水を排水するために重要。シンダー打設前にメッシュ等で穴がふさがらないように保護する必要がある。

水張り試験 アスファルト防水工事の施工完了後，ドレンに栓をして水を張り，防水性を確認するテスト。浴槽・防水パンなどについても同様なテストが行われる。

水噴霧消火設備 水を霧状の微粒子にして放射し，燃焼面を覆うことによって消火する設備。水源，加圧装置，配管，選択弁，水噴霧ヘッドより構成される。駐車場，変電室，自動車修理工場などに設けられる。

水磨き 石の表面研磨仕上げの一種。研磨用の砂と水を用い，機械磨きしたもの。外装仕上げに用いるが，本磨きの前工程でもあり艶(つや)は出ない。

水盛り 基準になる水平を定めること。これを基準として工事を進める。

水盛遣方(形)（みずもりやりかた）根切り工事のために，基礎の位置や高さの基準を示した仮設の工作物。木杭や貫板(ぬきいた)を組んで，建物の隅部など要所に設置する。→水盛り，遣方(やりかた)

未成工事支出金 [cost acrued on unfinished work] 工事途中に発生した工事原価を集計したもの。実際は現金の支払いは行っているが，工事物の引渡しまでは施工会社の財産なので未成工事支出金として処理される。

溝型ガラス（みぞがた—）断面がU字

型の半透明ガラス。耐風圧強度が大きく、方立てなしで大きなガラス壁面を構成することができ、また二重の組合せによって断熱性・遮音性を高めることもできる。

溝形鋼（みぞがたこう）間柱や小梁のような2次的部材に利用されるコの字形の断面をもつ形鋼。溝形鋼を背中合せにしてH形断面材と同様に使われる場合もある。「チャンネル」ともいう。

溝溶接（みぞようせつ）⇨スロット溶接

道板（みちいた）①足場の歩み板。②運搬車が通行するために地面に敷く板。ばた角を並べてボルト締めしたものが一般的。

ミックスフォームコンクリート [mixfoaming concrete] 気泡コンクリートの一種。スラリーにあらかじめ気泡剤を添加しておき、ミキサーで混練して空気を連行させるもの。

見付け 窓枠や出入口枠を正面に立って見たときの幅。厚みに相当する奥行の幅は「見込み」という。→見込み

ミッコースラブシステム ⇨ビルトスラブシステム

密着工法 アスファルト防水において下地と防水層を全面密着させる工法。下地が、ひび割れの少ない現場打ち鉄筋コンクリートの場合などに採用される。→絶縁工法

密着張り ①紙、布、タイル、防水材等を張り付ける際、全面に接着剤を使用して仕上げること。「べた張り」ともいう。②⇨ビブラート工法

三つ股（みつまた）→雁爪（がんづめ）、レーキ

見積 工事を完成させるのに必要な費用を図面や仕様に基づき、予測計算により事前に算出すること。通常、積算に基づきそれに企業として期待する経費と利益を見込んで提案する請負希望金額。その作業のことも見積という。→積算

見積合せ 発注において、複数の業者から見積を提出させ、内容を比較検討して発注先を決める方法。見積内容を比較でき、入札とは異なり、必ずしも最低見積額で発注先を決めることなく発注側の意見に合わせて適正な発注先を決定できる。「積り合せ」ともいう。

見てくれ 外見。仕上がって表面に見える姿・形のこと。「見てくれはいいが故障が多い」などと使われる。

ミニアースドリル工法 掘削部と起動部とを分離して、軽量化した小型のアースドリルを使った掘削工法。比較的狭小敷地に建物を建築する際の場所打ちコンクリート杭を造成するのに適している。

見本帖 壁や床材の小片を本の形にして集めたサンプル集。カタログで表現できない微妙な違いを、本物の一部で確認できるメリットがある。ビニールクロスのように種類が多くて一つの大きさが小さくなり、イメージがつかめないような物には、大きめの物で選んだセレクト集もある。

耳桁（みみげた）橋桁（はしげた）におけるように多くの桁が並列するとき、一番外側にくる桁のこと。「耳行桁」「耳梁」ともいう。

ミラーガラス 片面に硝酸銀を引き、鏡面とした板ガラス。店舗の内装材として使われることが多い。

ミルシート [mill sheet] 鉄筋や鋼材の品質を保証するため、メーカーが規格品に対して発行する品質証明書。鉄筋の種類、径または呼び名、数量、化学成分、引張りおよび曲げ試験結果、製造業者名などが記載されている。「鋼材検査証明書」ともいう。

ミルスケール [mill scale] ⇨黒皮

民間連合協定 民間連合協定工事請負契約約款のこと。多くの民間建設工事に使用される請負契約書。当初は日本建築学会、日本建築協会、日本建築家協会、全国建設業協会の四団体で制定され「四会連合協定」と呼ばれていたが、現在は建築業協会、日本建築士会連合会、日本建築士事務所協会連合会が加わり、「民間連合協定」と改称された。→四会連合協定

む

ムーブメント［movement］地震や風圧・温度変化などによって，建築物の部材の接合部などに生ずる動き。

むき JIS規格外の鉄筋や鋼材を呼ぶ場合の俗称で，無規格を短くした言葉。

無筋コンクリート 鉄筋で補強されていないコンクリート。捨てコンクリートや重量物の載らない土間コンクリートなどで採用する。

起り（むくり）上方に対し凸に反っていること。起り破風（はふ）・屋根・梁など。「キャンバー」ともいう。→反り

無収縮セメント ⇨膨張セメント

無収縮モルタル ⇨膨張モルタル

無償支給 工事に使用する材料の一部を工事金額に含めず，発注者が受注者に支給すること。→有償支給

無塵室（むじんしつ）⇨クリーンルーム

無騒音無振動杭打ち機 ハンマーや振動による杭打ち機に替わるものとして開発された，騒音と振動の少ない杭打ち機の総称。圧入式，穿孔（せんこう）式，中掘り式，ウォータージェット式など各種の方式が開発されている。

無窓階 避難上または消火活動上，有効な開口部を有しない階。直径50cm以上の円が内接することができる開口部の面積の合計が，その階の床面積の1/30以下の階。地階は除く。消防法施行令第10条第1項第1号。

無双窓（むそうまど）窓枠に板を格子状に取り付け，それと同一形状で左右に動く建具（連子（れんじ）戸）を内側にはめ込んだ窓。板と板が重なれば，すき間が一致して開の状態となる。和風建築

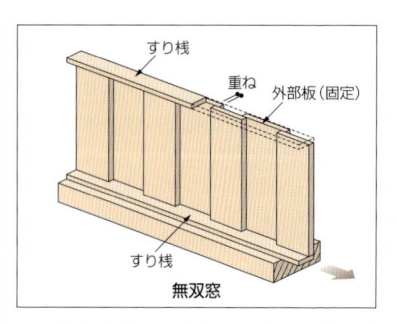

図：無双窓（すり桟、重ね、外部板（固定））

の換気窓として使われてきた。「無双」には，内外同一という意味がある。

鞭振り現象（むちふりげんしょう）⇨ウィッピング①

棟（むね）①屋根勾配が交わった最も高い所。例えば切妻における稜線部。②建物の軒数の数え方。一棟を「ひとむね」あるいは「いっとう」という。

棟上式（むねあげしき）⇨上棟式（じょうとうしき）

無目（むめ）鴨居（かもい）用の部材で，建具用の溝を彫らずに用いられるもの。

無釉（むゆう）タイル，瓦など陶磁器の表面にうわぐすり（釉薬（ゆうやく））をかけないこと。素地のままの製品となる。

斑直し（むらなおし）塗り壁作業において，下塗りの凹んだ部分を塗り壁材料で塗りつけ不陸（ふろく）を直すこと。作業の程度により「大むら直し」「小むら直し」と呼ぶ。「むら取り」ともいう。

無梁スラブ（むりょう─）⇨フラットスラブ

無梁板（むりょうばん）⇨フラットスラブ

無梁板構造（むりょうばんこうぞう）⇨フラットスラブ

め

目荒し 接着性を良くするため，コンクリート面をノミやハンマーで粗面にすること。コンクリート下地面や打継ぎ面などに施す。

名義人 長年にわたる取引を通して十分信頼できると元請が判断し，下請契約の独占権を与えた下請人のこと。「下請名義人」ともいう。今はあまり使われない言葉。

明細積算 設計図書，施工計画に基づき工事価格を細部にわたって分析し，関連費用をすべて算出・積み上げること。一般にいう積算のこと。

目板（めいた）⇨敷目板（しきめいた）

銘木（めいぼく）木材の産地，外観，材種によって，稀少価値を評価する材木のこと。銘木店のような専門材木店のほか，一般の木材問屋，木材店で銘木という範疇（はんちゅう）で取り扱われる。銘木はその稀少性によって著しく高価なものもある。

メーソンリー［masonry］石・れんが・コンクリートブロックなどの組積造の建築物，あるいはその工事。単に石工事・れんが工事を指すこともある。

メガー［megger］電気機器の絶縁抵抗を測定する計器。JIS C 1302。

メガーテスト［meggertest］メガーを用いて電気の絶縁を計測すること。

メカニカルアンカー［mechanical anchor］後施工用アンカー。床，壁，天井等に機器等をコンクリート面に固着するアンカーの一形式で，コンクリートのせん孔部にボルトやナットを挿入し，その奥の部分を拡大させて摩擦力で固定するもの。

メカニカルジョイント［mechanical joint］配管の接続方法の一つ。ねじ込み式以外の接続継手で，多種多様で便利で施工性が良いが，各継手で使用条件が異なるため，取扱説明書をよく読んでから使用する必要がある。

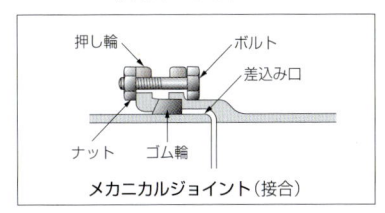

メカニカルジョイント（接合）

めぐい 杭心出しに使う木製の杭。長さ50cm程度で先端がとがっている。

盲暗渠（めくらあんきょ）地中排水のために掘った溝に石を詰めて上部を埋め戻した排水渠。湧水や盛土のしぼり水などの排水に利用する。「盲下水」ともいう。

盲壁（めくらかべ）窓や出入口など開口のない一面の壁。

盲下水（めくらげすい）⇨盲暗渠（めくらあんきょ）

盲溝（めくらみぞ）栗石（ぐりいし），砂利など透水性の良い材料を溝の中に詰めてつくった水路。雨水またはたまり水などが自然に排水できるように，また土中の湧水など多くの個所から流れ出す水を処理するために用いる。「盲排水」ともいう。

盲目地（めくらめじ）⇨眠り目地

目皿 排水管の詰まりの原因であるゴミ類を除去する目的で，床排水口などに取り付ける格子状の金物。

メサライト Mitsui Expanded Shale Light-weight Aggregateの略で，人工軽量骨材の商品名。〔製造：日本メサライト工業〕

目地 ボード類，タイル，石，れんが，コンクリートブロックなどの貼付けや組積において，部材の接合部に生じる継目をいう。

召し合せ（めしあわせ）両開き戸あるいは引違い戸を閉じたとき，2枚の建具が合わさる部分。

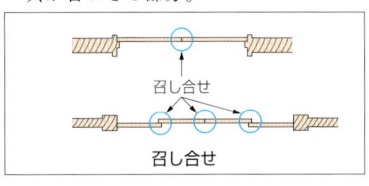

召し合せ

目地汚染 シーリング材充てん後の目地部に上塗り材を塗布した際，充てん部分が上塗り材表面にしみ出して汚れを引き出す現象。「ブリード現象」ともいう。

目地金物 合板，石材等の目地をカバーするための装飾を兼ねた金物。黄銅，ステンレス，アルミ等が使用される。

目地拵え（めじごしらえ）タイル張り，石積み，れんが積みなどの工事において，目地鏝（めじごて）などを用いて目地

めしこし

名　　称	概要図	解　説
心棒打込み式	心棒／本体／拡張部	本体に挿入された心棒を打ち込むことにより、本体の拡張部が開き、コンクリートの孔壁に食い込み固着。
内部コーン打込み式	本体／コーン／拡張部	本体内に挿入されているコーンを、打込み棒を使用して打ち込むことにより、本体の拡張部が開き、コンクリートの孔壁に食い込み固着。
本体打込み式	本体／コーン／拡張部	本体を打ち込むことにより、先端部にセットされたコーンによって本体の拡張部が開き、コンクリートの孔壁に食い込み固着。
スリーブ打込み式	テーパー付きボルト／テーパー部／スリーブ／拡張部	打込み棒により、スリーブを打ち込むことによって、テーパー付きボルトのテーパー部に沿ってスリーブの拡張部が開き、コンクリートの孔壁に食い込み固着。
コーンナット式	ナット／コーンナット／スリーブ／拡張部	ナットを締め付けることでコーンナットを引き上げ、スリーブの拡張部がコンクリートの孔壁に食い込み固着。
テーパーボルト式	スリーブ／テーパー部／拡張部／テーパー付きボルト／ナット	ナットを締め付けることで、テーパー付きボルトのテーパー部に沿ってスリーブの拡張部が開き、コンクリートの孔壁に食い込み固着。
ダブルコーン式	スリーブ／コーンナット／ナット／コーン／拡張部	ナットを締め付けることでコーンナットおよびコーンがスリーブを平行的に拡張し、コンクリートの孔壁に食い込み固着。
ウェッジ式	ナット／ウェッジ／テーパー付きボルト／テーパー部	ナットを締め付けることにより、テーパー付きボルトが引き上げられ、ウェッジ部がコンクリートの孔壁に食い込み固着。

メカニカルアンカー

部分の化粧仕上げを行うこと。「目地詰め」ともいう。

目地詰め ⇨目地拵(めじごしら)え

目地棒 ①壁や床などの化粧目地となる材料。真ちゅう・アルミニウム・ステンレス・合成樹脂製などがある。②左官仕上げで目地を切るときに埋め込む棒。仕上材が硬化乾燥した後に除去する。

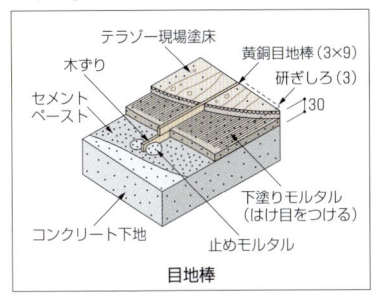

図：目地棒

目地掘り タイル張りや石・れんが積みで、化粧目地仕上げをするために、目地内にはみ出した余分なモルタルを取り除くこと。「目掘り」ともいう。

目地モルタル [joint mortar] 組積壁の単体同士の接合部や石張り、タイル張りなどの継目に入れるモルタルの総称。密着張りの場合は、深目地(ふかめじ)仕上げを避けるために、必ず目地モルタルを充てんする必要がある。

目地割り タイル、石、れんがなどの張付けや組積において、目地を納まりよく割り付けること。→タイル割り

目透し張り （めすかしばり）ボードや板張りにおいて、目地にすき間を設けて張る方法。目地底に裏側から薄い板（敷目板）を当てる場合を「敷目板張り」ともいう。

メゾネット [maisonette] 1戸が上下2層またはそれ以上で構成された共同住宅。テラスハウスにこの形式が多い。→フラット

メタリコン法 各種材料の表面処理方法の一種。溶融した金属を噴霧状にして吹き付ける。鋼材の防食あるいは外観用の塗装に用いられる。

メタルカーテンウォール [metal curtain wall] アルミニウムやステンレス等を用いた金属製のカーテンウォールの総称。

メタルタッチ [metal touch] 高層の鉄骨造における下層部分の柱継手方法の一つ。柱軸力が非常に大きくなって、引張力がほとんど発生しないことを利用して、上下部材の接触面から柱軸力を直接伝達させる。全軸力の約半分をこの面接触で伝えることができる。

メタルフォーム [metal form, steel form] コンクリート型枠工事に用いる鋼板製の型枠。合板の型枠に比べ、重量が大で製作費は高いが、組立て用の特殊な金具が各種考案されていて組立て・解体が容易。水密性・強度に優れ、支保工(しほこう)が少なくてすむ。また転用回数も200回程度と多い。「鋼製型枠」ともいう。

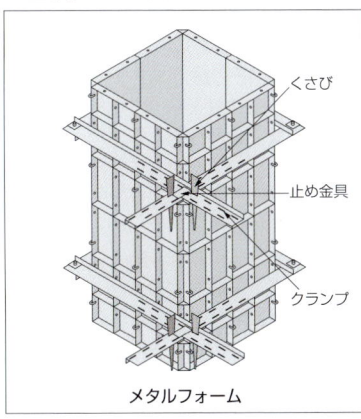

図：メタルフォーム

メタルラス [metal lath] 薄鋼板に一定間隔で切れ目を入れ、引き伸ばして網状にした金属材料。塗り壁などの下地に用いられる。JIS A 5505。

目違い 目違い継ぎ（片方の溝にもう片方の突起部をはめ合わせて接合する）の継目に生じた、2つの部材間の接合部における食い違いのこと。

メッシュ [mesh] ①ふるいの目、または大きさの単位。②網の目、網目形状に溶接接合された鉄筋。

メッシュ型枠工法 型枠工事で、せき板の代わりに特殊リブラスを使用して型枠の組立て・解体作業の省力化と省資材化を図った工法。地中梁や独立基

メッシュ筋 網状の目や格子状に組み込まれた鉄筋の総称。

目潰し（めつぶし）構造物の基礎工事や道路工事で，割栗（わりぐり）石の間に生じるすき間部分を切り込み砂利などで埋めること。→小端（こば）立て

目潰し砂利（めつぶしじゃり）目つぶしに用いる切り込み砂利のこと。

目止め 木部塗装の素地調整の一つ。素地面の小さな穴や割れ目を砥（と）の粉などで埋めて平滑にすること。

目の子 目の子勘定の略。ざっと目で見ただけで判断すること。

目減り 砂利・砂などの容積単位で取引する材料が，運搬時の揺れにより容積が減ること。重量による計量は，容積によるそれよりも「目減り」が少ない。単に「減り」ともいう。

目掘り ⇒目地掘り

メラミン化粧合板 メラミン樹脂系のプラスチック板を貼った化粧合板。表面が硬質で耐熱性があり，テーブルやカウンターの甲板などに使用される。

メラミン焼付け メラミンアルキド樹脂系の焼付け塗装。

面 斜めにあるいは丸く削り取った部材の出隅部。糸面・大面（おおめん）・丸面などの種類と面取り・面内（めんうち）のような言いまわしがある。

面内（めんうち）面の見込み厚さを除いた部分。寸法のおさえ方，あるいは部材と部材との取り合い（納まり）で使われるが，それぞれ「面の内法（うちのり）寸法で処理する」または「面の内側で納める」という意味。

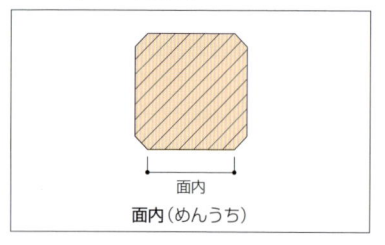

面内（めんうち）

面皮（めんかわ）四隅面に丸太の樹皮をそのまま残した柱用木材のこと。「面皮柱」ともいう。数寄屋（すきや）造りの柱などに使われる。

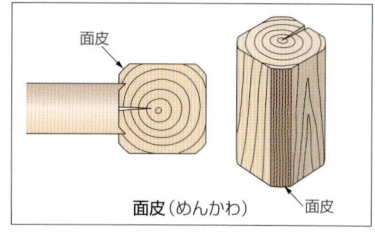

面皮（めんかわ）

面木（めんぎ）①コンクリート柱・梁などの角に面を取るため，型枠の内側の入隅部分に取り付ける断面が三角形の細木。②付け面のこと。

面格子（めんごうし）①格子の桟に付けた面の止め仕口。「面腰」ともいう。②町屋の2階などに見られる断面が丸または平角の鉄棒製の窓格子。③一般的に金属製の窓格子をいう。

免震構造 地盤と建物基礎の間に積層ゴム（アイソレーター）やダンパーなどを挿入して，地震力を減じて建物の破壊を防止する構造のこと。

免震スリット 鉄筋コンクリート構造において，壁と柱または梁との縁を切るために，その取り合いに入れる溝。構造的に耐震壁の機能をもたせると，地震のとき建物にねじれが生じ好ましくない場合に用いられる。専用の既製品もある。

免震レトロフィット 歴史的な建築物の耐震補強として免震構造を取り入れたもの。→レトロフィット

メンテナビリティ［maintenability］日常点検，定期点検，清掃，経常的修繕などの建物の維持管理のしやすさを示す言葉。

メンテナンス［maintenance］完成後の建物や建築設備の初期の性能および機能を維持管理すること。運転，清掃，保守・点検，調査・診断，修繕・更新が含まれる。「維持保全」ともいう。

メンテナンスコスト［maintenance cost］維持管理に必要とされる費用。運転，清掃，保守・点検，修繕・更新，改修・模様替え，管理から構成される。

メンテナンススペース［maintenance

space］維持保全をするための機器，器具回りのスペース。機器によっては設置寸法だけでなく，周囲六面の保守寸法を確保する必要がある。

メンテナンスフリー［maintenance free］維持管理をする必要のない製品のこと。維持管理の程度を著しく削減する方法も，メンテナンスフリーという。ただし，実際上このような製品は存在せず，維持管理の手間のかからない製品ということで，ローメンテナンスという用語が広く使われている。

面取り 柱や壁の出隅あるいは部材の角を落とすこと。丸味をつけることもある。

メンブレン防水［asphalt membrane waterproofing］メンブレンとは「薄い皮膚」という意味であり，屋根などの広い面積を，薄い防水層で全面に覆う防水方法一般をいう。アスファルト防水，シート防水，塗膜防水がある。

も

網状ルーフィング（もうじょう―）目の粗い綿，麻，合成繊維の布にアスファルトを浸透させた防水・防湿工事用の材料。排水口の周囲など，アスファルト防水層の部分的な補強に使用される。特殊なものとしてガラス繊維の不織布や銅網を用いたものもある。→ルーフィング

モーターダンパー［motor damper］空調設備の自動制御に用いられる機器の一つ。風量を制御するダンパーをモーター開閉操作する。略して「MD」。

モータープール［motor pool］ゼネコンなどが所有する建設機械類センターのこと。→機材センター

モーターホイスト［motor hoist］動力に電気を用いたモーターと減速ギアおよび巻き取りドラムが一体となった巻上げ機械。I形鋼を使ったレールに懸垂して走行するものや鉄道レール（2本）の上を走行するものがある。また高圧空気を動力とした空気（エア）ホイストもあるが，特殊用途として使用されるため，ホイストというと一般的にはモーターホイストを指す。

モーメント［moment］物体を回転させる力の量。回転の中心点から力の作用線までの垂直距離と作用する力との積で測る。→断面二次モーメント

モールディング［moulding］建築や家具・什器（じゅうき）の装飾として付けられる

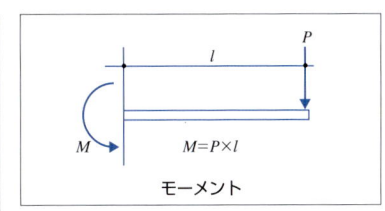

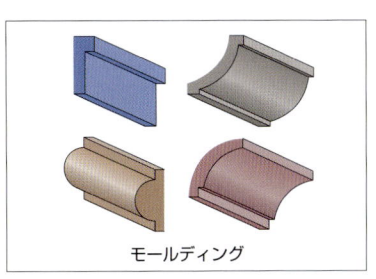

モーメント

モールディング

帯状の模様。「繰形（くりがた）」ともいう。

モールド［mould］①プレキャストコンクリート（PC）を製作するための鋼製型枠。②モルタルやコンクリート供試体を製作するための鋼製型枠。ハードボードあるいは厚紙製もある。③モールドトランス（変圧器）。

木コン（もく―）打放し型枠用の丸セパの端部に取り付ける木製の部品で，コンクリート打設完了後に取り外し，その穴の部分にモルタルを充てんする。「Pコン」と呼ばれるプラスチック製のものが主流となってきている。木製，プラスチック製両者を「木コン」と呼ぶこともある。→丸セパ

木コン

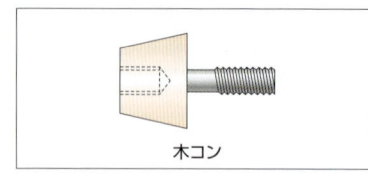

木質系セメント板　木毛，木片などの木質原料とセメントを用いて加圧形成した壁，床，天井，屋根などに使用する板状の材料。木質原料の最大長さおよび製品のかさ比重から，「硬質木毛セメント板」「普通木毛セメント板」および「硬質木片セメント板」「普通木片セメント板」とに区分される。JIS A 5404。

木質材料　原料である木材を細分化しこれを接着剤等で再構成した材料の総称。原料を細分化するので，原料木材の選択範囲を拡大し，低質材，廃材の利用が可能となる。

木片セメント板　木片および木材小片とポルトランドセメントを混合して，圧縮成形して得られる板材料。木片を含むが難燃材料であることが特徴。

木(杢)目（もくめ）木材の表面に表れる年輪模様。そのうち特に装飾的価値のあるものを「杢目」または「杢」と称して区別する場合もある。→杢目(もく)材

杢目材（もくめざい）板目のうち，特に意匠的に価値の高い模様をもつ銘木の一つ。その模様により鶉(うずら)杢・玉杢・笹杢など多種がある。

木毛セメント板　木毛（木材を長さ10〜30cm，幅3.5mm，厚さ0.3〜0.5mm程度の繊維方向に長く削ったもの）とセメントを混ぜて圧縮成形して製造する板。JISでは，難燃木毛セメント板（難燃2級）と断熱木毛セメント板の2種類がある。この板の特徴は防火性にあり，そのほか断熱性・吸音性を備えていることから，工場，立体駐車場，スポーツ施設などの屋根下地や壁下地に使用される。

木煉瓦（もくれんが）①コンクリート面に木材を取り付けるための木片。あらかじめコンクリートに打ち込む工法と，後から接着剤で張り付ける方法と

がある。②主として舗装に用いるれんが状の木塊。→防腐木煉瓦(もくれんが)

モザイク［mosaic］壁や床などの表面にガラス，タイル，大理石，金属などの細片を貼り付けて模様や図形を表した装飾。

モザイクタイル［mosaic tile］陶磁器質タイルの呼び名による区分の一つで平物の表面の面積が50 cm²以下の小型のタイル。形は長方形・角形・丸形・特殊形と多種ある。JIS A 5209。

モザイクタイル張り　タイルの張り方の一種。タイルの表面に30 cmほどの台紙に張ってユニット化し，そのまま壁面等に張り付け，後で台紙をはがして目地詰めを行う。「ユニット張り」ともいう。→タイル工事

モザイクパーケット　ひき板の小片を数枚組み合わせて1ブロックをつくり，さらにそれを市松(いち)模様に貼る木質の床仕上材。板厚は6〜9mmで，下地に接着剤で貼る。

鋸（もじぎり）⇨ギムネ

餅網スラブ（もちあみ―）鉄筋が餅網のように縦横同間隔に配置されたスラブ。→ベンドスラブ

持ち送り　庇(ひさ)や棚などを支えるため，壁や柱から突き出した腕木。「ブラケット」ともいう。

持ち出し　⇨刎(はね)出し

持ち放し　梁やスラブが一端で固定支持されている状態。「持ち出し」「刎(はね)出し」「片持ち」「カンティレバー」ともいう。

もっこ　莚(むしろ)に吊り下げ用のロープを付けた土砂などの運搬具。現在はク

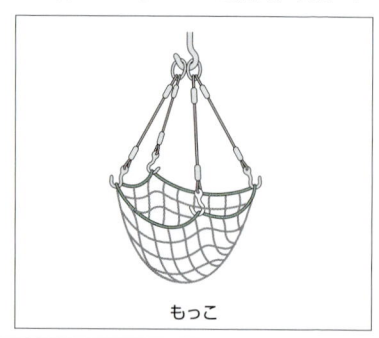

もっこ

レーンで吊り上げられるように，ワイヤーロープの網でできたものが使われている。

木コン回し（もっーまわし）打放しコンクリートの木コンを取ったり，フォームタイを締め付けるために用いられる道具。

モデュール［module］建築生産における基準となる寸法。単位となる1つの寸法（例えば10cm）をいう場合と，何らかの法則によって定められた寸法の組織をいう場合があり，後者の意味で用いることが多い。建築の工業化を合理的に進めるために，JISで「建築モデュール」として規定している。JIS A 0001〜0004。

モデュール割り ⇨モデュラーコーディネーション

モデュラーコーディネーション［modular coordination］モデュールにあてはめて建築平面・部位・部材・家具・設備機器などの寸法調整をはかること。これによって量産性の向上，現場作業の単純化などが図られ，プレハブ化の促進に役立つ。略して「MC」，あるいは「モデュール割り」ともいう。

モデュラス［modulus］材料を伸ばしたときに生ずる引張応力のことで，弾性シーリング材などの特性を表す。50％モデュラスとは，材料を1.5倍に伸ばしたときの引張応力（kg/cm^2）をいう。低モデュラスとは，その材料が軟らかいか，もしくは伸縮性に富んでいることを表す。

モデュロール［modulor 仏］ル・コルビュジエの考案によるモデュール（単位長さ）で，黄金分割と人体寸法を組み合わせたもの。→モデュール，モデュラーコーディネーション

元請 ⇨元請業者
元請負 ⇨元請業者
元請負人 ⇨元請業者

元請業者 工事発注者と契約して直接に仕事を請け負う業者。多くはゼネコンがなる。元請業者は発注者の書面による承諾なしに一括して第三者に下請負させることはできない。建設業法第22条。「元請負」「元請負人」あるいは単に「元請」ともいう。

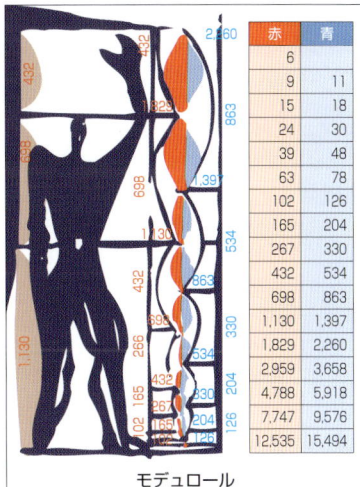

赤	青
6	
9	11
15	18
24	30
39	48
63	78
102	126
165	204
267	330
432	534
698	863
1,130	1,397
1,829	2,260
2,959	3,658
4,788	5,918
7,747	9,576
12,535	15,494

モデュロール

元方安全衛生管理者（もとかたあんぜんえいせいかんりしゃ）総括安全衛生責任者を補佐し，災害防止に関しての技術的事項を管理する者で，実際に安全衛生面の管理を行うことから実務経験が必要となる。労働基準監督署長に選任報告をしなければならない。

元方事業者（もとかたじぎょうしゃ）請負契約が2次3次と重なる場合の最も先次の請負契約における注文者のこと。すなわち元請のことで，建設業と造船業においては「特定元方事業者」と呼ばれる。労働安全衛生法第15条。

元口 切り丸太などの根に近い部分，すなわち太いほうの切り口。→末口

元払い 品物を発送する側が，発送地で運賃を支払う契約のこと。

モノリシック構造 鉄筋とコンクリートを一体化した鉄筋コンクリート造のように，一体化された構造のこと。

モノリシック仕上げ［monolithic surface finish］左官の床仕上げ工法の一種。躯体コンクリート打設後，硬化しないうちに表面を金ごてで仕上げ，モルタル塗りを省略する方法。「一発仕上げ」ともいう。→回転トロウェル

モノレールホイスト カーテンウォールなどの材料の揚重・取付けなどに使

用される揚重装置で，Iビームのレール上を走行するもの。

モノロック　円筒錠の商品名。〔製造：美和ロック〕→円筒錠（えんとうじょう）

モビールクレーン　[mobile crane]　⇨ホイールクレーン

模様替え　用途変更や陳腐化への対応のため，建物の主要構造部を著しく変更しない範囲で，間仕切り壁や仕上げなどを変更すること。

モラールサーベイ　[morale survey]　品質管理を実施する上での小集団活動の一種。従業員や作業員の職場・作業場における士気の実態を質問用紙，面接，観察などの方法で調査すること。

盛り替え　①工事の進行にともない脚立（きゃたつ）足場の位置や足場の棚板を移し替えること。脚立足場の移動など。②コンクリート打設後，サポートを取り除き他のサポートに荷重を掛け替えること。③ガイデリックなどの施工機械の位置を移し替えること。

盛砂（もりずな）　⇨斎砂（いみずな）

盛土（もりど）　宅地造成，築堤などの工事で，現地盤の上に土を盛ること。また埋戻しに際し，GLよりも盛り上げた土をいう。

モルタル　[mortar]　セメント・砂・水を練り混ぜた材料。仕上げ用・下地用・貼付け用・保護用・その他用途は広い。「セメントモルタル」ともいう。

モルタル水分計　高周波あるいは直流電気抵抗を使って，コンクリート躯体表面の水分を測定する計器。屋上のアスファルト防水を行うためのコンクリートスラブとしては，含水率8％以下がよい。

モルタル塗り　セメントと砂，水を混練したものを，床や壁に鏝（こて）で塗り伸ばすこと。建築各部の下地，仕上げとして広く用いられる。モルタルは収縮によるはく離やクラック（ひび割れ）が発生しやすいので，仕上げとして用いる場合は施工管理が重要である。

モルタル防水　防水剤（塩化カルシウム，アスファルト，水ガラス，合成樹脂等）を混合したモルタルを塗ることによって防水する工法で，軽微な防水に使われる。モルタルの亀裂等が生じることが多く，完全な防水は期待できない。

モルタルポンプ　軟練りモルタルを所定の場所へパイプで圧送する機械。「モルタル圧送機」ともいう。

モルタルミキサー　モルタルを作るためのかくはん機械の総称。回転翼式のものが一般的。

モンキーレンチ　[monkey wrench]　径の異なるナット類の締付けおよび締めほどきのため，スパナの頭部が回転ねじで調整できる工具。「モンキースパナ」「イギリススパナ」「自在スパナ（レンチ）」，単に「モンキー」ともいう。

モンケン　杭打ち工事で杭を打設するために用いる重り。このモンケンをウインチなどを使って巻き上げ，落下させて杭を打ち込む。「ドロップハンマー」ともいう。

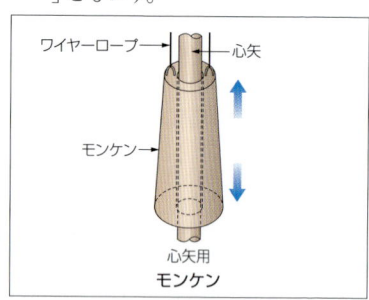

モンケン

モンロー工法　山留め壁を隣接する建物により近づけて施工できるように開発された機械による杭打設工法。オーガーとその回転駆動部，ガイドレール付きマスト等からなる削孔機を，油圧の移動式クレーンで吊って作業する。

や

矢板 根切り工事において，掘削する周囲の土壁が崩れないように押さえる土止め板。木製，鉄筋コンクリート製および鋼製等の材料からなり，掘削前にあらかじめ地盤中に連続して打ち込むのが一般的である。→掛矢板(かけやいた)

屋形天井（やかたてんじょう）⇨舟底(ふなぞこ)天井

焼粉（やきこ）⇨シャモット

焼き過ぎ煉瓦（やきすぎれんが）普通れんがよりも高温で焼成した赤褐色の煉瓦。強度が大きく，吸水性が低く，色調に変化があることから，舗道や建築の仕上げなどに用いられる。

焼付け塗装 金属板に塗装を施し，高温で強制乾燥させる塗装方法で，耐熱・耐汚染・耐候性に優れる。アクリルエナメル系は鋼製・アルミ製建具などに，メラミンアルキド系は空調器具・電気器具などに用いられ，ほかにエポキシ系などもある。

焼抜き栓溶接（やきぬきせんようせつ）薄鋼板と鋼材との重ね継手に用いる栓溶接。重ねた薄鋼板を溶接棒を回転させて円形に焼き抜き，順次円全体に溶着金属を盛り上げて下の鋼材と溶着させる。デッキプレートと鋼梁の接合において，低水素系の溶接棒と高い溶接電流の使用により，接合強度の大きい焼抜き栓溶接が可能となっている。

野業（やぎょう）現地で行う測量作業の総称。踏査，選点，測定，撮影などを含む。「外業(がいぎょう)」ともいう。

薬液注入工法 地盤改良工法の一種。軟弱地盤の硬化改善と湧水・漏水防止を目的として，けい酸ソーダと重炭酸ソーダなどの混合液や合成樹脂系の薬品類を土層に注入する。

役杭（やくぐい）測量杭のうち，インターセクションポイント(IP)など特別な点を示す杭。道路などの中心点を示す杭は，20mごとというように一定間隔に設置してゆくが，曲線部になると曲線の始点(BC)，終点(EC)IPなど特別な位置を示す杭が必要となる。

役物（やくもの）タイル，金物などで特殊な個所に用いたり，特殊な寸法，形を持つものなど，標準的な形状をした平物(ひらもの)とは異なるもの。例えばタイルの出隅(ですみ)や入隅用のもの，切り欠きのあるもの，瓦の隅瓦，谷瓦・鬼瓦などがある。「曲者(くせもの)」ともいう。

矢蛸（やだこ）⇨雇い杭

野帳（やちょう）土地および建物の測量結果を記入できるような書式を備えた手帳。

やっとこ ⇨雇い杭

やっとこ打ち ⇨岡打ち

雇い杭 杭打ちの際，杭天端(てんば)を地中にもぐるまで打ち込む場合に用いる鉄製の仮杭のこと。所定の深さまで打ち込めばすぐに引き抜く。「やっとこ」「矢蛸(やだこ)」ともいう。

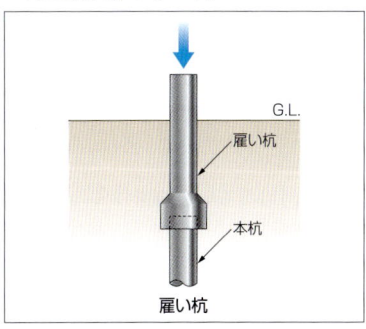

雇い杭

ヤネカート 軽量のパネルなどを小運搬(こうはん)するための手押しの二輪車。ALC版の運搬などに用いられる。

屋根工事 母屋(もや)や垂木(たるき)を使ったり，トラスを使って屋根の構造体をつくり，そこに屋根の断熱遮音工事を行って，最終的に屋根の表面を瓦葺き，金属板葺き，ストレート葺きなどで葺く工事をいう。

屋根勾配（やねこうばい）水平面に対

やふれめ

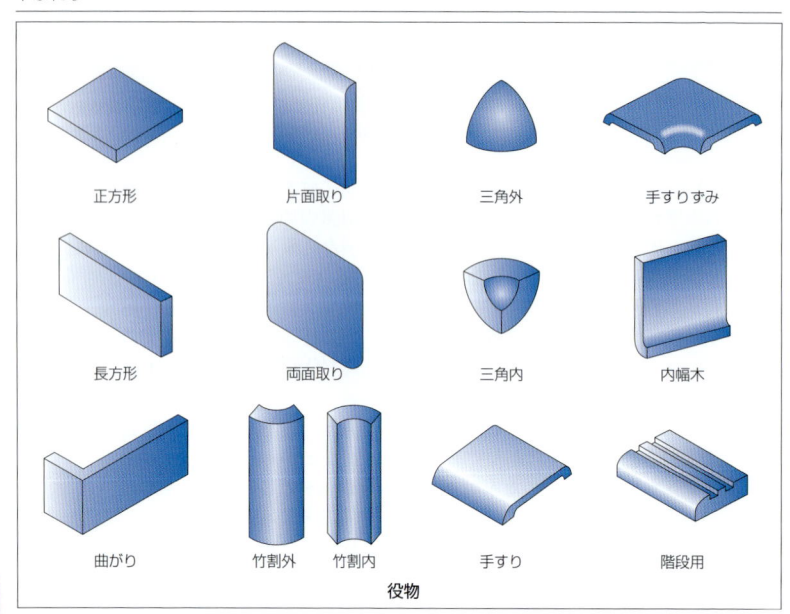

正方形	片面取り	三角外	手すりずみ
長方形	両面取り	三角内	内幅木
曲がり	竹割外 竹割内	手すり	階段用

役物

する屋根面の傾斜の度合いのこと。通常は4/10，5/10などのように，分数形式（高さ／水平距離）で表記する。また，水平距離1尺（10寸）に対する高さを寸で表し，4寸勾配，5寸勾配のように呼ぶこともい。

破れ目地 ⇨馬目地(めじ)

山が来る 山留めが土圧で崩壊したり法(のり)勾配が急すぎたために，根切り周囲の地盤が，掘削した部分に崩れてくることをいう。

山形鋼 ⇨アングル

山砂 河川あるいは海岸以外の所から採取する砂。泥分が多く，おもに埋戻し用に使われる。

山砂利 山から採れる砂利。→川砂利

山留め 掘削の際に，周囲の地盤が崩れないように，矢板またはせき板で土を押さえること。土圧が大きい場合は，それを腹起こし，水平梁などを組んだ支保架構で支える。

山留め支保工 （やまどめしほこう）根切り工事中に掘削壁面が崩壊しないように山留め壁を構築するが，それを支持する支柱，切梁等の仮設材の総称。

山屋 （やまや）コンクリートを解体する作業者のこと。

やらず 足場などが転倒しないように斜めに支える突っかい棒のこと。

遣方(形) （やりかた）基礎のための掘削を行う前に，柱心，壁心，水平位置などを示すために，建物四隅に設ける仮設物のことで，「とんぼ」ともいう。四隅では，3本の遣方杭を直角三角形の頂点の位置に打ち込み，これに水貫(みずぬき)と称する水平材を2辺の位置に打ち付けて定木とする。土木工事では「丁張り」という。

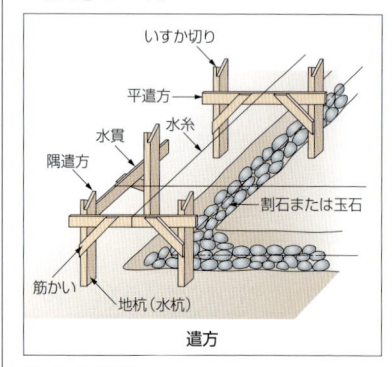

遣方

遣方(形)杭 (やりかたぐい) 遣方貫(ぬき)（水平材）を打ち付けるための杭。「水杭」「見当杭(けんとうぐい)」ともいう。

遣方(形)貫 （やりかたぬき）⇨水貫(みずぬき)

ゆうきよ

やわら 鋼材など硬いものをワイヤーロープで吊るとき，滑らないように，また傷がつかないように，間にはさむ布類のこと。

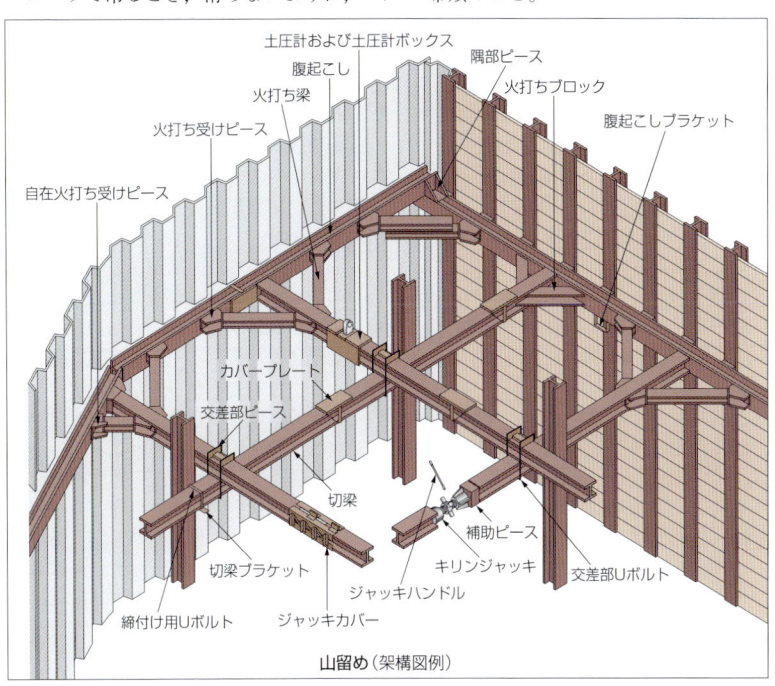

山留め（架構図例）

（ラベル：土圧計および土圧計ボックス／腹起こし／火打ち梁／火打ち受けピース／自在火打ち受けピース／隅部ピース／火打ちブロック／腹起こしブラケット／カバープレート／交差部ピース／切梁／切梁ブラケット／締付け用Uボルト／ジャッキハンドル／ジャッキカバー／補助ピース／キリンジャッキ／交差部Uボルト）

ゆ

油圧クレーン 油圧によって作動するクレーンの総称。一般に，トラックのキャリア部分に油圧を動力とした揚重装置（クレーン）を取り付けた移動式のクレーンのことを指す。「ハイドロクレーン」ともいう。

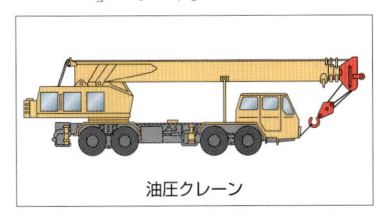

油圧クレーン

油圧ハンマー 杭打ちハンマーの一種。油圧によってラムを持ち上げ，ラムの自由落下によって杭を打撃する。衝撃部分を密閉することができるため低騒音で油煙の飛散がないこと，ラムの落下高を自由にコントロールできることなどの特徴がある。

誘引ユニット方式 空気調和設備の一方式。中央式の外気処理用空調機と，各部屋に設置された誘引ユニットとで構成される。中央式空調機から温湿度調整された1次空気を高圧で誘引ユニットに送り込む。誘引ユニットは，特殊なノズルで室内空気を吸い込み，1次空気と一緒に冷温水コイルを通して室内へ吹き出す。

有機溶剤 油，ろう，樹脂，ゴム，塗料など水に溶けないものを溶かすために使用する石油，灯油，シンナー，接着剤等の総称。揮発しやすく工業的な用途に使われ，扱い方によっては有害

となり，高濃度を扱うと急性中毒に，低濃度でも長期間吸うと慢性中毒を引き起こす。

有効断面積 部材断面積の中で，応力伝達，剛性評価上有効な面積。

有孔ヒューム管 片面に多数の小孔をあけたヒューム管（遠心力鉄筋コンクリート製）。地下水位を低減させたり湧水の排水処理用として使われる。

有償支給 請負契約額の中に含まれている工事用材料を発注者が支給して，工事金額からそれに相当する費用を差し引く材料支給の方式。→無償支給

湧水ピット（ゆうすい―）底盤と地中梁とスラブで構成される槽（室）のうち浸透してきた地下水をポンプ槽（室）に導くための槽（室）。

ユーティリティー［utility］①住宅・病院などにおけるサービス関係の部屋。住宅では，洗濯，乾燥，アイロンがけ，整理・収納などを中心とする家事作業が集中して行える部屋をさす。病院においては，患者の汚物処理作業が清潔かつ能率的に行えるスペースのこと。②住宅地開発の場合，電気，ガス，上下水道，電話などのサービス施設のことをいう。

誘導灯 火災の際に人を避難させるための標識灯。避難口である旨を表示した避難口誘導灯と室内通路・階段・傾斜路などに設ける通路誘導灯がある。通常は常用電源で点灯しているが，非常時には自動的に非常電源に切り替えられる。

誘導灯

誘導標識 火災などの災害時に建物内の人を容易に避難器具，避難階へ誘導するための標識。防火対象物の用途により，あるいは特殊な階（無窓階，地下階など）に設置される。床面の高さ1.5m以下の部分で，識別するのに十分な採光可能な場所に設置する。

誘発目地 乾燥収縮などによって起こるコンクリートの亀裂をあらかじめ想定した位置に発生させるために，おもにコンクリートの壁に入れる目地。目地を入れることで，その部分の壁厚を薄くし，場合によっては鉄筋もそこで切断して亀裂を入りやすくしたもの。

釉薬（ゆうやく）美観や汚れ防止のため，陶磁器の表面にかけるうわぐすりのことで，この釉薬を施すことを「施釉(せゆう)」という。

遊離石灰 セメント製造の際，焼成が十分でないことから遊離した状態で存在する石灰（CaO）のことで，膨張ひび割れや強度低下の原因となる。

優良住宅部品認定制度 性能の良い住宅部品を選定する際の目安となる安全と安心を保証する制度で，国土交通大臣が認定部品の名称，形式，企業名を公表し，3年ごとに認定の見直しを行っている。認定された部品にはBLマークが付けられ，製品の瑕疵（かし）・欠陥での故障に対しては2～10年間無料でメーカーが責任をもって修理を行う保証責任保険と賠償責任保険がつく。→BL部品

床勝ち 床材と壁材の取り合い部分で，床材の上に壁材が乗っかる納まり。間仕切り壁は，床勝ちのほうが間仕切り位置の変更などに対応しやすい。一方，二重床と区画壁の取り合いは，壁勝ちのほうが空調領域の分割や二重床の取り替えに対応しやすい。→壁勝ち，天井勝ち

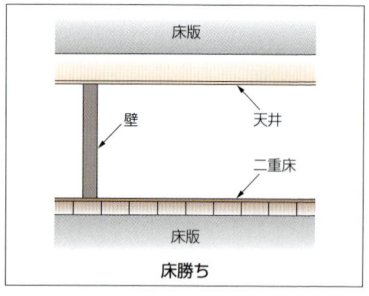

床勝ち

床鋼板（ゆかこうはん）⇨デッキプレ

―ト

床転がし配管（ゆかころがしはいかん）集合住宅等でよく採用される二重床の配管工法。床スラブにさや管を固定・設置する配管工法。

床仕上げロボット　コンクリートの床仕上げを自動的に行う機械。打設したコンクリートの表面をならす回転こて付きのものと、床面の清掃やけれんを行う研磨・吸塵機付きのものがある。走行は、あらかじめ経路を入力する、機械自ら走行パターンを決める、遠隔操作の3方式がある。

床暖房　⇨フロアヒーティング

床付き布枠（ゆかつきぬのわく）枠組足場を構成する材料の一種。建枠に渡して歩行を可能にした足場板(鋼製)付きの布枠。

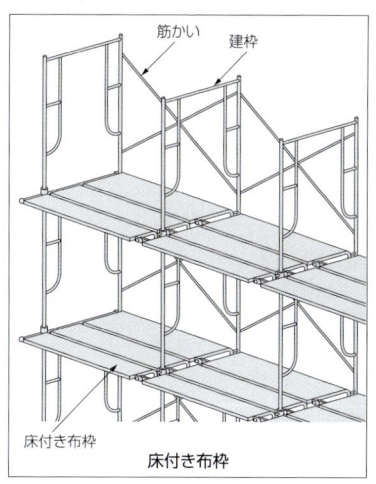

床付き布枠
筋かい
建枠
床付き布枠

床鳴り（ゆかなり）木造組の床を歩行した際に発生するきしむ音のこと。床下地材の種類、寸法、間隔、固定方法、木材の乾燥・収縮、接着剤等の複数の要因が複合して起きる場合が多い。

床防水　下階などへの漏水を防止するために設ける屋内防水。水を使用する設備機械室、コンピューターを使用する部屋の上階などには、漏水による下階での水損事故を防止するため床防水を施す。

ゆがみ直し　⇨歪(ゆが)み直し

床面積　建物登記簿の表題部に記載される建物の床面積は、建築物の各階、またはその一部で壁その他の区画の中心線で囲まれた部分の水平投影面積をいう。m²単位で定め、1/100未満は切り捨てる。開放されているポーチ、ピロティなどは、運用解釈によって含まれない場合がある。建築基準法施行令第2条1項3号。

雪見障子（ゆきみしょうじ）庭を眺めたり室内の明かりとりのため、下半分を透明ガラスと、上げ下げできる小障子の二重構造にした障子。

油性調合ペイント［oil paint］建築物の鉄部や木部、鋼構造物の塗装に用いられる、着色顔料、体質顔料などをボイル油で練り合わせてつくった自然乾燥性の塗料。JIS K 5511。

ユニオン［union］接続の際に配管を回転させることなく、継手自身を回転させるだけで管の接合または取り外しが可能な継手部品。既設配管の切断、延長、取り替えなどに利用される。

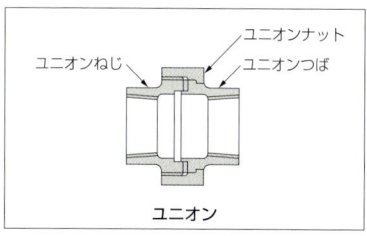

ユニオンねじ
ユニオンナット
ユニオンつば
ユニオン

ユニック　荷台に揚重装置を取り付けたトラックのこと。

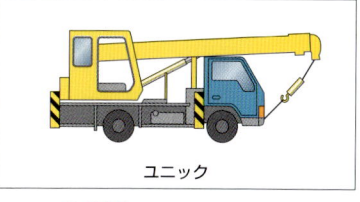

ユニック

ユニット足場　鉄骨建方(たてかた)時において、ジョイント部のボルト締めや溶接作業のために、その必要な部分のみに掛けるユニット化された既製の足場。地上であらかじめ鉄骨部材に取り付けておくものと、建方終了後に取り付けるものがある。また建方用足場と兼用するものもある。

ユニットタイル タイルの表面に台紙を貼り30 cm角ほどのユニットにして貼付けを行うタイル。台紙は貼付け完了後,水湿しをしてはがす。モザイクタイルや50角タイルなど比較的小さいタイルに用いられる。

ユニットバス バスルームユニットの略。便器,洗面器,浴槽,換気設備,電気設備などを工場で一体に組み込んでユニット化したもの。ホテル,マンションなどに使用される。

ユニット張り ⇨モザイクタイル張り

ユニットヒーター [unit heater] 送風機と加熱器(加熱コイル,電熱器)を組み合わせた温風暖房装置。フィルターなどとともにケース内に収めて個別暖房器の形にまとめたもの。

ユニットプライス型積算方式 公共工事の積算方式の一つで,機械経費,労務費,材料費,諸経費をmやm^{2}などの単価(ユニットプライス)に割り込み,数量×単価の総和で算出する積算方式のこと。従来の機械経費,労務費,材料費をそれぞれ積み上げていく方式に比べ,市場価格を反映しやすく,積算業務が省力化されるなどの理由で,2004年10月から国土交通省で試行が始まった。

ユニバーサルデザイン [universal design] 商品や空間をデザインするに当たって,障害者をはじめ,高齢者,外国人,子供,妊婦などのすべての人びとの使いやすさを取り入れようとする考え方。

ユニバーサルリフト [universal lift] 工事現場において,資材を上下に運搬するリフトの一種。荷台と足場を利用したガイドレールからなり,落下防止用の安全装置が付く。

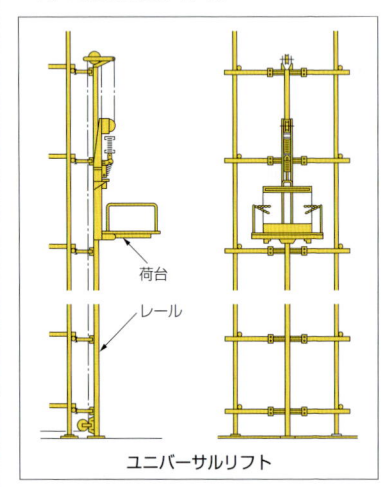

ユニバーサルリフト

油入遮断器 (ゆにゅうしゃだんき) ⇨OCB 略

ユンボ ⇨バックホー

よ

ようかん ①普通れんがを長手方向に半切した形のもの。②セメントの強度試験用供試体の俗称。4 cm×4 cm×6 cm。

揚重計画 揚重機の機種・台数,予定の揚重資材についての数量・揚重場所および揚重予定時刻・所要時間などを計画し,揚重計画表に記述すること。特に高層建築物のような大規模な工事では,施工が円滑に進むかどうかのカギを握るといわれる。

養生 ①モルタルやコンクリートを十分に硬化させ,良好な性質を発生させるために,適度な水分,温度を与え,適切な条件を保つこと。②作業周辺,仕上げ面に損傷・汚染等が生じないように保護すること。③工事現場の危険防止対策。

養生金網 現場外への落下物および上階からの落下物を防止するため,足場の外側などに張りめぐらす金網。

養生構台 ⇨構台②

用心鉄筋 構造計算上は必要ではないが,亀裂を防止したり,不測の応力に抵抗できるよう付加する補強のための鉄筋。

容積調合 コンクリートのセメント・水・細骨材・粗骨材・混和剤の調合比率を容積で表したもの。→重量調合

容積率 建物の延べ床面積の敷地面積に対する割合。用途地域指定の有無および種別に応じて定められる。建築基準法第52条。ある地域において公共道路や公開空地（くうち）などを含めた総土地面積に対する延べ床面積の割合は「総容積率」と呼ばれる。

溶接金網 鉄線を格子状に組み，接点を電気溶接したもの。「ワイヤーメッシュ」「ウエルドメッシュ」ともいう。

溶接記号 溶接方法・種類・形状・寸法・溶接位置・溶接姿勢，仕上げ方法，施工の場所などを表示するための記号。2部材間の溶接部の形状を表す基本記号と必要に応じて使用される各種補助記号からなる。JIS Z 3021。

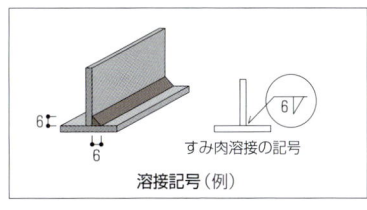

すみ肉溶接の記号

溶接記号（例）

溶接技術検定試験 溶接技能者の技量検定試験。構造物別にJISおよびその他各種船舶協会において，試験方法，合否の判定基準が規定されている。

溶接欠陥 溶接部に発生する欠陥の総称。外観検査によって発見できるアンダーカット・オーバーラップ・表面の割れなどと，超音波探傷試験や放射性透過試験などの非破壊検査によって発見可能なブローホール・スラグの巻き込みなどの内部欠陥がある。

溶接工技量付加試験 工事の監理者や設計者が，その工事の溶接作業を行う溶接工の技量を確認するために実施する試験。この試験の指定（仕様書で指定される）のある場合は，JISの技量検定試験に合格していても，付加試験に合格しなければその工事の作業はできない。

溶接構造用圧延鋼材 ⇨SM材 略

溶接姿勢 溶接を行う作業者の溶接部分に対する姿勢。下向き・水平・立向き・上向きの4姿勢に分類され，この順序で施工難度が増す。

溶接継手 アーク溶接，電気溶接，ガス圧接などの溶接を用いて鉄筋，鉄骨などの鋼材を接合する継手。

用地面積 施設を建設するのに必要とされる土地の面積。建築や工作物，関連施設の建設用土地面積の他に，取付け道路，提供施設のための土地等が含まれる。

用途規制 それぞれの用途地域内においてなされている建築物の用途に関する制限のことで，その具体的な制限は建築基準法において定められている。なお特別用途地区内においては，地方公共団体の条件により，用途地域における用途制限が，強化または暖和される。→用途地域，特別用途地区

用途地域 都市の健全な発展と秩序ある整備を図るため，都市計画法に基づいて定める地域指定。第一種低層住居専用地域・第二種低層住居専用地域・第一種中高層住居専用地域・第二種中高層住居専用地域・第一種住居地域・第二種住居地域・準住居地域・近隣商業地域・商業地域・準工業地域・工業地域・工業専用地域があり，それぞれの建築物に対する制限が建築基準法第48条に定められている。集団規定は用途地域が基本となり指定されている。

用途変更 当初建築した建物の用途を変えること。例えば，専用住宅を店舗に変更するなど。この場合，建築基準法上，建築確認に準ずる手続きが必要となる。

擁壁（ようへき）切土や盛土に際し，土圧に対抗し土の崩壊を防ぐために設ける壁状の構造物。重力式，半重力式，L型，逆T型などがあり，高さが5mを超えるような場合は，内側から控え壁もしくは外側から支え壁を入れる形式にするのが望ましい。

窯変タイル（ようへん—）かまの火加減による色の変化・ばらつきを意図して作られた施釉（せゆう）タイル。内外壁に使用される。

溶融亜鉛鍍金（ようゆうあえんめっき）防食の目的で溶融しためっき槽に鋼材や鋼製品を浸漬してめっきする方法。電気亜鉛めっきに比べ亜鉛付着量が多い。「どぶ付け」とも呼ばれる。JIS H 8641。→電気亜鉛鍍金（めっき）

溶融亜鉛鍍金処理（ようゆうあえんめっきしょり）⇨溶融亜鉛鍍金（めっき）

溶融亜鉛鍍金ボルト（ようゆうあえんめっき—）溶融亜鉛めっきを施したボルト。外部等の雨がかりの腐食のおそれがある部位等に使用する。

翼壁（よくへき）トンネルの出入口，橋台の両側，および急斜面を背後にする建築物などにおいて，端部に土止めが必要なときに設ける擁壁（ようへき）もしくは石垣のこと。「ウイング」「袖（そで）石垣」ともいう。

予決令（よけつれい）予算決算および会計令の略称。国の会計経理について定めた会計法の政令で，建設工事の予定価格，落札価格の限度などの規定が定められている。→予定価格

横枝管（よこえだかん）配管，ダクト縦主管から横分岐される部位。

横取り　長尺物の移動，据付けに際して，運搬用具（トラックや台車）をそのすぐ横につけて積み降しを行うこと。クレーン等は使用しない場合が多い。

横持ち　材料の使用場所など所定の所まで運搬トラックが近づけない場合，トラックから降して小運搬（こうはん）すること。運送業者が請求するこのための費用を「横持ち料金」という。

横矢板（よこやいた）山留めの際にH形鋼などを一定間隔に打ち込み，その間を横方向に設置する土止め用の厚板。

予作動式スプリンクラー設備　消火設備。水による初期消火を目的として，火災感知から消火まですべて自動で行う。火災感知器と閉鎖型スプリンクラーヘッドの両方が作動しなければ水が放出されない。コンピュータールーム，高級家具・呉服売場等，火災時以外には，不慮の事故等による水損を最小限に抑えるために開発されたシステム。

予算管理　建築現場では工事予算計画として実行予算が作成されるが，この予算計画を管理すること。

4時間日照　住環境の目安として用いられる可照時間数。建築基準法では，地域に応じて日影時間が規制されているが，冬至に4時間の日照が確保できることが住環境を維持する目安としての衛生，通風なども得られるといわれてきている。

寄せ筋　通常の配筋方法に比べて，外力（曲げモーメント）に対して効果的に抵抗できるように，柱断面の上下または左右に主筋を集中させた配筋方法。→きかし筋

余長（よちょう）①鉄筋末端部の折り曲げ（フック）の加工に際して必要な長さのこと。②梁やスラブの配筋に際しスパンの中間で止める鉄筋の必要な長さ以上に設けた長さのこと。また，柱脚や柱頭で本数の異なる鉄筋を組み立てる場合，柱の中途で止める鉄筋に必要な長さ以上に延ばした余分な長さのこと。

よっこ　ものを元あった場所から横に移動させること。転じて，一般にものを移転することもいう。「横に寄せる」がなまったとする説と，「よっこいしょ」からきたという説とがある。

予定価格　工事発注者の予定する工事価格。公共工事においては「予決令」で予定価格の算出が義務づけられており，落札価格は原則として予定価格を越えてはならないとされている。→予決令（れい），最低制限価格

呼び強度　レディミクストコンクリートの強度区分を示す呼称で，生コン工場へ注文するコンクリート強度。一般的には設計基準強度に気温による補正値を加えた値。

呼び線　⇨スチール

呼び樋（よびどい）軒樋（のきどい）と竪樋をつなぐ横引きの樋。元来，軒に接続する受け口の桝（ます）を「鮟鱇（あんこう）」といい区別されていたが，現在では軒樋と竪樋の接続部分全体を含めていい，鮟鱇と同義である。→鮟鱇（あんこう），飾り桝（かざります）

呼び水 ポンプで揚水を開始する際，ポンプ内に水を加えて吸引すること。または，そのための水。

予防処置 不適合，事故等が発生しないように事前に処置すること。

余掘り 基礎や地下の鉄筋組立て，型枠組立て作業の空間を確保するために建築物の位置よりも大きく掘削すること。「掘り越し」ともいう。

余巻き ワイヤーが引き抜けてしまわないように，ウインチのドラムに必要以上の長さのワイヤーを巻き付けておくこと。

余盛り ①グルーブもしくは隅肉溶接において，表面から余分に盛り上がった溶着金属のこと。②埋戻しや盛土の際，沈下もしくは収縮を考慮してあらかじめ余分に土を盛ること。③場所打ちコンクリート杭を打設する際，所定の位置よりも余分に打ち増すこと。スライムを杭内に残さないために行う。

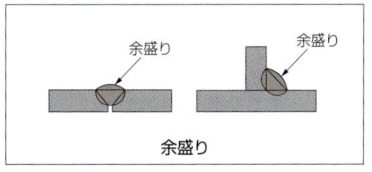

余盛り

寄り墨 ⇨逃げ墨

鎧吊り （よろいづり）クレーンで数本の梁などを一本ごとに間隔をあけて同時に吊るやり方。鉄骨建方(たてかた)において，小梁等を効率よく取り付けるために行われる。

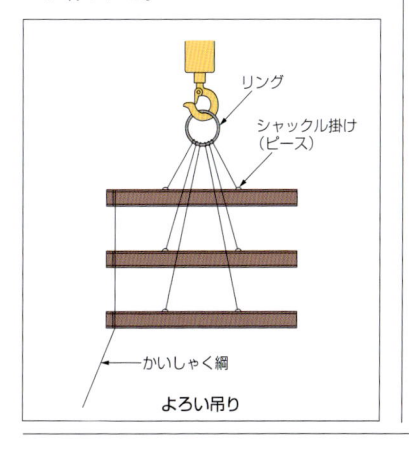

よろい吊り

よろけ ⇨珪肺(けいはい)

4R →3R

45二丁掛けタイル （よんごにちょうがけ―）寸法95mm×45mmのタイルの通称。目地幅を加え，2枚で方形となる。→二丁掛けタイル

四週強度 （よんしゅうきょうど）モルタルおよびコンクリートの材齢が4週（28日）の圧縮強度(kg/cm^2)。強度の標準とされる。

四丁掛けタイル （よんちょうがけ―）寸法227mm×120mmのタイルの通称。二丁掛けタイルを2枚並べた寸法に相当する。→二丁掛けタイル

ら

ラーメン［Rahmen 独］柱・梁の各節点が剛に接続されて一体となっている骨組。「剛節架構(ごうせつかこう)」ともいう。

ラーメン構造［Rahmen（独）construction］各部材の接合部が，剛に接合された構造物。外力に対して曲げモーメント，せん断力，圧縮軸力，引張り軸力で抵抗する。柱・梁で構成されるRC構造物が代表的なものである。

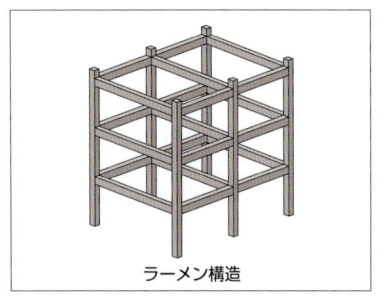

ラーメン構造

ライティングダクト［lighting bus way］配線ダクト。開口溝から専用のプラグを介して，スポットライトなどに電気を供給するダクト。脱着，位置変更が容易にできる。

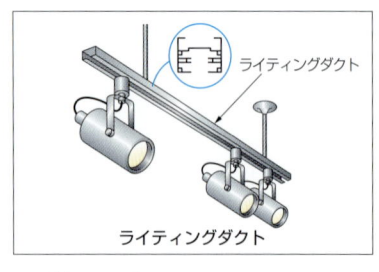

ライティングダクト

ライトコート［light court］採光のため，中庭と同じように建物の中央部に設けた外部空間。

ライナー［liner］部材を取り付けるときの高さ調整などのため，部材の下端に敷き込む鉄片。

ライニング［lining］熱や薬品による腐食の防止などを目的に，配管やタンクの内側表面に被覆をすること。はじめから配管やタンクの内側に樹脂を塗布する場合と，改修工事の際に，既存の配管やタンクの内側のさびやスケールを除去した後に樹脂を塗布する場合がある。

ライニング管　鋼管の耐腐食性を高めるため，管の内面に塩化ビニル樹脂やエポキシ樹脂などをコーティングしたもの。

ライフサイクルアセスメント［life cycle assessment］製品やサービスの生産から廃棄まで（ライフサイクル）の環境から取得される物質と環境へ排出される物質を一貫して計量し（ライフサイクルインベントリー分析），環境への影響を評価する（ライフサイクルインパクト評価）手法。調査目的の設定，インベントリー分析，環境影響評価，結果の解釈という4つのステップからなる。略して［LCA］ともいう。

ライフサイクルエンジニアリング［life cycle engineering］建物の企画・設計から建設，運営，解体，廃棄にいたるまでの生涯計画を実行し，建物の生涯価値向上を支援する分野。おもな活動としては，ライフサイクルコストを低減する技術手法を開発し実行することにある。「LCE」とも略す。

ライフサイクルコスト［life cycle cost］

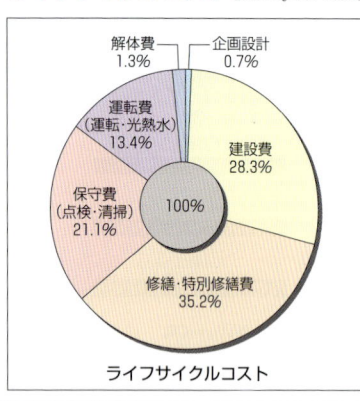

解体費 1.3%
企画設計 0.7%
運転費（運転・光熱水）13.4%
保守費（点検・清掃）21.1%
建設費 28.3%
修繕・特別修繕費 35.2%
100%

ライフサイクルコスト

建物の企画，設計，建設，運営・維持・管理，解体撤去，廃棄に至るまでの総費用。近年では，環境面からも重視されてきてライフサイクルで排出される二酸化炭素量が，設計や計画の重要項目でもある。[LCC]とも略す。
→イニシャルコスト，ランニングコスト

ライフライン［life line］都市機能，都市生活を支える電力・ガスなどのエネルギー，上・下水道，電気通信，交通機関などのシステム。都市災害に備えた安全・耐震対策・維持運営体制，復旧・災害時対応などの整備が求められている。

ラインバランシング［line balancing］プレハブ化された同タイプ住戸の多量生産や超高層建築を対象とした生産管理技術。一般製造業の生産工程では不可欠の技術で，生産ラインの作業工程（ワークステーション）における生産時間の均等化を図り，総遊び時間が最小となるように，作業時間や作業要素の先行関係などの制約条件を前提として各作業工程へ作業要素を割り付ける。

ラウンディング［rounding］切土や盛土において，周囲の自然と調和させるため，法肩(のりかた)に丸味をつけたり，法面(のりめん)の両側を在来地盤に丸味をつけてすりつけること。

落札（らくさつ）入札の結果，工事請負業者として決定すること。通常，最低入札者を落札者とするのが原則。→最低制限価格

落札価格　公共工事の入札に際し，通常予定価格の制限範囲内で決められる最低の金額。

落札率　公共工事の入札に際し，予定価格に対する決定した価格（落札価格）の割合。

落成式　工事完成の際，関係者一同を集めて行う祝賀会のこと。祝賀会の前に建物の各部をはらい清める儀式を行うことが多い。「竣工式」ともいう。

ラス［lath］左官仕上げ用の下地材のことで，モルタルやプラスターや繊維壁の下地に使われるメタルラス・ワイヤーラスあるいは木ずり・ラスボード等のこと。通常は金属製のラスを指す。

ラスシート［lath sheet］角波亜鉛鉄板にメタルラスを溶接したもので，壁・屋根・床のモルタル塗りなどの下地材として使用される。JIS A 5524。

ラスタータイル　パール状の光彩を発するタイル。塩化錫・石灰石などを成分としたラスター釉をうわぐすりとして焼成したもの。おもに外装として用いられる。「パールタイル」ともいう。

ラスボード［lath board］石膏ボードの表面に長方形のくぼみを付けた石膏プラスター塗壁の下地材。正式には「石膏ラスボード」という。JIS A 6901。

ラスモル　ラスモルタルの略称。

ラスモルタル　直径 $0.9〜1.2\,\text{mm}$ の鉄線を編んだワイヤーラス，または薄鋼板に切れ目を入れて引き伸ばしたメタルラスを下地にしたモルタル仕上げのこと。

螺旋鉄筋（らせんてっきん）鉄筋コンクリート柱の主筋周囲をら旋状に巻いた肋筋(あばらきん)で，柱の圧縮強度を増大させ，またせん断補強に有効である。最小径は 6 mm，ピッチは10cm前後。「スパイラル筋」ともいう。

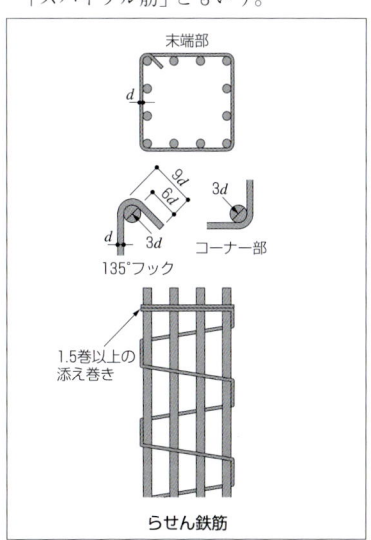

らせん鉄筋

ラダー［ladder］はしごのこと。

ラチェット　レンチの一種。ナットを挟む回転部と把手部の工夫で一方向が

空回りするので，把手の往復運動でナットを締め付けたり緩めたりすることができる。

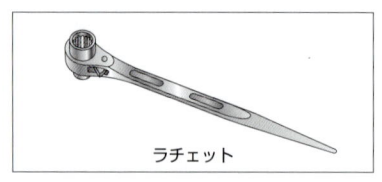

ラチェット（図）

ラチス [lattice] 山形鋼や帯板(おびいた)などの鋼材を用いて組み立てられた梁材において，斜めにあるいはジグザグ状に挿入されたウェブ材のこと。このラチスと上下の主材とで三角形を構成してせん断力変形を減少させるとともに，大きな曲げ耐力を期待する。

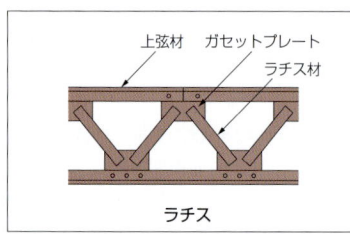

（図：上弦材，ガセットプレート，ラチス材）
ラチス

ラッカー [lacquer] 硝化繊維素を主原料とする塗料のことで，乾燥時間が早く，短時間で艶(つや)のある固い塗膜ができる。顔料を入れたラッカーエナメルと，顔料の入らない透明なクリヤラッカーがある。

ラッカーエナメル [lacquer enamel] 金属面や木材面の有色不透明な塗装に適した液状・揮発乾燥性の塗料で，セルロース誘導体を塗膜形成要素とし，自然乾燥で塗膜を形成する。ラッカーに顔料を練り合わせて作る。「エナメルラッカー」「LE」ともいう。JIS K 5331。

ラッカーシンナー [lacquer thinner] ラッカー類の希釈に用いる透明・揮発性の液体で，硝酸セルロース樹脂の溶剤に希釈剤を混合して作る。きわめて引火性が強い。JIS K 5538。

らっきょ ⇨キャップタイ

ラッキング [lagging] 給湯管など配管の保温材を保護し，保温効率を高める目的で，保温材の上から巻いた亜鉛引き鉄板やステンレス板。またはその作業のこと。

ラック [lac] ⇨セラックニス

ラック倉庫 物品を幾層もの棚に並べ収納しておく倉庫。コンピューターによる出入庫管理に適し，「自動倉庫」と呼ばれ，無人化が進んでいる。

ラックニス [lac varnish] ⇨セラックニス

ラッチ [latch] 空締めボルトの付いた簡単な留め金物。鍵はかからず，戸の両側から開けられる。

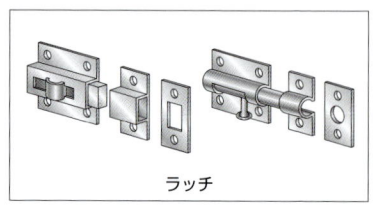

（図）ラッチ

ラッチボルト [latch bolt] 空締めボルトのこと。ボルトをスプリングで錠前から突き出すようにして，受け座の穴に押し込んで扉が閉まる構造としたもの。錠を用いず握り玉を回転させるだけで開くため，防犯用の扉とはならない。→箱錠(はこじょう)

喇叭（らっぱ）コンクリート打設後にアンカーボルトを定位置に修正固定できるよう，あらかじめアンカーボルトのまわりに差し込んでおくラッパ状の薄鉄板。

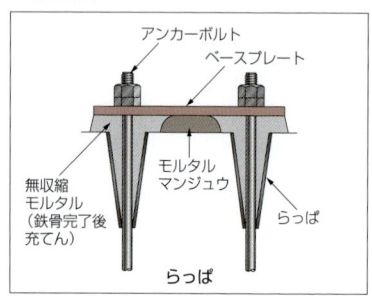

（図：アンカーボルト，ベースプレート，無収縮モルタル（鉄骨完了後充てん），モルタルマンジュウ，らっぱ）
らっぱ

ラッパ継ぎ 鉛管継手の一つ。鉛管の一端をラッパ状に開いて接合端をそこに差し込み，すき間にはんだを流し込んで接合する。

ラップルコンクリート [rubble concrete] 正式には玉砂利を粗骨材としたコンクリートのことであるが，直接

基礎のフーチングの下に打設される大量のコンクリートをいう場合が多い。

ラバトリーヒンジ [lavatory hinge] 便所ブースの扉に使用する丁番。スプリングにより，自動的に開いた状態または閉じた状態を保つことができる。

ラフタークレーン [rough terren crane] ⇨ラフテレーンクレーン

ラフテレーンクレーン [rough terren crane] 移動式油圧クレーンの一種。走行用運転席と揚重装置の運転席が一緒のため，車両の全長が短く回転半径が小さい。「ラフタークレーン」ともいう。

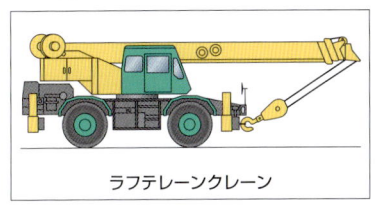

ラフテレーンクレーン

ラミネーション [lamination] ①圧延鋼材の欠陥の一種で，鋼材に含まれる硫黄その他の不純物部分が熱応力を受けて開裂する現象。②耐火れんがの成形時に生じる組織的方向性による欠陥のこと。

ラミネート [laminate] 材料を薄い板にすること，あるいはプラスチックなどを布や薄鉄板に薄くかぶせること。

ラム [ram] ①ディーゼルパイルハンマーや油圧ハンマーにおける杭打込み用の錘(おもり)。ディーゼルエンジンや油圧によって持ち上げ，自由落下の衝撃で杭を打ち込む。②油圧式駆動装置におけるピストン。

ラメラティア現象 溶接欠陥の一種。鋼材中に含まれる非金属などが原因で，溶接部分に層状の割れが発生する現象をいう。

ラルゼン型鋼矢板 [Larssen steel sheet pile] 隣接する矢板を裏返しになるようにかみ合わせていく方式で，左右対称の断面をもち，折曲げ部が丸みを帯びている鋼製の矢板。→シートパイル

ランク別発注制度 工事規模に応じてランク分けした建設業者に公共工事を

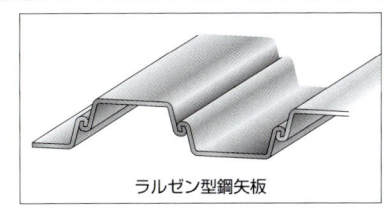

ラルゼン型鋼矢板

発注する制度。施工能力上無理のない建設業者の選定，工事の適正配分，中小業者の保護などのために行われる。

乱継ぎ 継手が一個所に集中しないようにする継ぎ方。

乱積み 大きさ，形状の異なる未加工の石を不規則に重ねた石積み方法。

ランディングマット [landing mat] リブを付けて強度を増し，地面の凹凸になじむよう小穴があいた鋼製の道板。

ランドスケープ [landscape] 風景や外部空間，またはそれらをつくること。都市づくりや地域・敷地内の外構や造園といった人工的な外部空間づくりを自然環境となじみのある景観とするという意識を含めて，ランドスケープという言葉を用いている。

ランナー [runner] ①カーテンレールの溝内を走る金具。②間仕切り壁の軽量鉄骨下地において，竪胴縁(スタッド)のガイドレールとして床と天井に取り付けるコの字形の金属材。

ランニングコスト [running cost] 運転資金のことで，機械・装置・設備などの運転・維持にかかる費用。例えば照明器具では，電力料金やランプ交換，器具清掃費などにあたる。→イニシャルコスト，ライフサイクルコスト

ランバーコア合板 [lumber core plywood] 厚さ1cm以上の小角材と添え板を心材に用いた特殊合板。普通の合板より板厚が厚く，ドアや家具・間仕切りなどに使用される。「挽き材心合板」「コアボード」ともいう。→ベニヤコア合板

ランプ [ramp] ①傾斜した道路。地下駐車場や高速道路の出入口の傾斜路などを指す。別名，「斜路」または「スロープ」。②電球。

欄間 (らんま) ①和室において通風・

採光・装飾用として鴨居（かもい）の上部に設けた開口部。小障子や透し彫りの板などがはめ込まれる。②窓や出入口の上枠上部に通風・採光用として設けた開口。窓・出入口と一体となった枠で作られることが多い。

ランマー［rammer］ガソリンエンジンの爆発反力を利用して，土・砂利・割栗（わりぐり）石などを締め固める機械。手で持ち落下時の自重と衝撃を利用する。

乱巻き ウインチのドラムに巻かれているワイヤーが，きれいに巻かれていない状態をいう。操作上危険であり支障をきたす原因ともなる。

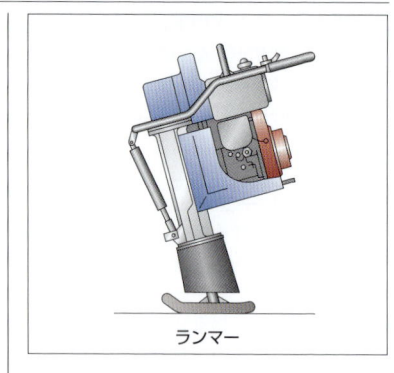

ランマー

り

リーマー［reamer］鋼材にあけられたボルト穴(孔)を整孔したり，孔心をそろえる際に用いる刃のついた道具(錐)。3枚刃のものや5枚刃のものなどがあり，電動式と圧さく空気式とがある。「穴さらい器」ともいう。

利害関係者 組織の活動，製品に利害関係のある顧客，所有者，下請，供給者，近隣，行政等を指す。

力量［competence］知識と技能を適用するための実証された能力と定義されている。

履行ボンド制度（りこう—せいど）⇨ボンド制度

リサイクル法 再生資源の利用の促進に関する法律の通称。1991年に策定された法律で，企業が製品の回収や再利用に努力することと，各家庭が分別回収に協力することが定められている。ただし，罰則が弱く，強制でもないため，1997年に「容器包装に関わる分別収集及び再商品化の促進などに関する法律」（通称：容器包装リサイクル法）が定められた。この法律は，製品の中でもリサイクルしやすいといわれるペットボトル，ビン，缶などについてのもの。

リシン仕上げ［lithin finish］左官仕上げの一種。色モルタルまたは骨材に，大理石の細砕石を用いたモルタルを塗り，表面が未硬化のうちにワイヤーブラシなどでかき落し粗面仕上げとしたもの。ドイツから輸入した塗り壁材のリシンを使ったかき落し仕上げに始まったのでこの名がある。

リシン吹付け 外装用吹付け材で，ポルトランドセメントに防水剤・粘着材・顔料などを加えたもの。仕上がりが粗面で比較的安価である。「防水リシン」「セメントリシン」「樹脂リシン」とも呼ばれる。

リスクアセスメント［risk asessment］潜在する危険性の体系的な事前評価と評価に基づく対策の優先度の合理的な裏づけのことで，危険度の特定，リスク判定・評価の手順でされる。

リスクマネジメント［risk management］将来予想される地震や自然災害，火災，テロなどの事故や事件に対し，物理的対策や保険などによって被害の軽減や回避措置を検討すること。

リターダー［retarder］①ラッカー塗装の塗膜の白化を防ぐための溶剤。塗膜の乾燥を遅くする性質をもつ。薄め液であるラッカー用シンナーに混入して用いる。②モルタルやコンクリートの凝結・硬化を遅らせる混和剤。

リックス ⇨RICS 略

立体自動倉庫 ⇨自動倉庫
立体倉庫 ⇨自動倉庫
立体駐車場 限られた平面積でより多くの車を駐車させるため、立体駐車用の機械設備をもつ駐車場。塔状循環式のものが多く用いられているが、ほかにも水平循環式や2段式、3段式のものがある。

立体トラス 三角錐あるいは四角錐の連続した組合せで立体的に構成されたトラス。すべての節点はどの方向にも移動が拘束され部材の座屈が生じにくい。大スパン屋根などに用いられる。

立体用途規制 建築物の階数や高さに応じて用途を規制する制度。特別用途地区における、中高層住居専用地区での一定階以上を住宅に限定している規制、第二種住居専用地域や第二種中高層住居専用地域での3階以上での用途制限はこの例である。→用途規制

立柱式（りっちゅうしき）建築祭事の一つ。木造において基礎工事が完了したのち、大黒柱のような主要な柱を建てるときに行われた祓(はら)い清めの儀式。鉄骨造の場合にも、最初の柱を建てるときに行われることがある。

リッパー［ripper］硬い土や軟岩を掘り起こすつめ状の機器。ブルドーザーの後部に取り付けて用いる。

リップ［leap］ワイヤーロープを張りわたす際にできる緩みのこと。

リップ溝形鋼（ーみぞがたこう）局部座屈を防止するためのリブを端部に取り付けた軽量形鋼。

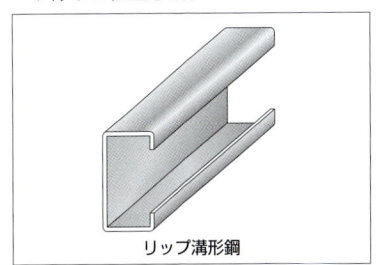

リップ溝形鋼

立面図 建物の垂直面を平行投影した図面。一般に、建物全体の外観を4面に分けて描き、各面の向いている方位の名称を付ける（例えば南立面図）。1/100～1/200の縮尺のものが多い。「エレベーション」ともいう。

リデュース［reduce］廃棄物を再利用したり、リサイクルする前に、その発生そのものを抑制する手法のこと。事業者は、原材料の効率的な利用や使い捨て製品の製造・販売の自粛、製品の長寿命化等、製品の設計・製造から流通段階までの配慮が必要となる。

リニューアル 老朽化した建築物の屋根・外壁などの外装の改修、床段差の解消や手すりの取付けなどのバリアフリーへの対応、内壁・床畳などの張替え・塗装、各種設備の修理等を行って、新築同様に修復すること。

リノベーション［renovation］建物の更新のための大規模な工事。通常の修理より大がかりなもので、外壁の補修、建具や窓枠の取り替え、設備に更新を含む。

リノリウム［linoleum］亜麻仁油、天然レジン(松やに)、木粉、コルク、顔料、裏打ち材となるジュート等の天然素材を原料とした床材。高度成長期は製造期間の短い塩ビ製などの建材に代わられていたが、抗菌効果が評価され環境汚染、シックハウス症候群等の対策から再度脚光を浴びて、医療施設、教育施設、住宅など幅広く使用されるようになってきた。

リバースサーキュレーション工法
［reverse circulation drill method］場所打ちコンクリート杭工法の一種。掘削用ドリルビットを取り付けたドリルロッドをロータリーテーブルで回転させながら掘削する。掘削孔には清水を注入し、掘削土を泥水にしてポンプで排出する。排水された泥水は沈殿槽で土砂を分離し、水は再使用する。杭径が大きく掘削深度の深い杭の造成に適している。

リバウンド量 既製杭の打設において、1回の打撃で瞬間的に生じた最大の沈下(変位)量から、その後の静止状態の沈下量へのもどり量をいう。最大沈下量と貫入量との差。

リビール工法 岩綿吸音板天井の施工

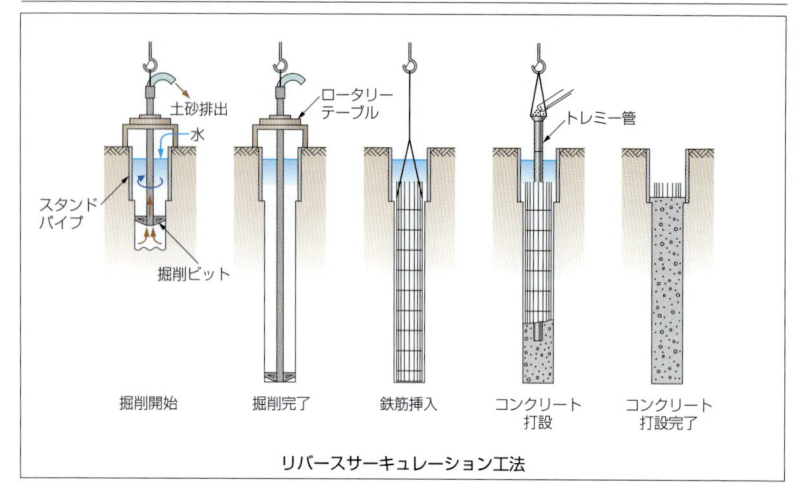

リバースサーキュレーション工法

方法の一種。60cmピッチの格子に組んだTバーに岩綿吸音板を落とし込んで取り付ける。

リブ [rib] 板など平面的な材を補強するために設けた突起物。肋骨(ろっこつ)の意から転じたもの。

リファイン [refine] 既存の建築物の耐震性能、断熱性能の向上や外壁などの改修をすること。本来は、より磨きあげ、洗練するという意味のこと。

リファイン建築 建築物の改修において、既存は柱、梁、床等の構造体のみ使用し、仕上げ・設備はすべて新たにして、改修前とまったく異なる外観・用途とする改修方法または改修建築物のこと。

リフォーム [re-form] 増築・改装・模様替え・設備の更新などの建築行為を指す。これは和製英語で、英語では「リモデリング」という。英語でリフォームというと、生活改善のような意味に使われる。

リフト [lift] ①通常、建設用リフトのことをいい、資材などを上下方向へ運搬する機械装置。②⇒ダムウェーター

リフトアップ工法 [lift-up method] 高所に構築される建築物の一部分、例えば屋根とか二つの建物をつなぐブリッジとかを地上で組み立て、すでに構築の終わった柱とか建物にセットしたジャッキで所定の位置まで引き上げて固定させる工法。所定の位置での組立では、大掛かりな仮設と危険作業がともなう場合などに採用される。

リフトスラブ工法 [lift-slab construction] 建物の柱を先にたて、地上で打設したスラブまたはプレキャストコンクリートスラブを柱の頂上からジャッ

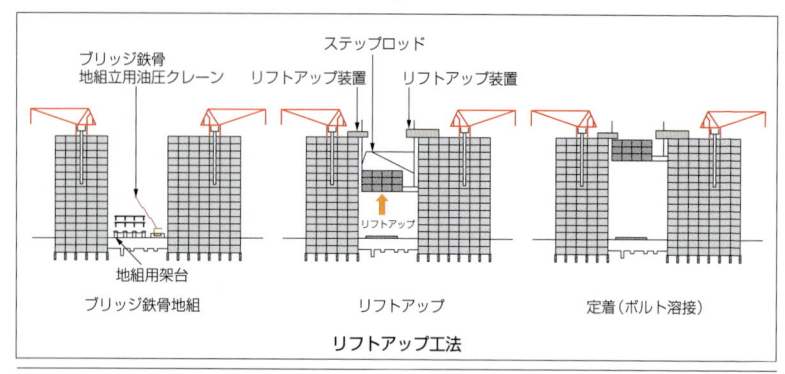

リフトアップ工法

キで吊り上げ，各階の所定の位置に固定する工法。工期短縮，仮設資材の節減，安全性の向上などが図れる。

リブラス［riblath］10cm前後の間隔で山形のリブが入ったメタルラス。リブラスも一枚の薄鋼板を加工してつくられる。JIS A 5505。

リフレクター［reflector］仮設工事などで用いられる照明用の投光器。

リフレッシュペイント 外壁の砂壁状吹付け材の塗替え用に開発されたアクリルエマルジョン系塗料。塗膜が厚く耐ひび割れ性，耐候性に優れる。塗布は刷毛（はけ）またはローラーで行う。

リベット［rivet］鋼材を接合する鋲（びょう）のこと。あらかじめあけた孔に赤く焼いたリベットを入れ，頭を押さえて他の端部を専用工具でたたきつぶし，反対側の頭をつくる。リベットの取付け作業を「リベット打ち」または「かしめ」という。

リミットスイッチ［limit switch］ある限度を越えたら自動的にスイッチを切る必要のある機器に取り付ける安全装置。その代表例にクレーンの過巻き防止装置がある。

リムーバー［remover］塗装の塗替えなどで，古い塗膜をはがすときに使う塗剥剤。液状と糊（のり）状の2種がある。

リモコンスイッチ リモートコントロールスイッチの略。電灯の点滅などの遠隔制御に使用される電磁リレーを使用したスイッチ。

りゃんこ「交互に」の意味。あるいは2個のこと。

硫化水素中毒症 有機化合物の還元剤や金属の精錬，各種工業薬品，農薬，医療品の製造に使用される硫黄化合物である硫化水素の濃度が，10/100を超える空気を吸入することによって生ず る，意識喪失，呼吸麻痺（ひ）および心機能不全などの症状の総称。

リユース［reuse］ものをそのまま，あるいは洗浄や修理によって機能を復活させて，再利用するという手法。リサイクルよりも地球に優しいことから，循環型社会に即したもの。

粒調砕石（りゅうちょうさいせき）粒度調整砕石の略称。

流動化剤 すでに練り混ぜを完了したコンクリートに添加することで，元のコンクリートの強度・耐久性を損なうことなく流動性を高める混和剤。通常のコンクリートと比較して，同程度のワーカビリティで単位水量が15〜25％減少する長所がある一方，スランプの低下が大きく，凍結融解に対する抵抗が小さくなるなどの欠点がある。

粒度調整砕石（りゅうどちょうせいさいせき）おもに舗装の上層路盤などに用いられる砕石で，大小の粒をある割合で混合して作ったもの。2.5mm以下の粒径の割合が20〜50％と，比較的細かい粒径のものの含有率が高い。→砕石（さいせき）

粒度分布 コンクリート用骨材や土などの粒の大きさの分布。

流用盛土（りゅうようもりど）宅地造成工事，道路工事などで，切り取った土砂を利用する盛土のこと。→純盛り

緑地協定 都市緑地法に基づき，都市計画区域の相当規模の一団の土地や道路・河川等に隣接する，相当の区間にわたる土地の所有者・賃借権者が市街地の良好な環境を確保するため，全員の合意により，協定対象区域，樹木等の種類と植栽場所，垣や柵の構造など，緑化に関して結んだ協定のこと。緑化協定は，市町村長の認可を受けて効力が生ずる。

リラクゼーション ⇨レラクゼーション

履歴系制振ダンパー 小さい力で変形を始め，優れた伸び性能を有する特殊な鋼材の性質を利用して，地震エネルギーを吸収する構造の制振ダンパー。これに使用される鋼材は「極低降伏点鋼」と呼ばれる。→制振ダンパー，極底降伏点鋼（ごくていこうふくてんこう）

理論喉厚（りろんのどあつ）⇨喉厚（のどあつ）

隣地境界 敷地と隣地または道路，河川との境界のこと。

隣地斜線制限 建築基準法の集団規定の一つ。隣接する敷地に対する採光・通風などを考えて定められた制限で，

建築物の敷地の隣地境界線からの距離に応じて受ける高さの制限のこと。

隣地低減 場所打ちコンクリート杭や既製コンクリート杭において，杭が隣地境界に接近している場合，隣地の掘削で杭の摩擦力が減ずることを考慮して許容支持力をあらかじめ低減すること。東京都では隣地境界より1m以上かつ杭径以上離れていない場合は，長期鉛直許容支持力を90％に低減するよう指導している。

隣棟間隔 集団住宅地の計画において建築物相互の内法（うちのり）間隔のこと。日照や採光の確保，災害，特に火災に対しての安全性，プライバシーや健康な生活を楽しむための庭やサービスヤードを確保するための尺度。

る

ルーズジョイント丁番 ⇨フランス丁番

ルート [root] 溶接部の断面において溶着金属の底と母材の交点をいう。グルーブの断面では，接合する両部材の最も接近している部分に相当する。

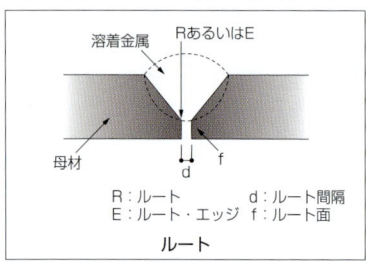

図：ルート
R：ルート　d：ルート間隔
E：ルート・エッジ　f：ルート面

ルーバー [louver] 一定幅の板を平行に並べて，日除け・視線の遮へい・照明の制御，通風・換気などに有効な窓の総称。板は可動のものと固定のものとがあり，建具や設備の吹出し口に使われる小規模なものは「ガラリ」または「グリル」と呼ばれることもある。

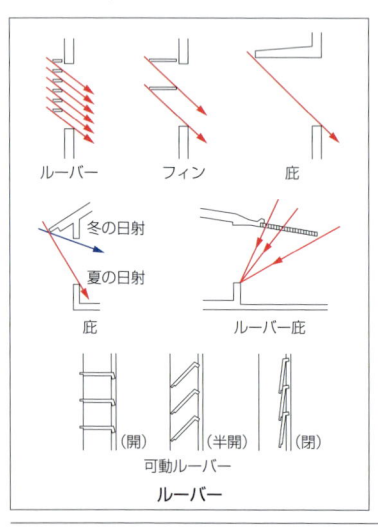

ルーフィング [roofing] ①屋根葺きまたは屋根葺き材料のこと。②アスファルト防水に使用するシート状の製品。溶かしたアスファルトで下地に貼り付け，防水層を形成する。アスファルトルーフィング，ストレッチルーフィングなど各種ある。

ルーフデッキ [roof deck] 板厚0.4～0.8mmのカラー鉄板またはアルミ板を折板（せっぱん）に加工した屋根材。梁間のあまり大きくない倉庫・工場などで使用される。

ルーフドレン [roof drain] 屋根面，屋上の雨水を外部に排出するため，配水

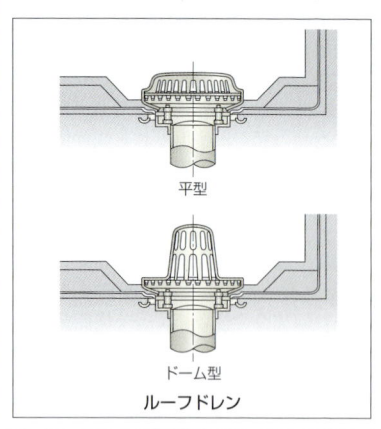

図：ルーバー（ルーバー，フィン，庇，冬の日射，夏の日射，ルーバー庇，可動ルーバー（開）（半開）（閉））

図：ルーフドレン（平型，ドーム型）

管に接続する鋳鉄製の金物。雨水に入ってくる土砂，ゴミ，木の葉などの流入を防ぐもので，横形と縦形がある。

ルーフファン [roof fan] 換気のため屋根に取り付ける送風機。

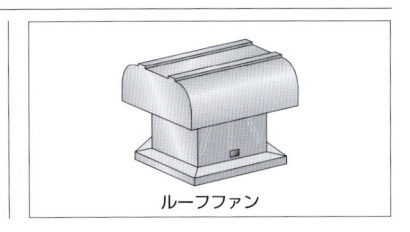

ルーフファン

れ

冷間加工 軽量形鋼(かたこう)などを加工する方法で，鋼を200℃以下で処理する。

冷工法防水 シート防水，塗膜防水，エマルジョン化したあるいは溶剤に溶かしたアスファルト使用の防水など，火を使わない防水工法の総称。熱溶融したアスファルトを用いる防水のような熱工法防水に対していう。「防水冷工法」ともいう。

レイタンス [laitance] コンクリート打設後，コンクリート表面に生ずる微細な粉末を含んだ泥分の層。これは骨材中の泥やセメントに含まれた粘土が浮き水とともに浮上したもので，打継ぎの際には強度低下やはく離の原因となるため除去する必要がある。

冷凍機 空調設備で使用される冷熱源を発生する機械。冷媒が蒸発するときにまわりから奪う潜熱を利用して空気や水を冷やす。この冷媒を連続的に循環させるため，蒸発器の中で強制的に蒸発させる。大きく分けて，圧縮式冷凍機と吸収式冷凍機がある。

レーキ [rake] 石屑(せき)や砂利をかき集めたり，アスファルトをかきならすための熊手に似た道具。6～12本の鉄製の爪(つめ)が長い柄の先についている。石屑や砂利専用の4本爪の鍬(くわ)を「雁爪(がんづめ)」，3本爪を「三つ股(また)」という。

レーザー屈折器 光源にレーザーを用いた光波距離計。→光波距離計

レースウェイ [raceway] 二種金属製線ぴのこと。おもに，工場などにおける照明器具などの支持ならび配線用として使用する。

レ型グルーブ溶接 主として軽量形鋼のフレア(溝)部分を溶接するもので，溶接部の断面がレの字形をしていることからこの名がある。

礫 (れき) 粒径が2mm以上で75mm以下の土粒子。

瀝青 (れきせい) 熱作用によって原油から得られる炭化水素で，気体，液状，半固体，固体の形状があり，二硫化炭素に溶解する。天然品と分留によるものとがある。「ビチューメン」ともいう。

レジオネラ菌 レジオネラ菌の繁殖温度は35～36℃なので，冷却水中でよく繁殖する。冷却塔等からの水滴とともに飛散して外気取入れガラリや窓を経由して体内に入り発病すると，レジオネラ肺炎などの症状を示す。厚生労働省が定めた「レジオネラ症防止指針」がある。

レジスター [register] 空調用，換気用の通過空気量を調節する装置。空気の吹出し口や吸込み口に取り付ける。

レジンコンクリート [resinification concrete] 不飽和ポリエステル樹脂，エポキシ樹脂などの合成樹脂を液状にして，砂・砂利などの骨材と混練してつくったコンクリートのこと。普通コンクリートと比較して強度，耐久性，耐薬品性などが非常に優れている。

レジンモルタル [resin mortal] 乾燥した細骨材とエポキシ樹脂・ポリウレタンなどの熱硬化性合成樹脂を混練した材料。耐薬品性や耐摩耗性に優れていることから，塗り床材として多用され

レターン [return] 空気，温水，蒸気などの戻りの意で，リターンのなまり。「レターンパイプ」「レターンガラリ」などという。

レッカー車 [wrecking car] 一般的には，小型のトラッククレーンのこと。トラックキャリアに，小型の揚重装置（クレーン）または吊上げ装置を取り付けた特殊な車。不法駐車の撤去作業などでも使用される。

劣化診断 建物部位やものの性能の低下について，劣化調査や観察・測定・試験結果をもとに，劣化にいたる過程を明らかにし，その後の進行を判断すること。一次診断，二次診断，三次診断がある。

れっこ ⇨でっこ

レッドチェック ⇨カラーチェック

レディミクストコンクリート 工場で調合され，荷降し地点まで配達されるJIS規格のコンクリート。強度区分は粗骨材の最大寸法20〜25mmの普通コンクリートで135〜400kg/cm²までの13種類，同じく粗骨材40mmの普通コンクリートで135〜300kg/cm²までの10種類，同じく粗骨材20mmの軽量コンクリートで135〜300kg/cm²までの11種類であり，さらにそれぞれにスランプの区分がある。以上の区分が，さらに標準品と特注品に区分されている。「生コン」「レミコン」ともいう。JIS A 5308。

レトロフィット [retrofit] 歴史的な建築物をその外観や内装をそのままにして耐震補強すること。リニューアルとは少し意味合いが違い，良さを残す意味合いがある。

レバーストッパー ⇨アームストッパー

レバーハンドル [lever handle] 扉の把手の一種でL形のもの。バックセットが小さくてすむ，てこ式のため把手の回転が軽いなどの特徴がある。

レバーブロック [lever block] レバーで操作するチェーンブロックのこと。トラックの積み荷などにロープをかけて締め付ける際，緩んだ部分を締め上げるために使う。また，釜場で排水ポンプを吊るのにも使われる。〔商標：キトー〕

レベル [level] 内包した水平な視準線から作業に必要な高さの基準を出すことができる水準測量用機器。壁面などに水平基準をしるすことを「レベルを見る」「レベルを出す」などという。

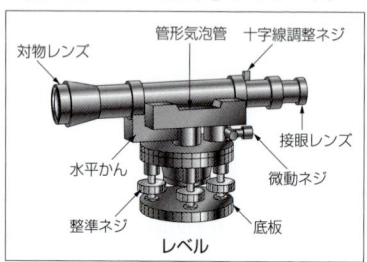

図：レベル（対物レンズ，管形気泡管，十字線調整ネジ，接眼レンズ，微動ネジ，水平かん，整準ネジ，底板）

レミコン ⇨レディミクストコンクリート

レラクゼーション [relaxation] PC鋼材の引張応力が時間の経過とともに減少する現象のこと。材質，与えられる引張応力や環境によって多少異なる。

煉瓦（れんが）粘土を成形焼成してつくる建築材料。普通れんがは，210mm×100mm×60mmの直方体を標準形とする。そのほか耐火れんが，軽量れんが（空胴れんが・多孔質れんが）異形に焼成した特殊れんがもある。

連携請負 重層下請負構造の改善と専門工事業者の体質強化のため，労働力のネットワーク化を図り，「建設技能検定・登録センター」を設立することで，専門工事業者間における"横の連携"の構築を目指す考え方。連携請負の形態は，労務者派遣による施工と企業間連携のパターンに分かれる。

連結筋 柱主筋とコーナーに寄せられたきかし筋との間隔確保のために取り付ける補助鉄筋。通常，6φ，@1,500かつ各階2個所以上とする。→寄せ筋，きかし筋

連結送水口 ⇨サイアミーズコネクション

連行空気 ⇨エントレインドエア

連子（れんじ）細い角材を縦または横にすき間をあけて並べたもの。連子格子，連子格子戸，連子窓として古くか

れんし

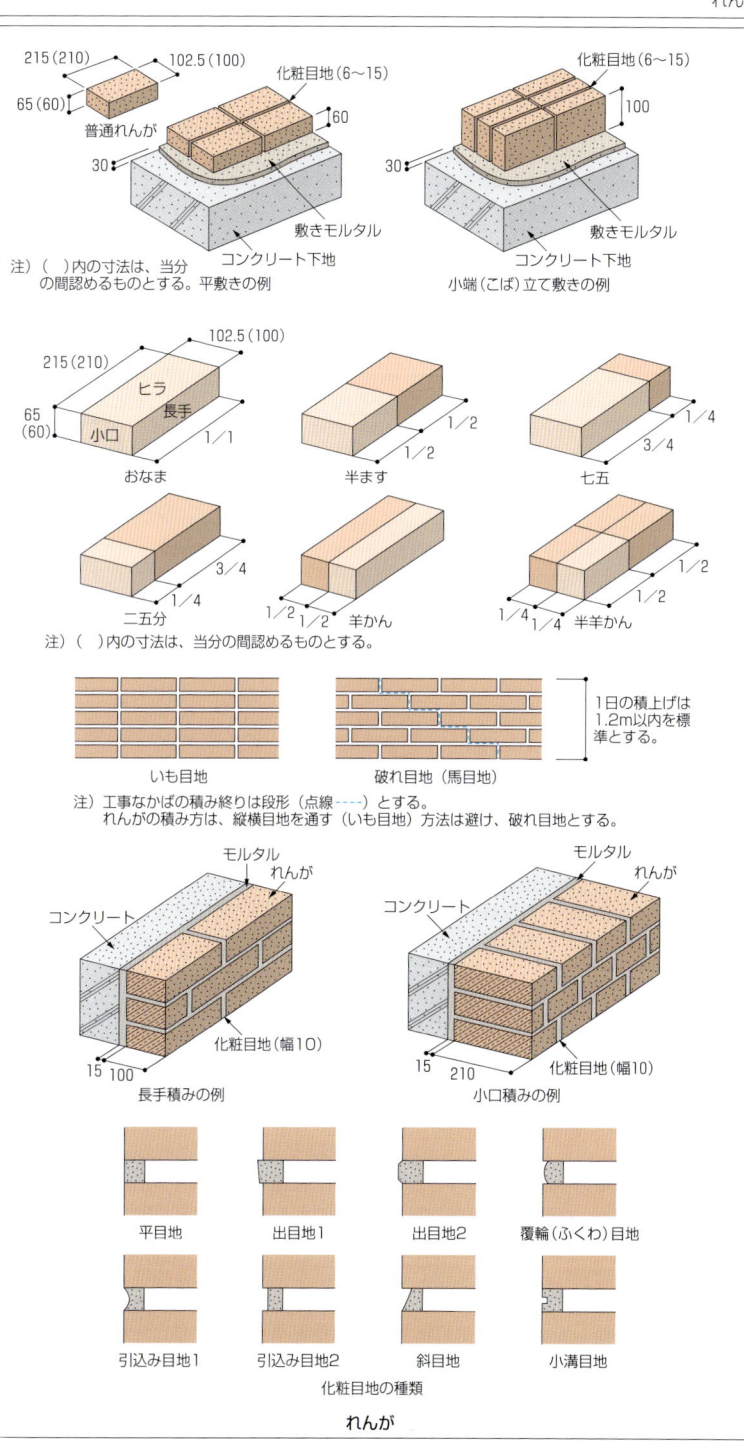

215(210) 102.5(100)
65(60)
普通れんが

化粧目地(6〜15)
60
30
敷きモルタル
コンクリート下地

注)( )内の寸法は、当分の間認めるものとする。平敷きの例

化粧目地(6〜15)
100
30
敷きモルタル
コンクリート下地

小端(こば)立て敷きの例

215(210) 102.5(100)
ヒラ 長手
65(60) 小口
1/1
おなま

1/2
1/2
半ます

1/4
3/4
七五

3/4
1/4
二五分

1/2 1/2
羊かん

1/4 1/2
1/4
半羊かん

注)( )内の寸法は、当分の間認めるものとする。

いも目地

破れ目地(馬目地)

1日の積上げは1.2m以内を標準とする。

注)工事なかばの積み終りは段形(点線----)とする。
れんがの積み方は、縦横目地を通す(いも目地)方法は避け、破れ目地とする。

モルタル
コンクリート れんが
化粧目地(幅10)
15 100
長手積みの例

モルタル
コンクリート れんが
化粧目地(幅10)
15 210
小口積みの例

平目地　出目地1　出目地2　覆輪(ふくわ)目地

引込み目地1　引込み目地2　斜目地　小溝目地

化粧目地の種類

れんが

ら日本建築に用いられてきた。

レンジフード［range hood］キッチンの調理器（レンジ）から出る排気を吸い込むための設備で，調理器上部に設置され，吸込みスリット型レンジフードと誘導流型レンジフードがある。後者は一台のモーターで給気ファンと排気ファンを同時に運転でき，同時給排気式で高気密の住宅に使用すると便利である。

連窓（れんそう）2つ以上が横に連続した窓。ひとつひとつが独立した窓を「ぽつ窓」といい，両者ともおもに建物の外観の特徴を表す要素となる。

連続基礎 ⇨布基礎（ぬのぎそ）

連続地中壁（れんぞくちちゅうへき）⇨地中連続壁工法

レンタブル比 貸し事務所建築における総床面積に対する賃貸部分の床面積の割合。通常，基準階で75～85％が必要とされる。「賃貸面積比」ともいう。

連坦建築物設計制度（れんたんけんちくぶつせっけいせいど）隣接する複数の敷地を一つの敷地とみなして，容積率や日影等の規制を適用する制度。未利用の容積率を他の敷地に移転させることができる。1998年の都市計画法・建築基準法改正で導入された。

レンチ［wrench］ボルト・ナットなどを締め付けたり，取り外す工具。「スパナ」ともいう。

レンフロークランプ 鋼材の吊上げに際し，ワイヤーロープを巻く代わりに使用するクランプのこと。

レンフロークランプ

連壁（れんぺき）⇨地中連続壁工法

ろ

廊下 2つ以上の室と室を連結する通行用の空間。人間1人が通行するには75cmあればよい。車イスの通行には90～95cm程度が必要。高齢者のための手すりの設置などを想定して余裕をもたせた計画が望ましい。

廊下型集合住宅 集合住宅の各戸へのアプローチが廊下から行われるもので，片廊下型（廊下の片側が住棟）と中廊下型（廊下の西側が住棟）がある。廊下を一階おきに入れるスキップ型の廊下型集合住宅もある。

廊下通路誘導灯 誘導灯の一種。避難経路となる廊下の壁面または床面に設置される通路誘導灯。白地に緑色で避難口の方向を示し，合わせて避難上有効な照度を確保している。誘導灯は常時点灯し，停電時には非常用電源で自動的に点灯しなければならない。

労災上乗せ保険 作業員が業務上で被災したときは，労災保険金が支払われるが，死亡事故のような重大災害になると，法定の補償金では遺族が納得する額にならないことが多いので，それを補てんすることを目的としてかける保険。「法定外補償保険」ともいう。

漏電遮断器 漏電による感電事故を防止するため，漏洩（ろうえい）電流が流れた瞬間に電流を切る機器のこと。「ELB」ともいう。

労働安全衛生法 労働者の安全と健康を確保するとともに，快適な職場環境の形成を促進する目的で制定された法律。労働災害の防止のための危険防止基準の確立，責任体制の明確化および自主的活動の促進を講ずる等の計画的な対策を推進することが規定されている。

労働災害 労働者が，作業に関係する建設物，設備，材料，粉塵（ふんじん）等や作

業行動などが原因で負傷したり，疾病にかかったり死亡すること。労働安全衛生法第2条。

労働生産性 あるものを生産するために投入された労働量と，その結果として得られた生産量との割合。建築工事においては，労働量を労働時間，人工(にんく)などで測り，生産量としての物量，出来高(できだか)，工事高などをとる。

労務請負 ⇨手間請負(てまうけおい)

労務管理 労働者の労働条件を整備し労働環境を良好にして労働効率を高めるための考え方・諸方策。正しい雇用契約を結ぶこと，安全衛生面に注意を払うこと，失業保険・厚生年金保険などの福祉対策を行うことも含まれる。

労務下請負 下請職種のうち，手間請負を主たる契約内容とするもの。例えば，大工，鳶(とび)，土工(どこう)など。

労務単価 建設工事に従事する労務者に支給される賃金。直接作業に従事する昼間実働8時間に対する基本日額をいう。

ロータリーボーリング [rotary boring] 地盤や岩石の穿孔(せんこう)方法の一つ。鋼管の先端に錐を取り付け，圧力水を噴出させながら回転させて穿孔する。

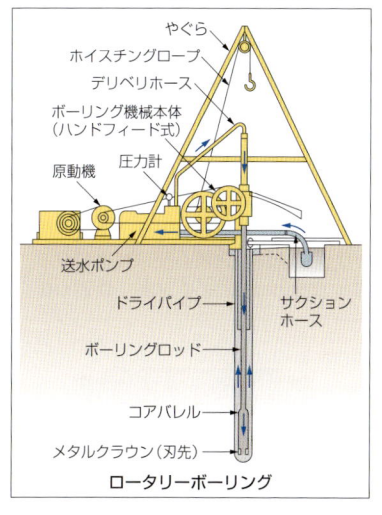

ロータリーボーリング

ロータンク [low tank] 便器の洗浄用水をためておくタンク。便器に直結または便器近くの壁に取り付けられる。

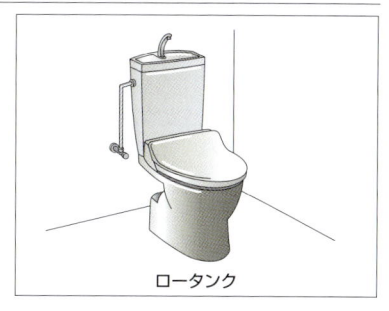

ロータンク

ロードセル [load cell] コンクリートや鉄筋などの材料・試験体の力学的性質を試験する測定機器の一種。荷重の測定機構は，円筒状の鋼材に線ひずみゲージを取り付けて，加力によって生じる軸方向のひずみを測定し，荷重に換算する。引張り型，圧縮型および両者兼用のものがあり，5kg～200t程度まで測定できるタイプがある。

ロードローラー [road roller] 土工事，道路工事において，地盤を平らに締め固める転圧機械。鋳鉄製か鋼板製の円筒形をした車輪(ローラー)からなり，車輪の形式が2軸3輪のマカダムローラーと2軸2輪および3軸3輪のタンデムローラーの2種類がある。

ローム [loam] 火山灰が堆積し風化した土層。関東ローム層が有名で，黄褐色ないし赤褐色を呈している。

ローラー支点 ⇨可動端(かどうたん)

ローラー接合 構造部材の支持方法の一つで，部材の支持端がローラーとなっており，ある方向に自由に移動する構造のもの。垂直・水平および曲げモーメントの3つの反力のうち，垂直方向の反力しか生じない。→剛(ごう)接合

ローラーブラシ [roller brush] 刷毛(はけ)に変わる塗装用具。羊毛や合成繊維などを巻いたローラーに塗料を含ませて，塗装面を回転させながら塗装する。スチップル仕上げや広い面積の塗装に用いられる。

ローラーラッチ [roller latch] 閉じた扉が開かないように止める金物。斜めのスプリングボルトの代わりにスプリングで押さえたローラーを使用する。このローラーは，それに合わせた形状

のくぼみ（受け座）にはまるようになっている。

ローリングタワー［rolling tower］天井など高い部分の作業に用いる移動式の足場。枠組足場の材料を使って基部に車を付けたものが一般的である。「移動式足場」ともいう。

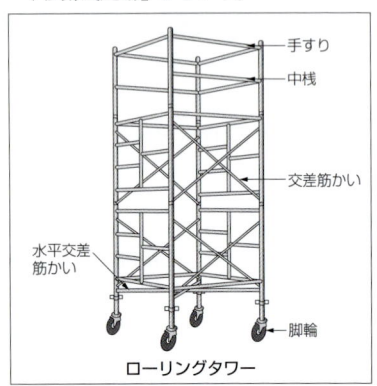

ローリングタワー

ロールH 回転ロールを使って熱間圧延した既製のH形鋼。→ビルトH

ロールコア合板 軽量合板の一つ。合成樹脂を含浸したクラフト紙をロール状にした心材を単板ではさみ、パネルにした合板。

ロールスクリーン［roll screen］巻上げ開閉式のフラットな布地のスクリーン。

ロールブラインド 窓の内側に取り付ける巻上げ式の日除け。サランあるいはグラスファイバー製のスクリーンを、スプリングの入った上部の軸へ巻き込んで開ける。「ロールスクリーン」ともいう。

ロールもの 製品の断面形状と同じ型をもった回転ロールを使って製作された鋼材の総称。I形、H形などの形鋼（かたこう）のほか、レールやシートパイルなどがある。

陸（ろく）水平あるいは平たんのこと。水平な屋根を「陸屋根」、凹凸のある平面を「不陸（ふろく）」などという。

陸墨（ろくずみ）水平墨のこと。床仕上げのための陸墨は、壁面にしるされる。「水墨」ともいう。→墨

陸棚（ろくだな）山留めにおいて、腹起こし、切梁、水平斜材で構成する水平面の支保架構。

ログハウス［log house］丸太を平に積み上げ、壁式でつくられた住宅。わが国の校倉（あぜくら）造りと同種の工法である。→丸太組構法

ろくろ 定滑車を利用した重量物の巻上げ・けん引装置。「しゃち」「かくらざん」「万力（まんりき）」ともいう。

露出配管（配線） 配管（配線）が露出されている状態。対義語で「隠ぺい配管（配線）」という。

露出防水 防水層を保護するためのコンクリート打ちやモルタル塗りを行わず、防水層がそのままむきだしになる防水工法のことで、人の歩行しない屋根などに用いる。

露出用ルーフィング アスファルト防水において、防水層の最後に張り、そのまま仕上げとなるルーフィング。→砂付きルーフィング

路線価 評価対象地の道路沿いに標準的中間画地を想定し、価格が同一と認められる範囲を一つの路線価で表示する地価のこと。相続税財産評価や固定資産税評価等に用いられる。

ロックウール［rock wool］⇨岩綿（がんめん）

ロックウール吸音板 ⇨岩綿（がんめん）吸音板

ロックウール保温筒 鉱石や製鉄プロセスの副産物である高炉スラグを高温で溶かして遠心力等で繊維状にし、筒状に成形したもの。配管パイプにかぶせて断熱・保温・保冷する保温筒。軽量で施工性に優れている。また、防火区画貫通部の穴埋め等に使用できる。

ロックナットジョイント 鉄筋の接合

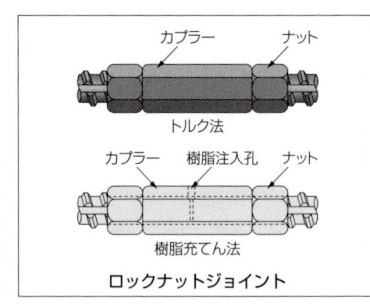

ロックナットジョイント

部(端部)にねじ加工を施した鉄筋などと連結用のさや(カプラー)およびナットを使って鉄筋を接合する機械的継手の一つ。カプラーとナット部をトルクで締めるトルク法とカプラー部に樹脂を注入して固定する樹脂充てん法とがある。

ロット［lot］①同一条件下で生産された材料，製品などの集団。②ある仕事をいくつかに分けて行うときの分割された部分。③箱尺のこと

ロッド［rod］①岩盤や土質のボーリングに用いる試錐用の鋼管。ロッドのジョイントを「ロッドカップリング」という。②スライディングフォームのジャッキを昇降させるパイプ。③主として水深を測る際に用いる断面が円形または楕円形の木製の棒。

ロリップ　鉄骨工事などにおける高所作業を行う際，一定の位置で安全に作業を行うため，親綱に引っかけて使用する，高所作業用の墜落防止器具。

ロングリフト［long lift］工事現場で長尺物や大型資材などを上下運搬するための機械。枠組足場に2本のガイドレールを取り付けて荷台を昇降させる。

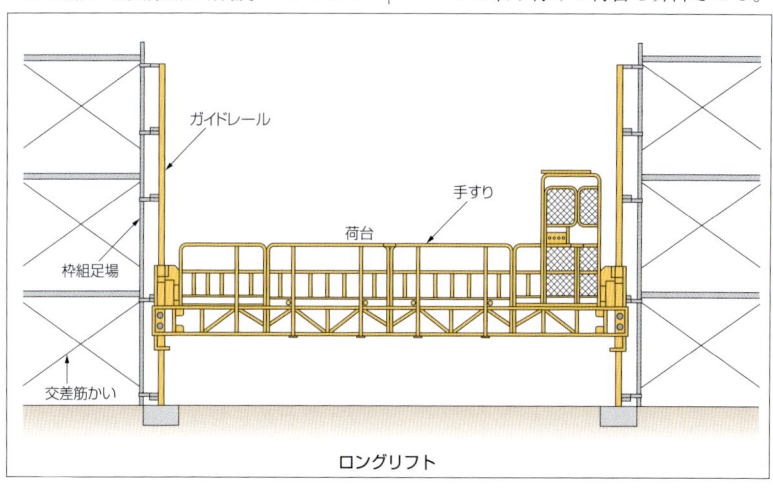

ロングリフト

わ

ワーカビリティ［workability］フレッシュコンクリートの性質の一つで,材料分離を生じることなく,打込み,締固め,仕上げなどの作業が容易にできる程度を示すこと。「施工軟度」ともいう。→コンシステンシー

ワークサンプリング［work sampling］作業者や機械などの動きを一定の時間間隔で瞬間的にとらえ,その稼働状況を調査・分析する稼働分析の一手法。観測者が対象物の動作を記録するもので,観測が簡単かつ複数の対象物を同時に観測できる。

ワードローブ［ward robe］洋服だんす。衣装収納室。

ワイヤーガラス［wire glass］⇨網入り板ガラス

ワイヤークリップ［wire clip］①ワイヤーロープを留めるときに用いるU字形のボルト。②サッシにガラスをはめ込むための金属製部分。①,②とも略して「クリップ」ともいう。

ワイヤークリップ

ワイヤーコース　⇨ワイヤーシンブル

ワイヤーシンブル［wire thimble］ワイヤーロープを折り曲げて使用する際に,折り曲がって欠損しないように,円弧状に挟み込む金具のこと。「ワイヤーコース」ともいう。

ワイヤーストレインゲージ［wire strain ga(u)ge］コンクリートの弾性係数を測定するために使用されるゆがみ計。コンクリート供試体の相対する位置に2枚接着して,静ひずみ測定装置により電気的に測定する。

ワイヤースリング［wire sling］クレーンなどによる揚重用ワイヤーロープのこと。玉掛け作業の安全や作業性の点から欠くことのできない治具。「クレーン等安全規則」によって使用法・加工法が規定されている。→チェーンスリング

ワイヤースリング

ワイヤーブラシ［wire brush］金属面の錆落しに使用される針金ブラシ。

ワイヤーメッシュ［wire mesh］⇨溶接金網

ワイヤーラス［wire lath］塗り壁下地に用いる針金で編んだ網。モルタルやプラスター塗りの下地として使用。

ワイヤーロープ［wire rope］炭素鋼線を数十本より合わせて子縄(ストランド)とし,その子縄をさらに心綱(心綱を使わないものもある)のまわりに数

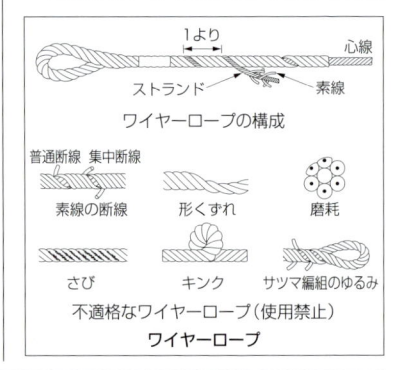

ワイヤーロープの構成

普通断線　集中断線
素線の断線　形くずれ　磨耗
さび　キンク　サツマ編組のゆるみ
不適格なワイヤーロープ(使用禁止)
ワイヤーロープ

本より合わせて作った機械，エレベーター，建設等に用いるロープの総称。子縄，心綱，より方の構成は用途により多様である。JIS G 3525。→麻心(あさしん)，共心(ともしん)

ワインディングパイプ［winding pipe］薄い帯鋼をら旋状に巻きながら，帯鋼の両端を重ね，接合してパイプとしたもの。中空スラブの中空形成用パイプなどに使用される。プレストレストコンクリートのシースに使用される小径のものは「ワインディングシース」と呼ばれる。

和家具 日本の長い伝統によって，一定の形式をもつ日本の家具の総称。おもなものに箪笥(たんす)，鏡台，薬棚，座卓，座椅子，衣桁(いこう)，屏風(びょうぶ)などがある。

和瓦 わが国伝統形式の瓦の総称。洋瓦に対する語で「日本瓦」ともいう。通常は，粘土を主原料とする和形(わがた)粘土瓦のことを指す。重厚感があり，耐久性にも優れるが，重量が大きいのが欠点。産地によって製法，形状，色などに特徴があり，三州瓦（愛知県），石州瓦（島根県），淡路瓦（兵庫県）が有名。

沸き出し（わきだし）⇨ボイリング
枠組足場 ⇨鋼製枠組足場
枠組壁工法 ⇨ツーバイフォー

ワシントン型エアメーター まだ固まらないコンクリートの空気量を測定する空気室圧力方法に用いる装置。この装置による測定方法は，容器内にコンクリートを詰め，これを圧力室に入れ圧力計を持ったふたをして圧力室の圧力を一定まで上げ，圧力室の弁を開放して空気をコンクリート面にふれさせ，圧力計の圧力降下をコンクリートの空気量に相当する目盛りから判断する。JIS A 1128。

渡り桟橋 根切りや地下躯体工事の際，材料の運搬や作業員の歩行に用いる仮設通路のこと。また鉄骨鉄筋コンクリート（SRC）造において，型枠その他の材料運搬と作業員の通路として鉄骨を利用して設置される仮設足場のこと。

ワッシャー［washer］⇨座金(ざがね)
ワッフルスラブ［waffle slab］仕上がりが格(ごう)天井のようになるように，縦横に小梁状のリブを付けた鉄筋コンクリート（RC）の床（スラブ）のこと。小梁なしで比較的大きなスラブをつくることができ，格子単位の企画化された型枠が用いられる。また，床の鉄筋がリブの中に規則正しく配筋できる。ワッフル菓子の表面模様に似ているところから名付けられた。

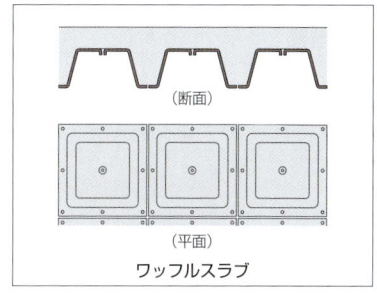

ワッフルスラブ

ワニス［varnish］ヒマシ油，ヤシ油，亜麻仁油などを煮つめたり，変性させたり，あるいは樹脂を油や有機溶剤で溶解した粘性液状の化学工業製品のこと。一般的には，木材の仕上げ塗料やインク，塗料の原料の展色剤として多用されている。単に「ニス」ともいう。

笑い 石積みなどにおいて，合口(あいくち)端部が外に向かって開くような目地の形。この部分にはモルタルを詰めない。このような目地を「笑い目地」という。

笑う 仕上げ面あるいは平滑であるべき下地面が，均質でなかったりでこぼこしていること。例えば，下塗りペイントとの馴染みが悪くて，上塗りペイントの付かない凹面が所々に生じることをいう。

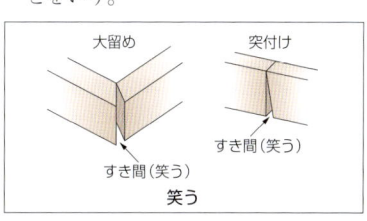

笑う

割石（わりいし）控え（奥行）を四方落

しにした間知(けんち)石とは異なり，二方落しにした石。表面の面はほぼ方形で，軽微な土止めに用いる。→間知石(けんちいし)，小端(こば)立て

割栗石（わりぐりいし）基礎地業などで地盤を固めるために用いられる小塊状の砕石(さいせき)。岩石を高さ20～30 cm，厚さ7～10 cm 程度に砕いてつくる。土木工事の埋立て用には，重さが100～200 kg 程度の大型のものもある。「割栗」「栗石」「ぐり」ともいう。→フーチング

割栗地業（わりぐりじぎょう）直接基礎や杭基礎において，基礎スラブ等と支持地盤の間に，突き固めてつくる石の層，あるいはその工事のこと。

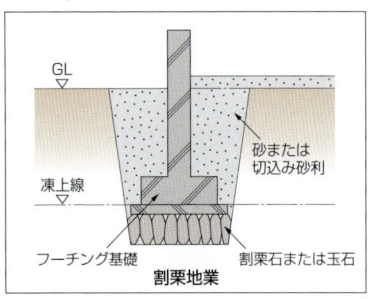

割栗地業

割付け図 タイル・石・ボード・ALC板・PC板などの目地の割付けを表現した図面。美観上好ましい割付けを行うと同時に，その図面によって，標準材と役物(やくもの)材の数量の拾い出しを行う。ボード類の場合は，下地の取付け位置の基準図となり，それが天井の場合は，照明などの設備器具の配置基準図ともなる。

略 語

A

A種ブロック［A-type hollow concrete block］JIS A 5406（建築用コンクリートブロック）の品質規定によると，空胴コンクリートブロック3種の中で一番軽く，気乾かさ比重1.7未満，全断面積に対する圧縮強度40 kg/cm^{2}以上，吸水量 0.45 g/cm^{2}以下，最大吸水率に対する含湿率比は40％以下となっている。このブロックは，骨材に軽量骨材を使用した軽量ブロックに相当する。

ABS樹脂 アクリロニトリル，ブタジエン，スチレンの重合体プラスチックで，強じんで着色が自由といった特徴をもつ。設備器具などに使われる。

ABC粉末消火器 木材や紙などの普通可燃物の火災（A火災），引火性液体や油類の火災（B火災），電気火災（C火災）のすべてに適応可能な消火器。使用方法も簡単で小型であることから現在最も多く普及している。

ABC粉末消火器

ACI American Concrete Institute の略。アメリカコンクリート工学協会。コンクリート関連の研究，標準仕様書作成，機関誌の発行等を行っている。

AE architects and engineers の略で，海外工事において設計事務所の名称に用いられる。

AE減水剤 コンクリートのワーカビリティを良くする混和剤の一種。AE剤と減水剤の2種類の表面活性剤の性質をもたせたもの。→AE剤

AEコンクリート［air-entrained concrete］AE剤を混入したコンクリート。細かな気泡が多く，ワーカビリティが良いとされる。

AE剤 コンクリートのワーカビリティを良くするために使用される混和剤。独立した細かな気泡を多量にコンクリート内に連行することで，水量を増やさずに流動性を増すことができ，寒中コンクリートの凍結・融解に対しても耐久性が増大する。減水剤と併用したものを「AE減水剤」という。「AEA」「空気連行剤」ともいう。

AEP acrylic acid resin paint の略。⇨アクリル樹脂エマルジョン塗料

AHU air handling unit の略。⇨エアハンドリングユニット

AIJ Architectural Institute of Japan の略。日本建築学会。

ALA artificial light weight aggregateの略。人工軽量骨材のこと。

ALC autoclaved light weight concreteの略。セメントペーストに発泡剤を加えて多孔質化し，オートクレーブ養生を行って製造された軽量気泡コンクリートのこと。製品は，鉄骨造や鉄筋コンクリート造の床・屋根・外壁・間仕切り等に使用される。製造・品質についてはJIS A 5416に規定され，シポレックス，ヘーベル，クリオンの3銘柄がある。→気泡コンクリート

ALCパネル［autoclaved light weight concrete panel］石灰質やけい酸質原料に発泡剤を加えて多孔質化した軽量気泡コンクリート板（オートクレーブ養生を行う）。軽量で耐火性が良く，

325

AQL acceptable quality level の略。抜取り検査において，そのロットが合格か不合格かを決める値。不良率(％)，あるいは100単位当たりの欠点数で表す。「合格品質水準」ともいう。

ASQC American Society for Quality Controlの略。アメリカ品質管理協会。

B

B種ブロック「B-type hollow concrete blocks」川砂と軽量粗骨材を使用した空胴コンクリートブロック。圧縮強さ $6 N/mm^2$ 以上，気乾かさ密度1.9未満の性能をもつ。JIS A 5406「建築用コンクリートブロック」。

BCS賞 建築業協会賞。BCSはBuilding Contractors Societyの略。(財)建築業協会が，企画・設計・施工・維持管理を通じて優秀と認めた建築物について，建築主・設計者・施工者の3者に対し同時に行う表彰。竣工後1年を経た応募作品の中から毎年15件内外が表彰される。

BE Building Elementの略。建築物を構成する要素のこと。床・壁・天井などの部位・機能区分による要素や建築物を生産するための生産単位によって区分する要素などがある。

BH工法 Bore Hole工法の略。ロータリー式ボーリングマシンで杭孔を掘削して場所打ち杭を施工する工法。安定液で掘削孔を保護し，掘削した土砂は安定液と一緒に排出する。機械設備が小型かつ軽量なため，敷地が狭い場合に適するが，掘削深さに制限がある。

BL住宅部品 ⇨BL部品

BL部品 優良住宅部品認定制度に基づいて(財)住宅部品開発センターによって認定された優良住宅部品のこと。昭和49年に制度が発足。収納ユニット，キッチンユニット，浴室ユニットなど多数の品目が対象となり，認定されるとBLマークが貼られる。「BL住宅部品」「公共住宅用規格部品」ともいう。

BLマーク

BOD biochemical oxygen demandの略。生物化学的酸素要求量のことで，水の汚れ具合の一つの目安。水中の腐敗性有機物がバクテリアによって分解されるとき，周囲の酸素を吸収して酸化物となって安定する。このときの水 $1l$ 当たりの酸素要求量mgを〔ppm〕で表したもの。

BQ ⇨数量書

BS ①bulldozer shovelの略。トラクターショベルの通称。②British Standardの略。英国標準のこと。日本のJISに相当する。国家規格としては最も歴史があり，ISOを初めとした国際標準の

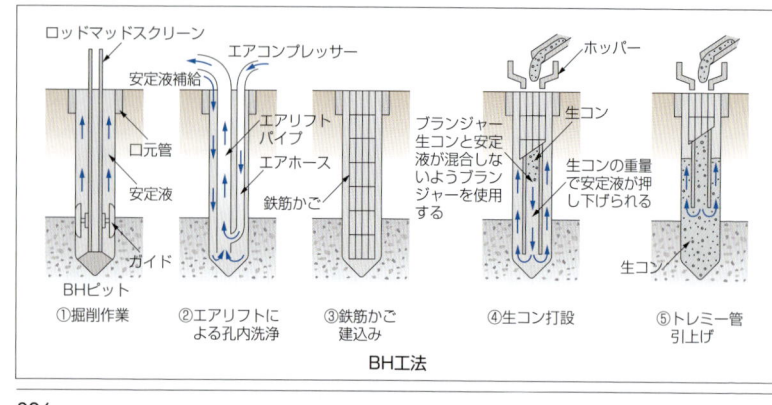

①掘削作業 ②エアリフトによる孔内洗浄 ③鉄筋かご建込み ④生コン打設 ⑤トレミー管引上げ

BH工法

オリジナルになっている。

C

C種ブロック [C-type concrete blocks for building] JIS A 5406（建築用コンクリートブロック）の品質規定によると圧縮強さによる区分の記号で16に相当する空洞ブロックのこと。全断面積に対する圧縮強さが 8 N/mm² 以上であり，建築用材料として一般に広く使用されている。

CB concrete block の略。空胴コンクリートブロックのこと。

CD管 合成樹脂可とう電線管の略称。コンクリート打込みの電線管路として使用。自己消火性がなく，単層管と複層管がある。材料が安価なことや施工の省力化ができるなどの特徴をもつ。1982年の電気用品技術基準の改正時に付属品類の規定も追加されて，一般的な配管材料として使用可能となった。

CEC [co-efficient of energy comsumption for airconditioning] 設備類の省エネルギー性能の評価指数のこと。「エネルギー消費係数」ともいう。空調設備，機械換気設備，照明設備，給湯設備，エレベーター設備の区分がある。

CF carbon fiber の略。⇨カーボンファイバー

CFRC carbon fiber reinforced concrete の略。石油や石炭のピッチから製造されるピッチ系炭素繊維を混入したコンクリートで，従来のコンクリートと比べ，引張強度，曲げ強度が5～10倍，曲げじん性が 200～300 倍と大きくなる特徴をもっている。「炭素繊維補強コンクリート」ともいう。

CFRP carbon fiber reinforced plastic の略。浴槽，波形板などに使用されるプラスチックを炭素繊維で補強した成形材料のこと。「炭素繊維強化プラスチック」ともいう。

CFT concrete filled steel tube の略。コンクリートを内部に充てんした鋼管。コンクリートと鋼管の拘束効果（コンファインド効果）で耐力・変形能力が向上する。おもに柱に採用される。⇨コンファインドコンクリート

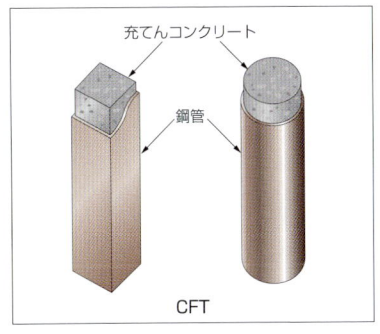

CFT

CL ⇨クリヤラッカー

CM construction management の略。⇨コンストラクションマネジメント

CMアットリスク [CM at Risk] ⇨アットリスクCM

CMR construction manager の略。⇨コンストラクションマネジャー

COD chemical oxygen demand の略。水の汚染度を示す化学的酸素要求量のこと。水中の有機物をすべて酸化させるのに必要な酸素量を測定する。

COP coefficiento of performance の略。成績係数。機械の機器能力を駆動動力で除したもの。

CPD制度 [continuing professional development] ⇨継続能力開発制度

CPM critical path method の略。ネットワーク手法の一つで，アロー型で表される。所要時間とコストの関係から最適工期を求めるもので，建物の補修，設備機器の取り替えなどのプロジェクトの計画・管理に適用される。したがって，complete project management の略としても通用する。

CSR [company social responsibility] 利潤の追求だけでなく，法律遵守（コンプライアンス），社会的倫理を尊重して，良質な財，サービスを行うことが企業の責務であるということ。

D

DC ⇨ドアクローザー，直流電流
DHC district heating and cooling の略。⇨地域冷暖房
DPG構法 [dot point glazing] 強化ガラスを特殊ボルトによって構造フレームに固定させる構法。ガラスが点で支持されるのでサッシュが不要，ガラスのみの大きな壁面が構成できる。

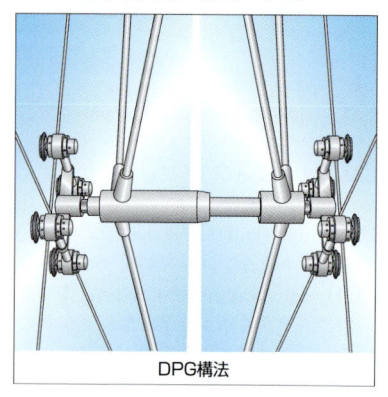

DPG構法

DS duct space の略。⇨ダクトスペース

E

Eコマース [electronic commerce] ⇨エレクトロニックコマース
EA environmental assessment の略。⇨環境アセスメント
EC化 ⇨エンジニアリングコンストラクター
EMS environmental management system の略。⇨環境マネジメントシステム
EP emalsion paint の略。⇨エマルジョンペイント
EPS electric pipe shaft の略。電気設備工事において，電気の幹線を設置するスペース。

F

Fケーブル ⇨VVFケーブル
FC specified concrete strength の略。コンクリートの設計基準強度。すなわち，構造計算において基準としたコンクリートの圧縮強度のこと。
FC板スラブ工法 FC板（Fuji Channel Form）というチャンネル型の断面をもつプレストレストコンクリート板を，支保工（しほこう）なしで梁間に敷き込み，その上に配筋し，コンクリートを打設して一体化する合成スラブ工法のこと。〔開発：富士ピー・エス・コンクリート〕
FM ①fineness modulus の略。粗粒率を示す記号。②facility management の略。⇨ファシリティマネジメント
FR鋼 [fire resistant steel] ニッケル，クロムなどの合金を一般建築構造用鋼材に添加し，高温時における耐力を向上させた鋼材。
FRC fiber reinforced concrete の略。⇨繊維補強コンクリート
FRP fiber glass reinforced plastic の略。プラスチックにガラス繊維を混ぜ補強した材料で，ポリバスや高架水槽などに使用される。「ガラス繊維強化プラスチック」ともいう。
FS feasibility study の略。⇨フィージビリティスタディ
FSD fire steel door の略。防火戸のこと。SDは，steel door の意味。

G

Gコラム [G-column] 遠心力を利用して管状に形成された継目なしの鋼管。主として柱に用いられる。〔製造：クボタ〕
GHG [greenhouse gases] 二酸化炭素，メタン，フロンなどに代表される赤外線を吸収する気体の総称。「温室効果ガス」「温暖化ガス」ともいう。

GL ground line の略。地盤面の高さ。あるいはその高さを表す線のこと。

GL工法 コンクリート壁面に接着剤をだんご状に塗ってボードを張り付ける工法。下地の骨組を必要としないことから，施工が容易で，コンクリート面にじかに取り付けることから「直貼(じか ば)り工法」ともいう。GLはGypsum Liningの略。〔製造：吉野石膏〕

GRC glass fiber reinforced concreteの略。耐アルカリガラス繊維を補強材としたコンクリートで，強度が大きく，耐衝撃性や耐火性に優れており，カーテンウォールや内・外装のレリーフとして広く使用されている。「ガラス繊維補強コンクリート」ともいう。

H

H形鋼 [wide flange shapes] 断面がH形をした形鋼。熱間圧延による圧延H形鋼（ロールH）と溶接による溶接H形鋼（ビルトH）の2種類がある。

H形鋼杭 鋼杭の一種で，熱間圧延されたものと，平鋼や帯鋼を溶接したものがある。鋼管杭に比べると支持力が小さく，打設時に発生する先端の損傷や曲がりなどが原因で，仮設の土止め以外はあまり使用されなくなった。JIS A 5526。

H型ジョイント 型枠工事で，合板型枠の継目のずれ止めに用いる金物。

H鋼 ⇨H形鋼

H鋼横矢板工法 ⇨親杭横矢板工法

HPシェル hyperbolic paraboloidal shellの略。⇨双曲放物線面シェル

HPC工法 H形鋼とプレキャスト鉄筋コンクリート(PC)部材を用いて現場で組み立てる工法。高層集合住宅用として開発された。〔開発：住宅・都市整備公団〕一般的には，柱はH形鋼を心にして現場打ちコンクリートとし，梁や壁はH形鋼を内包したPC部材が使われる。

HTB ⇨高力ボルト

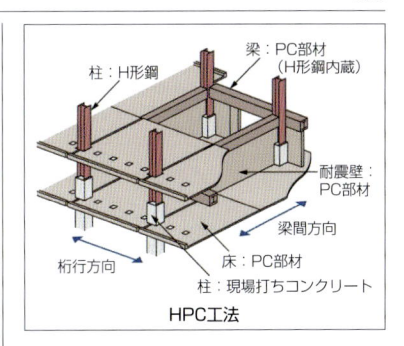

HPC工法

I

I形鋼 I形断面をもつ形鋼。フランジ内面に勾配がついているため，軸方向の接合がしにくいことから，単材として柱，梁，母屋(もや)などに用いられる。「Iビーム」ともいう。JIS G 3192。

Iビーム [I beam, I joist] ⇨I形鋼

IE industrial engineeringの略。⇨インダストリアルエンジニアリング

ILB舗装 インターロッキングブロックを用いた舗装の略称。

ISO International Organization for Standardizationの略。国際的な単位や用語の標準化を推進するための組織。国際標準化機構のこと。「イソ」「アイソ」ともいう。

ISO14000シリーズ 国際標準化機構(ISO)が定める環境マネジメントにかかわるさまざまな規格のこと。環境マネジメントシステム，環境監査，環境パフォーマンス評価，環境ラベル，ライフサイクルアセスメントなどの規格から構成されている。→ISO

ISO9000シリーズ 国際標準化機構(ISO)の品質管理システム。品質システムを「品質要求を満足しているという信頼感を与えるための体系的活動であり，品質管理を実施するための組織，責任，手順，工程，経営資源」と定義している。企業等の品質管理能力の評価基準として認証制度化されている。→ISO

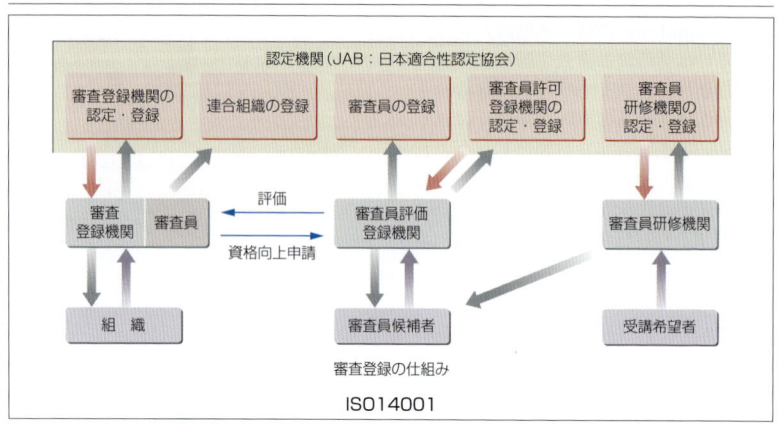

審査登録の仕組み
ISO14001

J

J-REIT（ジェイリート）Jは Japan, REIT は real estate investment trust の頭文字で，「日本版不動産投資信託」といわれる。不動産会社などによって設立された投資法人が不動産を購入し，そこから入る賃料を投資家に配当する仕組み。個人を含む投資家は，投資法人が発行する投資証券を購入し，配当を受ける。投資証券は株と同様で2001年9月に2投資法人が証券取引所に初めて上場された。単に「REIT(リート)」ともいう。

JV ⇨ジョイントベンチャー

JV委員会 ジョイントベンチャー(JV)において，実行予算，予定利益，職員の人員構成，賃金，労働時間，その他工事の運営に必要な事項を協議決定する委員会。それぞれの会社から選任された複数の委員で構成される。

K

K値 ⇨地盤係数
Kバリュー［K-value］⇨地盤係数
KD材 ⇨キルンドライ材
KEN-SH 異形鉄筋間の接合部の外周を銅当て金で囲い，溶接金属が接合部から流出しないようにして連続的に溶接操作を行う炭酸ガスアーク溶接を基本としたエンクローズ溶接法。(財)日本建築センターの評定(BCJ-C1253,A級)および国土交通省認定を取得している工法で，SD345およびSD390ではD25～D64まで，SD490はD19～D41までが適用範囲となっている。

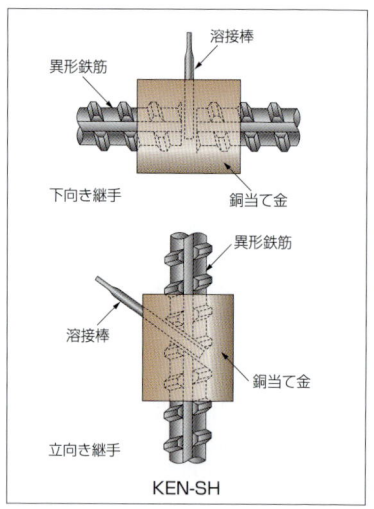

KKD 経験(Keiken)，勘(Kan)および度胸(Dokyo)の頭文字でつくった俗語。建設現場などで科学的管理手法を用いず，従来の管理による経験と勘と度胸で物事を判断し，行動していくことをいう。

KYK ⇨危険予知活動

KYT 危険予知トレーニングの頭文字。安全管理の一貫として，現場内の作業

者などを含めたグループ討議によって危険防止対策を検討すること。図や絵などによるトレーニングが特徴の一つである。

L

L形側溝〔一がたそっこう〕路面排水路の構成部材として用いられるL形断面をもつコンクリートブロック製品。単に「L形」ともいう。

L形補強 工事用車両の建築現場への出入りに際して，L形側溝(そっこう)の上を通過する場合に，このL形側溝を交換して補強すること。道路管理者の承認を必要とする。

LC light weight concrete の略。軽量コンクリートのこと。

LCA life cycle assessment の略。⇨ライフサイクルアセスメント

LCC life cycle cost の略。⇨ライフサイクルコスト

LCE life cycle engineering の略。⇨ライフサイクルエンジニアリング

LE lacquer enamel の略。⇨ラッカーエナメル

LGS light gauge steel の略。⇨軽量形鋼(けいりょうかたこう)

LL liquid limit の略。⇨液性限界

LVL laminated veneer lumber の略。和名は「単板積層材」。単板を縦つぎして積層接着工程を連続とすることにより，無限に長い厚板が製造可能であること，大量生産が可能であることなどの特徴がある。日本農林規格（JAS）では，単板積層材（造作用）と構造用単板積層材の2種類がある。

M

Mバー 主として軽量鉄骨の天井下地材のうち，野縁(のぶち)に用いられる断面がM形の部材。

MC modular coordination の略。⇨モデュラーコーディネーション

MDF ①medium-density fibreboard の略。中質繊維板。木材を主とする繊維をパルプ化し，板状に成型したファイバーボード（繊維板）の中で，密度0.35g/cm³以上0.8g/cm³未満のものをいう。加工性が良く，断熱性に優れるため，家具の基材から吸音材まで幅広く利用されている。「セミハードボード」ともいう。②main distributing frame の略称。電話局からの引込み線をIDFへ分岐するため多くの接続点（端子）をもつ盤。

MOセメント〔magnesia oxy-chloride cement〕⇨マグネシアセメント

MSDS material safety data sheet（化学物質等安全データシート）の略称で，PRTR法で指定化学物質またはそれを含む製品を集荷するときには交付が義務づけされている。→PRTR法

N

N値 標準貫入試験によって得られる地盤の強度を表す値。貫入きりを落錘で打撃し，所定の寸法を貫入させるために必要な打撃回数を当該地盤のN値とする。粘土の場合，2〜4程度で「軟らかい」，8〜15程度で「硬い」といい，砂の場合は，4〜10程度で「緩い」，30〜50程度で「締まった」という。

NC曲線〔noise criterion curve〕騒音分析に用いられるもので，縦軸に音圧レベル，横軸に周波数帯域をとったときの曲線グラフ。

O

OAフロア〔office automation floor〕OA機器や電話の配線を行うための二重床。フリーアクセスフロアの一種だが，荷重条件や床高の異なる電算室用のものと分けて「OAフロア」と呼ばれている。→フリーアクセスフロア

OCB oil circuit breaker の略。電気回路に異常が発生したときに，電路の開

OEM

NC曲線

OAフロア

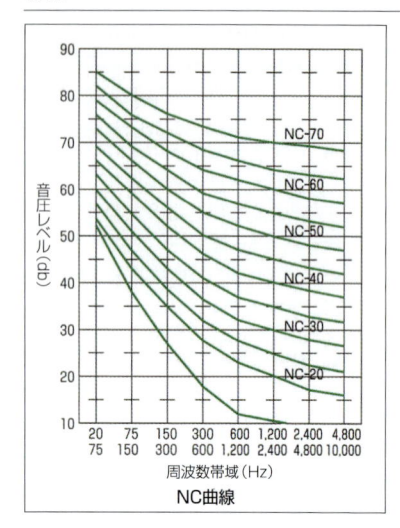

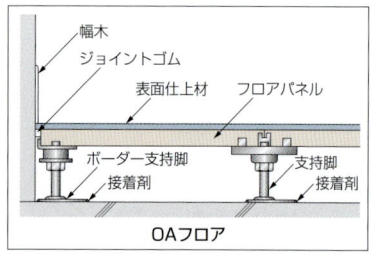

閉をする遮断器で，遮断時に生じるアークを消すため遮断部分が油中にあるもの。「油入(ゆにゅう)遮断器」ともいう。

OEM original equipment manufacturing の略。コンピューター・オフィス機器や家電製品の業界に顕著に見られる企業間のビジネス形態で，完成品または半完成品を供給先企業のブランドをつけて販売することを前提として生産・供給を行うこと。

OP ⇨調合ペイント

OR operations research の略。数学モデルの形で現象を理想化し，それに基づいて結果を推定する最適化の手法。確定的手法と確率的手法とがある。「オペレーションズリサーチ」ともいう。

OS ⇨オイルステイン

OSフープクリップ工法 鉄筋継手の機械的接合法の一種。楕円形の鋼製スリーブに2本の鉄筋を重ねて入れ，スリーブの中心部の孔にウェッジを圧入して一本化をはかる。普通鉄筋ではϕ9，ϕ13，異形鉄筋ではD10，D13，D16の細径に対してのみ採用できる。
〔開発：岡部〕

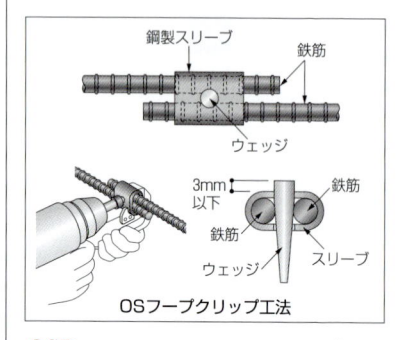

OSフープクリップ工法

OSB oriented strand board の略。⇨オリエンテッドストランドボード

P

Pーコン ⇨木コン
PAL ⇨パル
P&H アメリカの建設機械メーカーの名称。その社の揚重機で，略称「ピーアンド」。
PC ①プレキャストコンクリートの略。②プレストレストコンクリートの略。
PCカーテンウォール ⇨カーテンウォール
PC杭 ⇨PCパイル
PCグラウト コンクリートにプレストレスを導入する場合，ポストテンション方式においてPC鋼材とコンクリート間の付着と防錆のため，緊張直後にシースとPC鋼材の間に注入する充てん材。一般には混和剤を入れたセメントミルクが多く用いられる。
PC鋼材 [pre-stressing steel] プレストレストコンクリートにおいて緊張材として使用される鋼材。おもなものに，PC鋼線，PC鋼より線，PC鋼棒などがある。性質は，高強度で弾性限界，耐力または降伏点が大きく，適度の伸びとじん性がある。
PC鋼材緊張装置 [prestressing devices]

プレストレストコンクリート工事において，PC鋼材に引張力を導入するジャッキ，ポンプ，緊張ロッド，伸び測定器などからなる装置の総称。

PC鋼材定着具［anchoring devices］ポストテンション方式のプレストレストコンクリートにおいて，PC鋼材の端部をコンクリートに固定させるための装置。くさび方式とねじ式がある。

PC鋼線［pre-stressing wire］直径2〜8mmの細い線状のPC鋼材のこと。通常，プレテンションには小径のものを用い，ポストテンションには太径のものを数本束ねて用いる。

PC工法 おもに共同住宅のプレハブ工法として用いられる壁式プレキャスト鉄筋コンクリート造の通称。

PC鋼棒［pre-stressing bar］直径9〜33mmのPC鋼材。PC鋼線と比べて太径である。圧延，熱処理，引抜きなどによって製造される。JIS G 3109。

PC鋼撚り線（―こうよりせん）［pre-stressing strand］PC鋼線を複数より合わせたPC鋼材のこと。2本，3本および7本の鋼より線のほかに，太径より線がある。付着性能に優れているうえ，1本当たりの引張荷重が大きいので，PC鋼材の主流として使用されている。「PCストランド」ともいう。JIS G 3536。

PCストランド ⇨PC鋼撚(より)り線

PCパイル［prestressed concrete pile］プレストレスを導入して製作した中空円筒状の既製コンクリート杭。1本の最大長さは15mで，3本までは継いで使用できる。「PC杭」ともいう。

PC板［precast concrete panel］工場や現場内工場で製造された鉄筋コンクリート製の壁，床部材。これらをクレーンを用いて組み立て建物を構築する。現場内作業が減少し，省力化，工期短縮に効果がある。

PCプラント プレキャストコンクリート部材の生産設備。鋼製型枠，コンクリートの加熱促進養生施設，バッチャープラント，PC部材の揚重運搬などの設備をもっている。

PDCA法 ⇨デミングサイクル

PF管［plastic flexible conduit］合成樹脂可とう電線管の略称。コンクリート打込みの電線管路として使用する。自己消火性があり，耐燃性のもの。単層管と複層管がある。

PFI private finance initiativeの略。民間の資金，経営能力，技術能力等を活用して公共施設などの建設，運営，維持管理等を効果的かつ効率的に実施する方式のこと。1999年7月に「民間資金等の活用による公共施設等の整備等の促進に関する法律」（PFI法）が制定され，基本的な枠組が設けられた。

PFRC plastic fiber reinforced concreteの略。合成繊維補強コンクリートのこと。→アラミド繊維補強コンクリート

PH ①penthouseの略。⇨塔屋(とうや) ② ⇨ペーハー(pH)

PHC杭 圧縮強度が800kg/cm^{2}以上の高強度の遠心力プレストレストコンクリート杭。有効プレストレスの導入によりA種(40kg/cm^2)，B種(80kg/cm^2)，C種(100kg/cm^2)に区分されている。1983年のJISの改正によって，圧縮強度が500〜800kg/cm^{2}のPC杭と区分された。JIS A 5337。

PIナット 特殊高力ボルトに使用されるナットの一種。ナットにくびれを設けた二重ナットで，ボルト締付けの際，一定の軸力が導入されると二重ナットの溝から破断する機構をもつ。PIナット付きビルテン。〔製造：三協特殊ねじ製作所〕PI高力ボルト。〔製

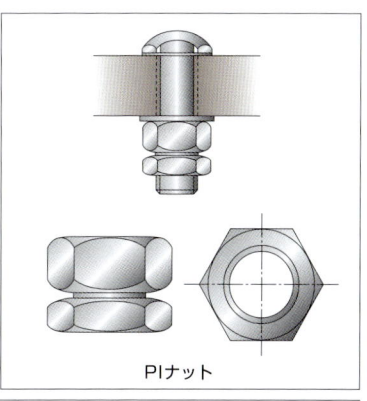

PIナット

PM ⇨プロジェクトマネージャー

PQ pre-qualificationの略で，海外工事などにおいて，発注者が入札前にあらかじめ行う応札者の資格審査のこと。

PRC prestressed reinforced concreteの略。プレストレストコンクリートと鉄筋コンクリートとを併用した構造。

PRC工法 Prestressed Reinforced Concrete工法の略。アンボンドPC鋼線を利用して，RC床スラブなどのたわみやひび割れを効果的におさえる工法。

PRTR制度 ⇨環境汚染物質排出移動登録

PRTR法 特定化学物質の環境への排出量の把握等および管理の改善の促進に関する法律（Pollutant Release and Transfer Register）のことで，特定化学物質を製造したり使用している事業者は，その排出量および廃棄物に含まれる量を把握し，他の事業者に出荷する際にMSDSシートを交付する。建設業は現在のところ対象業種にはなっていない。→MSDSシート

PSコンクリート ⇨プレストレストコンクリート

PS山留め工法 腹起こし材にPC鋼線の緊張を使ってプレストレスを導入することで土圧に対する耐力を増大し，支持スパンを広げて切梁を省略する山留め工法。〔開発：カワイ技術産業〕

Q

QA ［quality assurance］⇨品質保証

QC ［quality control］⇨品質管理

QC工程表 着工から竣工までの作業の流れの中で，良い品質をつくり込んでゆくための計画表。作業の流れに沿って起こり得る不具合を明らかにし，それを防ぐための管理のポイントと対策，およびそのチェック方法，分担責任者などをあらかじめ定め一覧表にしたもの。「施工品質管理表」ともいう。

QCサークル QCの各種手法を使って自主的に職場の管理改善活動を継続的に行う小集団（サークル）のこと。

QC7つ道具 QCにおいて事象を客観的に整理し，そこにある法則性・規則性などを把握するために活用する図やグラフで，パレート図，特性要因図，ヒストグラム，チェックシート，散布図，管理図，層別の7つを指す。→新QC7つ道具

QCDMS 現場の第一線監督者がやらなければならない5大使命のこと。Q＝品質の向上（quality），C＝原価の低減（cost），D＝生産量を達成し納期厳守（delivery），M＝作業意欲を盛りあげ明るい職場をつくる（morale），S＝安全確保（safety）。

QS quantity surveyorの略称。イギリスの建築積算士。RICSにおけるQS部門のほかに，IQS（Institute Surveyors）とCSI（Construction Surveyors Institute）とがQSをようしている。後者は建設業に所属するQSの団体である。

R

RC reinforced concreteの略称。⇨鉄筋コンクリート

RC杭 既製鉄筋コンクリート杭のことで，工場製品の多くは，遠心力利用の中空円筒型。ほかに三角断面，リブ付き中空円筒などもある。JIS A 5310。

RC超高層住宅 鉄筋コンクリート（RC）造の超高層住宅。共同住宅の高層化に対するニーズを反映して，昭和62年に第1号が建設され，その後，耐震性のある強じんな鉄筋コンクリート造をめざし，架構法，鉄筋組工法，コンクリート強度，制振・免震工法などの新しい技術が大手建設会社を中心に開発され，急速に普及していった。

REIT （リート）⇨J-REIT（ジェイリート）

RICS The Royal Institute of Chartered Surveyorsの略。約130年の歴史をもつイギリスの土地，建物，鉱物資源，水利など不動産に関するすべての調査・研究・評価を行う専門技術者の団体組織。特に建築積算士（Quantity

Surveyor, 略称：QS）部門は，イギリスの建築生産にかかわるあらゆるコスト関連業務を処理している。「リックス」ともいう。

RM構造 れんが積みや石積みなどの組積構造を鉄筋コンクリートで補強した構造。RMは reinforced masonry の略。「補強組積構造」と呼ばれ，補強コンクリートブロック造よりも高層で多様なデザインが可能。

S

S造 ⇨鉄骨構造

S1工法（エスワンこうほう）断熱材を裏打ちした石膏ボードを天井，壁，床等のコンクリート躯体面に，直接接着剤を使って固定する工法の総称。独立行政法人都市再生機構（旧住宅・都市整備公団）が定めた工法で，その製品や接着方法は数種ある。

SBR styrene butadiene rubber の略。スチレンブタジエンゴムのこと。合成ゴムの一種で，接着性や水密性の向上のため，モルタルやコンクリートの混和剤として使用される。

SBR工法 sleeve backing process of reinfoceing bar の略。鉄筋の接合個所に鋼製スリーブを用いたアーク溶接による接合法。接合可能な鉄筋径はD16～D32で，横継ぎおよび縦継ぎができる。〔開発：日鐵溶接工業〕

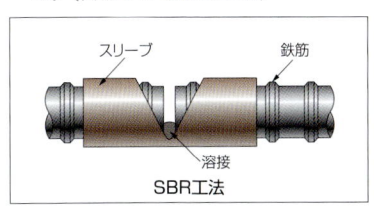

SBR工法

SD steel deformed の略。熱間圧延異形棒鋼（いけいぼう）のこと。例えば，SD35の数値は鉄筋の引張試験における降伏点の規格値を示すもので，最低35kg/mm^{2}の値を満足する材を示す。JIS G 3112, 3117。

SDR 鉄筋コンクリート用再生異形棒鋼（いけいぼう）に対するJIS規格の呼称。→再生棒鋼（さいせいぼうこう）

SECコンクリート SECは sand enveloped with cement の略。コンクリートの骨材の周囲を水セメント比の小さいセメントペーストで包むことによって，品質と施工性の向上をめざしたコンクリート。表面水率を調整した砂に砂利とセメントを加えて混練（1次）して，骨材をセメントペーストで包んだ状態をつくり，次に水を加えて混練（2次）すると施工性が良く，ブリージングや骨材の分離が少なく，圧縮強度が大きいコンクリートとなる。コンクリートの製造には細骨材の表面水率の調整と2段練りの設備が必要である。

SFRC steel fiber reinforced concreteの略。鋼繊維補強コンクリート。1m^{3}のコンクリート中に，1～2％（容積混入率）の鋼繊維を分散混合させたものでじん性が大きく，ひび割れが入りにくいなどの特徴をもつ。

SGリング 鉄筋コンクリート（RC）構造や鉄骨鉄筋コンクリート（SRC）構造の梁貫通孔のせん断補強材として用いる溶接金網。〔製造：日鐵建材工業〕

SI ⇨スケルトンインフィル

SI住宅 スケルトン(skelton)とインフィル(infil)を組み合わせた造語。躯体部分と間仕切りや設備などの内装部分とを分離した形態の住宅のことで，ライフスタイルの変化に対して容易に内部空間の変更に対応できるという特徴をもつ。

SI単位 [international system of units] 国際度量衡総会で採用され勧告された新しい単位系。基本単位，補助単位およびそれらから組み立てられる組立単位と，それらの10の整数乗倍からなる。SIは国際単位系の略称。→巻頭（表）

SK slop sinkの略。⇨スロップシンク

SM材 溶接構造用圧延鋼材のこと。引張強さによって，SM 400A, 400B, 400C, SM 490A, 490B, 490Cなどと称する。SS材と比べ，不純物（窒素，硫黄など）の含有量が少なく，溶接性能が良い。JIS G 3106。→SS材

SMM　standard method of measurement of building worksの略。RICSによって作成されたイギリスの建築工事数量積算基準のこと。数量公開入札方式の基盤となる建築数量算出の詳細なルールが定められている。積算士がこれをもとに建築数量を算出する。

SMW　[soil mixing wall]　⇨ソイル杭柱列山留め壁

SOP　⇨調合ペイント

SPC法　「特定目的会社の証券発行による特定資産流動化に関する法律」の通称。不動産及びその信託受益権等を特定目的会社に移転し、資産から上がる収益を償還原資とする証券を発行することで、当該資産の流動化を図るのが目的。

SQC　statistical quality controlの略で、統計的品質管理のこと。

SRC　⇨鉄骨鉄筋コンクリート造

SRR　鉄筋コンクリート用再生丸鋼に対するJIS規格の呼称。→再生棒鋼（さいせいぼうこう）

SS材　一般構造用圧延鋼材のことで、鋼板・平鋼・形鋼などの種類がある。引張強さによりSS330（引張強さが330～430N/mm^2）、SS400（400～510）、SS490（490～610）と称する。SM材よりも不純物（窒素、硫黄など）を多く含む。JIS G 3101。→SM材

SSG構法　[structural sealant glazing system] ガラス辺とサッシュ部材とを専用のシーリング材（構造シーラント）で接着して、負の風圧に対しガラスを支持する構法。→構造シーラント、バックマリオン

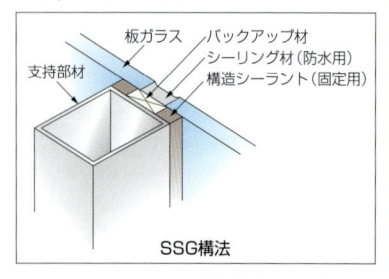

SSG構法

STP　スターラップを省略した表現。→肋筋（あばらきん）

SUS　⇨サス

T

Tバー　T形鋼あるいはT形のアルミ型材。

T.P.　Tokyo Peilの略称。地盤、水位などの高さを測る基準で、東京湾の平均海面高を0として測った高さ。

TQC　Total Quality Controlの略。アメリカのファイゲンバウムの提唱した「総合的品質管理」。品質管理を経営者が行う経営管理の重要な部分と位置づけ、製造部門だけではなく販売、サービス、営業まで企業のすべての部門に一貫して行う総合的管理体制のこと。日本のTQCはこの考え方を導入して発展したもので、ファイゲンバウムのTQCと区別する意味から「全社的品質管理」と呼ばれる。TQCも時代の精神や人々の価値観の変化に応じて変質し「TQM(Total Quality Management)」として企業が導入を推進している。

U

U型側溝　（―がたそっこう）　⇨U字溝

Uカット　コンクリートのひび割れ補修に際し、ひび割れに沿って表面をU字形にカットすること。コンクリートをカットした溝部分にシール材を充てんする。

U字溝　路面排水路の構成部材として用いられる、U字形の断面をもつプレキャストコンクリート製品。正式には「U形側溝（そっこう）」という。JIS A 5361。

Uボルト　[U bolt] U字形のボルト。パイプを止めるボルト、山留め支保工（しほこう）の切梁の交点を止めるボルトなどとして使用される。

UPS　uninterruptible power supplyの略。無停電電源装置。バックアップ用の電池を内部に持ち、停電時でもシステムの稼動に必要な電力を供給可能にする装置。容量によって供給時間が変

V

VA value analysisの略。価値分析。1947年GE社のマイルズによって開発されたコストダウン手法。最低の総コストで必要な機能を確実に達成するために，製品やサービスの機能分析結果に基づいて組織的な努力をすること。

VE value engineeringの略。建築工事においては，企画・設計・施工・維持管理・解体の一連の機能を最低のコストで実現するために，建物に要求される品質・耐久性・美観などの諸機能を分析し，実現手段を改善していく組織的活動のこと。「バリューエンジニアリング」「価値工学」ともいう。アメリカで発達した。

VHS vertical horizontal shutterの略。空調設備の空気吹出し口に取り付けて気流と風量の調節を行う装置。垂直および水平の羽根を格子状に組み合わせてある。

VOC volatile organic compoundの略。揮発性有機化合物の総称。建材，接着剤から放散されシックハウス症候群の原因とされ，規制・監視の対象になっている。代表的なものにトルエン，キシレン等がある。

VP ①vinyl paintの略。ビニル樹脂と顔料を主成分とした塗料。塩化ビニルエナメルとアクリルエナメルとがあり前者を「VE」，後者を「AE」と呼ぶこともある。乾燥時間が短く，耐酸・耐アルカリ性に優れる。木部・鉄部・モルタル面に適している。「ビニル樹脂塗料」ともいう。②ビニル管。→VP管

VP管 主として給排水用，通気用として使用される硬質塩化ビニル管のこと。軽くて強く，耐錆性，耐腐食性に富む。施工性も良い。JIS K 6741。

VVFケーブル ビニルで被覆（絶縁）した電線を平行に束ねて，その上にさらにビニルで覆った（保護用被覆（シース））もの。低圧屋内配線に最も多く使用されている。俗称「Fケーブル」。

W

W式床版（―しきしょうばん）床版型枠の支持にサポートを使用せず，鉄筋で組んだトラスを用いた工法。鉄骨梁または打設済みのRCの梁にトラスを渡し，その上にせき板（通常は波形亜鉛鉄板）を敷いて床板型枠とする。一般にトラスおよびせき板の転用は行わない。鉄骨造・SRC造の床版あるいは型枠の解体が困難な床版などに使われる。〔開発：コングロ工業〕

WTO対応一般競争入札 日本の公共工事への外国企業の入札参加をオープンにするため，基準額以上の工事の一般競争入札の採用を規定した世界貿易機関（WTO）政府調達協定（1996年1月発効）の適用を受ける公共工事の入札。2006年3月末の基準額は，中央政府発注が7億3000万円，都道府県・政令指定市発注が22億2000万円である。→一般競争入札。

X

X形配筋 鉄筋コンクリート造における柱または梁のせん断耐力を向上させるため，主筋を筋かいのように斜めにした配筋。柱・梁における一般的配筋

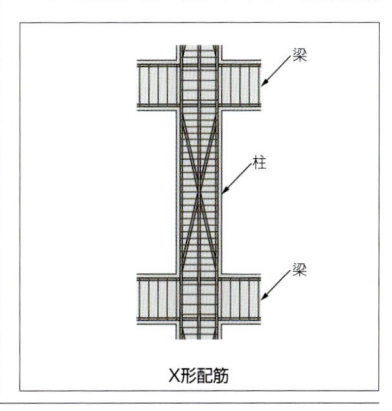

X形配筋

は材軸に対して平行であるが，この場合は部材の対角線方向にX形に配筋する。材料コストを増加させることなく耐震性能を向上させることをねらいとして開発された配筋方法である。

Z

ZD運動 ZDはzero defectの略で，仕事・作業のミスをゼロにするための運動。TQCの運動が浸透する以前の昭和40年代に広く行われていた。

［執筆者］

菊岡倶也	建設文化研究所主宰（企画）
庭野峰雄	清水建設(株)首都圏事業本部生産計画部
黒田早苗	黒田技術士事務所代表
室　英治	芝浦工業大学工学マネジメント研究科
嵯城正敏	(株)竹中工務店東京本店設備技術部
菅原忠弘	(株)フジタ関東支店建築部（編集・協力）

建築現場実用語辞典　［改訂版］

1988年2月25日　第1版第1刷発行
2006年5月25日　改訂版第1刷発行
2024年2月20日　改訂版第11刷発行

編　者　建築慣用語研究会 ©
発行者　石川泰章
発行所　株式会社 井上書院
　　　　東京都文京区湯島2-17-15 斎藤ビル
　　　　電話 (03)5689-5481　FAX (03)5689-5483
　　　　http：//www.inoueshoin.co.jp
　　　　振替 00110-2-100535
印刷所　株式会社ディグ
製本所　誠製本株式会社
装　幀　川畑博昭

・本書の複製権・翻訳権・上映権・譲渡権・公衆送信権（送信可能化権を含む）は株式会社井上書院が保有します。
・JCOPY〈(一社)出版者著作権管理機構 委託出版物〉
本書の無断複写は著作権法上での例外を除き禁じられています。複写される場合は，そのつど事前に，(一社)出版者著作権管理機構（電話03-5244-5088，FAX03-5244-5089，e-mail：info@jcopy.or.jp）の許諾を得てください。

ISBN 978-4-7530-0030-2 C3552　Printed in Japan

建築携帯ブック 現場管理用語辞典

現場施工応援する会編
新書判・568頁・二色刷（ビニル装）定価3520円
設計、計画、一般構造、構造力学、施工管理、設備、環境、材料、重機、道具、品質管理、工程管理、安全管理、契約、入札、積算、建築関係法規ほか、現場管理に欠かせない必須用語4900語と、図表2100点を収録したコンパクトサイズの用語辞典。

図解・インテリアコーディネーター用語辞典 [改訂版]

尾上孝一・大廣保行・加藤力編
A5変形判・370頁・カラー　定価3520円
インテリアに関する基本用語3900余語とカラー図表約900点を、資格試験の出題傾向に対応して、「商品と販売」編、「計画と技術」編および「人名」編に分類して収録した、受験者はもちろんのこと、インテリア関連業務に携わる実務者必携の辞典。

建築携帯ブック

現場管理者必携の技術ハンドブック

設計図書の見方
ものつくりの原点を考える会編
新書判・256頁・二色刷
定価3135円
意匠図、構造図、設備図まで図面解読のポイントと詳解。

現場管理 [改訂2版]
ものつくりの原点を考える会編
新書判・320頁・二色刷
定価3245円
免震・耐震改修工事まで全工種の重要管理項目を図解。

工事写真
ものつくりの原点を考える会編
新書判・280頁・二色刷
定価3135円
建築・設備・外構・解体工事の重要撮影項目を完全図解。

配筋 [改訂2版]
現場施工応援する会編
新書判・112頁・二色刷
定価1870円
配筋のポイントの間違いやすい箇所を施工部位別に図解。新「JASS 5」対応

コンクリート [改訂3版]
現場施工応援する会編
新書判・148頁・二色刷
定価2310円
重要項目254を工程順に解説。新「JASS 5」対応

防水工事
社団法人建築業協会施工部会編
新書判・112頁・カラー
定価2090円
防水クレーム事例43の原因と処置・対策を解説。

設備工事 [改訂版]
現場施工応援する会編
新書判・160頁・二色刷
定価2200円
給排水衛生・空調・電気設備の関連データと工事のポイントを図解。

自主検査
建物の施工品質を考える会編
新書判・88頁・二色刷
定価1760円
作業所でも行える検査機器を使った自主検査を図解。

クレーム
社団法人建築業協会施工部会編
新書判・128頁・カラー
定価2200円
クレーム事例55の原因と処置・対策を解説。

建物診断 [改訂版]
建物のロングライフを考える会編
新書判・152頁・カラー
定価2530円
建物を長く維持するための調査・判定方法を解説。

安全管理 [改訂2版]
現場施工応援する会編
新書判・136頁・二色刷
定価2090円
事故・災害防止に向けた、安全管理における最重要項目のポイントを徹底解説。

＊上記定価は消費税10％を含んだ総額表示です。